U0556611

"十二五"国家重点图书出版规划
国家出版基金资助项目

中国审判案例要览

（2012年民事审判案例卷）

国家法官学院 编
中国人民大学法学院

编审委员会主任　王胜俊
编审委员会副主任　王利明　万鄂湘

中国人民大学出版社
·北京·

强化案例研究

促一法律适用

为中国审判案例要览题

二〇二一年春 王胜俊

为国家法官学院与中国人民大学法学院
联合编纂《中国审判案例要览》题

取案例精华
建法治国家

肖扬
一九九九年十一月一日

祝贺中国审判案例要览出版

健全法制案例可鉴

一九九三年五月

任建新

出版说明

为了反映我国审判工作概貌，指导审判实践，促进法学研究，向海内外介绍我国法治建设的成就和执法水平，1991年，国家法官学院（时为最高人民法院中国高级法官培训中心）与中国人民大学法学院决定共同编纂《中国审判案例要览》丛书（以下简称《要览》），逐年从全国各级人民法院审结报送的各类案件中选编一部审判案例综合本，内容共四部分，即刑事审判案例卷、民事审判案例卷、商事审判案例卷（2000年以前为经济审判案例卷）、行政审判案例卷，1996年始各卷独立成册出版，成为现在大家看到的《要览》各卷。由于知识产权审判案例数量相对较少，不足以成卷，故编入商事审判案例卷。

《要览》通过对我国审判案例的汇编，为我国新时期中国特色社会主义法治建设作出了应有的贡献，得到了党中央领导的充分肯定与鼓励。习近平、胡锦涛、贺国强等党中央领导同志曾高度评价了《要览》对我国审判实践、法学研究和法学教育的重要作用，充分肯定了《要览》对世界了解中国法治进步所产生的重要意义，并提出了认真总结经验、继续编好《要览》、扩大《要览》影响的殷切希望。

《要览》在编辑过程中，对案件事实、审判过程、裁判理由、处理结果等内容，完全尊重办案实际，具有客观、真实性，如实、全面地反映了我国自上个世纪末至今各个时期的审判工作状况，忠实还原了我国审判工作的发展进步与完善，记录着我国法治建设迈入新时期后的快速发展进程。为了便于读者尽可能了解具体案例的审判全貌，《要览》在体例上收入了各审级的审判组织、诉讼参与人、审结时间、诉辩双方的主张、认定的案件事实、采信的证据和适用的法律条文。为了使读者易于理解具体案例适用法律的理由和涉及的法学理论观点，由编纂者撰写解说，并对裁判的不足之处加以评点。

《要览》在二十多年的编纂过程中，还陆续出版了繁体汉字版和英文版，向我国台湾、香港地区和海外发行。美国国会图书馆以及欧洲一些国家图书馆将其作为馆藏资料。该丛书最初由中国人民公安大学出版社出版，1996年至2002年由中国人民大学出版社出版，2003年至2009年由中国人民大学出版社与人民法院出版社共同出版，从2010年开始至今由中国人民大学出版社出版。《要览》曾荣获国家新闻出版署颁发的全国优秀法学著作一等奖第一名和北京市第三届哲学社会科学优秀成果特等奖等奖项。

当前，中国正在全面实施法治国家建设的重要战略，司法领域的案例指导制度方兴未艾，希望《要览》的出版能够对我国的社会主义法治建设进程有新的贡献，能够继续推进案例指导制度的发展，能够对广大读者和法律工作者有所帮助。我们在编写过程中，得到了最高人民法院历届院领导的高度重视，并为《要览》丛书题词；得到了全国各级人民法院的领导与广大通讯编辑和法官、中国人民大学法学院师生和海内外人士的扶持、帮助与关心。在此，谨致谢意！

我们深知，《要览》还有问题和不足，恳请广大读者理解并献出宝贵的意见与建议，我们将一直努力改进，不断提升《要览》编纂的水平和质量！

《中国审判案例要览》编审委员会
2014年4月

前　言

　　十多年来，随着中国改革开放的深入发展，社会主义民主和法制建设有了长足的进步，与此同时，人民法院的审判工作也有很大的进展。除了刑事审判和民事审判外，又逐步开展了经济审判、行政审判、交通运输审判。全国法院每年审结各类一审案件已达300万件左右。审判程序日趋完善，审判工作质量不断提高。我们认为，有必要系统地选编法院审判案例，向海内外介绍中国审判实践的情况，展示中国法制建设的成就；同时，也为中国司法工作者、立法工作者和教学、科研人员提供一些有价值的参考资料。为此，中国高级法官培训中心[①]和中国人民大学法学院共同合作，从1992年起逐年选编一部审判案例综合本，分别收入前一年审结的案例。每部分为刑事审判案例卷、民事审判案例卷、经济审判案例卷、行政审判案例卷，共四卷。由于交通运输审判案例数量少，不足以独立成卷，故按案例性质分别编入经济和刑事卷。书名定为《中国审判案例要览》。

　　在本书编写过程中，对案件事实、审判过程、裁判理由、处理结果等，都完全尊重办案实际，具有客观性、真实性。为了便于读者了解具体的审判过程，收入了各审级的审判组织、诉讼参与人、审结时间、诉辩双方的主张、认定的案件事实、采信的证据和适用的法律条文。为了使读者易于理解适用法律的理由和涉及的法学理论观点，由编者写了解说，并对裁判的不足之处，加以评点，有的版本还以附录形式加了少量的必要的法律名词解释。

　　我们奉献给读者的这部案例要览，希望能够对读者有所帮助，得到读者的喜爱。这是我们的初次尝试，疏漏不足之处在所难免，诚恳地欢迎各界人士提供宝贵的意见，帮助我们改进编写工作，以使今后出版的案例要览日臻完善。

　　我们在编写工作中，得到了各级人民法院的领导与工作人员、中国人民大学法学院师生和有关方面的关心和帮助，美国福特基金会及其驻中国办事处也给予了很大的支持。在此谨致谢意。

《中国审判案例要览》编审委员会
1992年12月

[①] 现为国家法官学院。

《中国审判案例要览》编审委员会

主　任　王胜俊　中华人民共和国最高人民法院院长、首席大法官
副主任　王利明　中国人民大学党委副书记兼副校长、教授、博士生导师、中国法学会副会长、中国民法学研究会会长
　　　　　万鄂湘　中华人民共和国最高人民法院副院长、大法官、教授、博士生导师
委　员　（以姓氏笔画为序）

最高人民法院

牛建华　中华人民共和国最高人民法院政治部法官管理部副部长

孙际泉　中华人民共和国最高人民法院原赔偿委员会办公室主任

纪　敏　中华人民共和国最高人民法院原民事审判第一庭庭长

李广宇　中华人民共和国最高人民法院行政审判庭副庭长

杜万华　中华人民共和国最高人民法院审判委员会副部级专职委员、大法官

宋晓明　中华人民共和国最高人民法院民事审判第二庭庭长

金俊银　国家法官学院民商事审判教研部主任、教授

中国人民大学法学院

王作富　中国人民大学法学院教授、博士生导师、中国刑法学研究会顾问

王益英　中国人民大学法学院教授

史际春　中国人民大学法学院教授、博士生导师、中国经济法学研究会副会长

叶秋华　中国人民大学法学院教授、博士生导师、全国外国法制史研究会副会长

刘文华　中国人民大学法学院教授、博士生导师

朱景文　中国人民大学法学院教授、博士生导师、中国法理学研究会副会长

杨大文　中国人民大学法学院教授、博士生导师、中国婚姻法学研究会顾问

杨万明	中华人民共和国最高人民法院刑事审判第四庭庭长	何家弘	中国人民大学法学院教授、博士生导师、中国行为法学会副会长兼法律语言研究会会长
赵大光	中华人民共和国最高人民法院行政审判庭庭长	赵中孚	中国人民大学法学院教授、博士生导师
高贵君	中华人民共和国最高人民法院刑事审判第五庭庭长	高铭暄	中国人民大学法学院教授、博士生导师、中国刑法学研究会名誉会长
高憬宏	中华人民共和国最高人民法院审判委员会副部级专职委员、大法官　国家法官学院党委书记	黄京平	中国人民大学法学院教授、博士生导师、中国刑法学研究会副会长
梁书文	中华人民共和国最高人民法院原民事审判第一庭庭长、国家法官学院兼职教授	韩大元	中国人民大学法学院院长、教授、博士生导师、中国宪法学研究会会长
曹守晔	中华人民共和国最高人民法院中国应用法学研究所副所长	戴玉忠	中国人民大学刑事法律科学研究中心主任、教授、博士生导师
曹士兵	国家法官学院副院长		

《中国审判案例要览》编辑部

中国人民大学法学院 最高人民法院

主　编	王利明	中国人民大学党委副书记兼副校长、教授、博士生导师、中国法学会副会长、中国民法学研究会会长	万鄂湘	中华人民共和国最高人民法院副院长、大法官、教授、博士生导师
副主编	韩大元	中国人民大学法学院院长、教授、博士生导师、中国宪法学研究会会长	高憬宏	中华人民共和国最高人民法院审判委员会副部级专职委员、大法官　国家法官学院党委书记
	黄京平	中国人民大学法学院教授、博士生导师、中国刑法学研究会副会长	曹士兵	国家法官学院副院长
	时延安	中国人民大学法学院副教授	关　毅	国家法官学院科研部主任
主编助理	史彤彪	中国人民大学法学院教授、博士生导师	刘　畅	国家法官学院科研部副主任、副教授
	曹爱莲	中国人民大学法学院副研究员	温培英	国家法官学院科研部编辑
			边疆戈	国家法官学院科研部编辑

《中国审判案例要览》各卷正副主编、主编助理

（一）刑事审判案例卷

	中国人民大学法学院		最高人民法院
主　　编	黄京平 中国人民大学法学院教授、博士生导师、中国刑法学研究会副会长	高憬宏	中华人民共和国最高人民法院审判委员会副部级专职委员、大法官　国家法官学院党委书记
副 主 编	陈卫东 中国人民大学法学院教授、博士生导师、中国诉讼法学研究会常务副会长	杨万明	中华人民共和国最高人民法院刑事审判第四庭庭长
		高贵君	中华人民共和国最高人民法院刑事审判第五庭庭长
主编助理	时延安 中国人民大学法学院副教授	孙本鹏	国家法官学院教务部主任、教授
		刘　流	国家法官学院教授
编　　辑	刘计划、王　烁、胡　霞、陈建桦、刘传稿、张莎白、徐豪俊		

（二）民事审判案例卷

	中国人民大学法学院		最高人民法院
主　　编	王利明 中国人民大学党委副书记兼副校长、教授、博士生导师、中国法学会副会长、中国民法学研究会会长	杜万华	中华人民共和国最高人民法院审判委员会副部级专职委员、大法官

副 主 编	龙翼飞	中国人民大学法学院副院长、教授、博士生导师、中国婚姻法学研究会常务副会长	纪　敏	中华人民共和国最高人民法院原民事审判第一庭庭长
	姚　辉	中国人民大学法学院教授、博士生导师	梁书文	中华人民共和国最高人民法院原民事审判第一庭庭长、国家法官学院兼职教授
主编助理	姚欢庆	中国人民大学法学院副教授	杨永清	中华人民共和国最高人民法院立案二庭副庭长
			刘　畅	国家法官学院科研部副主任、副教授
编　辑	黎建飞、孙若军、高圣平、王　雷、郑小敏		胡田野、胡　岩、苏　烽	

（三）商事审判案例卷

中国人民大学法学院　　　　　　　最高人民法院

主　编	史际春	中国人民大学法学院教授、博士生导师、中国经济法学研究会副会长	宋晓明	中华人民共和国最高人民法院民事审判第二庭庭长
副 主 编	徐孟洲	中国人民大学法学院教授、博士生导师	曹守晔	中华人民共和国最高人民法院中国应用法学研究所副所长
	吴宏伟	中国人民大学法学院教授、博士生导师	曹士兵	国家法官学院副院长
主编助理	李艳芳	中国人民大学法学院教授、博士生导师	王　立	国家法官学院教授
编　辑	孟雁北		唐世银	

(四)行政审判案例卷

	中国人民大学法学院		最高人民法院
主　　编	韩大元	中国人民大学法学院院长、教授、博士生导师、中国宪法学研究会会长	赵大光	中华人民共和国最高人民法院行政审判庭庭长
副 主 编	胡锦光	中国人民大学法学院副院长、教授、博士生导师、中国宪法学研究会副会长	李广宇	中华人民共和国最高人民法院行政审判庭副庭长
			金俊银	国家法官学院民商事审判教研部主任、教授
主编助理	李元起	中国人民大学法学院副教授	蔡小雪	中华人民共和国最高人民法院行政审判庭审判长
			赵建华	国家法官学院副教授
编　　辑	王贵松、胡大路、武帅			

《中国审判案例要览》通讯编辑

范跃如	北京市高级人民法院
刘晓虹	北京市高级人民法院
白云飞	天津市高级人民法院
宋雪敏	河北省高级人民法院
马云跃	山西省高级人民法院
周　波	内蒙古自治区高级人民法院
李　刚	辽宁省高级人民法院
邢　丹	辽宁省高级人民法院
刘洪颖	吉林省高级人民法院
刘东海	黑龙江省高级人民法院
张本勇	上海市高级人民法院
戚庚生	江苏省高级人民法院
程　浩	江苏省高级人民法院
沈　杨	江苏省南通市中级人民法院
周耀明	江苏省无锡市中级人民法院
张纵华	浙江省高级人民法院
余跃武	安徽省高级人民法院
庞　梅	安徽省高级人民法院
李相如	福建省高级人民法院
李春敏	福建省高级人民法院
胡　媛	江西省高级人民法院
赵　峰	山东省高级人民法院
王　磊	山东省高级人民法院
马　磊	河南省高级人民法院
李治国	湖北省高级人民法院
黄金波	湖北省宜昌市中级人民法院
唐　竞	湖南省高级人民法院
黄玉霞	广东省高级人民法院
贺利研	广西壮族自治区高级人民法院

李周伟	海南省高级人民法院
陈飞霞	重庆市高级人民法院
蒋　敏	四川省高级人民法院
施辉法	贵州省贵阳市中级人民法院
自　宁	云南省高级人民法院
冯丽萍	云南省昆明市中级人民法院
赵雪玲	陕西省高级人民法院
官　却	青海省高级人民法院
石　燕	新疆维吾尔自治区高级人民法院

目 录

一、物权纠纷案例 …………………………………………………………… (1)
1. 李永吉诉李石鼓返还产权证案 ……………………………………………… (1)
2. 李磊诉阳少平所有权确认案 ………………………………………………… (3)
3. 朱勇、唐朝素诉张亚琴返还原物案 ………………………………………… (10)
4. 刘杏珍诉叶桂卿、周炯儿返还原物案 ……………………………………… (16)
5. 成都新世界河畔物业服务有限公司诉张炯、董玲艳专有权行使案 ……… (23)
6. 冯章连诉忻宁一等相邻关系案 ……………………………………………… (28)
7. 高宝龙诉郭乃琴相邻采光、日照案 ………………………………………… (32)
8. 相会军诉北京檀州房地产开发有限公司相邻通风、采光和日照案 ……… (36)
9. 汪哲诉李慎国等房屋买卖合同案（善意取得）…………………………… (40)
10. 王帆、方慧诉李亮生、苏来英所有权纠纷案 …………………………… (46)
11. 芦晶诉宋建利、梁磊房屋买卖合同案（善意取得）…………………… (50)
12. 安忠智诉郭翰芳等房屋买卖合同案（善意取得）……………………… (55)
13. 日照市东港区北京路街道大石场村村委会诉金林新等采矿权案 ……… (59)
14. 和丽伟、杨石英、和铁笋、和铁城诉玉龙县奉科乡奉科村梨园二组
    承包地征收补偿费用分配案 ……………………………………………… (65)
15. 吕铭宇诉厦门市同安区新民镇湖安社区居民委员会第三居民
    小组承包地征收补偿费用分配纠纷案 …………………………………… (72)
16. 吴桂连、杨尚霖诉谢运珍、吴国铭、吴国宁宅基地使用权案 ………… (77)
17. 程东生等诉武晓君抵押权案 ……………………………………………… (84)

二、人格权纠纷案例 ………………………………………………………… (90)
18. 广东新快报社诉南方日报社名誉权案 …………………………………… (90)
19. 南怀瑾诉中央编译出版社侵害姓名权、名誉权案 ……………………… (95)
20. 范后军诉厦门航空有限公司等人格权案 ………………………………… (99)
21. 北京金山安全软件有限公司诉周鸿祎侵犯名誉权案 …………………… (109)
22. 殷虹诉北京百度网讯科技有限公司名誉权案 …………………………… (123)
23. 谢薇诉华润置地（成都）物业服务有限公司隐私权案 ………………… (130)
24. 阮益泳诉中国移动通信集团广东有限公司侵权案 ……………………… (137)
25. 战一诉创融投资顾问有限公司人格权案 ………………………………… (141)

三、债与合同纠纷案例 ……………………………………………………… (150)
26. 刘玉兰、张旭诉张敬国、赵立全房屋买卖合同案 ……………………… (150)
27. 陈国华诉上海采莲超市有限公司服务合同案 …………………………… (153)

· 1 ·

28. 新巴尔虎左旗莫达木吉砖厂诉于飞债权转让合同案 ……………………………… (161)
29. 北京航丰园科技发展有限责任公司诉王首力、张松山商品房销售
    合同案 ………………………………………………………………………………… (164)
30. 王璐等诉北京房开置业股份有限公司房屋拆迁安置补偿合同、
    商品房预售合同案 …………………………………………………………………… (170)
31. 赵杰、赵宏仁与陈伟瑶不当得利案 …………………………………………………… (174)
32. 张龙强诉张志平追偿权案 ……………………………………………………………… (183)
33. 唐虹刚诉北京强佑房地产开发有限公司商品房预售合同案 ……………………… (186)
34. 周大红等诉宜昌三江航天房地产开发有限公司房屋买卖合同案 ………………… (190)
35. 张永亮诉骆宏耀房屋买卖合同案 …………………………………………………… (196)
36. 庄清祥诉福建省泉州市建筑工程有限公司、郑玉山民间借贷案 ………………… (202)
37. 于晓明等诉北京市怀柔区怀柔镇南关村村委会土地租赁合同案 ………………… (209)
38. 王继康等诉程素英租赁合同案 ……………………………………………………… (213)
39. 唐晓冬诉张德华等房屋租赁合同案 ………………………………………………… (217)
40. 汪志刚等诉刘树科等委托合同案 …………………………………………………… (222)
41. 叶海燕诉上海爱情故事婚姻介绍服务中心服务合同案 …………………………… (228)
42. 上海慕利投资咨询有限公司诉上海欧伯尔塑胶有限公司居间合同案 …………… (233)
43. 厦门市创优物业管理有限公司诉庄建平物业服务合同案 ………………………… (239)
44. 孙东华诉中国建设银行股份有限公司牡丹江分行等拍卖合同案 ………………… (249)
45. 李威诉黄晓玲房屋买卖合同案 ……………………………………………………… (254)
46. 李金容等诉林沛森等房屋买卖合同、居间合同案 ………………………………… (261)

四、侵权责任纠纷案例 ……………………………………………………………………… (269)

47. 钟贵琼等诉马兆龙生命权、健康权、身体权案 …………………………………… (269)
48. 李志坚诉张玉瑞生命权、健康权、身体权案 ……………………………………… (273)
49. 魏广富诉井山生命权、健康权、身体权案 ………………………………………… (282)
50. 陆屏诉朱何生、中国大地财产保险股份有限公司南通中心支公司
    交通事故损害赔偿案 ………………………………………………………………… (287)
51. 何宜造诉北京静安金山保安服务有限公司、北京金九成物业管理中心、
    南洪军生命权、健康权、身体权案 ………………………………………………… (293)
52. 何美娇、艾茹、艾莹诉吴振平、揭六清、游忠平、文老检、王兆祥、
    文平友生命权案 ……………………………………………………………………… (300)
53. 梁团等二人诉覃海夺等五人侵权责任案 …………………………………………… (306)
54. 柳迪诉北京市八一中学、李明、刘正阳、李九霄、黄柏川
    生命权、健康权、身体权案 ………………………………………………………… (314)
55. 赵仲光诉贺江涛生命权、健康权、身体权案 ……………………………………… (321)
56. 于登云诉谢晓磊健康权、身体权案 ………………………………………………… (326)
57. 谢永康诉江苏天楹赛特环保能源集团有限公司大气污染侵权案 ………………… (332)
58. 顾淑等诉朱卫兵等人身损害赔偿案 ………………………………………………… (339)

59. 上海银行股份有限公司福民支行诉倪兆阳、杨式如、
    上海市普陀公证处财产损害赔偿案……………………………………………(347)
60. 华世祺诉上海市第一八佰伴有限公司人身损害赔偿案…………………………(353)
61. 夏开敏、高燕诉曲靖市人民政府办公室、马林康等27户
    住户建筑物墙体塌落损害赔偿案……………………………………………(358)
62. 钱其东诉张建溇、广州番禺粮食储备有限公司大龙粮油
    批发中心等交通事故赔偿案……………………………………………………(367)
63. 王军等诉安徽交通投资集团金寨高速公路管理有限责任公司等机动车
    交通事故责任案………………………………………………………………(373)
64. 冯修全诉成都市龙泉驿区第一人民医院产品质量损害赔偿案…………………(380)
65. 原告李红与被告新疆维吾尔自治区人民医院医疗损害赔偿案…………………(385)
66. 原告佟照坤、史勇进与被告葫芦岛市妇婴医院、葫芦岛市中心医院
    医疗损害赔偿案………………………………………………………………(390)

五、婚姻家庭继承纠纷案例……………………………………………………(394)
67. 王丽梅诉李焓返还原物案……………………………………………………(394)
68. 张文义诉侯娟离婚案…………………………………………………………(397)
69. 高秀芬诉骆文斌离婚案………………………………………………………(403)
70. 姜兆立诉庞磊等民间借贷案…………………………………………………(406)
71. 秦××诉刘××离婚案………………………………………………………(410)
72. 李敏等诉区兆深抚养费案……………………………………………………(414)
73. 欧利敏诉蓝秀朋、蓝云芳、蓝文新、樊月枝工伤死亡赔偿金分割案……………(420)
74. 李萍诉李林、邱忆债权案……………………………………………………(426)
75. 杨秀琴诉杨明、杨杰继承案…………………………………………………(433)
76. 范世贵诉范春等法定继承案…………………………………………………(436)

六、劳动纠纷案例………………………………………………………………(445)
77. 钟政舜诉梅县灵光寺劳动合同案……………………………………………(445)
78. 罗世海诉刘杰等劳务合同案…………………………………………………(451)
79. 米易县海峡石材有限公司诉涂阳贵确认劳动关系案…………………………(458)
80. 宁波博尔佳工贸实业公司诉张玉田劳动争议案………………………………(461)
81. 柳州市华明建筑工程劳务有限公司诉杨平劳动争议案………………………(467)
82. 刘洪兰、李秀莲、高金梅、刘文凯诉新疆陆源货物运输有限公司工伤
    保险待遇案……………………………………………………………………(473)
83. 中法人寿保险有限责任公司诉刘雨、中国邮政集团公司劳动争议案…………(478)
84. 厦门市路桥管理有限公司诉符小秀劳动争议案………………………………(485)
85. 北京中视天阳传媒科技有限公司诉邢祎劳动争议案…………………………(492)
86. 侯景仁诉长盛实验设备厂补办人事档案、办理特殊工种退休案………………(496)

七、其他案例……………………………………………………………………(501)
87. 黄广普诉重庆市渝万建设集团有限公司等建设工程分包合同案……………(501)

88. 陈雨丝诉杨秋龙等道路交通事故责任案 …………………………………… (507)
89. 徐晓琴诉姚明盛民间借贷案 ………………………………………………… (511)
90. 李红林等诉刘自宾买卖合同案 ……………………………………………… (515)
91. 蒋一铭诉卢恺民间借贷案 …………………………………………………… (520)
92. 杨德云诉李春华确认人民调解协议效力案 ………………………………… (524)
93. 魏井成诉杨振兰宅基地使用权案 …………………………………………… (529)
94. 中国信达资产管理股份有限公司北京分公司与芦清许可执行之诉纠纷案 …… (532)
95. 朱佩芳等申请执行王祖深等其他所有权案 ………………………………… (538)
96. 上海汇金资润典当有限公司申请执行顾勇强、胡剑虹案 ………………… (542)
97. 倪美芳申请追加公司股东为被执行人的执行异议案 ……………………… (546)
98. 中国人民解放军第二炮兵总医院申请追加泉城医院劳动争议案 ………… (550)
99. 刘广辉对金纬与王晓莉仲裁执行案外人异议案 …………………………… (555)
100. 孙宏月与中国华闻投资控股有限公司、北京胜古房地产开发有限责任
     公司执行异议案 …………………………………………………………… (559)
101. 招商局船务企业有限公司与太原双塔刚玉股份有限公司、北京招商科学城
     房地产开发有限公司申请执行人执行异议之诉案 ……………………… (568)
102. 深圳市龙华海荣实业有限公司申请执行复议案 ………………………… (580)

一、物权纠纷案例

1. 李永吉诉李石鼓返还产权证案

（一）首部

1. 判决书字号：福建省厦门市海沧区人民法院（2011）海民初字第432号。
2. 案由：返还产权证。
3. 诉讼双方

原告：李永吉（缅甸名：U TUN SHEIN），男，1934年3月9日出生，住 Tamwe Township，Yangon（缅甸仰光市文达镇）。

委托代理人：林浩夫、庄颖，福建厦门天翼律师事务所律师。

被告：李石鼓，男，1956年3月27日出生，汉族，住厦门市海沧区。

委托代理人：陈树荣，福建万石律师事务所律师。

4. 审级：一审。
5. 审判机关和审判组织

审判机关：福建省厦门市海沧区人民法院。

合议庭组成人员：审判长：陈志强；审判员：郑松青；代理审判员：陈进杰。

6. 审结时间：2011年5月24日。

（二）诉辩主张

1. 原告李永吉诉称

位于厦门市海沧区东孚镇山边村下土楼社系原告祖母李谅（缅甸名：DAW TIN YAN，已故）生前所有。2010年11月19日，厦门市海沧区人民法院作出了海民初字第1263号民事判决书（已生效），判决确认原告继承取得上述房产所有权。该房产现因厦深铁路建设需要被征用，原告须办理相关拆迁补偿手续，上交原房屋产权证，但该产权证由于历史原因由被告李石鼓收藏至今。原告因此多次请求被告予以归还，但被告均予拒绝。现为维护法律尊严及自身合法权益，原告特提起诉讼，请求判令：（1）被告立即归还原告产权证；（2）本案诉讼费由被告承担。

2.被告李石鼓辩称

(1)该房屋产权证收藏在被告手里是有原因的,原告要求被告返还产权证需要进行经济补偿。(2)李谅当年受到被告父亲的照顾,包括生活、生病以及其后事的处理。处理完后事后,被告父亲代为管理该房产,进行修缮、维护。被告父亲去世后,交由被告进行管理。1997年换新证的时候,由被告提供其父亲的产权证作为担保才办出本案诉争的产权证。(3)被告及其父亲为该房产能保存下来花费了人力、物力,原告应当对其进行经济补偿。

(三)事实和证据

厦门市海沧区人民法院经公开审理查明:

2010年,李永吉作为原告起诉李永福要求确认其祖母李谅名下的房产归其所有,本院于2010年11月19日作出(2010)海民初字第1263号民事判决书,判决确认李谅名下的房产归原告李永吉所有,该判决已于2010年12月30日生效。上述房产的权属证件因历史原因由被告李石鼓收藏至今。该房产现因厦深铁路建设需要被征用,原告李永吉须上交房屋产权证办理相关拆迁补偿手续,因此,原告李永吉多次请求被告李石鼓归还该房屋产权证,但被告李石鼓均予以拒绝。双方因此发生纠纷,原告李永吉遂向本院提起诉讼,请求判令被告李石鼓立即归还原告李永吉房屋产权证。

另查明,被告李石鼓于2011年4月8日向本院递交了反诉状,要求原告补偿其25万元。经本院释明,被告李石鼓于当日自愿撤回反诉状,并表示愿另行起诉。

上述事实,有原告李永吉提交的(2010)海民初字第1263号民事判决书、反诉状、释明笔录及庭审笔录为证。

(四)判案理由

厦门市海沧区人民法院根据上述事实和证据认为:本院于2010年11月19日作出的(2010)海民初字第1263号民事判决书,判决确认李谅名下的房产归原告李永吉所有,因此原告李永吉依法对该房产享有占有、使用、收益和处分的权利。根据《中华人民共和国民法通则》第75条的规定:"公民的个人财产,包括公民的合法收入、房屋……和法律允许公民所有的生产资料以及其他合法财产。公民的合法财产受法律保护,禁止任何组织或者个人侵占……",因此本案诉争的"产权证"属原告李永吉的个人财产,被告李石鼓占有该"产权证"并无法律根据,本应及时将该"产权证"返还给原告李永吉,现原告李永吉提出要求被告李石鼓归还"产权证"的诉求,符合相关的法律规定,本院予以支持。被告李石鼓提出原告李永吉之祖母李谅当年受到被告父亲的照顾(包括生活、生病以及其后事的处理),1997年换新证时被告提供其父亲的产权证作为担保才办出本案诉争的产权证,因此原告要求被告返还产权证需要进行经济补偿的抗辩意见与本案不属同一法律关系,应另行主张。

（五）定案结论

厦门市海沧区人民法院根据《中华人民共和国民法通则》第七十一条、第七十五条的规定，判决如下：

被告李石鼓应于本判决生效后10日内返还原告李永吉杏集建97字第12416号产权证。

本案案件受理费100元，由被告李石鼓负担。

（六）解说

房屋产权证又称房屋权属证书，是权利人依法拥有房屋所有权，并对房屋行使占有、适用、收益、处分权利的惟一合法凭证。产权证具有两种属性，一是不动产物权凭证，二是产权证作为一种"物"，属于《物权法》保护的动产。根据《民法通则》第75条关于个人财产所有权保护的规定，公民的个人财产，包括公民的合法收入、房屋、储蓄、生活用品、文物、图书资料、林木、牲畜和法律允许公民所有的生产资料以及其他合法财产。公民的合法财产受法律保护，禁止任何组织或者个人侵占、哄抢、破坏或者非法查封、扣押、冻结、没收。在没有法律依据的情形下，公民的合法财产不受侵占。

回到本案，本院的生效判决（2010）海民初字第1263号民事判决书已经确认李谅名下的房产归原告李永吉所有，因此原告李永吉依法对该房产享有占有、使用、收益和处分的权利。作为该房产的物权凭证，产权证亦应由原告李永吉享有所有权，享有占有、使用、收益和处分的权利，被告理应返还。

（福建省厦门市海沧区人民法院　陈志强　邱胜侠）

2. 李磊诉阳少平所有权确认案

（一）首部

1. 判决书字号
一审判决书：北京市顺义区人民法院（2011）顺民初字第2253号。
二审判决书：北京市第二中级人民法院（2011）顺民初字第13070号。
2. 案由：所有权确认纠纷。
3. 诉讼双方
原告（被上诉人）：李磊，男，1970年7月13日出生，汉族，住北京市顺义区。

委托代理人：王晓玉，北京市扶正律师事务所律师。
被告（上诉人）：阳少平，男，1948年10月11日出生，汉族，住北京市朝阳区。
委托代理人：李力伟，北京市凯晨律师事务所律师。
4. 审级：二审。
5. 审判机关和审判组织
一审法院：北京市顺义区人民法院。
独任审判员：安金宝。
二审法院：北京市第二中级人民法院。
合议庭组成人员：审判长：高宝钟；审判员：付辉；代理审判员：孙盈。
6. 审结时间
一审审结时间：2011年5月12日。
二审审结时间：2011年12月20日。

（二）一审诉辩主张

1. 原告李磊诉称

原告于2001年购买了北京市顺义区马坡花园房屋一套，交纳了全部房款及相关费用，但房屋产权登记在被告名下。该房屋多年来一直由原告居住使用，且居住期间的相关费用亦由原告支付。现原告欲将房屋登记在自己名下，被告提出异议且不予协助办理。故原告诉至法院，请求判令：确认北京市顺义区马坡花园房屋一套为原告所有。

2. 被告阳少平辩称

首先，原告主张房屋是其购买并拥有产权并非事实，原告的诉求无事实依据也无证据证明。双方提交的证据中无论是购房合同还是购房款发票都表明购房人是被告，没有证据显示购房款是原告交纳。原告提交的由经联投资有限公司出具的收据和证明书是为了起诉所用而伪造的，不能反映客观事实，无证据效力。其次，人民法院为查清事实向房屋开发商调取了部分财务票据，载明经由经联公司交给开发商总计150万元购房款，这可以看出当时两家公司是以集资房款进行房屋开发的一种合作模式，上述票据并不能表明针对某一套房交款人的具体信息，对于本案没有证明意义。这与原被告双方都称购房款是由经联公司办公室主任，也就是原告的证人崔永和经办的事实一致。故法院依职权调取的上述票据也并不支持原告的主张。最后，本案涉诉房屋产权归被告阳少平所有。庭审中双方出示的证据都显示了房屋是被告阳少平购买，且已经取得了《房屋产权证》，而原告并没有事实依据和证据证明房屋登记有误，故应当确认被告对涉诉房屋拥有产权。

（三）一审事实和证据

北京市顺义区人民法院经公开审理查明：2000年3月6日，北京天马房地产开发有限公司（以下简称天马公司）将马坡花园7号楼2单元101室房屋卖与阳少平名下，但对该房屋的所有权，李磊与阳少平之间发生争议。

李磊提供以下证据：

1. 涉案房屋的房屋所有权证，证明该房屋在2001年办理所有权证的时候是由原告办理，一直在原告处保存，是原告的财产。

被告认可其真实性，但称此所有权证是在被告单位存放，后来丢失，所以申请补办了新的房本，所以原告的证据不能证明涉诉房屋是原告所有。

2. 经联投资公司的收据和证明书，收据载明：今收到李磊购房款人民币叁拾万零叁仟肆佰伍拾陆元整（人民币303 456.00元整）。此款为购买顺义马坡花园7号楼2单元101室的房款。经联投资有限公司，2001年4月11日，经手人：崔永和。证明书载明：1998年经联投资有限公司和承建方顺义天马公司合作开发建设了马坡花园7号楼住宅工程，共建设成18套跃层公寓，2单元101室出售给李磊。由于李磊不是公司人员，只能按公司要求将房产登记（房产证号顺私字第16707号）在我公司财务经理阳少平名下。李磊缴纳了购房款人民币叁拾万零叁仟肆佰伍拾陆元整（人民币303 456.00元整），并自房屋建成后一直在此房屋居住，是该房屋的实际购买者和所有者。特此证明，经联投资有限公司，2001年4月20日。

被告认为，经联投资公司不是房屋的开发商，也不是房屋买卖合同的缔约方，其出具的收据和证明书不能证明交房款的实际情况和房屋产权的归属。这份证明书出具日期为2001年4月20日，载明了房产证号，说明原告原来就拿到了房产证。但原告提供的其他登记表上载明的时间是2001年4月23日，与此证明书相矛盾，因此，被告认为此证据是经联公司为了原告诉讼编造的。经联公司是原告父亲担任法定代表人的子公司，具有利害关系，其证据效力不应该被采信。

3. 北京天马公司2010年9月25日的证明载明：北京天马公司是集体所有制企业。1999年，北京天马公司与北京经联投资有限公司联合开发了马坡花园7号楼，由经联投资有限公司出资，天马公司负责施工建设该项目。共建成楼房18套，全部由经联投资有限公司负责出售并收取了购房款（崔永和是经联投资有限公司该项目负责人、经手人），天马公司从未收取过7号楼购房者交纳的购房款（包括登记在阳少平名下的2单元101室），也未与购房者签订买卖合同，实际购房者都是与经联公司办理购房手续。由于该项目是以天马公司名义立项，只能由天马公司办理产权登记。为了办理产权登记，天马公司向登记机关出具商品房买卖契约，但是买房人信息材料都是由经联投资有限公司提供的，其中包括2000年3月6日签订的7号楼2单元101房的商品房买卖契约，同时向房屋登记机关出具的7号楼2单元101房银钱收据（编号为6135872）也是为了办理产权登记使用，事实上天马公司未收到此房款，收据原件在天马公司。

被告认为其所载明的内容几乎与天马公司与被告签订的购房合同时出具的发票及房屋契税的发票都有矛盾，天马公司曾与被告签订过购房合同，给被告出具了发票，现在以书面证明方式对原来的行为进行否定，被告不认可此证明，认为其所载明的内容并非事实。

4. 原告办理房屋产权证书登记期间所支付的必要费用的票据和水电费、供暖费用的票据。

被告认可办理房屋产权证书支付的必要费用的真实性，此单据上登记的名字是阳少平，证明被告是房屋所有权人。原来被告办理房屋产权的所有手续都保管在公司，2004年到2010年，被告被派到海南工作，后来公司搬了几次家，在这个过程中，被告办理房屋产权的手续就找不到了，丢失了。另外对于水费和取暖费的票据，其中有八张收据，被告不认可其真实性，其中五张发票，认可真实性，但此证据只能证明原告在使用涉诉房屋，并不能证明原告对涉诉房屋拥有所有权。

5. 证人崔永和，出庭作证证明：我是经联投资有限公司办公室主任。原告的父亲李守忠原为董事长。经联公司是涉诉房屋的投资人。证明涉诉房屋当时卖给了董事长李守忠，落户在了原告的身上。但办证的时候为了避嫌就没有写原告的名字，写了公司内部人员阳少平的名字，当时也没有通知阳少平。阳少平的名字也是我签的，然后拿到天马公司，天马公司办理房产证。我在购房过程中用过阳少平的老身份证复印件。收款是我收的，是李磊交的现金，已经交给经联公司了。我没有收过被告任何钱。房产证办理下来后，是我亲自把房产证和有关票据交给了李守忠。我也是房屋装修的见证人，装修公司也是我找的。装修完后，我去了涉诉房屋多次。被告在2001年前没有到过顺义，也没有去过马坡花园，被告不知道涉诉房屋是什么样子的。

崔永和另证实，当时经联公司确实开具过这个证明，但李磊找不到原来的证明了，经联公司在去年年底为其补开了一份。

6. 张宏生（天马公司的前任会计）证实：顺义政府与天马公司是上下级关系，7号楼是经联公司投资的，由天马公司开发，7号楼的工程款就是经联公司的。7号楼不涉及个人交款，都是单位交的款。是经联公司给我们提供名字办理房本，天马公司针对经联公司，不针对个人，只收经联公司的款项。涉诉房屋出具的发票上写的名字是阳少平，依据经联公司提供的材料。

另查，涉诉房屋自2000年开始，由原告装修、居住，但被告称系被告购房后，因为被告在市里工作，当时原告的父亲是被告任职公司的董事长，其提出此房屋让原告居住，而公司为被告在城区租赁一所房屋居住。2004年后，被告不在北京工作，因为原告父亲是被告的领导，所以被告就一直没有提出异议。

2010年9月1日，被告阳少平向北京市住房和城乡建设委员会办理了补发的房屋所有权证（X京房权证顺字第244077号）。

上述事实有以下证据证明：
1. 北京市内销商品房买卖契约；
2. 经联投资有限公司收据；
3. 证明书；
4. 北京天马房地产开发中心的证明；
5. 企业法人申请开业登记注册书；
6. 房屋所有权证（京房权证顺私字第16707号）；

7. 房屋所有权证（X京房权证顺字第244077号）；
8. 税费票据。

（四）一审判案理由

北京市顺义区人民法院经审理认为：本案争议的焦点是李磊是否对本案争议房产享有所有权。本案中李磊主张对争议房产享有所有权，其提供了原始房屋所有权证、涉诉房屋的税费票据、房屋开发单位证明等证据，证实争议房产的购房款系由其支付，并以阳少平的名义购买涉诉房产的事实。根据当时经办人崔永和及张宏生的证言也可以认定李磊支付了本案争议房产的购房款。诉讼中，阳少平称其支付了争议房产的购房款，且李磊系无偿使用该争议房产，但就此部分事实其并未提供充足的证据予以证实，故对其该辩解理由本院难以采信。况且，从涉诉房屋的使用及装修情况来看，假如被告实际购买该房屋，其在长达十余年的时间里不去管理自己的房屋，任凭他人进行装修、使用且不支付任何费用，有悖常理。被告并未提供其购买房屋的相关手续，且简单以房屋相关资料丢失为由辩解，难以让人信服。根据我国《物权法》的规定，因物权的归属、内容产生争议的，利害关系人可以请求确认权利。本案争议房产虽登记在阳少平名下，但根据已查明的事实，李磊支付了本案争议房产的购房款，其应享有争议房产的所有权，故本院对李磊要求确认本案争议房产归其所有的诉讼请求予以支持。

（五）一审定案结论

北京市顺义区人民法院依照《中华人民共和国物权法》第三十三条之规定，判决如下：

本院确认坐落于顺义区马坡花园7号楼二单元1至2层101室房屋为原告李磊所有。

案件受理费35元，由被告阳少平负担，于本判决生效后7日内交纳。

（六）二审情况

1. 二审诉辩主张

一审判决后，被告阳少平不服一审判决，向北京市第二中级人民法院提起上诉，请求二审法院依法驳回被上诉人在原审中的诉讼请求。

2. 二审事实和证据

二审认定事实和证据与一审认定一致。

3. 二审判案理由

北京市第二中级人民法院经审理后认为：当事人对自己提出的诉讼请求所依据的事实或者反驳对方诉讼请求所依据的事实有责任提供证据加以证明。没有证据或者证据不足以证明当事人的事实主张的，由负有举证责任的当事人承担不利后果。为证明自己系诉争房屋的真正权属人，李磊提供了原始房屋产权证书，购房过程中产生的税费票据等购房书证，诉争房屋开发商出具的证明以及崔永和、张宏生的证人证言等证据，证据之间可以相互印证，形成了完整合理的证据链条，结合李磊以所有权人身份对诉争房屋长期居住使用的事实，本院认定李磊系以阳少平之名办理购房手续以购买诉争房屋，系诉争房屋的真实所有权人。阳少平虽主张其支付了购房款，系真正产权人，但就此未能提供充分有效之证据支持，且其从未以所有权人之名对诉争房屋进行管理使用，也未实际控制过房屋，其辩称理由与常理及事实不符。故阳少平的上诉请求，因无事实及法律依据，本院不予支持。原审判决认定事实清楚，适用法律正确，本院予以维持。

4. 二审定案结论

依照《中华人民共和国民事诉讼法》第一百五十三条第一款第（一）项之规定，判决如下：

驳回上诉，维持原判。

一审案件受理费35元，由阳少平负担（于本判决生效后七日内交纳），二审案件受理费70元，由阳少平负担（已交纳）。

本判决为终审判决。

（七）解说

此案的焦点即原告李磊是否对涉诉房屋享有所有权。与其他确认所有权纠纷不同的是，本案涉及司法实践中存在的房屋买卖借名登记问题。对于此类纠纷，如何通过证据分析进行法律判断，从而确定房屋的真正权利人往往是问题的关键所在。

1. 不动产物权确立的标准

《物权法》第9条规定："不动产物权的设立、变更、转让和消灭，经依法登记，发生效力；未经登记，不发生效力。但法律另有规定的除外。"第14条规定："不动产物权的设立、变更、转让和消灭，依据法律规定应当登记的，自记载于不动产登记簿时发生效力。"第16条规定："不动产登记簿是物权归属和内容的根据。"由以上规定可以看出，作为不动产的房屋，其不动产登记簿是确认物权归属的重要依据。理论界对于物权，存有三原则之说即法定、公示、公信。法定是物权的种类由法律规定，当事人不得自由创设。公示是物权的享有与变动有可取信于社会公众的外部表现形式。公信是物权的存在以占有或者登记为表征，信赖该表征而进行相应行为者，即使其表征与真实权利状态不符，对于信赖该表征的人也不发生影响。以公示原则为基础，派生出了不动产物权登记推定真实的效力，即除有相反证据证明外，法律认为记载于不动产登记簿的人是该不动产的权利人。

2. 不动产登记错误时的救济措施

一般意义上，不动产登记簿记载的权利人和事实上的权利人应当是一致的。但由于经济生活的复杂性和各种原因，也会产生两者不一致的情形。从此角度出发，法律为了保护可能的事实权利人，规定了异议登记和更正登记，各方就不动产所有权产生纠纷时，异议登记就显得至关重要。所谓异议登记，是将事实上的权利人以及利害关系人对不动产登记簿记载的权利所提出的异议记入登记簿。此时，登记簿上所记载权利失去正确性推定的效力，第三人也不得主张依照登记的公信力而受到保护。由于异议登记也给不动产物权交易造成了一种不稳定状态，故物权法同时规定，申请人在异议登记之日起15日内不起诉的，异议登记失效。故此种情形下，不动产的事实权利人维护其权益的有力措施应当是提起诉讼，通过法院的最终裁决确定物权的真正归属。本案中，因原告李磊主张其是涉诉房屋的真正所有权人，在登记簿登记的权利人与其主张不一致时，其已经向房屋登记主管部门申请了异议登记，并及时进行了法律诉讼，为进一步地保护自身权益打下了基础。

3. 本案中不动产之真正权利人的认定依据

本案涉及房屋的所有权归属，依照不动产登记簿的记载应当归属于被告阳少平，但原告李磊主张其才是房屋真正的权利人，最初只是借用被告阳少平的名字进行了登记。在此情形下，以下四个方面的认定对于确定本案涉诉真正权利人具有重要的意义：

（1）涉诉房屋产权证登记为谁，由谁保管

房屋产权证书是房屋产权的重要凭证，产权人一般不会随意交由他人。本案中，原告李磊持有最初的房屋产权登记证，登记人为被告阳少平。如果房屋实际权利人为阳少平，则由原告李磊长期保管该证书的做法有违常理，另外，虽然被告阳少平手中也持有产权证书，但该证书的获得据其陈述为原有证书丢失后补办所得。

（2）涉诉房屋的购房款及相关税费由谁支付

依据常理，自己购买房屋必定自己交付购房款及相关税费。本案中，原告李磊提供了收据、证明书、证人证言等相关证据，证明是其交纳了涉诉房屋的购房款，且持有办理房屋产权登记所支付的必要费用票据和支付水电费、供暖费用的票据。对此，被告阳少平解释为其因搬家丢失了办理房屋登记的票据，将必要费用之票据与房屋产权证书综合观察，被告阳少平皆称丢失的说法有违常理。

（3）涉诉房屋由谁长期支配使用

涉诉房屋由谁长期支配使用也是认定真实权利人的一个重要依据。本案中，原告李磊提供了相关的水电费和取暖费等票据，证明了涉诉房屋自2000年开始一直由其居住，并进行了装修。被告阳少平称因为原告父亲为领导才一直让原告在此居住，而自己在其他地方租房居住，且并不知晓房屋装修的情况，该辩解同样与常理相悖。

（4）房屋出卖方的证明

房屋买卖合同的签订双方为买受人与出卖人，当初出卖方与何人订立合同及收取何人交付的房款也是判断真正权利人的依据之一。本案中，当初房屋的投资方经联公司出具证明和证人，证实当初收到的购房款系李磊所交，且证明当时因李磊非公司人员，才将房屋登记在阳少平名下。房地产开发商和负责办理产权登记相关事宜的天马房地产开发中心，也证明其并未收取过被告阳少平交纳的房屋购房款。

综合以上分析可知，原告提供的证据之间互相得到印证，已经形成完整的证据链条，证明了原告为涉诉房屋的真正权利人，而被告阳少平并未提供有力证据证明其主张。故本案中，一、二审对涉诉房屋的真正权利人之认定正确，判决适当。

（北京市顺义区人民法院　史智军）

3. 朱勇、唐朝素诉张亚琴返还原物案

（一）首部

1. 判决书字号

一审判决书：云南省昆明市盘龙区人民法院（2010）盘法民联初字第624号。

二审判决书：云南省昆明市中级人民法院（2011）昆民三终字第199号。

2. 案由：返还原物纠纷。

3. 诉讼双方

原告（反诉被告）：朱勇，男，1972年8月25日出生，汉族，重庆江津县人，无业，现住昆明市金星园丁小区。

原告（反诉被告）：唐朝素，女，1972年5月26日出生，重庆江津县人，无业，现住昆明市金星园丁小区。

两原告（反诉被告）委托代理人：严雨婷，系云南汇同律师事务所律师，特别授权代理。

被告（反诉原告）：张亚琴，女，1981年10月11日出生，白族，大理鹤庆县人，无业，现住昆明市盘龙区。

委托代理人：杨晓松、欧文杰，系云南政培律师事务所律师，特别授权代理。

4. 审级：二审。

5. 审判机关和审判组织

一审法院：云南省昆明市盘龙区人民法院。

独任审判员：董维娜。

二审法院：云南省昆明市中级人民法院。

合议庭组成人员：审判长：彭韬；代理审判员：沈芹宇、沈男。

6. 审结时间

一审审结时间：2010年10月25日。

二审审结时间：2011年5月6日。

(二) 一审情况

1. 一审诉辩主张
(1) 原告（反诉被告）朱勇、唐朝素诉称

2010年4月底，原告因工作需要购买思域牌轿车一辆（车牌号为云A9D007，以下简称车辆）。因昆明没有现车，原告直接到蒙自县提了一辆现车，并于2010年4月29日和经销商订立了购车合同，并通过转账的方式支付了购车款。在购车时，由于两原告的身份证原件已送回老家办理农村村民医保，暂时无法带回云南，朱勇为了避免逾期车辆落户产生行政处罚，便打电话给张亚琴借用身份证将车辆落户，并约定待两原告的身份证原件拿到后被告再行将车辆过户给原告，被告表示同意。车辆落户后，一直是朱勇在使用。2010年6月，两原告拿到了自己的身份证原件，经多次催告被告办理过户手续，被告均以各种借口推脱不予配合。2010年8月，被告向原告提出借用车辆办事，原告碍于朋友情面将车辆借给被告使用，之后原告多次向被告索要车辆被告均不予归还。为此，原告诉至法院，请求法院判令：1）被告将非法占有的车牌号为云A9D007号的思域牌轿车返还原告，并由被告配合原告办理该车辆的过户手续；2）本案的诉讼费、保全费由被告承担。

(2) 被告（反诉原告）张亚琴诉称

我与朱勇、唐朝素几年前认识，由于多次帮助过朱勇，朱勇为表示感谢购买了本田思域牌轿车一辆（车牌号为云A9D007，以下简称车辆）赠予我。因双方系朋友关系，我有时将车辆借予朱勇使用，朱勇在借用车辆时却将车辆相关证照拿走。现为维护我的合法权益，特向法院提出反诉，请求法院判令被反诉人向我归还云A9D007车辆的购车发票、车辆登记证书、车辆保险合同、车船税发票、车辆合格登记证、车辆合格证书、车辆完税凭证等相关票据证照；被反诉人承担本案诉讼费用。

2. 一审事实和证据

盘龙区人民法院经公开审理查明：朱勇与唐朝素系夫妻关系。2010年4月30日，朱勇用自己所持有的中国农业银行银行卡以刷卡的方式在东风本田汽车红河实田特约销售服务店以132 800元的价格购买了一辆红色本田思域牌轿车，经检查无误后接车开回昆明使用，并于2010年6月13日对该车进行首次保养。由于朱勇及唐朝素户口所在地通知核实登记医疗保险书事宜，朱勇及唐朝素将身份证原件寄回重庆市江津区蔡家镇，因此，2010年5月19日，朱勇及唐朝素借用张亚琴身份证原件为该车办理落户手续，并缴纳汽车的车辆购置税11 350元，车牌号登记为云A9D007，此后，朱勇及唐朝素向张亚琴要求将云A9D007车辆过户到自己名下，张亚琴并未予以配合。朱勇及唐朝素诉至本院，主张权利，诉讼中，张亚琴亦提起反诉。

另查明，张亚琴在2010年8月11日及2010年8月25日驾驶该车辆因违法受到交警部门的处罚，并于2010年9月20日将该车送到东风本田汽车三佳特约销售服务店进行修理保养。

上述事实有下列证据证明：

(1) 东风本田汽车红河实田特约销售服务店销售合同、银行卡存根、账户明细查询、收据及落户交车清单、交车确认讲解说明、检查单、照片，均证明2010年4月30日朱勇用自己的农业银行卡，在实田汽车公司刷卡消费132 800元，购买了车架号为LVHFA1615A5012784的红色思域轿车一辆。购车当天，实田汽车公司向朱勇出具了收款收据，将车辆销售证明、合格证、说明书、保修手册、钥匙等随车物品全部移交给朱勇，并向朱勇做了交车确认讲解说明，朱勇也对所接的车作了全面检查。

(2) 情况说明、结婚证、身份证、注册登记摘要信息栏、持卡人存根、账户明细查询，证明是由于朱勇与唐朝素在户口所在地办理医疗保险，村委会通知其将户口本、身份证原件带回户口所在地进行核实登记。由于朱勇及妻子与张亚琴是朋友，对其比较信任，在征得张亚琴的同意后，夫妻二人将车辆暂时落户在其名下。2010年5月19日，朱勇再次用自己的农行卡向盘龙区国家税务局为车缴纳了11 350元的购置税，为车办理了落户，车号为A9D007。

(3) 机动车销售统一发票、税收通用完税证、发票、东风本田汽车保修手册、使用说明书、维修委托书，均证明朱勇是车辆的实际车主，所以实田公司将车直接交给朱勇，车辆一直是朱勇在占有、使用。

(4) 身份证，证明当事人主体资格。

3. 一审判案理由

盘龙区人民法院根据上述事实和证据认为：依据最高人民法院《关于贯彻执行〈中华人民共和国民法通则〉（试行）若干问题的意见》第一百二十八条，公民之间赠与关系的成立，以赠与物的交付为准。在本案中，朱勇用自己所持有的中国农业银行银行卡以刷卡的方式在东风本田汽车红河实田特约销售服务店以132 800元的价格购买了一辆红色本田思域牌轿车，由于朱勇对该车辆支付了相应的对价，已取得了该车辆的实际所有权，同时由于朱勇购买该车辆是与在与唐朝素合法婚姻的存续期间，因而朱勇与唐朝素为该车辆的实际车主。朱勇、唐朝素作为实际车主因客观原因将该车辆登记在张亚琴名下，并且该车辆从提车到过户直至车辆行驶了4 174公里进行的首次保养均为朱勇所为，由此可知，朱勇购买该车并未在第一时间将车辆包括购买车辆的相关收据及证照交付张亚琴而是以自己的长期使用和保管为目的的，即朱勇、唐朝素作为实际车主并没有将该车辆赠予张亚琴的意思表示，也没有实际交付的行为，因此，对于张亚琴提出该车系朱勇所赠予的主张本院不予支持。

基于车辆赠予关系不成立，依据《中华人民共和国物权法》第三十四条的规定，无权占有不动产或者动产的，权利人可以请求返还原物。作为云A9D007车辆所有权人的朱勇、唐朝素要求占用该车辆的张亚琴返还车辆并配合办理过户手续，本院予以支持。张亚琴要求云A9D007车辆的车主朱勇、唐朝素归还车辆的购车发票、车辆登记证书、车辆保险合同、车船税发票、车辆合格登记证、车辆合格证、车辆完税证的反诉请求，没有事实及法律依据，本院不予支持。

4. 一审定案结论

据此，本院为维护社会的正常经济秩序、保护当事人的合法权益，根据《中华人民共和国物权法》第三十四条，最高人民法院《关于贯彻执行〈中华人民共和国民法通则〉若干问题的意见（试行）》第一百二十八条规定以及《中华人民共和国民事诉讼法》第一百零七条的规定，判决如下：

"一、被告（反诉原告）张亚琴于本判决生效之日起将车牌号为云 A9D007 的思域牌轿车返还原告（反诉被告）朱勇、唐朝素；

二、被告（反诉原告）张亚琴于本判决生效之日起 30 日内配合原告（反诉被告）朱勇、唐朝素办理该车辆的过户手续；

三、驳回被告（反诉原告）张亚琴的反诉请求；

案件受理费人民币 3 291 元及反诉费人民币 25 元减半收取计 1 658 元、保全费 1 268 元，共计 2 926 元由张亚琴承担。"

（三）二审诉辩主张

上诉人张亚琴上诉称：一审判决认定事实错误，诉争车辆系朱勇赠与上诉人的。朱勇在购车后不仅以张亚琴的名义办理了落户登记手续，并且在购车当日便将诉争车辆交付上诉人使用，而上诉人当晚便将该车辆停放于奥斯迪购物广场停车场，后又办理了半年的停车手续，以上事实足以表明诉争车辆为上诉人长期占有、使用，同时也证实了当事人双方基于朋友关系而产生的赠与合同的成立和履行。综上，请求二审法院判令：（1）撤销原审并改判驳回被上诉人一审的诉讼请求；（2）改判支持上诉人一审的反诉请求；（3）一、二审诉讼费用全部由二被上诉人承担。

被上诉人朱勇、唐朝素辩称：一审判决认定事实清楚，适用法律正确，诉争车辆系由被上诉人出资，为家庭使用而购买的，只是借用上诉人的身份证落户。上诉人主张的赠与合同无事实与法律依据。请求二审法院驳回上诉，维持原判。

（四）二审事实和证据

昆明市中级人民法院经审理，确认一审法院认定的事实和证据。

（五）二审判案理由

昆明市中级人民法院根据上述事实和证据认为：《中华人民共和国物权法》第二十三条规定，"动产物权的设立和转让，自交付时发生效力，但法律另有规定的除外。"第二十四条规定，"船舶、航空器和机动车等物权的设立、变更、转让和消灭，未经登记，不得对抗善意第三人。"根据上述法律规定，在我国，作为动产的机动车辆物权的设立自标的物交付即发生法律效力，同时，为交通管理工作的需要，在我国境内设立有机动车登记管理制度，由公安机关具体负责审核及登记事宜，而机动车辆是否进行了登记系针对善意第三人的物权对抗要件，而非动产物权的设立要件。在此需明确的是，在我国现阶段动产物权的设立和生效仅以交付（包含实际交付、占有改定、指令交付等多种形式）为要件，在法律未规定应以登记作为生效要件的前提下，动产物权依交付而设立和生效。根据审理查明的事实，诉争车辆系由朱勇出资从东风本田汽车红河实田特约销售服务店以132 800元的价格购买，朱勇与该服务店的买卖合同成立，并即时履行，自该服务店将诉争车辆交付朱勇之时起，朱勇即取得了对诉争车辆的所有权，同时，朱勇取得诉争车辆所有权的时间亦在其与唐朝素婚姻关系存续期间，依据我国《婚姻法》的相关规定，诉争车辆属夫妻共同财产，故唐朝素系诉争车辆的共同共有人。本案中，作为诉争车辆权利人的朱勇、唐朝素依法享有对该车辆占有、使用、收益和处分的权利，在上述权益为他人所损害之时，朱勇及唐朝素有权依法提出要求加害人返还车辆的诉讼请求。

张亚琴虽提出诉争车辆系朱勇、唐朝素赠与的抗辩主张，但其未能提交确实有效的证据证实赠与合同的缔结以及实际履行情况。根据最高人民法院《关于贯彻执行〈中华人民共和国民法通则〉若干问题的意见（试行）》第一百二十八条的规定，公民之间赠与关系的成立，以赠与物的交付为准。结合在案证据及双方当事人的自认陈述，朱勇于2010年4月30日在蒙自购买诉争车辆，支付了价款及相关税费，当日驾车返回昆明，并为该车购买保险；2010年5月1日至2日将该车送至4S店做首次保养，以上事实足以形成证明锁链，共同指向朱勇自2010年4月30日起长期持续对诉争车辆管理、使用的事实状态。与此同时，张亚琴针对其提出的口头赠与合同标的物（即本案诉争车辆）的交付时间为2010年4月30日的抗辩主张，未能提交足以反驳上述事实的优势证据，进而，其主张的赠与关系因证据不足不能成立，对其基于赠与关系而占有诉争车辆的抗辩理由，本院不予采信。

（六）二审定案结论

因上诉人张亚琴的上诉请求不成立，本院予以驳回。一审判决认定事实清楚，适用法律正确，本院依法予以维持。依照《中华人民共和国民事诉讼法》第一百五十三条第一款第（一）项及第一百零七条之规定，判决如下：

驳回上诉，维持原判。

如果未按本判决指定的期间履行给付金钱义务，应当依照《中华人民共和国民事诉讼法》第二百二十九条之规定，加倍支付迟延履行期间的债务利息。

二审案件受理费人民币4 949元，由上诉人张亚琴负担。

本判决为终审判决。

（七）解说

机动车登记不是所有权登记，车辆实际所有人与登记不一致时，应认定实际所有人为该车的所有权人，理由如下：

1. 机动车登记不具有所有权登记效力。根据《道路交通安全法》及《机动车登记管理办法》的规定，机动车登记的目的是行政管理及车辆管理，登记证明不代表权属证明，《道路交通安全法》第8条规定："国家对机动车实行登记制度，机动车经公安机关交通管理部门登记后，方可上道路行驶。尚未登记的机动车，需要临时上道路行驶的，应当取得临时通行牌证。"可见，国家对机动车登记管理是准予或不准予机动车在道路上行驶的登记，它与物权法上物权登记的性质不同，仅是一种行政管理措施。因此，机动车登记仅是作为行政管理和监督措施的登记，不是确定民事权利、义务与责任的根据。故本案中，虽然诉争车辆的登记人为张亚琴，但张亚琴并不必然成为该诉争车辆的所有权人。

2. 动产物权以交付为设立和转让的依据。我国《物权法》第23条规定："动产物权的设立和转让，自交付时发生效力，但法律另有规定的除外"，机动车以交付为物权设立和转让的标志。《合同法》第133条规定："标的物的所有权自标的物交付时起转移，但法律另有规定或者当事人另有约定的除外。"本案中，诉争车辆系朱勇出资从东风本田汽车红河实田特约销售服务店以132 800元的价格购买，朱勇与该服务店的买卖合同成立，并即时履行，自该服务店将诉争车辆交付朱勇之时起，朱勇即取得了对诉争车辆的所有权，同时，朱勇取得诉争车辆所有权的时间亦在其与唐朝素婚姻关系存续期间，依据我国《婚姻法》的规定，诉争车辆属于夫妻共同财产。

3. 最高法院批复认为，车辆登记与实际出资人不一致时，以实际出资人为车辆所有人。最高人民法院《关于执行案件中车辆登记单位与实际出资购买人不一致应如何处理问题的复函》（2000）执他字第25号中规定："上海市高级人民法院：你院沪高法（1999）321号《关于执行案件车辆登记单位与实际出资购买人不一致应如何处理的请示》收悉。经研究，答复如下：本案被执行人即登记名义人上海福久快餐有限公司对其名下的三辆机动车并不主张所有权；其与第三人上海人工半岛建设发展有限公司签订的协议书与承诺书意思表示真实，并无转移财产之嫌；且第三人出具的购买该三辆车的财务凭证、银行账册明细表、缴纳养路费和税费的凭证，证明第三人为实际出资人，独自对该三辆机动车享有占有、使用、收益和处分权。因此，对本案的三辆机动车不应确定登记名义人为车主，而应当依据公平、等价有偿原则，确定归第三人所有。故请你院监督执行法院对该三辆机动车予以解封。"公安部的批复证明车辆登记不是所有权登记。因此，将车辆管理部门办理过户登记的时间作为机动车财产所有权转移的时间没有法律依据。

4. 本案中张亚琴以自己不仅为诉争车辆的登记人且朱勇、唐朝素在起诉时该车辆一直为自己占有、使用，提出诉争车辆实为朱勇、唐朝素赠与。然而，依据朱勇支付车辆价款及相关税费，并为该车购买保险，为该车辆进行首次保养等事实所形成的证据锁链看，张亚琴仅提出口头赠与合同的抗辩主张因证据不足而不能成立，故诉争车辆的所有权人应为朱勇、唐朝素。

综上，本案中的原告与被告原为朋友关系，因朋友间的信任而刚巧自己的身份证因遇到客观原因不在身边，才将自己出资购买的车辆暂借他人身份证登记在他人名下，由于张亚琴认为车辆的登记与所有权一致，认为自己既然成为登记车主便为所有权人，故理所当然占有且拒不归还车辆。这是一个朋友之间利重于义的案例，也是一个关于我国动产登记与所有权并不一致的案例，案件的审理结果向人们展示了人们对于登记制度与所有权的公示公信误区的明朗解释。

（云南省昆明市盘龙区人民法院　董维娜）

4. 刘杏珍诉叶桂卿、周炯儿返还原物案

（一）首部

1. 判决书字号
一审判决书：浙江省宁波市镇海区人民法院（2009）甬镇民初字第353号。
二审判决书：浙江省宁波市中级人民法院（2009）浙甬民一终字第1141号。
2. 案由：返还原物纠纷。
3. 诉讼双方
原告：刘杏珍，女，1948年3月1日出生，汉族，住宁波市镇海区。
委托代理人：王忠祥，宁波市承信法律服务所法律工作者。
委托代理人：戴吉，宁波市承信法律服务所法律工作者。
被告：叶桂卿，女，1924年8月30日出生，汉族，户籍所在地：上海市广西北路，现住宁波市镇海区。
被告：周炯儿，男，1949年4月3日出生，汉族，住上海市卢湾区。
两被告委托代理人：车爱玲，浙江甬正律师事务所律师。
4. 审级：二审。
5. 审判机关和审判组织
一审法院：浙江省宁波市镇海区人民法院。
合议庭组成人员：审判长：孙圣炯；代理审判员：刘光明；人民陪审员：乐一平。
二审法院：浙江省宁波市中级人民法院。
合议庭组成人员：审判长：孙锦菁；审判员：林波、张华。
6. 审结时间
一审审结时间：2009年9月15日。
二审审结时间：2010年3月5日。

（二）一审诉辩主张

1. 原告刘杏珍诉称

位于镇海区骆驼街道民联村甸央周、宗地号为208-1-83-2、集体土地使用证号为甬集用（2009）第0600067号的房屋，系原告与其丈夫王阿土的共同财产，王阿土于2007年3月16日去世。两被告未经原告同意，擅自占有使用该房屋至今。为此，原告诉至法院，请求判令两被告腾空该房屋，返还给原告。

2. 被告叶桂卿、周炯儿辩称

原告提供的宗地号为208-1-83-2的土地证是原告以遗失为由而补领的，实际上原证件在被告周炯儿手中。讼争房屋是被告及其他亲属共有的祖传房屋，20世纪90年代，原告丈夫未经过被告同意，申领了土地证。2003年，被告周炯儿以一万元买回了该房屋，当时土地证未能过户。原告丈夫王阿土写了一张绝卖契给被告周炯儿，并将土地证和房屋都交付给了被告周炯儿。之后，被告周炯儿花了几万元对房屋进行装修，被告叶桂卿基本上在该房屋居住，被告周炯儿偶尔来居住。总之，被告并非擅自占有原告房屋，请求法院驳回原告诉讼请求。

（三）一审事实和证据

宁波市镇海区人民法院经公开开庭审理查明：

坐落于镇海区骆驼街道民联村甸央周、使用面积为36平方米的农村宅基地，登记的土地使用权人为王阿土，土地证号为镇集用（2004）字第0007981号，被告周炯儿现在持有该土地证。2009年1月20日，原告刘杏珍以原土地证遗失及办理继承公证为由申请补领了甬集用（2009）第0600067号土地证，该土地证与镇集用（2004）字第0007981号土地证系指同一地块。从2003年7月起，被告叶桂卿、周炯儿（系母子关系）开始居住、使用上述宅基地上的房屋。原告刘杏珍与王阿土系夫妻关系，王阿土于2007年3月16日去世。王阿土的其他继承人均书面表示王阿土名下的房屋由刘杏珍一人继承。

另外，在镇海区人民法院受理的（2009）甬镇行初字第9号行政案件中，周振奋起诉要求撤销甬集用（2009）第0600067号集体土地使用证（地号为208-1-83-2），镇海区人民法院于2009年6月27日裁定驳回周振奋的起诉，现该裁定已生效。

（四）一审判案理由

宁波市镇海区人民法院经审理认为：不动产权属证书是权利人享有该不动产物权的证明。原告提供的甬集用（2009）第0600067号土地使用证，明确记载本案讼争房屋的土地使用权人为王阿土，两被告提供的农业税土地清册不足以推翻该土地使用权证，故本院认定本案讼争房屋的所有权人为王阿土。现王阿土已去世，其他继承人均同意由原告一人继承房屋，故原告有权以自己的名义主张该房屋的相关权利。物权法规定，无权占有不动产或者动产的，权利人可以请求返还原物。本案被告居住使用的讼争农村房屋，其登记的土地使用权人为王阿土，现被告以2003年6月19日的房屋卖契作为其占有房屋的抗辩理由。本院在本案中不对该房屋卖契的真实性作评判，就合同的合法性而言，农村房屋的买卖必然涉及农村宅基地使用权的转让，必须符合有关宅基地的法律规定。农村宅基地的所有权属于农村集体经济组织，只有本集体经济组织的成员才可申请使用宅基地，农村宅基地的使用权不允许通过房屋买卖的方式转让给本集体经济组织以外的民事主体。本案被告属于上海市居民,因此,其买卖本案讼争农村房屋的合同属无效合同。被告依据无效的买卖合同而主张占有房屋,该种占有没有合法的权源,为无权占有。故本案原告以权利人身份要求返还房屋,本院依法予以支持。鉴于被告已在该房屋居住多年,且原告表示要另行起诉主张合同无效及房屋装修部分的赔偿,为妥善解决本案的相关问题,本院酌情给予被告6个月的腾空房屋时间。

(五) 一审定案结论

依照《中华人民共和国物权法》第十七条、第三十四条、最高人民法院《关于民事诉讼证据的若干规定》第二条之规定,判决如下:

被告叶桂卿、周炯儿应于本判决生效之日起6个月内将坐落于镇海区骆驼街道民联村甸央周、集体土地使用证号为甬集用(2009)第0600067号、土地使用面积为36平方米的房屋腾空,返还给原告刘杏珍。

(六) 二审情况

1. 二审诉辩主张

一审法院判决后,叶桂卿、周炯儿不服,上诉称

(1) 一审判决认定叶桂卿、周炯儿无权占有讼争房屋的依据不足。该房屋是叶桂卿等亲属共同所有的祖传房屋,20世纪80年代叶桂卿出卖给王阿土,2003年6月周炯儿又从王阿土处买回了房屋。因此,叶桂卿、周炯儿系基于房屋买卖而占有讼争房屋,且该买卖属于回购行为,有别于一般的农村房屋买卖。(2) 关于房屋买卖的事实,叶桂卿、周炯儿提供了绝卖屋契和加盖了村公章的证明,证明人也陈述了证言,该房屋买卖是双方的真实意思表示。(3) 即使根据相关规定,王阿土与周炯儿的买卖房屋合同无效,因刘杏珍没有提出确认买卖合同无效的诉讼请求,法院不应该超越当事人的诉讼请求而认定买卖合同无效。因此,请求二审法院依法改判,驳回刘杏珍的诉讼请求。

被上诉人刘杏珍答辩称

(1) 刘杏珍系讼争房屋的合法所有权人,该房屋是否祖传与现在的房屋产权归属没有关系。(2) 王阿土与周炯儿之间不存在房屋买卖行为。叶桂卿、周炯儿提供的买卖契约上的签名显然不是王阿土本人所签,该签名系伪造。(3) 即使该合同是真实的,也不具有合法性。故请求二审法院驳回上诉,维持原判。

2. 二审事实和证据

二审法院查明以下事实:(1) 2003年6月,王阿土将讼争房屋出卖给周炯儿;(2) 在镇海区人民法院(2008)甬镇民一初字第1301号刘杏珍诉周炯儿房屋买卖合同纠纷案中,刘杏珍诉请法院确认王阿土与周炯儿之间的房屋买卖关系无效,由周炯儿返还房屋,后刘杏珍撤回了起诉;(3) 对叶桂卿、周炯儿系母子关系的事实不予确认;(4) 其他事实与一审法院认定的一致。

3. 二审判案理由

二审法院经审理认为：刘杏珍诉称讼争房屋所依附的集体土地使用权以及讼争房屋的所有权归王阿土所有，现王阿土已经去世，其他继承人均认可由刘杏珍继承本案讼争房屋，故刘杏珍有权以其名义诉请叶桂卿、周炯儿腾退房屋。根据本院二审查明的事实，王阿土将讼争房屋出卖给了周炯儿，且周炯儿、叶桂卿依据房屋买卖合同实际占有讼争房屋，其是否系无权占有，关键在于对周炯儿、王阿土房屋买卖协议效力的认定，对此，应当在另案中进行审查和判断，不属于本案的审理范围。因此，现刘杏珍依据物权保护请求权诉请叶桂卿、周炯儿腾退、返还房屋，依据不足，本院不予支持。

4. 二审定案结论

依照《中华人民共和国民事诉讼法》第一百五十三条第一款第（二）项之规定，判决如下：一、撤销宁波市镇海区人民法院（2009）甬镇民初字第353号民事判决；二、驳回刘杏珍的诉讼请求。

（七）解说

审理本案要解决的第一个问题是如何确定本案的案由。首先，要准确确定案由，必然要分析案件涉及的事实和法律关系的性质，因此，本案涉及的房屋买卖合同的真实性及合法性问题是无法回避的。其次，如果合同被确认无效之后，基于无效合同的返还财产，从请求权角度分析，其请求权基础是物权请求权还是债权请求权？该请求权与物权法中无权占有的返还原物的请求权有何差别？最后，《民事案件案由规定》以民事法律关系的性质作为确定案由的基本原则，但有例外，比如，物权保护纠纷这一类案由是基于民事责任方式确定的案由，确定案由的标准不一致，必然会存在与其他案由相冲突的情形。具体到本案而言，原告是可以选择房屋买卖合同纠纷或返还原物纠纷来起诉，还是只能以房屋买卖合同纠纷案由来起诉？

1. 无效合同财产返还的请求权基础

《合同法》第58条规定："合同无效或者被撤销后，因该合同取得的财产，应当予以返还；不能返还或者没有必要返还的，应当折价补偿……"合同成立并已履行之后被确认为无效，当事人的财产返还请求权是基于物权请求权，还是基于债权请求权，有两种不同的看法：一种观点认为，合同无效具有溯及力，即合同自始无效，当事人原先所为之给付在法律上不发生物权转移之效果，给付人得依物权请求返还财产，恢复原状。英美法及法国、瑞士民法采用此观点。另一种观点认为，返还财产属于债权性质的不当得利请求权。无效合同当事人依该合同为给付之时对合同效力无争议，并均在信赖合同有效的基础上而为给付，双方就所有权的转移已成立合意，此时之给付发生所有权转移的后果。嗣后，合同被确认无效之时，实际上是一方当事人继续保有其取得之利益自有根据变为无根据，故应依不当得利之债行使返还请求权。德国、日本等民事立法采此做法。

笔者认为，依据我国的法律，合同无效后财产返还基于物权请求权。我国《物权法》第9条第1款规定："不动产物权的设立、变更、转让和消灭，经依法登记，发生效力；未经登记，不发生效力，但法律另有规定的除外。"《物权法》第15条对不动物权变动的原因和结果进行了区分，规定"未办理物权登记的，不影响合同效力"。需要注意的是，我国的不动产物权登记生效主义不同于德国。德国的登记生效主义以物权行为独立性和无因性为基础，物权变动可以与原因行为相分离，以登记为独立的物权行为，其成立不受原因行为的影响。我国立法及司法实践从未承认物权行为理论，也未承认物权行为的独立性和无因性。通说认为，我国采取的是瑞士的债权形式主义登记模式，该模式下，登记作为不动产物权变动的必要法定手续而不是单独的当事人的物权变动合意，如果不动产物权变动的原因行为（主要指合同行为）无效或被撤销，经登记的不动产物权也会相应无效或者被撤销。[①] 具体到房屋买卖合同而言，如果合同订立后，房屋已交付，但未办理过户登记，买受人并未取得房屋的物权；即使进行了过户登记，但如果买卖合同被确认无效，买受人也不能取得房屋的所有权，出卖人可以请求确认房屋过户登记行为无效。因此，合同无效之后返还财产的请求权基础是物权请求权。

2. 关于无权占有与返还原物

我国物权法规定了占有制度，填补了我国民事立法的一项空白。对于占有的性质，理论界有事实说、权利说等不同观点。通说认为，占有仅体现为人对物的支配管领关系，而不反映某种权利关系。无论是合法行为还是违法行为，均可基于管领物的事实而成立占有。[②] 物权法采用了通说，将占有规定为一种事实而不是权利。依占有的状态，可以将占有分为很多不同的种类。《物权法》在第34条出现了"无权占有"的概念，在第242条出现了"恶意占有"的概念。按照占有是否有本权的依据，可将占有分为有权占有和无权占有，而善意占有和恶意占有是无权占有的再分类。

占有产生的原因多种多样：基于物的所有权而进行的占有；基于他物权而进行的占有，如宅基地使用权人对宅基地的占有、质权人对质物的占有；基于租赁合同、保管合同、承揽合同等合同关系而进行的占有；基于无因管理而进行的占有；基于夫妻关系、监护关系而进行的占有。《物权法》第241条规定："基于合同关系等产生的占有，有关不动产或者动产的使用、收益、违约责任等，按照合同约定；合同没有约定或者约定不明确的，依照有关法律规定。"该条规定体现了合同约定优先于法律规定，是当事人意思自治原则在物权法上的体现，也是物权法与合同法相互协调和统一的体现。

《物权法》第34条规定："无权占有不动产或者动产的，权利人可以请求返还原物。"但是，物权法对无权占有的内涵和外延没有进行界定和列举，关于非法侵占、盗窃、抢夺、抢劫的财物的占有等，是否属于物权法意义上的占有不明确，使能否通过返还之诉得到救济的问题产生模糊认识。通说认为，无权占有他人之物的返还，应根据无权占有的性质，适用相关的法律。有关因盗窃、抢劫等犯罪行为取得的物，其性质属于犯罪物证，在公诉案件中，权利人无须提起返还之诉，而应当在作为证据采证后，由司法机关交还给权利人；在刑事自诉案件中，权利人则可以提起附带民事诉讼，请求返还原物。对于一般主体的非法侵占，没有构成犯罪的，一般可以通过返还之诉等方式解

[①] 参见最高人民法院物权法研究小组：《〈中华人民共和国物权法〉条文理解与适用》，70页，北京，人民法院出版社，2007。

[②] 参见王利明：《物权法专题研究》（下），1533页，长春，吉林人民出版社，2002。

决，对于特殊主体的违法侵占，如交通管理部门将扣留的违法机动车辆逾期占用，工商、海关等部门逾期扣留货物不返还，一般不能通过民事诉讼程序中的返还之诉解决，而应当通过申请行政程序、行政复议及至行政诉讼等行政法上的程序予以解决。①

从请求权性质上看，物权法上规定的无权占有返还原物的请求权，毫无疑问是基于物权请求权。根据上文的分析，合同无效返还财产的请求权基础也是物权请求权，二者的请求权基础是一致的。需要说明的一点是，返还原物与返还财产并不完全相同。返还原物是指物的返还，返还财产是指财产的返还。财产的形态既包括物也包括权利，所以，返还财产的范围要大于返还原物的范围。

3. 关于返还原物纠纷案由的适用

2008年4月1日起施行的《民事案件案由规定》，新增加了第一级案由物权纠纷，在物权纠纷之下并列列举了所有权纠纷、用益物权纠纷、担保物权纠纷和物权保护纠纷等第二级案由，返还原物纠纷是物权保护纠纷案由之下的第三级案由。民事案件案由是民事诉讼案件的名称，反映案件所涉及的民事法律关系的性质，是人民法院将诉讼争议所包含的法律关系进行的概括。考虑到当事人诉争的民事法律关系的性质的复杂性，为了更准确地体现诉争的民事法律关系和便于司法统计，《民事案件案由规定》在坚持以法律关系性质作为案由的确定标准的同时，对少部分案由也依据请求权、形成权或者确认之诉、形成之诉的标准进行确定。②

所有权纠纷、用益物权纠纷、担保物权纠纷以及各类合同纠纷均是以法律关系的性质为基础确定的案由，但物权保护纠纷是以请求权为基础确定的案由，物权保护方法如返还原物、排除妨害、消除危险、恢复原状等是责任方式，不是一种法律关系，其被列为案由，必然造成与其他物权纠纷或债权纠纷案由的冲突与重合。司法实践中，上海市高级人民法院立案庭关于适用《民事案件案由规定》若干问题的解答（一）中指出，物权保护纠纷是个兜底性案由，故在使用其项下的案由时应注意三个问题：（1）注意与物权纠纷项下二级案由的协调。物权主要涉及所有权、用益物权、担保物权，在适用案由时应首先根据保护的权利种类，在所有权、用益物权、担保物权项下的第三级或第四级案由中进行选择。如遇一个纠纷同时涉及所有权、用益物权和担保物权中两种以上的物权，或者在物权纠纷案由其他部分找不到可以适用的案由时，可选"物权保护纠纷"项下的三级、四级案由。（2）注意特殊或具体案由应优先适用。如不当得利返还纠纷，应适用第四部分中"不当得利纠纷"，而不能适用"物权保护纠纷"项下的"返还原物纠纷"。

我们知道，返还财产的概念在民法体系中出现较多，比如物权法中遗失物、埋藏物、漂流物的返还，担保法中质物的返还，合同法中买卖合同、租赁合同、保管合同等均涉及财产返还，民法通则中关于撤销死亡宣告的财产返还等。根据以上分析及司法实践的做法，我们在适用返还原物纠纷的案由时，应将返还原物纠纷理解为一个兜底性案由，应优先适用具体或特殊的案由。有鉴于此，物权保护纠纷案由适用的可能性比较小。③ 比如，

---

① 参见最高人民法院物权法研究小组：《〈中华人民共和国物权法〉条文理解与适用》，140～141页，北京，人民法院出版社，2007。
② 参见最高人民法院法发［2008］11号：《民事案件案由规定》。
③ 参见曹建明主编：《最高人民法院〈民事案件案由规定〉理解与适用》，56页，北京，人民法院出版社，2008。

对于遗失物的返还，我们应当适用遗失物返还纠纷案由，而不是返还原物纠纷案由，因为遗失物返还纠纷与返还原物纠纷是特殊与一般的关系。再如，合同无效返还原物的请求权基础是物权请求权，与无权占有返还原物的请求权一致，可以说，合同无效返还原物是无权占有返还原物的一种具体情形，适用案由时也应当优先适用具体案由。由于合同纠纷案由下没有无效合同返还财产的案由，故应当适用相应的上一级合同案由，如房屋买卖合同纠纷。

4. 本案的审理思路

本案原告以继承人的身份起诉，以土地证书作为其享有农村房屋所有权的依据，以被告无权占有为理由，要求被告返还房屋。原告并不认可房屋买卖合同的存在，也未提供买卖合同，因此，立案时以返还原物纠纷为案由，并无不妥。被告的答辩意见是周炯儿与王阿土之间存在房屋买卖合同关系，其对房屋的占有是合法的占有，并提交了房屋买卖合同。这时，本案的审理就离不开对房屋买卖合同的审查与认定。根据对合同的不同认定结果，会产生如下几种法律后果：（1）房屋买卖合同真实且合法有效，则被告占有房屋是合法占有，原告无权要求被告返还房屋，应判决驳回原告诉讼请求；（2）房屋买卖合同真实成立且实际履行，但由于违反了农村宅基地的相关法律规定，被认定为无效合同，则原告可以主张返还房屋，被告可以提起反诉，主张返还购房款并赔偿损失；（3）房屋买卖合同不是真实的，则由于被告不能证明其占有房屋的合法依据，应判决支持原告的诉讼请求。

本案一审法院在审理本案时，因考虑到合同一方当事人已死亡，认定合同真实性比较复杂，回避了合同真实性的认定问题，直接从合法性入手，认为房屋买卖合同即便真实也是无效的，继而支持了原告的诉讼请求。一审法院的错误之一，在于回避合同真实性问题而直接分析合同的合法性问题，因为真实性与合法性不是并列式关系，而是递进式关系，合法性问题应以真实性问题为前提，本案没有查清合同的真实性问题，即没有查清案件事实。一审法院的错误之二，在于没有认识到房屋买卖合同的真实与否直接影响到本案案由的确定及法律的适用，这对本案是一个非常重要的问题。如果房屋买卖合同是真实的，不管合同有效与否，本案应定为房屋买卖合同纠纷，双方当事人的权利义务适用合同法的相关规范进行调整。如果房屋买卖合同不存在，被告也没有其他占有房屋的依据，则本案应定为兜底性的返还原物纠纷案由，适用物权法的相关规范。

本案在二审阶段已查实双方存在房屋买卖合同关系。因此，本案的正确审理思路是，一审法院应当首先查实双方存在房屋买卖合同关系，然后向原告释明，本案应定为房屋买卖合同纠纷，原告可以变更诉讼请求，比如请求确认房屋买卖合同无效，且返还房屋。被告也可以提起反诉，请求返还购房款、赔偿装修及其他损失。这样，双方的纠纷可在一个案子全部解决。而不像一审法院原来的审判思路那样，被告要主张购房款返还及赔偿损失，只能通过另一个房屋买卖合同纠纷的诉讼来实现，这实际上是舍近求远，绕了一圈还是回到了房屋买卖合同纠纷上来，徒增诉累。

本案表明，由于物权法施行不久，关于物权纠纷的相关案由在司法实践中还存在一些模糊认识。民事案由的确定是审判中的一个方向性的问题，正确确定案由，是正确地适用法律的第一步。民事审判工作中,我们应该对民事案由的适用给予充分的重视!

(浙江省宁波市镇海区人民法院民一庭　田明芳　刘光明)

5. 成都新世界河畔物业服务有限公司诉张炯、董玲艳专有权行使案

(一) 首部

1. 判决书字号
一审判决书:四川省双流县人民法院(2011)双流民初字第500号。
二审判决书:四川省成都市中级人民法院(2011)成民终字第3005号。
2. 案由:恢复原状纠纷。
3. 诉讼双方
原告(被上诉人):成都新世界河畔物业服务有限公司。
法定代表人:郑家纯,董事长。
委托代理人:胡庆治,四川海罡律师事务所律师。
委托代理人:张惠之。
被告(上诉人):张炯。
被告(上诉人):董玲艳。
委托代理人:郝延涛,泰和泰律师事务所律师。
委托代理人:钟俊芳,泰和泰律师事务所律师。
4. 审级:二审。
5. 审判机关和审判组织
一审法院:四川省双流县人民法院。
独任审判员:杜成国。
二审法院:成都市中级人民法院。
合议庭组成人员:审判长:苟文山;代理审判员:毛星、杨晓龙。
6. 审结时间
一审审结时间:2011年3月10日。
二审审结时间:2011年12月1日。

(二) 一审情况

1. 诉辩主张
(1) 原告诉称
二被告在成都心怡房地产开发有限公司开发的河畔新世界楼盘中购买了房屋一套,

后因二被告需装修该房,原、被告根据《河畔新世界业主临时管理规约》的规定,于2010年1月11日签订了《河畔新世界室内装饰装修管理服务协议》,且被告向原告出具了《承诺书》,承诺遵守《装饰装修手册》中所有的规定和条款。同日,双流县房产管理局向被告核发了《成都市城市房屋装修结构安全批准书》〔(双)房建装华准字(2010)第00178号〕,批准了被告装修的内容。但被告却在室内装修施工中违反规定和设计图的要求,将该房屋的前后阳台及入户花园用玻璃封闭,改变了该栋房屋的外观和外立面。被告的行为已经违反国家相关规定及《河畔新世界业主临时管理规约》、《河畔新世界前期物业服务合同》、《业主手册》、《装饰装修手册》、《河畔新世界室内装饰装修管理服务协议》,原告多次要求被告拆除无果,故原告起诉来院,请求判令二被告立即拆除位于双流县华阳镇河畔新世界大一期2栋1单元10楼2号房屋封闭的阳台及入户花园,恢复该室阳台原状,并支付所产生的律师费5万元。

(2)被告辩称

被告在与成都心怡房地产开发有限公司签订《商品房买卖合同》时,在合同中约定的前期物业服务企业是北京新世界物业管理公司成都分公司,原告不具有主体资格。在购买房屋时,此房的阳台是按全面积计算,二被告是按《物权法》对阳台进行合法使用。因二被告家中有两个尚未成年子女,如不封闭,对小孩存在安全隐患,加之下雨时房屋存在漏雨、四周受噪音影响的情况,不同意拆除。对原告主张的律师费,此费用并非二被告的行为造成,费用系高额收费,故请求法院驳回原告的诉讼请求。

2. 一审事实和证据

双流县人民法院经公开审理查明:二被告系夫妻关系,原告为成都心怡房地产开发有限公司通过公开招标选聘的"河畔新世界大一期"物业的前期物业服务公司。2009年10月21日,二被告与成都心怡房地产开发有限公司签订了《商品房买卖合同》。同日,二被告与原告签订了《河畔新世界业主临时管理规约》,其中第20条约定:禁止擅自改变房屋建筑及其设施设备的结构、外貌(含外墙、外门窗、阳台等部位的颜色、形状和规格)、设计用途、功能和布局。2010年1月5日,双流县房产管理局向被告董玲艳出具了《成都市城市房屋装修结构安全批准书》〔(双)房建装华准字(2010)第00178号〕,同意了被告的装修内容,但批复中不包括对阳台的封闭,同时,被告张炯与原告签订了《河畔新世界前期物业服务合同》,合同约定:装饰装修房屋时,应遵守《房屋装饰装修管理协议》。2010年1月11日,被告董玲艳、原告及第三人宋超(装修施工方)签订了《河畔新世界室内装饰装修管理服务协议》,协议第6条第2款约定:禁止改变阳台功能,严禁在露台、阳台搭建建筑物、封闭阳台;严禁在阳台(露台)开设出口……当日,被告董玲艳向原告出具了《承诺书》,承诺:在阅读了原告提供的《装饰装修手册》后,同意遵守手册中的所有规定和条款。后二被告在实际装修过程中擅自将房屋前后阳台予以封闭,原告分别于2010年8月28日、2010年9月8日向二被告发放了装修整改通知单及装修违规告知函,均要求二被告对违章搭建进行拆除未果,故起诉来院。

上述事实有下列证据证明:双方当事人的陈述,原告举出的《河畔新世界业主临时管理规约》、《河畔新世界前期物业服务合同》、《河畔新世界室内装饰装修管理服务协议》、《装饰装修手册》、《承诺书》、《成都市城市房屋装修结构安全批准书》[(双)房建装华准字(2010)第00178号]、《双流县整治违法建设领导小组办公室文件》[双治违法(2010)1号]、《双流县人民政府办公室文件》[双办发(2009)50号]、《装修违规告知函》、《律师函》、《回函》、《房产测绘技术报告书》、《诉讼代理合同》、律师费票据、《双流县物业服务招投标活动备案表》、《物业服务项目招标代理合同》、《物业服务招标投标中标备案表》、《前期物业管理服务合同备案表》、《双流县居民住宅小区(院落)违法建设防控工作责任书》在卷佐证。

3. 一审判案理由

双流县人民法院根据上述事实和证据认为：原、被告签订的《河畔新世界业主临时管理规约》、《河畔新世界前期物业服务合同》、《河畔新世界室内装饰装修管理服务协议》，系双方真实意思表示，不违反法律、行政法规的强制性规定，合法有效，包括被告在内的全体业主都应当按照约定认真履行相应的义务。二被告在装修过程中擅自将房屋前后阳台进行封闭，违反了双方所签订的《河畔新世界业主临时管理规约》、《河畔新世界前期物业服务合同》、《河畔新世界室内装饰装修管理服务协议》的约定，其改造行为影响建筑的外貌，也影响整栋房屋的外观，从而影响其他建筑物所有权人的利益，造成了不良影响，故对原告要求二被告拆除违法封闭的前后阳台及入户花园建筑物的请求，本院予以支持。原告诉请被告支付聘请律师费5万元的请求，不符合法律规定，本院不予支持。原告系成都心怡房地产开发有限公司通过有效、合法的方式公开招标选聘而成为"河畔新世界大一期"物业的前期物业服务公司，且被告在与原告签订《河畔新世界业主临时管理规约》、《河畔新世界前期物业服务合同》、《河畔新世界室内装饰装修管理服务协议》时，并未对原告的资质提出异议，故原告的主体资格适格，二被告提出物业公司主体不适格的抗辩主张，本院不予采纳。

4. 一审定案结论

双流县人民法院依照《中华人民共和国民事诉讼法》第六十四条第一款、最高人民法院《关于审理物业服务纠纷案件具体应用法律若干问题的解释》第一条、第四条之规定，判决如下：

"一、被告张炯、董玲艳于本判决生效之日起10日内拆除其将双流县华阳镇华都大街2号'河畔新世界'大一期2栋1单元10楼2号房屋的前后阳台封闭的铝合金门窗，恢复该阳台及入户花园原状。

二、驳回原告成都新世界河畔物业服务有限公司的其他诉讼请求。

案件受理费525元，由原告成都新世界河畔物业服务有限公司负担225元，被告张炯、董玲艳负担300元。"

(三) 二审诉辩主张

1. 上诉人诉称

原审判决认定事实不清，适用法律不当。《河畔新世界业主临时管理规约》第20条关于"禁止擅自改变房屋建筑及其设施设备的结构、外貌(含外墙、外门窗、阳台等部位的颜色、形状和规格）设计用途、功能和布局"的约定以及《河畔新世界室内装修管理服务协议》第6条第2款关于"禁止改变阳台功能，严禁在露台、阳台搭建建筑物、封闭阳台；严禁在阳台（露台）开设出口……"的条约约定无效。(1) 二上诉人封闭阳台是根据《中华人民共和国物权法》以及最高人民法院《关于审理建筑物区分所有权纠纷案件具体应用法律若干问题的解释》行使其专有所有权的行为。(2)《河畔新世界业主临时管理规约》第20条以及《河畔新世界室内装修管理服务协议》第6条第2款均属格式条款，其内容排除了二上诉人的主要权利，应属无效。因此，二上诉人封闭阳台符合行使专有所有权的正当性要求。

2. 被上诉人辩称

原审判决认定事实清楚、适用法律正确。一、二被上诉人封闭阳台属改变阳台外观，搭建构筑物、建筑物，已经超出了对阳台的正当使用范围，并改变了楼盘外观，降低了楼盘品质，带来了严重的安全隐患，损害了其他业主的利益。二、《河畔新世界业主临时管理规约》第20条以及《河畔新世界室内装修管理服务协议》第6条第2款系根据中华人民共和国建设部第110号《住宅内装饰装修管理办法》第5条、第6条规定而制定，并未排除二上诉人的主要权利，应属合法有效。三、案涉楼盘原有阳台设计经国家相关部门严格审查、审批，不存在二上诉人所称的安全隐患。二上诉人封闭阳台的行为反而带来了重大的安全隐患，应予拆除。

（四）二审事实和证据

成都市中级人民法院经审理，确认一审法院认定的事实和证据。

（五）二审判案理由

本案的争议焦点在于二上诉人是否有权封闭案涉物业的入户花园及前后阳台，也即二上诉人在与被上诉人河畔物业公司签订协议并承诺遵守禁止封闭阳台等相关约定的情形下，其对阳台的使用是否应当受到限制。首先应当明确，二上诉人系案涉物业的业主，对包括阳台、入户花园在内的专有部分享有专有所有权，但其权利的行使并非不受任何限制。就本案而言，二上诉人均系完全民事行为能力人，其先后共同或单独与被上诉人河畔物业公司签订《河畔新世界业主临时管理规约》、《河畔新世界物业服务合同》、《河畔新世界室内装修装饰管理服务协议》以及上诉人董玲艳向被上诉人河畔物业公司出具《承诺书》的事实足以表明，二上诉人清楚并且认可前述协议的内容，应予遵守。根据上述协议及承诺，二上诉人对阳台专有所有权的部分权能已受到限制，其专有所有权的行使应当受到约束。据此，二上诉人在装修过程中将其物业前后阳台予以封闭的行为违反了上述协议的约定以及自身作出的承诺，不仅有悖于诚实信用原则，且已构成违约。作为"河畔新世界一期"开发建筑企业依法选聘的前期物业服务企业，被上诉人河畔物业公司有权要求二上诉人恢复原状。二上诉人的上诉理由不能成立，本院不予支持。

(六) 二审定案结论

依照《中华人民共和国民事诉讼法》第一百五十三条第一款第（一）项、第一百五十七条之规定，并经本院审判委员会讨论决定，判决如下：
驳回上诉，维持原判。
本案一审案件受理费负担不变，二审案件受理费 100 元，由上诉人张炯、董玲艳负担。
本判决为终审判决。

(七) 解说

随着我国社会主义市场经济制度的发展和城市住房改革不断推进，我国房地产业已进入市场化和商品化的阶段。物业服务作为一种现代房地产管理办法，以一种专业化、社会化和企业化的模式走进千家万户，影响到许多人的生活，但是现行法律对物业管理方面多为原则性的规定，本案对法官在处理具体物业纠纷中如何平衡各方利益具有一定的指导性作用。

1. 物业管理协议中有关不得封闭阳台的约定有效

有观点认为住宅内的阳台为各业主享有专有权的部分，能够独立支配，被告封闭阳台是其合法权利。物业管理协议中不得封闭阳台的约定是格式条款，限制了业主意思自治，排除了业主的权利，应属无效。对此，笔者认为，物权法虽然规定了"业主对其建筑物专有部分享有占有、使用、收益和处分的权利"，但同时也规定了"业主行使权利不得危及建筑物的安全，不得损害其他业主的合法权益"，因此，业主的这种权利的行使是应当被法律、法规及公共利益所限制的。本案中，物业管理协议虽然是由物业管理公司提供的格式条款，但原告在签订这些协议时将涉及的内容告知被告，同时被告自己对协议内容应也尽充分的注意义务。同时这些协议条款是为维护小区环境的美观和小区业主的整体利益而制定的，不得封闭阳台的约定仅出于对全体业主的利益考虑而对被告建筑物专有权的任意行使作出部分限制，并不属于限制被告主要权利的条款，不应当认定为合同法中格式条款无效的内容。因此，协议中关于不得封闭阳台的约定是合法有效的，对被告具有约束力。

2. 业主封闭阳台的行为损害其他业主的合法权益，应当恢复原状

物权法规定，业主对其建筑物专有部分享有占有、使用、收益和处分的权利。由此可见，业主对封闭或不封闭的阳台享有占有、使用、收益和处分的权利，并排除他人干涉。但业主同时也负有义务，如行使专有部分所有权时不得妨碍建筑物的正常使用和损害区分所有人的共同利益，维护、修缮时不得妨碍其他区分所有权人的安宁、安全及卫生，应接受物业管理公司的检查、检修，相邻义务等。从我国的立法看，常见的限制主要是针对业主在装修中改变建筑物用途、危害建筑物的安全，尤其对于建筑物的承重结构不得进行拆改。所以，物权法同时规定业主行使权利不得危及建筑物的安全，不得损

害其他业主的合法权益，并且在最高人民法院《关于审理建筑物区分所有权纠纷案件具体应用法律若干问题的解释》明确了损害他人合法权益行为的具体类型，该解释第15条规定："……或者违反业主大会、业主委员会依法作出的决定，实施下列行为的，可以认定为物权法第八十三条第二款所称的其他'损害他人合法权益的行为'：……（二）违反规定破坏、改变建筑物外墙面的形状、颜色等损害建筑物外观；（三）违反规定进行房屋装饰装修……"同时，《成都市城市房屋装修结构安全管理规定》第7条也规定：房屋所有人或使用人装修房屋确需拆改房屋结构，必须依照有关法律、法规和本规定，提出书面申请，并交验下列资料，报房地产行政管理部门审批。取得房屋装修结构安全批准书后，方可装修。其中提交材料便包括了原设计单位或具有相应资质条件的设计单位提出装修设计方案、施工图；2010年1月5日，双流县房产管理局向被告董玲艳出具了《成都市城市房屋装修结构安全批准书》［（双）房建装华准字（2010）第00178号］，同意了被告的装修内容，但批复中不包括对阳台的封闭。因此可以认定，被告封闭阳台的行为是未经相关部门批准的。原、被告签订的各项协议中也明确禁止封闭阳台，因此被告封闭阳台的行为既违反了合同约定，也未向有关管理部门申报取得合法资格，系违法行为，应予恢复原状。

（四川省双流县人民法院　姚雪莉）

6. 冯章连诉忻宁一等相邻关系案

（一）首部

1. 判决书字号：福建省厦门市湖里区人民法院（2011）湖民初字第1426号。
2. 案由：相邻关系。
3. 诉讼双方

原告：冯章连，女，1969年1月15日出生，汉族，住厦门市湖里区。

被告：忻宁一，男，1957年3月15日出生，汉族，住厦门市湖里区。

被告：张筱芳，女，1960年3月10日出生，汉族，住厦门市湖里区，系被告忻宁一的配偶。

4. 审级：一审。
5. 审判机关和审判组织

审判机关：福建省厦门市湖里区人民法院。

独任审判员：姚亮。

6. 审结时间：2011年7月8日。

（二）诉辩主张

1. 原告诉称

2009年8月，被告忻宁一、张筱芳将空调外机安装在原告主卧室的窗户上，因空调使用时，室外机发出的噪音和振动会影响原告的正常生活，故原告要求两被告将空调外机移走，但遭到两被告的拒绝。原告认为，根据相关规定，原告的窗户属于原告所有，两被告未经原告同意，擅自将空调外机安装在原告的窗户上，侵犯了原告的权利。经有关单位协调未果，为维护自己的合法权益，现向法院起诉，请求判决：（1）两被告立即停止侵权行为，拆除安装在原告居住的厦门市湖里区金昌里144号602室主卧室窗户上的空调外机，将空调外机移至被告房屋对应的空调安装位置。（2）两被告向原告赔礼道歉。

2. 被告辩称

被告忻宁一、张筱芳一致辩称：建筑物外墙墙面属于业主共有。二被告在安装空调时，曾向小区的物业管理处征询意见，也与原告进行过沟通，经原告和物业管理处一致认可才进行安装，安装位置也符合小区物业管理相关规范。原告诉称被告擅自在其窗户上安装空调外机，与事实不符。此外，自2009年7月30日安装外机以来，被告从未使用过空调，何来所谓噪音、振动？更不可能对原告的生活造成影响。自2010年1月入住以来，被告一直是抱着积极的态度处理与原告空调外机纠纷，反而是原告拒不服从调解，四处上访，才造成今天的局面，由此产生的一切后果，应由原告承担。原告应立即停止对被告的不实诬告和名誉侵犯。恳请法院驳回原告的无理诉求。

（三）事实和证据

厦门市湖里区人民法院经公开审理查明：原告冯章连系厦门市湖里区金昌里144号602室公房的承租人，被告忻宁一、张筱芳系厦门市湖里区金昌里144号702室公房的承租人。原、被告住房所在建筑物的外墙有设置专门的空调设备位置。2009年7月30日，被告忻宁一、张筱芳将其空调外机安装在原告冯章连住房主卧窗户上方的窗台上，双方因此产生纠纷。该空调外机自安装后至法庭辩论终结前未曾使用过。

上述事实有下列证据证明：

1. 直管公房租赁合同；
2. 照片；
3. 双方当事人的陈述。

（四）判案理由

厦门市湖里区人民法院根据上述事实和证据认为：根据最高人民法院《关于审理建

筑物区分所有权纠纷案件具体应用法律若干问题的解释》第三条第一款第（一）项的规定，建筑物的外墙属于物权法第六章所称的业主共有部分。业主对与其专有部分紧密相连的外墙面拥有合理使用的权利，这一权利是业主专有权行使的合理延伸。合理的标准有二，第一，不以营利为目的；第二，不得违反法律、法规、管理规约或者损害他人的合法权益。该规则同样适用于物业使用人。就本案而言，原、被告居住的住宅小区的开发商在建设房屋时，在原、被告住房所在建筑物的外墙面特别为每套房屋修建了安装空调外机的位置，这个位置与每户是相对应的。因此，业主或使用人在安装空调外机时，应当放置在所住房屋专有部分对应的外墙面预留空调位置。两被告将空调外机直接安装在冯章连住房主卧窗户上方的窗台上，安装行为确有不当，也会增加空调使用过程中排放的噪音、热量对冯章连生活环境的不利影响。基于公平合理、方便生活的原则，并兼顾双方利益的考虑，冯章连要求两被告拆除讼争空调外机，并移至被告住房对应的外墙空调位置是合理的，应予以支持。两被告在空调外机安装后并未实际使用，尚未造成实际损害后果，故，对冯章连提出的赔礼道歉的诉求，不予支持。

（五）定案结论

厦门市湖里区人民法院依照《中华人民共和国物权法》第八十四条，最高人民法院《关于审理建筑物区分所有权纠纷案件具体应用法律若干问题的解释》第四条、第十四条第一款、第十六条第一款之规定，判决如下：

"一、被告忻宁一、张筱芳应于本判决生效之日起10日内拆除安装在原告冯章连承租的位于厦门市湖里区金昌里144号602室房屋主卧窗户上方窗台上的空调外机，移至两被告租住的厦门市湖里区金昌里144号702室房屋对应的外墙空调位置。

二、驳回原告冯章连的其他诉求。"

宣判后，双方当事人均未提出上诉。一审判决已生效。

（六）解说

如何合理地使用共有部分，是区分所有建筑物相邻关系的核心问题之一。生活中，各区分所有人、物业公司及其他合法使用者之间在利用共有部分上的纠纷不断。因此，结合本案的审理，探讨有关建筑物共有部分的合理使用问题，具有一定的现实意义。

1. 建筑物共有部分的法律性质

建筑物区分所有权的性质为一种特殊的复合性不动产所有权，是关于专有部分的专有权、共有部分的共有权以及因共有关系而产生的管理权三者的结合。[①] 其中，对共有部分的共有权是指区分所有人依据法律、合同以及区分所有人之间的规约，对建筑物的共用部分、基地使用权、小区的公共场所和公共设施等所共同享有的财产权利。[②] 与传

[①] 参见最高人民法院物权法研究小组编著：《〈中华人民共和国物权法〉条文理解与适用》，224页，北京，人民法院出版社，2007。

[②] 参见王利明：《物权法论》，修订2版，164页，北京，中国政法大学出版社，2008。

统共有理论中的共同共有不同,区分所有中的共有权并不是基于共同关系产生的,其产生的基础是各业主居住在同一栋楼或者同一个小区,区分所有人根据专有部分的面积决定共有权的行使[①],共有人的退出和加入也无须征得其他业主的同意。区分所有的共有权与按份共有也不同,区分所有中的共有权依附于专有部分的所有权,具有从属性,不可与专有部分所有权分开转让,亦不能单独设定负担。因此,区分所有建筑物的共有部分在性质上既不是传统共有中的按份共有,也不是共同共有,而是一种特殊的共有。[②]即,各共有人可以单独行使占有、使用之权能,管理和处分权能则由共有人组成的非法人团体即业主大会行使,收益权能属全体业主,权利的取得和丧失取决于业主身份的取得和丧失。因此,区分所有人对共有部分均有权按其性质、用途进行使用,且不以专有部分的份额为限。此外,根据最高人民法院《关于审理建筑物区分所有权纠纷案件具体应用法律若干问题的解释》第16条第2款,专有部分的承租人、借用人等物业使用人,也享有对建筑物共有部分的合理使用权利。本案中,建筑物的外墙属于《物权法》第六章所称的业主共有部分。原、被告均为物业承租人,对与其使用的专有部分紧密相连的外墙拥有合理使用的权利。

2. 对共有部分的合理使用标准

依本来用途使用共有部分,是区分所有人应承担之法律义务。该义务同样适用于其他物业使用人。因此,遵循本来用途使用,是合理使用的基本要求。这里的"本来用途",是指必须依共有部分之种类、位置、构造、性质或依规约规定的共有部分的目的或用途使用共有部分。当然,如对某些非按其本来用途使用共有部分,但无损于建筑物的保存和不违反区分所有人共同利益的,也应允许。如在不影响其他业主或物业使用人通行的前提下,使用小区空地临时停放车辆等。此外,合理使用还必须同时符合两个条件:第一,不以营利为目的进行使用。利用共有部分从事经营性活动,属于《物权法》第76条第1款第7项规定的有关共有和共同管理权利的"其他重大事项",应由业主共同决定。因此,单个业主或物业使用人以营利为目的使用共有部分不属于合理使用的范围。第二,不得违反法律、法规、管理规约或者损害他人的合法权益。行使权利即使是合理的,也不能损害他人的合法权益,这是现代法治社会的一项基本规则,在建筑物区分所有法律关系中也当然适用。关于"对他人合法权益构成损害"的认定标准,实践中较难把握。生活中,相邻不动产权利人在利用不动产过程中相互给对方造成一定程度的妨害是不可避免的。为了维护双方的共同利益,在相邻一方致另一方损害时,另一方应负有一定限度的容忍义务,只有妨害超过了这个限度,才构成法律上的侵权,相邻方才应当承担民事责任。容忍义务的限度,通常是按照社会公众认可的标准来确定,即妨害行为是否超过了社会一般人的容忍程度。此外,是否尽到合理的防免义务也是重要的判断标准,即行为人可采取其他措施以避免或减低妨害而怠于或拒绝履行的,亦构成不当妨碍。以本案为例,被告利用外墙安装空调外机,系基于对专有部分使用权利的合理延

---

① 《中华人民共和国物权法》第76条规定,业主决定有关共有和共同管理权利的重大事项,应当经专有部分占建筑物总面积过半数的业主且占总人数过半数的业主同意(特定事项要求达到三分之二以上多数)。

② 参见最高人民法院民事审判第一庭编著:《最高人民法院建筑物区分所有权、物业服务司法解释理解与适用》,59~60页,北京,人民法院出版社,2009。

伸，没有超出外墙本来用途的界限，也不违反法律、法规和小区管理规约。然而，该小区的开发商在建设房屋时，已在外墙上特别修建了安装空调外机的位置，这个位置与每户是相对应的。因此，业主或物业使用人在安装空调外机时，应当放置在所住房屋专有部分对应的外墙面预留空调位置。被告将空调外机直接安装在原告住房主卧窗户上方的窗台上，确有不当，必然增加空调使用过程中噪音和热量的排放对原告生活环境的不利影响，没有尽到合理的防免义务，不符合合理利用的要求，应予以纠正。

（福建省厦门市湖里区人民法院　姚亮）

7. 高宝龙诉郭乃琴相邻采光、日照案

（一）首部

1. 判决书字号

一审判决书：北京市昌平区人民法院（2011）昌民初字第130号。

二审判决书：北京市第一中级人民法院（2011）一中民终字第15296号。

2. 案由：相邻采光、日照纠纷。

3. 诉讼双方

原告（上诉人）：高宝龙，男，1964年6月25日出生，汉族，北京神州数码有限公司经理，住北京市昌平区。

委托代理人：张丽敏，女，1965年6月3日出生，汉族，无业，住北京市昌平区。

被告（被上诉人）：郭乃琴，女，1961年8月19日出生，汉族，清华大学副主任医师，住北京市昌平区。

委托代理人：杨文言，女，1955年7月16日出生，汉族，清华大学精密仪器系教师，住北京市海淀区清华园。

4. 审级：二审。

5. 审判机关和审判组织

一审法院：北京市昌平区人民法院。

合议庭组成人员：审判长：孙力；审判员：李红霞；代理审判员：王磊。

二审法院：北京市第一中级人民法院。

合议庭组成人员：审判长：温志军；审判员：赵懿荣；代理审判员：王国庆。

6. 审结时间

一审审结时间：2011年7月20日。

二审审结时间：2011年12月9日。

(二) 一审情况

1. 一审诉辩主张

(1) 原告诉称

原告所居住的22号楼与被告居住的23号楼南北相邻，且两栋楼的楼间距离几乎是整个社区楼间距离最近的。2009年10月，被告未经相关主管部门批准，在自家北露台加盖砖混实体房屋一间，将北面楼层由二层变为三层。楼高增加使得被告居住的23号楼和原告居住的22号楼原有楼间距缩小，并严重影响到原告所居住房屋的日照。原告在发现23号楼业主加盖的建筑严重妨碍22号楼日照后，即在第一时间请物业的有关领导和工作人员及23号楼部分业主到原告房间内现场体会，并提请物业予以协调解决。虽经多次协商，并经回龙观地区办事处城建办、司法所调解，被告均以各种理由拒绝排除妨害，并继续施工至主体工程基本完成。被告主张其加高楼层的行为虽然在一定程度上影响了原告房屋的日照采光，但也不足以使原告获得的日照水平低于国家最低规划标准，所以原告应该容忍。的确，国家规定了住宅日照的最低标准，但该标准只是规划设计的极限标准，国家同时也规定了其他若干的最低标准（如最低工资标准），但是公民合法取得的高于国家最低标准的权益同样被法律认可和保护。如果任何高于国家最低标准的权益都可以被违法掠夺和践踏，岂不天下大乱？《物权法》第89条规定，建造建筑物不得违反国家有关工程建设标准，妨碍相邻建筑物的通风、采光和日照。所以相邻双方应以不妨碍为建设的先期条件。故原告起诉至法院，请求：1）判令被告拆除其所建建筑，以消除对原告房屋日照的影响；2）判令被告因其建筑影响原告房屋日照而赔偿原告误工费、交通费、能源损失费1元人民币，精神损失费1元人民币。

(2) 被告辩称

希望心平气和解决这个问题，当时封阳台我们不是第一家，封阳台是需要照顾老人，家中有两个老人，一个是瘫、一个是瞎，需要请保姆。房屋有200多平方米，但是可以用的面积不是很大。搭建阳台后，对原告日照有影响，我们承认。但是我们距离原告家不是最近的，我们与原告家的距离是正常距离，隔壁家与原告家的距离大概是14米，我们两家是17米，我们不是主动封阳台的，小区内封阳台是非常普遍的现象。

2. 一审事实和证据

北京市昌平区人民法院经公开审理查明：原告高宝龙系北京市昌平区北清路2号22号楼08号房屋所有权人，被告郭乃琴系北京市昌平区北清路2号23号楼03号房屋所有权人，原告房屋与被告房屋南北隔路相邻。2009年年末，被告开始在其自家房屋二层北侧露台搭建砖混结构建筑物。在搭建过程中，原告与被告就该房屋搭建一事产生纠纷。在诉讼过程中，被告承认其建房行为对原告房屋的日照造成一定遮挡，但其坚持认为原告房屋日照现状仍符合相关国家标准。原告认可其房屋日照现状符合被告所述的国家标准，但其亦坚持认为该标准为最低标准，而不是该房屋的规划标准。

上述事实有下列证据证明：

(1) 照片，证明被告加盖的事实及原告所受侵害的事实；

（2）说明，证明原告就被告加盖行为对其居所日照、采光造成具体影响的说明与减少日照时间的计算；

（3）当事人的陈述，证明双方当事人对涉案房屋的所有权，及双方就房屋日照现状的意见。

3. 一审判案理由

北京市昌平区人民法院经审理认为：原告高宝龙与被告郭乃琴系邻里关系，不动产的相邻权利人应当按照有利生产、方便生活、团结互助、公平合理的原则，正确处理相邻关系。本案中，被告在自家房屋上加盖建筑，的确对原告家房屋的日照产生一定影响，但当事人双方对该房屋日照现状仍符合《城市居住区规划设计规范》（GB50180）的具体规定，均予以认可，没有争议。《中华人民共和国物权法》第八十九条明文规定："建造建筑物，不得违反国家有关工程建设标准，妨碍相邻建筑物的通风、采光和日照。"故对于原告要求被告拆除所建建筑的诉讼请求，于法无据，本院不予支持。如原告认为被告加盖行为系违章建设，应向相关行政部门反映，以求解决，就此问题的处理并不在法院民事案件受理范围内。因被告的加盖行为的确对原告的日照造成遮挡，原告有权要求被告予以相应赔偿，故对于原告要求被告赔偿相应损失的诉讼请求，本院予以支持。对于原告要求被告赔偿精神损失的诉讼请求，于法无据，本院不予支持。

4. 一审定案结论

北京市昌平区人民法院依照《中华人民共和国民法通则》第八十三条、《中华人民共和国物权法》第三十七条、第八十九条、最高人民法院《关于确定民事侵权精神损害赔偿责任若干问题的解释》第一条，作出如下判决：

"一、被告郭乃琴赔偿原告高宝龙误工费、交通费、能源损失费1元，于本判决生效后7日内给付；

二、驳回原告高宝龙的其他诉讼请求。"

（三）二审诉辩主张

1. 上诉人（原审原告）诉称

请求法院判决郭乃琴排除妨害，拆除其违法建筑。上诉理由是：郭乃琴所建房屋属于违法建筑，妨害的事实郭乃琴也认可。原审法院将《城市居住区规划设计规范》中关于居民住宅冬至日不少于一个小时满窗照射的条款作为依据，完全无视"在原设计建筑外增加设施不应使相应住宅原有日照标准降低"等条文的存在。《城市居住区规划设计规范》中的日照标准是国家为了保障人民基本健康权利而设定的底线标准，并不是侵权行为的合法保障。因违章建筑引发的民事纠纷，法院应当受理。目前行政执法工作并不严格，司法救助显得十分必要。一审法院的判决无异于对违法者和违法行为的纵容。

2. 被上诉人（原审被告）辩称

同意原审判决。对于上诉人所陈述的内容，我们当时提出了鉴定，但上诉人并不同意。高宝龙认为属于违法建筑，不知道依据在何处。我们因为家庭情况特殊才在客厅搭建。小区也有其他此类现象。我们承认有遮挡，我们可以降低高度，可以进行赔偿。但是不同意拆除。

（四）二审事实和证据

北京市第一中级人民法院经审理，确认一审法院认定的事实和证据。

（五）二审判案理由

在涉及违法建筑的处理上，法院并无相关职权，此问题应通过行政途径解决。

作为相邻排除妨害纠纷，法院应该根据民事法律规范衡量妨害事实是否达到了足以影响当事人生活居住的程度。但何为足以影响当事人生活居住的程度不易衡量，故客观上只能依据《城市居住区规划设计规范》（GB50180）的相关标准予以确定。因双方在一审中均认可目前房屋日照现状仍符合《城市居住区规划设计规范》（GB50180）的具体规定，故高宝龙要求郭乃琴拆除所建房屋的依据不足，本院对其上诉请求不予支持。

应该说明的是，针对高宝龙所述的违章建筑的事实，郭乃琴始终没有出具合法的审批手续，故本院虽未支持高宝龙要求拆除房屋的诉讼请求，但并不表明法院确认了郭乃琴所建房屋的合法性。郭乃琴所述的其他业主私自建房行为并不能作为其可以私自建房的合法依据。郭乃琴所述其家庭居住有限的理由，也不是其可以随意逾越相关法律规范的特殊事由。对于违章建筑问题，高宝龙应向行政管理部门反映以求解决。

（六）二审定案结论

北京市第一中级人民法院依照《中华人民共和国民事诉讼法》第一百五十三条第一款第（一）项，作出如下判决：

驳回上诉，维持原判。

（七）解说

近几年，随着房地产业的快速发展，人们对自身居所的要求也日益提高，尤其在别墅项目中，由于业主拥有该独立建筑物的所有权，加盖、改造现象经常发生，然而作为城市居民，其就相邻关系的解决，缺少农村宅基地上数十年邻里关系的感情积淀，使得相邻关系中通风、日照、采光纠纷日渐凸显，矛盾激化，难以调解解决纠纷。

在此类案件中，妨碍日照、采光的判断标准是被妨碍人能够主张排除妨碍和损害赔偿的必要条件。在生活中，由于双方之间的相邻关系，为便于生产、生活，相邻建筑物的所有人或利用人之间必须对对方的使用负有一定的容忍义务。也就是说，只有在日照、采光或通风的妨碍超出了被妨碍人必要的容忍限度时，被妨碍人主张排除妨碍和损害赔偿的请求才能得到法院的支持。而这种"容忍限度"在司法实践中应当以社会一般人的标准作为考量基础。

根据《物权法》第 89 条的规定,应当可以确定我国建筑物相邻关系制度中,有关通风、采光和日照的妨碍行为的司法判断,是以国家有关工程建设标准的规定为基本的判断标准。因此,关于建造建筑物的国家有关工程建设标准应当视为社会一般人的容忍限度。受妨碍人可以以此主张排除妨碍和损害赔偿。反之,符合国家建设标准的,即使对邻近建筑的通风、采光和日照造成一定程度的妨碍,也应当视为未超出容忍限度,相邻建筑物的所有人或利用人应当负有容忍义务。

对于国家相关建筑规范的选取,北京市昌平区人民法院认为现阶段应当以中华人民共和国建设部制定的《城市居住区规划设计规范》(GB 50180)的国家标准为判断依据。

另外,涉及妨碍相邻建筑物的通风、采光和日照的建筑物多为居民自建建筑,其中绝大部分没有获得相关行政部门的规划认可,应属违章建筑。但是,对于违章建筑的处罚应当由相关行政部门依据《行政处罚法》作出具体的行政处罚。而不应当仅因造成妨碍的建筑物属于违章建筑,而由人民法院通过民事判决予以拆除。否则,人民法院民事裁判权的触角将延伸至行政领域,民事审判有越俎代庖之嫌。更极端的情况下,如该违章建筑在建设过程中或建成后,通过补办手续取得了相关行政部门的批准,则会出现司法判决与行政决定的抵触,不利于司法判决与行政决定的执行。从事民事审判的司法人员的司法裁判权,应当在民事审判的审理权限之内行使,无论任何理由的越权裁判均是有害的。

本案中,基于调和社会矛盾,法院对于被告加建行为造成原告相邻建筑妨碍的事实予以认定,对于原告的正确解决途径予以示明,对于原告的象征性赔偿予以了支持。

(北京市昌平区人民法院 王磊)

8. 相会军诉北京檀州房地产开发有限公司相邻通风、采光和日照案

(一) 首部

1. 判决书字号:北京市密云县人民法院(2008)密民初字第 5193 号。
2. 案由:相邻通风、采光和日照纠纷。
3. 诉讼双方

原告:相会军,女,1960 年 8 月 29 日出生,汉族,住密云县密云镇。

委托代理人:习明红,北京市易行律师事务所律师。

被告:北京檀州房地产开发有限公司,住北京市密云县新南路 41 号。

法定代表人：邓昆，董事长。

委托代理人：胡全英，男，1951年7月12日出生，汉族，住密云县密云镇行宫小区22号楼4单元301号。

委托代理人：高士辉，北京市鑫宝律师事务所律师。

4. 审级：一审。

5. 审判机关和审判组织

审判机关：北京市密云县人民法院。

独任审判员：任海滨。

6. 审结时间：2011年10月17日。

(二) 诉辩主张

1. 原告诉称

2002年10月，我与被告签订了《商品房买卖合同》，购买被告开发的长安小区25号楼1单元101室房屋，于2002年12月入住。2003年4月，被告在距离我居住的房屋南侧阳台不足四米处建两层楼房一栋，该楼建完后，我居住的房屋室内采光几乎被全部遮挡。我多次要求被告和有关部门给予解决，但均遭到拒绝和推诿，直到2008年4月28日，北京市规划委员会密云分局才对我的请求给予《信访答复意见函》。被告在出售该楼房时，故意隐瞒事实进行欺诈，致使我购买的房屋采光受到遮挡，正常的家庭生活受到严重的影响，只要进家就必须开灯，我及家人的身体健康因此受到了损害，房屋价值也遭受了贬值。现起诉，请求判令被告：(1) 赔偿我电费损失38 325元；(2) 赔偿我因遮光造成的房屋贬值损失，以评估数额为准；(3) 赔偿我采光损失及精神损害5万元；(4) 被告承担全部诉讼费用及鉴定费用。

2. 被告辩称

原告购买商住两用楼房时，相中此楼房的商铺位置，多次找我们要求购买该楼房，当时配房地基基础已打好，我们已告知其该楼房前还有配房未建，将来存在遮阳情况，但原告坚持要买。当时销售商住房均价每平方米5 000元，考虑到将来配房遮挡问题，给原告优惠到每平方米2 793元。现遮挡采光的房产产权不属于我公司，故请求驳回原告的诉讼请求。

(三) 事实和证据

北京市密云县人民法院经公开审理查明：密云县长安小区系被告檀州房地产开发有限公司（以下简称檀州房地产公司）开发建设。2001年9月25日，北京市规划委员会密云分局（以下简称为密云规划局），对被告改造建设的密云县长安小区建设项目总平面方案进行了审定，所审定的方案中，26号商住楼（现为25号）西侧单元西户（即原告购买的房屋）南侧的二层商业房，是同一规划的该小区配套公建，被告分两期工程办理了该小区的商住楼及配套公建的规划手续，商住楼项目为一期，配套公建为二期，配套公建不属于后插建项目。原告房屋所在的长安小区25号商住楼，是密云规划局于2002年4月24日依法核发的建设工程规划许可证六个审批项目中的一项（许可证文号为2002—密规建字—0041号）。密云规划局在审批被告的长安小区规划方案时，曾提出配套公建对居民住宅楼的采光存在一定的影响，要求被告提出解决方案。2002年8月10日，被告向密云规划局作出书面承诺，内容为：关于长安小区25#、27#、29#、31#、33#一层遮阳一事，我公司作出承诺，一层不作为住宅商品房出售，如因此造成遮阳纠纷，由我公司自行协商解决。在被告作出承诺后，密云规划局对配套公建项目核发了建设工程规划许可证。

2002年8月8日，原告相会军与被告檀州房地产公司签订了长安景园（即长安小区）内部认购协议，购买被告开发的长安景园东区25号楼1单元101室商住房（暂定号），协议载明：住宅部分面积118.32平方米（暂测）、商用面积49平方米（暂测），其中住宅部分每平方米1 800元，商用部分每平方米4 900元。2002年8月10日，原告交首付款14万元。2002年10月29日，双方正式签订了《商品房买卖合同》，合同写明：原告购买长安小区25号楼1单元101号楼房，建筑面积152.94/m²（现实测建筑面积为166.2/m²），每平方米2 793元，总价427 192元。2003年4月，被告在25号楼西侧（原告房南）建二层配套公建房，该房建成后，对原告住宅日照、采光造成一定影响，原告为此写信向有关部门反映，要求解决。2008年4月28日，密云规划局对原告相会军来信反映的问题给予了书面答复，建议其与开发商协商解决或依法主张民事权利，原告为此诉于本院，并申请日照鉴定及房屋贬值鉴定。

本案在审理期间，被告为证明在销售涉案楼房时已向原告告知遮阳情况，提供了其保存的与原告签订的《商品房买卖合同》，该合同书与原告提交的《商品房买卖合同》基本一致，但在被告提交的合同书第3页第5条，面积确认及面积差异处理条款第1项双方自行约定处，手写有"因前边有配房遮阳情况，商住房价格（均价）每平方米5 000元1平方米给她优惠2 700多元钱1平方米"字样，而原告提交的《商品房买卖合同》此处为空白。原告对被告提交的《商品房买卖合同》不予认可，指出该内容系被告私自后添加的，原合同无此约定。本院为此调取了建行密云支行在原告办理购房按揭贷款时保存的原、被告签订的《商品房买卖合同》，该合同中无此项约定。诉讼期间，本院对原告提出的住宅日照、采光遮挡情况进行了实地勘验，被告在原告住宅南侧所建配套商业楼房，该房北侧墙高约7米、宽约7米，距原告房南阳台外沿墙约3.9米、西侧南卧室窗外沿墙5米，原告住宅南面在同时间段受到日照的时间晚于和少于同楼一层的其他住户。就遮挡建筑对原告住宅光照的影响程度，本院委托有关鉴定机构对此进行鉴定。因鉴定所需相关建筑的施工图纸等资料，经本院释明，被告檀州房地产公司未提供鉴定所需资料，鉴定工作未能顺利实施，致使原告相会军通过鉴定证明其主张事实的目的不能实现。

上述事实有下列证据证明并有《商品房买卖合同》在案佐证。

1. 2004规（密）建字0028号《建设工程规划许可证》、《建筑工程施工许可证》，证明涉案楼房所在楼栋及配套公建审批手续齐全。

2. 密云规划局"信访答复意见函",证明配套公建对居民住宅楼的采光存在一定的影响。

3. 照片,证明涉案楼房的位置情况。

4. 双方当事人陈述,证明事实经过。

(四) 判案理由

北京市密云县人民法院经审理认为:建造建筑物须遵守国家有关工程建设标准,不得妨碍相邻建筑物的通风、采光和日照。根据现有证据,被告檀州房地产公司出售给原告相会军的房屋,所在楼宇在规划中即存在配套公建商业楼与商住楼建筑间距及日照方面的影响,规划部门还就此特别要求被告檀州房地产公司提出解决方案,檀州房地产公司向规划部门作出承诺,被遮阳住宅不作为住宅商品房出售,但在实际履行中,檀州房地产公司未能履行承诺;另据常识可知,建筑间距及日照情况直接影响着建筑的采光状况,进而直接影响买受人的起居生活;庭审中,檀州房地产公司虽称在原告购房时已告知其配套房对采光的遮挡情况,但缺乏证据,本院对其主张不予采信。现原告相会军主张上述建筑间距及日照影响情况,实质上即为其房屋所在楼宇的采光不符合国家及北京市有关标准,檀州房地产公司对此不予认可,应对此争议事实承担举证责任;相会军为证明影响其日照、采光受影响事实存在,提出了鉴定申请,因被告檀州房地产公司未提供鉴定所必需的建筑图纸而未成,但不能以此免除被告对争议事实的举证责任;本院经现场勘查,因被告在原告住宅南侧所建配套商业楼房的遮挡,原告住宅在同时间段受到光照的时间,晚于同楼一层的其他住户,且密云规划局在审批长安小区规划方案时,就已向被告檀州房地产公司提出配套公建对居民住宅楼的采光存在一定的影响,要求被告檀州房地产公司提出解决方案,本院据此认定原告主张的采光权益受到损害事实成立,被告檀州房地产公司应对此损害承担相应的法律责任;虽然原告房屋受到日照的遮挡程度未能进行鉴定确认,但结合本案的实际情况及被告于本案中的过错责任等因素,并参照现行相关规定,对因此给原告造成的日照、采光损失,本院酌情予以判定;原告要求赔偿精神损害,于法无据,本院不予支持;原告主张的房屋贬值损失,无依据,本院不予支持。

(五) 定案结论

北京市密云县人民法院依据《中华人民共和国民法通则》第八十三条,最高人民法院《关于民事诉讼证据的若干规定》第二条之规定,判决如下:

"一、本判决生效之日起10日内,被告北京檀州房地产开发有限公司赔偿原告相会军房屋采光权益损失3万元。

二、驳回原告相会军的其他诉讼请求。

案件受理费1005元,由原告相会军负担455元(已交纳);由被告北京檀州房地产开发有限公司负担550元(限本判决生效之日起7日内交纳)。"

(六) 解说

本案的争议焦点在于原告的采光权是否受到影响及影响程度。下面我们从理论和法律规定两方面进行分析和解读。

1. 理论分析——举证责任的分配问题

因为无法对原告的房屋采光是否构成遮挡、遮挡程度及是否低于国家或北京市规定的标准进行鉴定，涉及举证责任的分配问题。被告不仅负有向原告交付房屋的义务，还负有对所交付房屋的瑕疵担保及其他附随义务。被告未能遵守对相关部门作出的承诺，告知原告涉案房屋的实际情况，属于未能全面履行合同义务。在此前提下，对原告的房屋采光是否符合相关标准的举证责任理应分配给被告。因被告的不配合导致鉴定无法完成，被告理应承担相应的不利法律后果。

2. 法律解读——现行《民法通则》的相关规定

《民法通则》第83条规定，不动产的相邻各方，应当按照有利生产、方便生活、团结互助、公平合理的精神，正确处理截水、排水、通行、通风、采光等方面的相邻关系。给相邻方造成妨碍或者损失的，应当停止侵害，排除妨碍，赔偿损失。这体现了我国现行法律对采光权益的保护。

通过对举证责任分配的理论分析及根据我国《民法通则》的相关规定，我们发现由被告对原告的采光权益损失进行适度赔偿实属应当。

(北京市密云县人民法院 史晓寒)

9. 汪哲诉李慎国等房屋买卖合同案
（善意取得）

(一) 首部

1. 判决书字号

一审判决书：北京市海淀区人民法院（2009）海民初字第22079号。

二审判决书：北京市第一中级人民法院（2010）一中民终字第16095号。

2. 案由：房屋买卖合同纠纷。

3. 诉讼双方

原告（上诉人）：汪哲，女，1971年5月28日出生，汉族，北京道哼兴业公司行政人员，住北京市石景山区。

委托代理人：乔冬生，北京市远东律师事务所律师。

委托代理人：王新泉，北京市远东律师事务所律师。

被告（被上诉人）：李慎国，男，1970年6月6日出生，汉族，北京中海纪元数字技术发展股份有限公司技术经理，住北京市海淀区。

委托代理人：王滨才，男，1974年1月23日出生，北京黔龙法律服务所职员，住北京市海淀区。

被告（被上诉人）：李欣，女，1986年7月4日出生，汉族，无业，住北京市海淀区。

委托代理人：莫洁云，北京市中洲律师事务所律师。

委托代理人：张朦丹，女，北京市中洲律师事务所律师助理，住北京市海淀区。

4．审级：二审。

5．审判机关和审判组织

一审法院：北京市海淀区人民法院。

合议庭组成人员：审判长：方斌；人民陪审员：肖开恩、陈凤廷。

二审法院：北京市第一中级人民法院。

合议庭组成人员：审判长：辛荣；代理审判员：詹晖、梁冰。

6．审结时间

一审审结时间：2010年6月2日。

二审审结时间：2010年12月7日。

（二）一审诉辩主张

1．原告汪哲诉称

我与李慎国是夫妻关系，双方于1996年9月23日登记结婚，2002年生有一子即李经纬。2006年，我与李慎国用双方婚后的共同财产为李经纬从北京科技园置地有限公司购买房屋，提交的房屋共有协议约定：其中李慎国占有该房产的1％份额，李经纬占有该房产的99％份额。2009年6月25日，李慎国在北京市海淀区房管局办理产权登记时，在未告知我及李经纬并经其同意的情况下，擅自向北京市海淀区房管局提交了李慎国占有99％份额，李经纬占有1％份额的虚假房屋登记材料，将房屋权属登记为李慎国占99％份额，李经纬占有1％份额。

2009年6月29日，李慎国在未告知我及共有人李经纬并经其同意的情况下，与其同乡李欣签订房屋买卖合同，将上述房产以841 640元的成交总价卖给李欣。经向开发商调查：诉争房屋所在的地区2009年6月期房的售价为15 000元/平方米，房屋的实际价值约2 382 000元。我发现这一情况后，立即向北京市海淀区房管局就涉案房屋提起了异议。

根据以上事实，我认为：本案诉争房屋，是我及李慎国为儿子李经纬购买，其中李经纬占99％份额，剩余1％的份额为我与李慎国的夫妻共有财产。李经纬对这部分权益如需处分，也需要我与李慎国共同决定。我与李慎国离婚诉讼尚在进行当中，在未告知我的情况下，李慎国向北京市海淀区房管局提供虚假材料，擅自修改了房屋的权属比例，进行房屋产权登记，李经纬占诉争房屋份额的99%降到1%，我与李慎国共同占有份额由1%增至99%，后李慎国又以实际价值35%的价格将房屋转让给李欣，其行为不仅严重侵害了李经纬的权益，而且侵害了我的权益，故在向北京市海淀区房管局提出房屋异议登记后，特向法院提起诉讼，现诉讼请求如下：（1）确认李慎国、李欣就海淀区西二旗西路2号院33号楼2层1单元202室房屋签订的存量房屋买卖合同无效；（2）本案诉讼费由李慎国、李欣承担。

2. 被告李慎国辩称

第一，汪哲的主体资格有问题。汪哲起诉案由及诉求是本案诉争房屋即海淀区西二旗西路2号院33号楼2层1单元202号房屋买卖合同纠纷，而汪哲并非诉争房屋的所有权人，也并非买卖合同主体，因此，汪哲作为原告不适格。第二，对诉争房屋我有完全处分权。一是早在2008年年初我们协商协议离婚时我和汪哲已达成协议，诉争房屋完全归我所有；诉争房屋在出售前在房管部门合法登记的所有权人是我和我儿子李经纬，且我占99%份额，李经纬只占房屋份额的1%，我事先进行了作为儿子李经纬法定监护人的公证，向开发商、房管部门、买受人出示了公证书原件；在我经济和生活已深陷严重困境的情况下不得不出让诉争房屋，我完全有权出售房屋。第三，汪哲在事实与理由中所说的2006年11月22日"共有协议"不属实，且与本案无关。我与开发商签订的《房屋预售合同》买受人是我和儿子李经纬（当时李经纬只有3岁），没有任何关于共有协议的内容，建委也没有登记备案过上述所说的协议。第四，我与李欣就诉争房屋的买卖合约，是双方真实意思表示且已经履行完毕，我与李欣就诉争房屋的买卖合同是合法有效的。

3. 被告李欣辩称

我与李慎国签订的房屋买卖合同基于双方合意，合同的形式及内容也完全符合法律的规定，不存在合同无效的情形，是合法有效的。我在签订房屋买卖合同时已对诉争房屋的权利人归属及处分人资格履行了审慎审查的义务，我对诉争房屋的取得为善意且支付了合理价款，并依法办理了房产转移登记手续，构成善意取得。

（三）一审事实和证据

汪哲与李慎国系夫妻关系，双方于1996年9月23日结婚，2002年3月12日婚生一子名李经纬。2006年11月22日，李慎国、李经纬（李慎国代写）与北京科技园置地有限公司签订北京市商品房预售合同，购买了本案诉争房屋即海淀区西二旗西路2号院33号楼2层1单元202室（原登记楼号：海淀区东北旺乡西二旗A14号楼2层1单元202室），总价款为1 414 050元。2009年6月25日，李慎国、李经纬分别取得了房屋所有权证，房屋所有权证号分别为X京房权证海字第091829号、X京房权证海字第091850，在上述两房屋所有权证的共有情况一栏均载明：按份共有，在附记一栏均载明：李慎国共有份额为99%，李经纬共有份额为1%。2009年6月29日，李慎国、李经纬（李慎国代写）与李欣签订存量房屋买卖合同，将上述诉争房屋海淀区西二旗西路

2号院33号楼2层1单元202室出售给李欣,合同约定的价格为841 640元。2009年6月30日,李欣取得了上述诉争房屋海淀区西二旗西路2号院33号楼2层1单元202室的房屋所有权证,房屋所有权证号为X京房权证海字第092622号。

诉讼中,汪哲称诉争房屋的权属份额中,李经纬应占99%,其和李慎国共同占1%,汪哲为此在庭审中向法院提交了2006年11月22日房屋共有协议,在该协议中,约定李慎国占有诉争房屋的1%份额,李经纬占有诉争房屋的99%份额。李慎国对汪哲提交的2006年11月22日房屋共有协议不予认可,李欣则对此称无法核实该协议的真实性,该协议与本案不具有关联性。即使该协议为真实,也不能证明汪哲所主张的证明事项。京X房权证海字第091829号和京X房权证海字第091850号均显示,诉争房屋的份额,李慎国占有99%、李经纬占1%。诉讼中,对于购买房屋的实际成交价格,李慎国、李欣均称为1 600 000元,并对此提交了相应交易记录,李慎国提交了个人储蓄账户明细清单、账户历史交易明细表,李欣则提交了李慎国收条、银行电汇凭证、上饶银行对私储蓄账户明细账。

上述事实有下列证据证明:

(1) 双方当事人陈述。

(2) 结婚证、常住人口登记卡。证明汪哲与李慎国的夫妻关系。

(3) 北京市商品房预售合同、房屋所有权证。证明诉争房屋是在夫妻关系存续期间购买。

(4) 存量房屋买卖合同证明李慎国与李欣签订的房屋买卖合同合法有效。

(5) 2009年6月25日房屋所有权转移登记申请、2009年6月25日房屋登记询问笔录、2009年1月5日共有协议、(2009)京国立内证字第2595号公证书、个人储蓄账户明细清单、账户历史交易明细表、李慎国收条、银行电汇凭证、上饶银行对私储蓄账户明细账及开庭笔录。证明李欣系善意,且合同已经履行完毕。

(四) 一审判案理由

一审法院经审理认为:本案李慎国与李欣签订的存量房屋买卖合同是否有效,取决于买受人李欣对于本案诉争房屋是否构成善意取得。我国《物权法》第一百零六条规定:无处分权人将不动产或者动产转让给受让人的,所有权人有权追回;除法律另有规定外,符合下列情形的,受让人取得该不动产或者动产的所有权:(1) 受让人受让该不动产或者动产时是善意的;(2) 以合理的价格转让;(3) 转让的不动产或者动产依照法律规定应当登记的已经登记,不需要登记的已经交付给受让人。

对于李欣在受让本案诉争房屋时是否是善意问题,法院认为,根据我国物权法的相关规定,不动产登记簿是物权归属和内容的根据。而不动产权属证书是权利人享有该不动产物权的证明。在本案中,李慎国及李经纬所取得的房屋所有权证即物权法规定的不动产权属证书,基于不动产的公示、公信原则,作为买受人的李欣有理由相信上述李慎国及李经纬所取得的房屋所有权证所载明的物权及内容,即李慎国与李经纬系所出售房屋的共有人,所占份额李慎国为99%、李经纬为1%,又因李慎国系李经纬的法定代理人,其在办理房屋所有权转让手续时也出具了证明两者监护关系的相应公证书,故李欣基于上述信赖而相信出卖人李慎国及其共有人李经纬对所出售的房屋享有完全权利,并与二人签订存量房屋买卖合同,尽到了受让人的注意义务,不存在过错。又因,诉讼中,汪哲亦未向法院提交李慎国、李欣签订上述存量房屋买卖合同时,存在恶意串通损害其和李经纬利益的行为的相应证据,因此,法院认定,李欣在受让本案诉争房屋时确属善意。

对于本案诉争房屋转让的价格是否合理问题,本院认为,虽然本案存量房屋买卖合同约定的转让价格为 841 640 元,但李慎国、李欣在诉讼中均承认实际成交的价格为 1 600 000 元,并提交了相应交易记录,汪哲虽对二人交易行为的真实性提出质疑,认为系虚假交易,但由于并未对此提交相应证据,法院不予采信,又因综合审查李慎国提交的个人储蓄账户明细清单、账户历史交易明细表及李欣提交的李慎国收条、银行电汇凭证、上饶银行对私储蓄账户明细账等证据,上述证据作为一个证据链可以相互印证,如实反映出双方之间存在二人所述的付款 1 600 000 元的交易行为,而该 1 600 000 元的交易数额考虑到李慎国的购房价格、诉争房屋所在地区当时二手房市场价格及涨跌等因素,并不属于明显偏低价格,故法院认为,本案诉争房屋转让的价格仍应属合理价格范围之内。

对于转让的诉争房屋是否已登记问题,因法院通过庭审双方举证质证已查明,该诉争房屋已于 2009 年 6 月 30 日办理转让登记手续,李欣已依法取得了诉争房屋海淀区西二旗西路 2 号院 33 号楼 2 层 1 单元 202 室的房屋所有权证,故法院在此不再赘述。

综上分析,法院认为,李欣在取得本案诉争房屋所有权时已具备善意取得的全部要件,应认定为善意买受人。

李慎国在签订上述存量房屋买卖合同时,是否属善意,不影响李欣成为善意买受人,也不影响本案存量房屋买卖合同的效力。

(五) 一审定案结论

依照《中华人民共和国合同法》第八条、《中华人民共和国物权法》第一百零六条之规定,判决如下:

驳回汪哲请求确认李慎国、李欣就海淀区西二旗西路二号院三十三号楼二层一单元二〇二室房屋签订的存量房屋买卖合同无效的诉讼请求。

(六) 二审情况

1. 二审诉辩主张

上诉人汪哲主要上诉意见为李慎国在离婚诉讼期间转让诉争房屋,属虚假交易,存有主观恶意;李欣不属于善意第三人,其购买涉案房屋的行为不构成善意取得;李慎国伪造虚假材料擅自改变涉案房屋权属份额,应认定房屋买卖合同无效。要求撤销原判,支持上诉人一审诉讼请求。被上诉人李慎国、李欣同意原判。

2. 二审事实和证据

二审事实和证据与一审一致。

3. 二审判案理由

北京市第一中级人民法院认为：涉案房屋的所有权证载明李慎国所占诉争房屋的权属份额为99%，李经纬占权属份额的1%。李慎国将涉案房屋卖予李欣，李欣根据李慎国出具的房屋所有权证载明的所有权人状况及李慎国作为李经纬的法定代理人而出具的证明监护关系的相应公证书，有理由相信李慎国有权对涉案房屋进行全权处理。李欣在购买涉案房屋时，尽到了受让人的注意义务，不存在过错。

根据李慎国、李欣的陈述及提交的相应交易记录，李慎国的收条、银行电汇凭证、储蓄账户明细账，可以认定双方就涉案房屋的实际交易价格为1 600 000元，该价格比照当时涉案房屋所在地区的二手房价格，并不属明显过低。汪哲上诉称李慎国、李欣签订存量房屋买卖合同属于恶意串通，虚假交易，李欣不属于善意第三人，但就此未向本院提交充足的证据证明，本院对此不予采信。

综上所述，李慎国与李欣于2009年6月29日签订的存量房屋买卖合同，系双方当事人真实意思表示，且不违反法律的强制性规定，应认定合法有效。汪哲请求确认李慎国、李欣就涉案房屋所签订的存量房屋买卖合同无效，应予驳回。

4. 二审定案结论

北京市第一中级人民法院依据《中华人民共和国民事诉讼法》第一百五十三条第一款第（一）项之规定，判决如下：

驳回上诉，维持原判。

（七）解说

本案的焦点问题在于构成善意取得的无权处分合同的效力如何认定。

因婚姻状况不能体现在与房屋权属有关的材料中，不动产登记簿和权属证书与其真实权属状态可能存在不一致，当不动产登记簿上记载的权利人处分夫妻共同财产时，合同的相对方无从知晓处分人欠缺处分权。当买受人构成善意取得，已经办理完毕不动产的过户手续，取得不动产所有权的情况下，原共有权人可能起诉至法院，要求确认合同无效，法院是否应当考虑构成善意取得的因素，在此种情况下认定合同有效与否是合同法与物权法共同面对的问题。本案中，原共有权人起诉要求确认合同无效，而买受人构成善意取得，合同效力应当如何认定？法院认为，在现有的法律框架下，已构成善意取得的无权处分合同应当认定有效。

从解释论的角度出发，无权处分的合同效力认定与是否构成善意取得无关。对于合同效力的认定应当依据《合同法》第51条、第52条的规定进行。无权处分的合同，权利人拒绝追认的，合同无效。而善意取得是获得所有权的依据之一，对于合同效力不构成影响。然而，从应然的角度出发，构成善意取得的无权处分合同应当认定为有效。本案被告李慎国在离婚诉讼期间出卖共同财产，明显具有主观恶意，属于无权处分。但是李欣取得诉争房屋的过程符合善意取得的构成要件，已经原始取得诉争房屋的所有权。由此反向可推知，善意取得情况下，买卖合同的有效是债权形式主义的必然要求和逻辑选择。如果认定合同无效将会造成房屋无法返还、生效判决无法执行的局面。同时，认定善意取得的无权处分合同有效可以全面保护双方当事人的利益，当买受人善意取得所有权而尚未支付价款，出卖人可依据合同有效要求其支付价款甚至承担违约责任，买受人亦可依据合同要求出卖人交付标的物，承担质量瑕疵担保责任等。把善意取得合同理解为有效为更好地保护当事人的利益提供了可靠的依据，有利于解决取得不动产所有权后的其他后续问题。

因此，在法律规定无权处分的合同未经权利人追认无效的背景下，法院对于构成善意取得的无权处分认定为有效是符合法律的体系要求以及价值取向的，该处理结果是正确的。但是，一审法院在本院认为部分认定"房屋买卖合同是否有效，取决于买受人李欣对于本案诉争房屋是否构成善意取得"的表述将无权处分的合同效力与善意取得的构成捆绑在一起无明确的法律依据，容易引起误解，应当避免。

（北京市第一中级人民法院　徐冰）

10. 王帆、方慧诉李亮生、苏来英所有权纠纷案

（一）首部

1. 判决书字号：山西省太原市万柏林区人民法院（2011）万民初字第267号。
2. 案由：所有权纠纷。
3. 诉讼双方

原告：王帆，男，1981年1月17日出生，汉族，太原理工大学建筑设计研究院干部，住太原理工大学。

原告：方慧，女，1981年7月26日出生，满族，中北大学信息商务学院教师，住太原理工大学。

二原告委托代理人：薛云秀，山西晋阳律师事务所律师。

被告：李亮生，男，1972年9月25日出生，汉族，无业，住太原市千峰南路。

被告：苏来英，女，1972年9月15日出生，汉族，无业，住太原市千峰南路。

4. 审级：一审。
5. 审判机关和审判组织

审判机关：山西省太原市万柏林区人民法院。

合议庭组成成员：审判长：郭金凤；人民陪审员：李晓勇、李晓利。

6. 审结时间：2011年5月25日。

（二）诉辩主张

1. 原告王帆、方慧诉称

2010 年 8 月 25 日，太原我爱我家房地产经纪有限公司为原告与被告提供了中介服务。被告李亮生自愿将坐落在太原市千峰南路大王小区 7 幢 3 单元 11 号房屋出售给二原告。二原告按照合同约定全面履行了自己的义务后，被告李亮生却未按照合同约定的期限即 2010 年 11 月 10 日将所出售房屋交付原告。现该出售房屋的房屋所有权证书已经通过太原市房地局办理至二原告名下，但二被告仍然在出售房屋居住，导致原告至今无法入住，目前原告不得已租房居住。在双方协商无果的情况下，二原告诉至法院，请求法院依法判令二被告立即腾房；判令二被告赔偿因其侵权行为给原告造成的损失 25 880 元（包括从 2010 年 11 月 11 日合同约定的交房之日至 2011 年 1 月 11 日起诉之日的违约金 11 280 元；原告已支付中介费 13 000 元；因被告未依约交房原告另外租房的两个月租金 1 600 元），判令被告承担本案的诉讼费用。

2. 被告苏来英辩称

我不清楚我住的房子已经卖给了原告，原告起诉状上所说的事情我都不清楚，只是去年"我爱我家"的工作人员给我打过电话说房子卖了，其他的事情我一概不清楚。我不同意腾房，也不同意赔偿原告的损失。

被告李亮生在答辩期内未提交答辩状。

（三）事实和证据

法院经审理查明，二原告系夫妻关系。2010 年 8 月 25 日，二原告（乙方）与被告李亮生（甲方）签订《房地产买卖契约》一份，该契约第 1 条约定："甲方自愿将坐落在太原市万柏林区千峰南路大王小区（北区）7 幢 3 单元 11 号的房屋出售给乙方。"第 2 条约定："甲乙双方约定该房屋成交价格为人民币 50 万元。"第 4 条、第 6 条约定："双方同意于 2010 年 10 月 8 日由甲方将该房屋正式交付给乙方。"第 8 条"违约责任"约定：乙方中途悔约，乙方不得向甲方索还定金。甲方中途悔约，甲方应在悔约之日起三个工作日将定金退还给乙方，另给付乙方相当于定金数额的违约金。乙方不能按期向甲方付清购房款，或者甲方不能按期向乙方交付房地产，每逾期一日，由违约一方向对方给付相当于上述房地产价款千分之零点四的滞纳金。同日，原、被告及中介方太原我爱我家房地产经纪有限公司签订《成交确认书》。该确认书对原、被告签订的《房地产买卖契约》中的房屋状况、房价做了确认，并确认中介方的佣金为 12 500 元。该确认书第 8 条约定：如果出现违约状况，由违约方承担丙方的服务费用。上述事实有《房地产买卖契约》及《成交确认书》佐证。上述《房地产买卖契约》及《成交确认书》签订后，二原告向被告李亮生支付房款 470 000 元（含定金），余款 30 000 元，二原告、被告李亮生在签订的《补充协议》中约定在被告腾房、物业交验完毕无欠费、签免个税完毕，原告直接交付被告。该补充协议双方约定："腾房时间为：2010 年 11 月 10 日，未变更事宜遵循原合同。"上述事实有被告李亮生出具的《收条》、被告李亮生与二原告签订的《补充协议》佐证。上述《补充协议》签订后，中介公司、原告及被告李亮生三方共同到太原市房地局办理房屋过户手续。2010年11月12日，太原市房地局向二原告发放晋房权证并字第S201011005-1、2号房屋权属证书，该权属证书记载：房屋坐落在千峰南路大王小区（北区）7幢3单元6层11号，房屋为原告王帆、方慧共同共有。该事实有原告陈述、太原市房地局向二原告发放的晋房权证并字第S201011005-1、2号房屋权属证书佐证。

经查明，2003年12月1日，太原市房地产管理局房权证并字第00036614号房产证上记载的千峰南路大王小区（北区）7幢3单元6层11号房屋的所有权人为李亮生，该产权证书已经太原市房地产管理局确认作废。上述事实有太原市房地产管理局颁发的房产证佐证。

另查明，2010年9月15日，山西省太原市城北公证处出具（2010）并北证字第5999号《公证书》证实，李亮生未婚。

另查明，被告李亮生、苏来英并未办理结婚登记手续，双方于1994年农历十二月初一举办婚礼仪式。二被告于2002年购买诉争房屋，并一直居住在此。

（四）判案理由

一审法院经审理认为，尽管本案诉争的千峰南路大王小区（北区）7幢3单元6层11号房屋为二被告同居期间购买，但由于二原告与被告李亮生签订《房地产买卖契约》时该房屋记载的房屋所有权人为李亮生，无其他共有人，而且，太原市城北公证处又出具了李亮生为单身的公证书。同时，该房屋的买卖行为又经中介公司的介绍，故二原告完全有理由相信诉争房屋的所有权人为李亮生一人。在《房地产买卖契约》签订后，二原告支付了房屋对价，在原、被告及中介公司的参与下，又将原为李亮生所有的房屋办理到了二原告名下，依照《物权法》第106条的规定，可确定二原告取得该房屋所有权属于善意取得，据此确认二原告与被告李亮生签订的《房地产买卖契约》有效。依据《物权法》第9条的规定，不动产物权的设立、变更、转让和消灭必须经依法登记，发生效力。原告王帆、方慧与被告李亮生依据双方签订的《房地产买卖契约》，将原产权为被告李亮生的千峰南路大王小区（北区）7幢3单元6层11号转移登记至二原告名下后，二原告即取得了该诉争房屋的所有权，该所有权取得日期自记载于晋房权证并字第S201011005-1号、2号房屋权属证书上的日期即2010年11月12日开始。自2010年11月12日始，原告王帆、方慧即可依法行使该诉争房屋的所有权，而不受他人侵害，对于无权占有该诉争房屋的他人，二原告有权要求其停止占有。现二被告无合法依据占有该房屋，二原告立即腾房的请求符合法律规定，应予支持。被告苏来英以对房屋买卖不知情，不同意腾房的抗辩理由不成立，不予支持。由于二原告与被告李亮生签订的《补充协议》中明确约定腾房时间为2010年11月10日，因而，本案二被告应依约定在2010年11月10日腾房。由于被告李亮生违反《补充协议》中交房约定，致原告一直租住房屋，给原告造成了一定的损失，故对原告要求被告每月支付其租金800元的请求予以支持。由于该《补充协议》中双方对付款时间、数额作了重新约定，故双方签订的《房地产买卖契约》中第4条的约定已经不能约束双方当事人，原告据该约定请求对方支付违约金无事实依据，应予驳回。由于《成交确认书》是由原、被告及中介方三方签订，且签订时间与原、被告签订的《房地产买卖契约》同日，故《成交确认书》中第8条的约定应是只针对《房地产买卖契约》中原、被告双方的违约行为生效。因原、被告在《补充协议》中对付款时间、腾房时间作了变更，故原告依据该《补充协议》请求被告承担中介方的佣金无事实依据，应予驳回。

(五) 定案结论

太原市万柏林区人民法院经审理，依照《中华人民共和国物权法》第九条、第十四条、第三十四条、第一百零六条，《中华人民共和国民法通则》第一百一十七条，《中华人民共和国民事诉讼法》第一百三十条的规定，判决：

"一、被告李亮生、苏来英于本判决生效之日起60日内从千峰南路大王小区（北区）7幢3单元6层11号房屋内搬出。

二、被告李亮生、苏来英于本判决生效之日起10日内支付原告王帆、方慧两个月的租金1 600元。"

(六) 解说

该案系2007年10月1日《物权法》施行后，适用该法第106条维护善意取得人合法权益的一起案件。

本案争议的焦点是：未经共有人同意签订的房屋买卖合同是否有效。一种观点认为，民法通则明确规定，共有人对共有财产有平等的处分权，未经共有人同意擅自处分共有财产的行为无效。《物权法》第97条也明确规定，处分共同共有的财产应经全体共有人同意，但共有人之间另有约定的除外。这意味着未经共有人同意买卖合同应该是无效的，除非当事人另有约定的除外。本案被告李亮生故意编造其为单身的行为，可以佐证被告苏来英陈述的其对房屋买卖不知情的事实，故应认定本案原、被告签订的房屋买卖合同无效。另一种观点认为，《物权法》第97条只是基于共有关系的处分权所作的规定，在司法实践中认定买卖合同的效力，还要参照其他因素，比如购买人是否属于善意第三人。无论房屋共有人是否同意出卖房屋，只要买受人是善意且无过失，就应该依据《物权法》第106条的规定保护第三人的利益，认定合同有效。由此给其他共有人造成损失的，应由擅自处分人承担责任。首先，本案房产登记在被告李亮生一人名下，公证处又出具了被告李亮生单身的证明，故应推定原告对诉争房屋有其他共有人并不知情。其次，原告不知情的事实非原告导致，原告已尽到了合理的注意义务，故原告在本案中善意且无过失，本案买卖合同应认定有效。但原告是否因此就取得了诉争房屋所有权还要看是否符合下面两个条件：其一是原告是否支付了对价，其二是是否办理了房屋过户登记手续且在办理过户登记手续时原告是否知道诉争房屋上有其他共有人的事实。如果同时符合上述两个条件，则按照善意取得制度原告取得该房屋所有权。就本案查明的事实，符合上述两个条件，故对原告的诉请应予以支持。我们同意第二种观点，合议庭经合议也采纳第二种观点，并作出上述判决。

（山西省太原市万柏林区人民法院　郭金凤）

11. 芦晶诉宋建利、梁磊房屋买卖合同案 （善意取得）

（一）首部

1. 判决书字号

一审判决书：北京市西城区（原宣武区）人民法院（2009）宣民初字第9035号。

二审判决书：北京市第一中级人民法院（2010）一中民终字第06730号。

2. 案由：房屋买卖合同纠纷。

3. 诉讼双方

原告（上诉人）：芦晶（精神疾病患者），女，1977年12月7日出生，汉族，无业，住北京市西城区（原宣武区）。

法定代理人：卢大鹏（上诉人之父），男，1951年7月1日出生，北京市鑫纺联工贸有限公司董事长，住北京市朝阳区。

委托代理人：卫爱民，北京市当代律师事务所律师。

被告（被上诉人）：宋建利，男，1975年6月20日出生，汉族，北京神讯信息科技有限公司经理，住北京市海淀区。

被告（被上诉人）：梁磊，男，1983年5月25日出生，汉族，北京市链家房地产经纪有限公司职员，住北京市西城区（原宣武区）。

梁磊委托代理人：靳双权，北京市东卫律师事务所律师。

梁磊委托代理人：郭志，北京市东卫律师事务所律师。

4. 审级：二审。

5. 审判机关和审判组织

一审法院：北京市西城区（原宣武区）人民法院。

独任审判员：史静。

二审法院：北京市第一中级人民法院。

合议庭组成人员：审判长：张洁芳；代理审判员：冀东、杨潇。

6. 审结时间

一审审结时间：2010年1月4日。

二审审结时间：2010年6月16日。

（二）一审情况

1. 一审诉辩主张
（1）原告芦晶诉称

我与宋建利于2003年10月6日登记结婚，2003年8月二人共同支付首付购买西城区（原宣武区）远见名苑10号楼B座607室房屋一套。我于2008年9月因病住院，住院期间，宋建利将诉争房屋出售给梁磊。二人为避税签订了两份房屋买卖合同，侵害了国家税收管理制度。宋建利擅自将夫妻共有房屋出售，二人构成恶意串通。请求法院判令：宋建利、梁磊所签订的两份房屋买卖合同无效，由梁磊返还所购房屋。诉讼费由其二人承担。

（2）被告宋建利辩称

卖房确实没有征得芦晶同意，但我与梁磊的房屋买卖合同有效，诉争房屋房产证上写的是我一个人的名字。诉争房屋的成交价实际是68万元，为了避税，我和梁磊才以36.5万元向有关部门申报。房屋买卖合同是有效的，梁磊不应返还房屋。

（3）被告梁磊辩称

我买房时，宋建利提供了全部手续，而且诉争房屋原来买卖合同上的购房人就是宋建利一个人，所以有理由相信宋建利有权利处分房屋，我是善意的，已经实际取得了诉争房屋的所有权证。成交价是68万元，36.5万元的合同是为避税而订，并未实际履行。

2. 一审事实和证据

西城区（原宣武区）人民法院经公开审理查明：芦晶与宋建利于2003年年初相识。2003年8月12日，宋建利与北京裕泰达房地产开发有限公司签订《商品房买卖合同》，购买西城区（原宣武区）远见名苑10号楼B座607号房屋，总价款为32.449 5万元。芦晶与宋建利共同支付首付款6.800 5万元。2003年10月6日，芦晶与宋建利登记结婚。2003年11月5日，宋建利与中国建设银行北京城市建设开发专业支行、北京裕泰达房地产开发有限公司签订《个人住房贷款借款合同》，贷款25万元。2005年10月27日，宋建利取得诉争房屋的所有权证。房屋交付后，芦晶、宋建利对该房屋装修，一直在此屋居住。2008年9月，芦晶因躁狂发作，在北京安定医院住院至今。2009年6月17日，宋建利与梁磊签订《北京市存量房屋买卖合同》及补充协议，约定：梁磊购买诉争房屋，房屋成交价格68万元；宋建利保证配偶认可并同意此房产出售。同日，梁磊给付定金2万元；宋建利、梁磊和北京链家房地产经纪有限公司签订《居间成交确认书》和《过户、按揭代理合同》，约定梁磊购买诉争房屋，房屋买卖价格为68万元。2009年6月22日，深圳市世联土地房地产评估有限公司出具《房地产抵押估价报告》，诉争房屋评估总值为65.465 4万元。同日，宋建利收取梁磊给付的14万元。2009年7月9日，宋建利与梁磊签订《存量房屋买卖合同》，约定：梁磊购买诉争房屋，房屋成交价格为36.5万元。庭审中，宋建利和梁磊均表示该份合同是为避税而签订。同日，宋建利和梁磊签订了《物业查验交接单》，其中写明交接的家电家具。2009年7月14日，梁磊、中国银行股份有限公司北京金融中心支行和北京链家房地产经纪有限公司签订《楼宇按揭担保借款合同》，梁磊借款52万元。2009年8月3日，梁磊领取了诉争房屋的所有权证。庭审中，梁磊提交了宋建利身份证复印件，芦晶和宋建利结婚证的复印件，芦晶、宋建利户口本复印件以及日期为2009年6月20日的同意出售证明，签字处名字为"芦晶"，证明其尽到了审查义务。宋建利当庭表示同意出售证明中的签名系其代芦晶所签，其卖房并没有征得芦晶的同意。另查：经法院委托，首都医科大学附属北京安定医院对芦晶的诉讼能力进行鉴定，鉴定意见为：芦晶患有心境障碍，应当评定限制诉讼行为能力。芦晶的父亲卢大鹏作为芦晶的法定代理人参加了诉讼。

上述事实有下列证据证明：

（1）双方当事人陈述。能够通过当事人的自认确定本案部分事实。

（2）申请结婚登记声明书、结婚登记审查处理表。能够证明芦晶、宋建利的夫妻关系。

（3）《北京市商品房预售合同》。能够证明宋建利购买房屋的时间、价款等事实。

（4）《存量房屋买卖合同》及补充协议。能够证明梁磊向宋建利购买涉案房屋的事实。

（5）《居间成交确认书》。能够证明梁磊通过房产中介公司提供居间服务购买涉案房屋。

（6）《过户、按揭代理合同》。梁磊委托房产中介公司就购买涉案房屋办理贷款和过户的事实。

（7）《房地产抵押估价报告》。梁磊通过对房屋评估进行贷款购买涉案房屋的事实。

（8）房屋所有权证。能够证明房产证登记时间、名义登记人。

（9）《物业查验交接单》。宋建利与梁磊就房内家具电器进行交接的事实。

（10）收条。能够证明宋建利收到梁磊支付房款的事实。

3. 一审判案理由

西城区（原宣武区）人民法院根据上述事实和证据认为：依法成立的合同，受法律保护，对当事人具有法律约束力。受让人受让不动产或动产时是善意的；以合理的价格转让；转让的不动产依照法律规定应当登记的已经登记；受让人取得不动产或动产的所有权，原所有权人有权向无处分权人请求赔偿损失。本案中，芦晶和宋建利为结婚共同出资作为首付款购买了诉争房屋，婚后用夫妻共同财产还贷，虽然诉争房屋登记在宋建利个人名下，但诉争房屋为二人的夫妻共同财产。梁磊与宋建利于2009年6月17日就诉争房屋签订房屋买卖合同时，梁磊和中介机构让宋建利提交了本人的身份证，持证人为芦晶的结婚证，芦晶、宋建利的户口本以及配偶同意出售证明，已尽到了相应的审查义务。梁磊有理由相信宋建利及其配偶芦晶同意出售诉争房屋。双方实际成交价高于房屋评估价，故是以合理价格转让诉争房屋。现诉争房屋已登记在梁磊名下。基于以上事实，梁磊可善意取得诉争房屋所有权。宋建利和梁磊为避税所签房价款较低的房屋买卖合同，价格条款非双方当事人的真实意思表示，属于无效条款，但不影响该合同中其他条款的效力。综上所述，对于芦晶主张的确认宋建利和梁磊所签订的两份房屋买卖合同无效，由梁磊返还所购房屋的诉讼请求，缺乏法律依据，法院不予支持。芦晶作为诉争房屋的共有人，可依法向宋建利主张相应的损失。

4. 一审定案结论

北京市西城区（原宣武区）人民法院依据《中华人民共和国合同法》第八条、《中华人民共和国物权法》第一百零六条、《中华人民共和国民事诉讼法》第六十四条第一款之规定，作出如下判决：

驳回芦晶的诉讼请求。

（三）二审诉辩主张

上诉人芦晶（原审原告）及其法定代理人卢大鹏、委托代理人卫爱民以原审判决认定梁磊为善意第三人，"尽到了审查义务"错误为由，上诉至北京市第一中级人民法院，请求二审法院依法改判确认宋建利、梁磊所签订的两份房屋买卖合同无效，由梁磊返还已过户到其名下的房屋，由宋建利、梁磊承担本案全部诉讼费用。被上诉人宋建利（原审被告）、被上诉人梁磊（原审被告）同意原判。

（四）二审事实和证据

二审查明的事实与认定事实的证据同一审一致。

（五）二审判案理由

北京市第一中级人民法院认为：在签订房屋买卖合同时，梁磊让宋建利提交了本人的身份证，持证人为芦晶的结婚证，芦晶、宋建利的户口本以及配偶同意出售证明，已尽到了相应的审查义务。在此情况下，梁磊有理由相信宋建利及其配偶芦晶同意出售诉争房屋。双方实际成交的价格高于评估价格，宋建利系以合理价格转让诉争房屋的。现诉争房屋已登记在梁磊名下。基于以上事实，梁磊系善意第三人，其所有权应受法律保护。芦晶作为诉争房屋的共有人，可以依法向宋建利主张相应的损失。原审判决认定事实清楚，适用法律正确，对原审判决予以维持。

（六）二审定案结论

依照《中华人民共和国民事诉讼法》第一百五十三条第一款第（一）项之规定，判决如下：

驳回上诉，维持原判。

（七）解说

1. 当事人就转让同一房屋分别签订数份买卖合同，应如何认定合同效力

当事人之间就转让同一房屋先后分别签订数份买卖合同，合同中关于房屋价款、履

行方式等约定存在不一致,应当依据当事人真实意思表示的合同约定作为履行依据。对于当事人在房屋买卖中确实存在规避税收征管行为的,可一并建议相关行政主管部门予以处理。

本案中,宋建利与梁磊签订了两份房屋买卖合同,第一份约定房屋价款为68万元,第二份约定房价款为36.5万元,二人均认可实际履行的是第一份合同。评估机构对诉争房屋的估价为65.4654万元,梁磊于2009年6月17日签订房屋买卖合同当日和2009年6月22日分别给付宋建利定金2万元和房款14万元,加上通过银行贷款给付的52万元,共68万元。宋建利和梁磊均认可第二份合同是为避税而订立。可以认定,68万元的房价款为二人就房屋价格的真实意思表示,二人实际履行的亦为该条款,故双方所订二份房屋买卖合同均为有效,但第二份买卖合同中的36.5万元房价款的条款无效。

目前,我国税收以及房屋登记审查制度尚完善,二手房买卖中存在大量为少缴税款而签订阴阳合同的现象,但不应因此而认定房屋买卖合同无效。对于宋建利和梁磊就诉争房屋为避税而签订两个买卖合同的行为,二人应至税务部门补齐税款,并接受相应的处罚。

2. 第三人"善意"的认定标准

根据《物权法》第106条第1款第1项的规定,买受人受让不动产应为善意。"善意"是行为人不知存在某种足以影响该行为法律效力的因素的一种心理状态,应当是"明知"或"应知"的问题,在审判实践中一般以消极的善意作为认定标准,即不知道且不应当知道。对于善意的证明事项和举证责任的分配,应由另一共有人就买受人为恶意承担举证责任,通过反证进行认定。买受人信赖不动产登记簿和权属证书中关于物权登记的记载,不知且不应知出卖人为无权处分即可推定买受人为善意,善意的时间段应从签订房屋买卖合同时开始至办理过户登记手续时止。

我国法律并未强制规定不动产共有人须全部记载于不动产登记簿或登记于不动产权属证书,婚姻关系使得不动产登记簿和权属证书无法反映房屋的真实权属状况。若共同共有房屋登记在夫妻一方名下,则根据《物权法》第16、17条等相关条款,从权利外观上可推定为登记人的个人财产,这与婚姻法确定的所有权认定标准并不一致。因此,可以明确的是,我国不动产善意取得的要求同德国和我国台湾地区不一样,在德国的房产登记簿上,显示的权利状态比较准确,我国则不然。第三人可以推定登记簿上登记的产权人就是房屋的权利人,但权利的推定本身可以用相反的证据推翻,权利推定规则本身不排除交易受让人的查询义务。以房屋为标的物的不动产买卖中,善意第三人对真实权利状况的不知情应要求其不存在重大过失,意味着若配偶没有在登记簿或权属证书上显示出来,受让人主张自己善意时,要尽一定的查询义务。任何查询义务都没有进行,就认可登记簿上显示的状态,不宜直接认定其为善意第三人。审判实践中,认定义务人查询到什么程度,要根据具体交易行为中的交易习惯,结合自由裁量权作出判断。

问题在于,就算当事人之间存在夫妻关系,对该房屋是否为夫妻共同财产的查询也是有一定难度的。审判实践中,判断第三人的查询进行到什么程度才算不存在重大过失?这时,应当考虑房屋买受人和出卖人夫妻双方之间存在什么样的关系,是同事关系,亲属关系,还是陌生人关系?查询的程度和注意义务的要求应随这一关系的密切程度而有所区别。对存在比较密切关系人的重大过失的认定，证据的审查上就可略为宽松，认定重大过失的可能性要高；若为陌生人的关系，对第三人查询义务的要求就应相应降低。

本案中，梁磊通过中介机构与宋建利进行房屋买卖，其与宋建利夫妇并无亲密关系。梁磊审查了宋建利出示的有芦晶签字的同意出售证明，尽管庭审中宋建利表示该签字为其本人代签，但结合宋建利同时出具的夫妻二人身份证、结婚证、户口本原件等相关证件，以及交易是在专业房产经纪机构的居间服务下进行，仍可认定梁磊尽到了审慎的查询义务，推定芦晶同意出售房屋，梁磊有足够的理由相信宋建利对诉争房屋有处分权。有的案件中，善意第三人无法出示出卖人配偶的书面同意意见，但如果能够证明在房屋买卖过程中出卖人配偶同意，或证明其知道交易行为且未进行反对，亦可推定其同意出售房屋。具体地说，如能够证明在房屋买卖过程中，出卖人配偶参与了洽谈或钱款给付等交易环节，或能证明交易期间与出卖人共同居住，即可推定配偶同意出卖房屋。

需要注意的是，《物权法》第16、17条明确了物权确认的重要规则，即登记制度。该规则改变了长期形成的"重证书轻登记"的观念，买受人在确认不动产权利状况时，不能仅看证书，还要查阅登记，最终要以登记为准。但在审判实践中，根据城市普通商品房的交易习惯，出于效率和交易成本的考虑，交易当事人只需审查房屋的物权证书记载事项即可。

（北京市第一中级法院　李唯一）

12. 安忠智诉郭翰芳等房屋买卖合同案
（善意取得）

（一）首部

1. 判决书字号
一审判决书：北京市海淀区人民法院（2010）海民初字第2122号。
二审判决书：北京市第一中级人民法院（2010）一中民终字第14502号。
2. 案由：房屋买卖合同纠纷。
3. 诉讼双方
原告（被上诉人）：安忠智，女，1963年6月17日出生，汉族，无业，住北京市海淀区。
委托代理人：王晓晶，北京市华尔泰律师事务所律师。
被告（上诉人）：郭翰芳，女，1972年5月21日出生，汉族，无业，住北京市海淀区。

委托代理人：刘明俊，北京市邦盛律师事务所律师。

被告：王宝银，男，1959年12月11日出生，汉族，无业，住北京市海淀区。

委托代理人：徐洋，男，1981年1月4日，北京市兴百合纺织品有限公司法务经理，住北京市昌平区。

被告：北京长盈恒润房地产经纪有限公司（以下简称长盈恒润公司），住所地：北京市海淀区紫竹院路1号4号楼102。

法定代表人：姜冰，总经理。

委托代理人：姜涛，男，1975年9月6日出生，北京长盈恒润房地产经纪有限公司业务主管，住北京市海淀区。

4. 审级：二审。

5. 审判机关和审判组织

一审法院：北京市海淀区人民法院。

代理审判员：蒋凯宇。

二审法院：北京市第一中级人民法院。

合议庭组成人员：审判长：王爱红；代理审判员：万丽丽、李晓龙。

6. 审结时间

一审审结时间：2010年6月1日。

二审审结时间：2010年9月20日。

（二）一审情况

1. 一审诉辩主张

（1）原告安忠智诉称

我与王宝银系夫妻关系，于1984年登记结婚。婚后，双方于2004年以夫妻共同财产出资购买诉争房屋，我一直居住该房屋。2009年12月，我得知王宝银在我不知情的情况下，擅自将该共有房屋出售，郭翰芳和北京长盈恒润公司在明知未经该房屋共有人同意的前提下，仍然签订了买卖该房屋的合同。我认为，王宝银在未得到共有人同意的情况下，擅自处分该房屋的行为，已经严重侵害了共有权人的合法权益，故起诉请求：1）判决王宝银、郭翰芳、长盈恒润公司之间签订的《房屋买卖居间合同》无效；2）诉讼费用由王宝银、郭翰芳、长盈恒润公司承担。

（2）被告王宝银辩称

我当时卖房是因为急需钱，也没有和安忠智商量，找了一个中介公司，但不是长盈恒润公司，后该公司冒充我找的中介公司，我仓促就与长盈恒润公司及郭翰芳签订合同，我不知这种行为侵犯我爱人的权利，我同意安忠智的诉讼请求。

（3）被告郭翰芳辩称

我在与王宝银签订房屋买卖合同时，审查了王宝银的房屋所有权证及购房发票，且其一直强调房屋是其个人所有，我们尽到审查义务，我们签订的房屋买卖合同是有效的,不同意安忠智的诉讼请求。

(4) 被告长盈恒润公司辩称

王宝银于2007年时就曾经对外出售房屋,我公司也有其房源信息。王宝银与郭翰芳签订房屋买卖合同时,王宝银向我们出示房产证,称没有其他共有权人,并且签订合同当时即付20万元现金,并如期为王宝银偿还了按揭贷款。其家人也是应该知道王宝银出售房屋的事情,但未提出过异议,故不同意安忠智的诉讼请求。

2. 一审事实和证据

北京市海淀区人民法院经公开审理查明:安忠智与王宝银于1984年登记结婚,王宝银于2004年10月1日与北京人济房地产开发有限责任公司签订房屋买卖合同,购买位于北京市海淀区紫竹院路1号4号楼1305号房屋一套,并于2005年9月15日取得该房屋的房屋所有权证,在房屋所有权人一栏中登记为王宝银,在共有情况一栏中登记为单独所有。2009年5月14日,王宝银、郭翰芳与长盈恒润公司签订《房屋买卖居间合同》,王宝银以380万元的价格将上述房屋卖与郭翰芳,郭翰芳向王宝银交纳定金20万元,并为王宝银办理了偿还抵押贷款的手续,但380万元的房款尚未付清。王宝银未向郭翰芳交付房屋,亦未办理过户手续。王宝银与安忠智提供《个人住房抵押贷款合同》第9.4条内容为:"共有人均同意以第一条约定的房屋为乙方在本合同项下债权提供抵押担保。共有人:安忠智(签字)",以证明安忠智为上述房屋的共有权人。但王宝银在与郭翰芳、长盈恒润公司签订《房屋买卖居间合同》时并未出示上述《个人住房抵押贷款合同》,只是在办理偿还贷款手续过程中向银行出具。

上述事实有下列证据证明:

(1)双方当事人陈述;

(2)《房屋买卖居间合同》;

(3)《个人住房抵押贷款合同》。

3. 一审判案理由

北京市海淀区人民法院判决认为:共同共有人对共同财产享有共同的权利,承担共同义务。在共同共有关系存续期间,部分共有人擅自处分共有财产的,一般认定无效,但第三人善意、有偿取得该财产的,应当维护第三人的合法权益,对其他共有人的损失,由擅自处分共有财产的人赔偿。本案中,王宝银与郭翰芳签订《房屋买卖居间合同》时,郭翰芳审查了王宝银的所有权证及购房发票,而王宝银未向郭翰芳披露房屋共有人的情况,郭翰芳据此认定王宝银对该房屋系单独所有,并支付部分的房款。由此本院认为郭翰芳在房屋买卖过程中并无过错。但郭翰芳尚未付清房款,亦未取得房屋所有权,故郭翰芳不具备相关法律规定的"善意第三人"的条件。王宝银处分其与安忠智的夫妻共有财产,侵犯了安忠智的权益,其与郭翰芳签订的房屋买卖合同应属无效,安忠智的诉讼请求,本院支持。

4. 一审定案结论

北京市海淀区人民法院判决:确认王宝银、郭翰芳、北京长盈恒润房地产经纪有限公司签订的《房屋买卖居间合同》无效。

（三）二审诉辩主张

1. 上诉人（原审被告）郭翰芳上诉称

本案不应适用善意取得制度，一审判决无视物权登记的公示公信效力。上诉请求：撤销原审判决，改判驳回安忠智的一审诉讼请求。

2. 被上诉人（原审原告）安忠智答辩称

不同意郭翰芳的上诉理由和请求，同意原审判决，请求驳回上诉，维持原判。

原审被告王宝银答辩称：同意原审判决。

原审被告长盈恒润公司答辩称：同意郭翰芳的意见，合同应为有效。

（四）二审事实和证据

北京市第一中级人民法院经审理，确认一审法院认定的事实和证据。

（五）二审判案理由

北京市第一中级人民法院判决认为：共同共有人对共有的不动产或者动产共同享有所有权。在共同共有关系存续期间，部分共有人擅自处分共有财产的，一般认定无效。本案中，王宝银与郭翰芳签订《房屋买卖居间合同》时，郭翰芳虽审查了王宝银的所有权证及购房发票，但王宝银未向郭翰芳披露房屋共有人的情况，郭翰芳据此认定王宝银对该房屋系单独所有，并支付部分的房款。虽然郭翰芳在房屋买卖过程中并无过错，但郭翰芳尚未付清房款，亦未取得房屋所有权，故郭翰芳不具备物权法规定的善意取得的条件。王宝银处分其与安忠智的夫妻共有财产，侵犯了安忠智的权益，故王宝银与郭翰芳、长盈恒润公司签订的《房屋买卖居间合同》应属无效，原审判决支持安忠智要求确认《房屋买卖居间合同》无效的诉讼请求，并无不当。郭翰芳的上诉理由和请求，于法无据，本院不予支持。一审判决认定事实清楚，适用法律正确，本院予以维持。

（六）二审定案结论

北京市第一中级人民法院依照《中华人民共和国民事诉讼法》第一百五十三条第一款第（一）项，《中华人民共和国合同法》第五十一条、第五十二条，《中华人民共和国物权法》第九十五条、第九十七条、第一百零六条之规定，判决：驳回上诉，维持原判。

（七）解说

本案处理的重点主要在于对我国《物权法》中善意取得制度的理解和适用，以及对我国《合同法》中无权处分的合同效力认定的理解和适用。

《物权法》第106条规定,"无处分权人将不动产或者动产转让给受让人的,所有权人有权追回;除法律另有规定外,符合下列情形的,受让人取得该不动产或者动产的所有权:(一)受让人受让该不动产或者动产时是善意的;(二)以合理的价格转让;(三)转让的不动产或者动产依照法律规定应当登记的已经登记,不需要登记的已经交付给受让人。受让人依照前款规定取得不动产或者动产的所有权的,原所有权人有权向无处分权人请求赔偿损失。"

具体到本案中,王宝银擅自处分其与安忠智的夫妻共有财产,虽郭翰芳在签订合同时对王宝银出卖的房屋进行了所有权证及购房款发票的审查,尽到了一定的注意义务,符合"善意的"和"以合理的价格转让"的条件,但因该房屋的转让未经登记过户,郭翰芳尚未取得房屋所有权,因而不符合善意取得的必要条件,不构成善意取得。故权利人安忠智有权追回其房产。

《合同法》第51条规定:"无处分权的人处分他人财产,经权利人追认或者无处分权的人订立合同后取得处分权的,该合同有效。"

具体到本案中,王宝银与郭翰芳、长盈恒润公司签订《房屋买卖居间合同》,王宝银擅自处分其与安忠智的夫妻共有财产,未经安忠智追认,订立合同后亦未取得处分权,故该合同当属无效。两审法院依法确认本案《房屋买卖居间合同》无效是正确的。

(北京市第一中级人民法院 王爱红)

13. 日照市东港区北京路街道大石场村村委会诉金林新等采矿权案

(一)首部

1. 判决书字号:山东省日照经济开发区人民法院(2010)日开民一初字第1202号。
2. 案由:采矿权纠纷。
3. 诉讼双方

原告:日照市东港区北京路街道大石场村村民委员会,住所地:日照市东港区北京路街道大石场村。

法定代表人:金立涛,主任。

委托代理人:荣国君,原告法律顾问。

委托代理人:吕佐武,原告法律顾问。

被告：金林新，男，1973年2月11日出生，汉族，住日照市东港区北京路。
被告：金峰新，男，1967年3月29日出生，汉族，住日照市东港区北京路。
委托代理人：庄会花，山东弘圣律师事务所律师。
4. 审级：一审。
5. 审判机关和审判组织
审判机关：山东省日照经济开发区人民法院。
合议庭组成人员：审判长：王勇；审判员：宗卓英、刘春明。
6. 审结时间：2011年12月20日。

(二) 诉辩主张

1. 原告诉称

2003年1月10日，经过招标，原、被告签订《采石场承包合同》，合同约定由被告承包原告的采石场，承包期限为5年，年承包费136 989.99元，每个承包年度前缴纳承包费用。合同签订后，原告按照合同约定将采石场交与被告承包经营。但被告仅交纳了前二年的承包费，剩余承包费用无正当事由拒不交纳。被告不按约定交纳承包费，违反了合同约定和诚实信用原则，给原告造成的损失应当予以赔偿，并应承担违约责任。为此，请求判令被告给付承包费410 969.97元，并赔偿违约金5 000元，诉讼费由被告承担。

2. 被告金林新、金峰新辩称

2003年1月10日，原、被告签订《采石场承包合同》属实，原告已依约交纳了前二年的承包费；原告作为发包方只办理了2005年一年的采矿许可证，2005年8月至2006年8月被告根据原告及有关部门的安排进行安全生产整顿，没有进行开采。2006年之后原告没有办理采矿许可证、安全生产许可证导致被告不能采矿，因此原告无权主张该期间的承包费；原告在没有取得采矿许可证、安全生产证的情况下就和被告签订采石场承包合同，违反了《矿产资源法》等相关法律的强制性规定，原、被告所签合同应当无效；原告发包的采石场离居民生活区75米，违反了《乡镇露天矿场安全生产规定》，原告发包的行为应当认定无效。综上，原告无权索要承包费及违约金。

(三) 事实和证据

日照经济开发区人民法院经公开审理查明：2003年1月10日，原告与被告金林新签订《大石场村采石场承包合同》，合同内容为：经大石场村村委会公开招标，崔青久在公平竞争的前提下中标，为明确责任，双方签订本合同。承包期限为5年，承包范围为后塘子按现有状况下承包，东至路，西至路北，南至场，共计约17 000平方米，年承包费136 989.99元，先交款后开采，在发包当日，交齐本年度（即2003年春节至

2004年春节）的承包金，其后每年在12月31日前交清下年度承包费，逾期不交作为自动放弃，村委另行招标承包，损失由承包方负责；营业执照、印章以及各种证件全部由承包方办理，费用由承包方负责，承包期间上级各部门收取的各种税费（矿产资源费、水利植被费等）、安全生产、爆炸物品办证管理费及各种费用，以及五年内上级在承包期间又增加的税费由承包方全部负责；如有一方违约，由其交纳另一方违约金5 000元；合同期内，如遇不可抗力的自然灾害，致使本合同无法进行，可经双方协商终止合同。合同签订后，被告2003年、2004年按约开采并交纳每年的承包费，2005年、2006年、2007年被告陆续开采，但三年的承包费未交。

另查明，2002年9月24日，日照市东港区安全生产监督管理局为大石场采石场颁发鲁矿安证东字［2002］第32号安全生产合格证，有效期为2年。2005年1月2日，日照市国土资源局日照经济开发区分局为大石场采石场颁发证号为3711010410105号采矿许可证，有效期限自2005年1月至2005年12月。2005年9月21日，山东省安全生产监督管理局为大石场采石场颁发鲁FM安许证字［2005］11－0385号安全生产许可证，有效期自2005年9月21日至2008年9月21日。

又查明，上述采石场实际由被告金峰新与金林新共同承包。原告日照市东港区北京路街道大石场村村民委员会曾于2007年9月20日向我院提起诉讼，案号为（2007）日开民一初字第631号，要求被告金林新支付承包费及逾期付款利息、违约金，与该案相同情况的还有（2007）日开民一初字第630号，原告日照市东港区北京路街道大石场村村民委员会诉被告崔青久、崔顺久承包合同纠纷一案，该两案除承包范围不同外（金林新承包了大石场采石场后塘子，崔青久、崔顺久承包前塘子。大石场村采石场仅此两个采矿点），其他承包合同内容相同。2009年1月20日，双方在本院的主持下达成协议：终止承包合同、被告3日内将一切人员及设备撤出采石场，其他事宜听候法院判决或调解。后两案均于2010年1月18日撤回诉讼。撤诉后原告又以相同的事实和理由再次将两被告诉至我院。

2007年10月22日，日照市国土资源局日照经济开发区分局出具证明一份，该证明内容为"兹证明北京路街道大石场村采石场采矿许可证于2007年5月份到期，现已收回注销。特此证明"。该证明有单位公章。2008年8月1日，在（2007）日开民一初字第630号案件审理过程中，案件承办人到日照市国土资源局日照经济开发区分局矿产资源科就采矿许可证的办理情况进行调查，该科工作人员田某陈述"2005年给村里许可证一年的，到05年年底。05年8月至06年8月安全整顿，06年以后没给村集体办理证件。05年中间整顿，后期又延续开采，没有证，但还继续开采……我们制止过……制止就停了，不去就开采"。

2011年7月21日，该局矿产资源科科长田某接受主审人的调查称："……大石场采石场的办证情况没有档案记录，2005年5月其接手这项工作，自2005年5月至2007年4、5月，其经手期间大石场村没有办理采矿许可证，但一直在开采，实际行使开采权。2007年4、5月份，给村里办采矿许可证，因村里欠矿产资源费，经多次催促大石场村补缴矿产资源费领取新证，村委会未及时办理，也未来领证。过了 2 个月，因群众举报到市长热线，反映该采石场的一些问题，按上级指示和安全生产管理委员会决定，停发新证，停止开采，该证被作废、取消……"。对于 2007 年 10 月 22 日该局出具的证明，田某表示不清楚是如何办出来的。

再查明，2007 年 6 月 26 日，日照市国土资源局下发了责令停止矿产资源违法行为通知书，内容为"金峰新未经批准于 2007 年 6 月在小石场村北区间路以东采石场擅自采矿的行为，违反了《中华人民共和国矿产资源法》第三条第三款、《中华人民共和国矿产资源法实施细则》第五条的规定，现责令立即停止违法开采行为，听候处理"。

上述事实有下列证据证明：
（1）原、被告当庭陈述；
（2）承包合同；
（3）安全生产合格证；
（4）采矿许可证；
（5）调查笔录；
（6）证明。

（四）判案理由

日照经济开发区人民法院经审理认为：本案中，原、被告双方对于签订采石场承包合同及 2005 年以前有采矿许可证无异议，双方争议的焦点问题是：承包合同的效力以及 2006 年以后是否办理了采矿许可证。关于第一个问题，《中华人民共和国矿产资源法》第三条规定："矿产资源属于国家所有，由国务院行使国家对矿产资源的所有权。地表或者地下的矿产资源的国家所有权，不因其所依附土地的所有权或者使用权的不同而改变。国家保障矿产资源的合理开发利用。禁止任何组织或者个人用任何手段侵占或者破坏矿产资源。各级人民政府必须加强矿产资源的保护工作。勘查、开采矿产资源，必须依法分别申请、经批准取得探矿权、采矿权，并办理登记；但是，已经依法申请取得采矿权的矿山企业在划定的矿区范围内为本企业的生产而进行的勘查除外。国家保护探矿权和采矿权不受侵犯，保障矿区和勘查作业区的生产秩序、工作秩序不受影响和破坏。从事矿产资源勘查和开采的，必须符合规定的资质条件。"第六条规定："除按下列规定可以转让外，探矿权、采矿权不得转让：（一）探矿权人有权在划定的勘查作业区内进行规定的勘查作业，有权优先取得勘查作业区内矿产资源的采矿权。探矿权人在完成规定的最低勘查投入后，经依法批准，可以将探矿权转让他人。（二）已取得采矿权的矿山企业，因企业合并、分立，与他人合资、合作经营，或者因企业资产出售以及有其他变更企业资产产权的情形而需要变更采矿权主体的，经依法批准可以将采矿权转让他人采矿。前款规定的具体办法和实施步骤由国务院规定。禁止将探矿权、采矿权倒卖牟利。"第三十九条规定："违反本法规定，未取得采矿许可证擅自采矿的，擅自进入国家规划矿区、对国民经济具有重要价值的矿区范围采矿的，擅自开采国家规定实行保护性开采的特定矿种的,责令停止开采、赔偿损失,没收采出的矿产品和违法所得,可以并处罚款;拒不停止开采,造成矿产资源破坏的,依照刑法第一百五十六条的规定对直接责任人员追究刑事责任。"《中华人民共和国矿产资源法实施细则》第五条第一款规定:"国家对矿产资源的勘查、开采实行许可证制度。勘查矿产资源,必须依法申请登记,领取勘查许可证,取得探矿权;开采矿产资源,必须依法申请登记,领取采矿许可证,取得采矿权。"《探矿权采矿权转让管理办法》第三条规定:"除按下列规定可以转让外,探矿权、采矿权不得转让:(一)探矿权人有权在划定的勘查作业区内进行规定的勘查作业,有权优先取得勘查作业区内矿产资源的采矿权。探矿权人在完成规定的最低勘查投入后,经依法批准,可以将探矿权转让他人。(二)已经取得采矿权的矿山企业,因企业合并、分立,与他人合资、合作经营,或者因企业资产出售以及有其他变更企业资产产权的情形,需要变更采矿权主体的,经依法批准,可以将采矿权转让他人采矿。"第十五条规定:"违反本办法第三条第(二)项的规定,以承包等方式擅自将采矿权转给他人进行采矿的,由县级以上人民政府负责地质矿产管理工作的部门按照国务院地质矿产主管部门规定的权限,责令改正,没收违法所得,处 10 万元以下的罚款;情节严重的,由原发证机关吊销采矿许可证。"根据上述法律、法规规定可以看出,矿产资源属于国家所有,采矿权的取得和转让必须严格依照法律、行政法规规定予以审批、登记。本案中,双方签订的承包合同虽系双方真实意思表示,但因原告村委会以承包的方式擅自将采矿权转给他人开采的行为,违反上述法律、法规的强制性规定,双方签订的承包合同应当认定无效。

关于第二个问题,经过原、被告在前后两个案件中的举证、质证,以及本院多次到日照市国土资源局日照经济开发区分局调查、取证,可以证实,原告在 2006 年之后并未取得采矿许可证,因而无论原告进行开采,还是被告开采,都属无证非法开采。合同无效后的处理情况,根据是否有证可分为两种处理方式。对于 2003 年至 2005 年三年,因被告已实际进行了开采,给原告造成了一定的损失,且已开采的矿产资源也无法进行返还,合同可以比照有效处理,按照承包费来折价补偿原告,因 2003 年、2004 年的承包费已经支付,被告尚需支付一年的费用,即 136 989.99 元。关于损失情况,因合同无效双方均有过错,各自承担相应的损失。对于 2006 年、2007 年两年,因原告本身未取得采矿许可证,根据上述法律的规定,无证擅自开采的,应当由相关部门没收采出的矿产品和违法所得,并处罚款,本院不予处理。

(五)定案结论

日照经济开发区人民法院依照《中华人民共和国合同法》第五十二条第一款第五项、第五十八条,《中华人民共和国矿产资源法》第三条、第六条、第三十九条,《中华人民共和国矿产资源法实施细则》第五条,《探矿权采矿权转让管理办法》第三条、第十五条之规定,判决如下:

"一、被告金林新、金峰新于本判决生效之日起 5 日内支付原告日照市东港区北京路街道大石场村村民委员会承包费 136 989.99 元；

二、驳回原告日照市东港区北京路街道大石场村村民委员会其他诉讼请求。

如果被告金林新、金峰新未按本判决指定的期间履行给付金钱义务，应当按照《中华人民共和国民事诉讼法》第二百二十九条之规定，加倍支付迟延履行期间的债务利息。

案件受理费 7 540 元，由原告日照市东港区北京路街道大石场村村民委员会负担 5 057 元，被告金林新、金峰新负担 2 483 元。"

（六）解说

本案村委会与村民签订的承包合同的效力是处理本案的关键，此种情况下合同的效力问题在理论界和实务界也有几种不同的观点。一种观点认为，承包合同是双方当事人的真实意思表示，关于矿产资源法的相关法律规定属于管理性规范而非效力性规范，违反该规定不影响合同的效力，应为有效合同；另一种观点认为，村委会以承包的方式转让采矿权，违背法律规定，双方签订的承包合同无效，应按照无效合同处理。

笔者同意第二种观点，理由如下：

1. 村民委员会不是适格的采矿权主体

根据《村民委员会组织法》第 2 条、第 8 条之规定，村民委员会对村农民集体所有土地具有管理权，而矿产资源属于国有财产，不是村集体财产，村民委员会对其无管理权。我国法律规定，矿产资源的开采必须经过审批登记，即行政许可，适格的组织或个人经过严格的审批程序之后可以在一定期限内取得采矿权，无论是个人还是法人或其他组织，其取得采矿权进行矿产资源开采，是一种经营行为，应当办理工商登记手续，而村民委员会不是工商企业的主体，不具有工商登记的条件，因此村民委员会不是采矿权的适格主体。

2. 以承包方式转让采矿权违反法律、法规的强制性规定，系无效行为

从《矿产资源法》第 3 条、第 6 条、第 39 条，《矿产资源法实施细则》第 5 条，《探矿权采矿权转让管理办法》第 3 条、第 15 条等法律、法规的规定可以看出，矿产资源属于国家所有，采矿权的取得和转让必须严格依照法律、行政法规规定予以审批、登记。村民委员会擅自将采矿权转让他人，违反上述法律、法规的强制性规定，其转让行为无效，双方签订的承包合同系无效合同，对双方之间的权利义务应当按照无效合同的有关规定处理。

同时，本案还应与另外一种情况相区分，即采矿权转让行为符合矿产资源法等法律、法规规定的条件，但未经相关审批管理机关批准的，这种情况下就不应认定合同无效，而应认定采矿权转让未生效，但未生效不影响转让合同中当事人履行报批义务条款及因该报批义务而设定的相关条款的生效及效力。当事人仅以采矿权转让未经相关审批机关批准为由请求确认采矿权转让合同无效的，不应予以支持。

（山东省日照经济开发区人民法院　宗卓英）

14. 和丽伟、杨石英、和铁笋、和铁城诉玉龙县奉科乡奉科村梨园二组承包地征收补偿费用分配案

(一) 首部

1. 判决书字号

一审判决书：云南省丽江市玉龙纳西族自治县人民法院（2011）民二初字第 15 号。

二审判决书：云南省丽江市中级人民法院（2011）民一终字第 94 号。

2. 案由：承包地征收补偿费用分配纠纷。

3. 诉讼双方

原告（上诉人）：和丽伟，男，1957 年 3 月 2 日生，纳西族，初中文化，云南省玉龙县人，农民，住玉龙县奉科乡。

原告（上诉人）：杨石英，女，1959 年 12 月 12 日生，纳西族，小学文化，籍贯、职业、住址同上。

原告（上诉人）：和铁笋，男，1986 年 4 月 2 日生，纳西族，初中文化，籍贯、职业、住址同上。

原告（上诉人）：和铁城，男，1983 年 11 月 2 日生，纳西族，小学文化，云南省玉龙县人，农民，住玉龙县奉科乡。

四原告（上诉人）委托代理人（特别授权）：杨秀英，云南云勇律师事务所律师。

原告（上诉人）和丽伟、杨石英、和铁笋一审委托代理人（特别授权）：和铁城。

原告（上诉人）和丽伟、和铁笋二审委托代理人（特别授权）：和铁城。

原告（上诉人）杨石英二审委托代理人（特别授权）：和胜利，男，现年 47 岁，纳西族，住玉龙县奉科乡。

被告（上诉人）：玉龙县奉科乡奉科村梨园二组。

代表人：杨国华，该组组长。

委托代理人（特别授权）：和学成，滇西北律师事务所律师。

一审委托代理人（特别授权）：和玉林，男，1972 年 4 月 5 日生，纳西族，初中文化，云南省玉龙县人，玉龙县奉科乡奉科村梨园二组党小组组长，住玉龙县奉科乡。

二审委托代理人（一般授权）：木国权，男，现年 32 岁，纳西族，住玉龙县奉科乡。

4. 审级：二审。

5. 审判机关和审判组织

一审法院：云南省丽江市玉龙纳西族自治县人民法院。

合议庭组成人员：审判长：李正丽；审判员：彭莉、王学海。

二审法院：云南省丽江市中级人民法院。

合议庭组成人员：审判长：何树兰；审判员：高精红、陈青。

6. 审结时间

一审审结时间：2011年7月4日。

二审审结时间：2011年10月21日。

(二) 一审情况

1. 一审诉辩主张

四原告诉称

四原告一家是玉龙县奉科乡奉科村农民，1988年以前居住在奉科村春头二组。因春头二组经常发生山体滑坡，使田地逐年减少、所住房屋成了危房，冬季则严重缺水，连人畜饮水都无保障。无奈之下，和丽伟多次到政府部门反映情况，要求搬迁到妻子杨石英的娘家奉科村梨园二组安家落户。经乡、村、社及梨园二组村民一致同意，原告一家于1988年8月搬到了梨园二组，自建了房屋，并在荒山荒坡上开垦了田地。1995年国家实行新一轮农村土地承包经营政策，原告一家作为被告的一户村民获得了四亩土地承包经营权。至今，原告家已在梨园二组生活21年，期间，原告家与同村村民一样积极参加村里各种集体建设活动，尽了和同村村民一样的义务，同时也享受到了和村民同等的待遇。2004年梨园电站、公路开建，原告家与同村村民一样领取了乡政府发放的农田水利损坏补偿金；2005年以梨园二组农户身份参加了农村合作医疗。只是因原告家法制观念淡薄，加上和丽伟的母亲尚在春头二组生活，直至2007年8月20日才办理了户口迁移手续。总之，原告一家无论从事实上还是法律上都已经是梨园村的村民。但从2007年12月以来，被告就以村民不同意为由拒绝向原告一家发放梨园电站补偿给村里的进场公路补偿费、电杆铁塔占地补偿、市场占地补偿等三次分红款人均1 700元。同时，被告还提出以后的分红款也不能给原告家。原告家依法享有的合法权益遭到了严重的侵害。为此，原告家多次找村里交涉，但没有结果；请乡政府协调，但被告不采纳政府的意见。原告家只好诉至法院，请求依法确认四原告享有与同村村民同等的权利，并判令被告补发四原告应分得的补偿款人均1 700元；本案诉讼费由被告承担。

被告辩称

原告所述被告未分给四原告土地补偿款是事实。1988年，杨石英的哥哥杨润青任梨园二组组长，原告家没有经村民开会讨论决定便到梨园二组的山上搭了一个棚子开荒，但原告家在春头二组有田地，其一家人主要生活在春头二组。2004年，原告家擅自把在梨园二组开垦的两块地租给了梨园电站，我村小组未享受到一分租金。2007年，原告家见梨园二组有梨园电站征地补偿费可分，便擅自将户口迁到梨园二组来。综上，被告认为，原告不具有被告集体经济组织成员资格，无权参与土地征收补偿费用分配，请求驳回四原告的诉讼请求。

2. 一审事实和证据

玉龙纳西族自治县人民法院经公开审理查明：原告和丽伟、杨石英婚后于1983年11月2日生育长子和铁城，1986年4月2日生育次子和铁笋。1988年以前，四原告居住在玉龙县奉科乡奉科村春头二组，其户口也登记在春头二组。因春头二组经常发生山体滑坡，四原告于1988年8月搬到了玉龙县奉科乡奉科村梨园二组并在荒山上开垦了部分荒地。此后四原告在原户籍所在地春头二组没有享有相关权利和承担相关义务。1995年，原告方与玉龙县奉科乡奉科村梨园二组建立了土地承包关系，获得了四亩土地承包经营权。2007年9月12日，四原告将其户口从奉科村春头二组迁到奉科村梨园二组。2004年，被告奉科村梨园二组部分土地因修梨园电站而被征收，2007年以来，奉科村梨园二组分给本组村民土地补偿分配款人均2 512.80元，但以四原告不能享受梨园二组村民待遇参与分配为由，拒绝分配给四原告土地补偿款。2011年4月28日，四原告向本院提起诉讼，请求依法确认四原告享有与被告村民同等的权利，并判令被告补发四原告应分得的土地补偿款人均1 700元；本案诉讼费由被告承担。庭审中，四原告将其诉讼请求由被告补发四原告应分得的土地补偿款人均1 700元变更为人均2 512.80元。

上述事实有下列证据证明：

（1）居民户口簿，证明四原告系被告村民小组农业家庭户。

（2）农村土地承包经营权证，证明原告方以家庭承包方式承包了被告村小组土地。

（3）农村合作医疗证明，证明四原告以被告村小组农业家庭户参与并享受农村合作医疗保险待遇的事实。

（4）奉科梨园电站公路建设农田水利损坏补偿责任合同书，证明四原告作为被告村小组农户享受奉科梨园电站公路建设农田水利损坏补偿费的事实。

（5）证明两份，证明奉科村村委会及奉科乡人民调解委员会曾就原被告间补偿款分配事宜进行调解的情况。

（6）证人杨润青当庭证实，1988年其系梨园二组组长，因春头二组山体滑坡，在不影响梨园二组生活并经梨园二组同意的情况下，原告方经政府安置在梨园二组并领了土地承包证。

（7）玉龙县公安局奉科派出所出具证明证实，其辖区居民和丽伟户的户籍，于2007年9月12日，从春头二组迁往梨园二组。户口簿为该所颁发，户口簿里的"校对章"系该所加盖。

（8）奉科村村委会春头二组组长陈国武证实，和丽伟一家到梨园二组已有20多年，春头二组的承包田已有七、八年没有耕种了，也未回来参加投工投劳，春头二组的惠农政策也没有享受了。

3. 一审判案理由

玉龙纳西族自治县人民法院经审理认为：本案中，四原告与被告奉科村梨园二组争议的焦点是：四原告是否具备被告集体经济组织成员资格？其要求被告补发土地补偿款人均2 512.80元的诉讼请求是否应予支持？对村民资格的界定（除义务兵、在校生及服刑人员等外），原则上主要以是否具有本村户口的集体经济组织成员为判断标准，在以户籍登记为前提的基础上，考虑该村民与集体经济组织是否建立土地承包关系，生活基础是否在该村，是否承担了该村相应的村民义务等。本案中，四原告的户口登记在被告玉龙县奉科乡奉科村梨园二组名下，四原告也与被告玉龙县奉科乡奉科村梨园二组建立了土地承包关系并长期在被告处居住、生活，在原户籍所在地春头二组也未再享有相关权利和承担相关义务，因此四原告应当也只能在被告处享有与该组其他村民同等的权利和履行同等的义务。故对四原告要求确认其享有与被告村集体经济组织村民同等权利的诉讼请求，本院依法应予支持。四原告作为被告集体经济组织的成员，虽有权参与被告村小组土地征收补偿费用分配，但如何分配及相应数额应由被告村小组决定，现四原告对具体的分配金额提出诉讼请求，如何分配及相应的数额法院无权决定，故对四原告要求被告补发应分得的土地补偿款人均2 512.80元的诉讼请求，本院不予支持。

4. 一审定案结论

玉龙纳西族自治县人民法院依照《中华人民共和国民法通则》第五条、最高人民法院《关于审理涉及农村土地承包纠纷案件适用法律问题的解释》第二十四条之规定，作出如下判决：

（1）原告和丽伟、杨石英、和铁城、和铁笋具有玉龙县奉科乡奉科村梨园二组成员身份，与梨园二组村民享有同等的权利。

（2）原告和丽伟、杨石英、和铁城、和铁笋的其他诉讼请求不予支持。

案件受理费人民币100元，由原告和丽伟、杨石英、和铁城、和铁笋负担50元，被告玉龙县奉科乡奉科村梨园二组负担50元。

（三）二审诉辩主张

上诉人（原审原告）和丽伟、杨石英、和铁笋、和铁城诉称

原审法院已经认定"四原告应当也只能在被告处享有与该组其他村民同等的权利和履行同等的义务"，那么在被上诉人完全认可该组其他村民已经实际分得土地补偿款人均2 512.80元而未分给上诉人一家四口人时，四个上诉人应享有的与同村村民同等权利就应当得到体现，这样才能切实保障四个上诉人的合法权益。其次，四上诉人在梨园二组生产生活近20年，全家户口也从春头二组迁到梨园二组，已经成为梨园二组这一集体经济组织成员的情况下，因2007年12月以后至今，被上诉人当中的相关人员利用职权打击报复，以谁家不支持村里的意见，就要扣发谁家的款项等言语相威胁，迫使村民屈服于个别人的意见，从而借用村民不同意之名而拒绝发放上诉人一家应发土地补偿款。就算土地征收补偿费如何分配及相应数额应由被上诉人决定，也不能使被上诉人中的个别人为所欲为，而应该按照法定的民主议事程序来决定，更何况被上诉人所谓的村民讨论决定的意见都是为了诉讼需要事后补办的！最高人民法院《关于审理涉及农村土地承包纠纷案件适用法律问题的解释》第24条规定："征地补偿安置方案确定时已经具有本集体经济组织成员资格的人，请求支付相应份额的，应予支持。"四上诉人的请求完全符合最高人民法院的规定，故其请求支付应得土地补偿款应予支持。

上诉人（原审被告）玉龙县奉科乡奉科村梨园二组上诉并辩称：
（1）原判认定"因春头二组经常发生山体滑坡，四原告于1988年8月搬到了梨园二组，并在荒山上开垦了部分荒地"与事实不符。1988年8月，被上诉人家在我梨园二组的山上开垦了4亩荒地，并在荒地上搭了一个十几平方米的木楞子房是事实，但被上诉人家并没有"搬"到梨园二组。被上诉人家祖孙三代有五口人，一间十来平方米的木楞子房怎么能住得下？事实上，被上诉人家在我梨园二组的荒山上搭木楞子房，仅仅只是为了播种和收获4亩荒地时住几天，平时根本就没有人住，其主要生活地还是在春头二组。（2）原判关于"1995年，原告方与梨园二组建立了土地承包关系，获得了四亩土地承包经营权"的认定，混淆了土地承包的性质究竟是本集体经济组织的成员承包，还是本集体经济组织以外的个人承包。被上诉人家是春头二组人，人口户口都在春头二组。其于1995年与我梨园二组签订了4亩荒地的承包合同，性质当然是本集体经济组织以外的个人承包。（3）原判认定"四原告与被告建立了土地承包关系并已经在被告处居住、生活，在原户籍所在地春头二组已未再享有相关权利和义务"没有事实依据。被上诉人家的生活基础并不在我梨园二组，其在春头二组有房子、14.2亩承包地、6亩多退耕还林地和60多亩自留山。（4）原判认定"2007年9月12日，四原告将其户口从春头二组迁到梨园二组"，然被上诉人家并未经梨园二组同意就擅自将户口迁入，迁入程序不合法，上诉人不予认可。

（四）二审事实和证据

丽江市中级人民法院经审理，确认一审法院认定的事实和证据。

丽江市中级人民法院另查明：四上诉人（原审原告）于1995年以"奉科乡奉科村梨园二组"村民身份与上诉人梨园二组签订了农村土地承包经营权合同；2005年10月起以"奉科乡奉科村梨园二组"村民身份参加了农村合作医疗，2009至2011年度，杨国华作为经办人办理了四上诉人一家四口的缴费手续；2004年，上诉人一家还以奉科梨园村民身份与奉科乡人民政府签订了"奉科梨园电站公路建设农田水利损坏补偿责任合同书"，约定了补偿的具体项目和数额。

（五）二审判案理由

丽江市中级人民法院经审理认为：四上诉人（原审原告）从1988年开始就长期在上诉人梨园二组居住、生活，以梨园二组村民身份参与了梨园二组的农村土地承包、农村合作医疗、与相关部门签订了"奉科梨园电站公路建设农田水利损坏补偿责任合同书"等农村集体经济组织成员应当享受的一些基本权利和应履行的相关义务，并于2007年经当地户籍管理机关将一家四口的户口正式迁入梨园二组。和丽伟等四上诉人户口在梨园二组、长期在梨园二组居住生活、在梨园二组享受农村集体经济组织成员的基本权利并履行了相关义务，因此，和丽伟等四上诉人是上诉人梨园二组的村民，是梨园二组这一集体经济组织的成员，应与梨园二组的其他村民享受同等的权利。因此，四上诉人要求与其他同村村民享有同等的权利有事实和法律依据，应当支持。但是，土地补偿费是国家对于集体土地所有权丧失后的补偿，应由集体支配，村集体经济组织决定将政府发放的土地补偿费用中的多少用于村民之间的分配，属于村民自治的范畴，人民法院不宜调整。因此，和丽伟等四上诉人要求分割具体数额的请求，不予采纳。上诉人梨园二组提出的四上诉人一家没有"搬家"到梨园二组、其户口迁入程序不合法的上诉理由，与本案的现有证据不符，仅属上诉人梨园二组的主观推断，没有充分的证据支持，本院不予采纳；而上诉人梨园二组提出的1995年四上诉人与梨园二组之间的土地承包属集体经济组织成员以外的个人承包的上诉理由，与玉龙纳西族自治县人民政府颁发给和丽伟等四上诉人的"农地承包权证（2007）第16011033号《农村土地承包经营权证》"记载的内容不相符，本院不予采纳；上诉人梨园二组提出的和丽伟等四上诉人一家在梨园二组只有四亩地，不够一家五口人吃的上诉理由，仅属上诉人梨园二组的个人主张，并没有证据证实，本院不予采纳；而上诉人梨园二组主张的和丽伟等四上诉人一家还在春头二组享有相关权利义务的理由，并不能证明和丽伟等四上诉人不是上诉人梨园二组村民的主张；上诉人梨园二组认为和丽伟等四上诉人一家已在春头二组领取了阿海电站的相关补偿费用的主张，并没有证据证实，且与该案所争议的梨园电站的补偿并无实质关联，本院不予采纳。因此，上诉人梨园二组的上诉理由，没有事实和法律依据，本院不予支持。原判认定事实清楚，适用法律正确，审理程序合法。

（六）二审定案结论

丽江市中级人民法院依照《中华人民共和国民事诉讼法》第一百五十三条第一款第（一）项之规定，作出如下判决：

驳回上诉人和丽伟、杨石英、和铁城、和铁笋、玉龙县奉科乡奉科村梨园二组的上诉，维持原判。

二审案件受理费人民币100元，由上诉人和丽伟、杨石英、和铁城、和铁笋负担50元，由上诉人玉龙县奉科乡奉科村梨园二组负担50元。

（七）解说

本案主要涉及农村集体经济组织成员的资格界定标准，同时也折射出当前审判实践中有关土地补偿款分配纠纷所隐藏的社会问题。

1. 农村集体经济组织成员的资格界定标准

本案争议焦点在于四原告一家是否具备奉科乡奉科村梨园二组的成员资格？一、二审法院经审理后均认为：集体经济组织成员资格的界定，应当以是否具有本村户口的集体经济组织成员为判断标准，在以户籍登记为前提的基础上，考虑该村民与集体经济组织是否建立土地承包关系，生活基础是否在该村，是否承担了该村相应的村民义务等。本案中，四原告的户口登记在被告玉龙县奉科乡奉科村梨园二组名下，四原告也与被告玉龙县奉科乡奉科村梨园二组建立了土地承包关系并长期在被告处居住、生活，在被告处享受农村集体经济组织成员的基本权利并履行了相关义务。因此，四原告是被告玉龙县奉科乡奉科村梨园二组的村民，是玉龙县奉科乡奉科村梨园二组这一集体经济组织的成员，应与该集体经济组织的其他村民享受同等的权利。因此，四原告要求与其他同村村民享有同等的权利有事实和法律依据，应予支持。

在当前我国农村富余劳动力向城市转移的大趋势下，合理界定农村集体经济组织成员资格对广大农民基本权利的保护至关重要。本案一、二审法院均从我国农村集体经济组织所具有的自然共同体特征出发，以依法登记所在地常住户口作为判断取得和丧失集体经济组织成员资格为形式要件，以是否需要本集体经济组织农村土地为基本生活保障并形成固定的生产、生活关系为实质要件，对本案四原告作为被告玉龙县奉科乡奉科村梨园二组的成员资格进行了合理界定，维护了四原告的基本权利。

2. 关注当前审判实践中有关土地补偿款分配纠纷所隐藏的社会问题

当前司法实践中，全国地方各级法院在处理有关土地补偿款分配纠纷过程中，均认可"具备集体经济组织成员资格方能参与该集体经济组织土地补偿款分配"的判案标准。但在确认了集体经济组织成员的资格之后，就该集体经济组织成员要求兑现相应土地补偿款的主张，各法院却做法不一：有的直接判决该集体经济组织履行对某成员的相应土地补偿款的分配义务；有的以"土地补偿款分配属于村民自治的范畴，人民法院不宜调整"为由判决驳回。本案中，一、二审法院均采后一种做法，判决驳回四原告要求被告补发应分得的土地补偿款人均 2 512.80 元的诉讼请求。

缘何出现以上"同案不同判"的情况？"被判决驳回"的这些具备集体经济组织成员资格的当事人，尽管法律已确认其享有参与该集体经济组织土地征收补偿费用分配的权利，但其如何实现该权利即取得相应土地补偿分配款的渠道或途径尚未可知。因此，当前审判实践中有关土地补偿款分配纠纷所隐藏的社会问题，值得引起我们的关注。

（1）城市化发展进程中引发的负面影响

我国城市化发展进程中农村土地大范围被征收，引发有关土地补偿款分配纠纷频增，交汇并使大量离婚、返还财产、共有析产、土地承包经营权纠纷等案件涌入法院。案件绝对数逐年上升，审理难度不断加大，判决败诉率相对较高，容易激化矛盾，引发涉诉信访和突发事件，影响社会和谐、稳定。

（2）基层自治所依据的"村规民约"与法律法规之间的矛盾

在目前农村基层自治过程中，虽然相关法律法规对于农村集体经济组织成员的参与土地补偿款分配权给予了明确保护，但缺乏具体操作性，更未对侵害该权利所需承担的法律责任进行明确规定，导致部分农村集体经济组织成员的法定权利很难转化为现实权利。

目前所产生的土地补偿款分配纠纷案件中，大多数均涉及村委会、村民小组以"村民大会决定"、"分配方案"等"村规民约"形式所作出的"侵权"决议。这些决议的形成过程往往掺杂了过多的主观因素和"男尊女卑"的不良习惯。如果以基层自治的名义，没有约束、任意行使土地补偿款分配权；而人民法院则以"土地补偿款分配属于村民自治的范畴，人民法院不宜调整"为由判决驳回当事人的诉讼请求，既不利于保护社会弱势群体的合法权益,也不利于社会的和谐稳定。

而在审判实践中,人民法院直接判决某集体经济组织履行对某成员的相应土地补偿款的分配义务这种做法,事实上也很难付诸执行。目前征地补偿分配属于农村集体经济组织生活比较敏感的问题,加之当事人诉至法院之前,相关土地补偿款分配程序往往已经完成,人民法院判决该集体经济组织履行对其成员的相应土地补偿款的分配义务,势必牵涉全村村民的切身利益,直接引发"再分配"矛盾。同时,该判决还可能引发是否对涉案土地补偿分配款之前已分配过的土地补偿款有溯及力的问题。

由此可以看出,鉴于当前基层自治所依据的"村规民约"与法律法规之间存在的矛盾,人民法院在此类案件中能够起到的作用是十分有限的。所以笔者建议从以下三方面入手,切实、平等保护农村集体经济组织成员参与土地补偿款分配的合法权利:(1)从立法保护层面入手,呼吁立法机关在相关法律法规中,对农村集体经济组织成员参与土地补偿款的分配权及对侵害该权利所需承担的法律责任作进一步的明确规定。(2)从规范"村规民约"入手,呼吁基层乡镇政府等有关部门建立和完善对"村规民约"的监督、管理机制,严格执行"村规民约"的备案制度。(3)从土地补偿款分配程序入手,逐步实现对被征地农民的补偿款进行直接支付的分配方式。

(云南省丽江市玉龙纳西族自治县人民法院 彭莉)

15. 吕铭宇诉厦门市同安区新民镇湖安社区居民委员会第三居民小组承包地征收补偿费用分配纠纷案

(一)首部

1. 判决书字号:福建省厦门市同安区人民法院(2011)同民初字第117号。
2. 案由:承包地征收补偿费用分配纠纷。
3. 诉讼双方

原告:吕铭宇。

法定代理人:吕海霖,吕铭宇之父。

委托代理人:卓水坤,厦门市银海法律服务所法律工作者。

被告:厦门市同安区新民镇湖安社区居民委员会第三居民小组(下称湖安第三小组)。

诉讼代表人:吕工种、吕建都,小组长。

委托代理人:柯金敏,厦门市新民法律服务所法律工作者。

4. 审级:一审。

5. 审判机关和审判组织

审判机关：福建省厦门市同安区人民法院。

独任审判员：王月萍。

6. 审结时间：2011年3月30日。

（二）诉辩主张

1. 原告及其委托代理人诉称

其于2008年12月16日出生，出生后将户口落户于厦门市同安区新民镇湖安村下厝理（第三村民小组）。2006年8月，原告所在地部分集体土地被国家征用。2010年1月16日，被告向本集体村民发放征地补偿款每人人民币5 000元。由于本集体的发放规则为本村集体村民一对夫妻只生一子女的，该子女享受集体村民人均待遇的两倍，故在本次征地补偿款发放中原告领取了10 000元的征地补偿款。2010年11月，被告再次向本集体村民发放征地补偿款每人10 000元，原告在本次应分得的征地补偿款为20 000元。但是，被告在本次发放补偿款中认为，原告的父亲为教师，原告不能分配相应的征地补偿款，甚至连2010年1月份所发放的10 000元征地补偿款也被强行扣除。因此，请求判令：被告向原告支付征地补偿款人民币30 000元；本案诉讼费用由被告承担。

2. 被告辩称

（1）原告不具有被告湖安第三小组经济组织成员的资格，不应享有分配本案讼争款的权利。首先，原告的父母不是被告湖安第三小组集体经济组织成员。原告父母于2003年间，就已经在厦门市启悟中学担任教师，虽然原告的父亲于2010年6月4日将户口迁入湖安村，但只是挂靠或寄户的户口性质，并未因此而成为被告湖安第三小组集体经济组织成员。其次，农村集体土地是农村集体经济组织成员的生活基础。原告出生后，生活基础自然依赖其父母，而其父母均是国家编制内在职事业人员，经济来源和生活基础来自工资收入。因此，原告不是被告集体经济组织成员，无权分配本案讼争款。最后，根据厦同政〔2007〕111号厦门市同安区人民政府《关于印发同安区农村征地补偿费分配使用管理暂行办法》的通知第12条第5款"父母双方非村（组）集体组织成员，其生育的子女不具有分配资格"的规定，原告无权分配本案讼争款。（2）原告主张分配30 000元，缺乏事实和法律依据。被告湖安村第三小组的土地在2006年8月份被国家征用，而原告是本案讼争款产生后两年多才出生，出生后户口也不在被告处，而是随其父亲于2010年6月4日才将户口迁至被告处。（3）原告在诉状中陈述的"被告湖安第三小组在2010年1月16日发放给原告征地款10 000元"没有事实。被告没有发放征地款给原告，而是小组在统计人口数时存在失误，因此，多发给原告的爷爷征地款10 000元（该款在2010年11月被收回）。（4）原告在诉状中陈述的强行扣除其2010年1月份所发放的10 000元的情形不事实。因为被告根本没有发放给原告征地款10 000元，不存在强行扣除，被告收回的是多发放给原告爷爷的征地款，并无过错。（5）被告不分配给原告征地款，系被告依法行使民主自治的权利。因此，原告主张缺乏事实和法律依据，请求驳回原告的诉讼请求。

（三）事实和证据

福建省厦门市同安区人民法院经公开审理查明：原告吕铭宇于2008年12月16日出生，2010年6月4日随其父亲吕海霖落户湖安第三小组。2006年8月间，因国家建设需要，被告湖安第三小组集体土地被征用。被告湖安第三小组分配方案为：以家庭为单位，按人口数进行发放，独生子按两份发放，但没有制订书面的分配方案。2010年1月16日，被告湖安第三小组对土地款按每人5 000元进行发放，被告湖安第三小组按人数4人20 000元发放给原告吕铭宇的爷爷吕根柱。2010年11月，被告湖安第三小组按人口每人发给土地款10 000元，但没有发放给原告。2010年12月1日，被告湖安第三小组从发放给原告爷爷的土地款中以之前人口数统计错误为由收回10 000元。审理中，原告补充提供一份厦门市社会保障卡，被告认为已经超过举证期限不予质证。同时查明，厦同政［2007］111号厦门市同安区人民政府《关于印发同安区农村征地补偿费分配使用管理暂行办法》的通知第12条规定："征地补偿费按人口分配时，下列人员无论户口登记地是否在被征地村，均不具有分配资格：（一）党政机关工作人员及离（退）休人员。（二）事业单位工作人员及离（退）休人员。（三）国有企业在编人员、离（退）休人员，以及下岗后享受下岗补贴或城镇社会保险的人员。（四）服兵役人员转为军官或退役后被党政机关或国有企事业单位录用的。（五）父母双方非村（组）集体经济组织成员，其生育的子女不具有分配资格……"另查明，原告父亲吕海霖、母亲张东秀均为厦门启悟中学在编教师，工作年限8年。

上述事实有下列证据证明：

原告提供的户口簿、独生证、土地承包经营权证、征地补偿款分配清单、福建省村集体专用收款票据、被告湖安第三小组提供的厦同政［2007］111号文件厦门市同安区人民政府《关于印发同安区农村征地补偿费分配使用管理暂行办法》的通知，征地补偿款分配清单，还有本院依职权调取的厦门启悟中学证明等证据，以及双方当事人的陈述为凭。

（四）判案理由

福建省厦门市同安区人民法院根据上述事实和证据认为：征地补偿是对失地农民的永久性补偿，其目的在于维系失地农民原有的生活水平。原告吕铭宇能否参与被告湖安第三小组讼争的征地补偿款分配，关键在于原告是否为该集体组织成员。集体组织成员资格的判断，在尊重村（居）民自治的前提下，应结合户籍因素和生活保障基础作综合考量。生活保障基础，是指村（居）民与集体组织形成较为固定的生产、生活关系，包括长期在集体组织所在地生产、生活或虽暂时不在集体组织所在地生产、生活，但其生活保障仍须依附于该集体组织等情形。原告吕铭宇的父亲吕海霖虽户口落户在被告处，但原告父亲在厦门启悟中学从事教育工作，生活保障系依附于工资收入，原告父亲吕海霖作为湖安第三小组集体成员的资格已经丧失。吕铭宇作为未成年人，出生后虽随父亲落户于湖安第三小组，但与其父母共同生活，须依附于父母提供的生活保障，因原告父母均为教师，没有与被告湖安第三小组形成较为固定的生产、生活状态，生活保障基础也不在被告处，不具有被告湖安第三小组集体成员的资格，故原告吕铭宇亦不具有湖安第三小组集体组织的成员资格，不具有分配资格。因此，原告的诉讼请求，不予支持。被告湖安第三小组的辩解意见，予以采纳。

（五）定案结论

福建省厦门市同安区人民法院依照《中华人民共和国民事诉讼法》第六十四条之规定，判决如下：

驳回原告吕铭宇的全部诉讼请求。

判决作出后，双方当事人均未上诉。

（六）解说

本案涉及在农村土地征收补偿费用分配纠纷中，农村集体经济成员资格的界定，有以下几个问题值得研究：（1）集体成员资格的合理界定；（2）司法机关应对土地征收补偿费用分配纠纷的思路。

农村土地征收补偿收益分配纠纷的解决，关键在于确定农村集体经济组织的成员资格。由于中国的社会结构正处于剧烈转型之中，国家的对农政策也在不断调整，为了维护法律的稳定性与可预期性，立法机关必须坚持灵活性与可操作性相结合、实体规定与程序规定相结合的原则，对农村集体经济组织成员资格的认定作出规定。可惜，我国法律法规至今没有一个统一的确认农村集体组织成员资格的标准，使得农村集体组织成员与村民等相关概念容易混淆，造成了此类案件在各地的司法实践中出现大相径庭的判决。因此，通过相关法律法规，将集体组织成员资格标准固定化、法定化，才能有利于从本质上理顺关系，统一思想，彻底解决纠纷。

1. 集体成员资格的合理界定

如何认定农村集体经济组织成员的资格，学界提出了如下几种观点。第一，户籍说。此种观点认为户籍管理制度属于国家行之有效的行政管理制度。它与村民资格有着最为密切的联系。户口的迁入和迁出是一种有章可循、有据可查的行政行为，超脱于集体成员的利益，用以确认农村集体经济组织成员资格具有最大可能的公正性和合理性。第二，生活保障说。持这种观点的学者认为，"土地是农民集体成员的基本生存保障"。对农村土地采取集体所有的形式，"就是为了保障每一个农村居民平等地获得生存保障"，或者说，保障每一个农村居民平等地获得生存保障是集体所有制土地的基本功能，所以，某个自然人能否成为集体组织的成员，取决于"他是否依赖集体土地为其基本的生存保障"。第三，权利义务说。有学者认为，科学分析、综合判断集体经济组织成员资格的取得，关键是看某自然人是否与该集体经济组织或其成员形成特定的权利义务关系，是否在农村集体经济组织的土地上生产和生活。

上述观点都有一定道理，但各有不足之处。户籍说符合中国农村发展的历史情况，且目前有较为完善的户籍管理制度作为支撑，可操作性较强。但户籍说没有考虑到中国社会的未来走向，没有考虑中国正在致力于促进城乡一体化，建立统一的城乡社会保障制度，人口自由迁徙正大规模出现这种趋势，其前瞻性不够。生活保障说以土地是农民的基本生活保障资料为理论基础，具有强烈的现实主义倾向，符合现行农村土地制度的基本价值取向和土地制度改革的基本理念，但该观点忽视了土地对部分村民的生活保障作用，以致大量农田荒芜这一事实。同时，基本生活保障不易评估和量化，因而不易操作。权利义务说体现了权利义务对等原则，但该学说排除了未成年人的集体经济组织成员资格，同时因农业税、乡统筹费被取消（有的省甚至全面取消了农民固定负担的"村提留金"），农民对村集体经济组织担负的义务逐渐减少，因而也缺乏可操作性。

总体来说，由于当前中国的社会结构包括农村的社会结构处于不断的变动之中，农村集体经济组织成员资格的认定比较复杂。单一的户籍标准或单一的居住地标准已不适合作为集体成员资格的认定标准，上述都难以同时兼具公平和效率，我们亟须寻找一种合理的解释。基于此，笔者建议借鉴部分省市的立法经验，以户籍为基础，以必要生活来源、权利义务对等因素为补充。

2. 司法机关应对土地征收补偿费用分配纠纷的思路

欧陆国家一直有"禁止拒绝裁判"的法律原则：不论法律有无规定，也不论法律规定是否明确，任何情况下，法官都无权拒绝接受裁判案件。如《法国民法典》第4条明确规定："法官借口没有制定法或制定法不明确不完备而拒绝受理案件，得以拒绝审判罪追究之。"中国虽然没有"禁止拒绝裁判"的法律原则或类似规则，但"司法是实现社会公正的最后一道防线"，在"司法为民"的理念已经广为传播并深入人心的历史背景下，即使相关法律没有规定或规定得不明确，司法机关也应介入土地征收补偿费用分配纠纷及与此密切相关的集体成员资格纠纷。因为这种介入不仅可以及时定分止争，而且有助于保障基层民主的真正实现，有利于维护社会稳定。

当前中国正处于社会转型期，社会体制、社会结构、社会形态、社会生活方式等正在不断发生变化，与之相适应，司法制度、司法理念和司法方式也在发生变化。这种变化的主要表现之一是司法能动性的增强。近几年，最高人民法院提出"为大局服务、为人民司法"的口号，就是对司法能动性的重视和强调。鉴于当前土地征收的广泛性、人民性。对于土地征收补偿收益分配纠纷案件，司法机关可大胆突破传统的审判职能，充分发挥司法能动性，积极探寻预防、解决土地征收补偿费用分配的新方法。第一，通过巡回司法服务等方式，为土地征收补偿费用分配提供指导，预防分配纠纷的产生。如在政府征收某块土地时，人民法院派出巡回司法服务组结合土地征收项目，为土地征收中的行政纠纷及补偿费用分配提供法律咨询和指导。这种法律咨询和指导，可有效地预防，至少可以减少征收补偿纠纷或补偿费用分配纠纷的产生。第二，在审判中重视调解。最近几年，最高人民法院提出了"能调则调，当判则判，调判结合，案结事了"的民事审判原则，近两年来又提出"调解优先，调判结合"的司法政策。最高人民法院之所以高度重视调解工作，不仅是因为调解有利于案件的执行，而且是因为有些领域的法律规定根本不明确，法院的判决难以使人信服，土地征收补偿费用分配纠纷案件就属于这类案件。另外，土地征收补偿收益分配纠纷案件发生在农村这个"熟人社会"，这也是我们倡导重视调解的理由之一。

农村土地征收补偿费用分配纠纷问题与农村集体经济组织成员的资格认定是紧密相连的，因而，处理起来往往较为复杂。在中国大力推动城镇化建设的历史背景下，土地征收补偿费用分配纠纷不可能在短时期内消除。所以，在立法上，对集体经济组织成员资格的认定作分门别类的规定很有必要。在立法没有规定，或者规定不明确的情况下，司法机关应当对土地征收补偿费用分配纠纷进行有限的干预，同时应充分发挥司法能动性，不断创新解决土地征收补偿费用分配纷争的新方法。

（福建省厦门市同安区人民法院　王月萍　施纯在）

16. 吴桂连、杨尚霖诉谢运珍、吴国铭、吴国宁宅基地使用权案

(一) 首部

1. 判决书字号
一审判决书：广西防城港市防城区人民法院（2010）防民初字第282号。
二审判决书：广西防城港市中级人民法院（2011）防市民一终字第193号。
2. 案由：宅基地使用权纠纷。
3. 诉讼双方
原告（一审反诉被告、上诉人）：吴桂连。
原告（一审反诉被告、上诉人）：杨尚霖。
委托代理人（一、二审）：符强进，防城法律援助中心法律工作者。
被告（一审反诉原告、被上诉人）：谢运珍。
被告（一审反诉原告、被上诉人）：吴国铭。
被告（一审反诉原告、被上诉人）：吴国宁。
法定代理人：谢运珍。
委托代理人（一、二审）：卢伟煌，海狮律师事务所律师。
4. 审级：二审。

5. 审判机关和审判组织

一审法院：广西防城港市防城区人民法院。

合议庭组成人员：审判长：张建平；审判员：张耀福、黄子洪。

二审法院：广西防城港市中级人民法院。

合议庭组成人员：审判长：黄醒林；审判员：王铖、苏益彧。

6. 审结时间

一审审结时间：2011 年 5 月 17 日。

二审审结时间：2011 年 9 月 20 日。

（二）一审情况

1. 一审诉辩主张

（1）原告诉称

2005 年 9 月 19 日，防城区进新城市建设投资有限公司根据防城港市第一客运中心的规划需要，拆迁了原告吴桂连及杨尚霖位于该建设范围内的房屋及其他构筑物。后防城区进新城市建设投资有限公司按照安置协议安排了一块宅基地给原告吴桂连及杨尚霖作为建房使用。但由于经济紧张，原告一时无法筹足建房经费。2008 年 4 月上旬，被告谢运珍夫妇二人多次找原告协商，要求原告转让该宅基地，最终以 31.8 万元的价格成交。2008 年 5 月初，原告知道该宅基地买卖关系违法无效后，遂主动要求返还被告 31.8 万元，但被告拒绝接受，并无理要求原告支付其 73 万元才同意解除宅基地的买卖关系，从而引发纠纷。经有关部门多次调处未果。原告认为，双方的买卖关系自始无效。原告愿意返还被告不当得利 31.8 万元，但其拒绝接受。被告无理要求原告补偿 73 万元，该行为明显违法。为维护公民的合法权益，特诉至人民法院，请求判令：1）依法确认原告与被告签订的断卖宅基地契约无效；2）本案诉讼费用由被告负担。

（2）被告辩称

2008 年 3 月，吴桂连及杨尚霖因急需资金，经人介绍后将防城区进新城市建设投资有限公司安置的位于防城镇河西新区的宅基地一块转让给谢运珍及吴海福，双方就此签订了断卖宅基地契约，约定：面积 112.5m²，价款 31.8 万元，今后吴海福夫妇在用地过程中，如有他人提出干涉争议，吴桂连要出面理妥，与买方无关。契约签订后，吴桂连亲手收足谢运珍夫妇给付的 31.8 万元，并将该宅基地交付谢运珍夫妇使用。在筹建期间，因吴海福不幸患病离世，以致耽误了工期。近年来，河西新区房地产价格倍增，吴桂连及杨尚霖遂乘人之危、见利忘义，提出仅返还价款即要回宅基地。吴桂连及杨尚霖作为出卖人，明知所出卖的宅基地属于禁止流通范围，且多年后又以卖地违法为由主张协议无效，故其依法应承担主要责任，并赔偿谢运珍等人信赖利益损失。对信赖利益的赔偿问题，应全面考虑出卖人因土地升值所得利益及买受人因土地现值和原价的差异造成损失两方面因素来确定。现该宅基地总价应为 80 万元，吴桂连及杨尚霖除返还宅基地价款 31.8 万元外，还应赔偿谢运珍等人信赖利益损失 40 万元。

2. 一审事实和证据

因防城港市第一公路客运中心规划之需,防城区进新城市建设投资有限公司(简称城投公司)需拆除吴桂连及杨尚霖在规划建设范围内的原有房屋及附属物。2005年9月19日,城投公司与吴桂连签订《房屋拆迁补偿安置协议》:城投公司拆除吴桂连的红砖瓦木结构房屋43.85m²、水井一口、粪坑一座、化粪池一座等,共补偿16 547元;房屋及附属物拆除后,土地由城投公司使用;城投公司自协议后一年内在客运中心旁边,按每人25m²标准安置吴桂连杨尚霖宅基地共50m²;吴桂连建房的手续由城投公司协助办理,费用由双方按半负担等。因吴桂连以上房屋及附属物被拆除,2007年年底,防城镇沙埠村遂将位于河西新区吴屋一组的5号宅基地(112.5m²)分配给吴桂连及杨尚霖使用。之后,吴桂连、杨尚霖因无法凑足建房费用,经人介绍,其(甲方)遂与谢运珍、吴海福(乙方)协议转让宅基地,并于2008年3月20日在防城镇沙埠村委会签订《断卖宅基地契约》,约定由甲方将位于河西新区的吴屋一组抽签地号为5号的宅基地(长15m、宽7.5m,共112.5m²,东南临街道、西南与吴德钦4号宅基地相邻、西北邻空地、东北邻吴就业屋)断卖给乙方,总价款为31.8万元;乙方在使用宅基地过程中,如有他人提出干涉,由甲方负责理妥,与乙方无关;该地的一切手续及证件交由乙方收执。吴桂连、杨大新夫妇及儿子杨尚霖、杨卓霖(杨大新及杨卓霖户口在企沙镇,不享受安置宅基地)、谢运珍、吴海福在契约上签字。防城镇沙埠村委支书钱进强等人作为在场人在契约上签字。当天,谢运珍及吴海福付清对方全部价款。而后不久,谢运珍、吴海福开始平整宅基地。2008年5月,吴桂连反悔,要求返还对方全部价款,取回宅基地,双方由此引发纠纷。在防城司法所调解过程中,吴桂连同意补偿谢运珍、吴海福6.2万元,但谢运珍、吴海福不同意,纠纷调解未果。后吴桂连以得悉契约无效及儿子杨尚霖不同意卖地为由,于2010年6月29日向本院提起诉讼,请求确认断卖宅基地契约无效。2010年7月29日,吴海福病故。2010年9月25日,谢运珍、吴国铭与吴国宁提出反诉,以对方明知出卖的宅基地禁止流转,出尔反尔,应承担主要过错责任为由,请求吴桂连、杨尚霖赔偿信赖利益损失40万元。经本院多次调解,吴桂连、杨尚霖表示愿意补偿对方6.2万元。

在委托防城港市昌顺土地评估事务所、广西向阳土地评估有限公司、广西信德房地产评估咨询有限公司评估未果后,防城区人民法院于2011年4月20日委托广西中正土地评估有限责任公司,对双方讼争的防城镇沙埠村吴屋一组河西新区第5号宅基地(假想为国有划拨土地)进行土地价格评估。后该公司作出中正评裁字(2011)002号土地估价报告,认为该宗宅基地(112.5m²)的出让土地使用权10 471元/m²,总地价为117.8万元;划拨土地使用权出让金4 188.4元/m²,总地价为47.12万元;划拨土地使用权权益为6 282.6元/m²,总地价为70.68万元。

上述事实有断卖宅基地契约、房屋拆迁补偿安置协议、广西中正土地评估有限责任公司作出中正评裁字第(2011)002号土地估价报告等证据予以证实。

3. 一审判案理由

防城港市防城区人民法院经审理认为:

《中华人民共和国宪法》、《中华人民共和国土地管理法》规定，宅基地属于农民集体所有，农民对宅基地只有使用权而无所有权，不能行使处分权，宅基地不能非法买卖及以其他形式非法转让。吴桂连及杨尚霖原位于防城镇沙埠村吴屋一组的房子及附属设施被征用拆除后，所享受安置分配的112.5m²土地，其性质为农村宅基地，属于沙埠村集体经济组织所有，吴桂连及杨尚霖仅可用于自建房屋。谢运珍等人属城镇人口，并非沙埠村村民，依法不具备农村宅基地的受让资格。因此，吴桂连、杨尚霖与谢运珍及吴海福签订的《断卖宅基地契约》已违反宪法、法律的规定，按照《中华人民共和国合同法》第五十二条关于"违反法律、行政法规强制性规定的合同无效"的规定，该《断卖宅基地契约》应归于无效，依法不受法律保护。原告（反诉被告）吴桂连与杨尚霖请求确认契约无效，其证据充分，理由成立，本院予以支持。《中华人民共和国合同法》第五十八条规定：合同无效或被撤销后，因该合同取得的财产应当予以返还……有过错的一方应赔偿对方因此所受到的损失，双方均有过错的应各自承担相应责任。鉴于吴海福已故，按法律规定，其权利义务应由其法定继承人谢运珍、吴国铭与吴国宁继承。据此，谢运珍、吴国铭与吴国宁应将河西新区第5号宅基地返还吴桂连与杨尚霖；同时，由吴桂连、杨尚霖返还谢运珍、吴国铭与吴国宁宅基地款31.8万元。吴桂连、杨尚霖明知所获安置的宅基地不可转让而擅自将其对外出售给对方，出售后又进而反悔，其行为明显有悖诚实信用原则，极不利于当地和谐社会秩序的建立，故其过错程度较大，应承担本案70%过错责任。谢运珍与吴海福明知自己不具备农村宅基地的受让资格，而购买吴桂连及杨尚霖的宅基地，其行为亦有过错，但过错程度较小，应承担本案30%的次要责任。鉴于断卖宅基地契约的无效，基于双方的缔约过失行为，产生了作为买受方谢运珍等人的信赖利益损失，作为主要过错的出卖方理应给予相应赔偿。反诉原告（本诉被告）谢运珍、吴国铭与吴国宁主张原告（反诉被告）吴桂连、杨尚霖赔偿信赖利益损失，理由充分，本院对其合理部分予以支持。关于确定损失的赔偿数额问题。诉讼期间，吴桂连、杨尚霖明确表示愿意支付谢运珍、吴国铭、吴国宁补偿款6.2万元，显然其已认可对方存在经济损失，但本院认为该赔偿数额明显偏低，应不予采信。赔偿数额的计算基数应参照评估机构评估的宅基地区位总价值70.68万元（117.8万元－47.12万元）。据此，吴桂连、杨尚霖应赔偿谢运珍、吴国铭、吴国宁信赖利益损失（70.68万元－31.8万元）×70%＝27.216万元。

4. 一审定案结论

防城港市防城区人民法院依据《中华人民共和国合同法》第八条、第五十二条、第五十八条之规定，作出如下判决：

"一、原告（反诉被告）吴桂连、杨尚霖与被告（反诉原告）谢运珍、吴国铭、吴国宁签订的断买宅基地契约无效。

二、被告（反诉原告）谢运珍、吴国铭、吴国宁于本判决生效之日起10日内将防城镇沙埠村吴屋一组河西新区第5号宅基地返还原告（反诉被告）吴桂连与杨尚霖。

三、原告（反诉被告）吴桂连、杨尚霖返还被告（反诉原告）谢运珍、吴国铭与吴国宁宅基地款31.8万元。

四、原告（反诉被告）吴桂连、杨尚霖赔偿被告（反诉原告）谢运珍、吴国铭、吴国宁信赖利益损失 27.216 万元。

本诉案件受理费 6 070 元，由原告（反诉被告）吴桂连、杨尚霖负担 4 249 元，被告（反诉原告）谢运珍、吴国铭、吴国宁负担 1 821 元；反诉案件受理费 3 650 元，由被告（反诉原告）谢运珍、吴国铭、吴国宁负担 1 095 元，由原告（反诉被告）吴桂连、杨尚霖负担 2 555 元。"

（三）二审诉辩主张

1. 上诉人（原审原告、原审反诉被告）吴桂连诉称

（1）被上诉人反诉要求上诉人赔偿信赖利益损失依法无据。信赖利益只有在合法的前提下产生，上诉人与被上诉人签订的《断卖宅基地契约》违法，所以对双方当事人都没有信赖利益可言。被上诉人在签订《断卖宅基地契约》的过程中不存在损失，上诉人也没有违背诚实信用原则的行为。（2）一审判决程序违法。一审法院在评估委托书中把诉争地块集体土地设定为国有划拨土地依法无据。一审法院对昌顺土地评估事务所、广西向阳土地评估有限公司、广西信德房地产评估咨询有限公司、广西中正土地评估有限责任公司等单位的评估结果不组织开庭质证就擅自采信程序违法。（3）一审判决书认定事实错误、含混不清、前后矛盾。一是对主体认定错误，二是认定上诉人违背诚实信用原则无依据，三是认为上诉人过错程度较大是不成立的，四是将上诉人在调解过程中同意补偿对方 6.2 万元认定为上诉人认可对方存在经济损失是不成立的。（4）一审判决适用法律明显错误、不当。请求二审依法撤销一审判决第四项，并判令被上诉人承担本案诉讼费用。

2. 被上诉人（原审被告、原审反诉原告）谢运珍、吴国铭辩称

一审认定事实清楚，适用法律正确，程序合法，请求驳回上诉，维持原判。

（四）二审事实和证据

防城港市中级人民法院结合双方当事人的诉辩意见及案件证据，认为一审查明的事实除了对谢运珍、吴海福平整宅基地有误，应该是城投公司平整诉争宅基地外，其他事实属实，予以确认。

（五）二审判案理由

防城港市中级人民法院经审理认为：

1. 关于一审法院是否存在程序违法的问题。上诉人认为一审法院存在程序违法主要是对评估结果没有进行质证而擅自采信。本院认为，一审法院对本案诉争宅基地先后委托了防城港市昌顺土地评估事务所、广西向阳土地评估有限公司、广西信德房地产评估咨询有限公司、广西中正土地评估有限责任公司进行评估，由于前三家评估机构复函一审法院，均未对本案宅基地进行评估，故一审法院对这三家评估机构的复函没有作为

定案依据采信，因此，没有组织双方当事人质证，不存在没有质证而擅自采信的程序违法的问题。对广西中正土地评估有限责任公司的评估结论，一审法院已经组织被上诉人进行了质证，上诉人也以书面形式向法院提交了意见书，因此，对该评估结论双方当事人已经发表了质证意见，一审法院并不存在不经质证而擅自采信该评估结论的问题。另外，上诉人认为一审法院程序违法还表现在一审法院将诉争宅基地设定为国有划拨土地进行评估的问题，本院认为，评估机构对标的物以何种标准评估是评估的标准等问题，上诉人对该评估结论有异议，可以申请重新评估，或者认为评估违法而不能采信，而不是法院审理程序违法的问题。因此，上诉人认为一审程序违法没有事实和法律依据，本院不予支持。

2. 关于双方当事人签订的协议无效的过错责任如何分担的问题。本案上诉人与被上诉人签订的《断卖宅基地契约》因违反法律的规定而无效，根据《中华人民共和国合同法》第五十六条"无效的合同或者被撤销的合同自始没有法律效力。合同部分无效，不影响其他部分效力的，其他部分仍然有效"的规定，无效的合同自始无效，不受法律保护，因此，无效的合同不应得到履行。本案中，上诉人与被上诉人，明知农村集体宅基地不能转让，双方仍然非法买卖，双方当事人对造成合同无效均有同等的主观过错，应承担同等的过错责任。由于无效的合同不受法律保护，不应当履行，因此，一审法院以上诉人反悔，违背诚实信用原则为由，认为上诉人负主要过错责任，理由不充分，本院不予支持。

3. 关于双方当事人签订的协议无效后，是否造成损失的问题。本案中，由于上诉人与被上诉人签订的《断卖宅基地契约》无效，根据《中华人民共和国合同法》第五十八条"合同无效或者被撤销后，因该合同取得的财产，应当予以返还；不能返还或者没有必要返还的，应该折价补偿。有过错的一方应当赔偿对方因此所受到的损失，双方都有过错的，应当各自承担相应的责任"的规定，合同无效后，因该合同取得的财产，应当予以返还。因此，被上诉人应将河西新区第5号宅基地返还上诉人，同时，由上诉人返还被上诉人宅基地款31.8万元。由于上诉人与被上诉人双方对造成合同无效均有过错，根据法律规定，合同无效后，有过错的一方应当赔偿对方因此所受到的损失，双方都有过错的，应该各自承担相应的责任。对于本案中是否存在信赖利益损失以及损失数额如何确定的问题，应当综合考虑双方当事人转让宅基地时的转让价与法院委托评估诉争宅基地时的宅基地区位价值来进行确定。上诉人与被上诉人是在2008年3月20日签订合同的，当时的转让价是31.8万元。双方当事人发生纠纷在2010年6月29日即向一审法院起诉时，一审法院在2011年4月20日委托广西中正土地评估有限责任公司对诉争的宅基地进行区位价值评估时，由于相隔三年时间，诉争宅基地的周边环境、用地成本、开发价值已经发生了改变，因而诉争宅基地的区位价值也有所变化。一审法院全面考虑出卖人因土地升值所获利益及买受人因土地现值和原买卖价格的差异所造成的损失两方面因素予以确定，采信了广西中正土地评估有限责任公司评估出来的诉争宅基地的区位总价值70.68万元，符合公平原则，本院认为比较合理，因此，被上诉人的信赖利益损失应当是38.88万元（70.68万元－31.8万元）。由于被上诉人对造成合同无效也应承担50%的过错责任，其自己也应承担相应的责任，因此，上诉人应当赔偿被上诉人信赖利益损失19.44万元（38.88万元×50%）。

（六）二审定案结论

防城港市中级人民法院根据《中华人民共和国合同法》第五十六条、第五十八条，《中华人民共和国民事诉讼法》第一百五十三条第一款第（二）项的规定，作出如下判决：

"一、维持防城港市防城区人民法院（2010）防民初字第282号民事判决第一项、第二项、第三项；

二、变更防城港市防城区人民法院（2010）防民初字第282号民事判决第四项为：上诉人吴桂连、杨尚霖赔偿被上诉人谢运珍、吴国铭、吴国宁信赖利益损失19.44万元。

三、驳回谢运珍、吴国铭、吴国宁的其他诉讼请求。

一审案件受理费6 070元，由吴桂连、杨尚霖负担3 035元，谢运珍、吴国铭、吴国宁负担3 035元；反诉案件受理费3 650元，二审案件受理费6 070元，合计9 720元，由上诉人吴桂连、杨尚霖负担6 998元，由谢运珍、吴国铭、吴国宁负担2 722元。"

（七）解说

本案是一起较为典型的小产权土地转让纠纷案件，虽然法律、法规、政策严格明确此类交易为非法交易，但从全国范围来看，仍有许多此类纠纷发生。本案中诉争的宅基地位于当地的河西新区，因新车站的建设需要，征用了原告（反诉被告、上诉人）吴桂连、杨尚霖所在村的土地，并就近划出320间宅基地对村民予以安置。至纠纷发生时，该村已有96间宅基地进行了转让，其中65间房屋已建成或者在建。吴桂连的起诉，无疑在该地区引起了不小的轰动，人们也在密切关注案件的最终结果，正因该案深远的社会影响力，如若处理不好，不仅可能引发大规模的诉讼，更可能影响该地区的稳定，办案法官对此也非常慎重。

在我国，宅基地使用权是农村集体经济组织成员享有的权利，有着特定的身份条件限制，非集体经济组织成员无权取得。按照《合同法》规定，此类非法交易的合同自始无效，如果本案据此简单地予以解除合同，势必引发不稳定因素，也不利于保护买受人的利益，因此本案考虑了信赖利益损失的问题。一审法院认为原告作为出卖人，在出卖宅基地时明知其所出卖的宅基地属我国法律禁止流转范围，其在出卖宅基地多年后又反悔，以违法出售为由主张合同无效，应对合同无效承担主要责任，即70%的责任，被告承担30%的责任。二审则认为双方的过错程度相当，各自承担50%的责任更为合理，故予以改判，显然这样更符合公平原则。

本案另一难点问题是信赖利益损失数额的确定。一、二审法院均认为信赖利益损失应为升值后的诉争宅基地区位总价值与宅基地转让时的转让价之间的价格差，因此，宅基地的区位总价值的确定就尤为重要。为此，一审法院先后委托多家房产土地评估机构对诉争的宅基地区位总价值进行评估，得到的答复都是无法评估，原因是诉争的宅基地为集体土地，估价法律依据不足。《土地管理法》明确规定农民集体所有的土地使用权禁止流转，无法对其进行市场价值的量化，另外技术规范也不明晰，国土资源部的执行标准是《城镇土地估价规程》，没有规定针对集体土地价格评估的土地估价规程，行内对此尚在探讨中，技术线路及相关参数不明确，由此可能会导致估价结果失实。无奈，一审法院只能退而求其次，考虑到诉争宅基地所在的河西新区已经进行大规模开发，附近有中学、小学、车站、水果批发市场及众多商品房小区，该片宅基地也被批准为安置拆迁农户的住宅用地，与城镇土地十分接近，如果根据土地估价行内的《城镇土地估价规程》进行评估，所得结果与实际价值应该误差不大，故将土地性质假定为国有划拨土地进行评估，以此得出区位总价值，在审理期限内顺利结案。

（广西防城港市防城区人民法院　禤立平）

17．程东生等诉武晓君抵押权案

（一）首部

1．判决书字号

一审判决书：北京市密云县人民法院（2010）民字第3167号。

二审判决书：北京市第二中级人民法院（2011）民终字第15089号。

2．案由：抵押权纠纷。

3．诉讼双方

原告（被上诉人）：程东生、贺玉兰。

委托代理人：杨华民，北京市檀州律师事务所律师。

被告（上诉人）：武晓君，男，1972年12月9日出生，汉族，居民，住北京市密云县。

4．审级：二审。

5．审判机关和审判组织

一审法院：北京市密云县人民法院。

合议庭组成人员：审判长：任晓辉；审判员：陶金茹；代理审判员：郑伯存。

二审法院：北京市第二中级人民法院。

合议庭组成人员：审判长：罗珊；审判员：周岩、种仁辉。

6．审结时间

一审审结时间：2011年6月8日。

二审审结时间：2011 年 8 月 19 日。

(二) 一审诉辩主张

1. 原告诉称

2005 年 10 月，程东生向武晓君高息借款 13 万元，程东生与武晓君签订借款协议，协议约定如程东生一个月内不能偿还借款，程东生以其位于密云县季庄村的 8 间平房抵债。协议签订后，程东生因刑事犯罪被羁押，到期未偿还借款。后贺玉兰也与武晓君补签了协议。2005 年 12 月，武晓君将协议中的房屋据为己有。现我们无房居住，只得租房。我们与武晓君签订的协议中抵押条款属于无效条款。要求确认我们与武晓君签订的协议中将房屋抵押的条款无效，武晓君立即将房屋及院落返还给我们。案件受理费由武晓君负担。

2. 被告辩称

原告所述不属实。本案的纠纷应为房屋买卖合同纠纷而非抵押权纠纷。我与程东生签订的协议也是房屋买卖协议，而且已经经过了房屋所在村村委会的确认。我与程东生签订的协议合法有效，因现在房屋要拆迁，所以程东生才想要回房屋。我不同意原告的诉讼请求。

3. 反诉原告诉称

程东生卖与我的房屋马上就要拆迁，如果其非要要回房屋的话，就应当按照房屋现在的价值进行评估，如果评估的费用合理的话，我可以将房屋退还给程东生，否则我要求继续履行原协议。我要求程东生、贺玉兰给付我补偿款 120 万元。案件受理费由程东生、贺玉兰负担。

4. 反诉被告辩称

我们与武晓君签订的协议中约定将房屋抵债的条款无效，武晓君要求我们给付其补偿款没有任何依据。不同意武晓君的诉讼请求。

(三) 一审事实和证据

北京市密云县人民法院经公开审理查明：2005 年 10 月，程东生（甲方）与武晓君（乙方）签订"借款及出卖房屋协议书"，该协议书内容为"因甲方程东生急需用款，向乙方武晓君借款壹拾叁万元（130 000 元整），借款的日期为一个月，从 2005 年 10 月 31 日至 2005 年 11 月 30 日为止。如到期 1 个月还不上此款，甲方愿意把密云城关季庄大队 8 间平房一个整院产权归乙方所有，甲方无条件退出。如到期不能归还此款，乙方只能收取季庄 8 间房屋一个整院产权，不再要壹拾叁万元借款，两方达成协议，此协议一式三份，双方各一份"。之后，贺玉兰与武晓君补签了内容相同的协议书一份。2005 年 12 月 16 日，密云县密云镇季庄村民委员会出具证明一份，内容为："鉴于程东生、贺玉兰夫妻二人由于债务纠纷，自愿将坐落在我村的房产（正房四间、倒座四间）以抵债的方式抵给债权方武晓君，村委会在双方同意的情况下，同意双方的借款及出卖房屋的协议书。特此证明。"现程东生、贺玉兰主张协议中"如到期1个月还不上此款，甲方愿意把密云城关季庄大队8间平房一个整院产权归乙方所有，甲方无条件退出"的约定违反了国家法律的规定，要求确认无效。武晓君认为上述约定有效，如程东生、贺玉兰坚持要回房屋，必须对房屋及土地进行评估，按照评估的价值对其进行补偿。

（1）有原、被告双方的陈述，证明双方借款及签订合同的事实。
（2）借款及出卖房屋协议书，证明双方的借款关系。
（3）密云县密云镇季庄村民委员会出具的证明，证明双方合同经村委会同意。
（4）评估报告书，证明房屋估价418 786元人民币。

（四）一审判案理由

北京市密云县人民法院经审理认为：抵押权人和抵押人在合同中不得约定在债务履行期届满抵押权人未受清偿时，抵押物的所有权转移为债权人所有；宅基地使用权禁止抵押。程东生、贺玉兰与武晓君签订的协议中约定的"如到期1个月还不上此款，甲方愿意把密云城关季庄大队8间平房一个整院产权归乙方所有，甲方无条件退出"的约定，违反了法律的强制性规定，应为无效。武晓君主张上述条款不是抵押条款而是房屋买卖条款，本院认为武晓君的户籍性质为非农业家庭户，非农业家庭户禁止购买农村居民的私有房屋，据此，上述条款亦属无效。合同无效或者被撤销后，因该合同取得的财产，应当予以返还；有过错的一方应当赔偿对方因此所受到的损失。故程东生、贺玉兰要求确认双方签订的协议中涉及的抵房条款无效并要求武晓君返还房屋的主张，本院予以支持。武晓君应当将房屋返还程东生、贺玉兰，但应给武晓君合理的腾退时间。程东生、贺玉兰因急事从武晓君处借款，并自愿在借款无法偿还的情况下将房屋抵给武晓君，现因房屋价值明显升高而要求返还房屋，程东生、贺玉兰的行为有违诚信，存在一定过错，其二人应当返还借款并赔偿武晓君因此所受到的合理损失。

（五）一审定案结论

北京市密云县人民法院依照《中华人民共和国担保法》第三十七条、第四十条，《中华人民共和国合同法》第五十八条之规定，作出如下判决：

程东生、贺玉兰与武晓君签订的"借款及出卖房屋协议书"中"如到期1个月还不上此款，甲方愿意把密云城关季庄大队8间平房一个院整产权归乙方所有"的约定无效。

本判决生效之日起30日内，武晓君将坐落于北京市密云县密云镇季庄村北巷十一条三号的房屋及院落返还给程东生、贺玉兰。

本判决生效之日起10日内，程东生、贺玉兰给付武晓君借款13万元，赔偿经济损失28.878 6万元，共计41.878 6万元。

驳回武晓君的其他反诉请求。

如果未按本判决指定的期间履行给付金钱义务，应当依照《中华人民共和国民事诉讼法》第二百二十九条之规定,加倍支付迟延履行期间的债务利息。

鉴定费3 350元,由程东生、贺玉兰负担(限本判决生效之日起7日内支付给武晓君)。

案件受理费70元(程东生、贺玉兰已预交35元),由武晓君负担(限本判决生效之日起7日内交纳)。

反诉案件受理费7 800元(武晓君未预交),由武晓君负担4 984元(限本判决生效之日起7日内交纳);由程东生、贺玉兰负担2 816元(限本判决生效之日起7日内交纳)。

(六)二审情况

1. 二审诉辩主张

武晓君不服一审法院上述民事判决,向本院提起上诉。其主要上诉理由:一是本案不是抵押权纠纷,而是房屋买卖合同纠纷。二是一审庭审中,因原评估机构在评估中未充分考虑该房屋马上面临拆迁,周围楼房每平方米均价都在8 000元以上这些客观事实,武晓君申请对涉案房屋予以重新评估。但是一审法院没有变更评估机构,仍由原评估机构维持了原评估结果。武晓君请求二审法院驳回程东生、贺玉兰的诉讼请求,支持武晓君的反诉请求。

程东生、贺玉兰服从一审法院判决。其未向本院提交书面答辩意见,但其在本院庭审中口头答辩称:(1)双方当事人之间是借款抵押的关系。(2)评估机构的评估报告明确是根据评估方案和评估规定作出的评估,是按照现行的拆迁法律进行评估的。程东生、贺玉兰请求二审法院驳回武晓君的上诉请求。

2. 二审事实和证据

本院经审理查明的事实与一审法院查明的事实一致。

3. 二审判案理由

二审法院认为:程东生与武晓君于2005年10月签订的《借款及出卖房屋协议书》及此后贺玉兰与武晓君补签的协议书,主要内容是程东生向武晓君借款13万元,如到期不能还款,程东生、贺玉兰所有的涉案房屋一个整院产权归武晓君所有。该合同符合借款抵押合同的法律特征。现程东生、贺玉兰依该合同起诉要求确认其中将房屋抵押的条款无效并要求返还房屋,属于当事人在合同履行中产生的争议,因此本案应属抵押合同纠纷。一审法院认定本案为抵押权纠纷但没有物权变动事实,本院对一审该认定予以调整。武晓君上诉主张本案为买卖合同纠纷,没有法律依据,不予支持。

《中华人民共和国担保法》第三十七条规定,"下列财产不得抵押:……耕地、宅基地、自留地、自留山等集体所有的土地使用权……";第四十条规定,"订立抵押合同时,抵押权人和抵押人在合同中不得约定在债务履行期届满抵押权人未受清偿时,抵押物的所有权转移为债权人所有"。程东生与武晓君签订的《借款及出卖房屋协议书》及此后贺玉兰与武晓君补签的协议书中关于"如到期1个月还不上此款,甲方愿意把密云城关季庄大队8间平房一个整院产权归乙方所有,甲方无条件退出"的条款,违反了

《中华人民共和国担保法》的强制性规定，应当认定双方当事人的上述约定无效。

合同无效或者被撤销后，因该合同取得的财产，应当予以返还；有过错的一方应当赔偿对方因此所受到的损失。根据本院查明的事实，程东生、贺玉兰未在《借款及出卖房屋协议书》规定的期限内偿还借款，武晓君已经取得涉案房屋，现程东生、贺玉兰要求武晓君返还房屋，依法有据，但其应当返还借款并赔偿武晓君因此所受到的损失。关于赔偿损失数额的具体确定。一审法院根据武晓君对涉案房屋及土地进行价值评估的申请，委托鉴定机构对涉案房屋及土地进行价值鉴定，并以该鉴定机构的评估报告为依据，判令程东生、贺玉兰赔偿武晓君经济损失288 786元，并无不当。武晓君关于鉴定机构在评估中未充分考虑涉案房屋面临拆迁等客观事实的上诉意见，依据不足，不予采纳。武晓君的上诉理由不能成立，对其上诉请求予以驳回。原审判决认定事实清楚，处理结果正确，应予维持。

4. 二审定案结论

北京市第二中级人民法院依照《中华人民共和国民事诉讼法》第一百五十三条第一款第（一）项之规定，判决如下：

驳回上诉，维持原判。

一审案件受理费70元，由武晓君负担（于本判决生效之日内交至一审法院）；反诉费7 800元，由武晓君负担4 984元（于本判决生效之日起7日内交至一审法院），由程东生、贺玉兰负担2 816元（于本判决生效之日起7日内交至一审法院）。

二审案件受理费7 800元，由武晓君负担（已交纳）。

鉴定费3 350元，由程东生、贺玉兰负担（于本判决生效之日起7日内交至一审法院）。

本判决为终审判决。

（七）解说

一些当事人为了更加安全，往往在借款抵押过程中，就抵押物签订一个买卖合同，以便在借款到期借款人不能清偿时，直接依买卖合同取得抵押物的所有权。那么，这种买卖契约的性质与效力如何认定呢？是附条件的买卖合同还是流质抵押合同，也因此成为审理本案的一个焦点。一种意见认为，该合同是附生效条件的房屋买卖合同，合同约定了如果原告无法还清借款，则将密云城关季庄大队8建平房一个整院产权归被告所有，且村委会出具一份证明，确认同意双方的借款及出卖房屋的协议书效力，故该合同属于双方自愿签订，是真实意思表示，现所附条件已经成就，买卖契约也应该有效。另一种意见则认为，原被告双方在订立借款合同的同时，签订了抵押流质条款，违反了《担保法》第40条的规定，是流质契约，应为无效。《担保法》第40条规定："订立抵押合同时，抵押权人和抵押人在合同中不得约定在债务履行期届满抵押权人未受清偿时，抵押物的所有权转移为债权人所有。"这条是关于禁止流质抵押的规定。那么原告可否要回房屋？下面我们从理论和法律规定两方面进行分析和解读。

1. 理论分析：附条件的买卖合同与流质抵押的性质界定

附生效条件的买卖合同与流质抵押的区别：(1) 标的物与价款价值相当。买卖合同的双方当事人互负给付义务，因此买卖合同是双务合同、有偿合同，当事人双方的权利义务呈现彼此对等的关系，双方权利义务的交换价值具有当事人主观上等价的特点，所以买卖合同是对价合同。然而本案中，原告为了尽快获得被告的借款，以估价为418 786元的房屋，为明显低价的130 000元的借款进行担保，显然不是等价交换的买卖合同。(2) 目的不同。买卖合同中，出卖人转移标的物的所有权于买受人，目的是取得买受人的价款的所有权。同理，买受人支付价款，是为了得到标的物的所有权，这是买卖合同成立的前提。然而本案中，原告同意将房屋的所有权转移给被告的目的是给被告的借款提供保障，并非是赚钱，不是标的物的价款。

2. 法律解读：现行《担保法》的相关规定

我国《担保法》第40条规定："订立抵押合同时，抵押权人和抵押人在合同中不得约定在债务履行期届满抵押权人未受清偿时，抵押物的所有权转移为债权人所有。"这是我国关于流质条款的禁止性规定。流质条款是转移抵押物所有权的预先约定。法律禁止流质契约是因为：(1) 从债务人的角度看，债务人为经济所迫，债权人乘人之危，以抵押人价值较大的抵押物担保小额债权，与债务人签订抵押流质条款，损害抵押人利益。(2) 从债权人角度看，抵押权设定后，如抵押物价值下降，低于所担保的债权，对债权人也不公平。禁止抵押流质条款，是为了保护双方当事人利益，体现民法的公平、等价有偿的原则。而因显失公平、重大误解签订的流质抵押，债权人虽然可以行使撤销权，但债务人很难举证，禁止流质抵押能更好地保护抵押人的合法权益。(3) 抵押权的本质属性是优先受偿权，未经折价或者变价预先移转抵押物的所有权，与抵押权的根本特征和价值属性相违背。综上，原、被告签订流质抵押条款，目的是债务履行期限届满被告未受清偿时，通过私利转移抵押物的所有权实现债权，该约定违反了《担保法》的禁止性规定，不能有效保护当事人的利益，该条款无效。此外，原、被告双方抵押的房屋为农村居民的私有房屋，被告的户籍性质为非农业家庭户，不具备购买农村居民私有房屋的主体资格，我国《担保法》第37条同时也规定宅基地使用权禁止抵押。因此，双方签订的上述条款也为无效。通过从理论及《担保法》相关规定进行分析，我们发现原、被告双方签订的抵押流质条款是无效的，本案的房屋应当返还给原告夫妇，但应给被告合理的腾退时间，并且因房屋价值明显升高，原告违背诚信要回房屋，存在一定过错，其二人应当返还借款并赔偿被告因此受到的合理损失。因此，在双方借款时，不可签订抵押流质条款，以防止损害双方当事人利益。

(北京市密云县人民法院　相颖)

二、人格权纠纷案例

18. 广东新快报社诉南方日报社名誉权案

（一）首部

1. 判决书字号：广州市天河区人民法院（2010）天法民一初字第767号。
2. 案由：名誉权纠纷。
3. 诉讼双方

原告：广东新快报社，地址：广州市天河区。

法定代表人：黄斌，社长。

委托代理人：黄志威、彭龙群，广东合邦律师事务所律师、律师助理。

被告：南方日报社，住所地：广州市广州大道中289号。

法定代表人：杨兴锋，社长。

委托代理人：冯昭颖，该社法务专员。

委托代理人：彭春文，广东南日律师事务所律师。

4. 审级：一审。
5. 审判机关和审判组织

审判机关：广州市天河区人民法院。

合议庭组成人员：审判长：黄玉聪；人民陪审员：赵小丽、符永红。

6. 审结时间：2011年5月25日。

（二）诉辩主张

1. 原告诉称

2010年1月2日，被告主办的门户网站—南方报业网（http：//nf.nfdaily.cn/）发布了题为"2009年十大假新闻"的文章。该文第十条为"石家庄积雪比人高"，刊播媒体为《新快报》等。该文称"网民曝国内网站移花接木，以假照片报道石家庄大雪"。网民经过查询发现，"石家庄积雪比人还高"的照片是一家国内网站今年7月刊登的照片，照片来源虽然找到，但奇怪的是《西部商报》和《黑龙江晨报》也在同一天刊登了这张照片。该文章在没有经过任何调查或向原告及另外报纸核实的情况下，竟然主观臆断地称"究竟是这三家报纸联手造假，还是从同一网站下载，或是由谁统一发稿"。更为恶劣的是，该文在"点评"栏目中，引用网民思宁在西祠胡同发帖《石家庄雪灾照片的编辑分析》的评论，指出原告使用的照片并非照搬国外网站上原照片，而是经过剪裁处理，可见，这不是误用，而是明知照片的出处故意剽窃造假。被告所谓的点评，没有经过任何查证，完全是捕风捉影在恶意诋毁原告的名誉。被告在没有经过任何查证的情况下，引用网民不当评论，对原告的名誉造成极大的伤害。而实际情况是，原告使用的照片来源是网易，在原告刊登前，国内有多家网站发此照片，而不是被告所称的原告从欧洲网站剽窃并故意造假。原告已于 2009 年 12 月 18 日发表声明，说明误用该照片真相，原告使用这张照片完全是误用，误用与造假是完全不同性质的问题。真实性、严肃性是新闻的生命。故意造假已经突破了法律与新闻道德所能容忍的底线，也突破了广大读者所能容忍的底线，而被告将误用说成是造假，完全是打着维护新闻真实性的旗号践踏新闻的真实原则，对原告的声誉造成了致命的伤害。目前，"2009 年十大假新闻"一稿在网络上仍被肆意转载，经谷歌搜索，截至 2010 年 1 月 7 日 16:25，相关转载网页达 11 500 000 个之多，不良影响不断扩大。综上，被告的文章在刊登事件经过时，严重失实，在未经过任何调查的情况下，就主观臆断原告及其他报社联手造假或者是统一发稿，或是从同一网站下载；而且作出不适当的评论，恶意诽谤原告并非误用，而是明知照片的出处（出自国外网站）的故意剽窃造假，已经严重伤害了原告的名誉权，给原告造成重大损失，使原告在社会上的评价降低。现起诉请求判令被告：（1）立即删除题为"2009 年十大假新闻"之第十条，题目是"石家庄积雪比人高"中有关新快报之内容；（2）向原告赔礼道歉；（3）赔偿原告损失 30 万元；（4）承担本案诉讼费。

2. 被告辩称

（1）"2009 年十大假新闻"一文来源于权威刊物。被告刊登的"2009 年十大假新闻"转载自新民网，该文章公布在《新闻记者》2010 年第一期，是新民网独家首发的新闻。南方报业网对该文章全文转载，转载过程中没有添加任何评论。《新闻记者》是全国新闻核心期刊，是教育部新闻传播学科高等教育指导委员会推荐的权威期刊，其权威性和客观真实性具有强大的公信力。作为该刊上的文章，"2009 年十大假新闻"一文是一份审查核实手续齐备的稿件，应该是内容真实的，评论得当的。（2）被告转载"2009 年十大假新闻"的行为合法。对于转载的文章，转载者只需尽到合理的审查注意义务即可。这是新闻单位在转载新闻报道时遵从的规则。对来自权威刊物《新闻读者》的"2009 年十大假新闻"一文，文章并无不得转载或未经许可不得转载声明内容，法律上也没有禁止转载的相关规定，截至目前，被告从未发现该文存在侵权的内容。所以被告对"2009 年十大假新闻"的转载行为并无不当之处。同时，被告在转载文章中明确注明了出处，完全符合《著作权法》第 22 条第 3 项、最高人民法院《关于审理著作权民事纠纷案件适用法律若干问题的解释》第 17 条的规定。因此，被告的转载行为是合法的。（3）被告"2009 年十大假新闻"一文的主要内容基本属实。对于原告在"石家庄暴雪封城"新闻中使用了假照片的问题，其已于 2009 年 12 月 18 日发表了误用照片的声明。通过该声明可以知道，原告承认了其失实的报道，将与事实不符的照片报道，造成读者对错误信息的接收，暂不理系造假还是误用，不是真实的新闻就是一条毫无争议的假新闻。所以，原告刊登假照片的行为入选"2009年十大假新闻"的内容，本身并无不当和失实之处，被告刊登的"2009年十大假新闻"的文章，并没有侵犯原告的名誉权。综上所述，原告的诉讼请求缺乏事实和法律依据，被告不存在侵权的主观过错，不存在违法行为，主要内容基本属实，不构成侵犯名誉权。请法院驳回原告全部诉讼请求。

（三）事实和证据

广州市天河区人民法院经公开审理查明：2009年11月12日，原告在其出版的《新快报》第A05版刊登《石家庄暴雪封城——54年来最大降雪，积雪几乎高达半米》一文，文章右侧的图片下注明"11日，石家庄市民清扫楼顶积雪"。当月18日，原告在《新快报》第A26版刊登"更正说明"，内容为：11月12日，本报在A5版刊登了一张"石家庄市民在屋顶扫雪"的图片，系转载自11月11日的网易新闻中心（内文署名"来源：中国广播网"）该图配有"11月11日，石家庄市民在屋顶扫雪"的说明；后经证实，网易该图片并非石家庄大雪的新闻图片；特此更正。

2009年11月11日，南方网、奥一网、华商网均发布了与本案所涉照片相同的照片，并均注明来源于中国广播网。原告主张其刊登的照片下载于网易，但未能提供证据证实；原告承认未经过实质性审核便引用该照片。

文汇新民联合报业集团（下简称文汇新民集团）、上海社会科学院新闻研究所（下简称社科院研究所）主办的《新闻记者》杂志在2010.1总第323期中发表《2009年十大假新闻》一文，第十条假新闻为《石家庄积雪比人高》，内容如下：【刊播媒体】《新快报》等；【发表时间】2009年11月12日；【作者】不详；【"新闻"】图片说明是："11日，石家庄市民清扫楼顶积雪。"【真相】1月13日15时，环球网发布了署名"记者高友斌"的消息："网民曝国内网站移花接木，以假照片报道石家庄大雪。"环球网称，网民"鸡蛋壳"经过查询……这张照片果然是一家名为"The Chive"的国外网站在7月15日发布的一组照片中的一张……再按原图地址，这张照片是2008年12月20日发在一家名为"cmexota"的俄罗斯网站关于意大利大雪系列照片中的一张——去年12月，意大利与奥地利接壤地区曾降过厚度达2米的大雪。照片来源果然找到，但奇怪的是，《西部商报》和《黑龙江晨报》也在同一天刊登了这张照片，究竟是这三家报纸联手造假，还是从同一网站下载，或是由谁同一发稿，有待大家提供确切证据。【点评】网民思宁在西祠胡同发帖《石家庄雪灾假照片的编辑分析》，指出：《新快报》刊登的假照片并非照搬http：//thechive.com网站上的原照片，而是斜着剪裁掉原照片画面上的"PISTEDAT"和"theCHIVE.com"标识，剪裁掉大窗户下面的窗户所在的那一层楼外貌的画面，以及左下方的树的部分画面。可见，这不是误用，而是明知照片出处的故意剽窃造假。就这样，去年意大利的雪，飘落在今年的石家庄，令中国新闻界蒙羞！该文中有一幅漫画，漫画中人物上方注明："造假，过去用糨糊剪刀，现在用电脑！"

2009年12月30日，新民网发布了《2009年十大假新闻》，内容与前述《新闻记者》发表的文章一致。2010年1月2日，被告属下的南方报业网转载了新民网的《2009年十大假新闻》，并将文章标题命名为《2009十大假新闻公布 中国海军逼退潜艇居首》，其中第十条为《石家庄积雪比人高》，内容除缺少其中的漫画及【刊播媒体】、【作者】、【真相】部分外，与新民网发表的一致。

原告主张自南方报业网转载该文章后，其曾多次要求被告删除，但对此原告未能提供证据证实。原告于2010年3月12日向本院提起本案诉讼，天河区人民法院于同年4月16日开庭审理，被告已于2010年6月1日将本案所涉文章从南方报业网上删除。原告要求被告赔偿损失30万元，对此未能提供证据证实。

（四）判案理由

广州市天河区人民法院经审理认为：关于本案所涉的《2009年十大假新闻》一文，可认定文汇新民集团、社科院研究所主办的《新闻记者》是该文的首刊媒体，被告属下的南方报业网是该文的转载媒体。就侵害名誉权之侵权行为的成立要件而言，转载作品和首次刊登的作品并无不同，只要其报道严重失实并导致被报道对象名誉受损，即可构成侵害名誉权的行为。但是，首刊侵权报道之新闻媒体，毕竟是侵害受害人名誉的始作俑者，是受害人名誉受损的主要原因，转载媒体转载侵权报道，虽在客观上加大了报道的传播范围，可能加重受害人的经济等方面的损失，但如果让转载媒体对侵权的转载报道承担过重的民事责任，则会不合理地加大转载作品的成本，从而窒息转载媒体的生存空间。并且，从现实来看，目前国内门户网站若从合法媒体转载信息，确实对原文中的事实部分难以进行审查核实，故让其履行完全的审查核实义务是不现实的，让其承担与首刊媒体相同的责任也是不公平的。因此，对于非故意的转载，不宜作为侵权对待。

根据《互联网信息服务管理办法》第十五条、第十六条的规定，互联网信息服务提供者不得制作、复制、发布、传播含有侮辱或者诽谤他人，侵害他人合法权益等内容的信息。由此可见，互联网信息服务提供者应当对法律禁止发布的信息负有监控义务。由于考虑到网络信息量巨大、网络信息服务提供者的监控技术可能性、法律判断能力和经济承受能力等，故网络信息服务提供者的监控义务应控制在合理的限度内，可依据表面合理标准审查信息是否明显属于《互联网信息服务管理办法》所禁止发布的反动、色情、侮辱或诽谤他人等内容。《新闻记者》刊登《2009年十大假新闻》，并无声明不得转载或未经许可不得转载，故被告的转载行为未违反法律规定。被告转载该文，并将文章标题重新命名为《2009十大假新闻公布 中国海军逼退潜艇居首》，从该标题看，并无侮辱、攻击性语言，被告亦无对该文内容进行实质性的添加和渲染，可见被告已履行合理的监控义务，并无故意侵害原告名誉之过错。同时，《中华人民共和国侵权责任法》第三十六条第二款规定，网络用户利用网络服务实施侵权行为的，被侵权人有权通知网络服务提供者采取删除、屏蔽、断开链接等必要措施。网络服务提供者接到通知后未及时采取必要措施的，对损害的扩大部分与该网络用户承担连带责任。也就是说，被告作为网络服务提供者，承担必要措施的义务是在接到权利人的通知后的合理期限内。本案原告主张自南方报业网转载该文章后，曾多次要求被告删除，但对此未能提供证据证实,对该主张不采信。而原告于2010年3月12日提起本案诉讼,天河区人民法院于同年4月16日开庭审理,被告已于2010年6月1日将本案所涉文章从南方报业网上删除,天河区人民法院认为,被告已在合理期限内采取了必要措施停止对原告的侵害,即原告第一项诉讼请求已实现。

(五)定案结论

综上所述,被告在转载至删除本案所涉文章的整个过程中没有过错,原告亦未能提供证据证实被告属故意转载,故被告的转载行为不构成对原告名誉权的侵害。原告要求被告赔礼道歉、赔偿损失证据及理由不足,不予支持。经广州市天河区人民法院审判委员会讨论决定,依照《中华人民共和国侵权责任法》第三十六条第二款,《中华人民共和国民事诉讼法》第六十四条第一款,《互联网信息服务管理办法》第十五条、第十六条的规定,判决如下:驳回原告广东新快报社的诉讼请求。本案受理费2 000元,由原告广东新快报社负担。

一审判决后,双方均无上诉。

(六)解说

转载是中国媒体的一大特色。本案争议焦点在于,在原载媒体的文章出现侵害名誉权纠纷时,转载媒体是否应承担与原载媒体相同的责任?

本案在审理过程中,存在三种不同的观点:

第一种观点认为:本案处理应以本院766号案为依据。即,若本院766号案认定该案两被告侵害原告的名誉权,则本案被告亦侵害原告的名誉权,承担与本院766号案被告相同的侵权责任;若本院766号案认定两被告不构成侵害原告的名誉权,则本案被告的转载行为亦不构成对原告名誉权的侵害。该种观点将转载者视作共同侵权人,或者认为转载媒体仍然负有与原载媒体相同的核实责任,由此判决转载媒体承担与原载媒体相同的侵权责任。

第二种观点认为:不论本院766号案是否认定为侵权,本案由于不能证实被告是故意转载,故被告的转载行为不构成对原告名誉权的侵害。一般情况下将非故意的转载不作为侵权对待,只有转载机构和转载者明知原载已构成侵权依然予以转载的,或者转载后知道已构成侵权而不予以更正者,才可视作转载侵权。[①]

第三种观点认为:在审查转载者的责任时,应分开来论。因内容失实侵害他人名誉权时,因主观过错较轻,主要承担及时更正和道歉的法律责任,法院可根据扩大侵权后果的程度适当确定赔偿责任;转载者对与原被转载作品不一致的内容发生的侵权后果承担责任;转载者转载的作品由于侮辱性言论侵害他人名誉权或隐私权、肖像权等民事权利时,转载者应当承担侵权责任。

---

① 参见王利明、杨立新主编:《人格权与新闻侵害名誉权》,526页,北京,中国方正出版社,1995。

本案的处理综合采纳了第二、第三种观点。理由是：转载是中国新闻媒体目前比较普遍的一种行为，且是法律允许的。由于我国目前新闻媒体的设立采用严格的审批机制，可以推定新闻媒体的报道有较高的可信性，对于转载媒体而言，其他新闻媒体也可算作是一个可信的信息来源，从现实来看，转载确实对原文中的事实部分难以进行审查核实。但转载者扩大了信息的渠道和受众范围，一旦发生侵权，必然扩大侵权后果，不让其承担一定侵权责任也是不合理的。

结合本案具体案情，被告的转载行为无违反法律规定，被告虽将文章标题重新命名，但无侮辱、攻击性语言，被告亦无对文章内容进行实质性的添加和渲染，在被告转载时，原文未被认定为侵权，可见被告已履行合理的监控义务，并无故意侵害原告名誉之过错。本案还有一具体细节，即原告于2010年3月12日提起本案诉讼，天河区人民法院于同年4月16日开庭审理，被告已于2010年6月1日将本案所涉文章从南方报业网上删除，故天河区人民法院认为，被告已在合理期限内采取了必要措施停止对原告的侵害，即原告第一项诉讼请求已实现，亦符合《侵权责任法》的相关规定。因此，被告的转载行为不构成对原告名誉权的侵害。遂作出上述判决。

（广州市天河区人民法院　黄玉聪　陈俊雅）

19. 南怀瑾诉中央编译出版社侵害姓名权、名誉权案

（一）首部

1. 判决书字号：北京市西城区人民法院（2011）西民初字第11132号。
2. 案由：姓名权、名誉权纠纷。
3. 诉讼双方

原告：南怀瑾。

委托代理人：徐涌，北京市洪范广住律师事务所律师。

被告：中央编译出版社。

法定代理人：和龑，社长兼总编辑。

委托代理人：王杰，单位职员。

委托代理人：陈玮，单位职员。

4. 审级：一审。
5. 审判机关和审判组织

审判机关：北京市西城区人民法院。

合议庭组成人员：审判长：张爽；人民陪审员：宋迎春、侯晓漫。

6. 审结时间：2011年12月20日。

(二）诉辩主张

1. 原告诉称

2007年5月，被告出版发行了《听南怀瑾讲〈庄子〉》一书，在书名中突出使用原告姓名，并在书中多次出现有关"南怀瑾大师说"、"南怀瑾大师认为"等内容，上述行为均未征得原告本人同意，属于假冒原告姓名的行为，侵犯了原告的姓名权。涉诉的书名为《听南怀瑾讲〈庄子〉》，但是被告未能举证证明该书的作者在何时、何地听过原告讲《庄子》，该行为是盗用原告的姓名、打着原告的旗号以达到吸引广大读者的注意力、增加图书销量牟取不正当经济利益的行为。原告一贯治学严谨，被告所出版图书中捏造事实必然使原告的社会评价降低，损害了原告的人格，侵犯了原告的名誉权。现起诉请求：（1）判令被告立即停止侵犯原告姓名权、名誉权的行为；（2）被告在《中国新闻出版报》刊登致歉声明，消除影响、恢复名誉；（3）被告赔偿原告损失10万元，其中经济损失和精神损失各5万元；（4）诉讼费由被告承担。

2. 被告辩称

原告是我国的国学大师，是公众人物，被告出版的图书解读了原告著作的中心思想，是作者的感悟，其中内容有引用原告的话，《听南怀瑾讲〈庄子〉》一书中引用了700字，书中也有内容属于转述，但不属于捏造。被告出版该图书并非原告所说单纯为了追求经济利益，而且图书的出版经过了严格的审查程序。书名中的"听"字，是学习的意思，并不是直接听。弘扬国学文化，表达个人对于国学文化的感悟是每个公民都可以做的，不应当因为声望的高低而有所差别，被告作品中的不同表述属于文学评论的范围，对于公众人物的解读，国学大师的思想和观点是公众共同的财富，不因为进行解读就侵权。使用名人的姓名和观点是出版行业普遍存在的现象，同时也是对名人思想的发扬光大。原告起诉书中所称侮辱、诽谤的情形不存在，相反，主要是对原告的尊敬和敬仰，因而不同意原告诉讼请求。

（三）事实和证据

被告于2007年5月出版由潘鸿生著的《听南怀瑾讲〈庄子〉》一书，书名中使用原告姓名的行为，未经原告本人同意，且封面设计中"南怀瑾"三字与其他文字采用不同字体和稍大字号。该书前言部分称"本书是笔者精心研读南怀瑾大师《庄子讲记》后的个人感悟之作"，书中内容多次出现"南怀瑾大师说"、"南怀瑾大师认为"等内容。

诉讼中，原告指出涉诉图书中出现涉及原告的表述共计62处并逐一列明，被告称该62处的表述均出自上海人民出版社出版的《庄子諵譁》（南怀瑾讲述）上、下册，并对原告所列62处表述逐一对比列明。如，涉诉图书目录第一篇的介绍中记载："南怀瑾大师说，《逍遥游》的纲要就是人生要具备见地。人生具备了高远的见解以后，就不会被物质的世界所困扰，不会被现实的环境所困惑，自然会超越，会升华，人生能够得以解脱。要真正地了解了人生，才能够懂得人生。"《庄子諵譁》（南怀瑾讲述）上册第8页记载："《逍遥游》全篇的内涵，首先就是人生要具有高见，就是普通我们讲见地、见解、眼光、思想。"又如，涉诉图书第34页记载："南怀瑾大师认为《逍遥游》最后的结论是'无何有之乡'。如果真的到达了'无何有之乡'，了无一物可得的时候，这才是真正的逍遥。"《庄子諵譁》（南怀瑾讲述）上册第79页记载："在到达了真正的无何有，了无一物可得的时候，才能真正得到逍遥。"被告认为涉诉图书中此类表述与原告作品中表述均不一致。

诉讼中，被告认为原告系国学大师、公众人物，原告亦认为被告明知原告的知名度和社会影响力。

上述事实，有原、被告当庭陈述及《听南怀瑾讲〈庄子〉》等证据材料在案佐证。

（四）判案理由

公民享有姓名权，有权决定、使用和依照规定改变自己的姓名，禁止他人干涉、盗用、假冒。公民、法人享有名誉权，公民的人格尊严受法律保护，禁止用侮辱、诽谤等方式损害公民、法人的名誉。

姓名是用于确定和代表自然人个人并与其他人相区别的符号和标识，姓名权是自然人决定、使用和依照规定改变自己的姓名的权利。关于姓名权，本案中，原告主张被告未经其同意，在其所出版图书的书名中使用原告姓名，并在图书内容中多次使用"南怀瑾大师说"或"南怀瑾大师认为"等表述，侵犯了原告的姓名权。其中主要涉及姓名权中禁止他人盗用、假冒的权利内容，即禁止他人割裂权利人的姓名符号与权利人本人之间的特定联系。被告出版图书的名称为《听南怀瑾讲〈庄子〉》，封面标明本书由潘鸿生著，该书前言部分称"本书是笔者精心研读南怀瑾大师《庄子讲记》后的个人感悟之作"，该行为表明涉诉图书并非原告作品，而是作者对原告思想内容的感悟，故被告在书名中使用原告姓名的行为不属于假冒、盗用原告姓名出版图书的行为，其书名中所称"南怀瑾"亦指原告本人，未影响原告姓名符号与原告个体之间的特定联系。原告曾以著书、讲学等方式对于国学经典著作进行阐述，被告认为原告系国学大师，并出版图书对其著述和思想、观点进行评论的行为，并无不当。故被告在书名中使用原告姓名的行为，未侵犯原告的姓名权。

另，涉诉图书内容中多次使用"南怀瑾大师说"、"南怀瑾大师认为"等表述，其中"说"、"认为"等表达形式，可理解为作者陈述原告实施的特定行为，亦可理解为对原告观点的转述、介绍或总结。结合涉诉图书名称、封面、前言及内容，可以认定被告使用原告姓名的行为不属于原告所称捏造事实或盗用、冒用，亦未割裂原告姓名符号与原告个体之间的特定联系。在未征得原告同意的情况下，涉诉图书中涉及原告思想的表述，未在出版时明确标明出处，失于严谨，但不宜认定为盗用、冒用原告姓名的侵权行为。

对于原告主张被告侵犯其姓名权并依此要求停止侵权、赔礼道歉和赔偿损失的诉讼请求，一审法院不予支持。

（五）定案结论

依照《中华人民共和国民法通则》第九十九条、第一百零一条之规定，判决如下：驳回原告南怀瑾的诉讼请求。

（六）解说

本案中，原告主张被告未经其同意而使用其姓名，且所述内容并非原告所述，故侵犯其姓名权。被告认为其使用原告姓名并引述、评论其著述、观点的行为属于文学评论作品的合法行为。本案焦点在于以下两个方面：

1. 未经他人同意而使用其姓名的行为是否侵犯姓名权

从法律上讲，姓名的含义较为确定，是指"用以确定和代表个体自然人并与其他自然人相区别的文字符号和标识"[①]，其范围当然包括登记于户籍管理机关的本名，同时也包括一定范围内的别名、笔名、艺名等。根据《民法通则》等规定，姓名权是"自然人界定、使用和依照规定改变自己姓名的权利"[②]。本案中原告主张被告未经同意使用其姓名，以此主张被告的行为侵犯原告的姓名权。可能涉及两个问题。

一个问题在于使用的含义，法律对于姓名权中自然人使用自己姓名的权利的含义，主要是指在进行民事活动或参与其他活动中通过使用姓名标明自己的身份，并依此区别于其他自然人，而在这些活动中其他人同样称呼自然人其姓名的行为，与自然人通过使用姓名标明身份是不相冲突的，或者是尊重自然人标明身份这一姓名权的表现形式。本案中，被告在出版的图书中称呼原告其姓名，属于日常用语中所说的使用了原告的姓名，但这一使用并非用于标识自己的身份、并用于区分自己与其他自然人，不同于法律规定中姓名权人使用自己姓名的行为。

另一个问题在于，被告使用原告姓名时是否用于标识和指向原告本人。姓名的重要作用在于标识身份、与其他自然人作出区分，其实质在于姓名符号与自然人本人之间的特殊联系。本案中，被告使用原告姓名时，其意指原告的言论和观点，是标明原告的身份，尊重原告姓名权的一种形式，并没有割裂原告的姓名符号与其本人之间的特定联系，相反，意在尊重并标明这种特定联系。

因此，从被告在出版的图书中包含了原告姓名字样这一行为的角度，其属于日常用语中的使用了原告的姓名，不同于姓名权人有权排他性地使用其姓名的权利，并对此权利没有影响。在这一层面来讲，被告的行为没有侵犯原告的姓名权。

2. 未经同意转述、评论他人观点、论著的行为是否侵犯姓名权

本案中，原告主张的另一个角度在于，被告出版的图书中，使用了"南怀瑾大师说"，"南怀瑾大师认为"等表述，但是原告没有过这些表述，因此，被告的行为致使原

[①] 杨立新：《人格权法》，406 页，北京，法律出版社，2011。
[②] 马原主编：《民事审判实务》，208 页，北京，中国经济出版社，1993。

告本人的身份与涉诉图书中所表述的行为不一致，造成了与原告姓名符号相结合的行为与原告本人行为之间的脱离。这一问题涉及原告本人行为与涉诉图书中所述行为之间的对应关系问题。本案中被告使用"说"、"认为"等表达形式，可理解为作者陈述原告实施的特定行为，亦可理解为对原告观点的转述、介绍或总结。原告指出涉诉图书中出现涉及原告的表述共计62处并逐一列明，被告称该62处的表述均出自上海人民出版社出版的《庄子諵譁》（南怀瑾讲述）上、下册，并对原告所列62处表述逐一对比列明。对于涉诉图书和《庄子諵譁》两书中关于原告观点的表述，是否完全一致，原告主张涉诉图书中的表述与原告的表述不同，被告认为其表述有所依据，考虑到两书均是对国学中庄子的思想进行分析、评论等行为，涉诉图书中所载"南怀瑾大师说"，"南怀瑾大师认为"的内容与《庄子諵譁》中所载内容具有相当的相似性，结合涉诉图书名称、封面、前言及内容，可以认定被告使用原告姓名的行为属于评论和转述原告的观点，不属于捏造事实或盗用、冒用的行为。当然，如果被告未经过原告的同意而引用其认可的言论和观点，且对原告的言论和观点表达存在扭曲或表达不够完整，因此破坏原告作品或言论的完整性，涉及是否侵犯原告著作权的问题，这一问题与侵犯姓名权的问题存在联系，《著作权法》中已经对作者姓名权益的保护作出了特别的规定，根据特别法优于一般法进行适用的原则，此类行为应当由《著作权法》进行规范，在没有明显侵犯原告姓名权的情形下，本案不宜对这一行为作出否定性的评价。当然，在未征得原告同意的情况下，涉诉图书中涉及原告思想的表述，未在出版时明确标明出处，失于严谨，但不宜认定为盗用、冒用原告姓名的侵权行为。

（北京市西城区人民法院　付晓斌）

20. 范后军诉厦门航空有限公司等人格权案

（一）首部

1. 判决书字号
一审判决书：北京市朝阳区人民法院（2008）朝民初字第27406号。
二审判决书：北京市第二中级人民法院（2010）二中民终字第8432号。
2. 案由：人格权纠纷。
3. 诉讼双方
原告（上诉人）：范后军，男，1971年10月4日出生，汉族，合肥金龙架业公司员工，现住安徽省合肥市经济开发区。
委托代理人：张起淮，北京市蓝鹏律师事务所律师。
一审委托代理人：庞文爱，北京市蓝鹏律师事务所律师。

二审委托代理人：张瑜，北京市蓝鹏律师事务所律师。

被告（被上诉人）：厦门航空有限公司，住福建省厦门市湖里区。

法定代表人：阳广华，总经理。

委托代理人：肖树伟，北京市天驰律师事务所律师。

委托代理人：黄立云，北京市天驰律师事务所律师。

被告（被上诉人）：中国旅行社总社中旅大厦售票处，住所地：北京市朝阳区北三环东路2号一层大厅。

负责人：刘怀勇，总经理。

委托代理人：隋杰，男，1963年6月25日出生，汉族，中国旅行社总社北京中旅大厦售票处副总经理，住北京市宣武区。

一审委托代理人：郭伟，北京市四海通程律师事务所律师。

二审委托代理人：李川，北京市中鸿律师事务所律师。

4. 审级：二审。

5. 审判机关和审判组织

一审法院：北京市朝阳区人民法院。

合议庭组成人员：审判长：蔡峰；人民陪审员：冯立森、王秀平。

二审法院：北京市第二中级人民法院。

合议庭组成人员：审判长：李蔚林；代理审判员：薛妍、曹雪。

6. 审结时间

一审审结时间：2009年11月10日。

二审审结时间：2011年6月24日。

（二）一审情况

1. 一审诉辩主张

（1）原告范后军诉称

我自1993年12月在厦航福州分公司处工作，2004年9月1日，厦航福州分公司无故终止与我之间的劳动关系。2005年，厦航利用自己的强势地位发函给各航空公司的福建营业部、各机票销售代理处，要求其拒绝出售给我各航空公司的任何航班机票。2005年4月30日，我购买厦航机票，厦航拒绝为我办理登机手续。2006年3月20日，迫于厦航的强势地位，我与厦航福州分公司达成调解协议约定：我自愿在没有子女之前放弃选择乘坐厦航航班的权利。2008年6月29日，我女儿范某某出生。2008年8月6日我将该事实郑重告知厦航工作人员。但我于2008年8月6日至2008年9月4日分4次购买厦航机票后，座位仍被无故取消，无法登机。2008年9月9日，我再次通过传真方式致函给厦航及其福州分公司，要求其立即取消对我乘坐厦航飞机的限制。2008年9月11日，我在中国旅行社总社中旅大厦售票处购买厦航MF8102航班北京前往厦门的机票后，再次被拒绝登机。2008年9月15日，我又购买厦航机票，还是被拒绝登机。另外，厦航对媒体宣称我是潜在的危险分子，且存在过激言行和性格缺陷等，这些造成我的社会评价降低，甚至造成我与妻子离婚的恶果，该行为侵犯了我的名誉权。为维护我的合法权益，现要求：1) 确认厦航的侵权行为，由厦航向原告赔礼道歉；2) 厦航赔偿无故拒绝原告乘坐厦航航班给原告造成的经济损失5 826元；3) 厦航赔偿原告精神损害抚慰金50 000元；4) 厦航与中国旅行社总社中旅大厦售票处连带赔偿原告于2008年9月11日购买机票被拒载发生的往返交通费用16元。

(2) 被告厦门航空有限公司辩称

不同意原告的诉讼请求。1) 我公司于2005年4月30日向其他航空公司发函的行为没有损害原告的权益，原告在转干失败后，采取了一系列危险行为，我公司发函是正当的。2) 我公司于2008年9月9日才确知原告女儿出生这一事实，2008年9月11日我公司同意原告登机，但原告自己放弃了登机。因原告在2008年9月11日拒绝登机，其行为影响了航班的正常运行，在2008年9月15日，出于安全原因的考虑，故我公司拒绝其登机。3) 我公司认为原告乘坐我公司飞机可能会威胁到其他广大乘客的安全有充分的证据，原告在与我公司处理劳动争议纠纷中，多次采用过激言行，多次威胁恐吓领导，屡次表露威胁、恐吓言语，且一再流露出制造不测事件的主观意愿，甚至于2006年2月6日在我公司福州分公司殴打分公司书记和保卫处副处长，致二人轻微伤，同时把带来的酒精摔在地板上，拿出打火机进行威胁，被民航福州长乐国际机场公安分局治安拘留7天。且原告曾作为原航空安全员，更具有威胁空防安全的能力。保证安全是民航的永恒主题，飞行无小事，我公司拒绝原告乘坐我公司的飞机，是对社会负责任的一种表现。4) 原告称我公司对媒体宣称其是潜在的危险分子，且存在过激言行和性格缺陷，因我公司不存在诋毁原告的情形，故对原告的该诉讼主张不予认可。

(3) 被告中国旅行社总社中旅大厦售票处辩称

我公司仅出售诉争中的一张机票。我方售出的机票是合法有效的，原告不能登机与我方无关。我公司与厦航是代理与被代理的关系，相应的法律责任应由厦航承担，我公司不应承担任何责任。

2. 一审事实和证据

北京市朝阳区人民法院经公开审理查明：原告于1993年12月到厦航福州分公司工作。2003年7月25日，原告参加航空安全员转空中警察的考试未能通过。厦航停止了原告的空勤工作，双方产生争议。2005年，厦航开始拒绝原告乘坐厦航的飞机，并在具体操作流程上对原告采取了一定的措施：一、在购票环节，如果原告去购票，售票口的计算机系统会弹出对话框显示是否卖给原告机票应征得厦航保卫部门的同意；二、如果售票口没有给厦航打电话征求此事，而将机票售予原告，厦航也能了解到原告购票的情况，厦航可以直接在公司的系统中取消原告所订机票，或者允许原告登机，但加强内部警力。2005年3月6日，厦航向各航空公司驻福建营业部、各机票销售代理单位发出《商请不要售予范后军各航空公司的任何航班机票》，内容为：为防止原告采取偏激行为危害航空安全，危害社会，商请各机票销售单位，不要售予原告各航空公司的任何航班机票，以策安全。但其他航空公司对该《商请函》的内容未予执行。2006年2月6日，原告因其与厦航发生争议在厦航福州分公司殴打厦航福州分公司书记胡某和保卫处副处长程某，致二人轻微伤。为此，范后军受到民航福州长乐国际机场公安分局公安行政处罚。2006年3月20日，范后军与厦航经福建省福州市劳动争议仲裁委员会调解达成协议，在作为该调解书附件备案的双方自行达成的协议书中，原告承诺"今后自愿在没有子女前放弃选择乘坐厦门航空公司航班的权利"。2008年6月29日，原告的女儿范某某出生。2008年8月16日，原告打电话口头通知厦航其女儿出生的情况。2008年9月9日，原告将其女儿出生证明传真给了厦航。厦航表示其于2008年9月9日才确认原告女儿出生的事实。此后，厦航仍未完全取消对原告乘坐厦航飞机的限制。原告认为厦航的行为侵犯了其人格尊严权和名誉权，遂形成本次诉讼。原告主张厦航存在下列侵犯其人格尊严权的事实：一、2005年3月6日厦航给各航空公司驻福建营业部、各机票销售代理单位的发函行为。二、厦航以解决劳动争议为借口，胁迫原告与其于2006年3月20日签署调解意见书，其中含有对原告的侮辱性条款。三、厦航前后7次对原告拒载。厦航称范后军曾为其公司的航空安全员，其对航空安全可能造成的威胁比一般人更大，故厦航对范后军乘坐厦航航班采取一定的限制，有充分的依据，并没有侵犯范后军的人格尊严权，厦航曾将范后军的情况上报民航总局公安局、福建省公安厅、福州市公安局等有关部门，答复称要求加强安全措施。厦航并提交证据证明原告在2003年与厦航发生矛盾后，存在一系列的过激言论、行为，甚至包含了愿意以生命为代价纠正厦航错误的言论。原告称对厦航具有深厚的感情，从来没有说过要威胁厦航、威胁航空安全的话。范后军主张厦航发表言论将其列为危险分子，甚至与"9·11"事件联系，在采访中宣称其有暴力倾向，误导公众，以致原告受到社会上诸多负面评价，并因此与妻子离婚，故侵犯了其名誉权，并提交证据。厦航认为其行为不构成侵犯名誉权，也不存在过错。庭审中，原告提交证据欲证明厦航的侵权行为给其造成的经济损失。另查，中旅总社售票处与厦航存在航空旅客运输销售代理关系。案件审理中，法院向中国民用航空局发函，就本案可能涉及的法律法规、部门规章及相关惯例进行了解。中国民用航空局于2009年4月27日回函称：一、目前，国内现行的法律法规尚没有对航空器所有人、经营人是否有权对认为有危险的乘客拒绝登机的明确规定；二、我国是国际民航组织缔约国，根据国际民航组织《保安手册》（Doc8973文件）中4.2.5的规定："必须授权经营人拒绝运输被认为对航空器存在潜在威胁的人。登上或进入航空器前拒绝接受筛查的任何人必须被拒绝登机。"而且，国际上也有航空器经营人自己设黑名单的惯例。综上，我们认为，厦门航空公司有权拒绝运输其认为对其运输航空器构成潜在威胁的人员。有关国内法的相关规定，我们将在今后立法工作中逐步加以完善。

以上事实有下列证据证明：

(1) 2005年3月6日商请函，内容为厦航商请其他航空公司不要售给原告机票；

(2) 2006年3月20日调解协议，原告同意在没有子女前放弃选择乘坐厦航航班的权利；

(3) 2008年8月6日至2008年9月15日期间原告先后7次购买厦航机票；

(4) 行政处罚决定书，原告于2006年2月6日殴打厦航工作人员被公安部门行政处罚；

(5) 原告给厦航的信函，有过激言论的内容；

(6) 情况报告，内容为原告在厦航值机柜台及多个售票处的行为干扰了厦航的经营秩序；

（7）中国民用航空局于 2009 年 4 月 27 日的回函，内容为对涉案相关法律法规、国际惯例的意见；

（8）部分媒体采访厦航委托代理人的视听资料；

（9）当事人庭审陈述。

3. 一审判案理由

北京市朝阳区人民法院经审理认为：公民的人格权利受法律保护。在人格权中，名誉权是指公民和法人对其名誉所享有的不受他人侵害的权利，人格尊严是指公民基于自己所处的社会环境、地位、声望、工作环境、家庭关系等各种客观条件而对自己或他人的人格价值或社会价值的认识和尊重。侵犯人格权的行为应具备如下要件：（1）当事人确有人格权受损的事实；（2）行为人行为违法；（3）违法行为与损害后果之间存在因果关系；（4）行为人主观有过错。在本案中，应首先就原告是否有人格权受损的事实和厦航行为是否违法进行审查。关于厦航 2005 年发函的行为，根据函件主文内容并无明显侮辱原告人格的内容，相关事实描述并未明显背离事实，其措词未直接对原告进行诽谤和侮辱，厦航发函的目的亦不能证明系为侮辱原告而为，尤其从发函的结果来看，其他航空公司并未基于该函件而拒售机票，因此难以认定厦航的发函行为造成了原告社会评价的降低。综上，原告主张厦航的发函行为侵犯其人格尊严权和名誉权，无事实依据。关于原告与厦航于 2006 年签订调解意见书的行为，原告主张该调解意见书系厦航强迫其所签，但未就厦航强迫的事实进行举证；从调解意见书的形成过程来看，其是在双方劳动争议进入仲裁阶段达成，并作为仲裁机关主持双方达成协议的附件备案，该过程难以看出达成该调解意见书非基于双方的真实意愿；况且在该调解书形成后，仅就本案所涉事实而言，双方实际按照该调解意见书中的条款履行，在该调解意见书达成至今，原告并未请求撤销该调解意见书。综上，本院对原告主张厦航强迫其签订调解意见书的意见不予采信，原告称签订调解意见书的行为侵犯了原告的人格尊严权，无事实依据。关于原告主张的厦航前后 7 次对其拒载的行为。关于 2005 年 4 月 30 日的拒载行为，本院认为，该次拒载发生在双方劳动争议发生过程中。双方在解决劳动争议时于 2006 年 3 月 20 日自行达成"调解意见书"，原告承诺"今后自愿在没有子女前放弃选择乘坐厦门航空公司航班的权利"，反映了双方对原告乘坐厦航航班的处理意见，该处理意见应与上述拒载行为存在联系，本院有理由认为双方对于该次拒载已实质进行了协商；另从拒载发生后至本案起诉时长达 3 年多，原告并未就此次拒载向厦航主张权利的事实来看，亦能佐证上述意见。由于原告在 2006 年 3 月 20 日承诺"今后自愿在没有子女前放弃选择乘坐厦门航空公司航班的权利"，原告于 2008 年 9 月 9 日书面通知厦航其女儿出生，厦航于此时方能确认原告女儿出生的事实，因此，原告主张厦航 2008 年 8 月 28 日（两次）、2008 年 8 月 29 日、2008 年 9 月 4 日的 4 次拒载侵犯其人格尊严权，无事实依据。至于原告主张的厦航 2008 年 9 月 11 日的拒载行为，因厦航于该日用人工换取登机牌的方式允许原告登机但原告拒绝登机，故厦航不构成拒载，原告主张厦航通过人工换取登机牌的行为即构成侵权，该主张无法律依据。关于厦航于 2008 年 9 月 15 日拒载的行为是否具备违法性，本院认为，首先，我国合同法规定了从事公共运输的承运人不得拒绝旅客、托运人通常、合理的运输要求，根据该规定，公共运输承运人负有强制缔约义务，但该义务相对应的是，旅客的运输要求应当具有通常的合理性。其次，相对于其他运输行业而言，在民用航空领域，足以对航空安全造成威胁的因素更多，航空事故对乘客生命财产权利造成的损害更加严重，社会对航空安全的标准要求更高，因此，民用航空领域有其特殊性，对于该行业操作有特殊规定的应依照特殊规定办理。再次，我国民用航空法规定，公共航空运输企业应当保证飞行安全和航班正常。因此，公共航空运输企业负有法定的保障航空安全的义务。基于航空安全关乎其他旅客的生命财产安全的事实，公共航空运输企业如果认为旅客的运输要求可能构成对航空安全的影响，其应有权作出判断并基于合理的判断拒绝承运，此种拒绝既是对其他旅客合法利益的维护，亦是对其法定义务的履行，此种拒载亦符合相关国际惯例。最后，为防止公共航空运输企业随意对旅客拒载，侵犯旅客合理要求运输的权利，在允许公共航空运输企业对旅客运输要求的合理性先行判断的同时，公共航空运输企业应就其判断的合理性作出正当解释，否则应当承担非法拒载的法律责任。

就本案而言，原告此前曾与厦航有过激烈的冲突，此种冲突并非于原告与个别厦航工作人员之间产生，原告在处理双方争议时曾有过激的行为表现，可以看出原告对双方纠纷不能通过正常途径冷静处理；另从原告短时间内多次频繁选择厦航班机并在2008年9月11日通过人工换取登机牌后又拒绝登机的行为来看，其表现有别于其他一般消费者。综上，本院认为，厦航在不能排除原告在航班上是否可能再次与其工作人员发生冲突的条件下，在9月15日出于安全原因拒绝原告登机，该判断具有一定合理性。况且，从人格尊严权的内涵来看，亦难以认定厦航的拒载行为是对原告人格尊严的侵害。本院据此认为，厦航于2008年9月15日拒绝运输的行为并不违反法律规定，不构成对原告人格尊严权的侵犯。原告主张厦航对媒体宣称原告是潜在的危险分子，且存在过激言行和性格缺陷等，这些造成原告的社会评价降低，甚至造成原告与妻子离婚的恶果，该行为侵犯了原告的名誉权。原告主张的事实发生在本案诉讼进行中，且根据原告提交的证据难以认定厦航对社会宣称原告系恐怖分子的事实存在。原告以网络下载资料证明其社会评价降低，本院认为由于本案的审理受到媒体和舆论的多方关注，使得双方纷争在社会公开，原告的行为受到社会各方传播、评价，非仅因厦航原因所致，亦非厦航所能控制；且根据本案查明的事实，原告本人亦在起诉前主动寻求媒体关注。故本院认为，在本案审理中，原告在名誉、人格尊严等方面如受社会冲击，非厦航行为直接导致，其中亦不能排除原告自己行为因素的作用，现原告以此证明厦航行为导致其社会评价降低，本院不予采信。原告与其妻子离婚，具体原因在本案中无从查实，本院无从认定其与本案有无关联；且即便原告因其与厦航的纠纷引发夫妻矛盾导致离婚，该离婚事实本身亦不能直接说明原告的社会评价降低。综上，原告称厦航于2005年发函、于2006年与原告签订调解意见书、多次拒载原告、通过媒体对原告评价等行为侵犯了原告的人格权的主张均不能成立，其提出的相应诉讼请求，本院不予支持。被告中国旅行社总社中旅大厦售票处依法代理出售厦航认可的有效机票，不存在过错，原告请求中国旅行社总社中旅大厦售票处在本案中承担责任，本院不予支持。

4. 一审定案结论

北京市朝阳区人民法院依据《中华人民共和国民法通则》第五条、《中华人民共和国合同法》第二百八十九条、《中华人民共和国民用航空法》第九十五条之规定，作出如下判决：

驳回原告范后军的全部诉讼请求。

案件受理费1 196元，由原告范后军负担（已交纳）。

（三）二审诉辩主张

1. 上诉人（原审原告）范后军诉称

侵犯人格权应从行为本身是否违法、是否会贬低他人人格判断，厦航的行为已严重侵害了其人格尊严权和名誉权，一审法院判决有失公正，要求撤销原判，改判：（1）厦航停止侵权行为，赔礼道歉；（2）厦航赔偿其经济损失13 393元，包含机票损失2 810元、交通费3 512元、公证费1 156元、住宿费755元、邮寄费120元、误工费5 040元；（3）厦航赔偿其精神损害抚慰金5万元；（4）中旅总社售票处与厦航连带赔偿其2008年9月11日往返机场的交通费16元。

2. 被上诉人（原审被告）厦门航空有限公司、中国旅行社总社中旅大厦售票处辩称：同意一审判决。

（四）二审事实和证据

北京市第二中级人民法院经审理，确认一审法院认定的事实和证据。在二审审理中，范后军明确表示撤回对中旅总社售票处的全部诉讼请求。

（五）二审判案理由

北京市第二中级人民法院经审理认为：公民享有名誉权，公民的人格尊严受法律保护，禁止用侮辱、诽谤等方式损害公民的名誉。范后军原为厦航航空安全员，后其与厦航发生劳动争议，但未能采取恰当的方式正确处理双方之间的纠纷且自认存在过激言论，多次向组织和他人讲恐吓威胁言语，严重违纪，打人致伤。因范后军在与厦航产生矛盾后曾作出一些非理性行为，并受到公安机关的行政处罚，厦航据此对范后军能否正常乘坐厦航航班产生怀疑是合理的，且此后双方已就范后军乘坐厦航航班问题达成了协议，故厦航在2008年9月9日之前对范后军乘坐厦航航班采取的取消订票、订座等限制性措施并无不妥，不应认定构成侵权。范后军主张2006年3月20日调解意见书系在厦航的胁迫下签署，因该调解意见书系在劳动仲裁机构介入后在劳动仲裁期间签署，且从双方的陈述看，厦航也接受了范后军对调解意见书中部分条款的修改意见，故范后军的上述主张依据不足，本院不予采信。2008年9月11日，范后军在首都国际机场乘坐厦航航班，在厦航为范后军人工换取登机牌后，范后军拒绝乘坐。考虑到范后军此前与厦航的矛盾，且范后军登机时正值北京残奥会期间，航空安全等级较高，故厦航出于安全考虑，对范后军采用人工换取登机牌的方式允许其登机并无不当，该行为并未侵犯范后军的人格尊严。2008年9月14日，厦航取消了范后军2008年9月15日南京到福州航班的订票。鉴于范后军在2008年9月11日厦航允许其登机后又拒绝登机，且范后军此前曾在短时间内多次要求乘坐厦航航班，综合此前范后军与厦航之间产生的矛盾冲突，厦航在无法排除范后军的行为对航空安全产生威胁的可能性的前提下，拒绝其登机，具有一定的合理性，其上述行为不构成侵权。2008年9月14日之后，厦航并未再对范后军采取拒绝售票、取消订票、取消订座、拒绝换取登机牌的硬性限制性措施，仅保留了在内部流程上对范后军订票、乘机的一些操作程序上的谨慎措施，如人工换取登机牌。基于双方的矛盾尚未完全化解，本院认为厦航采取的上述谨慎措施并未超出合理范围，不构成侵权。关于范后军主张的《商请函》侵犯了其名誉权一节，因从《商请函》的内容看并无明显失实之处，且《商请函》仅为一种建议，其他航空公司亦未执行《商请函》的内容，故厦航的上述行为并未导致范后军的社会评价降低，本院对范后军的该项主张不予支持。关于范后军起诉后，厦航在媒体上对此次事件的陈述，亦无明显不实或恶意诋毁范后军名誉之处，且媒体的报道亦反映了范后军对此次事件的言论态度，给予了普通大众多层面的信息选择，故范后军以此主张厦航侵犯其名誉权，依据不足，本院亦不予支持。关于范后军基于侵权要求厦航赔偿的经济损失、精神抚慰金及2008年9月11日往返机场的交通费，无事实及法律依据，本院亦不予支持。范后军在本院审理中明确申请撤回对中旅总社售票处的全部诉讼请求，因该申请不违反有关法律规定，故本院准许范后军撤回对中旅总社售票处的上诉请求。此外，应当指出，我国现行的法律、法规虽然尚未对航空器的所有人、经营人限制乘客登机作出明确的规定，但国际民航组织对可能影响航空安全的人拒绝登机是有规定的，国内航空公司也有相应的行业管理规范对此予以规制。航空运输的高风险性为社会大众所知晓，航空安全涉及众多乘客的生命、财产权益，厦航基于与范后军的纠纷及范后军的一些非理性表现行为，对范后军乘机可能引发的安全问题产生怀疑，并采取限制措施，范后军应给予理解，希望范后军能理性、客观地对待。此外，厦航在处理与范后军矛盾的整个过程中，欠缺及时主动有效的沟通及应对，厦航亦应从中吸取教训。综上，范后军对厦航的上诉请求，缺乏依据，本院不予支持。原审法院判决并无不当，本院予以维持。

（六）二审定案结论

北京市第二中级人民法院依照《中华人民共和国民事诉讼法》第一百五十三条第一款第（一）项之规定，作出如下判决：

驳回上诉，维持原判。

（七）解说

本案原告与厦航之间存在多种不同性质的纠纷，双方矛盾由来已久，本案所涉纠纷从本质上均由双方劳动争议纠纷衍生而来，在诉辩过程中，形成如下时间有序但主次有别的诉讼焦点：（1）厦航2005年发函的行为以及2006年签订调解意见书的行为是否构成对原告人格权利的侵犯；（2）厦航在媒体上对事件的陈述是否侵犯了原告的名誉权；（3）厦航对原告的多次拒载行为是否侵犯人格尊严权。其中焦点三无论是作为诉讼的缘起事件，还是作为社会所广泛关注的聚焦点，无疑是整个案件的重心。下文将从上述焦点出发逐一论述。

关于焦点一。《民法通则》第101条规定："公民、法人享有名誉权，公民的人格尊严受法律保护，禁止用侮辱、诽谤等方式损害公民、法人的名誉。"最高人民法院《关于贯彻执行〈中华人民共和国民法通则〉若干问题的意见（试行）》第140条第1款规定："以书面、口头等形式宣扬他人的隐私，或者捏造事实公然丑化他人人格，以及用侮辱、诽谤等方式损害他人名誉，造成一定影响的，应当认定为侵害公民名誉权的行为。"根据上述规定和我国的司法实践，侵害名誉权责任的构成要件为：（1）行为人实施了侮辱、诽谤等违法行为；（2）行为人的行为指向特定的人；（3）侵害名誉权的损害事实；（4）行为人具有过错。本案中，厦航2005年的发函行为是否侵犯名誉权，应重点查明所发函件有无侮辱、诽谤内容；如有上述内容，是否造成损害事实即当事人社会评价的降低。本案中，厦航所发函件内容并无明显失实及不当之处，且只是一种建议，其他航空公司亦未执行函件内容，难以认定发函导致原告社会评价降低，故不应认定为侵权。关于原告与厦航于2006年签订调解意见书的行为，原告称其受厦航胁迫而签署，但未能举证，考虑到：（1）该协议是在劳动仲裁机构介入后在劳动仲裁期间签署，具有合法性；（2）双方对调解意见书中部分条款有实质磋商，具有合意性；（3）双方实质履行了该调解意见书，原告并未要求撤销，具有遵从性。故原告所持受胁迫而签署的意见，无事实依据，难以为法院采信，亦难以认定厦航签订调解意见书的行为侵犯了原告的人格尊严。

关于焦点二。本案被称为"国内航空黑名单第一案"，其审理受到媒体和舆论的广泛关注，双方的行为均受到社会各方的传播和评价，均从中获取支持或承受压力，这是由现代社会信息传播的迅捷性、广泛性和交互性决定的，也是每个社会成员可能会遭遇的现实情况，非仅因厦航原因所致，其后果亦非厦航所能控制。由于厦航在媒体上对此次事件的陈述，在一定程度上具有被动性，其内容无明显不实或恶意诋毁原告名誉之处；且媒体的报道也反映了范后军对此次事件的言论态度，给予了普通大众多层面的信息选择；另外，就社会影响而言，双方行为所受社会评价是多重社会因素共同作用的结果，难以一一甄别。故范后军以此主张厦航侵犯其名誉权，依据不足，法院有理由不予支持。

关于焦点三。厦航对原告多次拒载，由于双方在此过程中曾经于2006年3月20日达成调解意见书，原告承诺在女儿出生前放弃选择乘坐厦航航班的权利，而厦航于2008年9月9日才确认原告女儿出生的事实，据此，厦航于2006年3月20日至2008年9月9日期间的拒载行为是建立在原告同意的基础上，具有合同依据。而2008年9月11日，厦航以人工换取登机牌的方式同意原告登机，未构成实际拒载，考虑到原告此前与厦航的矛盾，且原告登机时正值北京残奥会期间，航空安全等级较高，故厦航出于安全考虑，对原告采用人工换取登机牌的方式允许其登机并无不当，该行为并未侵犯范后军的人格尊严。故本案应重点判断2005年4月30日及2008年9月15日两次拒载行为是否具有法律依据。

首先，我国航空公司能否基于安全原因对乘客进行拒载？我国《合同法》第289条规定：从事公共运输的承运人不得拒绝旅客、托运人通常、合理的运输。根据该规定，公共运输承运人负有强制缔约义务，本案被告厦航作为公共运输承运人也不例外。但与此同时，我国民用航空法规定，公共航空运输企业应当保证飞行安全和航班正常。据此，公共航空运输企业负有保障航空安全的法定义务。上述两个规定在实践中存在冲突的情形，也就是说，承运人在承载特定旅客时可能不利于保障飞行安全，但我国目前的法律并未对该冲突的情形作更加细致的规定。如果要求承运人在不得违反强制缔约义务的前提下保障飞行安全，将会大大加大承运人的负担，不符合效益原则。另外，航空安全所应关注的问题绝不仅限于承运人的合同缔约义务和安全保障义务，而是关系到航空器上所有乘客的生命财产安全。根据法律的基本原则，相比于财产权或者消费者权益，生命权无疑应得到优先保护。相对于其他运输行业而言，在民用航空领域，足以对航空安全造成威胁的因素更多，航空事故对乘客生命财产权利造成的损害更加严重，社会对航空安全的标准要求更高，航空安全也显得更加脆弱，因此民用航空领域有其特殊性，社会理应对航空安全问题给予更多的制度供给，以最大限度地做到防患于未然。此外，我国民航业的发展早已跨越了所谓自然垄断或寡头垄断竞争的阶段，已经成为一个可完全竞争的产业，民航企业的竞争行为和市场竞争规则与其他竞争性产业也几无差别，这在一定程度上削弱了课以航空承运人强制缔约义务的意义。在这种情况下，赋予航空承运人基于安全原因的合理拒载权就具有了正当性，即航空承运人如认为旅客的运输要求可能构成对航空安全的影响，其应有权作出判断并基于合理的判断拒绝承运，此种拒绝既是对其他旅客合法利益的维护，亦是对其法定义务的履行，是其安全保障义务的法律延伸。我国现行的法律、法规虽然尚未对航空器的所有人、经营人限制乘客登机作出明确的规定，但国际民航组织对可能影响航空安全的人拒绝登机是有规定的，国内航空公司也有相应的行业管理规范对此予以规制。

其次，2005年4月30日及2008年9月15日两次拒载是否符合条件。必须明确的是，航空承运人如果认为旅客的运输要求可能构成对航空安全的影响，其应有权作出判断并基于合理的判断拒绝承运，但对安全原因的甄别应当有合理的限度，以防止承运人滥用权利并给弱势群体造成侵害。如果承运人根据其航空经验或者对特定乘客以往行为的了解，对其在航空器上可能出现的状况或可能实施的行为产生合理的预判，且这种预判符合社会公众的一般思维习惯和心理接受程度，而预判结果是该乘客可能会对航空安全带来难以控制的影响，那么上述安全原因就构成了拒载的合理事由。因此，安全原因所指的是一种可能性而非现实性。关于2005年4月30日的拒载行为，该次拒载发生在双方劳动争议发生过程中，因原告未能采取恰当的方式正确处理双方之间的纠纷且自认存在过激言论，多次向组织和他人讲恐吓威胁言语，严重违纪，打人致伤，鉴于原告表现出的非理性行为，厦航据此对原告能否正常乘坐厦航航班产生怀疑是合理的，且此后双方已就范后军乘坐厦航航班问题达成了协议，应视为对此次拒载达成了共识并作实际处理，故该次拒载不应认定为侵权。关于2008年9月15日的拒载，鉴于原告在2008年9月11日厦航允许其登机后又拒绝登机，且此前曾在短时间内多次要求乘坐厦航航班，综合此前范后军与厦航之间产生的矛盾冲突，厦航在无法排除原告的行为对航空安全产生威胁的可能性的前提下，拒绝其登机，具有一定的合理性。因此，厦航的上述两次拒载均具有合理事由，是其法律权利的行使，不应认定为侵权。

最后，应着重注意的是，从制度设计的角度，为防止拒载、侵犯旅客合理运输要求的情况出现，应当给被拒载的乘客以司法救济的渠道，在允许航空承运人对旅客运输要求的合理性先行判断的同时，其应就其判断的合理性作出正当解释，否则应当承担非法拒载的法律责任。否则，航空承运人的拒载权利可能会存在滥用的危险，如此一来，消费者正当的运输要求可能会面临漠视或践踏，而无从救济，众所周知的法谚告诉人们，"无救济则无权利"。从这个角度而言，本案的处理无疑是对此类事件的法律构建提供了制度化的尝试。

综上，一、二审的判决是正确的。

(北京市朝阳区人民法院　蔡峰)

21. 北京金山安全软件有限公司诉周鸿祎侵犯名誉权案

(一) 首部

1. 判决书字号

一审判决书：北京市海淀区人民法院(2010)海民初字第19075号。

二审判决书：北京市第一中级人民法院(2011)一中民终字第09328号。

2. 案由：侵犯名誉权纠纷。

3. 诉讼双方

原告(上诉人)：北京金山安全软件有限公司(以下简称金山安全公司)，住所地：北京市海淀区小营西路33号二层东区。

法定代表人：雷军，执行董事。

委托代理人：杨大民，北京市京都律师事务所律师。

委托代理人：陈枝辉，北京市力盾律师事务所律师(后转所为北京市中鸿律师事务所律师)。

被告(上诉人)：周鸿祎，男，奇智软件(北京)有限公司董事长。

委托代理人：王亚东，北京市润明律师事务所律师。

委托代理人：高嵩，北京市润明律师事务所律师。

4. 审级：二审。

5. 审判机关和审判组织

一审法院：北京市海淀区人民法院。

合议庭组成人员：审判长：李颖；代理审判员：蒋强；人民陪审员：张永慧。

二审法院：北京市第一中级人民法院。

合议庭组成人员：审判长：张晓霞；代理审判员：王国庆、王玲芳。

6. 审结时间

一审审结时间：2011年3月18日。

二审审结时间：2011年8月25日。

（二）一审情况

1. 一审诉辩主张

（1）金山安全公司诉称

2010年5月25日下午3点左右开始，周鸿祎相继在新浪、搜狐、网易微博发表"揭开金山公司面皮"等数十篇微博，称金山公司曾在微点造毒传毒案件中故意陷害微点恶意作伪证，借机要"岳不群一统江湖"，并使用了"偷鸡摸狗"、"搞阴谋"、"作伪证"、"借刀杀人"、"暗地里搞动作"、"搞小动作"、"黑山"、"难道金山非要把自己用户的电脑全都变成肉鸡吗"、"至少不会既要当啥子，又要立牌坊"等言辞，还指称金山公司员工道德标准下降极快、排挤老员工葛珂、故意偷袭破坏360软件运行等。周鸿祎未经调查核实，仅凭主观臆断，虚构事实，恶意毁谤，散布大量诋毁商业信誉及产品声誉的不实言论，极大损害了金山公司良好的商誉和企业形象，使社会公众对原告及"金山软件"品牌产生了重大误解，造成金山公司社会评价严重降低。周鸿祎作为同业竞争企业中有一定影响力的负责人，应对其言行负有谨慎注意义务，并对不负责任言行的不良后果有所预见。受周鸿祎言论及市场因素的影响，金山软件在2010年5月26日跌幅达到11.9%，市值损失超过6亿元。故诉至法院，请求判令周鸿祎停止侵权、赔礼道歉、消除影响，并索赔1 200万元。

（2）周鸿祎辩称

金山安全公司于2009年11月30日成立，微博中提及的"微点案"发生在2005年，其时原告尚未成立，故我对"微点案"的言论与原告无关。我发布的微博言论均有事实依据，没有侮辱、诽谤原告人格的内容。案外人金山软件的股价波动与被告的言论无任何因果关系。所谓"我的微博发言让金山丢了6个亿"完全是调侃之意。综上，我方发表的评论内容属实，没有侮辱、诽谤原告人格的内容，也不存在侵权故意，而是履行公民监督、批评指责的正当行为，不构成侵害名誉权。请求法院驳回原告的诉讼请求。

2. 一审事实和证据

北京市海淀区人民法院经公开审理查明：

金山安全公司2009年11月30日成立，系"金山软件"旗下核心企业，是金山网盾杀毒软件的版权人之一。金山安全公司提供《金山软件会议备忘》，内容为：为便利诉讼和主张权利，作为"金山软件"一体化的组成部分，金山软件旗下金山软件有限公司、Kingsoft Internet Security Software Holdings Limited（Cayman）、金山安全软件有限公司、珠海市君天电子科技有限公司、北京金山安全公司在本次维权活动中的全部权益,由北京金山安全公司代表金山软件系上述企业开展维权活动,就周鸿祎先生现有的及将来的对金山软件的侵权言论提起名誉权诉讼,并代表金山软件系上述企业因名誉权侵权由此给金山软件造成的经济损失要求赔偿。除珠海市君天电子科技有限公司之外的其他金山系公司均在该会议备忘上加盖了公章。

周鸿祎系奇虎360公司董事长,也是新浪、搜狐、网易微博的博主,粉丝众多,在新浪微博上经过了加"V"认证。

2010年5月25日下午3点左右开始,周鸿祎相继在新浪、搜狐、网易微博发表"揭开金山公司面皮"等数十篇微博,称金山公司曾在微点造毒传毒案中故意陷害微点恶意作伪证,借机要"岳不群一统江湖",并使用了"偷鸡摸狗"、"搞阴谋"、"作伪证"、"借刀杀人"、"暗地里搞动作"、"搞小动作"、"黑山"、"难道金山非要把自己用户的电脑全都变成肉鸡吗"、"至少不会既要当啥子,又要立牌坊"等言辞,还指称金山公司员工道德标准下降极快、排挤老员工葛柯、故意偷袭破坏360软件运行等。

周鸿祎未就金山公司故意作伪证陷害微点公司以及恶意破坏360软件运行、排挤老员工葛柯等事项进行充分有效的举证。

周鸿祎提供2010年5月25日金山披露的《截至2010年3月31日止三个月期间的未经审计的财务业绩公告》,称"金山软件"股价下跌是各种市场因素共同作用的结果,其中该财务报告披露很多财务数据较上一季度都有较大幅度下降,这是造成金山软件股价大跌的原因,且微博中相当一部分言论发表于2010年5月27日,与5月26日金山软件股价下跌没有关联性。

上述事实有下列证据证明:

(1) 公证书,证明周鸿祎密集发布涉嫌侵权的微博言论;

(2) 刑事判决书、媒体报道,周鸿祎用以证明其在微博中所称内容有事实依据,不存在虚构事实、恶意诽谤的情况;

(3) 公证书,周鸿祎用以证明其在微博中所称360安全卫士与金山网盾不兼容有事实依据,并非虚构事实;

(4) 金山软件股票网页打印件,证明金山公司股价波动情况;

(5) 公证费发票,证明金山安全公司为本案的公证费用支出;

(6) 当事人陈述和本院开庭笔录,证明双方对微博内容是否侵权的不同认识。

3. 一审判案理由

北京市海淀区人民法院认为,周鸿祎在微博中的某些言论直接点名金山安全公司,但也有些言论并非直接指向金山安全公司,而是泛指金山系公司。但周鸿祎在表述"金山"或"金山公司"时,并未对各金山系公司进行明确区分,在一般社会公众眼中,"金山"、"金山公司"应指向金山系全部关联公司,而非特指某家上市公司或安全软件公司。故如周鸿祎言论构成侵权,受损的可能不仅是金山安全公司,而是整个"金山"品牌,关涉金山系旗下的所有公司。

金山安全公司主张为方便诉讼,金山系内部已经就由金山安全公司代表所有金山系企业提起名誉权侵权,就周鸿祎先生针对金山公司的言论提起诉讼进行索赔一事达成一致,故其有权作为金山系的代表向周鸿祎主张所有金山系企业的损失。法院认为,金山安全公司提交的会议备忘上,没有加盖珠海市君天电子科技有限公司的公章,故无法认定金山安全公司系代表所有金山系公司提起本案诉讼。金山安全公司可代表自己公司就周鸿祎的言论是否侵犯该公司的名誉提起诉讼,其他关联企业如有意愿,可作为单独的权利主体另行起诉。

在判断周鸿祎微博言论是否构成侵权时,首先,应注意到微博的特点和微博上言论自由也应受到合理限制这一前提。微博的特点在于以个人的视角,寥言片语、即时表达,对人对事发表所感所想,让观众们分享自己的精彩和感悟,而这些评论和感悟作为互联网上的公开信息能够为他人所查阅、获悉。个人微博的特点是分享自我的感性平台而非追求理性公正的官方媒体,因此相比正式场合的言论,微博上的言论随意性更强,主观色彩更加浓厚,相应对言论自由的把握尺度也更宽。但不可否认,言论自由是相对的,其行使以不得侵犯其他人的合法权利为限。在微博上,当公民言论自由与他人利益发生权利冲突时,考虑微博影响受众不特定性、广泛性的"自媒体"特性,对微博上的言论是否受言论自由的保障、是否构成对他人名誉权的不当伤害,也应进行法益衡量,综合考量具体情况加以判断。

其次,应注意周鸿祎的特殊或者双重身份。周鸿祎并非普通公民,而是金山系竞争对手360公司的董事长,还是微博上被新浪认证加"V"的公众人物。周鸿祎在将个人对于竞争对手的负面评价公之于众时,更应三思而行、克制而为。周鸿祎在微博上拥有众多粉丝,更多话语权,理应承担更多的责任,对于微博上的个人言行及其后果有更为自觉的认识,注意克服自己对于竞争对手主观臆断、意图恶意打压的内在冲动,更加自觉地对自己的言论予以克制,避免因不实或不公正客观的言论构成对竞争对手的诋毁,进而损害其商誉。故周鸿祎对微博言论自由的注意义务要适当高于普通网民或消费者。

最后,周鸿祎虽然仅在少数微博文章中明确提到了金山安全公司,大部分微博言论指向的并非金山安全公司,而是泛指金山系公司。但周鸿祎在微博中并未对各金山系公司进行明确区分,而是笼统提到"金山",故如周鸿祎的言论构成侵权,受损的可能是"金山"这个品牌。而金山安全公司作为"金山软件"旗下的关联企业,亦可能因"金山"品牌商誉受损而直接受到损害,二者是"一荣俱荣,一损俱损"的关系。故金山安全公司与本案是存在直接利害关系的,而法院在确定周鸿祎的微博言论是否构成侵权以及金山安全公司因侵权所受损失的大小时,也不能局限于仅仅判定直接提及金山安全公司的言论是否侵权,还需要判定周鸿祎有关"金山"系关联公司的言论是否构成侵权,也即需要整体判断周鸿祎的言论是否构成对整个"金山"品牌的侵权。

法院认为,周鸿祎在发表对"微点案"中金山"伪证"、"借刀杀人"言论时,并未对微点案中与金山系公司有关的关键细节进行介绍,使得公众在没有了解全部信息的基础上,难以对周鸿祎的评论作出自己的独立判断。其在笼统提到金山系公司不光彩角色后,抛开案件的具体介绍和多种可能性的分析,直接抛出金山公司故意作伪证、意图"借刀杀人"、陷害微点的主观结论,甚至将金山比作"岳不群"认为其"搞阴谋"意图"一统江湖",评论显然主观臆断,有失合理公正。周鸿祎就微点案的发言显然并未完全站在公共利益的立场,而明显带有借机诋毁竞争对手之嫌。关于"而金山之所以哭着喊着要'兼容',无非就是想先同居,进来以后就有机会搞小动作了……真要打起来了,先扯着嗓子喊'非礼啦',这次果不其然"的言论,实质是对金山软件要求"兼容"的目的和商业策略作出恶意的推测,考虑周鸿祎特定身份以及其未提供充分有效的证据证明金山软件确实存在意图破坏的情形,该微博评论有失合理妥当。在周鸿祎不能举证的情况下,认为周鸿祎对"葛珂被排挤"、金山领导启用的年轻人爱在暗地里搞动作的评论,所依据的事实不实,所做的评价有失公正。周鸿祎还在微博中对金山使用了"偷鸡摸狗"、"搞阴谋"、"作伪证"、"借刀杀人"、"暗地里搞动作"、把金山比作"岳不群"、"黑山"等带有侮辱、贬损性语言,有些言论也过于主观臆断,带有误导性。周鸿祎作为同业竞争企业的负责人,应对其言行谨慎负有更高的注意义务,其利用微博作为"微博营销"的平台,密集发表针对金山系公司的不正当、不合理评价,目的在于通过诋毁金山软件的商业信誉和商品声誉,削弱对方的竞争能力,从而使自己任职的公司在竞争中取得优势地位,具有侵权的主观故意,其行为势必会使公众对金山安全公司以及"金山"品牌产生一定误解,造成金山安全公司社会评价的降低,构成侵犯名誉权。周鸿祎应就此承担停止侵权、赔礼道歉、消除影响、赔偿经济损失的侵权责任。对于赔礼道歉、消除影响的范围和持续时间,由本院根据侵权言论造成不良影响的范围予以酌定。

关于经济损失数额的确定问题,考虑到有理性的微博网友在观看周鸿祎微博相关内容时也会进行一定思考,从周鸿祎的身份、立场出发分析其微博言论,自己作出具有可信度的合理判断,而从金山安全公司提供的公证书中相关网友的微博回复和相关媒体将双方之间的争议定位为"口水战"的评价中,也能看到大众对于周鸿祎"微博言论"的认识和反应,故周鸿祎的微博言论影响北京金山安全公司名誉的范围是有限的。金山安全公司虽主张周鸿祎的言论致使金山软件股价大跌,要求参考股价下跌的市值比例计算侵权赔偿额,但考虑到股价波动是多因素,主要是市场因素造成的,且周鸿祎微博中相当一部分言论发表于2010年5月27日,与5月26日金山软件股价下跌没有关联性,而本案的原告是北京金山安全公司,本院认为难以认定周鸿祎的微博言论与金山软件股价下跌之间存在必然的因果关系,不作为确定北京金山安全公司的侵权损失赔偿额的依据,法院将结合微博事件的前因后果、周鸿祎的主观过错、侵权后果等因素综合考虑,对赔偿数额予以酌定。金山安全公司另主张周鸿祎2010年5月29日17:06及2010年5月29日17:34发布的两篇博文亦侵犯了该公司名誉权,但未就上述两篇微博文章提供相应公证书证明,法院对其要求删除上述两篇博文的主张不予支持。

最后,法院认为,杀毒软件行业竞争确实激烈残酷,但身在其中的企业更需要一个公平诚信的竞争环境。推广、营销杀毒软件更应重视产品本身质量的提升,而不是把多年前的旧事重提、进行"口水战"。网络微博应成为沟通思想、分享快乐和思考的交流平台、社交工具,而不是进行名誉侵权、商业诋毁等不正当竞争的营销阵地。净化网络和微博环境,营造文明网络新风尚,相关知名人士和企业应发挥带头自律作用。

4. 一审定案结论

北京市海淀区人民法院依照《中华人民共和国民法通则》第一百零一条、最高人民法院《关于审理名誉权案件若干问题的解答》第八条、第十条、《中华人民共和国侵权责任法》第三十六条之规定,作出如下判决:

"一、自本判决生效之日起,周鸿祎停止侵权,并删除相关微博文章(具体侵权微

博见附件,此处从略);

二、自本判决生效之日起 10 日内,周鸿祎在其新浪微博首页、搜狐微博首页、网易微博首页发表致歉声明,向北京金山安全软件有限公司公开赔礼道歉、消除影响,持续时间为连续 7 天;

三、自本判决生效之日起 7 日内,周鸿祎赔偿北京金山安全软件有限公司经济损失包括公证费等合理费用共计 8 万元;

四、驳回北京金山安全软件有限公司的其他诉讼请求。

案件受理费 60 200 元,由北京金山安全软件有限公司自行负担 5 万元,已交纳,由周鸿祎负担 10 200 元,于本判决生效后 7 日内交纳。"

金山安全公司、周鸿祎均不服一审判决,提起上诉。

(三) 二审诉辩主张

上诉人(原审原告)金山安全公司上诉称

在微点案一节,金山软件公司处于被蒙蔽的状态,所以不具有主观恶意。我公司提供了招商证券的"金山软件"涨跌情况,可以表明我方因为此事导致的股价损失为 6.33 亿元,这与周鸿祎在公开场合所认可的数额是一致的。我方的诉讼费用 5 万元之多,而公证费为 2 万元之多,金山公司获得的补偿数额过低,有失公允。上诉请求撤销一审判决第三、四项内容,判决周鸿祎赔偿经济损失。

上诉人(原审被告)周鸿祎在答辩的同时提出上诉

认为:一、金山安全公司起诉时并未提交删除的微博目录,是开庭审理时方出示的,当庭我方就提出异议。在起诉书中指控的微博言论仅涉及九条内容,而一审判决结果责令删除二十多条,超过了起诉时的诉请范围。二、周鸿祎对"微点案"的评论明确指向案外人北京金山公司。一审法院将周鸿祎针对案外人北京金山公司发表的言论认定为侵犯一审金山安全公司的名誉权,属于认定事实错误。三、一审法院认定周鸿祎的言论侵犯名誉权,属适用法律不当。周鸿祎并未捏造事实,其言论也不存在侮辱或诽谤的情形。周鸿祎虽然使用了一些词语,但使用这些词语都是有前提的,做错了事就必须允许别人批评,而批评就会用到负面评价的词语。周鸿祎使用上述词语符合正常的中文用词习惯,并不构成侮辱与诽谤。四、工商登记记载周鸿祎是奇智软件(北京)有限公司董事长,而该公司与金山安全公司没有任何竞争关系。一审认为周鸿祎为一个特殊公民没有事实根据,对其加以严格的言论审查标准是不公平的。五、由于言论本身不构成侵权,所以不存在赔偿的问题。而且股价下跌指的是香港金山公司,与本案金山安全公司没有关系。上诉请求撤销一审判决,驳回金山安全公司的全部诉讼请求。

金山安全公司针对周鸿祎的上诉答辩称

周鸿祎的言论只是笼统地指向金山品牌,并没有明确区分"金山系"的各个公司,其损害结果损害到金山品牌,危及到金山系的各个公司,故我公司有权进行起诉。在起诉时鉴于篇幅,我们将代表性的言论列了九条,大多数侮辱性用词散落在若干的博文中,我们提交的公证书涉及了所有指控的博文内容,不存在一审超范围审理的问题。关于周鸿祎身份，虽然根据工商登记确实其不是一审认定的奇虎360公司的董事长，但公众都知道周鸿祎和奇虎360公司的密切关系，故一审定性认为其侵犯了原告的名誉权是准确的。

（四）二审事实和证据

北京市第一中级人民法院经审理，确认一审法院认定的事实和证据，同时认定：周鸿祎是北京奇智软件（北京）有限公司的董事长。周鸿祎在新浪微博上经过加"V"认证，并标注"360公司董事长，一个互联网老兵"。金山安全公司提交的起诉状第一项诉讼请求是"停止侵权，并撤回相关博文文章"，并未涉及删除文章目录。在一审开庭审理时，金山安全公司提交了要求删除的博文目录，周鸿祎一方当庭提出异议。作为一审判决的附件中列明的二十条博文均在金山安全公司提交的公证书材料中，二审期间，金山安全公司明确以周鸿祎在新浪微博、搜狐微博、网易微博中的二十条博文作为指控侵权的载体。

（五）二审判案理由

北京市第一中级人民法院经审理认为：

1. 一审裁判是否超越当事人的诉讼请求

金山安全公司提交的起诉书中已经提出"停止侵权并撤回相关博文文章"的诉讼请求，在庭审中提交的删除目录，可以认为是对诉讼请求的明确，一审裁判未超越当事人的诉讼请求。鉴于一审判决删除目录中列明的博文内容均未超过当事人在举证期限内提交的证据范围，对对方当事人来说不存在因证据突袭而产生的不公平。故二审可以通过径行审理予以修正，并作出裁判。

2. 关于金山安全公司请求权范围的界定

本院认为，法院对权益受到侵害这一要件的审查既要符合公众认知的常理，又不能无限扩展。本案涉及的"微点案"发生在2005年，而且当时，在一定范围广为网友所知晓涉及的公司是北京金山公司，而金山安全公司成立于2009年。虽然周鸿祎发表被指控侵权的微博时间是2010年，尽管博文中没有明确是北京金山公司，但根据"微点案"的影响程度，将周鸿祎微博所涉及的"金山"、"金山公司"与整个"金山"品牌建立联系的受众应当与知晓"微点案"的受众是一致的，因此阅读周鸿祎微博的网民不会因该言论直接联想到金山安全公司。涉及"微点案"的博文内容与金山安全公司没有任何关系，法院对此不予审理。金山安全公司提交的要求删除的博文目录中的第（3）至（6）博文内容虽然涉及了"08年为了免费杀毒"这样的言论，但鉴于整个博文内容并非如同涉及"微点案"的博文指向那么明确，故不能等同于"微点案"的判断。针对周鸿祎的微博内容，如果构成侵权，受损的不能排除金山安全公司，故对金山安全公司来说，具有实体法上的请求权。

3. 周鸿祎发表博文行为是否构成侵权以及责任方式的承担

个人微博为实现我国宪法所保障的言论自由提供了一个平台。同时，由于微博上的言论具有随意性，主观色彩浓厚，甚至一些语惊四座的表达方式，都成为吸引"粉丝"关注的要素。特别是涉及批评的内容，还往往起到了舆论监督的积极作用。鉴于微博对丰富人们的精神生活具有一定的积极意义，每个网民都应该维护它，避免借助微博发表言论攻击对方，避免微博成为相互谩骂的空间，否则人人都有可能被他人博文所侵害。周鸿祎作为一个"网络老兵"、公众人物，深悉网络传播之快之广，更应谨慎自己的言行。通观周鸿祎微博的前后文，确实读不出周鸿祎主观上的善意，也不能排除其借助对金山安全公司技术上的指责而获得自己利益的可能性。一审判决附件中列明的第7、8条微博中诸如"无非就是想先同居"、"先扯着嗓子喊'非礼啦'"、"俨然一副正人君子的模样"、"金山真是道德君子吗？"等描述具有明显的侮辱性质，构成侵权，应通过删除的方式实现金山安全公司停止侵权的诉讼请求，并通过发表致歉声明等方式以赔礼道歉、消除影响。其他微博内容虽然尚未达到侵犯名誉权的程度，但周鸿祎应当以此为警戒，谨慎自己的言行。

针对损害赔偿，金山安全公司提出赔偿的根据是周鸿祎的言论导致股票大跌之理由，由于没有证据表明二者之间的因果关系，为此一审未予以支持是正确的。二审由于对指控的博文的定性发生了部分改变，赔偿数额应当予以酌减。

（六）二审定案结论

北京市第一中级人民法院依照《中华人民共和国民事诉讼法》第一百五十三条第一款第（一）、（三）项，《中华人民共和国民法通则》第一百零一条，最高人民法院《关于审理名誉权案件若干问题的解释》第八条、第十条，《中华人民共和国侵权责任法》第三十六条之规定，判决如下：

"一、维持北京市海淀区人民法院（2010）海民初字第19075号民事判决第二项；

二、撤销北京市海淀区人民法院（2010）海民初字第19075号民事判决第一项、第三项、第四项；

三、自本判决生效之日起，周鸿祎删除其在新浪微博、搜狐微博、网易微博中的如下内容：

1. 而金山之所以哭着喊着要'兼容'，无非就是想先同居，进来以后就有机会搞小动作了，慢慢地一点一点搞破坏，占360的便宜，让用户觉得360不稳定、不管用。反正黑灯瞎火地大家也看不明白，谁也不知道到底发生了什么，是非说不清。真要打起来了，先扯着嗓子喊'非礼啦'！这次果不其然。

2. 我们这次吃亏就吃亏在没先喊，另外360多年来一直被做木马的、做流氓软件的、做收费杀毒的围攻，天天被泼粪，而金山一直扛着民族软件的大旗，俨然一副正人君子的模样，所以一打起来，先得了不少同情分。事实上，金山真是道德君子吗？

四、于本判决生效后7日内，周鸿祎赔偿金山安全公司5万元；

五、驳回金山安全公司的其他诉讼请求；

六、驳回周鸿祎的其他上诉请求。

一审案件受理费60 200元，由金山安全公司负担5万元（已交纳），由周鸿祎负担

10 020元（于本判决生效后7日内交纳）。

二审案件受理费60 200元，由金山安全公司负担6万元（已交纳），由周鸿祎负担200元（已交纳）。"

(七) 解说

1. 微博的特点对言论自由边界界定的影响

微博是微型博客的简称，140字左右的文字限制，使得"每个人都可以成为时代的记录者和关注者"，激发了大众的参与热情。2009年至2010年，新浪、搜狐、腾讯、网易等门户网站均开设了微博频道，中国大地呈现"全民微博"的态势。据统计，截止2011年上半年，微博用户已近2亿。

微博，因其由普通大众提供与分享他们自身事实、本身新闻的技术模式，以及信息交流的即时性、广泛性、数字性、自由性、受众的平等性和互动性等特点，已经成为自媒体的突出代表和现代传媒体系中不可或缺的一部分。微博专属自由空间的错觉，使很多人认为在自己的微博空间中发表文章、言论以及图片等属于自己的意思自治范围，不应受到任何限制，可以畅所欲言、为所欲为。但微博的功能之一就是博主可对人对事发表评论和观点，而这些评论和观点作为互联网公开信息不仅能够被动地被他人查阅、知悉，他人还可以随意删节、添改，并以转发或链接方式迅速传播。可见，微博绝不是专属于个人的私人空间，而是具有一定社会公开性的空间，具有较强媒体特性。值得注意的是，在国外，微博主要是一种社交工具，微博的关注友人多来自事实上的生活和工作圈子，强调大家用微博来维护人际关系、扩展社交圈，但由于中国特殊的信息流通环境以及门户网站的商业运作手法，微博在中国实际上成为一类媒体而非社交工具。[1] 在中国，微博更多被赋予了媒体的属性和功能，大部分门户网站的微博产品开始即定位于媒体形态。以新浪微博为例，其投入巨资吸引众多名人加盟新浪微博，形成"明星＋粉丝"的商业模式，使得明星的言论具有了更大传播效应。众多事件表明，微博已成为不可小觑的网络舆论平台和媒体力量。

有人认为，基于自由率性的微博发言特点，对微博言论自由的把握尺度应该更宽，甚至有人主张绝对的言论自由。笔者认为，自由和责任宛如硬币的两面，自由的背后对应着责任，享受更大的自由则往往意味着承担更大的责任。现代社会权利义务双重本位和社会个人双向本位的价值体系模式，要求人们在主张和行使自己的权利时，注意"度"的限制和约束，顾及他人利益和社会公共利益。[2] 言论自由的行使也概莫能外。在网络刚出现时，很多人就主张在网络特定氛围里，语言具有即时性和随意性特点，通常在网下可能被认为是名誉侵权的语言，在网络上可能是非常普通的语言，因此应对网络语言是否侵权采取相对宽容的规则。[3] 但司法实务中并未对此进行区别对待，这主要

---

[1] 参见《胡泳谈全民微博与公共参与》，载《东方早报》，2010-12-19。
[2] 参见[美] E. 博登海默著，邓正来、姬敬武译：《法理学——法哲学及其方法》，297页，北京，华夏出版社，1987。
[3] 参见《法官谈网络立法采访录：时机尚不成熟》，载《人民法院报》，2000-01-09。

是因为网络中"只要自由不要责任"的现象令人忧虑,博主们常常完全忽略了可能给当事人造成的伤害,认为网络上可以随意胡说而不会承担任何责任。如周立波在微博上发表"网络公共厕所论",认为"网络是网民们随意泄私愤的地方,有时候像一个公共厕所"。笔者认为,微博的内容也要限制在法律允许的范围内,如微博言论侵害了他人合法权益,就应承担相应法律责任。

首先,相比传统媒体上的文章乃至传统博客文章而言,微博内容短小精悍,一般不经过深思熟虑,难以要求微博博主像书写传统体裁的文章那样思维缜密、论证精当。微博更为自由随性的表达方式,决定了不能对博主发言内容有太高、太严苛的要求,而应更加尊重博主的个性表达方式,甚至宽容其一时激愤所说的过头话。本案一、二审判决直面了微博言论特点对言论自由范围界定的意义,认为对其言论自由的把握尺度应更为宽松。

其次,言论自由是相对的,其行使以不得侵犯他人的合法权利为限。笔者认为,虽然现在社会的宽容度确实在增大,但宽容总是有限度的,不能一味纵容。当法院面对名誉权与言论自由的冲突时,不仅不能简单判定何种权利优先,而且无法就言论自由的范围发现任何现成的答案,而必须在法律价值体系的整体框架下,仔细考察特定案件中言论的性质、目的以及名誉权主张的内容等相关要素,最后根据特定价值在社会生活中的相对重要性,对权利保护的优先性作出权衡和判断。[1] 本案中,考虑微博影响受众不特定性、广泛性的特性,对微博言论是否构成对他人名誉权的伤害,也应进行法益衡量,综合判断。

因此,对微博言论内容在"宽容"的"宏观视野"下,也要进行"就事论事"的"微观分析"。

2. 公众人物和公共利益

微博中活跃着众多的"意见领袖",其观点对于社会舆论的影响举足轻重。法律上能否基于其"意见领袖"的特殊身份和巨大影响,而科以对其言论更高的注意义务?

与"意见领袖"对应的法律观念是"公众人物"。公众人物的定义源于美国1964年的 New York Times Co. v. Sullivan 一案。在该案中,美国联邦最高法院中确立了对公众人物的名誉权保护不同于对普通人名誉权保护的原则,即:对以新闻媒体为被告的名誉权诉讼,作为公众人物的原告应当证明被告发表有损其名誉的言论出于"真正的恶意",即明知其言论是虚假的,但并不在乎它是虚假的而不计后果地发表[2],此时被告才承担侵权责任。这种观点的逻辑起点是,对于占据公共权力机关的人员和其他社会公众人物,人们应有批评或评论的权利,这种批评或评论基于各种因素有可能不真实,但如果对所有这些行为都依传统上的严格责任来处理,可能会损害人民的言论自由。由于公共官员从事政府工作,接受比普通人更严格的审查和监督,是其必须接受的后果。而公众人物在社会事务中承担了显著的角色,其结果自然是导致更多的注意和评论。[3] 在后来的司法判例中,该规则扩张适用于公众人物,即在社会上或大或小的范围里,在或长或

---

[1] 参见梁治平:《名誉权与言论自由:宣科案中的是非与轻重》,载《中国法学》,2006 (2)。

[2] 参见邓冰、苏益群编译:《大法官的智慧——美国联邦法院经典案例选》,254~255页,北京,法律出版社,2004。

[3] See Andrew L. Turscak, "Jr. School Principals and New York Times: Ohio's Narrow Reading of who is a Public official or Public Figure", 48 *Clev. St. L. Rev.* 169 (2000).

短的时间里吸引公共注意力的人。一般认为,公职人员、社会名流以及在社会上具有较大影响力的人属于公共人物。在我国,已有多起媒体侵犯名誉权案件中体现了对公众人物名誉权保护的限制。

本案的裁判中使用了公众人物概念,但用意不在于限制对公众人物的名誉权保护,而在于讨论和界定公众人物对自己言行是否具有更高的注意义务。我们常说,能力越大,责任越大。而对名人来说,受关注程度越大,影响越大,他人因其不当言行可能遭受更大的损害。新浪从运营微博一开始,就特别突出了名人和娱乐圈的明星效应,采用所谓粉丝模式即大众媒体的概念,且对名人加"V"认证,给话语权大的人格外的照顾。这些加"V"博主们的言论更加容易引起广泛关注,形成公众话题,并可能主导或深度影响社会舆论,极大的话语权和粉丝的众多使得这些"意见领袖"成为微博世界的"公众人物"。一方面,粉丝众多的博主们视微博为舞台,为自己增加受众欢迎度和影响力,甚至借机进行个人营销和商业品牌营销;另一方面,关注程度的增加使得名人微博"被围观",名人的言论一旦失当,很容易成为众矢之的。而作为新浪微博等微博中加"V"的博主,周鸿祎这位网络杀毒行业领军人物因为充满个性的言论受到众多粉丝的广泛关注,无可争议地成为微博领域的"公众人物"。笔者认为,周鸿祎的公共人物身份和巨大的影响力,决定其应对言行谨慎负有更高的注意义务。本案一、二审法院对于周鸿祎的公众人物身份以及由此决定的对自己言行的更高注意义务,均不持异议。

本案周鸿祎的律师对于周鸿祎言论要求更高的审查标准提出异议,认为这是有违"法律面前人人平等"的宪法原则的。笔者认为,"法律面前人人平等"并不意味着否认公民之间存在合理的差异。实际上,在公平的理念和原则中,就包含了差别对待的精神,平等总是相对的平等。[①] 民法上经历了从注重形式平等的近代民法向注重实质平等的现代民法的转变过程,而现代民法基于实质平等的考虑,针对不同人群科以不同注意义务的现象普遍存在,如医师的专家注意义务就是高于普通人的。此案中,差别对待恰恰是符合客观实际和法律精神的。

另外,考虑到目前中国社会打着公共利益旗号追求商业利益的现象普遍存在,法院在判断公众人物言行是否超越言论自由的限度构成对他人商誉的侵害时,也要考虑该公众人物的言行是出于私利,还是真正出于公共利益。本案中,周鸿祎还有一个重要身份:金山系企业竞争对手360公司的董事长。结合周鸿祎与360公司、金山公司之间存在的密切利益关系,法院认为周鸿祎的微博发言显然并未站在公共利益的立场,而明显带有为自己公司私利考虑、自愿成为360公司代言人之嫌。二审法院也认为,通观周鸿祎微博的前后文,确实读不出周鸿祎主观上的善意,也不能排除其借助对金山安全公司技术上的指责而获得自己利益的可能性。

3. 加"V"认证带来的问题

在新浪微博认证之前,法院面临的是网络匿名或"非实名注册"带来的难以确定侵权主体的困境——"在网络上,没有人知道你是一只狗",但微博的加"V"认证,特别是对博主身份的特别标注,虽然没有完全解决博主的真实姓名、身份与注册信息完全

[①] 参见吴爽、张宏伟:《论平等权与合理差别》,载《理论观察》,2009 (1),54~55页。

相同的问题,却将现实世界中人们的身份延伸到了网上,使得"微博江湖"愈发成为现实社会的投影。在微博世界里,现实社会中拥有身份和地位的人,如果愿意让别人知道他的现实身份,那他的意见在微博世界中仍然拥有影响力。而现实社会中没有身份、地位的人,除非"语不惊人死不休"或"因缘际会",很难得到网民的关注,声音淹没在微博的热闹嘈杂声中。因此,新浪微博加"V"认证对于博主身份的强调,使得博主的发言具有两重性:一方面,博主拥有自然人的身份,有的微博发言纯粹是个人观点,但另一方面,更多的人难以把工作和生活、自然人身份和社会身份截然分开,特别是对工作就是生活的"工作狂人"而言,在微博中很可能有意无意地充当单位的利益代言人。而作为普通网民,之所以关注加"V"认证的博主,很大程度上基于其社会属性的吸引,博主的号召力和影响力即是建立在其现实"社会身份"之上的。

在法院认定博主的行为性质时,加"V"认证给法院带来了一个问题:公司负责人、员工的相关微博言论,究竟是纯粹的个人行为,还是职务行为、代表行为?本案中,周鸿祎对微博言论是个人行为予以认可,360公司也在媒体上声明微博言论是周鸿祎的个人行为与公司无关,因此,法院认定微博不当言论是周鸿祎的个人行为。但不容否认的是,周鸿祎的很多微博言论内容都是解答360用户的技术问题、宣传360公司等,其在个人微博中时时处处忘不了自己的360公司负责人身份,不时为了360公司利益"鼓而呼"。而周鸿祎的不当言论给金山公司带来的巨大负面影响,势必使得360公司因此获得利益。在微博言论常常因为人们的社会身份而难以区分是代表行为、职务行为还是个人行为,而公司因为负责人、员工的言论会显而易见地获益的情况下,如何进行行为性质的识别,是否需要给公司科加及时制止和更正的义务,否则就扩大部分承担连带责任?鉴于微博商业诋毁的低成本性,如何避免公司因为意识到直接进行商业诋毁面临很大法律风险,法院却不会对个人科加过重的赔偿义务,转而采取暗地支持其负责人、员工以个人微博形式进行商业诋毁等不正当竞争行为,使得个人微博事实上成为公司之间进行不正当竞争的新战场?这是法院不愿看到的,也是值得我们思考的问题。

4. 对言论指向和影响对象的理解

此案二审法院改判的一个重要理由,是对"金山微点案伪证"的微博言论是仅指向金山软件公司,还是笼统指向"金山"品牌,从而影响"金山"品牌旗下的金山安全公司名誉的问题上,与一审存在不同的认识。一审法院认为,金山安全公司可代表自己公司就周鸿祎的言论是否侵犯该公司的名誉提起诉讼,其他关联企业如有意愿,可作为单独的权利主体另行起诉。但是,考虑到周鸿祎在微博中表述"金山"或"金山公司"时,并未对各金山系公司进行明确区分,而是笼统提到"金山"品牌,故如周鸿祎的言论构成侵权,受损的是"金山"品牌。而金山安全公司作为"金山软件"旗下的关联企业,亦会因"金山"品牌商誉受损而直接受到损害。故金山安全公司与本案是存在直接利害关系的,而法院在确定周鸿祎的微博言论是否构成侵权以及金山安全公司侵权所受损失的大小时,也不能局限于仅仅判定直接提及金山安全公司的言论是否侵权,还需要整体判断周鸿祎的言论是否构成对整个"金山"品牌的侵权。二审认为,微点案发生在2005年,且当时在一定范围广为网民知晓涉及的公司是金山软件公司,而金山安全公司成立于2009年。虽然周鸿祎发表指控微博的时间是2010年,尽管博文中没有明确是金山软件公司，但根据"微点案"的影响程度，将周鸿祎微博所涉及的"金山"、"金山公司"与整个"金山"品牌建立联系的受众应当与知晓"微点"案的受众是一致的，因此阅读周鸿祎微博的网民不会因该言论直接联想到本案的当事人金山安全公司。"微点案"博文指向是明确的，一审判决认为金山安全公司因此受到利益侵害，会使受到侵害的链条无限延伸。涉及"微点案"的博文内容与金山安全公司没有任何关系，对此不予审理。但二审又认为其他的几条博文内容指向并不明确，受损的不能排除金山安全公司。笔者认为，通观周鸿祎的微博，"金山公司"本是泛指，而普通网民和公众一般不了解金山安全公司的成立时间以及金山系下存在多个公司的情况，更不会了解和注意到金山软件公司和金山安全公司的差别以及成立时间等问题。法官也是在掌握微点案的刑事判决书之后才知道"金山微点案伪证"的行为主体是金山软件公司以及金山安全公司的成立时间等事实，但我们不能以法官后来掌握了全面事实、知道了微点案具体的行为主体，就推知大众在看到周鸿祎评论时就能明确知道行为主体是金山软件公司，而非金山安全公司或其他金山关联公司。毕竟，周鸿祎的微博粉丝并不都是杀毒行业的专家，难以达到对金山系公司情况了如指掌的程度。另外，一、二审的分歧表面看是对指向性理解的不同，实际是对诉的利益的理解不同。在普通大众的眼里，一般会对没有特别指明区分的"金山"理解为"金山"品牌下的各个公司，同时，从市场方面来说，金山安全公司是"金山杀毒产品"的生产商，"金山故意作伪证言论"中"金山"的用词方式，会使公众产生指向上的误认或做"金山杀毒品牌"的宽泛理解，从而直接影响大众对金山产品的认知和评价，这对金山安全公司的利益无疑是有很大影响的。因此，金山安全公司与涉及"微点案"的微博内容也是存在直接利益关系的，应进行实体审查。另外，二审最终只认定两条微博构成侵权，但又是通观全部言论得出周鸿祎不是善意的侵权结论，实际也审查了周鸿祎的全部言论，这与前面的"不审查微点案言论"在逻辑上是有一定矛盾的，也会使得认定侵权的定性显得较为软弱。对言论在指向对象上采取泛指某个品牌的侵权案件，对于言论的指向性应做宽泛理解，应结合不特定公众的一般辨别能力，认定言论的指向性以及因果关系，确定言论的影响范围。故笔者认为，一审对涉及"微点案"的微博内容进行审查的方式似更为可取。

5. 侵权赔偿数额的计算问题

本案中，金山安全公司索赔1 200万元，创下了"天价"微博侵权索赔额，而一审法院仅判赔了8万元，二审仅判赔了5万元。有人认为判赔过低，对此应严厉处罚甚至让侵权人倾家荡产，如作为公众人物的企业家利用微博实行侵权，造成重大损失，仅仅受到小处罚，那势必将微博变成恶意商业竞争的手段[1]，有人甚至主张周鸿祎应承担刑责。笔者认为，法院一方面需要考虑让侵权人对商誉侵权付出沉重代价以发挥法律导向作用，另一方面也必须考虑不能让人动辄因言获罪，何况本案中周鸿祎的微博言论也不完全是空穴来风。考虑网友在观看周鸿祎微博相关内容时也会进行一定思考，从周鸿祎的身份、立场出发分析其微博言论，而从公证书中相关网友的微博回复和相关媒体将双方之间的争议定位为"口水战"的评价中，也能看到大众对于周鸿祎"微博言论"的认

---

[1] 参见赵杨：《国内"微博第一案"：周鸿祎被判侵权赔金山8万》，载《南方日报》，2011-03-28。

识,故周鸿祎的微博言论影响金山安全公司名誉的程度也是有限的。金山安全公司虽主张周鸿祎的言论致使金山软件股价大跌,要求参考股价下跌的市值比例计算侵权赔偿额,但考虑到股价波动是多因素主要是市场因素造成的,且周鸿祎微博中相当一部分言论发表于2010年5月27日,与5月26日金山软件股价下跌没有关联性,而原告是金山安全公司而非香港上市公司,难以认定周鸿祎的微博言论与金山软件股价下跌之间存在必然的因果关系,因而采取了酌定赔偿数额的方式。二审也是采取了酌定的方式。当然,本案也促使法官思考,今后在审理涉及商誉侵权的案件中,应着重考虑言论背后潜在的巨大利益关系和价值链条,反思如何对商业大佬们的微博不当言论、不正当竞争行为等进行更大的法律威慑。

6. 本案反映出的我国商誉权保护的缺陷

本案金山安全公司选择的是侵犯名誉权的诉由,但法官在认定侵权时,也考虑了周鸿祎竞争对手董事长的特殊身份,借鉴了不正当竞争法的相关原理最终认定侵权,这里就涉及名誉权和商誉权的区分和联系问题。一般而言,商法人的名誉权就是商誉权,二者在本质上没有什么差异,但名誉权和商誉权还是存在一定区别的,如名誉受到侵害时体现为精神损害,精神损害的物质赔偿具有抚慰性质,不具有与损害相当的对价性;而商誉却完全可以通过评估方式相对量化其财产权价值;再如名誉只能在使用中实现名誉感,而商誉的实现有通过价值内化方式获得超值利润及通过评估转让实现其价值转换两种方式。[①] 一般认为,当企业名誉被一般人(非竞争对手)侵害时,属于名誉侵权;当企业名誉被竞争对手以商业诋毁的方式侵害时,就属于商誉侵权。笔者认为,本案实际是侵犯商誉权纠纷,严格来说已经超出了普通民事侵权的范畴,同时成为反不正当竞争法规制的对象。虽然周鸿祎表示微博言论是个人的行为,但通过前文分析,其微博言论明显带有充当360公司商业利益代言人之嫌,考虑到其董事长身份,甚至不排除360公司认可或知情默许周鸿祎进行这种"微博营销",并为本案判赔结果买单的可能性。本案的问题是,金山安全公司的商誉并非被"一般人"所侵害,而是被竞争对手的董事长所侵害,此时,是按照一般名誉侵权考虑,还是考虑反不正当竞争法上商誉侵权的相关原理?由于我国反不正当竞争法规定商誉侵权人必须是竞争关系中的经营者,而并未包括竞争关系中商业经营者的职员、法定代表人、受托人等情况,导致本案法官面临侵权主体认定上的困难,不能直接适用反不正当竞争法有关商誉侵权的规定,只能借鉴商誉侵权的相关原理,按照当事人选择的名誉侵权诉由进行审理。相比之下,国外立法对于商誉侵权的主体规定更加周全,将企业主、领导人、职员或受任人均规定为不正当竞争的主体。[②] 以上立法方式给法官的法律适用提供了直接的依据。我国反不正当竞争法对于侵犯商誉主体的规定相比之下较为粗疏,建议在修法时借鉴以上立法方式,避免出现个人微博事实上成为公司之间进行不正当竞争新战场的现象,更好地保护企业的商誉。

(北京市海淀区人民法院 李颖)

---

① 参见江帆:《商誉与商誉侵权的竞争法规制》,载《比较法研究》,2005 (5),44页。
② 参见德国1909年《反不正当竞争法》第15条规定。

22. 殷虹诉北京百度网讯科技有限公司名誉权案

（一）首部

1. 判决书字号

一审判决书：上海市静安区人民法院（2009）静民一（民）初字第1780号。

二审判决书：上海市第二中级人民法院（2010）沪二中民一（民）终字第1593号。

2. 案由：名誉权纠纷。

3. 诉讼双方

原告（被上诉人）：殷虹，女，1984年3月6日出生，汉族，住上海市长宁区。

被告（上诉人）：北京百度网讯科技有限公司，住所地：北京市海淀区北四环西路58号理想国际大厦12层。

4. 审级：二审。

5. 审判机关和审判组织

一审法院：上海市静安区人民法院。

合议庭组人员：审判长：王浩；审判员：谭永玮、张君默。

二审法院：上海市第二中级人民法院。

合议庭组成人员：审判长：孙斌；代理审判员：金猷、杨惠平。

6. 审结时间

一审审结时间：2010年6月30日。

二审审结时间：2011年5月5日。

（二）一审诉辩主张

1. 原告殷虹诉称

原告与案外人朱慧系恋爱关系，2009年4月，双方因感情不和分手。后朱慧为报复原告，于同年5月8日，将大量涉及原告个人隐私的图片上传至互联网，并遭到网友的搜索。原告曾于5月18日委托律师登报声明，要求各网站采取措施删除相关内容。但直至6月2日，以被告为代表的搜索网站对上述图片及私人信息没有及时进行任何处理，其不作为的行为导致原告的照片及个人信息在网络上大范围传播。2009年10月25日，在被告网站开设的"百度百科"栏目下的"海运女"词条内，原告仍发现存在原告的姓名、性别、毕业院校名称等个人信息，甚至还提供了相关照片的下载链接。原告认为被告的行为严重侵犯其合法权益，故起诉请求法院：（1）判令被告立即停止对原告名誉权、人格权的侵害行为,删除被告网站上所有原告不雅照片、生活照片及个人信息;(2) 判令被告在其经营的百度网站上以书面形式向原告赔礼道歉;(3) 判令被告赔偿原告精神抚慰金人民币 40 000 元;(4) 判令被告赔偿原告因本案发生的公证费 2 000 元、律师费 5 000 元。

2. 被告北京百度网讯科技有限公司辩称

本案涉诉照片发布在第三方网站并受控于这些网站。被告作为搜索引擎服务提供商,只是根据用户输入的关键词,自动生成与第三方网站的链接,搜索引擎所起的是检索的作用,其本身没有刊登、发布、传播涉诉照片。被告的计算机对图片及音频不能进行识别,因此搜索结果过滤的过程中存在误差在所难免。为避免搜索结果出现侵犯原告权益的内容,被告已经建立了完善的工作机制,投入了大量的人力对搜索结果进行过滤和删除,在主观上不存在过错。另外,在原告投诉之前,被告已经及时对相关内容进行了断链处理,在客观上也尽到了合理的注意义务。但由于第三方网站仍然在不断上传新的图片,因而在搜索结果中仍然存在原告的部分图片。而且某些图片是原告的生活照,不涉及黄、赌、毒等违反强行性法律、法规的内容,被告没有义务主动进行处理,尚有待原告的有效通知或投诉。故被告对原告所称的权益受损的事实不存在主观过错,对原告个人权益的保护已经尽到了合理的注意义务,被告所提供的搜索服务也与原告所称损害结果没有因果关系,不同意原告的全部诉讼请求。

(三) 一审事实和证据

被告北京百度网讯科技有限公司系国家许可经营因特网信息服务的机构,www.baidu.com 网站为被告所开设,并向不特定公众提供信息搜索、新闻、BBS(电子公告板)及其他服务。2009 年 5 月 13 日,原告殷虹向公安机关报案,称有大量涉及其身体隐私部位的裸体照片被他人上传至网站 www.kdspchome.net 中。该事件被冠以"'海运女'艳照门事件"等以"海运女"为核心词汇的多种名称,继而被多家媒体报道。同年 5 月 18 日,原告委托律师在《时代报》上发表公开声明,称"海运门不雅照片事件"为故意侮辱女性的恶性事件,要求各搜索门户、论坛、博客等网站尽快采取措施,删除任何侵犯受害人"YH 小姐"合法权利的相关文字内容、照片、链接以及不实报道,落款日期为 2009 年 5 月 13 日。

2009 年 5 月 25 日,经上海市东方公证处公证,原告在被告运营的百度搜索引擎中输入"海运女殷虹艳照"进行搜索,在搜索结果中发现大量涉及同一女子的裸体照片、生活照和单独反映人体部分隐私部位的照片。上述照片中的女子,经庭审查实,本院确认系原告本人。同日,在 www.baidu.com 网站的另一栏目"百度百科"内,存在以"海运女"命名的词条。打开该词条,在"海运女个人资料"项下,可见"姓名:殷虹;性别:女"等资料,在其他部分还有对此事件内容的详细描述,其中使用了"赤裸"、"不堪入目"等词汇形容照片内容,并附一网络链接"http://www.redianjh.cn/show.php?tid=372",相关文字说明该链接为"上海海运学院海运女艳照门最全照片合集"。经被告确认,至本案开庭之日,该词条中涉及本案的部分内容仍与原告提供的网页打印件内容一致。因被告否认其侵犯原告权益，原告遂诉至本院，要求判如所请。为此，原告支出公证费2 000元，律师费5 000元。

2009年5月15日，一匿名案外人在www.baidu.com的"百度知道投诉吧"中发帖，声称有人未经其同意在"百度知道"栏目中公开其电话号码，相关页面为在"百度知道"中以"殷虹"为关键词进行搜索的"最佳答案"，并提及该最佳答案"助长了散布不良信息和图片"，要求删除。被告于当日答复案外人，告知其已对相关内容进行了处理。2009年8月13日，经北京市方圆公证处公证，被告工作人员在百度搜索引擎中输入"殷虹"关键词，在搜索结果的前18页中未见涉及原告的裸照等不雅照片。

（四）一审判案理由

一审法院经审理后认为：本案的争议焦点有三：（1）原告2009年5月18日登报发表公开声明的行为是否构成有效通知。（2）被告是否知道其提供的搜索服务结果中存在侵犯原告名誉权的内容。（3）被告是否已采取了合理的必要措施以阻止其提供的网络服务被用于侵犯他人权利。

首先，一份对不特定人主张权利的公开声明欲产生法律效力，应当具备法律行为的构成要素，其中包括适格的主体，否则任何人均可匿名发布权利声明，社会上的任何不特定人在获悉此项声明后都受其约束，须负担一定作为或不作为之义务，却无从得知所应注意者系何人之权利，显失公允，社会生产、生活秩序必将受到过分干扰。纵观原告委托律师刊登的公开声明，并未明确披露权利的主体，仅以"YH小姐"代之，而"YH小姐"在法律上并非一位适格的权利主体。因此，该公开声明本身并未构成一项有效的通知。

其次，自2009年5月8日案外人上传涉案照片后，大量新闻媒体对此事进行了跟踪报道，多家报刊均在醒目位置刊登相关新闻，在较短时间内已成为新闻媒体报道的热点。被告的经营业务范围包含新闻，且在网络信息传播的过程中发挥重要的作用，对上述热点新闻不能主张完全不知情。在新闻报道的内容中，多包含对事态发展及不雅照片正在网络上被网友大量下载的描述。一个正常的成年人足以从此类描述中得出，有大量网友正在寻找不雅照片并进行下载，而被告经营的正是提供搜索服务的网站。另外，在2009年5月15日匿名案外人的投诉中，亦提及用"殷虹"进行搜索得到的最佳答案"助长了散布不良信息和图片"，在逻辑上足以提醒被告注意将"殷虹"关键词与"不良信息和图片"相关联。因此，推定被告不晚于2009年5月15日即应当知道，其提供的搜索服务会被用户用于搜索涉案不雅照片。

最后，对于被告是否已采取了合理的必要措施以阻止其提供的网络服务被用于侵犯他人权利的认定，根据原告所诉侵权内容可分为三个部分加以处理，即搜索结果中的所谓"不雅照"、原告生活照、"百度百科"中的原告个人信息及照片下载链接。被告作为一家在中国搜索引擎服务行业中占有重要市场份额的公司，通过用户的关注度和点击率来获取广告收益，其在传播信息时承担的注意义务应与其商业收益相匹配，并应符合我国的社会公共利益。

对于原告陈述中所谓"不雅照",其中多为反映原告衣着暴露、裸体之情况或是单独反映人体部分隐私部位,虽非对性行为的直接描绘,但其内容足以使阅读者直接联想到性行为,且无科学或艺术之价值,在公法上即可判断为色情图片,被告本应当依照有关规定主动予以监控处理。而从照片所影响之公民合法权利来看,本案所涉"不雅照"中,绝大多数可从照片中直接辨认出原告之容貌,使阅读者将照片内容与原告相关联,即使被告搜索引擎已将图片微缩为缩略图,仍不影响阅读者对图片中人物的辨认,其内容又为对人体隐私部位的描写,足以令一个普通阅读者认定原告生活不检,降低对其的社会评价度,造成原告的名誉受到贬损。因此,只要一个成年的守法公民阅读上述照片,依常理即足以推断该照片极可能包含有侵犯他人合法权利的内容,为侵权照片。其他单独反映人体部分隐私部位的照片,因读者难以从照片中辨认系何人之身体部位,故本院难以认定其侵犯了原告权益。从原告提交的证据来看,2009年5月25日,以"海运女殷虹艳照"为关键词在被告网站上搜索,其结果中仍可见上述侵权照片的缩略图。该时间已超过被告应当知道侵权事件发生的日期,被告此时对侵权事件应当知情,从而负有采取合理必要措施的义务。而从原、被告陈述及相关证据来看,双方当事人均不反对将关键词过滤作为合理并且必要的措施。"海运女"、"海运门"皆为本案双方认可的重要关键词,且为新闻媒体采用,为普通社会民众所广泛知晓,将上述关键词纳入过滤范围是合理并且必要的。但从原告提交的证据来看,被告并未采取此项合理必要措施。因此,被告作为网络服务提供者,在应当知道网络用户利用其服务传播侵犯原告名誉权照片的情况下,未采取合理的必要措施,导致侵权照片在更大范围内传播,损害了原告的名誉权,就该节事实存在过错,应当依法承担责任。被告所提出的抗辩理由,不足以推翻其存在过错的事实,本院不予采纳。

对于原告的生活照,因原告并无证据证明其曾就此向被告进行有效投诉,被告亦无从判断该生活照是否为侵权照片,因此被告抗辩成立,本院不能认定在此情况下,被告搜索结果中存在原告生活照构成对原告名誉权的侵犯。虽然在事件发生后,原告的生活照也会成为网民的搜索对象,原告生活会因此遭受一定程度的干扰,但全国名为殷虹者不可胜数,这些人同样拥有在网络上自由表达合法言论、宣传其肖像的合法权利,若要求被告主动对该类照片进行过滤,则既会给被告带来过重负担,超过合理的范畴,也会影响到公民的言论自由,两害相权取其轻,从保护大多数公民的言论自由出发,对原告该部分主张在本案中不予处理。

对于被告"百度百科"栏目中的原告个人信息及照片下载链接,由于该信息存在于"海运女"词条下,且有词条中的补充信息介绍事件始末,因此可以认定该信息具有唯一指向性,该部分所称"海运女"、"殷虹",均指原告本人。而该词条所附链接,虽并未直接指向侵权照片,但已指向侵权照片压缩包的下载页面,并附有内容为"上海海运学院海运女艳照门最全照片合集"的文字说明,足以令一个普通阅读者清楚地认识到,通过点击该链接可以下载到侵权照片,并且该照片与"海运女"、"殷虹"有直接关联,其实质已经构成了对侵权照片的传播。通过双方对"百度百科"功能的阐述可知,该栏目类似电子公告板服务,内容由百度百科用户上传,面对不特定公众传播,并保存于被告的服务器上,根据《互联网信息服务管理办法》的规定,被告对该内容负有监管的责任。原告提交的"百度知道"打印件表明,该"海运女"词条的内容共被编辑16次,起诉前最后一次更新为2009年5月31日。按照被告网站上公布的词条编辑规则,词条创建及更新的内容都将由被告授权的编辑进行审核,因此不晚于本案诉状送达之日,被告对"海运女"词条的内容是知道或者应当知道的。但从2009年5月31日至本案开庭之日,"海运女"词条中的侵权内容并未被删除或断开链接,而本院认定,对类似电子公告板服务中存在的侵权图文信息,采取删除或断开链接等措施是合理并且必要的。因此,被告在知道或应当知道网络用户利用其服务传播侵权内容的情况下,未采取合理的必要措施,应当承担责任。

(五)一审定案结论

一审法院经审理认为:被告北京百度网讯科技有限公司在提供网络服务的过程中存在过错,导致网络用户利用其网络服务侵害他人名誉权,依法应当承担责任。依照《中华人民共和民法通则》第一百零一条、第一百二十条第一款、最高人民法院《关于确定民事侵权精神损害赔偿责任若干问题的解释》第十条第一款之规定,判决如下:

"一、被告北京百度网讯科技有限公司应于本判决生效之日起立即停止对原告殷虹名誉权的侵害,并断开其搜索服务中所有可辨认原告相貌的涉案侵权图片的链接;

二、被告北京百度网讯科技有限公司应于本判决生效之日立即删除其网站上保存的原告殷虹个人信息;

三、被告北京百度网讯科技有限公司应于本判决生效之日起10日内连续三天在百度网站醒目位置上刊登向原告殷虹赔礼道歉的声明(致歉声明内容须经本院审核同意),消除影响,为原告殷虹恢复名誉;

四、被告北京百度网讯科技有限公司应于本判决生效之日起10日内支付原告殷虹经济损失2 000元、精神损害抚慰金20 000元,共计22 000元;

五、对原告殷虹要求被告北京百度网讯科技有限公司赔偿律师费5 000元的诉讼请求,不予支持。"

(六)二审情况

1. 二审诉辩主张

一审判决后,被告北京百度网讯科技有限公司不服一审判决,向上海市第二中级人民法院提起上诉,请求二审法院依法驳回被上诉人在原审中的诉讼请求。

2. 二审事实和证据

二审查明事实同一审。

3. 二审判案理由

二审法院经审理认为:上诉人百度公司作为网络服务提供者,在知道其所提供的网络服务被网络用户用于实施名誉侵权行为之后,未能及时采取合理、必要的措施导致侵权后果的扩大,原审法院根据上诉人的主观过错程度、侵权行为的后果等因素确定上诉人百度公司应当承担的民事责任并无不妥,本院依法予以维持。

4. 二审定案结论

二审法院依照《中华人民共和国民事诉讼法》第一百五十三条第一款第(一)项之规定,判决如下:

驳回上诉,维持原判。

(七) 解说

本案涉及的问题是网络服务提供者的注意义务范围包括哪些,以及如何认定网络服务提供者的行为是否构成侵权。具体言之,包括网络侵权认定的规则、"通知"、"知道"及"合理的必要措施"的理解与认定。

1. 认定的规则

要认定仅提供信息平台或者信息通道服务的网络服务提供者的行为是否构成侵权,其认定的一般模式应是:"被侵权人的通知—网络服务提供者收到通知—采取合理措施",如果未按该一般模式进行处理,网络服务提供者的行为则构成侵权。但是,对于本案中,涉及的侵权内容为"不雅照"、"色情照",在公法上应判断为非法内容,网络服务提供者应当依照有关规定主动予以监控处理(即所谓的"红旗标准",在网络用户侵权的事实比较明显的情形下适用),在网络用户侵权事实比较明显的情形下,认定网络服务提供者的行为是否构成侵权,其模式应为:"网络用户侵权事实明显—网络服务提供者应当知道—采取合理措施",如果未按该模式进行处理,网络服务提供者的行为即构成侵权。

2. 合格的通知

一份对不特定人主张权利的公开声明欲产生法律效力,应当具备法律行为的构成要素,其中包括适格的主体,否则任何人均可匿名发布权利声明,社会上的任何不特定人在获悉此项声明后都受其约束,须负担一定作为或不作为之义务,却无从得知所应注意者系何人之权利,显失公允,社会生产、生活秩序必将受到过分干扰。纵观原告委托律师刊登的公开声明,并未明确披露权利的主体,仅以"YH小姐"代之,而"YH小姐"在法律上并非一位适格的权利主体。因此,该公开声明本身并未构成一项有效的通知。

3. 对"知道"的理解

网络服务提供者的行为一般可以分为两种:一种是为网络用户提供信息通道服务或者信息平台服务的行为,例如提供网络接入、信息传输、存储空间、信息搜索、链接等;另一种是为网络用户提供内容服务的行为,即直接向网络用户提供信息、产品以及其他服务。这两类行为有着本质的区别,前一种行为,网络服务提供者只是提供通道或者平台,本身并不对网络用户传输或者存储的信息进行主动编辑或者修改,后一种行为,网络服务提供者自身直接向网络用户提供内容或者产品服务,其提供的内容或者产品服务是该网络服务提供者自己编辑或者修改的。

本案中,百度公司属于"网络服务提供者",对于仅提供信息平台或者信息通道服务的网络服务提供者,立法上为其设立了"避风港"和责任限制。如果被侵权人发现网络用户利用网络服务侵害其合法权益的，有权向网络服务提供者发出通知，要求其采取必要措施，如果网络服务提供者采取了必要措施，则不承担侵权责任。如果网络服务提供者在收到被侵权人的通知之后未采取必要措施，或者采取的措施不合理，造成损害结果的扩大的，网络服务提供者只对因此造成的损害的扩大部分与实施直接侵权行为的用户承担连带责任。

网络服务提供者即便未接到被侵权人的通知，其"知道"网络用户利用其网络服务侵害他人民事权益，未采取必要措施的，与该网络用户承担连带责任。这里的"知道"是指一个正常的、理性的人认识到某一事实存在的主观状态，但必须通过客观化的方式才能得到证明。在司法实践中，除了有明确的证据表明网络服务提供者确实已经知道之外，还可以通过间接证据推定其有极大的可能已经知道，这种证明方法也被称为"推定知道"或者"有理由知道"。另外，作为一个正常的、理性的人在负有某种注意义务而且具有注意能力的情况下，能够认识到某一事实的存在，我们称之为"应当知道"，百度作为网络服务提供者，从正常的、理性的认识来说，其应当对网络上流传的"色情照"等违反公法规定的内容负有注意义务，且其作为国内知名的互联网公司，也应具有注意能力。

本案被告百度作为网络服务提供者，在应当知道网络用户利用其服务传播侵犯原告名誉权照片的情况下，未采取合理的必要措施，导致侵权照片在更大范围内传播，损害了原告的名誉权，就该节事实存在过错，应当依法承担责任。

4. 网络服务提供者采取的"合理的必要措施"如何认定

合理的必要措施，是指足以防止侵权行为的继续和侵害后果的扩大并用不会给网络服务提供者造成不成比例的损害的措施，包括删除、屏蔽、断开链接、暂时中止对该网络用户提供服务等。网络服务提供者在接到通知后，应及时采取合理的必要措施。所谓"及时"，是指网络服务提供者在认识到存在侵权行为的明显可能时，就应立即采取措施，通常表现为一个有效的通知到达网络服务提供者之后，可以到他期待该网络服务提供者应处理该通知的时间段内。

本案中，原告所诉侵权内容可分为三个部分加以处理，即搜索结果中的所谓"不雅照"、原告生活照、"百度百科"中的原告个人信息及照片下载链接。

对于所谓的"不雅照"，由于违反公法规定，且侵权事实清楚，被告百度公司在"海运门"事件沸沸扬扬之时就应当知情，从而负有采取合理必要措施的义务，考虑到网络传播的特点，可将关键词过滤作为合理并且必要的措施。对于原告的生活照，因原告并无证据证明其曾就此向被告进行有效投诉，被告亦无从判断该生活照是否为侵权照片，因此被告抗辩成立，法院无法认定在此情况下被告搜索结果中存在原告生活照构成对原告名誉权的侵犯。虽然在事件发生后，原告的生活照也会成为网民的搜索对象，原告生活会因此遭受一定程度的干扰，但全国与原告同名者不可胜数，这些人同样拥有在网络上自由表达合法言论、宣传其肖像的合法权利，若要求被告主动对该类照片进行过滤，则既会给被告带来过重负担，超过合理的范畴，也会影响到公民的言论自由，两害相权取其轻，本院从保护大多数公民的言论自由出发，对原告该部分主张在本案中不予处理。对于被告"百度百科"栏目中的原告个人信息及照片下载链接，由于该信息存在于"海运女"词条下,且有词条中的补充信息介绍事件始末,因而可以认定该信息具有唯一指向性,该部分所称"海运女"、"殷虹",均指原告本人。而该词条所附链接,虽并未直接指向侵权照片,但已指向侵权照片压缩包的下载页面,并附有内容为"上海海运学院海运女艳照门最全照片合集"的文字说明,足以令一个普通阅读者清楚地认识到,通过点击该链接可以下载到侵权照片,并且该照片与"海运女"、"殷虹"有直接关联,其实质已经构成了对侵权照片的传播。通过双方对"百度百科"功能的阐述可知,该栏目类似电子公告板服务,内容由百度百科用户上传,面对不特定公众传播,并保存于被告的服务器上,根据《互联网信息服务管理办法》的规定,被告对该内容负有监管的责任。原告提交的"百度知道"打印件表明,该"海运女"词条的内容共被编辑16次,起诉前最后一次更新为2009年5月31日。按照被告网站上公布的词条编辑规则,词条创建及更新的内容都将由被告授权的编辑进行审核,因此不晚于本案诉状送达之日,被告对"海运女"词条的内容是知道或者应当知道的。但从2009年5月31日至本案开庭之日,"海运女"词条中的侵权内容并未被删除或断开链接,而本院认定,对类似电子公告板服务中存在的侵权图文信息,采取删除或断开链接等措施是合理并且必要的。因此,被告在知道或应当知道网络用户利用其服务传播侵权内容的情况下,未采取合理的必要措施,应当承担责任。

(上海市静安区人民法院 巫建强)

23. 谢薇诉华润置地(成都)物业服务有限公司隐私权案

(一)首部

1. 判决书字号:四川省成都市锦江区人民法院(2011)锦江民初字第2071号。
2. 案由:隐私权。
3. 诉讼双方

原告:谢薇,女,1971年4月11日出生,汉族。
委托代理人:刘平,四川天桥传媒文化有限公司总经理。
被告:华润置地(成都)物业服务有限公司。
法定代表人:唐勇,华润置地(成都)物业服务有限公司经理。
委托代理人:冯思然,泰和泰律师事务所律师。
委托代理人:刘俊,泰和泰律师事务所律师。
4. 审级:一审。
5. 审判机关和审判组织

审判机关:四川省成都市锦江区人民法院。

代理审判员：范薇。

6. 审结时间：2011年9月20日。

（二）诉辩主张

1. 原告诉称

2011年5月28日下午7时许，原告被本小区的业主告知，被告华润公司用手机短信的形式，向本小区的业主发送短信，该短信公开了原告楼栋号、单元号、房号。2011年5月28日晚8:30分，原告发现被告在小区的楼梯间和电梯公告栏内，张贴了"公告"。公告内公开了原告姓名、配偶姓名、家庭楼栋号、单元号、房号、原告手机号码、配偶手机号码和家庭座机电话号码。原告夫妇感到"公告"带有严重的威胁意味，遂报警。原告夫妇在110民警的陪同下，前往小区的录像监控室调阅监控录像，录像表明"公告"是本小区身穿迷彩服的保安逐栋逐单元张贴。原告夫妇利用摄像机对保安张贴"公告"的片段进行了录像。随后，原告夫妇前往东光派出所进行了备案。2011年5月29日晚8:30分左右，原告发现，被告将"公告"的内容经电脑喷绘制成长203厘米、宽103厘米的巨型展板，公示在小区的主入口。与"公告"不同的是，喷绘展板中将原告配偶的名隐去，用了"12栋3单元3楼刘姓业主"替代。虽然喷绘展板没有指出原告配偶的全名，但"12栋3单元3楼"仅4户人家，"刘姓业主"只有原告配偶一人，再结合之前的手机短信和公告，可以明确"刘姓业主"是指原告配偶，被告公布的房号系原告住址。2011年5月30日，SCTV—4的记者前来采访侵权事件，被告方负责人面对媒体，公开承认了这是被告方的行为，并认为自己有权实施这样的行为。原告认为，被告未经原告同意，以书面、手机短信形式擅自公布原告的隐私，涉及原告的婚姻状况、配偶姓名、家庭住址、手机号码、家庭电话等大量个人信息，已经侵犯了原告的隐私权，影响了原告的正常生活。故根据相关法律规定请求判令被告立即停止侵害，清除张贴的"公告"，移除公示的"喷绘展板"；被告在小区内向原告公开道歉；被告在侵权位置（楼道和电梯的公告栏）公开张贴道歉信，以消除影响；被告在小区主入口的侵权位置用喷绘的形式公示道歉信，喷绘尺寸、字数、字体不得小于原侵权内容，以消除影响；被告对所有接受了诽谤短信的人，发送澄清短信，以消除影响；被告赔偿精神损失费50 000元；被告承担本案的诉讼费。

2. 被告辩称

对在小区楼梯间张贴公告公开原告个人信息，及将公告内容制成展板放在小区的事实无异议，但对将原告配偶姓名及家庭住址进行短信群发的事实不予认可。原告及配偶刘平在翡翠城小区住所的房屋所有权证上记载，房屋所有权人为原告谢薇，其配偶刘平要以小区业主身份担任业主委员会成员、业主委员会筹备组成员、楼栋联系人，就必然会披露与原告谢薇的夫妻关系。139××××××36、852××××1、131×××××××99三个联系电话的缴费人虽然是原告，但是使用人为原告配偶刘平。小区住户的电话号码及住址在小区内本身就有一定的公开性，而且刘平担任翡翠城一期业主委员会成员、业主委员会筹备组成员、楼栋联系人的特殊身份，已主动或通过业主委员会公示方式将原告诉称的包括手机号码、家庭电话号码、家庭住址、与刘平为夫妻关系的隐私信息向小区业主进行了公布。原告诉称的上述信息已不能称其为尚未公开的隐私，且被告公告的相关内容是针对小区业主，没有超过小区范围，故被告的行为并未侵犯原告的隐私权。

（三）事实和证据

成都市锦江区人民法院经公开审理查明：原告谢薇及配偶刘平居住在锦江区华润路1号翡翠城小区一期12栋3单元304号房，被告华润公司为小区物管公司。2011年5月，华润公司向小区业主发送手机短信，短信内容为"业主朋友们：根据业主委员会与业主代表共同达成决议，于5月23日发放表决票，但以12栋3单元304业主刘平为首的所谓业主代表以各种理由阻挠发放选票，致使业主大会无法正常召开，此行为侵犯了广大业主的权利！物业公司将再与业委会、街道办协商，力争在短期内召开业主大会，让广大业主行使表决权。如再遇此类业主干扰，我司将向政府部门提出撤场申请，由此造成的一切后果，请找所谓业主代表"。

2011年5月，华润公司在小区楼梯间和电梯内张贴公告，公告的第二段内容为"公告公示后，12栋3单元304业主谢薇的爱人刘平先生以各楼栋联络人的身份联络了数十名翡翠城一期的业主，阻挠业主大会的进程，导致第四号公告的业主大会的计划工作得不到顺利召开"，公告的第三段有"2011年5月20日晚上，刘平先生联络了20名左右的业主同业主委员会在翡翠城一期会所进行了沟通"的内容，公告所附的部分业主代表名单的第一行内容为"房号：12－3－304，业主姓名：刘平，联系电话：139××××××36、852××××1、131××××××99"。华润公司制作展板发布公告公示在小区的入口，公告第二段内容为"公告公示后，12栋3单元3楼某刘姓业主以各楼栋联络人的身份联络了数十名翡翠城一期的业主，阻挠业主大会的进程，导致第四号公告的业主大会的计划工作得不到顺利召开"。公告的第三段有"2011年5月20日晚上，刘姓业主联络了20名左右的业主同业主委员会在翡翠城一期会所进行了沟通"的内容。

原告及配偶刘平在翡翠城小区的房屋所有权人登记为原告谢薇。电话号码139××××××36及852××××1的用户名称为谢薇，电话号码131××××××99的用户名称为刘平。刘平曾担任翡翠城一期业主委员会（2006年到2009年）委员、业主委员会筹备组成员，在作为候选人参加业主委员会委员的选举及当选业主委员会委员参与业主委员会活动的过程中已主动将其姓名、家庭住址和号码为139××××××36的联系电话在小区内公示。

上述事实有下列证据证明：

1. 原告身份证、被告营业执照、工商信息，证明原被告主体资格。

2. 被告张贴于楼梯间的"公告"原件，证明华润公司在小区楼梯间和电梯内张贴公告，公告内容涉及原告姓名、原告的婚姻状况、配偶姓名、家庭住址，公告后所附的部分业主代表名单涉及原告配偶姓名、原告家庭住址和139××××××36、852××××1、131××××××99三个联系电话。

3. 被告在小区喷绘的公示照片，证明华润公司制作了展板发布公告公示在小区的入口，公告内容涉及原告家庭住址和原告配偶姓名。

4. 手机群发短信照片，证明华润公司向小区业主发送手机短信，短信内容涉及原告配偶姓名、原告家庭住址。

5. 手机、座机缴费凭证，证明涉案手机、座机机主为原告，被告公布的信息为原告的私人信息。

6. 光盘信息，证明被告承认侵权事实以及小区保安在小区到处张贴公告。

7. 被告提交的物业管理业主委员会备案证书（正本）、锦江区业主大会业主委员会备案表、承诺书、2006年3月31日会议签到表、翡翠城一期首次业主大会会议形式及参会办法公告、翡翠城一期首解业主委员会候选人名单及基本情况公示（第二次）、翡翠城一期召开首次业主大会会议的公告、翡翠城一期业主大会筹备组选举会议纪要、翡翠城一期业主大会筹备组公告、翡翠城一期业主大会筹备组第六次会议纪要、翡翠城一期业主大会筹备组第六次会议补充说明、翡翠城一期业主大会及业主委员会成立公告、2006年4月6日会议签到表、翡翠城一期业主大会筹备组第一次会议纪要、翡翠城一期业主大会筹备组成员名单公告、翡翠城一期业主委员会候选人产生办法及名单公示、翡翠城一期首届候选人名单及基本情况公示（第二次）、翡翠城一期业主委员会成员联系卡、翡翠城一期第二届业主大会换届筹备组关于筹备组成员组成第一号公告、翡翠城一期业主委员会换届筹备组名单、第四次业主大会开箱计票工作签到表、业委会写的公开信、邀请业主代表的通知、刘平本人的承诺书、工作纪律、表决流程、表决票送达人员名单、表决票领发表单，证明原告的配偶刘平业委会成员的身份，刘平在作为候选人参加翡翠城一期业主委员会委员的选举及当选翡翠城一期业主委员会委员参与业主委员会活动的过程中已主动将其姓名、家庭住址和号码为139××××××36的联系电话在小区内公示。

8. 房产证，证明原告及配偶刘平在翡翠城小区住所房屋所有权人登记为原告谢薇。

9. 经过公证的证人证言及部分业主的书证，加强印证了因刘平的特殊身份，会主动或通过业主委员会公示方式将其个人信息暴露。

（四）判案理由

成都市锦江区人民法院根据上述事实和证据认为，隐私权是指自然人享有的对自己的个人秘密和个人私生活进行支配并排除他人干涉的一种人格权。自然人的姓名、婚姻状况、住址、联系电话属于自然人的个人隐私。自然人对他人在何种程度上可以介入自己的私生活，对自己是否向他人公开隐私以及公开的范围和程度等具有决定权。刘平在作为候选人参加翡翠城一期业主委员会委员的选举及当选翡翠城一期业主委员会委员参与业主委员会活动的过程中已主动将其姓名、家庭住址和号码为139××××××36的联系电话在小区内公示。因原告及配偶刘平在翡翠城小区住所房屋所有权人登记为原告谢薇，刘平要以小区业主身份作为候选人参加业主委员会委员的选举就必然会公开谢薇的姓名以及与谢薇的夫妻关系。原告姓名、原告的婚姻状况、配偶姓名、家庭住址及手机号码139××××××36，因刘平曾担任翡翠城一期业主委员会委员、业主委员会筹备组成员,已主动向小区业主公布,故上述信息已不属于原告尚未向小区业主公开的个人信息。但原告的家庭固定座机电话852××××1及手机号码131××××××99未向小区业主公开,故原告的家庭固定座机电话852××××1和手机号码131××××××99为原告尚未向小区业主公开的个人信息。

华润公司向小区业主发送手机短信,短信内容涉及原告配偶姓名、原告家庭住址,原告配偶姓名及家庭住址已向小区业主公开,故华润公司向小区业主发送手机短信内容涉及原告配偶姓名及家庭住址未侵犯原告的隐私权。华润公司在小区楼梯间和电梯内张贴公告,公告内容涉及原告姓名、原告的婚姻状况、配偶姓名、家庭住址,公告后所附的部分业主代表名单涉及原告配偶姓名、原告家庭住址和139××××××36、852××××1、131××××××99三个联系电话,原告姓名、原告的婚姻状况、配偶姓名、家庭住址及139××××××36的联系电话已向小区业主公开,故公告内容涉及原告姓名、原告的婚姻状况、配偶姓名、家庭住址、139××××××36的联系电话未侵犯原告的隐私权,但固定座机电话852××××1和手机号码131××××××99未向小区业主公开,华润公司未经原告许可,在小区楼梯间和电梯内张贴公告公开原告固定座机电话852××××1和手机号码131××××××99侵犯了原告的隐私权。华润公司制作了展板发布公告公示在小区的入口,公告内容涉及原告家庭住址和原告配偶姓名,原告家庭住址和原告配偶姓名已向小区业主公开,故展板发布公告内容涉及原告家庭住址和原告配偶姓名未侵犯原告的隐私权。

根据《中华人民共和国侵权责任法》第二条"侵害民事权益,应当依照本法承担侵权责任。本法所称民事权益,包括……隐私权……",第15条"承担侵权责任的方式主要有:(一)停止侵害;(二)排除妨碍;(三)消除危险;(四)返还财产;(五)恢复原状;(六)赔偿损失;(七)赔礼道歉;(八)消除影响、恢复名誉。以上承担侵权责任的方式,可以单独适用,也可以合并适用"的规定,华润公司向小区业主发送手机短信的内容及制作展板发布公告的内容未侵犯原告的隐私权。华润公司在小区楼梯间和电梯内张贴公告,公告内容涉及原告固定座机电话852××××1和手机号码131××××××99侵犯了原告的隐私权,故华润公司应立即停止侵害,清除其张贴的公告上的固定座机电话852××××1和手机号码131××××××99。对原告要求被告赔礼道歉的诉讼请求予以支持,因本案是由于被告发布的公告中包含有原告不愿公开的个人信息而侵犯其隐私权,不涉及在侵权造成的影响范围内恢复名誉、消除影响的问题,故被告向原告道歉不适合采取原告所主张的在楼道和电梯的公告栏张贴道歉信、用喷绘的形式公示道歉信及发送澄清短信的形式以消除影响,本院判令被告以书面形式向原告谢薇赔礼道歉。

《中华人民共和国侵权责任法》第二十二条规定:"侵害他人人身权益,造成他人严重精神损害的,被侵权人可以请求精神损害赔偿。"本案中,华润公司未经原告许可,在小区楼梯间和电梯内张贴公告公开原告不愿公开的电话号码,其侵权行为属于在履行小区物业管理职务过程中考虑不周、行为不当,虽然侵犯了原告的隐私权,但原告并无证据证明其因此受到影响。故被告的侵权行为和侵权后果轻微,并未对原告造成严重的精神损害,故对原告要求被告赔偿精神损失费5万元的诉讼请求不予支持。

（五）定案结论

成都市锦江区人民法院依照《中华人民共和国侵权责任法》第二条、第十五条的规定，作出如下判决：

1. 被告华润置地（成都）物业服务有限公司应于本判决发生法律效力之日起清除张贴公告中关于固定座机电话852××××1和手机号码131×××××99的内容。

2. 被告华润置地（成都）物业服务有限公司应于本判决发生法律效力之日起10日内以书面形式向原告谢薇赔礼道歉（内容须经本院审核）。

3. 驳回原告谢薇的其他诉讼请求。

本案案件受理费减半收取250元，由被告华润置地（成都）物业服务有限公司负担。

（六）解说

目前，我国现行法律中只有《侵权责任法》第2条民事权益范围中明示列举了隐私权，这也是我国法律第一次将隐私权作为一种独立的民事权利予以保护，但并没有对"隐私权"这一概念作出明确而又具体的定义。从理论上讲，隐私权是指自然人享有的对其个人的与公共利益无关的个人信息、私人活动和私有领域进行支配并排除他人干涉的一种人格权。隐私权作为一种基本人格权利，其主体只能是自然人，其客体包括个人信息、个人活动、个人领域。而隐私权的保护范围受公共利益的限制，任何个人与公共生活无关的那一部分私生活领域，只要不是法律和社会公共道德所必须要公开的，原则上都应当受到隐私权的保护。根据隐私权的特征，就目前国内外学者的通说，隐私权有以下四项权利，即隐私隐瞒权[①]、隐私利用权[②]、隐私维护权[③]、隐私支配权。[④] 本案涉及以下三方面的问题：

1. 原告的姓名、婚姻状况、住址、联系电话是否属于隐私权的保护范围

原告作为社会普通公民，理应享有个人隐私权。本案涉及的原告姓名、婚姻状况、家庭住址、个人电话号码这一组信息为公民个人信息，属于公民个人的无形隐私，并与个人的生活安宁相关联，应当属于隐私权的保护范围。原告对隐私信息除享有消极的保密权之外，还享有积极的处置权。在个人对其私密信息的积极控制过程中，有权决定其私密信息公开的范围和程度。个人私密信息和公开信息是相对应的概念，一旦个人的私密信息向全社会公开，就不再属于隐私的范畴。但是，隐私具有一定的相对性，隐私的秘密状态具有局部性和不平衡性，个人信息不可能总是处于绝对保密或完全公开这两种

---

① 隐私隐瞒权是指权利主体对于自己的隐私进行隐瞒，不为人所知的权利。
② 隐私利用权是指自然人对于自己的隐私权积极利用，以满足自己精神、物质等方面需要的权利。
③ 隐私维护权是指隐私权主体对于自己的隐私权所享有的维护其不可侵犯性，在受到非法侵犯时可以寻求公力与私力救济。
④ 隐私支配权是指公民对自己的隐私有权按照自己的意愿进行支配。

极端状态,在许多情况下,某些信息对于特定群体是公开的,但对于其他人则处于保密状态,当事人就其私密信息向特定人进行了披露,或者在一定范围内公开,但并不等于完全抛弃其隐私。本案中,原告姓名、原告的婚姻状况、配偶姓名、家庭住址及手机号码139××××××36,因原告配偶曾担任翡翠城一期业主委员会委员、业主委员会筹备组成员,已主动向小区业主公布,故上述信息已不属于原告尚未向小区业主公开的个人信息,不再属于隐私的范畴。而原告的家庭固定座机电话852××××1及手机号码131××××××99未向小区业主公开,故原告的家庭固定座机电话852××××1和手机号码131××××××99为原告尚未向小区业主公开的个人信息。虽然电话号码是具有通讯作用的个人信息,原告在与小区其他业主及物管工作人员的交流过程中,会将其电话号码向特定人进行披露,或者在一定范围内公开,但并不等于完全抛弃其隐私,也不能削弱对原告隐私权的保护。

2. 物管公司公布业主电话号码是否侵犯业主隐私权

与一般侵权行为的构成要件一样,侵害隐私权的构成要件有四项,一是加害人有侵害他人隐私权的具体加害行为;二是加害人有过错;三是有隐私权受到损害的后果;四是侵害行为与损害后果之间有因果关系。本案中,第一,华润公司有在小区楼梯间和电梯内张贴公告公示原告尚未向小区业主公开的固定座机电话852××××1和手机号码131××××××99的侵犯原告隐私权的具体加害行为。第二,隐私权是人格权,具有绝对权的性质,任何他人对特定民事权利主体的隐私权均负有不得侵扰的消极义务。华润公司作为小区物业管理公司,对小区业主的个人信息应当恪守保密义务,华润公司违背原告的意愿,未经原告许可,擅自将原告固定座机电话和手机号码公布,显然存在过错。第三,原告的隐私受到了侵害。隐私的损害表现为信息被刺探、被监视、被侵入、被公布、被干预等,由于个人信息是无形的,个人信息受到损害的基本形态是一种事实状态,其受到侵害的后果就不像客观物质被侵害一样具有有形损害的客观外在表现状态,华润公司实施了将原告的固定座机电话和手机号码公布的侵犯行为即造成了原告的隐私受到损害的事实。第四,华润公司实施将原告的固定座机电话和手机号码公布的行为直接导致原告的个人信息予以揭露,故华润公司侵犯原告隐私权的具体加害行为与原告隐私受损的事实之间存在因果关系。综上,华润公司未经原告许可,在小区楼梯间和电梯内张贴公告公开原告固定座机电话852××××1和手机号码131××××××99的行为侵犯了原告的隐私权。

3. 物管公司侵权责任的承担

从民事责任角度来说,华润公司侵害原告的隐私权,应当承担相应的侵权责任。原告请求华润公司通过清除张贴公告和移除喷绘展板的方式停止侵权,在楼道和电梯的公告栏张贴道歉信、用喷绘的形式公示道歉信及发送澄清短信的形式以消除影响并赔偿精神损失费50 000元。华润公司仅在小区楼梯间和电梯内张贴公告公开原告固定座机电话852××××1和手机号码131××××××99涉及侵犯原告的隐私权,故本院判令被告清除张贴公告中关于固定座机电话852××××1和手机号码131××××××99的内容。由于隐私是真实的事实,只不过当事人不愿意公开,所以一旦泄露,很难再消除影响,若采用侵害名誉权的在侵权造成影响范围内的名誉恢复方式,甚至会造成隐私在更大范围内的伤害，故本院判令被告以书面形式向原告赔礼道歉。人格权分为物质性人格权益和精神性人格权益。精神性人格权益，是指自然人对其自身所拥有的精神性人格要素享有的人格权益。隐私权作为人格权的一种，当权利人因隐私权受到侵害造成严重精神损害的，可以向侵权人请求精神损害赔偿。鉴于精神性人格权很难外化且存在个体差异，因此，在确定是否达到严重标准时，应综合考虑侵害人的主观过错，侵害手段、场合、行为方式，受害人精神受损程度，隐私传播的范围，隐私泄露对受害人以后生活的影响程度等。本案中，被告的侵权行为属于在履行小区物业管理职务过程中考虑不周、行为不当造成，且原告并无证据证明其因此受到影响。被告的侵权行为和侵权后果轻微，并未对原告造成严重的精神损害，故对原告要求被告赔偿精神损失费5万元的诉讼请求应不予支持。

（四川省成都市锦江区人民法院　范薇）

24. 阮益泳诉中国移动通信集团广东有限公司侵权案

（一）首部

1. 判决书字号：广东省茂名市茂南区人民法院（2011）茂南法民初字第1604号。
2. 案由：侵权纠纷。
3. 诉讼双方

原告：阮益泳。

被告：中国移动通信集团广东有限公司，地址：广州市天河区珠江新城珠江西路11号广东全球通大厦。

负责人：徐龙，总经理。

委托代理人：黎远飞、王伟娣，广东海日律师事务所律师。

4. 审级：一审。
5. 审判机关和审判组织

审判机关：广东省茂名市茂南区人民法院。

独任审判员：梁准。

6. 审结时间：2011年12月16日。

（二）诉辩主张

1. 原告诉称

原告使用被告中国移动通信集团广东有限公司（以下简称广东移动）的全球通手机

号码，自2009年2月起，原告的手机不断收到被告数据部信息群发中介平台（发送号码如：1065866688、1065866601、1065810396）发来的短信息及彩信，自2009年2月至2011年10月14日期间，收到被告的骚扰信息多达500条，虽然原告多次与被告沟通，要求停止骚扰行为，但是一直未能解决此问题。原告于2011年7月委托律师就此事发函给被告，要求被告彻底解决此事，但至起诉前仍有持续的骚扰行为。原告认为，被告长时间、持续性、大量地发骚扰信息的行为已经构成侵权，严重干扰自己的生活及工作，给自己的生活安宁及工作通讯带来极大的不便，为此，请求法院依法判决：（1）判令被告停止信息骚扰的侵权行为；（2）判令被告赔偿精神损失费9 800元；（3）本案所有的诉讼费用由被告负担。

2．被告辩称

（1）原告诉称答辩人对其发送骚扰信息不是事实，根据原告提供的证据可以证实，答辩人向原告所发送的信息内容健康、文明，都是宣传答辩人的企业文化和日常生活常识等，可以起到开阔视野的作用，并无任何不良信息或商业广告。这些信息，均在原告正常的工作时间之内发送，且每天不足一条，这样的数量根本无法达到如答辩人所称的严重影响了原告的工作和休息的效果，原告实为夸大其辞。（2）原告称于2011年7月委托律师就此事发函给答辩人要求彻底解决此事，答辩人在接到原告要求时，认真对待、积极查证，但因其律师函中的号码并非原告诉状中的号码，故造成原告的号码仍接收到答辩人发送的信息。自答辩人收到法院传票时，已积极查证，并停止了发送行为。（3）原告要求答辩人赔偿精神损失费9 800元没有事实与法律依据，依照法律相关规定，侵害民事权益依法应当包括生命权、健康权、名誉权、隐私权等权利，但本案原告仅因答辩人发送信息的行为即认定是侵权没有事实与法律依据。综上，答辩人发送信息的行为并不构成民事侵权，请求法院依法驳回原告的诉讼请求。

（三）事实和证据

茂名市茂南区人民法院经公开开庭审理查明：自2009年2月起，被告广东移动以免费手机短信的方式向移动用户原告使用的手机号码发送信息，自2009年2月至2011年10月14日期间，收到被告数据部信息群发中介平台（发送号码如：1065866688、1065866601、1065810396）信息多达500条。原告多次向广东移动投诉，要求停止发送这类信息，但仍未停止。2011年7月，原告委托律师就此事发函给被告要求停止发送信息行为，但因其律师函中的号码并非原告诉状中的号码，故造成原告的手机仍接收到被告发送的信息。2011年10月25日，原告以被告的发送行为造成其生活安宁及工作极大的不便为由起诉至法院，要求被告停止发送信息的侵权行为及赔偿精神损失费9 800元，双方致成纠纷。

另查明：原告曾是被告广东移动的员工，2009年2月双方解除了劳动合同关系，原告在职期间一直都收到被告此类信息。自原告离职后，被告应当停止再继续发送这类信息给原告，但因涉及被告内部系统的管理等技术上的问题，未能及时解决，导致原告不满。2011年11月7日，被告收到本院的传票时，已及时处理，停止了发送上述此类信息给原告。

以上事实有下列证据证明：

1. 原告提供的《律师函》，证明被告长期群发信息骚扰原告的事实。
2. 原告信息清单，证明被告长期群发信息骚扰原告的事实。

（四）判案理由

茂名市茂南区人民法院经审理认为：本案争议的焦点在于被告广东移动通过免费短信发送信息给原告的行为是否构成民事侵权？根据本案认定的事实，被告广东移动发送的信息，实质上是宣扬企业文化和日常生活常识等内容，但自原告离职后，这类发送给员工的信息应当停止发送给原告。自原告离职后，其身份是一名消费者，作为消费者，有拒绝和接受服务的权利，经营者不得强制消费者接受其服务，即使是免费的项目亦不得违背消费者意愿强行赠送。当然，广东移动作为通讯运营商，可以向手机用户发送信息，但其发送信息的次数不得过多，以不干扰手机用户的正常生活为限。

就本案具体而言，被告广东移动就此长时间、多数量、不间断向原告发送信息，且在原告已多次向被告表示生活受干扰，要求停止发送此类信息的情况下，仍未停止。虽然原告向被告发律师函中号码搞错，但被告未做到认真核查处理。此时，被告已违背原告的自主意愿，客观上是一种强制向原告手机发送信息，强制原告接受信息的行为。此行为违反了民法平等、自愿原则和宪法赋予的公民通讯自由权，因此，被告具有明显的过错和违法性，侵害了原告不接受该信息的自主选择权及生活安宁权。虽然我国民法目前明文规定的具体人格权只有姓名权、健康权、身体权、肖像权、名誉权、隐私权等，并未明确规定自主选择权和生活安宁权作为具体人格权。但是，我国宪法和民法同时也确立了自然人人身自由、人格尊严、人格独立、人格平等的一般人格权利。我们无法否认人格权是一种要求个人之生存、发展与自由，并受人尊重与重视之权利。一般人格权作为一种涉及公民生存、发展和受尊重的权利，法律所要保护的人格利益是多种多样的，主体的何种人格利益应该受到法律的保护，法律无法一一作出列举式的明确界定。综上所述，原告主张的自主选择权和生活安宁权应当包含在关于人之存在价值、人身自由和人格尊严、独立、平等的一般人格权利益当中，即属于最高人民法院《关于确定民事侵权精神损害赔偿责任若干问题的解释》第1条第2款规定的"违反社会公共利益、社会公德侵害他人隐私或者其他人格利益，受害人以侵权为由向人民法院起诉请求赔偿精神损害的，人民法院应当依法予以受理"中的"其他人格利益"。

关于精神损害赔偿部分，所谓精神损害赔偿，是指行为人的行为使被侵害人的人格权、受法律保护的人格利益、身份权利等遭受侵害时，赔偿义务人依法应承担的向赔偿权利人给付精神损害赔偿金的制度。从精神损害赔偿的定义可知，精神损害赔偿针对的仅是行为人行为给被侵害人造成的心理和肉体上的无形痛苦，这种痛苦往往隐藏于被侵害人自身，具有个体差异性，很难完全外在表现，更无法用金钱客观衡量。但是，正是因为精神损害本身的无形性和个体差异性，决定了很难以单一的标准直接确定精神损害赔偿的具体数额，必须通过法官的自由裁量方式进行。最高人民法院《关于确定民事侵权精神损害赔偿责任若干问题的解释》第 8 条第 1 款："因侵权致人精神损害，但未造成严重后果，受害人请求赔偿精神损害的，一般不予支持，人民法院可以根据情形判令侵权人停止侵害、恢复名誉、消除影响、赔礼道歉。"就本案具体而言，被告广东移动已停止了侵权行为，就信息发送的时间、内容、次数等综合因素考虑，未给原告的生活、工作造成严重后果。因此，鉴于被告已停止信息发送的侵权行为，原告再请求被告赔偿精神损失费 9 800 元，其理据不足，本院不予支持。

（五）定案结论

茂名市茂南区人民法院依照最高人民法院《关于确定民事侵权精神损害赔偿责任若干问题的解释》第二条、第八条，《中华人民共和国民事诉讼法》第六十四条之规定，判决如下：

驳回原告阮益泳的诉讼请求。

案件受理费 25 元，其他诉讼费用 100 元，共计 125 元，由被告负担。

（六）解说

本案紧紧抓住被告广东移动通过免费短信发送信息给原告的行为是否构成民事侵权以及构成何种侵权的争议焦点，结合个案实际情况，得出被告长时间、多数量、不间断向原告发送信息，且在原告已多次向被告表示生活受干扰，要求停止发送此类信息的情况下，仍未停止，虽然原告向被告发律师函中号码搞错，但被告未做到认真核查处理的行为是违背原告的自主意愿，强制向原告手机发送信息，强制原告接受信息的行为，此行为违反了民法平等、自愿原则和宪法赋予的公民通讯自由权，因此，被告具有明显的过错和违法性，侵害了原告不接受该信息的自主选择权及生活安宁权的结论。另外，就被告行为构成何种侵权的问题，本案进行了深入分析，明确虽然我国民法目前明文规定的具体人格权只有姓名权、健康权、身体权、肖像权、名誉权、隐私权等，但我国宪法和民法同时也确立了自然人人身自由、人格尊严、人格独立、人格平等的一般人格权利。一般人格权作为一种涉及公民生存、发展和受尊重的权利，法律所要保护的人格利益是多种多样的，主体的何种人格利益应该受到法律的保护，法律无法一一作出列举式的明确界定。所以，原告主张的自主选择权和生活安宁权应当包含在关于人之存在价值、人身自由和人格尊严、独立、平等的一般人格权利益当中，即属于最高人民法院《关于确定民事侵权精神损害赔偿责任若干问题的解释》第 1 条第 2 款"违反社会公共利益、社会公德侵害他人隐私或者其他人格利益，受害人以侵权为由向人民法院起诉请求赔偿精神损害的，人民法院应当依法予以受理"中的"其他人格利益"。上述两点是本案的最大亮点。目前该案已经生效，双方当事人均服判息诉，切实做到了案结事了。

（广东省茂名市茂南区人民法院　梁准）

25. 战一诉创融投资顾问有限公司人格权案

(一) 首部

1. 判决书字号：北京市朝阳区人民法院（2011）朝民初字第03088号。
2. 案由：人格权纠纷。
3. 诉讼双方

原告：战一，北京摩纳国际影视投资有限公司职员。
委托代理人：胡怀玉，北京市合川律师事务所律师。
委托代理人：李洋，北京市合川律师事务所律师。
被告：北京创融投资顾问有限公司（下称"创融公司"），住所地：北京市朝阳区广渠门外大街8号优士阁A座1811室。
法定代表人：林永清，总经理。
委托代理人：高宏道，北京市高宏道律师事务所律师。
委托代理人：吴健，北京创融投资顾问有限公司职员。

4. 审级：一审。
5. 审判机关和审判组织

审判机关：北京市朝阳区人民法院。
合议庭组成人员：审判长冯慧；代理审判员：李刚、牛元元。

6. 审结时间：2011年8月23日。

(二) 诉辩主张

1. 原告战一诉称

2010年5月16日，我上网时发现被告的网站（www.chinavalue.net）上刊登了"揭秘北京天上人间真正陪伴小姐照片"的报道，我点击进入后发现该报道的第一张照片居然盗用了我在某著名摄影师的摄影棚内拍摄的照片，并在该照片下方以文字说明的方式直接捏造了主人公身份信息。我现在作为职业演员，曾经留学海外，家庭背景良好，但被告作为营利性网站，基于自身经营需要，为追求经济效益，未经我同意刊登我的照片，而且是在该报道中使用，与照片相对应的信息也属被告捏造，被告的行为严重侵害了我的名誉权和肖像权，从网友在开心网及博客上的留言可以发现该报道已经严重贬低了我的个人形象和名誉，给我的演艺事业和前途都带来了相当不利的影响，同时也给我造成了严重的精神损害和直接的经济损失。对于广大网民来说，他们在被告的网站上浏览到我的照片，阅读到相关文字信息，无论照片和信息出处，都会认为是被告刊登的。被告作为网站所有者、经营者和管理者,有时虽然难以对刊登的内容是否损害他人权益进行审查,但对于一些可能涉及损害他人权益的负面信息,应负有一定的审查、管理职责,并采取相应的措施予以控制,若其未尽到谨慎审查义务,而允许登载未核实真伪的信息,则应当承担侵权责任。浏览该照片和信息的网民不计其数,各相关网站提高了自己网站的点击率,进而提高了广告位的收入,却没有考虑到我所受到的伤害。基于此,我于2010年5月19日在新浪网的个人博客上发表声明,就相关媒体冒用、转载我的照片及报道不实一事声明我的立场,并委托北京市合川律师事务所公开发表律师函,要求包括被告在内的刊登侵权照片和信息的相关媒体赔礼道歉、恢复名誉,并赔偿精神损失。2010年7月6日,我委托律师正式向被告发出了律师函,但被告对此无动于衷。故我诉至法院,要求被告赔偿侵害名誉权的精神损害抚慰金2万元和侵害肖像权的精神损害抚慰金2万元,并赔偿我公证费1661元。

2. 被告创融公司辩称

我公司系价值中国网(www.chinavalue.net)的经营实体。原告所述包含其照片及相应文字说明的信息是我公司网站的网友郑劲松从中华网转载并发布在其个人博客内,并非由我公司原创并发布在网站公共区域内。假如发生了侵权行为,原告有权通知我公司采取删除、屏蔽和断开链接等必要措施,但原告并没有在发现侵权行为后行使通知权。虽然原告委托律师向我公司发出律师函,但在此之前,我公司根据网站经营定位,认为郑劲松转载发布的该照片和文字信息与我公司设立网站的宗旨相悖,而于2010年6月18日主动断开了该网页链接,网络用户已经无法通过我公司网站访问该网页。从权利主张主体来说,原告不能证明其本人就是照片中的人物。从侵权行为构成来说,原告也不能证明涉案照片和文字信息是我公司利用网络侵害了其民事权益,我公司并没有侵权的主观动机,也没有实施任何侵权行为。事实上,我公司至今也不知道郑劲松发布的内容是否真实合法,因此不存在知道侵害而未采取必要措施的情节。从互联网的技术特征来说,互联网的技术特征决定了任何人都不可能对网络言论进行百分之百的审查,法律也没有要求网络服务提供者对网友发布的内容进行审查,也没有赋予网络服务提供者审查网友发布内容的权利。侵权责任法对于网络侵权也有专门规定,规定了网络服务者的审查责任,对网络侵权正确界定了法定责任。按照侵权责任法,原告不能向我公司主张侵权。我公司是我国率先实行网络实名制的"价值中国网"的主办人,为净化网络、保护一切人的合法权益而推行网络实名制,原告主张被众多网站侵权,但唯独我公司明确告知实施侵权行为的是郑劲松,这是网络实名制的优势。因此,我公司没有对原告实施侵权行为,不应承担任何责任,故不同意原告的诉讼请求。

(三) 事实和证据

北京市朝阳区人民法院经公开审理查明:原告于1982年10月20日出生,户籍地为山东省烟台市芝罘区瀛州街。

被告系价值中国网(网站地址为www.chinavalue.net)的经营者。2010年5月14日,价值中国网刊登标题为"揭秘北京天上人间真正的'陪侍小姐'照片"的文章。该文章的标题栏为"揭秘北京天上人间真正的陪侍小姐照片——郑劲松－职业日志－价值中国网：网络就是社会"，文章网址为"http：//www.chinavalue.net/Blog/351894.aspx"；正文标题下方注明"郑劲松转载自中华网2010-5-14 10：02"；正文文字内容后附有若干张图片，其中第一张图片使用的是原告于2009年5月30日上传到新浪网个人博客"名成战一"中的照片，该个人博客系对公众开放的大众博客；文章中原告照片下方所附文字信息为："姓名瑶瑶，年龄19岁，身高173cm，祖籍湖北恩施"。在该文章所在网页可见：文章文字内容右侧有郑劲松个人简介及个人主页、站内消息的链接；文章内容下方有"郑劲松的近期作品"之链接。2010年5月18日，经原告申请，北京市长安公证处从网址"http：//www.chinavalue.net/Blog/351894.aspx"进入上述文章页面，对相应网页内容进行了保全公证。

2010年5月19日，原告在新浪网其个人博客"名成战一"中发表公开声明，就包括价值中国网在内的全国乃至全球华人区各个网站、论坛、贴吧、博客等媒体转载涉案照片及信息的不实报道一事，声明自己并非天上人间的陪侍小姐，涉案照片系被盗用，其将保留对所有涉及网站追究其法律责任的权利。同年5月21日，战一在该个人博客公开发表北京市合川律师事务所作出的律师函，要求刊登涉案照片及信息的各网站、论坛、贴吧、博客等媒体应当向原告公开赔礼道歉、消除影响、恢复名誉并赔偿损失。

2010年7月6日，原告就价值中国网登载涉案照片及文字信息涉及侵害其肖像权、名誉权一事，向被告发出《律师函》，称涉案照片盗用原告照片并诋毁其为天上人间的陪侍小姐，该信息纯属捏造，要求被告向其赔礼道歉、消除影响、恢复名誉并支付损害赔偿金。被告称其于2010年7月8日左右收到该《律师函》。

庭审中，原告称涉案照片系盗用其本人在新浪网个人博客"名成战一"中发布的照片，并提供了北京市正阳公证处的（2010）京正阳内民证字第4720号公证书，以证明公证员及公证业务辅助人员于2010年10月26日到北京市朝阳区白家楼村430号东侧平房摄影棚的化妆间内，在场见证原告在与涉案照片相同拍摄地点拍摄照片，且新拍照片中的背景及人物形象与涉案照片一致的事实，被告对涉案照片中的人物系原告之事实予以认可。原告主张涉案照片所附文字信息系捏造，其本人有正当职业并非天上人间陪侍小姐，并提供了北京市摩纳国际影视投资有限公司出具的《在职证明》予以佐证，该证明表明原告于2009年4月起在该公司影视经纪部门任职，被告对此表示无法确认真实性。原告主张其为办理公证手续支出公证费，其在本案中主张的费用系对包含被告在内的10家公司进行证据保全公证的费用进行平均计算后的金额，被告对其提供的公证费发票真实性予以认可，但以未实施侵权行为为由不同意赔偿该费用。

被告主张包含涉案照片及文字信息的文章并非其网站编辑并发布在网站公共区域，而是网络用户郑劲松在其个人博客中发布，原告对此不予认可。被告主张其在收到《律师函》之前已于2010年6月18日因包含涉案照片及文字信息的文章不符合该网站经营主旨而主动以后台取消审核的方式断开该文章链接，并提供了其后台操作记录，原告对此予以认可，但主张被告具有事先审核能力但未尽到审核义务。被告主张价值中国网实行"网络实名制"，如注册成为其会员需进行网络实名验证，并提供了郑劲松的身份证号，被告据此主张其无须对网络用户的侵权行为承担责任。原告对价值中国网实行"网络实名制"未持异议,但主张网民因无法知悉被告与其会员之间的关系及被告的管理制度,而会认为涉案照片及文字信息系价值中国网网站发布,并据此认为被告应当对此承担责任。

上述事实有下列证据证明:

1. 北京市长安公证处于2010年6月11日出具的(2010)京长安内民证字第5289号公证书,内容为:公证人员于2010年5月18日从网址"http://www.chinavalue.net/Blog/351894.aspx"进入价值中国网相关页面,对该页面登载的"揭秘北京天上人间真正的陪侍小姐照片"全文及照片进行证据保全;

2. 北京市长安公证处于2010年6月11日出具的(2010)京长安内民证字第5298号公证书,内容为:公证人员于2010年6月10日从"http://www.kaixin001.com"网站进入lingyi_2199@hotmail.com账户内相应转帖页面,对网友对"揭秘北京天上人间真正的陪侍小姐照片"的相关评论进行证据保全;

3. 北京市正阳公证处的(2010)京正阳内民证字第4720号公证书,内容为:公证人员于2010年10月26日到北京市朝阳区白家楼村430号东侧平房摄影棚的化妆间内,在场见证原告在与涉案照片相同拍摄地点拍摄照片,且新拍照片中的背景及人物形象与涉案照片一致;

4. 北京市摩纳国际影视投资有限公司出具的《在职证明》,内容为:原告于2009年4月起在该公司影视经纪部门任职;

5. 原告于2010年5月19日在其个人博客"http://blog.sina.com.cn/yi2199"中发布的《声明》网页打印件,内容为原告对其照片被盗用一事保留追究法律责任的权利;

6. 北京市合川律师事务所于2010年5月21日在原告个人博客"http://blog.sina.com.cn/yi2199"中发布的《律师函》网页打印件;

7. 原告办理公证支出的公证费发票,证明其因此事申请公证产生的经济损失;

8. 价值中国网管理系统中关于对郑劲松转载的"揭秘北京天上人间真正的陪侍小姐照片"取消审核的记录,表明被告于2010年6月18日对该资信以取消审核方式断开了相关链接。

(四)判案理由

北京市朝阳区人民法院经审理认为:合法的民事权益受法律保护。网络用户利用网络服务实施侵权行为的,被侵权人有权通知网络服务者采取删除、屏蔽、断开链接等必要措施。

根据本案已查明的事实和现有证据,原告与被告争议的焦点有三:

1. 被告是否系利用网络服务侵犯原告名誉权、肖像权的直接侵权人。本院认为,根据原告所做公证的网页及现有证据表明,价值中国网为其会员提供信息存储空间网络服务平台,包含涉案照片及文字信息的文章系价值中国网的会员郑劲松从中华网转载并发布在价值中国网其个人博客中,被告并非该文章的编辑者及发布者,该文章亦非发布在价值中国网的公共区域。因此,被告并非系利用网络服务侵犯原告人格权益的行为人，即非直接侵权人。

2. 被告对网络用户在其提供的网络平台中转载包含涉案照片和文字信息的相关文章之行为是否应当承担事先审查义务。原告主张被告作为网络服务者对具有消极意义的网络资讯应当进行事先审查，但并无证据表明被告在网络用户郑劲松转载该文章时已知悉文章中的照片及文字信息具有原告所述的消极意义，亦无证据表明被告在收到原告的《律师函》之前已明知该照片和文字信息涉嫌侵犯原告人格权益，而法律亦未课以网络服务者对网络用户在其网络平台内发布的资讯逐一进行事先审查的法定义务。故原告主张被告应当承担事先审查义务，于法无据，本院不予认定。

3. 对网络用户实施的网络行为，被告是否存在使其损害后果扩大的行为与过错。本案中，被告在原告向其发出《律师函》之前，就因包含涉案照片和文字信息的文章与该网站经营主旨不符，而主动断开了涉案文章的链接，此时被告并不当然知悉涉案照片和文字信息侵害了原告的人格权益。因此被告并不存在扩大损害后果的行为及过错。

基于本院认定的前述事实，被告并非侵害原告人格权益的直接侵权人，亦不存在扩大损害后果的行为和主观过错，法律亦未课以其对网络用户的行为进行事先审查的法定义务，故被告不应当对原告承担侵权责任。现原告要求被告赔偿侵害名誉权和肖像权的精神损害抚慰金，及保全证据支出的公证费，于法无据，本院不予支持。

（五）定案结论

北京市朝阳区人民法院依照《中华人民共和国民法通则》第五条之规定，作出如下判决：

驳回原告战一的诉讼请求。

案件受理费300元，由原告战一负担（已交纳）。

（六）解说

本案涉及如下法律问题：

1. 网络服务者对网络用户在其网络平台中发布的资信应承担何种限度的审查义务

近些年，互联网在我国飞速发展，目前我国拥有世界上最庞大的网民群体。随着互联网的发展和普及，网络上的信息涉及面之宽、传播速度之快都呈现出前所未有的状态。目前，我国网络资信的特点是：（1）大部分网站不要求用户实名登记并发布资信；（2）网络用户可以对网络资信自由转载；（3）资信真实性难以保障。正是基于这些特点，网络侵权行为有了滋生的网络环境。近年来，出现了多起影响较大的侵犯网络人格权益的事件。在此种情势下，网络人格权保护问题显得尤为突出，而网络服务者作为网络平台提供者，其对包括人格权保护在内的网络民事权益保护负有当然的责任，即对网络用户的网络行为应承担某种法定义务。互联网在我国发展的十几年间，对网络服务者应承担的主要义务形成以下共识：（1）一般注意义务，即对其传输的资信（包括从其他网站转载及其网络用户自行上传）是否符合社会善良公俗及社会一般行为准则要求负有基本的审查义务。但是这种基本的审查应发生在何阶段，并无统一认识。（2）对网络用户的告知义务，即对于网络用户在享受网络服务时享有何种权利、应负何种义务的告知。比较广泛和常见的就是网络服务者在用户注册时提供的、通过注册必须同意的用户守则。（3）删除侵权资信的义务，即对其网络平台中发布的资信被确认为属于侵犯他人权益时应承担的删除相关侵权资信的义务。这些得到普遍认同的义务在没有法律规范界定的情况下，更大程度上体现为一种自律行为，而且没有统一的衡量尺度和判断标准。在这些基本义务中，一般注意义务即审查义务应是最基本的，也是其他义务的基础。

在《中华人民共和国侵权责任法》（以下简称《侵权责任法》）颁布实施之前，关于民事侵权责任的法律规范只有《中华人民共和国民法通则》（以下简称《民法通则》）中的原则性规定，《民法通则》因颁布时间较早，并未涉及网络侵权责任问题。此后，全国人大常委会、国务院及公安部等部门曾针对互联网管理问题陆续颁布了一些决定、管理办法等，但主要都是针对网络安全的行政管理、对危害网络安全和利用网络实施犯罪行为如何认定并追究刑事责任等问题予以规范。而关于网络侵权民事责任问题，以及与此直接相关的网络服务者民事行为准则及法定义务问题则无相应规范，成为被法律"遗忘的角落"。

2010年7月1日开始实施的《侵权责任法》第36条则是在我国民事法律规范领域内创造性地确立了网络侵权责任规则，将数字版权领域内的"避风港规则"扩张适用到包括网络人格权保护在内的所有网络民事侵权责任领域。该条文第2款规定："网络用户利用网络服务实施侵权行为的，被侵权人有权通知网络服务提供者采取删除、屏蔽、断开链接等必要措施。网络服务提供者接到通知后未及时采取必要措施的，对损害的扩大部分与该网络用户承担连带责任。"该条款为提示规则，为网络服务者提供了法律上的免责空间，即所谓"避风港规则"。从该条款可以看出，网络服务者对网络用户的网络行为所承担的审查义务是在接到侵权通知后才发生的，而且是针对特定资信的审查，即事后审查与特定审查。法律并未要求网络服务者对网络用户发布的资信承担事先审查和普遍审查义务。这就意味着，即使网络用户发布的资信构成侵权，根据该规则，网络服务者接到通知之前为网络用户提供的网络服务行为也可以免责。

网络服务者承担何种限度的审查义务直接影响到公众言论自由保护、互联网发展环境，而且对社会风气、文化道德等方面都会产生影响。对网络服务者苛以严格的审查义务，可以将不良信息及涉嫌侵权的信息在发布前就筛除，最大限度防止网络侵权行为发生，但却有侵犯公众言论自由、阻塞言路之嫌，并会在一定程度上阻碍互联网发展；而较为宽容的态度虽可保障言论自由、促进网络繁荣，却也可能导致网络道德环境恶劣，污染社会风气，使人人自危。因此，给网络服务者恪以何种限度的审查义务，是立法者通过各种利益衡量而作出的最终选择，是不同的价值追求之间进行的一场博弈。

而实际上，即使是严格的审查义务也不意味着要求网络服务者要对网络用户发布的资信事先进行逐一筛查。理由在于：首先，从网络服务者的定位及其作用来看，对于提供网络平台的网络服务者来说，其主要是为网络用户发布网络资信提供虚拟平台和技术支持，并不干涉网络用户如何实施网络行为，更无权对网络用户的行为是否侵权作出主观判断。其次，从网络服务者的能力来看，以防止侵权为目的，要求网络服务者对网络用户发布的资信进行事先逐一审查很难实现。网络是无国界的，而网络中发布的资信则是海量的，在同一时刻都会有多条资信发布在网络上，这种情况下要求网络服务者在资信发布前就对资信进行逐一审查难度很大。而且在无证据的情况下对资信是否涉嫌侵权作出判断，具有主观性，无法设定统一评断标准。再次，从技术角度来看，网络服务者对资信的审查一般是以某些词汇为目标设定相应计算机筛查程序，而非对资信进行逐一阅读并核实其真实性。

综合多方面因素考虑，网络服务者对网络用户之网络行为所承担的审查义务界定为事后审查和特定审查（或是针对性审查）较为科学、合理，具有可操作性。侵权责任法也正是如此规定，这在现阶段有利于保障公众自由发表言论，广开言路，促进网络繁荣，扩大涉众信息公开化程度。但是，不可否认，在保障公众充分、自由发表言论的同时，为净化网络环境、坚守良好的社会风气，单纯地依靠事后审查和特定审查则显得有些力不从心。立法者还应当从多方面完善网络民事权益保护规范，例如设置严格的网络服务者准入条件和管理规则，制定严格的惩处规则，对违反规则的网络服务者施以严厉的惩处措施，对严重的违规行为甚至可以采取刑事制裁，进而淘汰一些唯利是图、不遵守规则的网络服务者，促进互联网良性健康发展；同时，还应设置完善的网络用户行为规范和惩罚规则，为网络用户提供明确行为准则，绝不因"法不责众"而放任网络用户的侵权行为，进而规范网络用户的网络行为，净化网络环境。

本案中，涉嫌侵权行为是发生在侵权责任法实施之前，创融公司删除相关资信的时间也是在侵权责任法实施之前，根据侵权责任法的适用原则，虽然本案并不适用侵权责任法，但是民法通则与侵权责任法对侵权行为构成要件的规定则是一致的。根据对创融公司之行为是否符合侵权行为构成要件之分析，并考虑要求创融公司在其会员发布资信时即对资信进行逐一审查并不现实，故法院作出如上认定与判决。该认定与侵权责任法中关于网络侵权的立法精神与原则是一致的。

2. 在被侵权人通知网络服务者对网络用户的侵权行为采取必要措施之前，网络服务者主动删除侵权信息的，网络服务者是否还应当承担侵权责任

如前所述，《侵权责任法》第36条第2款是"提示规则"，而第3款则是"知道规则"，该款规定："网络服务提供者知道网络用户利用其网络服务侵害他人民事权益，未采取必要措施的，与该网络用户承担连带责任"。根据"提示规则"和"知道规则"，以网络服务者在网络用户实施网络行为时是否知道网络用户的行为涉嫌侵权作为划分标准，网络服务者对网络用户的行为承担责任的情况有两种：

一是网络服务者虽然事前不知道网络用户利用网络服务侵权，但在接到被侵权人通知后未及时采取删除、屏蔽、断开链接等必要措施。在此种情况下，网络服务者承担责任的条件是：（1）网络用户利用网络服务者提供的网络服务实施了侵害他人民事权益的行为；（2）网络服务者并不知道网络用户利用网络服务侵害他人民事权益；（3）被侵权人向网络服务者发出被侵权通知要求其采取措施；（4）网络服务者在接到通知后未采取或未及时采取必要措施。

二是网络服务者在网络用户实施网络行为时即明知该行为涉及侵权但未采取必要措施的。在此种情况下，服务者承担责任的条件是：（1）网络用户利用网络服务者提供的网络服务实施了侵害他人民事权益的行为；（2）网络服务者对网络用户实施侵害他人民事

事权益的行为是明知的;(3)在明知的情况下仍允许或放任网络用户利用其网络服务,而未采取删除、屏蔽、断开链接等必要措施。

无论属于上述哪种情况,网络服务者承担责任的归责原则都是过错责任,即行为人主观上有过错方有责任,无过错即无责任。

网络服务者在接到通知之前主动采取必要措施的,是否应当对网络用户的侵权行为承担责任,也需区分不同情况:一是网络服务者在网络用户利用网络服务实施网络行为时,确实不知或不当然得知网络用户的行为存在侵权的情况。此时,网络服务者对网络用户的侵权行为造成的损害后果并不具有主观过错,而且其主动采取的必要措施也在一定程度上阻止了损害后果继续扩大,此种情况下,网络服务者是不应当对网络用户的行为承担责任的。二是网络服务者在网络用户实施网络行为时,就已经知道该行为侵权或涉嫌侵权,但未阻止网络用户实施该行为,而且为该行为提供网络服务。此种情况下,网络服务者对该网络侵权行为的实施及造成损害后果是具有主观过错的,在网络用户成就该侵权行为时,网络服务者提供网络服务的行为就已经符合了一般侵权责任的构成要件。即使其在此后主动采取必要措施,也只能视为自行停止侵权行为,而不能排除其先前行为的违法性,其仍然应当对先前的侵权行为所造成的损害后果承担民事责任。

我们再看本案情况,战一认为价值中国网发布的涉案资信侵犯其名誉权和肖像权等人格权益,并于2010年7月6日向创融公司发出通知。但实际上,创融公司在2010年6月18日已经主动断开涉案资信的链接。无论创融公司实施这一行为的真实原因是否如其所述,从客观上看,创融公司在网络用户郑劲松在其个人博客中发布涉案资信时,在接到战一的通知之前,并无途径或可能得知该资信侵害了战一的民事权益,即其是在不知情的情况下为郑劲松发布涉案资信提供了网络平台。如果郑劲松该行为侵害了战一的人格权,创融公司对此并无主观过错,而且在接到战一的通知之前就采取了断开链接的措施,使广大网民自此后无法在价值中国网上再看到该资信的链接及具体内容,阻断了郑劲松该侵权行为的延续,阻止因郑劲松该行为产生的损害后果继续扩大。因此,创融公司提供网络服务的行为不具备侵权行为构成的主观要件,就不需要承担网络侵权责任,即无过错即无责任。

3. 网络实名制是否会弱化网络服务者的法律责任,能否成为减免网络服务者法律责任的"护身符"

网络实名是指网络用户在网络上发布资信时需要先经过身份验证,即要求网络用户以真实身份发布网络资信,旨在净化网络环境,减少网络上的不良资信,促进网络用户对自己的网络行为负责。韩国是世界上首个实行网络实名制的国家。2005年10月,韩国政府决定逐步推行网络实名制,并发布了相关法规。根据规定,网民在网络留言、建立和访问博客时,必须先登记真实姓名和身份证号,通过认证方可使用。2006年年底,韩国国会通过《促进利用信息通信网及个人信息保护有关法律》修正案,规定了网络身份验证及相关法律责任问题。自2008年1月28日起,韩国的主要网站按照韩国信息通信部的规定,陆续实施网络实名制,登录这些网站的网络用户必须在输入个人真实身份证号码等信息并得到验证后才能在网站上发布资信。目前,韩国已通过立法、监督等措施,对网络邮箱、网络论坛、博客乃至网络视频实行实名制。

是否实行网络实名制，近几年在我国也是争议不断的话题。无论是专家还是普通公众对此褒贬不一。笔者在这里不对是否应当实行网络实名制作出判断，而是重点探讨网络实名制是否会成为减轻或免除网络服务者法律责任的"护身符"。

前面笔者已经分析了网络服务者对网络用户的侵权行为承担法律责任的问题。那么，在实行网络实名制的网站，在能够明确网络用户真实身份的情况下，网络服务者是否就不需要对网络用户的侵权行为承担法律责任呢？笔者对此持否定态度，即网络服务者对网络用户的侵权行为是否应当承担法律责任要看是否具备侵权行为构成要件，是否符合《侵权责任法》第36条规定的承担责任的情形，而不取决于网络用户是否经过实名验证。也就是说，网络服务者是否承担法律责任，取决于其主观态度及客观行为，与网络用户的身份无关。在实行网络实名制的网站，网络用户发布资信前经需过身份验证，即使能够明确网络用户的真实身份，如果网络服务者在网络用户发布资信时就已经知道该资信侵害他人权益而继续为用户提供网络服务，或是在接到被侵权人通知后怠于采取必要措施，网络服务者仍然应当对侵权行为承担法律责任，要么就侵权行为的全部损害后果与网络用户承担连带责任，要么对损害后果的扩大部分与网络用户承担连带责任。

那么在网络民事权益保护领域，实行网络实名验证意义何在？笔者认为，网络实名验证主要是从规范网络用户的网络行为方面对互联网产生作用，约束网络用户的行为，督促其合法利用网络，但并不能减轻或免除网络服务者自身应当承担的法律义务，也不能成为其减免法律责任的"护身符"。这并不是否定网络实名制在网络民事权益保护中的积极意义，毋庸置疑，在发生网络侵权时，实行网络实名验证可以明确直接侵权人，便于被侵权人主张权利。

本案中，创融公司一直以其实行网络实名制不应当承担法律责任作为抗辩，实际上误读了网络实名验证的真正意义。网络实名验证可以净化网络环境，促进网络用户对自己的行为负责，但不为网络服务者逃避法律义务提供制度条件，也不为侵权发生后网络服务者推卸法律责任提供"护身符"。无论是否实行实名验证，创融公司作为网络服务者，都应当履行其法定义务，并在违反义务时承担相应法律责任。

（北京市朝阳区人民法院　冯慧）

三、债与合同纠纷案例

26. 刘玉兰、张旭诉张敬国、赵立全房屋买卖合同案

(一) 首部

1. 判决书字号：北京市朝阳区人民法院（2010）朝民初字第14144号。
2. 案由：房屋买卖合同纠纷。
3. 诉讼双方

原告：刘玉兰，女，1958年9月13日出生，汉族，北京3501被服厂退休工人，住北京市朝阳区。

原告：张旭，女，1982年8月16日出生，汉族，北京市天雨荣鑫物业管理有限公司职员，住北京市朝阳区。

被告：张敬国，男，1955年8月3日出生，汉族，无业，住北京市朝阳区。

被告：赵立全，男，1966年1月21日出生，汉族，无业，住北京市崇文区。

委托代理人：宋春，男，无业，住北京市东城区。

4. 审级：一审。
5. 审判机关和审判组织

审判机关：北京市朝阳区人民法院。

合议庭组成人员：审判长：李刚；审判员：吴娜、叶永尧。

6. 审结时间：2010年12月6日。

(二) 诉辩主张

1. 原告诉称

刘玉兰系张敬国之妻，张旭系张敬国之女。2003年9月13日，刘玉兰、张旭及张敬国作为被拆迁人，从北京市朝阳区向军北里6巷10号内3号拆迁，获得拆迁补偿款330 000元。2003年12月中旬，刘玉兰、张旭及张敬国共同用拆迁款购买位于北京市朝阳区慈云寺5号楼2门1202号房屋（以下简称涉案房屋），并将房屋所有权证书办理在张敬国名下。2009年5月22日，张敬国在刘玉兰和张旭不知情的情况

下,将涉案房屋出售给赵立全,并且为了隐瞒我们,还制作了假证放在家中,直到后来赵立全向我们说涉案房屋已经在他名下,我们到房管部门核实后才发现张敬国已经将涉案房屋出售,而且交易价格明显偏低。我们认为张敬国和赵立全在没有经过我二人同意的情况下对涉案房屋进行交易,且交易价款明显过低,属于恶意交易,故诉至法院,要求确认张敬国与赵立全于2009年5月22日签订的合同编号为cw34116的《存量房屋买卖合同》无效。

2. 被告辩称

张敬国未答辩。

赵立全辩称:我和张敬国是2009年5月订立的买卖合同。此前我是通过我的朋友陈哲认识的张敬国。张敬国出售房屋的价格是660 000元。我首付210 000元,其余450 000元是通过北京银行贷款的方式支付的。我付款后,张敬国和我对涉案房屋进行了过户登记,但是至今涉案房屋一直未向我交付,我也没有为此找过张敬国。我不同意刘玉兰和张旭的诉讼请求,因为涉案房屋登记在张敬国名下,我从其处购买属于善意取得。

(三) 事实和证据

刘玉兰与张敬国于1981年5月14日结婚,婚后育有一女张旭。涉案房屋系张敬国于2003年12月25日购买,并取得了房屋所有权证书。2009年5月22日,张敬国与赵立全签订合同编号:cw34116《存量房屋买卖合同》,约定,张敬国以395 000元价格将涉案房屋出售予赵立全,房屋建筑面积58.37平方米。后涉案房屋过户至赵立全名下。

庭审中,刘玉兰、张旭称涉案房屋系其二人与张敬国使用拆迁安置款共同购买的,张敬国以明显偏低的价格将涉案房屋出售给赵立全,且制作假房产证放在家中向其二人隐瞒出售房屋的事实,属于恶意串通行为,要求确认张敬国与赵立全签订之《存量房屋买卖合同》无效。刘玉兰、张旭就此向本院提交《北京市住宅房屋拆迁货币补偿协议》、北京市朝阳区房屋管理局出具的的确认假证的证明等证据。赵立全辩称其不知道张敬国的家庭情况,从张敬国处购买涉案房屋并过户系善意取得,并称双方实际约定的房款数额为660 000元,其已经全部向张敬国支付完毕,但未就该主张向本院提交相关证据证明。刘玉兰和张旭对赵立全该辩解亦不予认可。

上述事实,有结婚证、户口簿、北京市朝阳区房屋管理局存档的《存量房屋买卖合同》以及当事人当庭陈述等在案佐证。

(四) 判案理由

北京市朝阳区人民法院根据上述事实和证据认为:无处分权人将不动产或者动产转让给受让人的,所有权人有权追回;除法律另有规定外,符合下列情形的,受让人取得该不动产或者动产的所有权:(1)受让人受让该不动产或者动产时是善意的;(2)以合理的价格转让；(3) 转让的不动产或者动产依照法律规定应当登记的已经登记，不需要登记的已经交付给受让人。本案中，涉案房屋系张敬国与刘玉兰婚姻关系存续期间取得，系二人夫妻共同财产，张敬国与赵立全就涉案房屋进行交易，应当征得刘玉兰的同意，否则即是对涉案房屋的无权处分。赵立全只有在作为善意第三人的情况下，方可善意取得涉案房屋所有权。根据本案查明的事实，张敬国将涉案房屋出售后，伪造房屋所有权证书放在家中，表明了其存在故意隐瞒刘玉兰出售房屋的行为，构成对涉案房屋的无权处分。赵立全购买涉案房屋的价格 395 000 元并非涉案房屋的合理市场价格，赵立全亦未就其主张的涉案房屋实际交易价格向本院提交相关证据证明，不能认定赵立全系以善意第三人的身份取得涉案房屋所有权。现刘玉兰、张旭要求确认张敬国与赵立全签订之《存量房屋买卖合同》无效，本院予以支持。

(五) 定案结论

北京市朝阳区人民法院依照《中华人民共和国物权法》第一百零六条、《中华人民共和国合同法》第五十二条、《中华人民共和国民事诉讼法》第一百三十条之规定，判决如下：

确认被告张敬国与被告赵立全于 2009 年 5 月 22 日签订的合同编号为 cw34116 的《存量房屋买卖合同》无效。

(六) 解说

夫或妻一方未经对方同意擅自将共同所有的房屋出售他人并已经过户完毕，房屋买卖合同的效力如何认定。对于这类案件，应当从出卖人是否构成无权处分以及买受人是否构成善意取得两个方面进行分析。

1. 无权处分的认定问题

按照物权法和婚姻法的相关规定，共同共有人未经其他共同共有人同意，处分共有财产的，处分行为无效。在婚姻关系存续期间取得的房屋，系夫妻共同共有的财产，因此一方在处分过程中，应当征得对方的同意，否则构成无权处分。在审理过程中，应着重查明夫妻对共有财产的处分是否达成了一致意见，举证责任应分配给主张积极事实一方，即对共有财产作出处分的一方。本案中，涉案房屋系张敬国和刘玉兰婚姻关系存续期间取得，系二人共有之财产。张敬国出售涉案房屋，应当征得刘玉兰的同意，并对此负有举证责任。在审理过程中，法院查明了张敬国在出售涉案房屋后，伪造涉案房屋的房屋所有权证书放在家中的事实，表明了其有向刘玉兰隐瞒出售涉案房屋的故意，且其亦未能就出售涉案房屋经过刘玉兰的同意一节提交相关证据证明，可以认定其在出售涉案房屋过程中，未取得刘玉兰的同意，构成对涉案房屋的无权处分。退一步讲，即使没有伪造房屋所有权证书的事实，若刘玉兰主张张敬国出售涉案房屋未经其同意，张敬国若未能举证证明其当初出售涉案房屋过程中经过刘玉兰的同意，亦应当认定张敬国的行为系无权处分。

2. 善意取得的认定问题

张敬国出售涉案房屋的合同相对方赵立全,购买涉案房屋是否构成善意取得,需要以如下标准来一一衡量:(1)赵立全在购买涉案房屋时对涉案房屋的权属状况是否为善意不知情。认定这个问题需要结合案情综合考量,根据本案查明的事实,赵立全在购买涉案房屋过程中,没有到涉案房屋进行查看,在购买后亦没有要求张敬国交付涉案房屋,违背一般善意购房的常理。虽然涉案房屋登记于张敬国一人名下,但作为善意购房人的一般常识,应当对张敬国的配偶状况等问题进行一般询问,或要求张敬国出具相关承诺证明涉案房屋的处分权利没有瑕疵,但赵立全并无这方面的要求和意见。综上,难以认定赵立全在购买涉案房屋过程中是善意不知情的。(2)赵立全在购买涉案房屋时是否支付合理对价。根据本案查明的事实,赵立全与张敬国签订的用于过户涉案房屋的备案登记合同标的价格为 395 000 元,而涉案房屋系五十余平方米的完全所有权房屋,在双方 2009 年交易时,该房屋的市场价值远高于这个价格。赵立全主张双方实际交易价格高于备案登记合同上显示的价格,对此负有举证责任,但其未就此向本院提交相关证据证明,故难以认定其主张的事实成立,进而不能认定赵立全购买涉案房屋已经支付了合理对价。结合以上两点,可以确定赵立全的行为未达到对涉案房屋构成善意取得的标准。

通过上述两个方面的分析,可以认定在涉案房屋的出售过程中,张敬国系无权处分,在出卖房屋过程中存在侵犯共同共有权人刘玉兰的主观恶意;赵立全亦不构成善意取得,在购买涉案房屋过程中,有与张敬国进行串通,损害共同共有权人刘玉兰权益的故意,二人的行为符合合同法关于恶意串通,损害他人利益,合同应该属无效的规定,故双方就涉案房屋订立之买卖合同无效。

此外,对于夫或妻一方未经对方同意擅自将共同所有的房屋出售他人但尚未过户,房屋买卖合同的效力如何认定的问题,笔者认为可以比照上述分析方法进行处理,只不过因为房屋尚未过户,在审查买受人是否善意的过程中,不必严格按照善意取得的构成要件进行审查,但是对于善意且已经支付了合理对价的买受人,应当予以保护,不应仅因出卖人构成无权处分就确认买卖合同无效。

综上,我认为法院的判决是正确的。

(北京市朝阳区人民法院 李刚)

27. 陈国华诉上海采莲超市有限公司服务合同案

(一)首部

1. 判决书字号

一审判决书:上海市奉贤区人民法院(2007)奉民三(民)初字第5137号。

二审判决书：上海市第一中级人民法院（2011）沪一中民一（民）终字第1008号。

2. 案由：服务合同。

3. 诉讼双方

原告（被上诉人）：陈国华，男，1950年10月5日生，汉族，户籍地：上海市徐汇区，现住上海市奉贤区。

委托代理人：陈勤（系陈国华之妻），女，1950年3月13日生，汉族，户籍地：上海市徐汇区，现住上海市奉贤区。

被告（上诉人）：上海采莲超市有限公司，住所地：上海市奉贤区南桥镇南奉公路8891号。

法定代表人：谢毅，职务：董事长。

委托代理人：赖岚，该公司员工。

委托代理人：雷飞龙，该公司员工。

4. 审级：二审。

5. 审判机关和审判组织

一审法院：上海市奉贤区人民法院。

合议庭组人员：审判长：唐军芳；代理审判员：乔栋、胡耀群。

二审法院：上海市第一中级人民法院。

合议庭组成人员：审判长：李虎；代理审判员：洪可喜、沈卫兵。

6. 审结时间

一审审结时间：2011年4月14日。

二审审结时间：2011年5月13日。

（二）一审诉辩主张

1. 原告诉称

原告陈国华诉称，2006年10月23日下午，原告夫妇乘坐被告提供的服务班车从易初莲花购物中心南奉店驶向西渡，在沿沪杭公路行驶至大同路过程中，因被告的司机王欢峰刹车不慎，致原告头顶着地，身体多处受伤。后被急送至上海市奉贤区中心医院抢救治疗，经治疗，伤情虽有好转，但留下了严重的后遗症。现原告认为，王欢峰系职务行为，被告为易初莲花购物中心南奉店的实际控制人，其提供服务班车系其服务场所的延伸，是商场经营活动中商业服务的延伸，根据《消费者权益保护法》第41条的规定，被告（经营者）提供服务造成原告（消费者）人身损害的，应当支付医疗费、治疗期间的护理费、因误工减少的收入等费用，造成残疾的，还应当支付残疾者生活自助具费、生活补助费、残疾赔偿金以及由其扶养的人所必需的生活费等费用。故被告应对原告的人身损害承担赔偿责任。原告为维护其合法权益，故提起诉讼，请求判令：（1）被告赔偿原告医疗费人民币11 344.28元（自2006年12月3日起至2007年9月6日期间的医疗费用）、交通费1 480元、住院伙食补助费250元，合计13 074.28元；（2）伤残鉴定后，再补充鉴定费、伤残赔偿金、误工费、护理费、营养费、家属误工费、精神损害抚慰金等赔偿项目；(3) 准许原告保留后续治疗费的赔偿请求权；(4) 本案诉讼费由被告承担。

2. 被告辩称

原告以其在接受被告提供的服务中受到人身侵害为由，以消费者的身份向其主张承担侵权赔偿责任，显然与事实不符。事实上，原告的人身伤害系交通事故造成，且根据交警部门认定，应由案外人叶建淮承担事故的全部责任，原告的损失应由直接侵权人叶建淮承担赔偿责任，被告在本次事故中没有过错，不应承担侵权赔偿责任，亦不承担补充赔偿责任，况且本次事故经交警部门调解，案外人叶建淮已和原告达成赔偿和解协议。综上，请求法院驳回原告的诉请。

（三）一审事实和证据

上海市奉贤区人民法院经审理查明：2006年10月23日15时5分许，案外人叶建淮驾驶苏HN1503中货车沿沪杭公路（大同路）由南向北行驶时，不慎造成同方向由王欢峰驾驶的沪B09663大客车（系易初莲花购物中心的服务班车）不慎刹车，致乘坐在该服务班车上的原告跌倒受伤，后被急送至上海市奉贤区中心医院诊治，经该院检查所见，原告后枕部见约2cm长的伤口，胸椎挤压痛、腰椎有压痛，骶椎压痛阴性，予头颅CT，胸、腰椎正侧位片，请骨科会诊，嘱其门诊随访；请外科会诊，予清创缝合。2006年10月26日，原告到该院骨科门诊查见：左后胸肋区压痛，活动受限，胸透（一），予以局封及口服药，于10月28日再次到骨科门诊检查所见：左侧多发性肋骨骨折伴血胸，请外科会诊后收入院予抗炎、止血对症治疗，于11月2日好转出院。出院后，原告于11月14日、11月25日、12月3日、12月12日继续在该院门诊随访；又于12月13日、12月16日至该院经胸椎、颈椎、腰椎CT所示：胸7、8锥体骨折可疑、颈5椎体骨折可疑等，于12月19日继续在该院外科治疗，骨科考虑颈5椎体骨折可能，建议作MRI检查；于12月13日、12月21日、12月26日经上海市第五人民医院作颈、胸、腰椎MRI示：颈、腰椎均"退行性改变"，胸椎"未见明显异常"。2007年1月5日，原告又至奉贤区中心医院作胸椎1—6椎体CT示"未见明显异常"；6月4日，原告因半年来出现全身散在红色丘疹就诊于江川路地段医院和第五人民医院，经诊断为"血管瘤痣"；10月15日，原告因头晕至上海市奉贤区中心医院神经内科就诊，经建议，转至上海市长征医院诊治；11月12日，经长征医院MRI示"颈椎椎体形态尚可，椎孔正常，嘱注意休息，避免过度活动"；于11月20日、11月27日先后至上海市中山医院作颈椎MRI示"颈椎退变，颈4—7椎间盘轻度膨隆，目前颈5椎体未见异常信号"，作头颅MRI示"脑实质未见异常，双侧上颌窦蝶窦囊肿"。2008年1月23日，原告因舌尖部直径4毫米大小节结到中山医院手术切除，术后病理诊断"（舌尖）鳞形细胞乳头状瘤"；3月25日至4月2日期间，原告因腹壁白线疝入住上海市第五人民医院在局麻下行腹壁白线疝修补术，术后病理"成熟脂肪组织，一侧纤维组织增生并透明变形及单层扁平上皮被覆"；在上述诊治期间，原告又多次前往上海市奉贤区中心医院、复旦大学附属中山医院、上海市第五人民医院、上海中医药大学附属曙光医院复诊。原告认为，其在被告处消费后乘坐被告提供的服务班车，因被告司机王欢峰刹车不慎致其受到人身伤害，被告应按《消费者权益保护法》规定承担全部赔偿责任。原告为维护其合法权益，遂涉讼。嗣后，原告于2007年9月27日以其在上海市奉贤区中心医院诊治期间，该院存在漏诊过错行为为由，向本院提起诉讼，请求该院赔偿其精神损害抚慰金100 000元。本院经审查于当日予以立案受理。2008年4月2日，华东政法大学司法鉴定中心根据本院委托对原告的伤残等级及误工休息、护理、营养期限作出了鉴定，认为被鉴定人陈国华因交通事故致伤后经多次检查，认定右第1肋及左7、8、9肋骨骨折伴左侧少量胸腔积液，颈4/5、5/6、6/7椎间盘轻度突出，胸7、8椎体骨折，胸9—11左侧横突骨折，胸11棘突骨折，分别评定八级伤残，肋骨骨折评定十级伤残；酌情给予治疗休息至本次鉴定前一日，营养90日，护理120日。故原告增加了如下诉讼请求：残疾赔偿金196 098.40元、营养费3 600元、护理费5 760元、误工费19 200元、精神损害抚慰金17 000元、伤残鉴定费1 300元、查档费40元，合计242 998.40元。2010年9月14日，原告又当庭增加了如下诉讼请求：后续医疗费6 495.44元（自2007年9月18日起至2008年7月25日期间的医疗费用）、交通费476元、住院伙食补助费360元、医疗事故鉴定费3 500元，合计10 831.44元。

另查明，（1）本院在审理原告诉上海市奉贤区中心医院医疗服务合同纠纷一案中，依法委托上海市卢湾区医学会组织鉴定上海市奉贤区中心医院对原告陈国华的医疗行为是否违反医疗卫生管理法律、行政法规、部门规章和诊疗护理规范、常规；被告的医疗行为与原告目前状况有无因果关系；明确是否属于医疗事故、事故等级及责任程度。该会于2010年6月24日出具了沪卢医鉴〔2010〕009号《医疗事故技术鉴定书》。专家分析意见为：1）患者（即本案原告）自2006年10月23日车祸受伤至同年12月19日前，医方（即本案被告）未作专科的详细检查，致使近2个月未能作出全面的确切诊断。2）2006年12月13日的CT扫描示：胸9—11左侧横突骨折，胸11棘突骨折，胸7、8椎体可疑骨折；12月19日的MRI证实颈4—5椎体骨质内异常信号，颈5水平脊髓变性。3）由于医方漏诊颈、胸椎多处骨折，未能及时作出相应的处理，2007年11月27日肌电图检查提示患者双侧颈8、胸10、腰神经损害。4）经医学会现场医学检查，患者损伤后目前恢复状况良好，无功能障碍。5）患者皮肤红疹等改变为皮肤老化的病理现象，目前皮肤检查也未发现干燥色素沉着等改变，故不能用X线等物理检查的创伤所致来解释。结论为本病例不属于医疗事故。（2）本案审理中，经本院多次释明后，原告坚持认为其在被告提供的服务班车内受伤，属客伤事故，不属交通事故，被告的行为已违反《消费者权益保护法》第四十一条的规定，应承担侵权赔偿责任，不要求也不同意依法追加案外人叶建淮作为本案共同被告，其坚决不向叶建淮提出任何诉讼主张。

上述事实有下列证据证明：
1. 由原告提供的奉贤交警支队出具的交通事故处理书及情况说明、事故车辆照片；
2. 门急诊病历、诊断报告、出院小结；
3. 门急诊医药费专用收据、住院医药费专用收据、交通费发票；

4. 华政法医〔2008〕残鉴字第 758 号《司法鉴定意见书》、沪卢医鉴〔2010〕009 号《医疗事故技术鉴定书》。

（四）一审判案理由

本案的争议焦点为原告选择依《消费者权益保护法》第四十一条的规定，要求被告承担责任的诉由是否成立的问题。本院认为，被告为增加客户的消费人群，而提供接送客户的服务班车属于商业活动中的服务行为，为此，被告有义务确保服务过程中客户的人身和财产安全，由此，原、被告之间的服务关系成立。现本案原告因乘坐被告提供的服务班车并造成损害，属被告违约，应承担违约责任。被告认为，原告损害是交通事故造成的，属第三方责任，故其诉由不能成立的辩解，根据现有法律规定：因当事人一方的违约行为侵害对方人身、财产权益的，受损害方有权选择要求其承担违约或者依照其他法律要求其承担侵权责任。同时规定，当事人一方因第三人的原因造成违约的，应当向对方承担违约责任。当事人一方和第三人之间的纠纷，依照法律规定或者按照约定解决。故原告作为顾客可以向经营者追究责任，也可以向经营者和侵权人一并起诉。本案在交通事故人身损害赔偿与服务合同之间的两个法律关系中，现原告的诉由选择了服务合同中的违约之诉，要求由被告承担经营者的责任，不主张追究事故其他责任人的责任，属当事人的自主选择，于法不悖，本院应当予以支持。综上，本院对原告陈国华要求被告上海采莲超市有限公司承担赔偿责任的主张予以支持。

对于原告具体损失中的医药费，本院根据医疗机构出具的医药费发票等收款凭证，结合出院小结、病历等相关证据确定：原告曾在（2007）奉民一（民）初字第 5262 号一案中认为上海市奉贤区中心医院滥用 X 光，造成其皮肤生长红痣、黑痣，舌尖长出乳头状瘤，腹壁下纤维组织增生并透明变性，对此，上海市卢湾区医学会出具的《医疗事故技术鉴定书》中的分析意见第 5 条已作明确分析说明，而原告于 2008 年 1 月 23 日在复旦大学附属中山医院为切除（舌尖）鳞形细胞乳头状瘤支出的挂号费 14 元、手术费 364.80 元（不包括骨科用药 190.78 元）以及于 2008 年 3 月 25 日至 4 月 2 日期间，在上海市第五人民医院行腹壁白线疝修补术支出的费用 1 441.74 元（实际住院费用为 2 159.51 元，其中统筹支付 682.27 元，上海市总工会职工保障互助会给付 35.50 元），合计 1 820.54 元，显然与本次受伤事故无因果关系，对此应予扣除；经本院核对，原告的医药费损失为 16 025.20 元；原告称其在治疗中因医疗机构用 X 光检查造成其皮肤生长红痣、黑痣，舌尖长出鳞形细胞乳头状瘤、腹壁下纤维组织增生并透明变性，缺乏相应证据，本院不予采信。对住院伙食补助费，本院按 20 元/天的标准，期限参照上海市奉贤区中心医院的出院小结确定住院天数为 6 天计算（不包括原告因行腹壁白线疝修补术在上海市第五人民医院的住院天数）。对营养费、护理费，原告提出的营养费按 40 元/天、护理费按 48 元/天的标准，均在法律规定的范围内，本院予以支持，期限参照鉴定结论为营养期 90 天、护理期 120 天计算。对残疾赔偿金，原告按 28 838 元/年，以 34% 的伤残系数计算 20 年的主张，符合有关法律规定，本院予以支持。对误工费，系受害人本应获得却因侵权人的侵害行为无法得到或者无法完满得到的利益，原告为退休职工，其未能提供相关证据证明其因本次事故导致其实际收入减少的事实，故对该主张，本院难以支持。对精神损害抚慰金，因本案适用的基础法律关系为服务合同关系，原告的该主张缺乏法律依据，本院难以支持。对交通费，本院根据原告就医的情况酌情予以支持。对查档费，属原告的合理损失，本院凭据予以支持。对医疗事故鉴定费，系原告为证明其目前的病情与医方的医疗行为之间是否具有因果关系，医方在医疗行为中是否存在过错而支出的鉴定费用，该鉴定结论只是间接地证明了原告现有的伤情系交通事故造成，与本案无直接的因果关系，故本院不予支持。对后续治疗费，原告可待与本次受伤有关的费用实际发生后再予主张。

（五）一审定案结论

上海市奉贤区人民法院依据《中华人民共和国合同法》第六十条、第一百二十一条、第一百二十二条、《中华人民共和国消费者权益保护法》第四十一条的规定，判决如下：

"一、被告上海采莲超市有限公司于本判决生效后10日内赔偿原告陈国华医药费16 025.20元、住院伙食补助费120元、营养费3 600元、护理费5 760元、残疾赔偿金190 698.40元、交通费1 800元、查档费40元，合计218 043.60元。

二、驳回原告陈国华的其余诉讼请求。"

（六）二审情况

1. 二审诉辩主张

上海采莲超市以一审同样的理由提起上诉，称其不应承担赔偿责任。

陈国华要求维持一审判决。

2. 二审事实和证据

同一审。

3. 二审判案理由

上海市第一中级人民法院认为：本案二审的争议焦点仍为一审中的争议焦点，即被上诉人选择《消费者权益保护法》要求上诉人承担违约责任是否成立的问题，对此原审法院已作详尽的分析阐述，本院予以认同，不再重复。但被上诉人在交警部门得到交通事故责任方叶建淮的600元款项，理应在本案赔偿款中予以扣除，但由于上诉人并未对此提出主张，鉴于民事案件不告不理的原则，本院对此不作处理。关于上诉人主张的被上诉人未能提供购物发票就不能以消费者身份提出违约之诉的问题，对此本院认为，被上诉人既然得以乘坐上诉人的免费班车，上诉人即负有将乘客安全送至目的地的义务，故本院对上诉人的这一主张不予支持。综上，原审法院所作的判决正确，上诉人的上诉请求，缺乏事实和法律依据，本院难予支持。

4. 二审定案结论

上海市第一中级人民法院依照《中华人民共和国民事诉讼法》第一百五十三条第一款第（一）项之规定，判决如下：

驳回上诉，维持原判。

（七）解说

本案为一起典型的因搭乘超市免费班车发生交通事故案例，而原、被告对责任承担又存在重大分歧，此类案件的责任如何分担成为消费者无法回避的隐忧。本文对以下问题试作探讨：

1. 请求权基础竞合的选择

请求权基础是指一方当事人得向他方当事人主张权利的法律规范。而请求权基础竞合，是指一个自然事实，符合多个法律构成要件，从而产生多个请求权的情形。

《合同法》第60条第1款规定："当事人应当按照约定全面履行自己的义务。"《消费者权益保护法》第41条则规定："经营者提供商品或者服务，造成消费者或者其他受害人人身伤害的，应当支付医疗费、治疗期间的护理费、因误工减少的收入等费用，造成残疾的，还应当支付残疾者生活自助具费、生活补助费、残疾赔偿金以及由其扶养的人所必需的生活费等费用……"原告在被告处购买商品并乘坐其服务班车，双方形成买卖与服务合同关系。现原告在接受服务过程中受到侵害，根据上述法律，其享有合同不当履行的损害赔偿请求权。而根据《民法通则》第98条和最高人民法院《关于审理人身损害赔偿案件适用法律若干问题的解释》第17条的规定，原告的生命健康权因被告与案外人叶建淮发生交通事故而受到侵害，故原告对被告和叶建淮又享有人身损害赔偿的请求权。可见，本案存在合同不当履行的损害赔偿请求权与人身损害赔偿请求权竞合的情况，在此情形下，《合同法》第122条规定："因当事人一方的违约行为，侵害对方人身、财产权益的，受损害方有权选择依照本法要求其承担违约责任或者依照其他法律要求其承担侵权责任。"即权利人可以自由选择行使其中的一项请求权。本案原告陈国华基于买卖合同关系提起违约之诉，要求被告采莲超市承担合同不当履行的损害赔偿责任合法合理，是其请求权选择的结果，法院应予支持。至于被告抗辩，其在交通事故中没有过错，原告的损害应由事故责任人叶建淮承担一节；法院认为，根据《合同法》相关规定，被告采莲超市在承担了违约责任后，可就交通事故的赔偿责任向案外人叶建淮另行追偿。

2. 免费班车服务的行为定性

原告提起的是违约之诉，即认为被告在履行合同过程中存在违约行为，而原告损害发生在乘坐被告提供的免费班车过程中，因而对免费班车服务的行为定性即案件审理的另一关键。

买卖合同是出卖人转移标的物的所有权于买受人，买受人支付价款的合同。本案原告陈国华到被告采莲超市购买商品，采莲超市依约交付商品，原告支付价款，至此合同似乎已经履行完毕。但是,《合同法》还规定合同双方除了履行主合同义务外,还要根据实际情况履行相应的附随义务。合同的附随义务是指,在法律无明文规定,当事人之间亦无明确约定的情况下,为了确保合同目的的实现并维护对方当事人的利益,遵循诚实信用原则,依据合同的性质、目的和交易习惯所承担的作为或不作为的义务。本案中,被告采莲超市为提升自己商业竞争力、招揽更多客户,为超市的顾客提供免费的班车接送服务,该义务虽不是法律明文规定亦非当事人之间约定,但却属于超市基于交易习惯所自愿承担的一项合同附随义务。故法院认定,采莲超市免费班车系被告经营场所的合理延伸,被告提供免费班车服务是其商业经营活动的组成部分,现原告因乘坐班车致害说明被告未尽到保护顾客人身、财产安全的义务,故应该承担相应的违约赔偿责任。

3. 责任竞合的辨析与精神损害赔偿的承担

请求权竞合并不意味着法律责任必然竞合。请求权竞合的选择主体是权利人,是指权利人有多个实现权利的依据;法律责任竞合的承担主体则是义务人,是指义务人可能因权利人的不同请求承担不同责任,但不能同时承担。一般认为,法律责任竞合要满足以下几个条件:数个法律责任的主体为同一主体、责任主体实施了一个行为、该行为符合两个或两个以上的法律责任构成要件、数个法律责任之间相互冲突。

本案被告因履行合同不当造成原告损失,应承担相应的违约责任。但是本案被告是否构成侵权,要不要对原告承担侵权责任则不无疑问。根据我国侵权责任法的基本原理,侵权责任的构成要件有四个:侵权行为、损害后果、侵权行为与损害后果之间的因果关系、主观过错。本案中,原告因超市免费班车紧急刹车而跌倒受伤,刹车属于侵权行为,跌倒受伤属于损害后果,刹车与跌倒之间存在因果关系,这都符合侵权责任的构成要件。然本案被告为避免两车相撞可能造成的更大损失而采取了紧急刹车的行为并无不妥,属紧急避险行为,主观上没有过错。这一点从交警对事故的认定:"案外人叶建淮负全责,被告在本起事故中无事故责任"可以得到证实。因此,从侵权的角度看,被告无须对原告的人身损害承担侵权责任,相应地,本案也就不存在违约责任与侵权责任竞合的问题。如果原告提起侵权之诉,则最后承担责任的是案外人叶建淮而不是被告。从本案的实际情况看,叶建淮的经济条件较差,即便原告胜诉也很难得到实际的赔偿。正是基于这样的考虑,原告坚持提起违约之诉,应该说原告的做法合情、合理,也合法。

本案还有一个问题值得探讨,即原告选择违约之诉后其主张的精神损害赔偿还能否得到支持?通说认为,违约责任只是一种财产性的补救措施,不包括精神损害赔偿。理由是:违约精神损害赔偿不符合合同法的可预见性原则,因为精神损害在订立合同时难以预见;且精神损害赔偿具有惩罚属性,不符合违约责任的补偿属性。因此,法院审理后,驳回了原告对精神损害赔偿的要求。那么,原告能否针对未获赔偿的精神损失另行提起一个侵权之诉?在目前立法机关和司法解释未对此作出明确改变的前提下,为保持法律适用的统一性,当事人若再就此事另行提起侵权之诉,法院宜根据一事不再理原则裁定不予受理。

(上海市奉贤区人民法院 林庆强 杨国志)

28. 新巴尔虎左旗莫达木吉砖厂诉于飞债权转让合同案

(一) 首部

1. 裁判书字号
一审判决书：内蒙古自治区呼伦贝尔市海拉尔区人民法院（2011）海民初字第155号。
二审裁定书：内蒙古自治区呼伦贝尔市中级人民法院（2011）呼民终字第852号。
2. 案由：债权转让合同纠纷。
3. 诉讼双方
原告（被上诉人）：新巴尔虎左旗莫达木吉砖厂，住所地：新巴尔虎左旗莫达木吉苏木。
投资人：孙德翔，职务：厂长。
委托代理人：卞玉荣，海拉尔区呼伦法律服务所法律工作者。
被告（上诉人）：于飞，男，45岁，汉族，无职业，现住海拉尔区健康街。
委托代理人：李延平，海拉尔区哈克镇法律服务所法律工作者。
第三人：吴言平，男，46岁，汉族，无职业，现住山东省郓城县黄安镇。
4. 审级：二审。
5. 审判机关和审判组织
一审法院：内蒙古自治区呼伦贝尔市海拉尔区人民法院。
合议庭组成人员：审判长：刘凯军；审判员：徐印章；代理审判员：王园园。
二审法院：内蒙古自治区呼伦贝尔市中级人民法院。
合议庭组成人员：审判长：李东江；审判员：贾洪晨；代理审判员：赵立平。
6. 审结时间
一审审结时间：2011年5月10日。
二审审结时间：2011年11月30日。

(二) 一审诉辩主张

1. 原告诉称
在呼伦贝尔市中级人民法院（2007）呼民终字第57号民事调解书中，让原告履行新巴尔虎左旗原乡镇企业局欠于飞债务40万元。2009年11月3日，被告于飞让原告为他偿还欠第三人吴言平债务91 500元。但被告仍要求原告继续偿还其欠款，该行为属赖账，故诉至法院，请求依法确认2009年11月3日的债权转让协议有效，同时确认原告已履行（2007）呼民终字第57号民事调解书中91 500元的给付义务。

2. 被告辩称

原告主张的债权转让合同不成立，转让行为无效。2009年11月3日，被告于飞给吴言平出具了欠条并注明该款由原告给付，11月8日吴言平又找到被告，表明其不愿意找原告索款，于是被告当场给付吴言平2万元，并商定其余71 500元用机器设备抵债，并于2009年11月24日完成了抵债。11月8日与11月24日，被告先后两次口头告知原告，于飞欠吴言平的债务已经清偿完毕，不用其再转账。另外，被告于飞给吴言平出具了转账的欠条后，并没有通知债务人即原告，按照法律规定，该转让协议不发生效力。综上，应驳回原告的诉讼请求。

第三人吴言平未陈述意见。

（三）一审事实和证据

海拉尔区人民法院经公开审理查明：因呼伦贝尔市中级人民法院（2007）呼民终字第57号于飞与新巴尔虎左旗农牧业局、新巴尔虎左旗农牧业产业化办公室、新巴尔虎左旗莫达木吉砖厂（以下简称砖厂）劳务费纠纷一案，2007年11月14日经呼伦贝尔市中级人民法院调解，双方当事人自愿达成协议，由砖厂分期给付于飞劳务费40万元。2009年11月3日，被告于飞为退还第三人吴言平投资款而出具了一份欠据，内容为"欠吴言平人民币91 500元，此款同意从孙德翔（注：砖厂投资人）欠于飞款中扣除"。该欠据出具后，被告于飞未通知原告。2010年1月21日，吴言平持该欠据向原告索款，原告如数付清。在（2007）呼民终字第57号案的执行过程中，于飞与砖厂在2010年6月20日达成和解协议，砖厂用48万块红砖抵偿于飞的欠款1 38 787.44元，因砖厂认为已按照于飞与吴言平的转账协议将91 500元支付给吴言平，故拒绝履行该和解协议，并向本院提起诉讼，请求确认2009年11月3日被告与第三人的债权转让协议有效，同时确认原告已履行（2007）呼民终字第57号民事调解书中91 500元的给付义务。

上述事实有下列证据证明：

1. 呼伦贝尔市中级人民法院（2007）呼民终字第57号民事调解书，证明原、被告之间存在债权债务关系；

2. 2009年11月3日，被告于飞给第三人吴言平出具的欠据，证明三方当事人进行的债权转让；

3. 2010年1月21日吴言平给原告出具的收条，证明原告已履行了给付义务；

4. （2010）呼执字第26号民事裁定书，证明原告对被告有给付义务。

（四）一审判案理由

海拉尔区人民法院经审理认为：因原告负有给付被告劳务费的义务，被告为退还第三人的投资款而给其出具了一份欠据，并在欠据中注明"欠吴言平人民币 91 500 元，此款同意从孙德祥欠于飞款中扣除"，因原告与第三人之间并无债权债务关系，该欠据意为第三人可持欠据向原告主张 91 500 元欠款，此为被告真实意思表示。第三人收取了该欠据并未表示异议，应视为双方已就债权转让达成了合意。根据《中华人民共和国合同法》的规定，债权人转让权利的，应当通知债务人，但没有规定债权人要亲自通知债务人。第三人作为受让人，持被告出具的欠据向原告索款，应当视为债权人通知，对债务人即原告产生效力。原告按照被告给第三人出具的欠据向第三人付清了欠款，即完成了作为原债务人对新债权人的付款义务。原告关于其已履行（2007）呼民终字第57号民事调解书中 91 500 元的给付义务的主张不属本案审查范围，原告可根据已付数额与被告进行清算。被告称在 11 月 8 日与 11 月 24 日，其先后两次口头告知原告取消转让，但没有证据支持。被告转让权利后，又另行向第三人付款的行为与原告无关。综上，被告与第三人之间的债权转让不违反法律规定，合法有效。

（五）一审定案结论

海拉尔区人民法院依照《中华人民共和国合同法》第七十九条、第八十条第一款、《中华人民共和国民事诉讼法》第一百三十条，作出如下判决：

一、被告于飞于 2009 年 11 月 3 日给第三人吴言平出具的欠据中有关债权转让内容合法有效。

二、驳回原告新巴尔虎左旗莫达木吉砖厂的其他诉讼请求。

案件受理费 2 088 元、诉讼保全费 935 元，合计 3 023 元由被告于飞负担。

（六）二审情况

上诉人于飞不服海拉尔区人民法院（2011）海民初字第 155 号判决，向呼伦贝尔市中级人民法院提起上诉。审理过程中，上诉人于飞以被上诉人及原审第三人可能存在诈骗及不当得利，需提起控告或者另案诉讼为由，申请撤回上诉。呼伦贝尔市中级人民法院依照《中华人民共和国民事诉讼法》第一百五十六条之规定作出裁定，准许上诉人于飞撤回上诉。

（七）解说

关于债权转让通知义务的履行是否影响债权转让协议的效力问题，《合同法》第 80 条第 1 款规定"债权人转让权利的，应当通知债务人。未经通知，该转让对债务人不发生效力。"据此，债权人未通知债务人的，则该转让对债务人不发生效力，但并不影响该债权转让的效力。就是说，债权转让通知义务未及时履行只是使债务人享有对抗受让人的抗辩权，它并不影响债权转让人与受让人之间债权转让协议的效力。因此，向债务人发出债权转让通知并非债权转让协议的生效要件，债权人没有及时向债务人发出债权转让通知并不影响该债权转让协议的效力，也不能以此认为债权受让人未取得该债权。但是，受让人将转让债权的事实通知债务人的，该通知是否有效呢？《合同法》第80条第1款的规定排除了受让债权人可以为让与通知的情形，系法律空白。在本案中，原告按照被告给第三人出具的含有债权转让内容的欠据向第三人付清了欠款，该过程完成了受让人对债务人的通知，债务人按债权人与受让人的协议内容对受让人履行还款义务，债权人的意思表示已完全实现，此时，被告作为债权人主张转让协议无效，则损害了债务人的利益。因此，为填补这方面的法律空白，从保护债务人履行安全的角度考虑，受让人为让与通知时，必须已经取得了债权受让的证据，如债权转让协议、让与公证书等，否则，债务人可以拒绝履行。

（内蒙古自治区呼伦贝尔市海拉尔区人民法院　刘凯军）

29. 北京航丰园科技发展有限责任公司诉王首力、张松山商品房销售合同案

（一）首部

1. 判决书字号

一审判决书：北京市丰台区人民法院（2009）丰民初字第23455号。

二审判决书：北京市第一中级人民法院（2010）一中民终字第17412号。

2. 案由：商品房销售合同纠纷。

3. 诉讼双方

原告（被上诉人）：北京航丰园科技发展有限责任公司。

法定代表人：董淑君，北京航丰园科技发展有限责任公司董事长。

委托代理人：臧治营，北京航丰园科技发展有限责任公司职员。

委托代理人：沈思宇，北京航丰园科技发展有限责任公司职员。

被告（被上诉人）：王首立。

委托代理人：赵雨，北京市浩东律师事务所律师。

委托代理人：陆伟光，北京市京翰律师事务所律师。

被告（上诉人）：张松山。

委托代理人：赵雨，北京市浩东律师事务所律师。

委托代理人：陆伟光，北京市京翰律师事务所律师。

4. 审级：二审。

5. 审判机关和审判组织

一审法院：北京市丰台区人民法院。

独任审判员：贾彦明。

二审法院：北京市第一中级人民法院。

合议庭组成人员：审判长：牛旭云；审判员：刘丽；代理审判员：刘国俊。

6. 审结时间

一审审结时间：2009年12月14日。

二审审结时间：2010年12月17日。

(二) 一审情况

1. 一审诉辩主张

(1) 原告北京航丰园科技发展有限责任公司（以下简称航丰园公司）诉称

2006年12月30日，王首力出面以张松山的名义签订了《商品房买卖合同》，约定购买航丰园科技大厦0813号房并根据合同约定支付购房总价款的40％首付款，其余价款以向银行申请按揭贷款的方式支付。2007年9月27日，中国人民银行、中国银行业监督管理委员会共同发布了《关于加强商业性房地产信贷管理的通知》，通知规定："商业用房购房款首付款比例不得低于50％。"因此，双方合同约定的付款方式已不符合银行新的贷款政策的要求，实际无法履行。2008年3月15日，我方将上述政策的变化情况书面通知王首力、张松山，并要求其补交购房总价款10％的首付款，王首力、张松山不予理睬。2008年10月7日，我公司再次发出书面通知。王首力、张松山在我公司催告后，在合理期限内一直未补交10％首付款，其违约行为致使双方签订的合同无法履行。我公司请求解除与张松山之间的商品房买卖合同，判令王首力、张松山支付违约损失费328 369.68元，并承担诉讼费。

(2) 被告王首力辩称

我只是在2006年11月22日至2007年5月22日之间受亲友委托，按照航丰园公司要求代张松山交纳购房款。我既非合同当事人，也非房屋实际购买人。航丰园公司将我列为被告明显错误，且其提出的赔偿请求既无事实依据，也无法律依据。

(3) 被告张松山辩称

第一，我与航丰园公司2006年12月30日签订合同，而《关于加强商业性房地产信贷管理的通知》是在2007年9月27日颁布。在这期间，我曾多次与航丰园公司接洽要求协助办理贷款事宜，但航丰园公司总以各种借口搪塞拖延、未履行任何协助事宜。正是由于航丰园公司迟延履行合同约定的协助贷款义务，使得张松山须按照新规定补交10％的首付款。第二，航丰园公司诉称由于我未补交10％的首付款致使不能协助向银行贷款，这与事实不符。航丰园公司开发的航丰园科技大厦A座商品房不能办理按揭贷款的原因有三：一是《关于加强商业性房地产信贷管理的通知》中第4条规定，利用贷款购买的商业用房应为已竣工验收的房屋，航丰园公司对其开发的商品房未取得竣工验收而缺乏办理贷款的法定要件是明知状态。航丰园科技大厦A座的竣工验收日期是

2009年5月11日，在此之前，任何银行都无法办理按揭贷款。二是航丰园公司直到2009年10月才取得航丰园科技大厦A座所在楼栋的权属证明，没有权属证明，航丰园公司指定的北京农村商业银行南菜园支行根本无法放贷；三是北京农村商业银行南菜园支行内部结构调整，放贷权限上收，他们根本没有能力承办航丰园科技大厦的按揭贷款。因此，即使我收到信函并补齐了50%的首付款，仍然办不了按揭贷款。第三，我从未收到过航丰园公司任何要求补交10%首付款及解除合同的书面通知。我多次去航丰园公司协商有关贷款及入住等事项，他们都没有提出这些情况。且我有能力无须贷款一次性将剩余房款付清，所以根本不存在航丰园公司所称因首付款不足不能履行贷款的事实。第四，航丰园公司主张的损失赔偿没有事实和法律依据。根据合同约定，航丰园公司应于2007年3月30日前向我交付该商品房，但我未接到过航丰园公司符合约定或法定的入住通知书。航丰园科技大厦A座2009年5月11日才竣工备案。航丰园公司提交的证据表明，其在2008年1月要求我入住正在施工的建筑物，明显违反法律规定。

2. 一审事实和证据

北京市丰台区人民法院经审理查明：2006年12月30日，出卖人航丰园公司与买受人张松山签订商品房买卖合同，双方约定：交房日期为2007年3月30日；付款方式为贷款付款方式，买受人可以首期支付购房总价款的40%，其余价款可以向农村商业银行或住房公积金管理机构贷款支付，具体付款方式及期限的约定见附件五，附件五约定：在2006年11月2日交定金12万元，首付款为602 135元，含定金12万元，在2007年1月7日15日前付清，余款90万元做商业贷款。买卖人逾期付款，自逾期之日起至实际付款之日止，买受人承担每日总房款万分之一违约金；逾期超过30日的，出卖人有权解除本合同，出卖人解除合同的，买受人所交房款不予退还……若买受人未能全额申请到所需贷款额，则买受人应在接到银行通知3日内，向出卖人补齐已付首付款加上银行能够提供的贷款数额之和与房价款总额的差价部分，并重新签署全部贷款所需文件……买受人选择退房的，双方签署解除合同协议并办理合同注销登记，出卖人于办理合同注销登记后30日内将买受人已付房款扣除5万元后退还买受人；买受人选择不退房的，付款方式按分期执行，买受人须于7日内按出卖人的有关分期付款方式的要求向出卖人支付购房款……合同签订后，王首力代张松山向航丰园公司支付首付购房款606 863元。

另查，2007年9月27日，中国人民银行、中国银行业监督管理委员会发出《关于加强商业性房地产信贷管理的通知》（银2007－359号），该通知中规定：利用贷款购买的商业用房应为已竣工验收的房屋；商业用房购房贷款首付款比例不得低于50%，期限不得超过10年，贷款利率不得低于中国人民银行公布的同期同档次利率的1.1倍，具体的首付款比例、贷款期限和利率水平由商业银行根据贷款风险管理相关原则自主确定。

诉讼中，航丰园公司主张，曾于2008年3月18日，向张松山、王首力发出书面通知，告知其上述关于商业用房按揭贷款政策的变化情况，并根据新规定在接到该通知后3日内交清其余10%房款。2008年10月9日，航丰园公司就上述内容再次向王首力、张松山发出书面通知，通知其交清10%房款。2009年8月19日，航丰园公司向张松山发出解除合同通知书,告知张松山因其未按两次通知要求补交10%房款,根据合同附件五的约定,逾期付款超过30日的,出卖人有权解除合同,出卖人解除合同的,买受人所交房款不予退还,并在接此通知后到公司商洽善后事宜。

上述事实有下列证据证明:
(1) 商品房买卖合同;
(2) 房款收据;
(3)《关于加强商业性房地产信贷管理的通知》;
(4) 当事人陈述。

3. 一审判案理由

北京市丰台区人民法院经审理认为:航丰园公司与张松山签订的商品房买卖合同真实有效。央行关于商业用房按揭贷款提高首付比例的新政策造成诉争房屋不符合办理贷款的要求,合同无法继续履行。航丰园公司两次书面通知张松山补交首付款,因张松山未在合理期限内履行,其按照合同约定发出解除合同通知并无不当。

4. 一审定案结论

北京市丰台区人民法院依法判决:"一、解除北京航丰园科技发展有限责任公司与张松山签订的商品房买卖合同。二、北京航丰园科技发展有限责任公司返还张松山房款606 863元,并自2007年3月1日始按中国人民银行公布的同期活期存款利率计算支付利息,至房款付清日止。三、驳回北京航丰园科技发展有限责任公司的其他诉讼请求。"

(三) 二审诉辩主张

上诉人(原审被告)张松山诉称:一审法院认定的事实部分失实。第一,未收到航丰园公司任何形式的信函。第二,诉争房屋无法贷款原因有三,都是由于航丰园公司不具备贷款的基本条件,不是因为我未交足商业用房首付款。第三,我有能力无须贷款一次性将剩余房款付清,根本不存在航丰园公司所称付款条款不能履行的事实。第四,航丰园公司在刚取得竣工备案具备了办理按揭贷款的法定要件后便急切要求与张松山解除合同,既无约定事由,又无法定依据,其主张的损失赔偿也没有事实和法律依据,应依法予以驳回。

被上诉人(原审被告)王首力辩称:不同意一审判决,但未上诉。

被上诉人(原审原告)航丰园公司辩称:一审法院依据案件事实作出的判决认定事实清楚,适用法律正确,程序合法。要求驳回上诉,维持原判。

(四) 二审事实和证据

航丰园公司未提供证据证明通知张松山补交首付款及解除合同的书面通知已送达张松山本人。

2009年9月9日,北京农村商业银行南菜园支行在接到北京市丰台区人民法院就该案的协助调查函后,复函称:我行与北京航丰园科技发展有限责任公司按揭贷款业务达成合作的前提条件，是北京航丰园科技发展有限责任公司所构建的丰台区航丰路1号所建的时代财富天地项目，取得国有土地使用证、建设用地规划许可证、建设工程规划许可证、建设工程施工许可证、商品房预售许可证、竣工验收备案表，经与北京航丰园科技发展有限责任公司协商，我行开始受理商品房按揭贷款前期审批程序。待办理完产权抵押手续后给予发放按揭贷款。

上述事实有下列证据证明：
1. 双方当事人陈述；
2. 北京农村商业银行南菜园支行的复函。

（五）二审判案理由

第一，2007年9月27日发布的《关于加强商业性房地产信贷管理的通知》发生在双方签订合同之后，属不能预见的情形。但北京农村商业银行南菜园支行作为航丰园公司按揭贷款业务的合作银行早在2006年8月就提高首付款比例的问题已通知航丰园公司。在这种情况下，航丰园公司与张松山按照约定的付款方式签订合同是存在过错的。第二，航丰园公司作为申请银行按揭贷款手续的代办人，应将该政策告知张松山并对合同继续履行的条件作出说明。若张松山明确表示不同意提高首付款比例，又不愿以现款方式支付剩余房款，应当视为双方合同无法履行。依航丰园公司所述，曾向张松山发出书面通知，告知银行按揭贷款的首付款比例提高的情况并要求张松山交清全款，未能补交上述款项从而解除合同的意思表示，但无证据表明张松山已经收到航丰园公司的两份通知。第三，双方在合同中约定，不能办理按揭贷款的情况下，应当分期支付剩余房款，而航丰园公司单方要求张松山一次性全额支付购房款，加重了张松山的合同义务，对张松山亦不产生效力。第四，北京农村商业银行南菜园支行给北京市丰台区人民法院的回复函中明确说明开始受理商品房按揭贷款前期审批程序的前提是项目具有竣工验收备案表，而航丰园公司开发的项目在2009年5月11日才取得竣工验收备案表，这说明在新的银行贷款政策发布之前或者张松山按照航丰园公司通知要求交纳了相应的首付款，都不能启动银行前期审批程序。综上所述，在张松山已经履行了双方签订的商品房买卖合同中约定的40％首付款的前提下，因非张松山本人原因造成诉争房屋无法办理贷款的后果，应由航丰园承担。航丰园公司在未能举证证明所发书面通知已经送达张松山本人的情况下，以张松山在收到补交首付款通知后未履行补交首付款的义务，要求判令解除与张松山的商品房买卖合同，没有事实依据。且张松山表示可以立即全额交付剩余房款，该行为虽系张松山单方的意思表示，但该行为足以使双方的合同继续履行，张松山的单方行为亦未加重航丰园公司的合同义务，无须征得航丰园公司的同意。双方的商品房买卖合同并非不能继续履行。关于航丰园公司主张因按照双方合同中有关付款方式的条款无法继续履行，要求参照房屋出租价格判令张松山赔偿损失一节，因该合同并未达到无法继续履行的程度，故对航丰园公司以解除合同作为前提，要求张松山承担赔偿责任的请求不予支持。

综上所述，上诉人张松山认为不应当解除合同的辩解意见成立，原判令解除双方当事人签订的《商品房买卖合同》不当。

（六）二审定案结论

依法判决如下："一、撤销北京市丰台区人民法院（2009）丰民初字第23455号民事判决；二、驳回北京航丰园科技发展有限责任公司全部诉讼请求。"

（七）解说

本案处理重点主要在于合同订立过程中，一方当事人已知晓将来可能发生的政策变化，且在合同客观上无法实际履行的情况下，依然与对方签订合同，后依据新政策变化属不可抗力因素导致原合同无法履行为由，行使合同解除权的效力认定问题。

我国合同法明确规定依法成立生效的合同，对当事人具有法律约束力，当事人应当遵循诚实信用原则，按照约定全面履行自己的义务。《合同法》第94条规定，因不可抗力致使不能实现合同目的，当事人可以解除合同；《合同法》第96条规定，当事人一方依照本法第94条的规定主张解除合同的，应当通知对方。合同自通知到达对方时解除。最高人民法院《关于审理商品房买卖合同纠纷案件适用法律若干问题的解释》第23条规定：商品房买卖合同约定，买受人以担保贷款方式付款、因当事人一方原因未能订立商品房担保贷款合同并导致商品房买卖合同不能继续履行的，对方当事人可以请求解除合同和赔偿损失。因不可归责于当事人双方的事由未能订立商品房担保贷款合同并导致商品房买卖合同不能继续履行的，当事人可以请求解除合同，出卖人应当将收受的购房款本金及其利息或者定金返还买受人。

具体到本案，一审法院认为双方签订合同在先，有关提高商品房贷款首付比例的新政策在后，且按照新的规定原商品房无法办理贷款，合同不能继续履行，故航丰园公司可以依法行使法定解除权。且航丰园公司两次书面通知张松山补交首付款无回复后，通知解除合同，符合行使法定解除权的条件，故判令解除双方合同，航丰园公司返还张松山已交付的房款。二审法院认为：第一，我国合同法规定的所谓不可抗力，是指不能预见、不能避免并不能克服的客观情况。本案中北京农村商业银行南菜园支行早在2006年8月就提高首付款比例的问题通知航丰园公司，可见航丰园公司在与张松山签订合同时已知晓办理商品房贷款首付款比例提高事项，故《关于加强商业性房地产信贷管理的通知》不属于不可抗力导致合同解除的法定事由。第二，解除合同的通知单方加重张松山的义务，且合同解除的通知并未到达张松山，故没有法律效力。双方在合同中明确约定了付款方式、违约责任及合同变更、合同解除的情况，出现合同不能履行情况时，航丰园公司应当在通知到达、对方不予回应时，才能行使单方合同解除权。本案中，航丰园不能证明告知通知到达张松山，且航丰园公司单方要求全部支付剩余房款否则解除合同的行为加重了对方的义务，为无效的行为。航丰园公司据此主张解除合同，张松山违约并承担违约责任没有法律依据。第三，所售房屋不能办理贷款的因素，航丰园公司在签订合同时已经知晓，鉴于房屋现在已经符合办理贷款条件，且张松山可以支付房款，从有利于促进合同履行,维护市场经济秩序出发,应判令继续履行合同。

(北京市第一中级人民法院 刘国俊)

30. 王璐等诉北京房开置业股份有限公司房屋拆迁安置补偿合同、商品房预售合同案

(一)首部

1. 判决书字号
一审判决书:北京市西城区人民法院(2010)宣民初字第00704号。
二审判决书:北京市第一中级人民法院(2010)一中民终字第15548号。
2. 案由:房屋拆迁安置补偿合同、商品房预售合同纠纷。
3. 诉讼双方
原告(上诉人):王璐,女,1971年11月4日出生,回族,汉光中国国际贸易中心职员,住北京市宣武区。
原告(上诉人):王启忠,男,1938年1月14日出生,回族,北京市丰台区铁路机务段退休职工,住北京市宣武区。
委托代理人:王璐。
被告(被上诉人):北京房开置业股份有限公司,住所地:北京市宣武区广内大街210号。
法定代表人:梅国良,该公司董事长。
委托代理人:乔茜,女,1978年11月17日出生,北京房开置业股份有限公司职员,住该公司。
委托代理人:闫欣,男,1979年9月1日出生,北京房开置业股份有限公司职员,住该公司。
4. 审级:二审。
5. 审判机关和审判组织
一审法院:北京市西城区人民法院。
合议庭组成人员:审判长:孟庆发;代理审判员:田志鹏、张秦灵。
二审法院:北京市第一中级人民法院。
合议庭组成人员:审判长:张洁芳;代理审判员:冀东、张磊。
6. 审结时间
一审审结时间:2010年7月7日。
二审审结时间:2010年11月1日。

(二) 一审情况

1. 一审诉辩主张

（1）王璐、王启忠诉称

2001年经市政府批准，北京房开置业股份有限公司（以下简称房开公司）负责组织实施牛街二期危旧房改造，王璐、王启忠同意参加该地区的危旧房改造。双方当事人经过多次协商最终达成危改就地安置协议，并于2001年11月3日签订安置协议书，协议书中明确约定安置王璐、王启忠营业性用房33.3平方米，位置是牛街沿街新建商业用房首层临街。但从合同签订至今，房开公司却长达8年之久不向王璐、王启忠交付商业用房，导致王璐、王启忠及其家庭遭受重大损失。现王璐、王启忠起诉要求：判令房开公司按照安置协议书之约定履行协议，给王璐、王启忠安置牛街沿街临街首层商业用房33.3平方米；要求房开公司赔偿王璐、王启忠每月违约金3 000元，从2004年12月起至其实际履行之日止，诉讼费由房开公司承担。

（2）房开公司辩称

房开公司是应市区两级政府要求，对牛街二期危改依法进行拆迁和安置。因拆迁时间较长，历经拆迁公司众多，目前房开公司尚未查到王璐、王启忠提供的就地安置协议书原件。对于该协议书中缝处写的"另安置营业用房……等情况"未经房开公司与王璐、王启忠方共同签章确认，因此应属无效。鉴于房开公司从事政府职能行为，解危解困、造福于民的企业宗旨，考虑到王璐、王启忠的情况，如果王璐、王启忠按照每平方米7 000元的标准，交纳商业用房应付购房款233 100元后，则房开公司同意履行该协议书中的约定，这是一个附条件的协议。当时约定的安置商业用房还没有完成商业用房规划，房开公司在安置完回迁住房后再进行商业用房的规划，这有一个时间间隔。对于王璐、王启忠要求的回迁房和商业用房安置应该为同一时间，这与事实不相符。对于王璐、王启忠要求每月3 000元的违约责任房开公司不同意，因为此次拆迁过程不是一个营利行为，只是代政府完成这项工程。因此在王璐、王启忠没有实际营业、没有实际使用房屋的情况下，房开公司不应该承担该项违约责任。

2. 一审事实和证据

一审法院经审理查明：2001年11月3日，房开公司作为甲方与王璐作为乙方，签订《宣武区牛街二期危改就地安置协议书》，其中缝就营业用房安置写明：（1）安置营业用房产权人：王启忠；（2）安置地点：牛街沿街新建商业用房首层临街；（3）安置建筑面积33.3平方米；（4）结算方式：不结算结构差价。至今，房开公司未给王璐、王启忠安置营业用房。庭审中，王璐、王启忠要求房开公司按照安置协议书之约定履行协议，给王璐、王启忠安置牛街沿街临街首层商业用房33.3平方米，赔偿2004年12月至其实际履行之日的违约金每月3 000元，按其经营食品店租金平均数支付，但王璐、王启忠未向法院提供证据。房开公司则不同意王璐、王启忠的诉讼请求，就其无法为王璐、王启忠安置营业房屋情况未向法院提供证据。

上述事实，有双方当事人陈述、宣武区牛街二期危改就地安置协议书、购房合同书、预购房款发票、付款折抵清单、证明及庭审笔录等证据在案佐证。

3. 一审判案理由

一审法院经审理认为：王璐与房开公司签订的《宣武区牛街二期危改就地安置协议书》合法有效，双方当事人均应按照约定自觉履行义务，不得擅自变更。此案中，王璐、王启忠按照合同将其房屋腾退、并交予房开公司拆除；房开公司也应按照承诺将安置房屋交予王璐、王启忠。因双方约定的交付安置房屋日为2004年1月9日，期限届满后，房开公司尚未履行对王启忠交付营业用房的义务，现王启忠要求房开公司立即安置牛街沿街新建商业用房首层临街33.3平方米商业用房的诉讼请求，理由正当，法院予以支持。王璐、王启忠要求房开公司按其经营食品店的平均收入支付其每月3 000元的违约金，未向法院提供证据，该项诉讼请求法院不予支持。

4. 一审定案结论

一审法院依据《中华人民共和国合同法》第八条、第一百零七条，《中华人民共和国民事诉讼法》第六十四条之规定，判决："一、自判决生效之日起30日内，北京房开置业股份有限公司按照2001年11月3日与王璐签订的《宣武区牛街二期危改就地安置协议书》约定的同等条件、同等位置、同等面积、同等质量为王启忠安置营业用房一处。二、驳回王璐、王启忠的其他诉讼请求。"

（三）二审诉辩主张

王璐、王启忠的上诉请求为：撤销原判第二项判决，改判房开公司赔偿因其未于2004年1月9日按约履行交付门面营业房给上诉人造成的经济损失（按照3 000元/月计算至实际赔偿时止）。其上诉理由为：房开公司的违约，使得本应该履行交付的门面营业房未交付使用，造成上诉人的损失，理应给予相应的赔偿。

房开公司同意一审原判，不同意王璐、王启忠的上诉请求。房开公司辩称：首先，王璐、王启忠关于每月3 000元的补偿标准，明显高于北京市关于延期补偿的标准，按北京市相关规定，每月只有470元的延期补偿。其次，上诉人的请求没有充分的证据支持，其没有证据证明其平均每月可以得到的收入。

（四）二审事实和证据

北京市第一中级人民法院经审理，确认一审法院认定的事实和证据。

（五）二审判案理由

房开公司基于危房改造与王璐签订了《宣武区牛街二期危改就地安置协议书》及《购买房屋合同书》，该协议合法有效，双方当事人均应按照约定自觉履行义务。王璐、王启忠按约腾退原有房屋并足额支付了购房款，而房开公司至今未履行合同义务，严重违反了合同约定，一审法院判决房开公司按照其与王璐签订的《宣武区牛街二期危改就地安置协议书》约定的同等条件、同等位置、同等面积、同等质量为王启忠安置营业用房一处,符合法律规定,本院予以维持。根据合同约定,王启忠本应于2004年1月取得铺面房,时至今日,房开公司仍然未交付房屋,造成王启忠至今不能使用应有的房屋开展正常的经营活动,王启忠的经济损失是显而易见的,房开公司应对王启忠作出补偿。由于双方对逾期交房如何补偿问题没有约定,而王启忠提出的补偿标准过高,本院依据本案的具体情况及同类案件的补偿标准酌情确定。

(六) 二审定案结论

二审法院依照《中华人民共和国民事诉讼法》第一百五十三条第一款第(二)项之规定,判决如下:

"一、维持原北京市宣武区人民法院(2010)宣民初字第00704号民事判决第一项。

二、撤销原北京市宣武区人民法院(2010)宣民初字第00704号民事判决第二项。

三、北京房开置业股份有限公司于本判决书生效后7日内赔偿王璐、王启忠经济损失167 190元。

四、驳回王璐、王启忠其他诉讼请求。"

(七) 解说

本案处理重点在于合同添加条款的效力及合同违约责任的处理。我国《合同法》第77条规定,"当事人协商一致,可以变更合同。法律、行政法规规定变更合同应当办理批准、登记等手续的,依照其规定"。第107条规定,"当事人一方不履行合同义务或者履行合同义务不符合约定的,应当承担继续履行、采取补救措施或者赔偿损失等违约责任"。第113条规定,"当事人一方不履行合同义务或者履行合同义务不符合约定,给对方造成损失的,损失赔偿数额应当相当于因违约所造成的损失,包括合同履行后可以获得的利益,但不得超过违反合同一方订立合同时预见到或者应当预见到的因违反合同可能造成的损失"。

具体到本案中,首先,一、二审法院在对合同添加条款的效力认定一致,都认为当事人在协商一致情况下可以变更合同,增加相应的条款,即使在添加内容处无双方签章,但并不影响所增加内容的效力。其次,一、二审法院在处理违约责任时出现分歧,主要原因是对于违约损失赔偿的不同理解。一审法院认为王璐、王启忠并没有实际占有使用安置房屋,实际损失并没有发生,其不能对所提每月3 000元损失提供证据,故不应支持其主张。但二审法院认为,违约方承担的损害赔偿范围不仅包括实际发生的损失,还包括可期待的利益。房开公司一直未按协议交付王璐、王启忠营业用房,王璐、王启忠不能使用房屋进行经营,合同履行后可以获得的利益受到损失,房开公司应当予以赔偿。由于王璐、王启忠并未提交每月经营利润的证据,故二审法院酌定予以赔偿合情合法,遂对一审判决予以改判。从保护交易及社会公平角度来看,合同一方违约是对正常交易秩序的破坏,法律应当保护守约方的利益。《合同法》明确规定违约赔偿应当包括实际发生的损失以及合同履行后可以获得的利益,故房开公司对王璐、王启忠本来在合同履行后可以经营获得的利益应当赔偿。

因此,在处理合同违约带来的损害赔偿纠纷时,应考虑守约方的实际损失和可期待利益的损失。本案二审法院即是在考虑了实际损失与可期待利益损失的情况下,作出终审判决,有利于保证当事人的合法利益得到保护,获得公平公正的良好社会效果。

(北京市第一中级人民法院　夏根辉)

31. 赵杰、赵宏仁与陈伟瑶不当得利案

(一) 首部

1. 判决书字号

一审判决书:上海市徐汇区(2010)徐民一(民)初字第6572号。

二审判决书:(2011)上海市第一中级人民法院沪一中民一(民)终字第921号。

2. 案由:不当得利纠纷。

3. 诉讼双方

原告(被上诉人):CHEN WEI YAO(陈伟瑶),女,1969年5月3日生,加拿大国籍,现住上海市长宁区。

委托代理人:吴克祥,广东正大元律师事务所律师。

被告(上诉人):赵杰,男,1982年12月20日生,汉族,住上海市徐汇区。

被告(上诉人):赵宏仁,男,1952年11月20日生,汉族,住上海市徐汇区。

共同委托代理人:王育文、子岭斌,上海王育文律师事务所律师。

4. 审级:二审。

5. 审判机关和审判组织

一审法院:上海市徐汇区人民法院。

独任审判员:王仪蔚。

二审法院:上海市第一中级人民法院。

合议庭组成人员:审判长:李虎;代理审判员:孙卫、沈卫兵。

6. 审结时间

一审审结时间:2011年3月16日。

二审审结时间:2011年7月7日。

(二) 一审诉辩主张

1. 原告陈伟瑶诉称

被告赵杰和赵宏仁系父子关系，两人共同投资设立了上海宏仁灯具有限公司（以下简称宏仁公司）和上海好信家灯饰市场经营管理有限公司（以下简称好信家公司）。本人的丈夫王健受聘于好信家公司工作。赵宏仁为留住王健继续工作，提出为本人和王健家庭的购房奖励人民币100万元的补贴，但一直未兑现该承诺。经催促，赵宏仁提出，由本人和王健先将100万元转至赵宏仁名下，赵宏仁再将该款与奖励的100万元购房补贴款一并为本人和王健购房。本人遂于2008年6月4日，将100万元转账至赵宏仁指定的赵杰的银行账户。2009年8月，经赵宏仁出面介绍，本人和王健购买了坐落于本市闵行区龙茗路房屋。但在结算购房款时，赵宏仁未兑现购房补贴的承诺，本人和王健最终承担了全部房款，遂要求赵宏仁返还之前本人支付的100万元，但赵宏仁、赵杰以该100万元是用于返还王健所欠债务为由，拒绝返还。本人认为，本人是由于赵宏仁奖励王健购房补贴的承诺，而将100万元支付给赵宏仁，用于为本人和王健购房所用。赵宏仁最终未兑现承诺，其与赵杰也未将收到的100万元用于为本人和王健支付购房款，或支付其他相应的对价，赵宏仁和赵杰取得该款无合法根据，应予返还。本人现要求赵杰返还100万元，并按中国人民银行同期贷款利率的4倍，赔偿该100万元自2008年6月4日起至判决生效之日止的利息，赵宏仁对利息的赔偿承担连带责任。

2. 被告赵杰辩称

本人与原告丈夫王健系同事，均在好信家公司工作，双方不存在任何经济往来。王健欠本人父亲赵宏仁100万元，故于2008年6月4日将100万元转账至赵宏仁指定的本人银行账户，用于还款。本人收到该款后，于2008年7月初转交给了赵宏仁。本人认为，原告主张的钱款实为王健支付给赵宏仁的还款，本人已将该还款转交给了赵宏仁，原告现要求本人承担返还和赔偿责任，无依据，本人不同意原告的诉请。

3. 被告赵宏仁辩称

本人从未承诺过100万元购房补贴的奖励。原告丈夫王健曾在好信家公司工作，于2009年12月21日被除名，原因之一是其联合案外人俞斌使本人有人民币100万元无法收回，事情经过为：本人听从王健推荐，以个人名义于2007年8月30日开具给上海华星拍卖有限公司（以下简称华星公司）一张90万元本票用于购买该公司拍卖的房产，结果根本不存在拍卖的房产，钱款亦无法要回。本人要求王健追讨上述钱款，在此过程中，王健又向本人借款10万元用于催讨，该借款加上之前本人无法追回的90万元，王健共计欠本人100万元。2008年6月4日，原告转账至赵杰银行账户内的100万元，就是代王健返还本人100万元欠款的。本人认为：本人收到的原告所付100万元，系原告代其丈夫王健返还本人的欠款，不存在不当得利的情况，原告的诉请已超过诉讼时效。综上，本人不同意原告的诉请。

(三) 一审事实和证据

经审理查明，原告与王健于 2008 年 5 月 26 日登记结婚。赵宏仁与赵杰系父子。

2008 年 6 月 4 日，原告通过银行转账，支付给赵杰 100 万元。2008 年 7 月 7 日，赵杰通过银行转账方式，将 100 万元支付给赵宏仁。

2010 年 7 月，原告委托律师分别向赵杰、赵宏仁发出《工作联系函》，要求协商前述 100 万元钱款事宜。

另查，赵宏仁曾以华星公司为被告，于 2009 年 7 月向上海市长宁区人民法院提起诉讼，案件案号为（2009）长民一（民）初字第 3320 号。赵宏仁在该案中要求华星公司返还保证金 90 万元，并支付相应利息。赵宏仁提交的证据包含了赵宏仁作为申请人、华星公司作为收款人的《兴业银行上海分行本票申请书》和《兴业银行上海分行本票》各一张。上海市长宁区人民法院在审理期间，委托相关部门对上述两份材料上华星公司的相关印文真实性进行鉴定，鉴定结果为上述材料上华星公司的相关印文与样本印文不是同一枚印章盖印形成。赵宏仁遂以鉴定结果对己不利，可能证据不足，且与"当初收取本票的俞斌已在案外协商，他也表示愿意归还我们的保证金，因此认为没有诉讼的必要"为由，申请撤诉，上海市长宁区人民法院于 2009 年 11 月 26 日口头裁定准予撤诉。在该次诉讼中，上海市长宁区人民法院向王健作调查，王健的相关陈述是：其与俞斌相识。2007 年 7 月，俞斌打电话给王健表示，沪闵路上有商铺。之后，俞斌就带王健和赵宏仁去看商铺，赵宏仁想买三套，需支付 90 万元定金。2007 年 8 月 31 日，俞斌到宏仁公司财务室来拿了 90 万元的本票。对王健的上述陈述，赵宏仁的代理人表示无异议。

上述事实，除双方当事人一致的陈述证明外，另有原告提供的中国工商银行个人业务凭证、《工作联系函》及相应的邮寄凭证、结婚证，赵杰提供的工商银行存折登折记录，赵宏仁提供的工商银行转账凭证、（2009）长民一（民）初字第 3320 号诉讼档案材料等证明，本院对此予以确认。

庭审中，赵宏仁还提供了如下证据：

1. 《借条》一张，内容为："今收到王健人民币拾万元整，为期三个月（2008 年 1 月 8 日—2008 年 4 月 8 日）借款人：张雄 2008.1.8"。赵宏仁表示，由于本人通过本票支付给华星公司的 90 万元无法收回，王健为催讨该 90 万元向本人另行借款 10 万元，王健为借 10 万元而将张雄出具给自己的《借条》押在本人处的，以证明王健欠本人 100 万元中的 10 万元来源。

2. 《证明》一份，落款处署名陆桂兰，并盖有"李慧"印章，落款日期为 2010 年 1 月 23 日，证明 90 万元本票由王健领走。

3. 证人陆卫鸣、张海伟、胡明杨、洪培成、吴梅芬当庭所作证词，相关内容为：2009 年近年底时，赵宏仁与王健在"大浪淘沙"浴场发生争吵，原告之后也赶到。赵宏仁说王健欠他 500 万元，王健和原告则表示没那么多，只欠 200 万元，且已还了 100 万元，之后，三人继续商谈。上述证人除吴梅芬外，其余均表示是租赁赵宏仁经营的

"好饰家灯饰广场"商铺的商户。

原告对上述证据1真实性无异议,但表示与本案无关;对证据2真实性表示有异议,内容亦不属实;对证据3表示,证人与赵杰、赵宏仁存在利害关系,证言内容不属实,当时王健与赵宏仁确实发生了争吵,但原因是赵宏仁未兑现100万元购房补贴。

关于上述证据1,由于该份《借条》系王健与案外人之间发生借款合同关系凭证,在无其他证据印证的情况下,该证据与本案无关,本院对此不予确认;关于上述证据2,由于原告对该《证明》真实性有异议,落款处署名者未出庭作证,且内容与王健在(2009)长民一(民)初字第3320号案件中得到赵宏仁代理人认可的陈述相悖,本院对此不予确认;关于证据3,证人证言均表明,赵宏仁、王健和原告争吵后一直在商谈,对商谈结果并不了解,且除吴梅芬外,其余证人均认可系赵宏仁经营的"好饰家灯饰广场"的商户,有利害关系,在证人证言无其他证据印证的情况下,本院不予确认。

(四)一审判案理由

上海市徐汇区人民法院认为:本案的争议焦点为,赵宏仁、赵杰取得100万元,是否有合法依据。赵宏仁、赵杰主张,该100万元是原告代自己丈夫王健返还给赵宏仁的100万元欠款,而该欠款组成是:(1)赵宏仁于2007年8月30日开具给华星公司用于拍卖房产的90万元本票,由于不存在拍卖的房产,90万元亦无法要回,该钱款应作为王健欠款;(2)王健另行向赵宏仁借款10万元用于催讨。

关于上述第一部分90万元欠款,相关的(2009)长民一(民)初字第3320号卷宗材料表明:根据赵宏仁认可的王健陈述可见,90万元本票是案外人俞斌直接至宏仁公司财务室领取,王健在其中仅起到介绍作用,并不能由此推断出该90万元应由王健承担偿付责任。即使赵宏仁所述成立,本案系争100万元是原告代王健返还给赵宏仁的,那么赵宏仁所受经济损失已得到偿付,为何仍于2009年7月向上海市长宁区人民法院提起诉讼主张该90万元?故赵宏仁、赵杰的该项主张明显于理不合,本院无法采信。

关于赵宏仁、赵杰主张的另10万元欠款,两人对此未能提供相应有效的证据证明,本院同样难以采信。

综上所述,赵宏仁、赵杰取得原告支付的100万元无合法依据。

原告100万元实际汇入赵杰的银行账户,原告现要求赵杰承担返还责任,于法无悖,可予准许。

关于利息损失,原告自行购房后,一直未主张权利,故其要求自付款之日起的中国人民银行同期贷款利率4倍的利息,缺乏事实和法律依据,该项利息损失的利率和起算日期,由本院依法酌情判处,由于双方认可一致,赵宏仁系钱款的实际接收主体,原告要求其对利息损失承担连带责任,于法有据,本院对此予以支持。

(五)一审定案结论

上海市徐汇区人民法院依照《中华人民共和国民法通则》第五条、第九十二条的规

定,本院判决如下:

"一、被告赵杰于本判决生效之日起10日内返还原告CHEN WEI YAO(陈伟瑶)100万元;

二、被告赵杰于本判决生效之日起10日内按中国人民银行同期贷款利率,赔偿原告CHEN WEI YAO(陈伟瑶)上述100万元自2010年8月17日起至本判决生效之日止的利息;

三、被告赵宏仁对上述第二条判决主文承担连带责任。

如果未按本判决指定的期间履行给付金钱义务,应当依照《中华人民共和国民事诉讼法》第二百二十九条之规定,加倍支付迟延履行期间的债务利息。

案件受理费13 800元,减半收取计6 900元,保全费5 000元,由被告赵杰、赵宏仁共同负担。"

(六) 二审情况

1. 二审诉辩主张

上诉人(原审被告)赵杰、赵宏仁称,要求撤销原审判决,改判驳回被上诉人CHEN WEI YAO(陈伟瑶)原审主张的诉讼请求。赵杰、赵宏仁诉称,证人的证词可以证明CHEN WEI YAO(陈伟瑶)的丈夫王健欠赵宏仁钱款的事实,且在CHEN WEI YAO(陈伟瑶)将钱款通过银行转账的方式打到赵宏仁指定的账户后的较长时间内,没有追讨过该笔钱款。故CHEN WEI YAO(陈伟瑶)原审的主张不符合不当得利的构成要件。

被上诉人(原审原告)CHEN WEI YAO(陈伟瑶)认为原审判决正确,要求驳回上诉人的上诉请求,维持原审判决。

2. 二审事实和证据

上海市第一中级人民法院经审理查明:原审查明事实基本无误,本院依法予以确认。

另查明:原审法院于2011年1月26日的庭审中,证人陆卫鸣、张海伟、胡明杨、洪培成、吴梅芬先后到庭作证,均陈述"2009年年底,赵宏仁与王健在大浪淘沙浴场发生争吵,赵宏仁称王健欠其500万,王健(王健老婆)称只有200万,并且已经还了100万"。该节事实,有原审庭审笔录予以佐证。

3. 二审判案理由

上海市第一中级人民法院认为:《中华人民共和国民法通则》第九十二条规定,没有合法根据,取得不当利益,造成他人损失的,应当将取得的不当利益返还受损失的人。根据该规定,构成不当得利返还请求权的要件事实有四个:一方获有利益;他方受到损失;获利与受损之间存在因果关系;获利无法律上的原因。其中,"无法律上的原因"证明责任的分配是处理案件的关键。我国民法关于不当得利的规定属于请求权形成规范,故"无法律上的原因"证明责任首先应由不当得利返还请求权人承担,亦即请求权人首先应举证证明其所为之给付缺乏给付原因。就本案而言,只有在CHEN WEI

YAO（陈伟瑶）举证证明其向赵宏仁支付100万元款项没有合法原因的前提下，赵宏仁才承担证明其获得相应利益具有正当性的举证义务。首先，CHEN WEI YAO（陈伟瑶）原审诉状中称其是在为不耽误自己家庭的购房计划，同时希望赵宏仁原本承诺的100万元为其家庭购房的奖励早日兑现，听信赵宏仁的建议先把自己账户中的100万元划入赵宏仁指定的账户，然后连同赵宏仁承诺的购房奖励款100万元一起为其家庭购房。上述表述有违一般常态，也就是说，即便CHEN WEI YAO（陈伟瑶）想尽快取得赵宏仁承诺的100万元购房奖励款，也没有必要先将自己的100万元划入赵宏仁指定的账户。其次，CHEN WEI YAO（陈伟瑶）于2008年6月4日将100万元划入赵宏仁指定的账户，其丈夫王健于2009年8月支付用于购买案外人的房屋款155万元，然现有证据显示，CHEN WEI YAO（陈伟瑶）直至2010年6月1日才向法院起诉要求返还涉案的100万元款项；除此之外，并无证据表明王健在其购房过程中曾向赵宏仁主张其诉称中的转入款及奖励款，显然有违常理。再次，原审审理期间证人陆卫鸣、张海伟等人的证词，相关内容显示CHEN WEI YAO（陈伟瑶）的丈夫王健欠赵宏仁钱款的情况。综合以上理由和本案实际情况，在CHEN WEI YAO（陈伟瑶）以不当得利为诉讼请求权基础提起诉讼，又不能就其主张的事实及赵宏仁、赵杰取得100万元没有法律上的原因提供充分的证据材料加以证明的情况下，原审法院支持CHEN WEI YAO（陈伟瑶）要求返还100万元的诉讼请求不当，本院予以纠正。综上，上诉人赵宏仁、赵杰的上诉请求，本院予以支持。

4. 二审定案结论

上海市第一中级人民法院依照《中华人民共和国民法通则》第九十二条、《中华人民共和国民事诉讼法》第一百五十三条第一款第（三）项之规定，判决如下：

"一、撤销中华人民共和国上海市徐汇区人民法院（2010）徐民一（民）初字第6572号民事判决；

二、CHEN WEI YAO（陈伟瑶）要求赵杰返还100万元及其相应利息，并由赵宏仁对相应利息的赔偿承担连带赔偿责任的诉讼请求，不予支持。

一审案件受理费减半收取6 900元，财产保全费5 000元；二市案件受理费13 800元由CHEN WEI YAO（陈伟瑶）负担。"

（七）解说

本案争议的焦点在于赵宏仁、赵杰取得100万元是否具有合法根据，其关键则在于证明责任应如何分配。

1. 证明责任的分配标准

民事诉讼中的证明责任，又称举证责任，它不同于当事人的主张责任和提供证据的责任。"通常情况下，证明责任包含两方面含义：一是从提供证据或行为意义上的立场把握证明责任，即提供证据责任、行为证明责任或主观证明责任，是指对于有利于自己的案件实体事实，当事人有责任提供证据加以证明；二是从说服法官或者结果意义的角度看待证明责任，即说服责任、结果证明责任或客观证明责任，是指在案件审理终结时案件实体事实真伪不明的，一方当事人应当接受不利益判决（败诉）的结果。"①

由于证明责任具有引导法院在事实真伪不明的状态下作出裁判、为当事人在诉讼中展开进攻和防御提供依据、为指导当事人的证明活动提供依据、为确定应由哪一方当事人首先提出证据提供依据、为确定本证与反证提供依据等多方面的作用。②故证明责任的分配对于整个民事诉讼过程的重要性不言而喻。

证明责任分配理论要研究和探讨的是应当根据什么因素来决定谁应当承担不利后果，以及为什么要由这一方当事人承担不利后果，而不由相对方承担，并且根据这一因素或这些因素来决定谁承担不利后果又是公平、合理和符合理性的。③在大陆法系，充斥着各种各样关于诉讼理论（包括证明责任分配理论）的观点和学说。

关于证明责任的分配法则，存在着一般规则、特殊规则和自由裁量三者的划分，但基于我国民事诉讼和大陆法系民事诉讼基本上属于"规范出发型诉讼"，我国证明责任的承担主要是依据实体法规范，即以大陆法系的法律规范要件分类说为主。④

按照法律要件分类说，可将民法规范分为四大类：（1）权利发生规范，指能够引起某一权利发生的规范；（2）权利妨碍规范，指在权利欲发生之初，便与之对抗，使之不得发生的规范；（3）权利消灭规范，指在权利发生之后与之对抗，将已发生权利消灭的规范；（4）权利排除规范，指权利发生之后，权利人欲行使权利之际始发生对抗作用将权利排除的规范。与之相对应，实体法上的要件事实（即由民事实体法规范规定的作为形成特定民事权利义务关系基本要素的事实），依据其引起的法律后果不同，可以分为产生权利或法律关系的事实，妨碍权利或法律关系发生、变动的事实，变更或消灭权利或法律关系的事实，以及排除权利行使的事实四类。在上述分类后，法律要件分类说所提出的分配证明责任的原则是：主张权利存在的人，应对权利发生的法律要件事实负证明责任；否认权利存在的人，应对存在权利障碍要件、权利消灭要件或权利排除要件事实负证明责任。⑤当事人就自己提出的实体法规范构成要件事实承担证明责任，这是民事证明责任分配的一般规则。⑥

2. 法律要件分类说在本案中的具体应用

从我国民事诉讼证明责任分配的体系来看，"在我国的民事实体法和最高人民法院的司法解释中，有时对某一要件事实的证明责任作出了明确规定……但实体法和司法解释中直接规定的证明责任终究是少数，在未作规定的大多数情形下，仍有必要设定一定的原则来作为分配证明责任的标准"⑦。既欠缺直接、专门明确某类案件证明责任分配的规定，又没有设定具有普适性的证明责任分配的原则，我国不当得利案件面临的现状正是如此，这也为法律要件分类说的应用提供了可予操作的空间。

(1) 我国不当得利的法律规定属于权利发生规范

在我国民法理论体系中，不当得利是债的发生原因之一，与合同、侵权行为等同属

---

① 邵明：《民事诉讼法理研究》，290页，北京，中国人民大学出版社，2004。
② 参见江伟主编：《民事诉讼法学》，2版，169~170页，北京，高等教育出版社，2004。
③ 参见张卫平：《民事诉讼：关键词展开》，228页，北京，中国人民大学出版社，2005。
④ 参见邵明：《民事诉讼法理研究》，292~297页，北京，中国人民大学出版社，2004。
⑤ 参见江伟主编：《民事诉讼法学》，2版，175页，北京，高等教育出版社，2004。
⑥ 参见邵明：《民事诉讼法理研究》，293页，北京，中国人民大学出版社，2004。
⑦ 江伟主编：《民事诉讼法学》，2版，179页，北京，高等教育出版社，2004。

于债法的范畴。"不当得利,是指没有合法根据,致使他人受有损失而取得的利益。由于该项利益没有法律上的根据,应返还给受害人,从而形成以不当得利返还为内容的债的关系。"[1] 由于债是指特定当事人之间可以请求一定给付的民事法律关系,相应地,不当得利之债的内容,也就是受益人返还不当得利的义务与受损人请求返还不当得利的权利。

在立法上,我国《民法通则》第92条规定:"没有合法根据,取得不当利益,造成他人损失的,应当将取得的不当利益返还受损失的人。"按照法律要件分类说的民法规范划分,本条规定显然属于权利发生规范,也即能够引起不当得利返还请求权发生的规范。

(2) 不当得利返还请求权人应当对权利发生的法律要件事实负证明责任,在给付不当得利中则须证明其给付无法律上的原因。根据法律要件分类说,关于证明责任的分配原则,主张存在不当得利返还请求权的人,应就不当得利返还请求权发生的法律要件事实负证明责任。根据《民法通则》第92条的规定,不当得利的成立须具备四个条件:1) 一方受有利益;2) 他方受有损失;3) 一方受利益与他方受损失之间有因果关系;4) 没有合法根据。在本案中,行使不当得利返还请求权的权利人即陈伟瑶(原审原告、二审被上诉人)即应对这四个要件事实负证明责任[2],由于有涉及金额100万元的银行转账凭证等证据材料在案佐证,陈伟瑶证明第一至三个要件事实并不存在障碍,故本案争议的关键在于陈伟瑶能否先行证明第四个要件事实即其给付无法律上的原因,而不在于赵宏仁、赵杰能否证明其取得该100万元具有合法根据。对此分配标准,我国台湾地区有学者认为:"无法律上的原因虽具消极事实的性质,仍应由原告负举证责任。给付不当得利请求权人乃使财产发生变动的主体,控制财产资源的变动,由其承担举证责任困难的危险,实属合理。"[3] 本案中,该分配标准是否得到运用和坚持,直接导致了一审和二审截然不同的裁判结论。

一审中,原审法院没有从陈伟瑶应就其给付无法律上原因负担证明责任的思路进行审理,也即对陈伟瑶是否完成证明责任在所不问,转而直接将此证明责任分配给赵宏仁、赵杰,即要求赵宏仁等就其取得利益具有合法根据负担证明责任,因后者举证不能,遂支持了陈伟瑶要求赵宏仁、赵杰返还不当得利的诉讼请求。

二审中,法官运用了法律要件分类说,对证明责任重新作出分配,坚持不当得利返还请求权人陈伟瑶应对权利发生的法律要件事实负证明责任,须首先证明其给付无法律上的原因。就本案而言,只有在陈伟瑶举证证明其向赵宏仁支付100万元款项没有合法原因的前提下,赵宏仁才承担证明其获得相应利益具有正当性的举证义务。首先,为完成其证明责任,陈伟瑶原审诉状中称其是在为不耽误自己家庭的购房计划,同时希望赵宏仁原本承诺的100万元为其家庭购房的奖励早日兑现,听信赵宏仁的建议先把自己账

---

[1] 魏振瀛主编:《民法》,308页,北京,北京大学出版社、高等教育出版社,2000。
[2] 我国台湾地区学者王泽鉴先生亦持类似观点:"就不当得利,原告必须证明:1. 被告因其给付而受利益;2. 原告与被告有给付关系(即被告受利益,致原告受损害);3. 无法律上的原因(给付目的之欠缺)。"王泽鉴:《债法原理第二册·不当得利》,57页,北京,中国政法大学出版社,2002。
[3] 王泽鉴:《债法原理第二册·不当得利》,57页,北京,中国政法大学出版社,2002。

户中的100万元划入赵宏仁指定的账户,然后连同赵宏仁承诺的购房奖励款100万元一起为其家庭购房。上述表述有违生活常理和经验法则,也就是说,即便陈伟瑶想尽快取得赵宏仁承诺的100万元购房奖励款,也没有必要先将自己的100万元划入赵宏仁指定的账户。从证明标准的角度看,陈伟瑶的证明也没有达到民事诉讼中对实体法事实证明的一般要求即高度盖然性,使法官在内心中形成事实极有可能或非常可能如此的判断即形成内心确信。其次,陈伟瑶于2008年6月4日将100万元划入赵宏仁指定的账户,其丈夫王健于2009年8月支付用于购买案外人的房屋款155万元,然现有证据显示陈伟瑶直至2010年6月1日才向法院起诉要求返还涉案的100万元款项;除此之外,并无证据表明王健在其购房过程中曾向赵宏仁主张其诉称中的转入款及奖励款,显然有违常理。再次,原审审理期间证人陆卫鸣、张海伟等人的证词,相关内容显示陈伟瑶的丈夫王健欠赵宏仁钱款的情况。综上,在陈伟瑶以不当得利返还请求权为基础提起诉讼,又不能就其主张的事实及给付赵宏仁、赵杰100万元没有法律上的原因提供充分的证据材料加以证明的情况下,原审法院支持陈伟瑶要求返还100万元的诉讼请求不当,陈伟瑶应承担举证不能的败诉风险,故二审作出改判。

3. 抗辩和反证并非民事诉讼过程所必需

与此同时,通过本案的审理亦可对请求权与抗辩权、本证与反证之间的关系作进一步深入理解。"通常情况下,原告和被告主张利己事实的应当提供证据加以证明。原告对支持其诉讼请求的实体法规范构成要件事实应当提出本证。被告有权提出反对原告诉讼请求的事实(即抗辩事实),并应对之加以证明;对于被告的抗辩或反证,原告亦可予以反辩以支持自己的事实主张。"[①] 可以说,这是对民事诉讼证明过程的一般理解,但是在具体案件中,抗辩和反证并非民事诉讼过程的必经阶段。

本案中,由于陈伟瑶举证不能,其主张的不当得利返还请求权已然难以成立,二审法官即不必再着重对赵宏仁、赵杰抗辩主张的欠款事实是否成立进行审理。因为根据法律要件分类说的原理,只有在请求权人就权利发生的法律要件事实完成证明后,否认权利存在的相对人才应当对存在权利障碍要件、权利消灭要件或权利排除要件事实负担证明责任。此即请求(或请求权)与抗辩(或抗辩权)的对立性,其时间上前后继起的关系不容颠倒和混淆,否则裁判结果将有失公正。换言之,"分配证明责任,是为了解决实体法上的要件事实由哪一方负责证明,以及当要件事实真伪不明时由哪一方当事人承担不利的裁判结果"[②]。"不管被告是否提出抗辩事实或者是否进行反证,原告的证明只有排除支持己方诉讼请求的事实的真伪不明之态,即其证明必须达到确信程度(即达到证明标准),才可摆脱结果证明责任。"[③] 因此,赵宏仁、赵杰抗辩主张的欠款事实是否成立对法官形成内心确信虽有帮助但并非本案关键所在,陈伟瑶因举证不能导致要件事实真伪不明而应承担败诉风险,就已经是证明责任的应有之义。

(上海市第一中级人民法院 李虎)

---

①③ 邵明:《民事诉讼法理研究》,293页,北京,中国人民大学出版社,2004。
② 江伟主编:《民事诉讼法学》,2版,179页,北京,高等教育出版社,2004。

32. 张龙强诉张志平追偿权案

（一）首部

1. 判决书字号：上海市虹口区人民法院（2011）虹民一（民）初字第5063号。
2. 案由：追偿权。
3. 诉讼双方

原告：张龙强，男，1956年7月20日出生，汉族，住上海市市光路。

委托代理人：王为荣，上海市欣隆律师事务所律师。

委托代理人：顾振清，上海市欣隆律师事务所律师。

被告：张志平，男，1956年1月11日出生，汉族，住上海市虹口区。

4. 审级：一审。
5. 审判机关和审判组织

审判机关：上海市虹口区人民法院。

代理审判员：方文光。

6. 审结时间：2011年10月24日。

（二）诉辩主张

1. 原告诉称

其应被告要求为其在光明公司工作期间可能对公司造成的经济损失承担连带保证责任，并因此与光明公司签订保证合同，2010年9月，被告扣留本应上交公司的奶款29 174.42元不交，光明公司向被告追讨未果后，要求其作为连带保证人承担保证责任，其按约定已经代为支付，现依法向被告追偿，要求被告偿还尚未支付款项17 557.64元并支付该款项自2011年5月1日起至判决生效之日期间的利息，利率按银行同期贷款利率计算。

2. 被告辩称

原告所述事实属实，但光明公司要求原告赔偿其给公司造成的经济损失时，其告诉过原告不要支付，其会和光明公司自行解决，原告未经其同意擅自付款，所受损失应由其自行负担，故其不同意原告诉请。

（三）事实和证据

上海市虹口区人民法院经公开审理查明：原、被告原系光明公司同事，2000年被告经原告介绍进入光明公司从事销售工作，因被告的工作与现金接触，故公司要求被告提供担保人对其在公司工作期间可能对公司造成的经济损失承担连带保证责任,因被告与原告关系较好,故原告应被告请求于2007年5月14日向光明公司出具担保书为被告在光明公司工作期间对公司造成的经济损失承担连带赔偿责任。保证有效期自签字之日起至被告工作终止的两年内。2010年9月,被告因与光明公司发生劳动纠纷扣留本应上交公司的奶款29 174.42元不交,光明公司向被告追讨未果后,要求原告作为连带保证人代为偿付29 174.42元,原告于2010年9月1日向光明公司支付29 174.42元。另外,被告可从光明公司领取劳动合同终止经济补偿金11 616.78元,同年9月25日,被告书面确认同意该笔补偿金由原告领取,余款待被告与光明公司之间的劳动纠纷诉讼判决后再行支付原告。2011年4月14日,杨浦区人民法院就被告与光明公司的劳动争议纠纷作出(2011)杨民一(民)初字第596号民事判决,双方均未上诉。但之后余款17 557.64元,被告至今未向原告偿还。

上述事实有下列证据证实:担保承诺书、付款凭证、银行存取款明细、光明公司出具的情况说明、张志平于2010年9月25日书写的书面确认书、(2011)杨民一(民)初字第596号民事判决书、双方当事人陈述等。

(四)判案理由

上海市虹口区人民法院根据上述事实和证据认为:本案原告应被告要求以担保人身份为其在光明公司工作期间可能对公司造成的经济损失向光明公司承担连带赔偿责任,故原告与光明公司之间存在连带人事保证法律关系,我国相关法律虽然对人事保证未作明确规定,但当事人关于人事保证的约定并不违反法律强制性规定,亦不违背公序良俗,故合法有效,且关于人事保证内容和性质与担保法所规定之保证相似,故其法律适用可类推适用担保法有关保证之规定。《担保法》第三十一条规定,保证人承担担保责任后,有权向债务人追偿。故本院对原告要求被告偿还赔偿款余额17 557.64元以及支付相应利息的诉讼请求依法予以支持。

(五)定案结论

上海市虹口区人民法院依照《中华人民共和国担保法》第十八条、第三十一条之规定,判决如下:

"一、被告张志平于判决生效之日起10日内向原告张龙强偿还人民币17 557.64元;

二、被告张志平于判决生效之日起10日内支付原告张龙强上述款项自2010年5月1日起至判决生效之日期间的利息,利率按人民银行同期贷款利率计算。"

(六)解说

1. 人事保证的法律适用

人事保证中保证人所保证债务类型为侵权之债,虽与担保法所规范的普通保证的合同之债并不相同,但就其仍属保证人为债务人对债权人的债务提供人的担保的实质而言并无不同,且保证作为一种合同,根据契约自由的基本原则,只要双方关于人事保证之约定不违反法律法规强制性规定以及公序良俗,即应依法有效,因其与担保法所规定之一般保证本质相同,故其可类推适用担保法关于保证之相关规定。

2. 人事保证之特殊性

(1) 人事保证所担保之债应仅限于被保证人因职务行为而对雇主所造成之侵权之债

保证人与雇主往往约定保证人对雇员于在雇主处工作期间对雇主所造成的损失承担保证责任,而债务人于受雇期间对债权人所造成之损失并不一定均因职务行为而发生,人事保证又称职务保证,系对债务人能够胜任职务的一种人的担保,保证人作出此种保证多出于对被保证人的友谊,故为避免保证人承受过重之负担,保证人所担保之债应以被保证人在雇主处执行职务行为所发生为限。另外,人事保证人所担保之债应为侵权行为之债,即并非被保证之雇员对在雇主处所造成的任何损失均应承担赔偿责任,而应该仅对雇员因不法之侵权行为对雇主所造成之损失承担赔偿责任。

(2) 人事保证保证人承担的责任范围应受限制

人事保证所担保债务为雇员在执行职务过程中对雇主的侵权之债,故在雇员执行职务行为过程中因不可抗力、意外事件、自然力、雇主强令雇员违章作业、第三人原因介入造成以及雇员行为不符合侵权行为一般构成要件的,对由此而引发的损害,保证人不承担赔偿责任。即使被保证之雇员因侵权行为给雇主造成损失的,如雇主对该损害的产生与有过失的,保证人可援引侵权法上过失相抵制度以减轻其赔偿责任范围。

(3) 人事保证责任之免除

人事保证与最高限额保证一样均属对将来债务的保证,但最高额保证保证人对于决算期届至前发生的债务均应承担保证责任,而人事保证多是基于保证人与被保证人之间的个人情谊所作出,且雇主雇用员工后,员工劳动力受雇主支配,员工是在雇主的指挥、监督下提供劳动,其在工作上与雇主的联系远较保证人密切,为避免雇主将本应由其自己承担的经营风险不合理地转嫁给保证人,故对保证人承担人事保证责任的情形应予以限制,笔者认为,在以下几种情形下保证人可以免除保证责任。

1) 被保证人工作地点、岗位、职务发生重大变化致使保证人责任加重

因保证人是基于对被保证人能够胜任建立保证关系时所担任的职务的信任作出担保,如之后被保证人在雇主处工作岗位、所担任职务、工作地点发生重大变化,因不同工作地点、岗位、职务给雇主可能造成损害的风险亦不同,如从一般工作岗位更换至可接触现金的岗位,其对雇主可造成损失的潜在风险以及几率均大大增加,因此给保证人带来的承担保证责任的风险亦大大增加,而该变化一般是超出保证人订立保证合同当时的预期的,属于保证合同订立时的基础事实的重大变化,构成情事变更,保证人可以享有解除保证合同的权利,故保证合同签订后被保证人工作地点、岗位、职务发生重大变动后雇主应该及时通知保证人并取得保证人对被保证人职务变动后愿意继续提供担保的书面同意,否则保证人可以要求解除保证合同从而不对被保证人工作地点、岗位、职务变动后所造成的损害承担保证责任。

2) 因被保证人之职务行为雇主得解除劳动合同而其竟未解除且该解除事由有使保

证人承担保证责任之虞者，雇主未将该情形及时通知保证人

被保证人在雇主处工作期间有使雇主可能解除劳动合同的行为时，且该解除事由可使保证人承担保证责任或有使保证人承担保证责任之虞时，雇主本可选择解除合同从而使被保证人继续对其造成损害的风险消灭，而其竟最终仍选择维持与被保证人的劳动关系，保证人因此而承担保证责任的风险亦大为增加，又因保证责任事由的发生使保证人对被保证人的信任基础已不存在，故此时保证合同订立当时的基础情事也已发生重大变化，保证人享有解除保证合同的权利，故此时雇主应及时通知保证人并取得保证人愿意继续承担保证责任的承诺，否则，保证人亦得拒绝对此后发生的损害承担保证责任。

（上海市虹口区人民法院　方文光）

33. 唐虹刚诉北京强佑房地产开发有限公司商品房预售合同案

（一）首部

1. 判决书字号
一审判决书：北京市海淀区人民法院（2010）海民初字第23131号。
二审判决书：北京市第一中级人民法院（2010）一中民终字第19989号。
2. 案由：商品房预售合同纠纷。
3. 诉讼双方
原告（被上诉人）：唐虹刚，男，1976年6月5日出生，汉族，摩托罗拉中国技术有限公司职员，住北京市海淀区。
被告（上诉人）：北京强佑房地产开发有限公司（以下简称强佑公司），住所地：北京市平谷区熊儿寨乡东路16号。
4. 审级：二审。
5. 审判机关和审判组织
一审法院：北京市海淀区人民法院。
独任审判员：郝蓬。
二审法院：北京市第一中级人民法院。
合议庭组成人员：审判长：王茂刚；代理审判员：柳适思、李唯一。
6. 审结时间
一审审结时间：2010年9月20日。
二审审结时间：2010年12月10日。

(二) 一审情况

1. 一审诉辩主张

（1）原告唐虹刚诉称

2007年4月28日，我购买强佑公司开发的清河新城3号楼1单元2201号房屋，购房总价658 071元。合同约定，强佑公司需在2008年12月31日前向我交付房屋，如果强佑公司未能按时交房，需自约定的交付期限届满之次日到实际交付之日止，按日计算向我支付已交房款万分之二的违约金。2009年3月12日，我收到强佑公司发出的强佑清河新城入住通知书，要求我在2009年3月13日到3月20日办理收房手续，同时在通知书中提示，如果我未在通知的交付期限内办理接收手续，则视为强佑公司于交付期限届满次日起已将房屋交付我。2009年3月13日到15日，众多业主就延期交房事宜与强佑公司交涉，遭到强佑公司的无理拒绝。2009年3月15日，我在强佑公司拒绝支付违约金的前提下，办理了收房手续。强佑公司应支付我从2009年1月1日到2009年3月12日期间的违约金。故我起诉到法院，1）要求强佑公司支付迟延交房违约金9 344.6元；2）诉讼费由强佑公司承担。

（2）被告强佑公司辩称

我公司确实未按约定日期交付房屋。但均系客观原因造成的。2008年7月20日至9月20日，北京市政府及建委多次下发奥运期间禁限建筑施工的法规，我公司被迫停工2个月；后四川地震期间，由于我公司总包单位所签署的劳务分包方四川省天佑建筑劳务开发有限公司、四川省仪陇县新兴建筑劳务有限责任公司中的四川籍农民工居多，此期间大部分农民工返乡抗震救灾，导致施工工期受到极大影响；另，依据北京市高级人民法院办公室关于下发《关于因奥运施工限制导致迟延交房案件相关处理意见的会议纪要》的通知，因奥运施工限制对拖工有明显影响，应当减轻开发商的违约责任，再加上我公司实际也有不小损失，故我公司请求法院考虑减免开发商30日的违约责任。

2. 一审事实和证据

唐虹刚（买受人）与北京强佑公司（出卖人）于2007年4月28日签订《北京市商品房预售合同》，唐虹刚购买强佑公司开发的位于北京市海淀区清河镇危改一期1—11号楼3号住宅楼22层1单元2201号房屋，总价款658 071元，出卖人应当在2008年12月31日前向买受人交付该商品房，除不可抗力，出卖人逾期交付房屋在90日以内的，出卖人应自约定的交付期限届满之次日起至实际交付之日止，按日计算向买受人支付已交付房款万分之二的违约金，并于该商品房实际交付之日起30日内向买受人支付违约金，合同继续履行。强佑公司于2009年3月15日向唐虹刚交付房屋，唐虹刚于房屋交付前共交付房款658 071元。2009年3月15日，强佑公司与唐虹刚根据房屋实测面积签订《补充协议》，确认总房款为669 388元，唐虹刚应补交房款11 317元。强佑公司与唐虹刚均认可强佑公司逾期交房时间为2009年1月1日至2009年3月12日。

2008年北京承办奥运会，北京市建设委员会发布了《关于加强奥运会期间施工现场质量安全管理的通知》《关于贯彻2008年北京奥运会残奥会期间本市空气质量保障措施加强建设工程施工监管有关事项的通知》，北京市人民政府发布了《关于2008年北京奥运会残奥会期间对外省区市进京机动车采取临时交通管理措施的通告》、《关于发布2008年北京奥运会残奥会期间本市空气质量保障措施的通告》。

上述事实有下列证据证明：
（1）双方的当庭陈述、庭审笔录；
（2）《北京市商品房预售合同》及补充协议；
（3）购房款发票；
（4）政府机关发布的相关文件。

3. 一审判案理由

北京市海淀区人民法院经审理认为：依法成立的合同受法律保护。本案中，唐虹刚与强佑公司签订的《北京市商品房预售合同》及补充协议系双方真实意思表示，并未违反法律、法规的强制性规定，应为合法有效，双方均应按照合同约定履行各自义务。强佑公司以奥运停工构成不可抗力为由主张免责。现有证据表明，双方并未约定不可抗力的具体情形。而依据法律之规定，"不可抗力"系不能预见、不能避免且不能克服的客观情况。众所周知，北京已于2001年7月13日取得2008年第29届奥运会的主办权。而强佑公司2007年与唐虹刚签订商品房预售合同。且该合同约定的交房时间距签约时间有近两年之久，强佑公司有足够的时间安排工程进度，避免不利影响。同时，有关奥运限行及限工的政府文件具有特定的适用范围，强佑公司没有足够证据证明建设清河危改一期工程期间确需按上述文件停止施工。故，对强佑公司的该项抗辩，法院不予支持。现唐虹刚已依约履行付款义务，而强佑公司未能按期交付房屋，已构成违约，应承担相应的法律责任，唐虹刚依据合同约定请求强佑公司支付违约金，具备事实及法律依据，但违约金具体计算时间及金额法院予以酌定。

4. 一审定案结论

北京市海淀区人民法院依据《中华人民共和国合同法》第一百零七条、第一百一十四条、第一百一十七条之规定，作出判决如下：北京强佑房地产开发有限公司于判决生效后7日内给付唐虹刚位于北京市海淀区清河新城3号楼1单元2201号房屋自2009年1月1日至2009年3月12日期间的逾期交房违约金人民币9344.60元。如果未按判决指定的期间履行给付金钱义务，应当根据《中华人民共和国民事诉讼法》第二百二十九条之规定，加倍支付迟延履行期间的债务利息。

（三）二审诉辩主张

上诉人（原审被告）强佑公司不服一审法院判决，向本院提起上诉。上诉请求是：撤销原判，改判减少强佑公司30天的违约责任。上诉理由是：（1）北京市政府、市建委因奥运会、残奥会的召开而陆续下发的关于限行、限工文件属于国家政策变动，构成免责事由；（2）有关奥运限行、限工的政府文件并没有完全特定化的适用范围；（3）限制时间不是强佑公司在签约时所能预见的。

被上诉人（原审原告）唐虹刚服从一审法院判决，针对强佑公司的上诉理由答辩称：(1) 奥运会是可预见的；(2) 交房时间是强佑公司确定的，签订合同时已经多预留了时间；(3) 四川地震与本案无关。

(四) 二审事实和证据

北京市第一中级人民法院经审理，确认一审法院认定的事实和证据。

(五) 二审判案理由

合同成立以后客观情况发生了当事人在订立合同时无法预见的、非不可抗力造成的不属于商业风险的重大变化，继续履行原合同对一方当事人明显不公平，当事人请求变更合同的，人民法院应当根据公平原则，并结合实际情况确定是否变更。强佑公司与唐虹刚在订立合同时尽管对北京奥运会的举办是明知的，但对于北京市政府及有关部门采取的具体限行、限工措施是无法预见的。由于北京市政府及有关部门在奥运期间采取限行、限工的措施，导致强佑公司逾期交付房屋，如仍按原合同约定承担违约责任，则对强佑公司明显不公平，强佑公司请求适当减少违约责任，应根据公平原则，并结合实际情况，对强佑公司要求减少违约责任的抗辩主张予以支持，唐虹刚起诉要求强佑公司支付逾期交付房屋的违约责任，理由正当，但请求过高部分，不应支持。一审法院判决强佑公司按照合同的约定承担违约责任，未考虑到客观情况的变化，有失公平。

(六) 二审定案结论

依据《中华人民共和国民事诉讼法》第一百五十三条第一款第（二）项、最高人民法院《关于适用〈中华人民共和国合同法〉若干问题的解释（二）》第二十六条之规定，判决如下：

"一、撤销北京市海淀区人民法院（2010）海民初字第 23131 号民事判决；

二、本判决生效后 7 日内，北京强佑房地产开发有限公司支付唐虹刚逾期交房违约金 5 396 元；

三、驳回唐虹刚的其他诉讼请求。

如果未按判决指定的期间履行给付金钱义务，应当根据《中华人民共和国民事诉讼法》第二百二十九条之规定，加倍支付迟延履行期间的债务利息。"

(七) 解说

本案处理重点主要在于奥运会、残运会的召开对企业施工有何影响，能否因此酌减违约金。最高人民法院《关于适用〈中华人民共和国合同法〉若干问题的解释（二）》第 26 条规定，合同成立以后客观情况发生了当事人在订立合同时无法预见的、非不可抗力造成的不属于商业风险的重大变化，继续履行合同对于一方当事人明显不公平或者不能实现合同目的,当事人请求人民法院变更或者解除合同的,人民法院应当根据公平原则,并结合案件的实际情况确定是否变更或者解除。2008年奥运期间,北京市政府采取的相关限行、限工措施,虽然不属于不可抗力的规定,但属于情势变更,应对违约责任一节予以变更。一审判决对该解释未予足够重视。

本案的典型性意义在于:审判实践中出现了许多因奥运施工限制导致迟延交房案件的疑难复杂问题。这些问题的处理对业主和公司的利益都有重要的影响。在公司迟延交房系违约行为,应承担相应违约责任的同时,也应当从大局出发,考虑到由于奥运施工限制措施对施工确有明显影响,故对此原则上不判令解除合同,而应不仅考虑到开发商的违约责任,也考虑到奥运会对施工进程的影响,对违约金予以酌减。

本案二审判决的两大特点在于:第一,注重对新司法解释的适用,最高人民法院《关于适用〈中华人民共和国合同法〉若干问题的解释(二)》于2009年5月13日施行,该解释对情势变更作了规定。第二,二审判决书查明事实清楚,文字表述简明扼要。一方面,一审判决对事实认定过于冗长,对单价、交付标准、交付方式、迟延交付超过90天的违约责任等与当事人诉讼请求无关的事实均作了表述;另一方面,一审判决对于是否属于情势变更的事实未予认定,而只是表述为强佑房公司提出相关证据,业主认为与本案无关。针对一审判决在事实认定上存在的上述问题,本案二审判决重新对事实进行了认定。从字数上看,由1 226字减少到540字;从内容上看,剔除了无关事实,突出了基本事实,明确了是否属于情势变更的事实。

(北京市第一中级人民法院　王茂刚)

34. 周大红等诉宜昌三江航天房地产开发有限公司房屋买卖合同案

(一) 首部

1. 判决书字号

一审判决书:湖北省宜昌市西陵区人民法院(2011)西民初字第603号。

二审判决书:湖北省宜昌市中级人民法院(2011)宜中民二终字第373号。

2. 案由:房屋买卖合同纠纷。

3. 诉讼双方

原告(上诉人):周大红,男,土家族,无固定职业。

原告(上诉人):向群芳,女,汉族,无固定职业。

委托代理人:陈国勇、陈林,湖北竟成律师事务所律师。

被告(被上诉人):宜昌三江航天房地产开发有限公司(以下简称三江航天公司),住所地:宜昌市西陵区夷陵路56号。

法定代表人：严信平，该公司董事长。
委托代理人：吴珊，湖北普济律师事务所律师。
4. 审级：二审。
5. 审判机关和审判组织
一审法院：湖北省宜昌市西陵区人民法院。
独任审判员：刘洪斌。
二审法院：湖北省宜昌市中级人民法院。
合议庭组成人员：审判长：邓爱民；审判员：毕勇；代理审判员：关俊峰。
6. 审结时间
一审审结时间：2011年7月29日。
二审审结时间：2011年11月11日。

(二) 一审情况

1. 一审诉辩主张
(1) 原告周大红、向群芳诉称

2009年5月16日，原、被告签订《商品房买卖合同》一份，合同约定：原告购买由被告三江航天公司开发的紫晶城长安阁1002号住房一套；被告应当在商品房交付使用之日起60日内将符合办理房屋权属登记的资料提交产权部门办理房屋产权证，如因被告责任造成原告在商品房交付后90日（2010年8月31日前）不能办理房屋权属证书的，被告应承担违约责任。合同签订后，原告履行了合同义务，并于2010年2月27日交清了办证费及相关费用。2010年3月，原告将其所有的位于宜昌市港窑路28－9号房屋出售，并于同年4月29日交付了个人所得税13 608元。按照宜昌市地税局(2010) 61号函的相关规定，如果原告在2010年12月31日前取得紫晶城长安阁1002号住房房产证，就可以享受退还个人所得税13 608元。现因被告原因致使原告的房屋权属证书至今仍未办理，给原告造成了直接经济损失13 608元，为维护原告的合法权益，故诉至法院，请求判令被告：1) 立即为原告办理房屋所有权证、土地使用权证；2) 支付逾期办证给原告造成的经济损失13 608元。

(2) 被告三江航天公司辩称

原告不符合税务机关享受退税优惠政策的条件，不存在退税损失；原告主张的损失超过合同订立时被告所能预见到的损失，被告不应承担赔偿责任；逾期办证是事实，应按房屋买卖合同的约定承担违约责任。

2. 一审事实和证据

宜昌市西陵区人民法院经审理查明，2009年5月16日，原告周大红、向群芳（买受人）与被告三江航天公司（出卖人）签订《商品房买卖合同》一份，合同约定：买受人购买由出卖人开发的宜昌商业步行街C＋E地块长安阁011002号住房一套，建筑面积129.69平方米，总价582 602元，付款方式为贷款方式按期付款；出卖人应当在2010年5月31日前，将商品房交付买受人使用；出卖人应当在商品房交付使用之日起

60日内将符合办理房屋权属登记的资料提交产权部门办理该房屋产权证书,因出卖人的责任造成买受人在商品房交付后90日内不能办理房地产权属证书的,出卖人按已付房价款的0.5%向买受人支付违约金。合同签订后,原告支付了全部购房款,并于2010年2月27日交清了入伙办证费24 025.38元,同日被告向原告交付了房屋,原告至今未取得该房屋所有权证以及土地使用权证。2010年4月29日,原告因出售宜昌市港窑路28-9号房屋交纳纳税保证金13 608.53元。

庭审中,被告承认其逾期办证构成违约,同意按合同约定承担违约责任。

同时查明:(1)宜昌市地方税务局宜地税函(2010)61号《宜昌市地方税务局关于明确调整房地产交易环节契税个人所得税优惠政策执行口径的通知》文主要内容:"……个人购买普通住房、个人首次购买90平方米及以下普通住房、个人一年内换购住房先买后卖的转让行为或先卖后买的购买行为,若已于2010年10月1日前在房产管理部门办理权属登记并取得受理编号的,在2010年12月31日前向我局办理契税、个人所得税申报时,仍按财税字(1999)210号文第一条有关契税的规定、财税(2008)137号文第一条、财税字(1999)278号文第三条规定执行……"

(2)财政部、国家税务总局、建设部财税字(1999)278号《关于个人出售住房所得征收个人所得税有关问题的通知》文第3条内容:"为鼓励个人换购住房,对出售自有住房并拟在现住房出售后1年内按市场价重新购房的纳税人,其出售现住房所缴纳的个人所得税,视其重新购房的价值可全部或部分予以免税。具体办法为:(一)个人出售现住房所应缴纳的个人所得税税款,应在办理产权过户手续前,以纳税保证金形式向当地主管税务机关缴纳。税务机关在收取纳税保证金时,应向纳税人正式开具'中华人民共和国纳税保证金收据',并纳入专产存储。(二)个人出售现住房后1年内重新购房的,按照购房金额大小相应退还纳税保证金。购房金额大于或等于原住房销售额(原住房为已购公有住房的,原住房销售额应扣除已按规定向财政或原产权单位缴纳的所得收益,下同)的,全部退还纳税保证金;购房金额小于原住房销售额的,按照购房金额占原住房销售额的比例退还纳税保证金,余额作为个人所得税缴入国库。(三)个人出售现住房后1年内未重新购房的,所缴纳的纳税保证金全部作为个人所得税缴入国库。(四)个人在申请退还纳税保证金时,应向主管税务机关提供合法、有效的售房、购房合同和主管税务机关要求提供的其他有关证明材料,经主管税务机关审核确认后方可办理纳税保证金退还手续。(五)跨行政区域售、购住房又符合退还纳税保证金条件的个人,应向纳税保证金缴纳地主管税务机关申请退还纳税保证金。"

3. 一审判案理由

湖北省宜昌市西陵区人民法院经审理后认为,原、被告签订的《商品房买卖合同》是双方的真实意思表示,合法有效,双方应该严格履行。根据合同约定,被告应当在2010年5月31日前将商品房交付原告使用,在商品房交付后90日内为原告办理房地产权属证书,现被告承认其逾期办证构成违约,故被告应当按照合同约定继续履行办证义务,原告所提被告立即为原告办理房屋所有权证、土地使用权证的诉讼请求,法院予以支持。

原、被告于2009年5月16日签订《商品房买卖合同》,原告于2010年才将宜昌市港窑路28-9号房屋出售,被告在签订《商品房买卖合同》时并不能预见到原告会将其另一套房屋出售并可以享受个人所得税免税的优惠,原告主张的该项损失超过了被告订立合同时预见到或者应当预见到的因违反合同可能造成的损失,依照《中华人民共和国合同法》第一百一十三条第一款,"当事人一方不履行合同义务或者履行合同义务不符合约定,给对方造成损失的,损失赔偿额应当相当于因违约所造成的损失,包括合同履行后可以获得的利益,但不得超过违反合同一方订立合同时预见到或者应当预见到的因违反合同可能造成的损失"的规定,原告所提被告支付逾期办证给原告造成的经济损失13 608元的诉讼请求,法院不予支持。

4. 一审定案结论

湖北省宜昌市西陵区人民法院依照《中华人民共和国合同法》第六十条第一款、第一百零七条、第一百一十三条第一款,《中华人民共和国民事诉讼法》第六十四条第一款的规定,作出如下判决:

"一、被告宜昌三江航天房地产开发有限公司于本判决生效之日起30日内为原告周大红、向群芳办理宜昌商业步行街C+E地块长安阁011002号房屋的《房屋产权证》、《土地使用权证》。

二、驳回原告周大红、向群芳的其他诉讼请求。"

(三) 二审诉辩主张

1. 上诉人(原审原告)诉称

三江航天公司作为房地产开发企业,应对涉及房地产的退税优惠政策明知,况且,在合同约定的办证期间,周大红、向群芳多次向三江航天公司就其违约可能造成的后果予以反映,原审认定三江航天公司不应预见到该损失,没有事实和法律依据。况且,原审在认定三江航天公司构成违约的同时,又判决其不应承担任何责任,实体处理明显不公。请求二审法院撤销一审判决,改判支持周大红、向群芳的诉讼请求。

2. 被上诉人(原审被告)辩称

三江航天公司未依合同约定按期为周大红、向群芳办理房屋权属证书,构成违约,愿意承担违约责任及因此产生的诉讼费用。但三江航天公司对违约责任的承担应以其签订合同时能预见到的因违约而造成的损失为限。由于三江航天公司在签订合同时,周大红、向群芳未出售其原有住房,因而三江航天公司亦不可能预见到其违约可能造成周大红、向群芳不能享受退税政策的利益损失。请求二审法院驳回上诉,维持原审判决。

(四) 二审事实和证据

宜昌市中级人民法院经审理,确认一审法院认定的事实和证据。

(五) 二审判案理由

湖北省宜昌市中级人民法院经审理认为:(1) 双方争议的焦点为三江航天公司能否

"预见或应当预见到"其违约可能使周大红、向群芳因不能享受退税优惠政策而致利益损失问题。《中华人民共和国合同法》第一百一十三条第一款规定了可预见规则,其立法目的在于均衡合同双方当事人利益,即合同双方当事人基于订立合同当时的政策或法律规定、交易对象基本情况、市场行情诸因素,对自己因合同履行可得到的利益、因违约而应承担的赔偿责任等综合考虑,决定是否进行交易或设立相应权利与义务。因此,依该规则,凡当事人基于订立合同当时的政策或法律规定、交易对象等因素而不可能预见到的违约成本,均不能纳入违约损失赔偿的范围。就本案而言,三江航天公司与周大红、向群芳于2009年5月签订的商品房买卖合同,而财税字(1999)278号文1999年颁布实施,该文所载明的内容应作为判断三江航天公司应否预见到违约所致对方损失的依据;而宜昌市宜地税函(2010)61号文系2010年发布,故其载明的内容不应作为前述判断的依据。依财税字(1999)278号文,享受退税优惠政策的条件为"出售现住房1年内重新购房的"个人,而周大红、向群芳出售原住房的时间为2010年4月,即其与三江航天公司于2009年5月签订购房合同时,周大红、向群芳并未出售其原住房,亦即三江航天公司在签订合同当时不可能将"周大红、向群芳可能会丧失退税优惠政策"的风险纳入其违约成本考量范围。同理,周大红、向群芳在出售原住房后,无论其是否将该事实因此而产生的后果告之三江航天公司,三江航天公司均因合同已签订而不能将此重新纳入违约成本考量范围。因此,周大红、向群芳因未能享受退税优惠政策而致损失不属三江航天公司订立合同时应当预见到的损失范围,周大红、向群芳主张应由三江航天公司赔偿该损失,于法无据,本院不予支持。(2)周大红、向群芳基于三江航天公司逾期办证构成违约之事实,不依合同约定的违约条款向三江航天公司主张违约责任,而主张由其赔偿周大红、向群芳因不能享受退税优惠政策而受到的损失,实为认为合同约定的违约金不能弥补其因不能享受退税优惠政策而受到的实际损失而申请调整,周大红、向群芳在二审期间亦就此进行了明确表述。此时,人民法院即便认为对违约金调整之请求不能成立,从诉讼经济及实体处理公正角度,亦应对三江航天公司的违约责任依合同约定条款予以处理。原审径行驳回原告周大红、向群芳要求三江航天公司承担违约责任的诉讼请求,明显不当,本院予以纠正。依双方签订的合同约定,三江航天公司逾期办证而应承担的违约责任为按已付房款的0.5%承担违约金,据此,三江航天公司应承担的违约金为2 913.01元。

(六) 二审定案结论

湖北省宜昌市中级人民法院认为,原审查明的事实清楚,但实体处理部分不当,应予变更。宜昌市中级人民法院依照《中华人民共和国民事诉讼法》第一百二十八条,第一百五十三条第一款第(二)项之规定,作出如下判决:

1. 维持湖北省宜昌市西陵区人民法院(2011)西民初字第603号民事判决第一项;
2. 撤销湖北省宜昌市西陵区人民法院(2011)西民初字第603号民事判决第二项;
3. 宜昌三江航天房地产开发有限公司于本判决生效之日起10日内给付周大红、向群芳违约金2 913.01元。

4. 驳回周大红、向群芳其他诉讼请求。

(七) 解说

本案双方当事人的争议焦点是，三江航天公司能否"预见或应当预见到"其违约可能造成周大红、向群芳因不能享受退税优惠政策而致利益损失问题。这涉及对限制合同违约赔偿责任的"可预见规则"的理解和适用问题。

所谓可预见规则，是指合同当事人一方因违约给另一方当事人造成损害时，只就违约方在缔约时预见到或者应当预见到的因违约造成的损失负责赔偿，超过预见范围的损失不予赔偿。可预见规则的价值之一就是为法官应对丰富的案件事实提供一种技术性的手段。但是在具体适用过程中必定还会面临着各式各样的问题和挑战。因此，在理解和适用可预见规则时应当注意以下几点：

第一，预见主体为违约方。可预见规则是基于公平的理念，它必须站在赔偿义务人立场上，以赔偿义务人为标准确定预见主体，使其免于承担赔偿全部损失的责任。我们理解的违约方是抽象的违约方，即以一个抽象的合理人作为参照标准，如果这个抽象的一般人处于违约方的地位能够预见或应当预见的，就判定违约方能够或应当预见。

第二，预见时间为合同订立之时。可预见与否以合同订立时的情形为准，不受合同订立之后事态发展的影响，即关键问题在于订立合同时是否预见违约后果，而不是在违约行为发生之时。这样就督促当事人在订立合同之时或之前应尽量相互了解与合同相关的情况，以便更好地分配交易风险。以合同订立之时所预见到的损害来确定违约时实际发生的损害，其原因在于：当一项损失在订约时并不能预见，而在违约时能够预见，如果让违约方对其负责，就等于修改了合同成立的基础，并且破坏了意思自治原则。至于在合同订立后出现了双方了解到的新情况，当事人可以通过变更合同的方式加以解决。本案中三江航天公司对合同缔约的对方当事人的损失的预见如果不是在订立合同时，而是在财税字（1999）278号文出台之后，则使三江航天公司承担责任显然是不公平的。

第三，预见的程度是违约发生时很可能产生的损失。可预见规则对预见的可能性要求较高，其理由在于：违约责任发生在预先有密切联系的当事人之间，即当事人双方预先通过自愿协商，建立合法有效的合同关系，约定双方的权利义务。因此合同当事人之间存在意思联络，彼此了解的程度较高，这就为他们对违约损害的预见提供了比较充分的条件。也可以说，违约责任取决于一方当事人在订约时对对方的目的和意图的一定程度的了解和接受，责任是随着了解程度的增加而增加的。当然，不管是"很可能"，还是"并非不可能"，它们都不是一个精确的标准，无法用数字计算，这就有赖于法官公平的裁判。

第四，预见的内容。根据我国《合同法》第113条的规定，预见可分为两类，一是实际预见，二是应当预见。实际上，不论是"应当预见"还是"实际预见"都是一个事实认定问题，法官在适用这一规则时应坚持下列原则：如果违约方已经预见到了自己的违约行为会给对方造成该种损失，那么违约方对此种损失承担责任；如果违约方实际未预见到该种损失时，法官应判断该种损失是否属于应当预见到的范围，其判断标准是一个抽象的合理人处于违约方的位置上是否能够预见到,如果能够预见到,违约方应承担损害赔偿责任;如果一个抽象的合理之人不能预见到,但是根据违约方的实际情况是应当能够预见到的,也应视为预见到,违约方应承担损害赔偿责任。本案中三江航天公司与周大红、向群芳于2009年5月签订商品房买卖合同时,是不能预见到2010年政府会出台"出售现住房1年内重新购房的"个人可以享受退税优惠政策的。

本案一审、二审法院认定三江航天公司在签订合同时不能预见到其违约可能使周大红、向群芳因不能享受退税优惠政策而致利益损失,是对合同法可预见规则的正确运用。一审法院径行驳回原告周大红、向群芳要求三江航天公司承担违约责任的诉讼请求,确属不当。二审法院依双方的合同约定,判令三江航天公司按已付房款的0.5%承担逾期办证而应承担的违约金,是正确的。

(湖北省宜昌市西陵区人民法院　刘晓蓉)

35. 张永亮诉骆宏耀房屋买卖合同案

(一) 首部

1. 判决书字号

一审判决书:福建省厦门市湖里区人民法院(2011)湖民初字第1819号。

二审判决书:福建省厦门市中级人民法院(2011)厦民终字第2841号。

2. 案由:房屋买卖合同案。

3. 诉讼双方

原告(上诉人):张永亮,男,1978年7月12日出生,汉族,住福建省厦门市思明区。

委托代理人:卢少敦、吴忠勇,福建兴世通律师事务所律师。

被告(被上诉人):骆宏耀,男,1964年12月28日出生,台北市人。

委托代理人:叶勇、郭睿,福建天衡联合律师事务所律师。

4. 审级:二审。

5. 审判机关和审判组织

一审法院:福建省厦门市湖里区人民法院。

合议庭组成人员:审判长:胡林蓉;人民陪审员:倪五洲、陈春红。

二审法院:福建省厦门市中级人民法院。

合议庭组成人员:审判长:刘宁;代理审判员:许莹、王铁玲。

6. 审结时间

一审审结时间:2011年8月3日。

二审审结时间：2011年12月5日。

（二）一审诉辩主张

1. 原告诉称

2011年3月30日，经房屋中介机构厦门市鑫万邦置业有限公司（以下简称鑫万邦公司）的介绍，原、被告就湖里区金昌路3号之一、之二、之三（玉山花园）房屋达成买卖的合意，双方同意上述三套房屋以总价款580万元成交，为此，原告向被告支付50万元的定金，并约定2011年3月31日下午5点在中介公司签订《房屋买卖合同》，中介费为交易金额的2.5％。然而，被告收取定金后，却以种种理由拒绝与原告签订房屋买卖合同，其行为已构成违约，依法应双倍返还定金给原告，并承担相应的赔偿责任，鉴于双方协商不成，为此，原告请求法院判令：（1）被告双倍返还定金100万元；（2）被告赔偿原告中介费损失145 000元。庭审后，因被告已按原账户将50万元退还原告，故第（1）项诉求变更为双倍返还定金50万元。

2. 被告辩称

原告的起诉违背案件事实，其诉讼请求于法无据。被告认为，双方多次磋商，仍未就签订买卖合同事宜达成一致主要是因为在以下四个方面问题存在较大的分歧：第一，关于收款收据的问题。原告一直不肯向被告出示此前被告出具的50万元定金的收款收据。第二，关于放弃优先购买权的问题。承租人张宏不愿意出具放弃优先购买权的声明。第三，关于中介费的承担问题。原告提出2.5％的中介费要由被告承担。被告认为，当时谈好三处店面的总价款580万元是实收的，不愿意承担中介费；而张宏正是鑫万邦公司的股东，故被告认为该笔交易根本不存在要支付所谓的中介费的问题。第四，关于购房款的申报数额及税费的承担问题。原告提出虽然三处店面的总价款是580万元，但为了能够少缴纳税费，希望在申报时房价可以写成380万元，并且由被告和原告各自缴纳应承担的税费。综上，被告认为，第一，被告于2011年3月30日收到三处房产的50万元总定金系订约定金。该定金的性质应为订约定金，即该50万元定金是被告与原告在签订房产买卖合同之前为担保以后正式签订房产买卖合同而约定交付的定金，担保双方有意向和诚意在将来建立合同关系，实现双方的相互信任。第二，被告与原告最终未能签订房产买卖合同并不是出于被告主观上的故意或过失，故原告无权要求被告双倍返还定金。被告在收取50万元定金后，已经多次与原告就买卖合同的具体事宜进行磋商，鉴于对以上四点意见的分歧，双方始终未就合同的相关事宜达成一致。双方最终未能签订买卖合同并不是出于被告或是原告主观上的故意或过失，故被告同意原告取回50万元定金，但无须将定金双倍返还给原告，即本案不适用定金罚则。第三，被告从未与鑫万邦公司签订居间合同，也未与其就居间费用进行协商，同时原告与被告之间也未就居间费用协商一致。双方之间的买卖合同也未订立，而且鑫万邦公司就是张宏自己开设的，因此在本案中，被告认为根本不存在实际发生居间费用的事实。原告要求被告承担居间费用没有任何依据。综上，原告的诉讼请求没有事实和法律依据，应依法驳回原告对被告的诉讼请求。

(三) 一审事实和证据

2011年3月30日,张永亮分别通过肖清河转款34万元和7万元、张宏转款1万元、吴海霞转款8万元,共计向骆宏耀付款50万元。骆宏耀出具一份收条载明:"兹收到张永亮购买厦门市湖里区金昌路3号之一(00620276)、厦门市湖里区金昌路3号之二(00620275)、厦门市湖里区金昌路3号之三(00620273),房屋用途为商业、服务业,收到定金为人民币伍拾万元整(¥500 000),此定金为三所产权总定金。总价款为人民币五百八十万元整(¥5 800 000)。"此前,讼争房产出租给张宏,租期自2007年9月15日至2012年9月15日。张宏系鑫万邦公司的法定代表人,出资比例为80%。2011年5月4日和5月10日,骆宏耀分别通过公证送达的方式向张永亮送达两份函件,通知张永亮于所定的时间和地点与骆宏耀面谈三处店面签订买卖合同事宜。双方依约进行洽谈但未达成一致意见。在2011年5月12日的洽谈中,骆宏耀提出需张宏出具放弃优先购买权的声明,张永亮不予认可,双方对此争执不下。2011年5月13日,骆宏耀再次向张永亮公证送达一份函件,表明鉴于多次商谈均无法就店面买卖事宜达成一致意见,希望张永亮在收到函件后3日内提供其本人的收款账号,以便将张永亮此前支付的定金退回。鑫万邦公司于2011年5月16日向张永亮出具金额为145 000元,项目为代理中介费的厦门市服务业通用发票。骆宏耀于2011年7月27日通过原账户退还定金50万元。

另外,张永亮主张,双方约定购房款余款530万元于2011年5月31日前付清,款项付清后交房。证人母乐系讼争房产买卖的中介,称双方约定剩余购房款分两期支付,大约在4月份支付150万元,余款5月支付,款项付清交房。证人李明献称,剩余购房款分三笔支付,大约是6月30日或是5月30日前全部付清,款项付清交房。

上述事实有下列证据证明:

(1) 收款收据、账户明细,证明2011年3月30日,张永亮分别通过肖清河转款34万元和7万元、张宏转款1万元、吴海霞转款8万元,共计向骆宏耀付款50万元。骆宏耀出具一份收条载明:"兹收到张永亮身份证号码购买厦门市湖里区金昌路3号之一(00620276)、厦门市湖里区金昌路3号之二(00620275)、厦门市湖里区金昌路3号之三(00620273),房屋用途为商业、服务业,收到定金为人民币伍拾万元整(¥500 000),此定金为三所产权总定金。总价款为人民币五百八十万元整(¥5 800 000)。"

(2) 产权证,证明讼争房产系骆宏耀所有。

(3) 发票,证明鑫万邦公司于2011年5月16日向张永亮出具金额为145 000元,项目为代理中介费的厦门市服务业通用发票。

(4) 公证书及快递回执三组,证明2011年5月4日和5月10日,骆宏耀分别通过公证送达的方式向张永亮送达两份函件,通知张永亮于所定的时间和地点与骆宏耀面谈三处店面签订买卖合同事宜。2011年5月13日,骆宏耀向张永亮公证送达一份函件,表明鉴于多次商谈均无法就店面买卖事宜达成一致意见,希望张永亮在收到函件后3日内提供其本人的收款账号,以便将张永亮此前支付的定金退回。

（5）转账凭条，骆宏耀于2011年7月27日通过原账户退还定金50万元。

（6）证人证言以及庭审笔录，证明张永亮主张，双方约定购房款余款530万元于2011年5月31日前付清，款项付清后交房。证人母乐系讼争房产买卖的中介，称双方约定剩余购房款分两期支付，大约在4月份支付150万元，余款5月支付，款项付清交房。证人李明献称，剩余购房款分三笔支付，大约是6月30日或是5月30日前全部付清，款项付清交房。

（四）一审判案理由

厦门市湖里区人民法院根据上述事实和证据认为：本案中，骆宏耀出具的收款收据仅对讼争房屋的位置以及总价作出约定，该收条应认定为认购书，而非买卖合同。其中的定金应理解为立约定金，即定金作为订立主合同的担保，一方拒绝签订合同的，定金不予返还或者双倍返还。现双方未签订房屋买卖合同，张永亮及两位证人对于付款方式、付款时间、房屋交付时间等均陈述不一致，可见双方对上述合同事项未达成合意。同时，案外人张宏系讼争房产的承租人，又系鑫万邦公司的法定代表人，曾向张永亮转账支付部分定金。根据查明的事实，张宏未能向张永亮出具放弃对讼争房产的优先购买权的书面声明，该问题亦系原、骆宏耀双方无法协商一致的原因之一。张宏虽系本案讼争买卖关系的案外人，但因其代张永亮支付了部分定金，亦系鑫万邦公司的股东及法定代表人，故其与张永亮存在一定的密切关系，骆宏耀提出让张宏出具放弃优先购买的声明时，张永亮有能力予以配合却无正当理由予以拒绝，导致双方对该问题无法达成一致。综上分析，双方经多次协商不能就商品房买卖合同协商一致。最高人民法院《关于审理商品房买卖合同纠纷案件适用法律若干问题的解释》第四条规定："出卖人通过认购、订购、预订等方式向买受人收受定金作为订立商品房买卖合同担保的，如果因当事人一方原因未能订立商品房买卖合同，应当按照法律关于定金的规定处理；因不可归责于当事人双方的事由，导致商品房买卖合同未能订立的，出卖人应当将定金返还买受人。"骆宏耀已将定金50万元返还张永亮，张永亮主张双倍返还定金，于法无据。另外，张永亮并未与鑫万邦公司签订居间合同，双方也未签订房屋买卖合同，居间服务并未完成，张永亮也无法解释其向鑫万邦公司支付中介费的依据。同时，据前述，鑫万邦公司的法定代表人张宏与张永亮存在密切关系，故对于张永亮是否支付中介费的真实性和合理性，不予认定。故张永亮主张骆宏耀承担中介费，没有事实和法律依据。

（五）一审定案结论

厦门市湖里区人民法院依照《中华人民共和国民事诉讼法》第六十四条第一款之规定，作出如下判决：
驳回张永亮的诉讼请求。
本案案件受理费10 250元，由原告负担。

(六) 二审情况

1. 二审诉辩主张

（1）上诉人（原审原告）诉称

1）原审认定双方没有就讼争房屋买卖合同达成一致意见错误。首先，在2011年3月30日双方已经就合同的主要条款达成一致意见，除骆宏耀出具一份收款收据之外，双方还在合同中记载了收取定金的数额、买卖房屋的坐落、房屋的价款等事项，并就价款支付、房屋支付、交易税金承担等进行协商并达成一致，从而确定次日签订正式合同，张永亮还先行给付了定金以保证合同的正式签订和履行。虽然证人证言中对于交付房款的时间说法不一，但是都确认了先缴清房款后交房的事实，且张永亮主张的交款时间比证人所说的交款时间还早，不会损害骆宏耀的利益。其次，根据最高人民法院《关于审理商品房买卖合同纠纷案件适用法律若干问题的解释》第5条规定，商品房的认购、订购、预订等协议具备商品房买卖合同的主要内容的，该协议应当认定为商品房买卖合同，因此一审认定"该收条应认定为认购书，而非买卖合同"错误。再次，双方在2011年3月30日之后的多次"协商"，只是骆宏耀假借"磋商"之名，行毁约之实，因为骆宏耀每次提出的理由都是关于张宏放弃优先购买权的问题，并未就合同条款进行协商。2）一审法院认为张宏未放弃优先购买权且张永亮没有配合骆宏耀解决这一问题错误。首先，一审骆宏耀的答辩和一审过程都确认张宏已向骆宏耀表示放弃优先购买权，其次，即使涉及优先购买权解决的问题，也应是骆宏耀的义务，骆宏耀作为出卖方应确保其所卖房屋无权利瑕疵或对瑕疵予以说明，与张永亮无关，况且骆宏耀也从未要求张永亮予以配合。3）张永亮收回50万元定金并非放弃双倍返还请求权。张永亮收回50万元定金只是为了避免损失的扩大，在一审法院的建议下收回定金。综上，骆宏耀拒绝与张永亮签订正式合同，是毁约行为，具有明显的过错，而不是一审认定的"双方经多次协商不能就商品房买卖合同协商一致"，骆宏耀应承担双方返还定金的法律责任。故请求：撤销原审判决，改判骆宏耀支付张永亮双倍定金中的50万元。

（2）被上诉人辩称

原审法院认定事实清楚，适用法律正确。1）骆宏耀于2011年3月30日收到三处房产的50万元总定金系订约定金。鉴于骆宏耀收取张永亮定金的行为发生在与张永亮签订正式的房产买卖合同之前，故该定金的性质应为订约定金，即该50万元定金是骆宏耀与张永亮在签订房产买卖合同之前为担保以后正式签订房产买卖合同而约定交付的定金，担保双方有意向和诚意在将来建立合同关系，实现双方的相互信任。2）骆宏耀与张永亮最终未能签订房产买卖合同并不是出于骆宏耀主观上的故意或是过失，故张永亮无权要求骆宏耀双倍返还定金。骆宏耀在收取50万元定金后，已经多次与张永亮就买卖合同的具体事宜进行磋商，但在四个问题上存在分歧，包括张永亮拒不向骆宏耀出具收款收据、张宏出具放弃优先购买权的声明、中介费的承担及购房款的申报数额及税费的承担问题。故双方始终未就合同的相关事宜达成一致。双方于2011年5月12日在马可孛罗酒店进行最后一次磋商时，发生了言语和肢体上的冲突，报了110。骆宏耀认为与张永亮之间已无法继续商谈并达成一致。骆宏耀认为，双方最终未能签订买卖合同并不是出于骆宏耀或是张永亮主观上的故意或过失，故骆宏耀同意张永亮取回50万元定金，但无须将定金双倍返还给张永亮，即本案不适用定金罚则。综上，张永亮的上诉请求没有事实和法律依据，请求二审法院依法驳回张永亮对骆宏耀的诉讼请求。

2. 二审事实和证据

厦门市中级人民法院经审理查明，张永亮除上诉状提出的意见外，对原审查明的事实没有异议；骆宏耀对原审查明的事实没有异议。二审法院对双方无争议的事实与证据予以确认。

3. 二审判案理由

本案争议的焦点在于双方是否已就讼争房产买卖达成一致意见。根据合同法的规定，合同条款一般包括标的、价款、履行期限、违约条款等。在本案中，双方虽已就讼争房产的价款达成一致意见，骆宏耀也出具了收条，但在交房时间及付款方式、付款期限、中介费和税费的承担等条款上，并无书面证据证明双方已经达成一致意见。张永亮原审提供的证人证言及录音资料等亦不能证明双方就此已经达成协议，故骆宏耀出具的收条属于预约合同性质。双方未能就讼争房产订立正式的房屋买卖合同的原因系双方不能就合同其他条款达成一致意见，故合同不能订立的原因不可归责于双方，骆宏耀无须按照定金罚则向张永亮支付双倍定金。原审判决驳回张永亮的诉讼请求正确，应予以维持。张永亮的上诉请求没有事实与法律依据，应当予以驳回。

4. 二审定案结论

厦门市中级人民法院依照《中华人民共和国民事诉讼法》第一百五十三条第一款第（一）项的规定，作出如下判决：

驳回上诉人张永亮的上诉，维持原判。

本案二审案件受理费8 800元，由上诉人张永亮负担。

（七）解说

随着市场经济的发展，我国房屋买卖市场也相应地不断膨胀，房屋买卖行为日益普遍。基于房屋的不动产性质以及交易价款较高的特点，房屋买卖的达成需要买卖双方经过一个较长时间的协商过程。因此，在现行的交易习惯中，房屋买卖双方在初步达成交易意向后，买方会向卖方支付一定数额的意向金或定金。之后，双方再就房屋买卖合同的具体条款进行协商并最终订立书面合同。然而，并非所有当事人都能最终订立书面合同并促成交易。因此，前述双方就订立书面合同前的行为应当承担何种法律后果便成为此类案件双方争议的焦点。

本案的关键在于如何认定双方是否已就讼争房产买卖达成一致意见，即双方当事人的合意系属预约合同还是本合同。根据合同法的规定，合同条款一般包括标的、价款、履行期限、违约条款等。在房屋买卖合同纠纷案件中，衡量双方是否就房屋买卖达成一致意见，应当从完成房屋买卖过程双方所必须进行的行为，如房屋价款、交房时间、付款方式、付款期限、税费的承担以及办理过户登记等方面进行考量。房屋买卖合同有别于一般生活中普通的买卖行为，并非"一手交钱、一手交货"的即时行为即可完成。如双方仅仅是对房产买卖价款达成一致而签订的收条或便条等，应当视为预约合同。

1. 预约合同与本合同的识别

目前，我国的立法并无对预约合同作出明确的解释，理论上，可以将其定义为："约定将来订立一定契约之契约。"其目的在于排除预约合同当事人进入另一项同一性质的合同。理论上，预约合同与本合同的区别明确。然而，在司法实践中，有时却难以辨别双方当事人的一项合意是属于预约合同还是本合同。关于两者的界定，不能仅依所使用的文字或合同名称来论断，而应当依照当事人约定的实质内容来判断。当事人间意思表示不明或存在争议时，应当通观合同全部内容，如合同各要素已明确达成合意，其他相应事项业已详尽，已无另行订立合同的必要时，则可认定为本合同。反之，如本案的收条，应认定为预约合同。

2. 本合同未能订立的法律后果

最高人民法院《关于审理商品房买卖合同纠纷案件适用法律若干问题的解释》第4条规定："出卖人通过认购、订购、预订等方式向买受人收受定金作为订立商品房买卖合同担保的，如果因当事人一方原因未能订立商品房买卖合同，应当按照法律关于定金的规定处理；因不可归责于当事人双方的事由，导致商品房买卖合同未能订立的，出卖人应当将定金返还买受人。"由此可见，如无证据证明因一方原因未能订立房屋买卖合同，则不应适用定金罚则。如前所述，预约合同的本质在于就同一性质的合同产生排他性，以维护双方当事人的信赖而订立本合同。当事人一方违反了信赖原则，如不与对方进行协商订立本合同，或恶意磋商，或在预约期间与他人进行交易等，则其应承担相应的违约责任。如果双方当事人基于预约合同就本合同各要素进行协商后最终未能达成合意而终止交易的，则应视为双方已履行了预约合同的义务，不应将本合同内容的分歧归责于任何一方。在此情形下，出卖人拒绝出售或买受人拒绝购买，不应认定为违约。

从本案可见，当事人在追求交易便利、简化交易程序的同时，也给交易安全带来了更多的不确定性因素。从立法和司法的角度，应当对交易的规范性加以引导，以避免或减少此类纠纷的产生。

(福建省厦门市湖里区人民法院　邓剑斌)

36. 庄清祥诉福建省泉州市建筑工程有限公司、郑玉山民间借贷案

(一) 首部

1. 判决书字号：福建省厦门市同安区人民法院（2009）同民初字第3059号。
2. 案由：民间借贷。

3. 诉讼双方

原告：庄清祥。

委托代理人：邹宏、吴詹进，福建厦门天翼律师事务所律师。

被告：福建省泉州市建筑工程有限公司。

法定代表人：康忻。

委托代理人：倪英富、郑维俨，福建中言律师事务所律师。

被告：郑玉山。

委托代理人：赵长明，福建旭丰律师事务所律师。

4. 审级：一审。

5. 审判机关和审判组织

审判机关：福建省厦门市同安区人民法院。

合议庭组成人员：审判长：李强；审判员：陈水平；代理审判员：王辛。

6. 审结时间：2011年6月28日。

（二）诉辩主张

1. 原告诉称

两被告为雄进（厦门）纤维有限公司厂房及配套措施的建设工程需要，于2008年8月13日向原告借款人民币80万元，双方签订了《借款合同》，两被告出具相应的借款借据。双方约定：借款方（被告）逾期还款的，应就逾期还款金额按每日万分之八支付逾期还款违约金，出借方因借款方的违约行为而追索欠款所发生的费用，包括律师费等，由借款方承担，双方还就发生争议时由出借方所在地人民法院管辖等内容予以明确约定。合同签订后，原告依约出借80万元给被告，但是被告以工程款项尚未结算为由予以推诿。原告认为，被告未按约定及时还款，已经构成违约，故庄清祥请求法院：（1）判令被告立即返还借款本金80万元及其逾期还款违约金197 120元（就逾期还款金额按每日万分之八计算，自2008年11月13日暂计至2009年9月17日，应计至实际付清款项之日止）。（2）判令原告支付的律师费25 428元由被告承担。（3）本案的诉讼费用由被告承担。

2. 被告福建省泉州市建筑工程有限公司辩称

本案的借款与福建省泉州市建筑工程有限公司无关，印章是郑玉山私刻的，因此其不需要承担还款责任。

3. 被告郑玉山辩称

其对庄清祥的诉讼请求没有意见。但是该笔借款都用于雄进公司的项目之中，而且福建省泉州市建筑工程有限公司是知道而且认可的，因此福建省泉州市建筑工程有限公司应当为此借款承担责任。

（三）事实和证据

福建省厦门市同安区人民法院经公开审理查明：2008年8月13日，郑玉山携一枚

"福建省泉州市建筑工程有限公司"印章和一份内容为因公司经营需要,兹委托郑玉山先生对外签订借款合同,所借到的款项直接汇入郑玉山先生的个人账户。郑玉山与庄清祥签订了一份《借款合同》。借款合同上约定:"借款人(甲方):郑玉山。借款人(甲方):福建省泉州市建筑工程有限公司。法人代表:(代理人)郑玉山。出借人(乙方):庄清祥……一、借款及用途:甲方因资金周转需要,向乙方借款人民币捌拾万圆整(800 000元)。二、借款期限及其发放方式:借款期限自2008年8月13日起至2008年11月12日止。乙方于本合同签署之日起三日内向甲方发放上述贷款。甲方应于收到乙方借款之日出具借据给乙方。三、利息:双方约定借款月利率2.5%。四、还款方式和时间:双方约定上述借款按以下方式清偿:甲方于每月12日前向乙方支付利息,借款到期之日结清全部借款息。五、关于甲乙双方借款之权利义务关系:(一)承诺与保证:甲方不可撤销地承诺将按约定的还款期限及时还本付息,严格履行还款义务;(二)损失赔偿:甲方若不能按时还款将无条件赔偿因此给乙方带来的一切经济损失,包括但不限于所有本金及利息,违约金、赔偿金等,并赔偿乙方向甲方及上述相关担保人实现债务的所有费用(包括但不限于诉讼费用、律师费用、公证费用、执行费用等);(三)违约责任:甲方若未能按时向乙方偿还借款,除赔偿上述经济损失外还应向乙方支付甲方未能按时还款数额的5%作为违约金……甲方:郑玉山(签名并加盖其私刻的'福建省泉州市建筑工程有限公司'印章)。乙方:庄清祥。签订地点:福建厦门2008年8月13日。"同日,郑玉山又出具了一份内容为"兹向庄清祥借入人民币捌拾万圆整(¥800 000元)借款期限叁个月,从2008年8月13日至2008年11月12日,若借款逾期,按借款金额每日万分之八支付违约金。此据 借款人:郑玉山(签名并按捺手印);借款人:福建省泉州市建筑工程有限公司。法人代表、代理人:郑玉山(签名并加盖其私刻的'福建省泉州市建筑工程有限公司'印章)。借款日期:2008年8月13日……因本借款借据而产生的纠纷,由出借方住所地人民法院管辖"的借款借据交庄清祥收执。后庄清祥通过银行转账方式将744 000元汇入郑玉山账户,其余56 000元以现金的方式交付郑玉山。借款期限届满后,经庄清祥多次催讨,郑玉山均未归还任何本金及利息。庄清祥遂于2009年9月18日向本院提起诉讼,诉讼请求如上所述。庄清祥为此案件花费的律师费为25 428元。

审理中,被告福建省泉州市建筑工程有限公司认为庄清祥提供的借款合同、借款借据、委托书上的"福建省泉州市建筑工程有限公司"的章是私刻的,并不是其公司启用的公章,公司也没有向庄清祥借款。福建省泉州市建筑工程有限公司为证明其主张,欲向本院申请对庄清祥提供的借款合同、借款借据、委托书上加盖的"福建省泉州市建筑工程有限公司"印章的真实性进行鉴定,本院依照程序向被告发出限期提供送检材料的通知,福建省泉州市建筑工程有限公司在期限内又撤回鉴定申请。2009年10月13日,福建省泉州市建筑工程有限公司向公安机关控告,请求公安机关依法立案侦查,以追究郑玉山私刻其公司印章、诈骗他人钱财的刑事责任。后福建省泉州市建筑工程有限公司以其已经向公安机关报案、公安机关已经立案侦查为由,请求本院中止对案件的审理。本院于2009年11月24日依法作出(2009)同民初字第3059号民事裁定书,裁定中止审理。福建省泉州市鲤城区人民法院于2010年10月20日作出（2010）鲤刑初字第102号刑事判决书，认为郑玉山的行为已构成伪造公司印章罪，并依法判处郑玉山有期徒刑一年二个月。判决作出后，郑玉山向泉州市中级人民法院提出上诉，泉州市中级人民法院于2010年12月17日作出（2010）泉刑终字第876号刑事裁定书，驳回郑玉山的上诉，维持原判。2011年3月9日，因郑玉山涉嫌伪造公章一案已审理终结，故庄清祥向本院申请恢复本案的审理。

上述事实，有借款合同、借款借据、委托书、建设银行对账单、诉讼委托代理合约及律师费发票、（2010）鲤刑初字第102号刑事判决书、（2010）泉刑终字第876号刑事裁定书等证据以及双方当事人庭审陈述在案为凭，并经质证和本院审查，可以采信。

上述事实有下列证据证明：

1. 借款合同及借款借据、委托书，共同证明2008年8月13日，郑玉山携一枚"福建省泉州市建筑工程有限公司"印章和一份内容为因公司经营需要，兹委托郑玉山先生对外签订借款合同，所借到的款项直接汇入郑玉山先生的个人账户。郑玉山与庄清祥签订了一份《借款合同》的事实以及借款数额、违约金的计算方式，管辖法院为出借方所在地法院，因追索债权发生的费用由借款人承担。

2. 建设银行对账单，证明庄清祥通过银行转账方式将744 000元汇入郑玉山账户。

3. 诉讼委托代理合约及律师费发票，证明原告为此支付律师费25 428元。

4. （2010）鲤刑初字第102号刑事判决书、（2010）泉刑终字第876号刑事裁定书，证明福建省泉州市鲤城区人民法院于2010年10月20日作出（2010）鲤刑初字第102号刑事判决书，认为郑玉山的行为已构成伪造公司印章罪，并依法判处郑玉山有期徒刑一年二个月。判决作出后，郑玉山向泉州市中级人民法院提出上诉，泉州市中级人民法院于2010年12月17日作出（2010）泉刑终字第876号刑事裁定书，驳回郑玉山的上诉，维持原判。

（四）判案理由

福建省厦门市同安区人民法院根据上述事实和证据认为：本案各方当事人争议的焦点是：被告福建省泉州市建筑工程有限公司是否应当对本案借款承担责任，即郑玉山的行为是否构成表见代理。本院认为，《中华人民共和国合同法》第49条规定，行为人没有代理权、超越代理权或者代理权终止后以被代理人名义签订合同，相对人有理由相信行为人有代理权的，该代理行为有效。表见代理行为强调相对人的合理注意义务，并强调相对人负有举证责任。本案中，郑玉山所持有的"福建省泉州市建筑工程有限公司"的公章已经生效刑事判决书确认为伪造，仅凭一份委托书和印章就认定郑玉山可以代表福建省泉州市建筑工程有限公司对外从事借款的活动，主张郑玉山构成表见代理是缺乏依据的。首先，从庄清祥提供的委托书的内容上看，该委托书上并未明确郑玉山在福建省泉州市建筑工程有限公司中所任的职务，庄清祥在借款行为发生前，没有尽到审慎义务，未向福建省泉州市建筑工程有限公司对郑玉山的身份加以核实。即使庄清祥事先知道郑玉山与福建省泉州市建筑工程有限公司存在挂靠关系，负责雄进（厦门）纤维有限公司项目，但对涉及公司借款尤其是巨额借款等涉及公司重大利益的事项，应有福建省泉州市建筑工程有限公司明确的授权或者追认，而事后福建省泉州市建筑工程有限公司并未追认郑玉山的借款行为。其次，从借款的交付对象上看，该款项直接由庄清祥交付郑玉山本人违背了庄清祥应有的注意义务。作为借款人，庄清祥如果善意认为郑玉山向其借款系郑玉山代理福建省泉州市建筑工程有限公司为雄进（厦门）纤维有限公司项目向其借款，也应当通过转账的方式向雄进工程项目部或福建省泉州市建筑工程有限公司支付借款，而非将借款通过转账的方式向郑玉山的私人账户支付。再次，从借款用途分析。借款合同上明确载明借款原因为资金周转需要，亦即补足流动资金的不足，而资金流向是不确定的，且郑玉山并未提供该借款用于雄进（厦门）纤维有限公司项目的证据，福建省泉州市建筑工程有限公司又对郑玉山所述的该笔款项的借款用途予以否认，故本案不能以借款用途印证福建省泉州市建筑工程有限公司是资金的使用人。综上，本案客观上未形成郑玉山具有代理权的表象，庄清祥将如此巨额的资金直接交付郑玉山个人，而未向福建省泉州市建筑工程有限公司予以核实，有悖交易习惯。作为交易相对人，庄清祥不能证明其属于善意且无过失，并尽到合理注意义务。因此，庄清祥主张郑玉山的借款行为构成表见代理，缺乏事实和法律依据，不能成立。福建省泉州市建筑工程有限公司在本案中未与庄清祥形成借款的合意，也没有实际款项的支付，因而福建省泉州市建筑工程有限公司依法不应当承担责任。故庄清祥主张福建省泉州市建筑工程有限公司偿还其800 000元缺乏事实和法律依据，本院不予支持。郑玉山作为实际借款人，应承担该笔债务的清偿责任。故庄清祥请求郑玉山归还800 000元借款的诉讼请求，依法应予支持。关于违约金的计算问题，因庄清祥与郑玉山约定逾期还款应按每日万分之八支付逾期还款违约金，超过了中国人民银行规定的同期同类贷款利率的四倍，对未超过中国人民银行规定的同期同类贷款利率的四倍的违约金本院予以支持。此外，郑玉山与庄清祥在借款合同中明确约定，如郑玉山不能按期偿还债务，应赔偿庄清祥实现债权的所有费用，其中包括律师费。而庄清祥为此案件花费的律师为25 428元，根据双方的约定，郑玉山应当支付该笔费用。

（五）定案结论

福建省厦门市同安区人民法院依照《中华人民共和国合同法》第六十条第一款、第一百零七条、第二百零六条、第二百一十一条、最高人民法院《关于人民法院审理借贷案件的若干意见》第六条、《中华人民共和国民事诉讼法》第六十四条第一款判决如下：

"一、被告郑玉山应于本判决生效之日起10日内偿还原告庄清祥借款人民币800 000元及违约金（违约金自2008年11月13日起算至实际还款之日止，按中国人民银行规定的同期同类贷款利率的四倍计算）；

二、被告郑玉山应于本判决生效之日起10日内偿还原告庄清祥律师费损失25 428元；

三、驳回原告庄清祥的其他诉讼请求。"

判决作出后，双方当事人均未上诉。

(六) 解说

代理行为客观上存在足以使相对人相信其有代理权，且相对人主观上为善意且无过失，由此产生的法律效果依法归于被代理人承担的代理，谓之表见代理制度。该制度乃民商法上的重要制度，它标志着代理制度的成熟与完善，其设立初衷在于保护善意第三人的合法利益，维护交易的安全和鼓励交易，最初源于19世纪初的德国民法典，后在世界范围内被广泛运用。

一种制度作为一种行为规则，会对社会产生一定的积极影响，表见代理制度也不例外。其虽能够最大限度地实现社会公平，提高交易的效率，但表见代理一旦成立，就会导致代理结果归被代理人承担，因此，认定是否构成表见代理不能仅仅考察推定代理权存在的客观表象。若只关注相对人的意志和利益，而忽略被代理人的意志和利益，便会导致表见代理的适用范围被恣意地扩大甚至滥用，反而与该制度所追求的公平价值目标相背离，最终可能导致被代理人陷入债务泥潭，无法自拔。这对被代理人而言，是极其不公平的。因此，表见代理制度在适用中如何坚持"宽严适度"的原则，已成为考验裁判者法律智慧的技术问题。

本案原告就是以《合同法》第49条为由，主张被告郑玉山的借款行为构成表见代理，代理结果归被告福建省泉州市建筑工程有限公司，即被告福建省泉州市建筑工程有限公司应当对本案借款承担责任。值得注意的是，作为表见代理制度相对人的原告，应就自己已尽到合理的谨慎审查的原则与注意义务承担举证责任，否则，应自行承担相应的法律后果。因此，判断原告是否尽到合理审慎的管理人义务，成为法院审理此案的关键。那么，如何判断原告是否已尽到合理的谨慎审查的原则与注意义务？

笔者以为，认定原告是否已经尽到合理的谨慎审查的原则与注意义务，应当结合具体交易中的标的物性质、金额大小、交易用途、标的物交付、交易习惯等因素进行综合判断。这也符合最高人民法院从严认定表见代理行为的精神实质。2009年7月7日，最高人民法院发布《关于当前形势下审理民商事合同纠纷案件若干问题的指导意见》（法发［2009］40号），该指导意见第13条明确规定："合同法第四十九条规定的表见代理制度不仅要求代理人的无权代理行为在客观上形成具有代理权的表象，而且要求相对人在主观上善意且无过失地相信行为人有代理权。合同相对人主张构成表见代理的，应当承担举证责任，不仅应当举证证明代理行为存在诸如合同书、公章、印鉴等有权代理的客观表象形式要素，而且应当证明其善意且无过失地相信行为人具有代理权。"该《指导意见》第14条同时规定："人民法院在判断合同相对人主观上是否属于善意且无过失时，应当结合合同缔结与履行过程中的各种因素综合判断合同相对人是否尽到合理注意义务，此外还要考虑合同的缔结时间、以谁的名义签字、是否盖有相关印章及印章真伪、标的物的交付方式与地点、购买的材料、租赁的器材、所借款项的用途、建筑单位是否知道项目经理的行为、是否参与合同履行等各种因素，作出综合分析判断。"

具体而言，本案原告主张构成表见代理的交易是金额高达人民币 800 000 元的民间借贷，这不仅是一种经济现象，更是一种法律现象。从法律性质上看，民间借贷是通过出借人与借款人订立合约形成的一种民事法律行为，民间借贷关系的成立前提是出借人将属于个人所有或支配的货币、其他有价证券交付给借款人。原告主张被告郑玉山的借款行为构成表见代理，代理结果应归被告福建省泉州市建筑工程有限公司承担，对此，应结合原告提供的证据，综合考察其是否尽到谨慎审查的原则与注意义务：

1. 借款合同订立过程

本案借款合同订立过程中郑玉山所携的委托书，并未明确郑玉山在福建省泉州市建筑工程有限公司中所任的职务，庄清祥在借款行为发生前，没有尽到审慎义务，未向福建省泉州市建筑工程有限公司对郑玉山的身份加以核实。即使庄清祥事先知道郑玉山与福建省泉州市建筑工程有限公司存在挂靠关系，负责雄进（厦门）纤维有限公司项目，但对涉及公司借款尤其是巨额借款等涉及公司重大利益的事项，应有福建省泉州市建筑工程有限公司明确的授权或者追认，而事后福建省泉州市建筑工程有限公司并未追认郑玉山的借款行为。

2. 货币的实际交付情况

从借款的交付对象上看，该款项直接由庄清祥交付郑玉山本人违背了庄清祥应有的注意义务。作为出借人，庄清祥如果善意认为郑玉山向其借款系郑玉山代理福建省泉州市建筑工程有限公司为雄进（厦门）纤维有限公司项目向其借款，也应当通过银行转账、票据或现金解款等方式交付至福建省泉州市建筑工程有限公司的账户，而非将借款通过转账的方式向郑玉山的私人账户支付。

3. 借款用途

借款合同上明确载明借款用途为资金周转需要，亦即补足流动资金的不足，而资金流向是不确定的，且郑玉山并未提供该借款用于雄进（厦门）纤维有限公司项目的证据，福建省泉州市建筑工程有限公司又对郑玉山所述的该笔款项的借款用途予以否认，故本案不能以借款用途印证福建省泉州市建筑工程有限公司是借款资金的使用人。

就现有证据而言，无论是在借款合同的订立过程中、借款的实际交付，还是在借款用途的审查方面，均无法体现原告庄清祥作为出借巨款者所应具备的谨慎审查原则和注意义务，作为表见代理制度的相对人，庄清祥存在明显疏忽，丝毫未尽合理的审查义务，只能说是对郑玉山的个人行为产生了错误的认识和判断，不构成表见代理。

值得欣慰的是，法院在该案的处理过程中，对表见代理制度并非简单而盲目地适用，法院也不仅仅考察代理权存在的客观表象，还从借款合同订立、借款用途、借款实际交付等问题上对原告的合理注意义务进行综合考察权衡，最终作出了公平的判决。

（福建省厦门市同安区人民法院　王辛　洪佩兰）

37. 于晓明等诉北京市怀柔区怀柔镇南关村村委会土地租赁合同案

(一) 首部

1. 判决书字号
一审判决书：北京市怀柔区人民法院（2010）怀民初子第 2867 号。
二审判决书：北京市第二中级人民法院（2011）二中民终字第 02520 号。
2. 案由：土地租赁合同纠纷。
3. 诉讼双方
原告（上诉人）：于晓明，男，1964 年 2 月 18 日出生，汉族，农民，住北京市怀柔区。

原告（上诉人）：宋朝祥，男，1969 年 11 月 5 日出生，汉族，农民，住北京市怀柔区。

原告（上诉人）：孙继成，男，1964 年 10 月 5 日出生，汉族，农民，住北京市怀柔区。

原告（上诉人）：邱福龙，男，1966 年 9 月 25 日出生，汉族，农民，住北京市怀柔区。

原告（上诉人）：史玉林，男，1966 年 9 月 24 日出生，汉族，农民，住北京市怀柔区。

原告（上诉人）：张玉辉，男，1959 年 10 月 13 日出生，汉族，农民，住北京市怀柔区。

原告（上诉人）：韩亚成，男，1970 年 12 月 24 日出生，汉族，农民，住北京市怀柔区。

原告（上诉人）：刘继昌，男，1963 年 2 月 15 日出生，汉族，农民，住北京市怀柔区。

原告（上诉人）：马立顺，男，1962 年 7 月 29 日出生，汉族，农民，住北京市怀柔区。

委托代理人：孙锁堂，北京市天沐律师事务所律师。
被告（被上诉人）：北京市怀柔区怀柔镇南关村村民委员会，住所地：北京市怀柔区怀柔镇南关村。
法定代表人：刘美麟，村主任。
委托代理人：徐波，北京徐波律师事务所律师。
委托代理人：王晓楠，北京徐波律师事务所律师。
4. 审级：二审。

5. 审判机关和审判组织

一审法院：北京市怀柔区人民法院。

合议庭组成人员：审判长：陈慧春；人民陪审员：鲍云贤、郝京霞。

二审法院：北京市第二中级人民法院。

合议庭组成人员：审判长：王宗魁；审判员：顾国增、胡新华。

6. 审结时间

一审审结时间：2010年12月10日。

二审审结时间：2011年9月20日。

（二）一审情况

1. 一审诉辩主张

（1）原告诉称

2009年12月21日，九原告及杨井江、邱宝珍与被告在平等、自愿、等价有偿的基础上签订了土地租赁合同，合同约定：被告将原北京三建恒利钢模板厂占用的集体土地16.3亩及地上附着物租赁给九原告及杨井江、邱宝珍；租赁期限20年。2009年12月22日，双方又签订了补充协议，约定原告享有转租权。2010年4月7日，被告向北京市怀柔区农村承包合同仲裁委员会提请仲裁，请求解除双方签订的土地租赁合同。同年5月23日，北京市怀柔区农村承包合同仲裁委员会作出裁决，以该土地租赁合同未经村民会议或村民代表会议民主议定，违反了法律的强制性规定为由，确认原被告签订的土地租赁合同无效。《合同法》解释（二）第14条对《合同法》第52条第5项作出了司法解释：违反法律、行政法规的强制性规定的合同无效中的"强制性规定"，是指效力性强制性规定。《村民委员会组织法》第19条规定的村集体经济项目的承包方案，村民委员会必须提请村民会议讨论决定，方可办理。该规定属于管理性强制规定，并非效力性强制规定。违反管理性强制规定并不导致合同无效。北京市怀柔区农村承包合同仲裁委员会作出的仲裁裁决适用法律明显错误。故原告于2010年6月2日起诉至法院要求：1) 确认原被告于2009年12月21日签订的租赁合同及同年12月22日签订的补充协议合法有效；2) 诉讼费由被告负担。

（2）被告辩称

原被告所签订的租赁合同没有经过民主议定程序，违背了相关法律规定，合同无效；且南关村有惯例，租赁土地租金每亩每年不少于1万元，本案中，16.3亩土地，每年租金10万元。合同无效，同意返还租金。

2. 一审事实和证据

2009年12月21日，原告于晓明等九人及杨井江、邱宝珍（乙方）与被告南关村村委会（甲方）签订了土地租赁合同。该合同约定：甲方现有集体土地及房屋一处16.3亩，租给乙方使用；租赁形式为个人租赁；租赁期限20年，自2010年1月1日至2029年12月31日止；乙方每年上缴租赁费为10万元，分二次付清；乙方于每年的3月1日上交上半年租金5万元，每年的7月31日上交下半年租金5万元；乙方在租用期内，如需投资建房屋及建筑物，甲方负责相关手续，上报主管单位审批，方可实施。2009年12月22日，甲乙双方又签订了补充协议，该协议约定：因乙方承租的房屋部分结构残缺（如门窗等设施），乙方出资修缮后，所有权归乙方所有；经甲乙双方自愿平等协商，乙方承租人享有转租的权利，甲方不得干涉。合同签订后，原告向被告交纳了租赁费5万元，原告在向被告交纳第二笔租金时，被告拒收，原告将5万元租金向公证处提存。九原告在租赁的院内进行了投入。

2010年4月7日，被告南关村村委会认为原被告于2009年12月21日签订的土地租赁合同未经过法定的民主议定程序；合同内容显失公平，明显损害了村集体和大多数村民的利益；补充协议中在乙方未支付任何对价的情况下约定将房屋所有权归乙方，造成了集体资产流失；合同条款片面加重了其义务和违约责任，故向北京市怀柔区农村承包合同仲裁委员会提请仲裁，请求确认双方签订的土地租赁合同无效。同年5月23日，北京市怀柔区农村承包合同仲裁委员会作出裁决，以该土地租赁合同未经村民会议或村民代表会议民主议定，违反了法律的强制性规定为由，确认原被告签订的土地租赁合同无效。现原告认为：《合同法解释（二）》第14条对《合同法》第52条第5项作出了司法解释：违反法律、行政法规的强制性规定的合同无效中的"强制性规定"，是指效力性强制性规定。《村民委员会组织法》第19条规定的村集体经济项目的承包方案，村民委员会提请村民会议讨论决定，方可办理。该规定属于管理性强制规定，并非效力性强制规定。违反管理性强制规定并不导致合同无效。北京市怀柔区农村承包合同仲裁委员会作出的仲裁裁决适用法律明显错误。故于2010年6月2日起诉至法院要求：确认原被告于2009年12月21日签订的租赁合同及同年12月22日签订的补充协议合法有效；诉讼费由被告负担。本案因双方各持己见，故未能调解。

3. 一审判案理由

当事人对自己提出的诉讼请求所依据的事实或者反驳对方诉讼请求所依据的事实有责任提供证据加以证明。没有证据或者证据不足以证明当事人的事实主张的，由负有举证责任的当事人承担不利后果。本案中，原被告签订的土地租赁合同中所涉及的土地为集体建设用地，在该土地上建造房屋，应经过相应国家机关审批，取得合法手续。但按照当事人提供的证据，不足以证明该块土地上的房屋为合法建筑。且2005年1月7日，南关村三委干部会研究决定，本村村民租赁本村土地，每亩每年1万元，但本案中，原告租赁的土地为16.3亩，租金为每年10万元，明显侵害了南关村集体以及其他村民的利益，合同应属无效。故原告要求确认该合同与补充协议合法有效的请求，本院难以支持。

4. 一审定案结论

判决驳回原告于晓明、宋朝祥、孙继成、邱福龙、史玉林、张玉辉、韩亚成、刘继昌、马立顺的诉讼请求。

（三）二审诉辩主张

上诉人（原审原告）诉称：持原诉意见上诉至本院，认为原判认定事实不清，适用法律不当，要求撤销原判，改判支持其诉讼请求。

被上诉人（原审被告）辩称：同意原判。

（四）二审事实和证据

北京市第二中级人民法院经审理，确认一审法院认定的事实和证据。

（五）二审判案理由

于晓明、宋朝祥、孙继成、邱福龙、史玉林、张玉辉、韩亚成、刘继昌、马立顺与南关村村委会签订的租赁合同，未经村内民主议定程序，违反了法律、法规的相关规定，北京市怀柔区农村承包合同仲裁委员会以该租赁合同未经村民会议或村民代表会议民主议定为由，确认双方签订的租赁合同无效，是正确的。北京市怀柔区怀柔镇人民政府亦制定了村级重大事项民主议事决策八步工作法制度，于晓明、宋朝祥、孙继成、邱福龙、史玉林、张玉辉、韩亚成、刘继昌、马立顺与南关村村委会签订的租赁合同，未依据上述工作法制度签订，属原村委会干部越权出租，租金明显过低，损害了村集体的利益。故于晓明、宋朝祥、孙继成、邱福龙、史玉林、张玉辉、韩亚成、刘继昌、马立顺的上诉要求确认其与村委会签订的租赁合同有效，无事实及法律依据，原审法院驳回其诉讼请求，并无不当，本院予以维持。综上，原判正确，应予维持。

（六）二审定案结论

驳回上诉，维持原判。

（七）解说

本案的核心在于原村委会主干部未通过村内民主议定程序，未经南关村村民会议或者村民代表会议民主议定，将村里的原北京三建恒利钢模板厂占用的集体土地16.3亩及地上附着物租赁给本案的9原告是否有效的问题。此现象在现实问题中普遍存在，具有一定的普遍性和指导性。未避免此类现象的发生，北京市怀柔区怀柔镇人民政府亦制定了村级重大事项民主议事决策八步工作法制度，要求涉及村里重大事项的必须按照八步工作法实施，以用来限制村委会干部损害村民的权益。9原告认为，未经过村民会议或者村民代表会议通过属于违反了管理性强制规定，而不是《合同法》解释（二）第14条所指的效力性强制性规定，不一定导致合同无效。此案中，首先，9原告与村委会签订的合同未通过村民会议或者村民代表会议民主议定，同时违反了北京市怀柔区怀柔镇人民政府制定的村级重大事项民主议事决策八步工作法制度，属于原村委会干部越权出租。其次，根据南关村近年来的相关租赁惯例，租金明显过低，损害了村集体的利益，应当赋予现村委会在法定期限内的撤销权。最后，村委会在法定期限内行使了撤销权，村委会通过将此事项交与北京市怀柔区农村承包合同仲裁委员会进行仲裁，仲裁结果以该租赁合同未经村民会议或村民代表会议民主议定为由，确认双方签订的租赁合同无效，租赁合同被撤销后，合同效力自始无效。故一二审判决正确。

（北京市怀柔区人民法院）

38. 王继康等诉程素英租赁合同案

（一）首部

1. 裁判书字号
一审判决书：江苏省南京市江宁区人民法院（2010）江宁淳商初字第52号。
二审裁定书：江苏省南京市中级人民法院（2010）宁民终字第3737号。
2. 案由：租赁合同。
3. 诉讼双方
原告：王继康（被上诉人），男，46岁，汉族，南京市江宁区人。
原告：王五香（被上诉人），女，42岁，汉族，南京市江宁区人。
上列二原告（被上诉人）委托代理人：易雷，男。
被告：程素英（上诉人），女，39岁，汉族，南京市江宁区人。
委托代理人：潘国才，男。
委托代理人：褚宇新，江苏刘洪律师事务所律师。
4. 审级：二审。
5. 审判机关和审判组织
一审法院：江苏省南京市江宁区人民法院。
独任审判员：沈忠清。
二审法院：江苏省南京市中级人民法院。
合议庭组成人员：审判长：孙伟；审判员：舒晓艺；代理审判员：李飞鸽。
6. 审结时间
一审审结时间：2010年6月21日。
二审审结时间：2010年10月15日。

（二）一审诉辩主张

1. 原告王继康等诉称
其二人系夫妻关系。2004年，王继康将房屋出租给被告程素英使用。合同约定，租赁期限自 2004 年 10 月 30 日至 2009 年 10 月 30 日；每年租金为 58 000 元，于当年 10 月 29 日前支付；租赁期满后，如继续租赁，需提前 2 个月书面提出，经其同意，可重新签订租赁合同；如程素英拖欠租金达 1 个月、利用承租房进行违法活动，其有权终止合同并收回房屋。租赁合同期满后，双方就是否续租进行过协商，但未签订书面合同，程素英仅支付 50 000 元；另，程素英利用租赁房屋进行违法活动，故要求解除其与程素英之间的租赁关系并要求程素英自租赁房屋内迁出。

2. 被告程素英辩称

其不存在拖欠房租的行为，也未利用租赁房屋进行违法活动，故不同意解除合同及自租赁房屋内迁出。

（三）一审事实和证据

南京市江宁区人民法院经公开审理查明：原告王继康、王五香系夫妻关系。位于本区东山街道岗山村的 1 幢住宅房（房屋所有权证号 01086285）的所有权由王继康、王五香享有。2006 年 7 月 3 日，王继康与被告程素英签订一份房屋租赁合同。双方约定，王继康将上述房屋出租给程素英使用，租赁期限自 2004 年 10 月 30 日至 2009 年 10 月 30 日（此房屋原租赁给他人使用，王继康、程素英仍约定租赁期限自 2004 年 10 月 30 日起算）；房屋年租金为 58 000 元，于每年 10 月 29 日前付清；租赁期满后，本合同即终止，程素英须将房屋返还给王继康，如程素英需继续租赁，则须提前 2 个月以书面形式向王继康提出，须王继康同意，重新签订租赁合同；如程素英擅自拆改承租房屋结构、利用承租房进行违法活动、擅自将承租房转让、拖欠租金累计达一个月……王继康有权终止合同并收回房屋；因不可抗力（拆迁）所造成的装修费用归程素英所有（有效期 5 年）……合同签订后，双方按约履行。程素英利用承租房开办南京市江宁区春秧浴室（以下简称春秧浴室）。2009 年 10 月 31 日，程素英的丈夫潘国才书写以下内容："1. 本人同意小潘在租我上元大街（1027 号）房子时，三年内拆迁款由（有）潘国才自行与拆迁办谈；2. 三年内不再（在）加收小潘任何房租；3. 房租每年为 78 000 元。"王继康签名予以确认。当日，王继康收取租金 50 000 元。

另，2008 年 7 月 3 日、2009 年 3 月 4 日、2010 年 1 月 20 日，春秧浴室的服务员在春秧浴室内进行卖淫活动，南京市公安局江宁分局均以"对发生在本单位的卖淫嫖娼活动放任不管、不采取措施制止"为由对春秧浴室的经营人程素英、潘国才进行行政处罚（罚款）。

上述事实有下列证据证明：

（1）王继康、王五香的结婚证。证明双方系夫妻关系。

（2）房屋所有权证。证明王继康、王五香系出租房屋的所有权人。

（3）房屋租赁合同。证明王继康、王五香与程素英之间存在租赁关系及相关约定。

（4）"协议"。证明王继康、王五香与程素英之间曾就租金数额的调整进行协商。

(5) 收条。证明程素英已支付租金 50 000 元。

(6) 公安行政处罚决定书。证明因出租房屋内发生卖淫嫖娼活动，公安部门对程素英进行行政处罚。

（四）一审判案理由

南京市江宁区人民法院根据上述事实和证据认为：租赁合同的内容包括租赁物的名称、数量、用途、租赁期限、租金及其支付期限和方式、租赁物维修等条款。经原告王继康确认由潘国才书写的"协议"，不具备租赁合同的主要条款，凭此"协议"尚不能明确履行合同，故该"协议"不能认定为租赁合同。王继康与被告程素英签订的租赁合同于 2009 年 10 月 30 日期间届满，而程素英仍继续使用租赁物，王继康未提出异议，根据规定，应认定原租赁合同继续有效，但租赁期限为不定期。故原租赁合同的条款对双方均具有约束力（租赁期限条款除外）。

按照双方约定，程素英拖欠租金累计达一个月，王继康有权解除合同，但双方之间确实存在对租金数额进行协商变更的行为，租金数额当时无法确定，而程素英已按原合同支付大部分租金，王继康现以此约定解除合同不当。双方在合同中约定，程素英不得利用承租房进行违法活动，否则，王继康有权解除合同。程素英利用承租房开办春秧浴室，在春秧浴室内多次发生卖淫嫖娼活动，公安机关对程素英、潘国才进行行政处罚，可以认定程素英、潘国才利用承租房进行违法活动。《城市房屋租赁管理办法》规定，承租人利用承租房屋进行违法活动的，出租人有权终止合同。根据法律规定，对于不定期租赁，当事人可以随时解除合同。因此，无论从约定还是法定，王继康均有权解除合同。故对于王继康、王五香要求解除合同并要求程素英自租赁房屋内迁出的诉讼请求，本院予以支持。程素英已支付租金 50 000 元，按照租赁合同约定的年租金 58 000 元，现足以支付相应期间的租金，但程素英尚未实际迁出，可在实际迁出时按实结算租金。

（五）一审定案结论

南京市江宁区人民法院依照《中华人民共和国合同法》第九十三条第二款、第九十七条、第二百一十三条、第二百三十二条、第二百三十六条、参照《城市房屋租赁管理办法》第二十四条第（六）项之规定，作出如下判决：

1. 原告王继康、王五香与被告程素英于 2006 年 7 月 3 日签订的房屋租赁合同于本判决发生法律效力之日起解除。

2. 被告程素英应于本判决发生法律效力之日起 60 日内自承租原告王继康、王五香的房屋内迁出。

本案减半收取案件受理费 665 元，由被告程素英负担。

(六) 二审情况

上诉人程素英不服一审判决,向南京市中级人民法院提起上诉。在案件审理过程中,程素英于2010年10月15日申请撤回上诉。

(七) 解说

本案争议的焦点有两个:一是经原告王继康确认由潘国才书写的"协议"是否属于租赁合同?二是春秧浴室内的服务人员从事卖淫嫖娼行为是否属于租赁合同中承租方的违法行为?

关于租赁合同的构成要件,一般认为应当依据《合同法》第212条,213条的规定,租赁合同是出租人将租赁物交付承租人使用、收益,承租人支付租金的合同,租赁合同的内容包括租赁物的名称、数量、用途、租赁期限、租金及其支付期限和方式、租赁物维修等条款。具体到房屋租赁合同,《城市房屋租赁管理办法》第9条规定房屋租赁应当签订书面租赁合同,租赁合同应当具备以下条款:(1)当事人姓名或者名称及住所;(2)房屋的坐落、面积、装修及设施状况;(3)租赁用途;(4)租赁期限;(5)租金及支付方式;(6)房屋修缮责任;(7)转租的约定;(8)违约责任;(9)当事人约定的其他条款。依据上述规定,本案中经原告王继康确认由潘国才书写的"协议",只对三年内如遇拆迁如何处理以及房屋租金的调整进行约定,对主要合同条款的约定不齐备,无法直接按约履行,不能将该"协议"认定为一份房屋租赁合同。双方之间的纠纷只能按照《合同法》第236条的规定处理。

程素英使用租赁房屋开办春秧浴室,春秧浴室内因有服务员存在卖淫嫖娼行为,不到两年时间内被公安部门处罚三次,关于这三次违法行为是否属于合同中约定的承租方利用房屋从事违法行为,我们可以从以下两个方面加以分析,一是公安机关处罚的对象;二是浴室内的服务员从事违法行为浴室应负何种责任。第一个方面,我们可以依据公安机关的处罚决定清楚地看到,公安机关的处罚决定书上清楚地写明是因浴室经营人对卖淫嫖娼活动放任不管,不采取措施制止,所以处罚的对象是浴室经营人。第二个方面,浴室的服务员在浴室内从事卖淫嫖娼活动,与浴室的经营活动有紧密联系,浴室经营人本身应该负有对其员工监督、管理,保证其经营行为符合法律规定的义务,但是在短短的不到两年时间内,就被公安机关因相同的事项处罚三次,不能不说浴室经营人对服务员的卖淫嫖娼行为没有尽到相应的管理义务,没有采取相应的措施加以制止。综上所述,可以认定程素英的行为符合双方租赁合同约定的,承租方存在违法行为,也符合法定的即《城市房屋租赁管理办法》关于承租人利用房屋进行违法行为,出租人有权终止合同的规定。

(江苏省南京市江宁区人民法院 沈忠清)

39. 唐晓冬诉张德华等房屋租赁合同案

(一) 首部

1. 判决书字号：四川省成都市龙泉驿区人民法院（2011）龙泉民初字第1726号。
2. 案由：房屋租赁合同纠纷。
3. 诉讼双方

原告：唐晓冬。

被告：张德华。

被告：雷登程。

被告：谢昌友。

4. 审级：一审。
5. 审判机关和审判组织

审判机关：四川省成都市龙泉驿区人民法院。

代理审判员：李婷。

6. 审结时间：2011年8月24日。

(二) 诉辩主张

1. 原告诉称

被告谢昌友系原告唐晓冬、案外人唐芸娣的母亲、案外人唐嘉的外祖母，案外人唐文字的妻子。原告唐晓冬与被告谢昌友、案外人唐文字、唐芸娣、唐嘉分别拥有位于龙泉驿区龙泉街道竹市巷、中街的商铺五间，这五间铺面相邻但分别属于原告唐晓冬、被告谢昌友、案外人唐文字、唐芸娣、唐嘉所有且均有各自独立的产权，其中唐晓冬所有的商铺位于龙泉驿区龙泉街道中街28号1楼1-6号，面积为17.12平方米，产权证号为龙房权证监证字第0146847号。2010年5月19日，被告谢昌友在唐晓冬、唐芸娣、唐嘉、唐文字均不知情的情况下，擅自将唐晓冬、唐芸娣、唐嘉、唐文字的商铺及其自有的商铺共103.88平方米以168 000元每年的价格出租给被告张德华、雷登程使用，并将租金收为己有，原告唐晓冬于今年才得知真相，并多次向张德华、雷登程主张归还商铺，但二被告均予以拒绝。被告谢昌友未经原告授权，将原告所有的商铺擅自出租给被告张德华、雷登程使用，依据《中华人民共和国合同法》第48条、第58条之规定，三被告租赁商铺的行为无效，因无效合同取得的财产应当返还。据此，请求判令：（1）确认被告张德华、雷登程与被告谢昌友于2010年5月19签订的《商铺租赁合同》中关于原告唐晓冬所有的商铺（产权证号：龙房权证监证字第0146847号）的部分无效；（2）被告张德华、雷登程返还原告唐晓冬所有的商铺（产权证号：龙房权证监证字第0146847号）；（3）诉讼费由三被告负担。

2. 被告辩称

被告雷登程与原告唐晓冬、被告谢昌友一家认识多年，非常了解谢昌友的家庭情况，知道被告谢昌友、原告唐晓冬、案外人唐芸娣、唐文宇、唐嘉是一家人，了解案涉五间商铺均一直由谢昌友管理、出租。经被告雷登程介绍，被告张德华与谢昌友认识，2010年5月19日，被告张德华、雷登程与被告谢昌友签订了《商铺租赁合同》一份，在签订该合同时，谢昌友及其女儿唐芸娣在场，谢昌友向张德华、雷登程出示了案涉五间商铺的产权证及其家庭成员的身份证明，被告张德华相信谢昌友有权代表其家人签订租赁合同，原告唐晓冬作为谢昌友的家庭成员没有作出否认的意思表示，应视为其默认谢昌友签订合同的行为。在承租案涉商铺后，被告张德华花费近百万元进行装修并将商铺用于经营珠宝店，若原告主张租赁合同无效，则应承担相应的损失。

被告雷登程未到庭也未向本院提交答辩状。

被告谢昌友辩称：同意原告唐晓冬的诉讼请求。谢昌友只认识雷登程，不认识张德华，谢昌友将案涉商铺出租给张德华、雷登程并未征得家庭成员的同意，所收取的房租也由谢昌友用了。

（三）事实和证据

成都市龙泉驿区人民法院经公开审理查明：位于龙泉驿区龙泉街道竹市巷6号的商铺（产权证号为龙房权证监证字第0146498）登记的产权人为被告谢昌友，位于龙泉驿区龙泉街道竹市巷2号的商铺（产权证号为龙房权证监证字第0146497）登记的产权人为案外人唐文宇，位于龙泉驿区龙泉街道竹市巷2号1楼1—4号的商铺（产权证号为龙泉房证监证字第0146838）登记的产权人为案外人唐嘉，位于龙泉驿区龙泉街道中街28号1楼1—5号的商铺（产权证号为龙房权证监证字第0146837号）登记的产权人为案外人唐芸娣，位于龙泉驿区龙泉街道中街28号1楼1—6号的商铺（产权证号为龙房权证监证字第0146847号）登记的产权人为原告唐晓冬。上述五间商铺相邻并一直打通使用，总面积为103.88平方米。被告谢昌友系原告唐晓冬、案外人唐芸娣的母亲、案外人唐嘉的外祖母，案外人唐文宇的妻子。2010年5月19日，被告谢昌友（甲方）与被告张德华、雷登程（乙方）签订《商铺租赁合同》一份，合同约定："甲方出租给乙方的商铺位于成都市龙泉驿区中街28号，商铺建筑面积103.88平方米。以房产证登记面积为准。租赁期限为5年60个月。即从2010年7月1日起至2015年6月30日止。租赁费用为：该房屋第一年租金为168 000元。下一年的商铺租赁使用费金额在前一年度金额的基础上递增5%。商铺租金支付方式为：第一年半年支付一次，第二年开始一年支付一次。先付款后使用。乙方应在租金到期前，提前一个月交纳下一年的租赁费后，方可用房。如乙方不能按期交纳房租，则视乙方违约。甲方有权利无条件立即终止合同，并收回商铺使用权。由此造成的损失概由乙方自行负责，甲方不承担任何责任。甲方应提供房产证（或具有出租权的有效证明）、身份证明等文件，乙方应提供身份证明等文件（或营业执照）。双方验证后可复印对方文件备存。所有复印件仅供本次租赁使用……"。在签订该合同时，被告谢昌友之女唐芸娣在场。在签订合同后，被告张德华于同日以转账至谢昌友账户的方式支付保证金50 000元，于2010年6月28日以转账至唐芸娣账户的方式支付2010年7月1日至2010年12月31日的租金84 000元。上述五间商铺产权虽然相互独立但实际上一直打通使用，之间没有界限标志，在出租给张德华、雷登程使用之前均由谢昌友一人出租给"三多里服饰"使用，租金也由谢昌友收取。在被告张德华支付了租金后，谢昌友在商铺内直接将上述五间商铺均交付给被告张德华、雷登程使用。张德华、雷登程将上述五间商铺用于开设"金伯利钻石专卖店"。2011年6月2日，唐晓冬、唐芸娣、唐嘉、唐文宇以谢昌友在唐晓冬、唐芸娣、唐嘉、唐文宇不知情的情况下擅自将唐晓冬、唐芸娣、唐嘉、唐文宇各自独立所有的商铺出租给张德华、雷登程为由，共同起诉要求确认案涉租赁合同涉及其各自所有商铺的部分无效，2011年7月6日唐芸娣、唐嘉、唐文宇申请撤诉，本院口头裁定准许其撤回诉讼。

上述事实有下列证据证明：

1. 房产证五份；
2. 2010年5月19日，谢昌友与张德华、雷登程签订的《商铺租赁合同》一份；
3. 工商登记档案一份；
4. 谢昌友、唐文宇、唐晓冬、唐芸娣、唐嘉的常住人口详细信息各一份；
5. 产权变更档案一份；
6. 2010年5月19日，谢昌友与张德华、雷登程签订的《商铺租赁合同》一份；
7. 《收条》两份；
8. 证人刘某某的证言一份；
9. 四川求实司法鉴定所文书鉴定意见书一份。

（四）判案理由

成都市龙泉驿区人民法院根据上述事实和证据认为：本案的争议焦点是谢昌友于2010年5月19日与张德华、雷登程签订《商铺租赁合同》的行为是否为有权代理行为，即谢昌友将唐晓冬所有的商铺出租给张德华、雷登程是否取得了唐晓冬的授权。原告唐晓冬及被告谢昌友均主张谢昌友签订《商铺租赁合同》的行为未取得唐晓冬的授权，要求确认《商铺租赁合同》部分无效。法院认为，原告唐晓冬、被告谢昌友的该主张存在诸多疑点及不合理之处，具体评析如下：（1）被告谢昌友系原告唐晓冬的母亲，两人系母子关系，在通常情况下母亲对成年子女的财产做重大处分，一般会告知子女相关的情况，从谢昌友、唐晓冬在庭审中的表现来看，二人关系和睦，但谢昌友却称其系擅自将案涉商铺出租给了张德华、雷登程，唐晓冬一直不知情，唐晓冬直至过年时（谢昌友签订案涉商铺租赁合同8个多月后）才自行发现商铺已出租，有悖常理。（2）商铺系价值较大的财产，一般人持有商铺都是为了营利，按照常理，原告应时常关注商铺的收益状况、出租情况，案涉商铺处于龙泉驿区较为繁华的区域，商业氛围浓厚，此地带的商铺很容易招租，罕有商铺闲置，唐晓冬却称其是在谢昌友将案涉商铺出租给张德华、雷登程8个多月之后才发现商铺已出租，有悖常理。（3）谢昌友称其是在其他家庭成员均不知情的情况下，将五间商铺一并出租并将保证金50 000元、租金84 000元共计134 000元据为己有并用于个人消费了，该笔款项金额不小，谢昌友却不能指明具体用于何种开销，该陈述存明显疑点。（4）《商铺租赁合同》第4条第1款中约定"甲方（出租方）应提供房产证及身份证明等文件"，而谢昌友陈述其并不持有案涉商铺及其他家庭成员的商铺的产权证，在签订《商铺租赁合同》时仅向张德华、雷登程出示了其自身所有的商铺的产权证（产权证号：龙房权证监证字第0146498），但谢昌友所有的商铺的产权证上登记的地址为"龙泉驿区龙泉街道办事处竹市巷6号"、登记的产权面积为"48.38平方米"，而双方所签订的《商铺租赁合同》上约定的商铺地址为"龙泉中街28号"，面积为"103.88平方米"，合同上约定的地址及精确的面积数据从何得出，谢昌友对此无法作出合理解释。（5）案涉五间商铺之前均由谢昌友一人对外出租给"三多里服饰"使用并由谢昌友收取租金，唐晓冬称在谢昌友将商铺出租给"三多里服饰"之前其专门向谢昌友进行了授权，但在庭审中唐晓冬却表示不知晓谢昌友与"三多里服饰"之间约定的租期，也未提供证据证明其就谢昌友与"三多里服饰"之间的租赁行为出具过书面的授权委托书。（6）案外人唐芸娣系其中一间商铺的产权人、谢昌友之女，唐芸娣在起诉状中主张对谢昌友将五间商铺出租给张德华、雷登程的行为不知情、不认可，而庭审查明的事实却显示谢昌友是在唐芸娣的陪同下与张德华、雷登程签订了《商铺租赁合同》，租金84 000元是以转账至唐芸娣账户的方式支付的，谢昌友与家庭成员之间存在利用合同瑕疵力图规避合同义务之嫌。综合原、被告诉辩陈述及本案的实际情况，本院认为，谢昌友于2010年5月19日与张德华、雷登程签订《商铺租赁合同》的行为系有权代理行为，该行为取得了唐晓冬的概括授权。理由如下：（1）谢昌友、唐晓冬及其家人所有的五间商铺自始均是连通使用，中间无界限标志，该五间商铺一直由谢昌友进行管理对外出租并收取租金，唐晓冬在庭审中甚至表示虽授权给谢昌友将商铺出租给"三多里服饰"但其本人并不清楚谢昌友与"三多里服饰"之间约定的租期是多久、且租金由谢昌友为其保管，可见唐晓冬的该商铺一直都是交谢昌友管理、收益，其对谢昌友出租商铺的行为事实上已进行了概括授权。（2）五间商铺最初系谢昌友、唐文宇的夫妻共同财产，之后在家庭成员之间进行了产权转让、分配，但自90年代该家庭取得五间商铺起，该五间商铺都是由谢昌友进行统一管理，谢昌友代理家庭成员出租商铺的行为也得到了其他家庭成员的认可，这一点与谢昌友一人将五间商铺出租给"三多里服饰"、唐芸娣陪同谢昌友与张德华、雷登程签订《商铺租赁合同》，该合同上的出租方、租金收款人却均由谢昌友一人署名、唐芸娣作为其中一间商铺的产权人却并未以出租人的身份署名的事实相印证。（3）按照日常生活习惯，家庭成员彼此之间为对方管理财产、获取财产收益，很少会要求对方出具书面的授权手续，本案中，谢昌友系唐晓冬之母亲，两人具有特殊身份关系，谢昌友为唐晓冬管理商铺，代其实现商铺收益，彼此之间未办理书面委托手续符合常理。（4）案涉《商铺租赁合同》中约定租金标准为168 000元/年，唐晓冬未举证证明该价格系不合理的低价或谢昌友的代理行为对其利益造成了损害。（5）案涉《商铺租赁合同》于2010年5月19日签订，原告唐晓冬于2011年6月才起诉要求确认合同部分无效，张德华、雷登程已实际占有、使用商铺对外经营珠宝店将近一年时间,唐晓冬在如此长的期间内都未对谢昌友的代理行为提出异议,应视为认可。本院认为,根据庭审查明的事实,唐晓冬一直将商铺交由其母亲谢昌友管理,虽未出具书面授权,但谢昌友一直为儿子处理与商铺有关的重要事宜,唐晓冬对其母亲为其管理商铺也达成了默契与会意,其已以实际行为对谢昌友管理商铺进行了概括授权,谢昌友出租案涉商铺的行为应当为有权代理行为。案涉《商铺租赁合同》上出租方署名为"谢昌友",基于谢昌友自身拥有其中一间商铺的所有权且合同上注明商铺地址位于"成都市龙泉驿区中街28号"、商铺面积为"103.88平方米",而唐晓冬、唐芸娣所有的商铺地址正是"成都市龙泉驿区中街28号",五间商铺面积正好为"103.88平方米"的实际情况,可以推断签订合同时,谢昌友、张德华、雷登程的真实意思表示是谢昌友将自身所有的商铺并以自己名义代理其家庭成员包括唐晓冬将五间商铺一并出租给张德华、雷登程,故谢昌友以自己名义将唐晓冬所有的商铺出租给张德华、雷登程的行为属间接代理行为,依据《中华人民共和国合同法》第四百零二条"受托人以自己的名义,在委托人的授权范围内与第三人订立的合同,第三人在订立合同时知道受托人与委托人之间的代理关系的,该合同直接约束委托人和第三人,但有确切证据证明该合同只约束受托人和第三人的除外"之规定,法院确认谢昌友与张德华、雷登程签订的《商铺租赁合同》对唐晓冬具有拘束力。法院认为,当事人从事民事活动应当遵守诚实信用原则,唐晓冬、谢昌友在本案中有滥用权利规避合同义务之嫌,对唐晓冬关于要求确认谢昌友与张德华、雷登程签订的《商铺租赁合同》涉及其所有的商铺的部分无效的诉讼请求本院不予支持。由于唐晓冬要求张德华、雷登程返还其所有的商铺的诉讼请求系建立在案涉合同部分无效的基础上,故对唐晓冬的该项诉讼请求亦不予支持。

(五)定案结论

成都市龙泉驿区人民法院依据《中华人民共和国合同法》第六条、第八条、第三百九十六条、第三百九十七条、第四百零二条、最高人民法院《关于民事诉讼证据的若干规定》第二条,《中华人民共和国民事诉讼法》第一百三十条之规定,作出如下判决:

驳回原告唐晓冬的全部诉讼请求。

(六)解说

近年来,商业房产的房租看涨,一些商铺出租人在高额利益的驱动下,利用合同的瑕疵和漏洞,特别是滥用亲属"无权处分"这一理由,主张相应合同无效,达到毁约的目的,期待从中获取利益。该类案件反映出,诚信这一基本道德准则正在受到挑战,法院对这起案件的处理对正确引导民众行为、保障诚实信用的交易原则、维护市场的健康发展具有较为积极的意义。

此类纠纷大多源于父母子女等直系亲属、配偶或者亲密朋友的处分行为。基于亲密的身份关系,他们大多长期保管有权利人的商铺等产业的相关证明文件,双方之间也达成了管理与被管理的信任与默契。承租方因处分人与处分权人之间的特殊身份原因，而未严格要求对方提供出租商铺的授权委托书，或者认为有处分权人的口头承诺等，从而轻信能够避免风险，导致发生纠纷时无据可依。

在审理此类案件时，由于权利人与受托方之间存在亲密的身份关系，对该双方的陈述应详细甄别，从双方的身份关系、相处情况、案涉房屋来源、自始的使用管理情况、房屋收益的分配、房屋权属证书的保管、权利人所解释的其为何疏于管理案涉房屋的理由等方面进行审查分析，辨别其中是否存在疑点及不合理之处。若存在明显的矛盾之处，一般情况下应认定权利人以其实际行为对受托方进行了概括授权，对租赁合同的效力进行有效确认，以维护市场交易的安全性及民事活动中的诚信信用原则，避免权利人与受托人滥用权利以规避合同义务。

（四川省成都市龙泉驿区人民法院　李婷）

40. 汪志刚等诉刘树科等委托合同案

（一）首部

1. 判决书字号：广州市南沙区人民法院（2011）穗南法民三初字第164号。
2. 案由：委托合同纠纷。
3. 诉讼双方

原告：汪志刚，男，1972年10月19日出生，汉族，住广州市天河区。

原告：张燕，女，1975年4月24日出生，汉族，住址同上。

两原告共同委托代理人：李蔓，广东华安联合律师事务所律师。

被告：刘树科，男，1981年1月15日出生，汉族，住广州市南沙区，系广州市南沙区南沙鸿业房地产咨询服务部经营者。

委托代理人：孟凡雷，广东恒博律师事务所律师。

被告：劳建萍，女，1979年2月6日出生，汉族，住广州市黄埔区。

委托代理人：黄鼎足，广东同益律师事务所律师。

委托代理人：陈平，广东同益律师事务所律师。

4. 审级：一审。
5. 审判机关和审判组织

审判机关：广州市南沙区人民法院。

独任审判员：徐华斌。

6. 审结时间：2011年9月26日。

(二) 诉辩主张

1. 原告诉称

两原告于2010年10月13日与两被告签订《房屋买卖合同》，约定两原告将其所有的位于广州市南沙区丰庭花园丰庭北街11号503房以43万元的价格出售给被告劳建萍；被告刘树科作为中介方，须协助买卖双方办理上述房产的产权转移等一切手续；劳建萍付款方式为商业按揭贷款；原告须在收取定金时将权属证明原件交给刘树科，并办理公证，由原告委托刘树科办理与房屋交易相关的所有手续。合同签订后，劳建萍依约支付了合同定金，原告也与刘树科办理了公证手续。在合同履行过程中，两被告主动与原告协商要求推迟办理交易手续，但到约定的日期刘树科并未办理相关手续，也未支付购房款。之后三方又进行协商，原告同意延迟到2011年1月1日办理相关手续，同时签订一份补充协议。但直到2011年5月底，刘树科才将购房余款235 780元支付给原告，并解释说迟延支付购房款是由于申请公积金按揭贷款过程资料不齐所致。原告于5月31日到房管部门查询时才发现，讼争房屋已过户至古俊梅、古贵彬名下，而不是劳建萍。原告此时才知道两被告在交易过程中存在隐瞒欺诈，此时离原告合同约定的时间过了7个月，在房价飞涨的2010年至2011年，不能排除刘树科偷偷将原告房屋转卖给他人是为了从中赚取差价。刘树科在接收原告交付的房屋过户材料后，采用欺骗的手段私自延迟房屋交易，改变贷款方式，最后又私自将原告房屋转卖给合同外的第三人，造成我方延期收到房款，其欺诈行为剥夺了我方解除合同的机会，造成了我方无法取得房屋升值的损失。故应按照合同第13条的约定，由刘树科向原告支付违约金67 050元。劳建萍在此次交易中配合刘树科对原告实施欺诈行为，应承担连带清偿责任。故请求判令：(1) 被告刘树科向两原告支付违约金67 050元；(2) 被告劳建萍对上述损失承担连带清偿责任；(3) 两被告共同承担本案诉讼费用。在诉讼中，原告变更第一项诉讼请求：要求参照合同第13条关于违约金的计算方式，由刘树科向原告赔偿损失67 050元。

2. 被告刘树科辩称

(1) 在买卖合同中，我方作为居间合同关系中的一方只是根据合同法以及合同的约定向原告提供订立合同的机会以及媒介服务，我方并不存在向原告支付房款及办理过户交易的义务。至于房屋最后过户给了其他人，是我方基于原告的合法授权代为办理的。(2) 我方已经严格按照房屋买卖合同履行了自己的义务，没有任何违约情形存在，更不存在造成原告损失的情形，至于原告说我方可能因为房价飞涨赚取差价，纯属原告的主观臆测。(3)《房屋买卖合同》第13条的约定，只针对买卖双方，即本案原告与被告劳建萍，与我方没有关系。因此我方不应承担赔偿责任，请求法院驳回原告的诉讼请求。

3. 被告劳建萍辩称

(1) 房屋买卖合同成立生效之前，我方已经按照合同完全及时地履行了约定义务，即已经及时支付了定金1万元给原告。由于房屋交易时间被无限期地拖延,并且原告不断提出加价要求,后原告与我方解除了双方的房屋买卖合同。如果有违约,也是原告违反了合同约定。(2) 2011年1月1日,原告与我方达成补充协议,双方再次书面确认对于以前可能发生的违约责任不予追究,并且原告在诉状中也确认,我方根本没有任何的违约行为,当然也不需要承担任何违约责任。(3) 法律对于连带责任有非常明确的规定,原告与刘树科之间委托代理是否存在越权代理、无权代理情况,与我方无任何关系。(4) 由于原告与我方的交易无法进行,也给我方造成了损失,我方无法购买到房子,还支付了相应的中介服务费用,原告称我方配合实施欺诈完全是无中生有,我方保留向原告追索已支付的中介费用的权利。因此,请求驳回原告对我方的诉讼请求。

(三) 一审事实和证据

广州市南沙区人民法院经公开审理查明:2010年10月13日,原告汪志刚(卖方)与被告劳建萍(买方)、广州市南沙区南沙鸿业房地产咨询服务部(以下简称"鸿业服务部"、经纪方)签订《房屋买卖合同》,约定:买卖房屋地址为广州市南沙区丰庭花园丰庭北街11号503房,建筑面积79.96平方米;买卖双方同意物业成交价为430 000元,付款方式为商业按揭贷款;买卖双方同意由买方向经纪方支付6 500元作为咨询及中介服务费,如买方或卖方违约导致交易不能进行或者交易取消的,违约方必须于违约当日向经纪方支付全部咨询及中介服务费,非违约方无须再支付任何咨询和中介服务费;若卖方未能亲自办理交易过户手续,而需经纪方协助办理交易过户手续,卖方在收取定金时须将权属证明原件交经纪方并办理公证委托经纪方办理相关手续;买方逾期支付楼款,每逾期一天,按未付楼款金额的千分之一向卖方支付违约金(第13条);买方签订本合同时支付10 000元给卖方作为定金,卖方收到买方所付的定金后应于7个工作日内办理银行按揭贷款提前还款手续;首期楼款(含定金)200 000元应在卖方申请提前还款受理扣款当天支付给卖方用作提前还款;315 000元由买方申请以银行按揭贷款方式支付,其中差额85 000元由银行放款后卖方直接转给买方。合同签订后,劳建萍将定金10 000元支付给刘树科,由刘树科转交给原告。

2010年10月15日,两原告在广州市番禺公证处办理公证委托书,记载:汪志刚与张燕是夫妻,是南沙区丰庭花园丰庭北街11号503房的房产所有权人及土地使用权人(房地产权证:粤房地权证穗字第0450000041号),现我们委托刘树科为我们的合法代理人,代表我们执行和处理下列事项:(1) 有权向房管部门登记领取房屋契证手续及向国土部门办理领取土地使用证手续;(2) 申报纳税、缴纳上述房产的税款和支付一切正当费用;(3) 有权办理还贷赎契手续,领取抵押物资料,并到国土房管部门办理注销抵押登记手续并签署、领取相关文件;(4) 有权出售上述房屋及收取房款,签订房屋买卖合同等相关文件并到国土房管部门办理产权手续。若交易不成功时,有权向相关部门办理退案手续;(5) 有权办理二手楼按揭手续并签署相关文件资料……同日,汪志刚与鸿业服务部签订协议,确定汪志刚已于同日到公证处办理了受托人为鸿业服务部的公证委托书,鸿业服务部有义务帮汪志刚办理委托书上的具体内容直至办妥为止,并于银行放款后将银行贷款额中的230 000元转账给汪志刚指定账户,剩余贷款额由鸿业服务部转账到劳建萍指定账户。同日,汪志刚将《房地产权证》原件、契税完税证(发票)原件、二手房转让发票原件、税收转账完税证(发票)原件、物业维修资金卡原件各一份等办理二手房产权转移手续的资料交给鸿业服务部,鸿业服务部出具了《收件证明》给汪志刚。

2010年11月底,刘树科将首期房款200 000元交付给原告。2011年1月1日,汪志刚与两被告签订《补充协议》,约定:讼争房屋的交易总成交价变更为450 000元,增加部分20 000元由劳建萍在办理银行按揭贷款的银行放款当日以现金形式支付给汪志刚;买卖双方对本协议签订前双方可能存在违约责任均不再追究,双方继续办理买卖手续。

2011年1月18日,以古俊梅为主申请人向广州住房公积金管理中心申请办理公积金贷款,于2月28日经中心复审同意,5月18日网点复审同意发放贷款。2011年5月27日,刘树科通过银行转账向汪志刚支付扣除相关费用后的购房余款235 780元。

2011年3月1日,刘树科代理汪志刚与古俊梅、古贵彬签订《房地产买卖合同》,约定汪志刚以成交价260 000元将南沙区丰庭花园丰庭北街11号503房出售给古俊梅、古贵彬。同日,古俊梅、古贵彬向广州市南沙区房地产交易中心递交二手房转移登记申请,刘树科代理汪志刚在相关过户文件中签名。同日,古俊梅、古贵彬与广州住房公积金管理中心、中国工商银行股份有限公司广州南沙支行签订《住房公积金借款合同》,约定古俊梅、古贵彬向刘树科购买南沙区丰庭花园丰庭北街11号503房,成交价为450 000元,评估价为448 000元,借款金额为307 000元。2011年3月11日,讼争房屋过户至古俊梅、古贵彬名下。

另查,汪志刚与张燕是夫妻关系。汪志刚为广州市南沙区丰庭花园丰庭北街11号503房原产权人,其于2010年7月7日申请以该房办理抵押贷款,2011年1月28日刘树科代理汪志刚申请提前还贷并涂销抵押。诉讼中,两被告共同确认刘树科已将定金10 000元退回给劳建萍。

原告于2011年7月7日提起本案诉讼。

上述事实有下列证据证明:

1. 原告汪志刚与两被告签订的《房屋买卖合同》,拟证明原告将房屋出售给劳建萍及委托刘树科办理交易手续的事实及三方约定条款。

2. 公证委托书及《三方协议》,拟证明原告委托刘树科全权办理房屋交易手续。

3. 收件证明,拟证明原告将所有办理房产过户资料原件交付给刘树科。

4. 《补充协议》,拟证明三方约定变更交易金额及不再追究之前的违约责任的事实。

5. 审批信息及房地产登记查册表,拟证明刘树科私自将房屋出售给案外人古俊梅、古贵彬及申请公积金贷款的事实。

6. 结婚证,拟证明两原告的夫妻关系。

7. 银行电子回单,拟证明刘树科于2011年5月27日支付购房余款的事实。

8. 房地产交易档案资料,拟证明刘树科代理原告办理提前还贷并涂销抵押手续,与案外人古俊梅、古贵彬签订买卖合同,并将房屋过户至古俊梅、古贵彬名下,古俊梅、古贵彬采用公积金贷款方式支付购房款等事实。

（四）判案理由

广州市南沙区人民法院经审理认为：原告汪志刚与两被告签订的《房屋买卖合同》是各方当事人的真实意思表示，内容没有违反法律法规的禁止性规定，合法有效，各方均应切实履行。原告在签订合同后，根据合同的约定办理了委托刘树科代为办理南沙区丰庭花园丰庭北街11号503房过户手续的公证委托书，且于同日与刘树科签订协议约定银行放贷后应将贷款分别支付给汪志刚和劳建萍，即两原告的公证委托书是委托刘树科代为办理《房屋买卖合同》约定的提前还贷及办理房屋过户至劳建萍名下等手续。但刘树科在三方于2011年1月1日签订《补充协议》约定不再追究之前可能存在的违约责任和继续办理买卖手续后，仍未及时为原告办理提前还贷手续，而是在古俊梅申请办理讼争房屋公积金贷款后的2011年1月28日才办理提前还贷手续，且在2011年3月1日以原告的代理人身份正式将讼争房屋出售给古俊梅、古贵彬并办理过户登记手续。现刘树科没有证据证明其已就变更房屋买受人及延期办理提前还贷手续通知原告并取得原告的同意，故刘树科的行为构成对原告的欺诈，致使原告未能及时收取到购房余款235 780元，客观上造成了原告延期收到购房余款的损失，故原告要求被告赔偿该损失合理，予以支持。但《房屋买卖合同》第13条是针对买方违约如何计算违约金的约定，原告要求参照该条约定计算损失依据不足，酌情确定应由刘树科向两原告赔偿损失5 000元。原告未能提供证据证明劳建萍配合刘树科实施欺诈，故原告要求劳建萍对其损失承担连带清偿责任依据不足，不予支持。

（五）定案结论

广州市南沙区人民法院依照《中华人民共和国合同法》第四百零六条的规定，作出如下判决：

"一、被告刘树科应于本判决发生法律效力之日起7日内赔偿原告汪志刚、张燕损失5 000元。

二、驳回原告汪志刚、张燕的其他诉讼请求。

如果未按本判决指定的期间履行给付金钱义务，应当依照《中华人民共和国民事诉讼法》第二百二十九条之规定，加倍支付迟延履行期间的债务利息。案件受理费738元由原告负担683元，被告刘树科负担55元。"

（六）解说

1. 案件发生的特定历史背景

本案房屋买卖关系发生在2010年10月份，当时正值房屋价格飞涨、投机性购房及炒卖商品房现象极度活跃之时，市场上不仅存在大批专业炒房人士，中介机构也利用其优势地位参与炒卖商品房，推动了商品房市场价格的过快上涨，影响了房地产市场的平稳健康发展。针对该情况，国务院及广州市政府于2010年及2011年密集出台了相关房地产市场调控政策及限购政策，并取得了一定的效果。

本案中，原告通过中介机构的服务与被告劳建萍签订房屋买卖合同，将房屋出售给劳建萍。而中介人刘树科却利用原告签署的全权委托书及交付的全部办证原件，私自又将房屋出售给案外人古俊梅、古贵彬，这种行为让原告有理由怀疑中介人存在联合原买方炒卖其商品房的事实。而现实生活中，也确实存在中介执业人员以自己名义或其他亲属朋友与出卖人签订房屋买卖合同后，再在市场上寻找真正的买家，然后直接将房屋过户至真正买家名下，这样不仅可以赚取差价，而且免除了一般炒房存在的交纳两重税费问题。因此，本案原告在得知房屋最终被出售给案外人时，就产生了强烈的被欺骗的感觉，进而到法院起诉主张权利。

2. 涉案合同的性质

一般来说，一个合同往往只约定一个法律关系，而具体属于何种性质的合同不能只看合同的名称，而应根据双方的真实意思表示进行判断。本案原告汪志刚与两被告签订的《房屋买卖合同》，虽然合同名称明确写明是房屋买卖合同，但根据合同条款的约定，可以看出三方共成立了两方面的法律关系，包括：汪志刚与劳建萍之间的房屋买卖合同关系，汪志刚、劳建萍与刘树科之间的居间合同关系。另外汪志刚与刘树科根据买卖合同的约定，签署了公证委托书，则汪志刚与刘树科之间又形成委托合同关系。

3. 合同的实际履行情况

（1）关于房屋买卖合同关系。因讼争房屋最终出售给案外人，故汪志刚与劳建萍之间的房屋买卖合同并未真正履行，劳建萍已从汪志刚的代理人刘树科处取回定金10 000元，即该房屋买卖合同关系实际已经解除。

（2）关于居间合同关系。根据合同法的规定，居间合同是指居间人向委托人报告订立合同的机会或者提供订立合同的媒介服务。本案中，居间人已保存买卖双方签订房屋买卖合同，即其作为居间人的义务已经履行完毕，委托人也已实际支付了居间费用，故三方之间的居间合同关系已经履行完毕。

（3）关于委托合同关系。两原告出具给刘树科的公证委托书虽然只记载委托刘树科代为办理的是讼争房屋的买卖手续，并未明确限定只委托刘树科办理出售房屋给劳建萍的手续。但根据《房屋买卖合同》及《三方协议》的约定及出具公证委托书的时间可以看出，两原告的公证委托书是委托刘树科代为办理与劳建萍签订的《房屋买卖合同》约定的提前还贷及办理房屋过户至劳建萍名下等手续。实际上，刘树科最终却将房屋出售给案外人，超越了委托权限，且未就变更房屋买受人及延期办理提前还贷手续通知原告并取得原告的同意，故刘树科的行为构成对原告的欺诈，致使原告未能及时收取到购房余款235 780元，客观上造成了原告延期收到购房余款的损失。

4. 违反约定的责任承担及赔偿损失的计算依据

合同法规定，受托人超越权限给委托人造成损失的，应当赔偿损失。虽然原告最终从受托人刘树科处收取了《房屋买卖合同》及《补充协议》约定的售房款，但因受托人的越权及欺诈行为，客观上造成了原告延迟收取尾款 235 780 元的损失，故原告要求刘树科赔偿损失合理，应予以支持。另外，虽然原告根据案情及市场炒房现象提出原买受人劳建萍配合刘树科实施欺诈的怀疑，但其没有提供证据予以证明，因此原告要求劳建萍承担连带赔偿责任没有依据。

关于赔偿损失的金额。原告在起诉时直接要求刘树科按照房屋买卖合同中关于买方逾期支付购房款违约金的约定向其支付违约金，因该违约金条款是针对房屋买卖合同关系中买方违约的约定，不能适用于委托合同关系中受托人违约的情形，故原告该项请求没有依据。原告后来变更该项请求要求参照该约定由刘树科赔偿损失，而赔偿损失数额应以实际产生的损失金额为依据，原告要求参照买方逾期付款违约金计算损失也依据不足。原告在本案中所受到的损失实际上就是延迟收取尾款 235 780 元的损失，因银行发放贷款的时间不能完全确定，故本院根据原告延迟收取尾款的大概时间及中国人民银行同期贷款利率酌情确定刘树科应赔偿原告的损失金额为 5 000 元是合理的。

（广州市南沙区人民法院　徐华斌）

41. 叶海燕诉上海爱情故事婚姻介绍服务中心服务合同案

（一）首部

1. 判决书字号

一审判决书：上海市闸北区人民法院（2011）闸民一（民）初字第 396 号。

二审判决书：上海市第二中级人民法院（2011）沪二中民一（民）终字第 1341 号。

2. 案由：服务合同案。

3. 诉讼双方

原告（上诉人）：叶海燕，女，1979 年 8 月 31 日出生，汉族，住上海市宝山区。

被告（被上诉人）：上海爱情故事婚姻介绍服务中心，住所地：上海市闸北区新疆路 500 号 706 室。

法定代表人：吴斌，职务总经理。

委托代理人：徐航，男，1969 年 2 月 13 日出生，汉族，住上海市虹口区。

4. 审级：二审。

5. 审判机关和审判组织

一审法院：上海市闸北区人民法院。

独任审判员：盛玉英。

二审法院：上海市第二中级人民法院。

合议庭组成人员：审判长：孙斌；代理审判员：杨志刚、屠文韬。

6. 审结时间

一审审结时间：2011年5月11日。

二审审结时间：2011年7月22日。

（二）一审诉辩主张

1. 原告叶海燕诉称

原告与被告签订《婚姻介绍服务合同》时，被告未讲明相关内容，只是承诺按照客户要求，找到男朋友，帮助原告解决婚姻问题。原告当时刚回国，在父母的催促下，急于解决个人问题，因工作烦琐，一直没有时间处理个人问题，故未详细询问相关的细节问题。被告急于收钱，在被告的不停催促下，原告与被告签订了合同。原告证件不齐，未提供任何证件，被告坚持收费，违反了2009年《婚姻介绍管理条例》。合同内容与被告承诺到成功为止，完全不符，原告找被告理论，被告总经理徐航于2009年8月5日在合同第3款补充："若第一年不成功，免费服务至成功为止（指领证）。"该条款违反合同法，并违反了《婚姻介绍管理条例》。之后，被告积极推荐一些男性会员与原告见面，见面前，只是被告雇员口述男性会员的资料，但见面后发现男性会员口述资料与被告提供的资料相差甚远。见了三次，连年龄、薪水等关键资料都差异很大，足见被告审证不严，唯利是图，并未严格执行该行业的管理条例。当原告对被告的工作流程、服务规范、职业道德产生质疑时，被告在未通知本人的情况下，单方面终止服务，并未按照合同约定履行合同，有悖其基本的职业操守。原告居住宝山区，公司曾配车给原告，原告在被告的荒唐安排下，浪费交通费和误工费，从宝山区居住地到被告处，耗油费、停车费，三次往返共计138元。原告是周末英语、中文教师，因而耽误了3次课程近3 248元。据此，(1) 要求解除2009年7月31日原告与被告签订的《婚姻介绍服务合同》；(2) 要求被告退还服务费8 000元；(3) 要求被告赔偿经济损失4 000元，其中交通费2 000元、误工费2 000元。

2. 被告上海爱情故事婚姻介绍服务中心辩称

2009年7月31日，被告和原告签订了《婚姻介绍服务合同》，当日，原告支付了服务费8 000元。2009年8月5日，在原来的合同上补充了条款，如果第一年不成功，免费服务至成功为止。2010年8月11日，被告和原告进行沟通时得知原告的婚姻状况实际是离异，但原告在被告处登记的是未婚，与实际情况不符，被告要求原告提供离婚证明，原告在网上聊天以及发给被告的委托代理人的短信中称自己的离婚证丢了、撕了，被告要求原告补办证明后继续履行合同，但是原告没有提供补办的证明，被告要求继续履行合同，不同意解除合同，也不同意退还服务费，赔偿交通费、误工费。

（三）一审事实和证据

上海市闸北区人民法院经审理查明：2009年7月31日，原告（甲方）与被告（乙方）签订《婚姻介绍服务合同》，约定，服务项目：加入会员、单次介绍、网络服务；合同期限为一年，自2009年7月31日至2010年7月30日。乙方提供的服务：（1）全面提供本机构会员的婚介资料查询。（2）提供个别约见服务：一年不少于六次。（3）提供婚恋心理咨询和婚恋法律咨询。（4）提供本机构举办的各项联谊活动（另收费）。甲方的权利和义务：（1）合同签订之日，甲方向乙方缴纳服务费VIP会员优惠8 000元。在合同期内，甲方如因自身因素要求终止婚姻介绍服务，乙方不予退款。（2）在合同签订之日，甲方应向乙方出示证明身份和婚姻状况的有效合法证件，甲方须如实填写《登记表》，如实介绍本人基本情况，如有弄虚作假由甲方负责。乙方的权利和义务：（1）乙方应当保护甲方的隐私权，不得侵犯甲方的个人隐私，并为其保密。（2）乙方不从事欺诈性的婚姻介绍。（3）如乙方不按本协议进行服务，甲方有权向乙方提出合理退款。同日，原告支付了婚介服务费8 000元。同日，原告填写了征婚交友登记表、信息声明书，婚姻状况一栏内均填写未婚。信息声明书右下方载明："本人因无法提供户籍证明，特声明上述所填与户籍证明一致。"原告在声明人处签名。2009年8月5日，原告与被告在原《婚姻介绍服务合同》上增加条款：若第一年不成功，免费服务至成功为止（指领证）。

另查明，2009年12月24日，原告与阙凡超在上海市宝山区民政局登记结婚。2010年2月24日，原告与阙凡超在上海市宝山区民政局登记离婚。

审理中，原告称，2009年8月起，被告为原告介绍了三位男性会员，2009年9月30日后就未再介绍。2009年10月，原告向被告提出解除合同。与原告登记结婚的阙凡超不是被告会员。被告则称，2009年8月起确实为原告介绍了三位男性会员，之后被告也电话与原告联系为原告介绍对象，但是原告以各种理由推脱，从原告结婚登记资料来看，因为原告在2009年12月登记结婚，所以开始推脱。原告是在2010年8月11日通过MSN与被告工作人员聊天时称自己在两年前离异，被告要求原告提供相关证明后再继续为原告介绍，原告向被告提出解除合同。与原告登记结婚的阙凡超不是被告会员。被告为此提供了2010年8月11日MSN上聊天记录及2010年8月11日、8月25日原告与被告的委托代理人徐航的短信往来记录。原告对短信内容无异议，但对聊天记录原告在第一次庭审中予以否认，在第二次庭审中原告称系原告朋友用原告的号码与被告聊天。

原告另称，根据婚姻介绍服务国家标准规定，不得约定服务期限为无限期或到成功为止，且被告提供的合同与承诺不符，故要求解除合同。双方签订合同时，被告未查验原告学历证明、工作情况等，在相亲过程中，原告发现为其介绍的对象也是这样，信息与实际情况不符，原告对被告的服务产生怀疑，故要求全额退款。被告则称，被告完全按照合同的约定履行了自己的义务，被告在电话中将介绍的对象详细情况告知原告，原告有权拒绝，但原告未拒绝，可以推定原告认可被告的介绍，被告所做都是按照合同的约定，没有违约行为。原告来被告处变更婚姻信息后，被告愿意继续履行合同，为原告服务。

原告又称，原告要求被告赔偿的交通费、误工费是指原告要求解除服务合同与被告交涉所产生的误工费和交通费。

以上事实，除原告和被告的当庭陈述外，有原告提供的《婚姻介绍服务合同》、发票等、被告提供的MSN聊天记录、短信、征婚交友登记表、信息声明书、结婚登记摘要、离婚登记摘要予以佐证。

(四) 一审判案理由

上海市闸北区人民法院认为：2009年7月31日原告与被告签订的《婚姻介绍服务合同》，系双方真实的意思表示，且并不违反法律禁止性的规定，应认定合法有效，原告与被告均应恪守履行。双方在2009年8月5日补签的条款，自愿约定若第一年不成功，免费服务至成功为止，虽不符合相关规定，但不构成对原告利益的损害。原告与被告签订《婚姻介绍服务合同》后，双方在履行合同的过程中，被告先后为原告介绍了三位男性会员，未能成功。原告称，被告在未通知本人的情况下，单方面终止服务，未按照合同约定履行合同。被告则辩称，被告按约履行了合同义务，先后为原告介绍了三位男性会员，此后，曾电话与原告联系为原告继续介绍对象，但是原告以各种理由推脱，从原告结婚登记资料来看，2009年12月24日，原告与阙凡超登记结婚，所以开始推脱。对此，法院认为，被告为原告提供了相应的服务，被告的辩称意见符合常理，予以采信。而原告在合同履行期间，与被告介绍以外的人登记结婚，使合同自然终止，合同终止的原因在于原告已婚，现原告再要求解除合同，不予支持。被告在履行合同过程中，并未违约，也无过错，且原告在登记结婚后，未履行及时告知义务，自身存在过错。现原告要求被告退还服务费8 000元并赔偿损失4 000元，依据不足，不予支持。至于此后原告结婚后又离婚，被告要求原告来被告处变更婚姻信息后，愿意继续履行合同，为原告服务，系被告的自愿行为，不属本案处理范围。

(五) 一审定案结论

上海市闸北区人民法院依照《中华人民共和国合同法》第八条、第四十四条、第九十一条、第九十二条、第九十四条之规定，作出如下判决：
原告叶海燕的全部诉讼请求，不予支持。
案件受理费减半收取43.47元，由原告叶海燕负担。

(六) 二审情况

1. 二审诉辩主张

上诉人叶海燕称，上诉人在与被上诉人签订合同的时候处于受欺诈和显失公平的状况。被上诉人签订的合同约定的服务期限违反了行业规范，所以合同是无效的。被上诉人向上诉人推荐的男性会员的实际情况与介绍的情况存在差异。上诉人不愿意与被上诉人继续履行合同，要求被上诉人退还不当得利并赔偿给上诉人造成的经济损失。

被上诉人上海爱情故事婚姻介绍服务中心辩称，2009年7月31日，婚介中心和上诉人签订了《婚姻介绍服务合同》。当日，上诉人支付了服务费8 000元。2009年8月5日，应上诉人要求在原来的合同上补充了条款，如果第一年不成功，免费服务至成功为止。除了上诉人承认的三位男性会员之外被上诉人还向上诉人推荐了其他会员，但是上诉人一直借机推脱。后来得知上诉人已于2009年年底结婚，所以上诉人寻找借口解除合同。现在上诉人离婚了，被上诉人愿意继续提供服务，只要上诉人修正自己的婚姻状况。被上诉人认为原审法院判决正确，请求二审法院依法驳回上诉人的上诉请求。

2. 二审事实和证据

上海市第二中级人民法院经审理查明：原审法院认定的事实无误。

3. 二审判案理由

上海市第二中级人民法院认为：依法成立的合同对当事人具有法律约束力。当事人应当按照约定履行自己的义务，不得擅自变更或者解除合同。当事人行使权利、履行义务应当遵循诚实信用的原则。上诉人与被上诉人签订的《婚姻介绍服务合同》系双方真实意思表示，内容无违法之处，该合同对双方均有法律约束力。双方约定，若第一年不成功，被上诉人将免费提供服务至成功为止。该约定并未损害上诉人的利益，被上诉人亦愿意遵守，并不影响合同的效力。在签订服务合同之后，上诉人填写了《上海市婚姻介绍机构委托征婚服务信息声明书》并签字承诺声明内容真实，如有虚假愿意承担相应的法律责任。由此，上诉人应当知晓被上诉人系通过该种形式获取会员资料。被上诉人先后安排了三位男性会员与上诉人见面，上诉人对该方式并未提出异议。此后，上诉人对被上诉人的服务质量提出质疑，上诉人未再与被上诉人推荐的会员见面。虽然双方对此各执一词，但均未有相应的证据予以印证。在原审审理中查明，上诉人在经历短暂婚姻后于2010年2月24日离婚，被上诉人在一、二审审理期间均表示在上诉人修改登记的婚姻状况后愿意继续履行合同，但上诉人表示不愿意接受被上诉人的服务。纵观该服务合同的履行过程，未见被上诉人存在上诉人诉称的违约行为。上诉人坚持要求被上诉人退还服务费并赔偿上诉人的经济损失，依据尚不充分。原审法院的判决并无不当，本院依法予以维持。被上诉人在二审审理期间自愿退还上诉人服务费3 000元，系行使民事权利和诉讼权利的行为，与法无悖。

4. 二审定案结论

上海市第二中级人民法院根据《中华人民共和国民事诉讼法》第一百五十三条第一款第（一）项之规定，作出判决如下：

"一、维持上海市闸北区人民法院（2011）闸民一（民）初字第396号民事判决。

二、上海爱情故事婚姻介绍服务中心自本判决生效之日起10日内退还叶海燕服务费人民币3 000元。

上诉案件受理费人民币86.94元，由上诉人叶海燕负担。"

（七）解说

婚姻介绍服务国家标准实施以来，对规范婚介行业、促进婚介机构和从业人员自我约束、指导征婚者选择正规婚介机构起了一定作用。本案是征婚者对婚姻介绍服务国家标准的某些条文的片面理解引发的纠纷。本案主要涉及三个方面的争议：

第一，合同的效力问题。婚姻介绍服务国家标准规定，婚介服务应规定服务期限，不应提供无限期或介绍到成功为止的服务。本案中，原告称，合同约定的"若第一年不成功，免费服务至成功为止"违反婚姻介绍服务国家标准的相关规定，故要求解除《婚姻介绍服务合同》。纵观 2009 年 7 月 31 日原、被告签订的《婚姻介绍服务合同》，约定了服务期限、服务内容、权利和义务、违约责任等，这些条款系双方真实的意思表示，且于法不悖，应认定合法有效。2009 年 8 月 5 日双方签订的补充条款，即"若第一年不成功，免费服务至成功为止"，该条款并未损害原告的合法权益，且被告亦愿意遵守，并不影响合同的效力。

第二，被告的履约问题。婚介机构的服务质量历来是引发婚介机构和征婚者纠纷的原因，而衡量婚介机构服务质量的好坏一直是审判实践中难以把握的问题。本案中，被告如何为原告介绍对象双方未曾有详细的约定。被告的具体做法是：被告打电话给原告告知男性会员的相关情况，原告如有意向，被告即约双方到被告处见面。被告通过这样的方式先后为原告介绍了三位男性会员，尽管被告的这种介绍对象的方式存在一定的瑕疵，但原告未提出异议，应视为原告对被告的服务方式的认可。2009 年 8 月起至 2009 年 12 月（原告与案外人登记结婚），被告在履行合同过程中并不存在原告所称的违约情况。

第三，原告隐瞒婚史的问题。当事人行使权利、履行义务应当遵循诚实信用的原则。在婚姻介绍过程中，原告应当如实告知被告自己的婚姻史，以便被告根据原告的以往婚姻状况为之挑选适合的对象。原、被告履行合同期间，原告短暂结婚后又离婚，但原告隐瞒短暂婚史，未及时告知被告，原告自身存在过错。

综上，《合同法》第 94 条规定了当事人可以解除合同的五种情形：（1）因不可抗力致使不能实现合同目的；（2）在履行期限届满之前，当事人一方明确表示或者以自己的行为表明不履行主要债务；（3）当事人一方迟延履行主要债务，经催告后在合理期限内仍未履行；（4）当事人一方迟延履行债务或者有其他违约行为致使不能实现合同目的；（5）法律规定的其他情形。本案中，被告并不存在以上可以解除合同的情形之一，故法院对原告的全部诉讼请求，均不予支持。

（上海市闸北区人民法院　盛玉英）

42. 上海慕利投资咨询有限公司诉上海欧伯尔塑胶有限公司居间合同案

（一）首部

1. 判决书字号

一审判决书：上海市奉贤区人民法院（2010）奉民三（民）初字第 1568 号。

二审判决书：上海市第一中级人民法院（2011）沪一中民二（民）终字第334号。
2. 案由：居间合同。
3. 诉讼双方

原告（被上诉人）：上海慕利投资咨询有限公司，住所地：上海市松江区九亭镇涞寅路1200弄28号101室。

法定代表人：徐巍巍，经理。

委托代理人：彭奇勇，男，1973年4月15日出生，汉族，住址：江西省九江市都昌县。

被告（上诉人）：上海欧伯尔塑胶有限公司，住所地：上海市松江区新桥镇庙三北路1108号。

法定代表人：陈建新，董事长。

委托代理人：唐桂华，上海市九鼎律师事务所律师。

4. 审级：二审。
5. 审判机关和审判组织

一审法院：上海市奉贤区人民法院。

合议庭组成人员：审判长：方煜；代理审判员：屠朝晖；人民陪审员：杨士芳。

二审法院：上海市第一中级人民法院。

合议庭组成人员：审判长：陈懿欣；审判员：朱红；代理审判员：严卫忠。

6. 审结时间

一审审结时间：2010年2月9日。

二审审结时间：2011年4月19日。

（二）一审诉辩主张

1. 原告诉称

原告上海慕利投资咨询有限公司（以下简称慕利公司）诉称，其受委托居间出售上海市奉贤区奉金路658号的厂房。2009年6月16日，原告业务员王某带上海欧伯尔塑胶有限公司（以下简称欧伯尔公司）法定代表人陈建新去上述厂房实地考察、洽谈，并签订了《客户确认书》1份，约定原告全力为被告寻找厂房，被告应将与厂房业主的沟通进展情况和交易行为告知原告，若被告在原告不知情的情况下私自与业主完成交易将赔付原告委托物业的总售价的百分之一点五作为服务费。而被告却不顾确认书的约定，于2009年8月19日私自与上述厂房所有人上海良汇纸业有限公司（以下简称良汇公司）达成了厂房买卖交易（以股权转让的方式），并且被告现已在上述厂房办公。

原告在得知情况后，与被告欧伯尔公司沟通要求其承担确认书约定的违约金，但被告以各种理由拒绝支付违约金。经原告调查，股权转让的成交价为1 600万元。为此原告起诉法院要求：（1）判令被告支付原告居间服务费人民币240 000元（后变更为120 000元）；（2）诉讼费由被告承担。

2. 被告辩称

被告欧伯尔公司辩称，首先，原告不具有房地产经纪资格，其从业人员也无从事房地产经纪的资格证书；其次，陈建新在签订《客户确认书》时，非被告公司的法定代表人和股东，当时被告公司既未委托陈建新签订该文件，事后也未认可，该《客户确认书》无效；而且被告是通过股权转让形式介入，与原告的经纪行为无关，故不同意原告的诉讼请求。

（三）一审事实和证据

上海市奉贤区人民法院经审理查明：上海市奉贤区奉金路658号的厂房权利人为良汇公司，其有意出售。原告知道后通过网站发布了该消息。2009年3月期间，被告现法定代表人陈建新曾去现场洽谈购买事宜未果。2009年6月16日，原告慕利公司员工带陈建新去了包括上述厂房在内的两处现场考察，当日，陈建新代表被告欧伯尔公司在原告提供的《客户确认书》上签字，该确认书称2009年6月16日，慕利公司（慕利厂房网）王小姐带欧伯尔公司员工陈先生看以下（厂房、仓库、土地等）物业：（1）奉金路658号奉金大道22号，（2）奉浦大道4号。另外确认书注明：慕利公司精心为客户提供厂房等物业信息投资咨询、实地考察、协助双方签约等全程服务，因而将全力协助客户寻找到合适的厂房等物业。在此过程中与以上物业业主的沟通进展状况和交易行为，有告知和提供签约书面材料给慕利公司的义务，慕利公司对该物业出租（或出售）合同享有知情权，若客户在慕利公司不知情的情况下与业主完成交易，客户将赔偿慕利公司该业务出租中的一个月租金（买卖则赔付该物业总售价的百分之一点五）作为违约金。同时包括以下两种行为的，视为客户私自完成交易：（1）签约租赁或合同不通知慕利公司；（2）签约后10日内不提供租赁合同或买卖合同副本（传真复印件）给慕利公司。该《客户确认书》公司名称注明欧伯尔公司。

嗣后，欧伯尔公司通过西渡工业园区与另外三家企业竞标后，在2009年10月26日，欧伯尔公司及陈建新、张赛勇与良汇公司原股东签订了《股权转让协议》，通过股权转让后，被告欧伯尔公司以600万元取得了良汇公司60%的股权。事后，欧伯尔公司也迁入了上海市奉贤区奉金路658号的厂房。

另，2010年3月19日，陈建新通过股权转让的方式取得被告欧伯尔公司的股权并担任该公司的法定代表人。

原告认为，其已完成居间合同约定的居间义务，被告应根据约定支付其居间费用。被告则认为其是通过股权转让形式介入，与原告的经纪行为无关，由此双方发生纠纷，致涉讼。

上述事实有下列证据证明：

1. 《客户确认书》1份，以证明原、被告的居间合同成立；
2. 照片5张，以证明被告购买奉金路658号厂房并开始使用的事实；
3. 居间房屋所有人网上发布信息1份，以证明奉金路658号厂房的面积及报价；
4. 档案机读材料2份，以证明被告主体资格及被告和良汇公司的法定代表人均为陈建新的事实；

5. 上海市房地产登记信息1组，以证明诉争厂房的基本情况；
6. 原告的档案机读资料1份，以证明原告无从事房地产经纪业务的资格；
7. 被告公司的工商登记资料1套，以证明陈建新在2010年3月19日起才成为被告公司的股东及法定代表人；
8. 上海市西渡工业管理委员会情况说明1份，以证明陈建新在原告带去看房前已由其他人介绍去过，最终是由政府部门选定被告公司才实现股权转让，与原告居间无关；
9. 股权转让合同1份，以证明被告公司是通过股权转让的形式介入，非房地产买卖的事实。

（四）一审判案理由

上海市奉贤区人民法院认为：居间合同是居间人向委托人报告订立合同的机会或者提供订立合同的媒介服务，委托人支付报酬的合同。本案中双方主要存在两个争议焦点。针对第一争议焦点，原告认为，陈建新出具了相关名片等足以让原告相信其有代理权，该《客户确认书》应认定有效。被告认为，陈建新在签字时并非欧伯尔公司股东、法定代表人，亦无委托书，不能代表被告公司；而原告也无从事房地产经纪的权限，故该《客户确认书》属无效。法院认为，被告欧伯尔公司与原告联系前，为购买良汇公司的财产，陈建新曾代表欧伯尔公司与良汇公司进行接洽；2009年6月16日，陈建新也以被告欧伯尔公司欲购买良汇公司厂房的名义与原告公司员工一起去现场进行实地考察；嗣后通过股权转让方式取得良汇公司的股权，也是由陈建新等参与，之后陈建新也成为欧伯尔公司的法定代表人，因此，原告所称其有理由相信陈建新有代理权，法院予以采信。原告慕利公司虽无从事房地产经纪资格，但对于无经纪资格企业不得从事居间活动的规定除规章制度外，无国家强制性法律规定作出限制，原告与他人签订的居间合同并不因此而能认定无效，故法院认为，陈建新在《客户确认书》上的签字是代表被告欧伯尔公司，该确认书应认定对原、被告双方均具有法律约束力。针对第二争议焦点，原告认为，股权转让是被告为规避税费而采取的一种变相的买卖行为。被告认为，诉争厂房的土地系国有划拨土地，无法采取买卖的方式转让，股权转让与房地产买卖系两个法律关系。法院认为，作为诉争厂房的所有人良汇公司当时欲出售其名下的厂房，被告欧伯尔公司也有意予以购买，但鉴于良汇公司厂房所涉及的土地系通过国有划拨取得，故双方无法直接通过买卖的方式进行产权转让，为此最终以股权转让方式进行。被告欧伯尔公司在通过股权转让后取得了良汇公司60%的股权，也就意味被告取得了良汇公司60%的所有权，双方之间的行为系一种变相的所有权买卖交易行为。

据此，法院认为，被告欧伯尔公司在上述交易过程中，未按照《客户确认书》的约定将其交易的情况告知原告，私自与良汇公司进行交易，其行为存在违约。现原告起诉被告要求按照双方签订的《客户确认书》由被告承担违约责任，法院予以支持。鉴于被告欧伯尔公司涉及的是良汇公司60%股权即600万元的交易金额，故违约金的计算方式也应以 600 万元为基数的百分之一点五计算。

（五）一审定案结论

上海市奉贤区人民法院依照《中华人民共和国合同法》第四十九条、第一百一十四条第一款、第四百二十四条之规定，判决如下：

被告上海欧伯尔塑胶有限公司于本判决生效后 10 日内支付原告上海慕利投资咨询有限公司违约金人民币 90 000 元。

（六）二审情况

1. 二审诉辩主张

上诉人欧伯尔公司上诉称：（1）陈建新与被上诉人在 2009 年 6 月 16 日签订《客户确认书》时，不仅不是上诉人的法定代表人，更不是上诉人的股东，也没有公司任何的委托手续和公司事后的追认，其无权代表上诉人签订任何具有法律效力的文件，因而《客户确认书》是无效的。原审仅凭被上诉人口述的一张名片就认定陈建新具有代理权，显属错误。（2）房屋买卖与股权转让属于两种不同的法律关系，即房屋买卖的买受人在支付对价、取得标的物物权后不再承担标的物任何附加风险的行为；而股权转让的股份买受人在成为公司股东后要承担公司的各种债权、债务等风险。原审仅认为上诉人取得良汇公司 60% 的股权，即取得涉案厂房 60% 的所有权，却完全没有考虑上诉人也因此承担公司 60% 的其他风险。请求二审在查清事实后依法改判驳回被上诉人的原审诉请。

被上诉人慕利公司辩称：（1）《客户确认书》明确被上诉人只带看房，仅提供信息。（2）上诉人是通过被上诉人提供的信息而去看房的，之后私自与业主完成交易，明显违反了双方约定，应当承担违约责任。请求二审依法维持原判。

2. 二审事实和证据

同一审。

3. 二审判案理由

上海市第一中级人民法院认为：本案争议焦点在于上诉人欧伯尔公司购买良汇公司财产之信息是否来源于被上诉人慕利公司。鉴于慕利公司曾通过网站发布良汇公司有意出售其财产的消息，欧伯尔公司现法定代表人陈建新也曾去现场洽谈但未果，之后慕利公司员工带陈建新去了包括上述厂房在内的两处现场考察，并与陈建新签订了《客户确认书》，双方为此还约定了违约责任。之后，尽管欧伯尔公司最终以股权转让的方式取得了良汇公司 60% 的股权，似乎与房屋买卖属于两种不同的法律关系，但对于慕利公司而言，其完成了为欧伯尔公司提供订立合同信息的主要义务，因而欧伯尔公司私自与良汇公司的股权交易，不影响慕利公司按《客户确认书》向欧伯尔公司主张违约金。原审据此所作认定及判决，并无不当，本院依法维持。

4. 二审定案结论

上海市第一中级人民法院依照《中华人民共和国民事诉讼法》第一百五十三条第一

款第（一）项之规定，判决如下：

驳回上诉，维持原判。

（七）解说

本案是一起居间合同纠纷，从形式看，原告慕利公司向被告欧伯尔公司所介绍的厂房买卖合同没有成立；而被告与案外人良汇公司的股权转让，又似乎与房屋买卖属于两种不同的法律关系。那么被告购买良汇公司财产之信息是否来源于原告应系本案最主要争议焦点。如是，则可认定原告作为居间人为被告提供了订立合同信息的主要义务，其可按《客户确认书》向被告主张违约金；如否，则不能主张。

1. 如何确认居间人的活动促成合同成立

居间合同是居间人向委托人报告订立合同的机会或者提供订立合同的媒介服务，委托人支付报酬的合同。居间合同以促成委托人与第三人订立合同为目的，合同无外乎书面形式和口头形式，如何确认委托人与第三人间的合同成立？

（1）若系口头合同，居间人应提供其他证据证明该合同已经成立，或者应证明该合同已得到实际履行。

（2）若系书面合同，居间人仅提供书面合同尚不能完全证明合同的成立，还需对该合同的内容作全面审查，如合同中对当事人的名称或者姓名和住所、标的、数量等主要条款应作出规定，否则不能认为合同当事人已就合同主要内容达成一致，合同成立。实践中亦存在此类情况，有公司为完成注册，与其他单位虚假签订房屋租赁合同，合同仅明确了双方当事人，对租赁物、租金、租期等均未作出约定，如果没有补充协议对欠缺内容达成一致，或证明当事人已经实际履行了合同情况下，不能认定该合同已经成立。

如何确认上述合同的成立系由居间人的活动促成？首先必须明确无论何种居间，居间人都不是委托人的代理人，而只是居于交易双方当事人之间起介绍、协助作用的中间人，其服务范围有限制，不参与委托人与第三人之间的具体订立合同的过程。所以居间人的活动能否达到目的，委托人与第三人之间的合同能否促成，有着不确定性，也不是完全可由居间人的意志决定的。根据居间人所接受委托内容的不同，居间业务既可以是只为委托人提供订约机会的报告居间，也可以是为促成委托人与第三人订立合同进行介绍或提供机会的媒介居间，还可以是报告居间与媒介居间兼而有之的居间活动；经此过程，一旦委托人与第三人间建立起有效合同，即可认定居间人的活动起了促成作用，而不宜苛责。

2. 居间合同中不得要求支付报酬的情形

居间人促成合同成立的，委托人应当按照约定支付报酬。

但亦存在居间人不得要求支付报酬的情况，居间人取得报酬必须具备两个要件：第一，所介绍的合同，必须成立；第二，合同的成立，与居间人的介绍有因果关系。由此可见，如果居间人未促成合同成立的，理所当然不得要求支付报酬，因为此种情形没有达到居间合同的目的，委托人有权不予支付报酬。所谓促成合同成立，是指合同合法、有效的成立，若所促成的合同属无效或可撤销的合同，不能视为促成合同成立，居间人仍不能请求支付报酬。但有时也可能会发生委托人为逃避支付报酬义务而故意拒绝居间人已完成的中介服务，转而直接与因中介而认识的第三人订立合同。此种情况下，居间人不应丧失报酬请求权，因为居间人行使报酬请求权，是以委托人与第三人的合同成立为前提，而不是以该合同是否得到履行为要件。

另外，合同法还规定居间人故意隐瞒与订立合同有关的重要事实或者提供虚假情况，损害委托人利益的，不得要求支付报酬。如居间人违反其对于委托人的义务而为有利于相对人的行为，或违反诚实信用原则由相对人收受利益等情形。

在本案中，良汇公司厂房所涉及的土地系通过国有划拨取得，故该公司与被告欧伯尔公司无法直接通过买卖的方式进行产权转让，为此最终以股权转让方式进行。鉴于原告曾通过网站发布良汇公司有意出售其财产的消息，被告现法定代表人陈建新也曾去现场洽谈但未果，之后原告员工带陈建新去了包括上述厂房在内的两处现场考察，并与陈建新签订了《客户确认书》，双方为此还约定了违约责任。之后，尽管被告最终以股权转让的方式取得了良汇公司 60% 的股权，似乎与房屋买卖属于两种不同的法律关系，但对于原告而言，被告购买良汇公司财产之信息来源于原告，其完成了为被告提供订立合同信息的主要居间义务，且该案也不存在居间合同中不得要求支付报酬的情形，故被告私自与良汇公司的股权交易，不影响原告按《客户确认书》的相关约定向被告主张违约金。据此，法院判决被告向原告支付违约金符合法律规定。

（上海市奉贤区人民法院　陆叶青　徐成文）

43. 厦门市创优物业管理有限公司诉庄建平物业服务合同案

（一）首部

1. 判决书字号
一审判决书：福建省厦门市湖里区人民法院（2010）湖民初字第 3980 号。
二审判决书：福建省厦门市中级人民法院（2011）厦民终字第 656 号。
2. 案由：物业服务合同纠纷。
3. 诉讼双方
原告：（被上诉人）厦门市创优物业管理有限公司，住所地：福建省厦门市湖里区禾山路 266－268 号联谊大厦五楼。
被告（上诉人）：庄建平，男，汉族，1971 年 10 月 12 日出生，住福建省厦门市湖里区。
4. 审级：二审。

5. 审判机关和审判组织

一审法院：福建省厦门市湖里区人民法院。

独任审判员：江向洋。

二审法院：福建省厦门市中级人民法院。

合议庭组成人员：审判长：李桦；审判员：孙仲；代理审判员：郑文雅。

6. 审结时间

一审审结时间：2010年12月17日。

二审审结时间：2011年5月13日。

(二) 一审情况

1. 一审诉辩主张

原告厦门市创优物业管理有限公司（以下简称创优物业公司）诉称：原告于2007年9月15日受厦门特祥房地产开发有限公司、厦门万地欣置业发展有限公司的委托，按照物业管理的相关法律法规，对厦门市湖里区和通里163号－181号进行物业管理，并按厦价房［2005］229号、厦价房［2007］102号及厦价房［2008］41号的有关批复和通知进行收费。被告系厦门市湖里区和通里179号501室的业主，其拖欠原告2006年6月1日至2010年7月30日的物业管理费5 852.5元、房屋公共维修金1 540元及滞纳金6 812.7元。原告多次打电话给被告和发催款通知，但被告均以各种理由拒绝缴纳，遂起诉请求判令：被告支付原告2006年6月1日至2010年7月30日的物业管理费5 852.5元、房屋公共维修金1 540元，本金合计7 392.5元及滞纳金6 812.7元。

被告庄建平辩称：根据被告提供的证据可知，原告于2007年9月接受小区的物业管理，但被告在此后收到的缴费通知单仍是厦门市万地欣置业发展有限公司发出的，因此原告无法证明其是讼争房产物业管理的实际主体。小区架空层车位的使用和所有权应归小区业主所有，所有的经营收益也应由小区业主享有，但原告私自兜售架空层，损害了小区业主的利益，被告对原告主张的未缴纳物业管理费的起始时间不予确认。另外，民事权利的诉讼时效为2年，应驳回原告超出诉讼时效的诉求。结合物业管理的实际情况，被告认为原告未能尽职履行物业管理的委托事项，且未能达到约定的物业管理目标标准，存在不作为的情形，因此，应根据厦价房［2005］229号文件中的规定，按照最高收费标准的70％计算物业管理费。被告在收到原告的催缴通知单及相关的律师函以及在本案审理过程中，均积极与原告协商，欲以调解的方式解决本案，但由于原告拒绝以较低的标准计收物业管理费，双方未能达成一致意见，因而欠缴物业费用的过错不在被告，被告不应支付滞纳金及本案的诉讼费用。因原告的物业管理不到位，导致小区架空层车位和共用场地车位被人设障侵占，损害了业主的利益。

2. 一审事实和证据

福建省厦门市湖里区人民法院经公开审理查明：2007年9月28日，厦门特祥房地产开发有限公司（甲方）、厦门万地欣置业发展有限公司（甲方）与原告（乙方）签订一份《濠头改造片区F1、F2组团物业管理委托合同》，约定乙方接受甲方委托向甲方在湖里区和通里163号—181号住宅小区的全体业主和物业使用人提供物业服务。合同还约定：(1)物业委托管理事项包括按规定向业主或物业使用人收取管理费及政府规定应缴的其他费用款项，其中主要包括物业管理服务费、房屋公共维修金等。(2)物业管理服务费用：18—19♯楼小高层住宅楼按建筑面积每月每平方米0.95元收取，高层住宅房屋公共维修金按建筑面积每月每平方米0.25元收取。(3)委托管理期限自2007年9月15日至首届业主大会成立与新选聘的物业管理企业签订服务合同生效时。(4)乙方应协助甲方催缴合同生效前的物业管理欠费，配合甲方做好财务结算和其他款项的结转。同日，委托合同的双方又签订一份《濠头改造片区F1、F2组团〈物业管理委托合同〉补充协议》，其中约定：(1)乙方同意接管濠头改造片区E地块三处小区的物业管理工作，同意按照甲方与业委会约定事项进行管理。(2)甲方同意在双方共赢的前提下，将区内……架空层车位等委托乙方进行管理和收费，其中，E块地5♯、8♯、10♯、11♯楼架空层车位46个，由乙方负责管理和收费，其余部分租金归甲方，管理费归乙方。(3)过渡时期乙方可暂用甲方名义开展工作，过渡期至2007年12月31日前。

另查明：被告为湖里区和通里179号501室的业主，房屋建筑面积为123.19平方米。被告确认收到原告于2009年9月1日发出的催缴物业管理费和房屋公共维修金的函件以及于2010年8月20日发出的律师函。

上述事实有下列证据证明：

(1)《濠头改造片区F1、F2组团物业管理委托合同》；

(2)《濠头改造片区F1、F2组团〈物业管理委托合同〉补充协议》；

(3)国内特快专递邮件详情单；

(4)关于催缴物业管理费和房屋公共维修金的函；

(5)律师函；

(6)双方当事人的陈述及法庭审理笔录。

3.一审判案理由

福建省厦门市湖里区人民法院根据上述事实和证据认为：(1)原告与厦门特祥房地产开发有限公司、厦门万地欣置业发展有限公司签订的《物业管理委托合同》系双方当事人真实意思的表示，且内容不违反法律、法规强制性规定，应认定为合法有效。由于合同所涉湖里区和通里163号－181号住宅小区尚未成立业主委员会，该合同对被告产生约束力，原、被告双方均应严格按照该合同约定履行义务。依上述合同约定，2007年9月15日至首届业主大会成立与新选聘的物业管理企业签订服务合同生效的期间，原告对被告所居住的湖里区和通里163号－181号住宅小区实行物业管理服务，有权按合同约定向被告庄建平收取物业管理费、房屋公共维修金。被告主张原告并非讼争房产物业管理的实际主体，但《濠头改造片区F1、F2组团〈物业管理委托合同〉补充协议》约定，2007年12月31日前的过渡时期，原告可暂用厦门特祥房地产开发有限公司、厦门万地欣置业发展有限公司的名义开展工作。《厦门市住宅区物业管理条例》第二十八条规定，业主委员会成立之前，由开发建设单位自行管理或委托物业管理企业实行物业管理。因被告所在小区尚未成立业主委员会，原告受开发建设单位的委托对该小区实行物业管理，是提供物业管理服务的实际主体。(2)根据《中华人民共和国民法通则》第一百三十五条的规定,向人民法院请求保护民事权利的诉讼时效期间为2年,法律另有规定的除外。故原告虽然有协助原物业公司向被告催讨欠缴的物业管理费和公共维修金的权利,但其直至2009年9月1日才向被告发出催缴函。因此,原告要求被告缴纳2007年8月31日之前的物业管理费和公共维修金的诉讼请求已超过法定诉讼时效,不予支持。(3)原告提交的《濠头改造片区F1、F2组团物业管理委托合同》、厦门市物价局关于和通新村18、19号楼物业服务收费项目与标准的批复、厦门市物价局关于半山林海物业服务收费项目与标准的批复、厦门市物价局关于联谊广场等物业服务收费项目与标准的批复均证明原告向被告收取物业管理费符合合同约定,且已由厦门市物价局批准,其有权向业主收取物业管理费。被告认为原告未能尽职履行物业管理委托事项,且未达到约定的物业管理目标标准,其物业管理收费标准应进行调整。为此,被告提交物业管理现状证明、现场照片及CD光盘、业主投诉等证据。但被告并未否认原告已提供物业管理的事实。另外,根据《濠头改造片区F1、F2组团物业管理委托合同》中关于违约责任的约定即"若乙方违反合同约定,未达到约定的管理目标,甲方有权要求乙方限期整改,逾期未整改的,甲方有权终止合同;造成甲方经济损失的,乙方应给予甲方相应经济赔偿",故被告以原告未能尽职履行物业管理委托事项为由拒交物业管理费、公维金的抗辩没有事实依据,不予采信。被告在湖里区和通里179号501室的房屋建筑面积为123.19平方米,故依据合同约定,被告2007年9月1日到2010年7月30日应缴纳的物业管理费为4 096.07元、房屋公共维修金为1 077.91元。同时根据《物业管理委托合同》的约定,业主和物业使用人逾期交纳物业管理费的,按《厦门市住宅区物业管理条例》执行。《厦门市住宅区物业管理条例》第三十五条规定,业主或使用人不按合同约定缴纳物业管理服务费、房屋公共维修金和规定的其他费用的,业主委员会应协助催缴;逾期仍不缴纳的,由物业管理企业按合同约定收取违约金;合同没有约定的,可按日加收所欠缴费用3‰的违约金。因此原告要求被告从逾期之日起按欠费总额的3‰交纳滞纳金,即从2007年9月1日到2010年7月30日物业管理费及房屋公共维修金的滞纳金6 812.7元,予以支持。

4. 一审定案结论

福建省厦门市湖里区人民法院依照《中华人民共和国民法通则》第一百三十五条,《中华人民共和国合同法》第六十条、第一百一十四条,《中华人民共和国民事诉讼法》第六十四条第一款的规定,作出如下判决:

"一、被告庄建平应于判决生效之日起10日内向原告厦门市创优物业管理有限公司支付2007年9月1日至2010年7月31日的物业管理费4 096.07元、房屋公共维修金1 077.91元、滞纳金6 812.7元,合计11 986.68元。

二、驳回原告厦门市创优物业管理有限公司的其他诉讼请求。

一审案件受理费78元,由原告厦门市创优物业管理有限公司负担12元,被告庄建平负担66元。"

(三)二审诉辩主张

1. 上诉人庄建平上诉称

(1)上诉人不是案涉湖里区和通里179号501室的业主,并非本案的适格被告。一审判决未能查明上述客观事实，存在明显的事实查明不清的错误。

（2）被上诉人无权对案涉房产进行物业管理，并非本案的适格原告。1）作为建设单位，厦门特祥房地产开发有限公司在出售案涉房产之后无权单方面将案涉房产项下的物业管理另行委托。案涉房产在出售之时，建设单位厦门特祥房地产开发有限公司与业主所约定和明示的前期物业服务公司是厦门万地欣置业发展有限公司而非本案的被上诉人，此后厦门万地欣置业发展有限公司亦实际在案涉小区提供了物业管理。因此，厦门万地欣置业发展有限公司才是案涉物业的前期物业服务企业。在业主购买取得案涉房产的所有权后，建设单位与前期物业管理公司之间物业管理合同项下的权利义务即让渡于业主，业主成为有权对案涉房产专有权部分以及相应共有部分进行使用管理的权利人，建设单位无权再行处分。因此，基于所有权的排他性，在业主取得所有权后，建设单位无权将业主的物业擅自另行委托他人进行管理。本案中，建设单位在将房产出售之后的2007年9月28日，在未经任何业主同意的情况下，与被上诉人签订了案涉《濠头改造片区F1、F2组团物业管理委托合同》及相关的补充协议，擅自将已出售给业主的物业委托给被上诉人管理，该委托行为依法构成无权处分，该委托合同系无效合同，对业主不发生任何法律效力。2）根据《物业管理条例》第40条的规定，作为前期物业服务企业，厦门万地欣置业发展有限公司依法不得将管理区域内的全部物业管理一并委托给他人，否则该行为依法无效。综上，不管是建设单位厦门特祥房地产开发有限公司还是前期物业服务企业厦门万地欣置业发展有限公司，都无权签订本案的《濠头改造片区F1、F2组团物业管理委托合同》及相关的补充协议，该委托合同及相关的补充协议均系无效合同，对业主不发生法律效力。被上诉人无权对案涉房产进行物业管理，并非本案的适格原告。

（3）即便被上诉人是具备管理权限的物业管理公司，由于其未依法适约履行物业管理的义务，在其适约履行之前，业主依法有权拒绝其相应的缴交物业管理费和公共维修金的履行要求。1）被上诉人在入驻案涉小区以后未能尽职履行物业管理委托事项，导致案涉小区内长期存在公共卫生脏乱、车辆停放混乱、共有车位被人占用以及道路交通无序、人车争道、人车相撞事故频繁发生等各种情形，对于小区内业主的违规装修和违章搭建行为，被上诉人也没有尽到其应尽的监督和禁止义务，甚至连基本的治安巡护，被上诉人也未能保证，小区内盗窃事故多有发生。对此，上诉人一审提交的案涉小区业主的证明、业主的投诉以及小区现场的CD均可予以证明。因此，被上诉人虽然入驻了案涉小区，但是其并没有尽到其物业管理的义务，案涉小区的物业管理形同虚设，被上诉人也没有提供任何证据证明其提供了物业管理服务以及服务是否达到了约定的质量标准。2）根据《合同法》第66条的规定，当事人互负债务的，一方在对方履行之前有权拒绝其履行要求。一方在对方履行债务不符合约定时，有权拒绝其相应的履行要求。根据上述规定，业主依法有权拒绝其相应的要求支付物业管理费和公共维修金的要求。3）案涉房屋所在小区的物业管理混乱情形是客观存在的，由于被上诉人的管理身份以及小区目前物业管理形同虚设的现状，拒不缴交物业管理费等相关费用的并非仅有案涉房屋一户，厦门市湖里区人民法院在审的被上诉人催缴物业管理费的其他案件均可予以证明。案涉小区由于多种客观原因，目前尚未能成立业主大会，业主也无法自行决议选聘新的物业管理公司。在这种情况下,对现有怠职的物业管理公司唯一的制约手段,以及对业主自身权利的唯一保护途径只能是暂缓缴交物业管理费,这是有正当理由和法律依据的。在这种情况下,一审判决不仅支持了被上诉人的本金部分,连被上诉人所主张的滞纳金也予以了支持,明显违背了权利义务相统一的法律规定,也明显背离了法律所要求的公正原则。上诉人请求撤销原审判决,依法改判驳回被上诉人的一审诉讼请求。

2. 被上诉人创优物业公司答辩称

(1) 上诉人是本案所涉物业的使用人,根据最高人民法院《关于审理物业服务纠纷案件具体应用法律若干问题的解释》第 7 条的规定,物业使用人也负有缴纳物业管理费的义务。

(2) 上诉人称被上诉人无权对本案所涉物业进行管理,又称被上诉人没有提供约定的物业管理服务,两种说法自相矛盾,且与事实不符。本案所涉物业小区直至今日仍未成立业委会,被上诉人受建设单位委托,在上诉人所住小区业委会成立之前对该小区进行物业管理,是合法行为。

(3) 被上诉人自进入本案所涉物业小区提供物业管理服务以来,一直全力履行物业管理义务,上诉人主张被上诉人未适约履行物业管理而提交的证据真实性无法确认,且部分证据与本案不具关联性,无法证明其主张。原审判决认定事实清楚,适用法律正确,应予维持。

(四) 二审事实和证据

二审审理中,庄建平及创优物业公司均认为一审判决认定庄建平为厦门市湖里区和通里 179 号 501 室的业主是错误的,均确认该房屋的业主为林碧英,庄建平系林碧英的配偶。对原审判决认定的其余事实,双方当事人均无异议。对双方当事人一致确认及均无异议的事实,二审法院予以确认。

二审审理中,创优物业公司提交住户资料卡(上面记载:业主林碧英,常住家庭主要成员庄建平)及水费、公摊费缴纳票据(上面记载:客户庄建平),证明上诉人为本案所涉物业的使用人,且本案诉讼发生前使用物业产生的水费、水电公摊费均是由上诉人缴纳的。庄建平对上述证据的真实性均无异议,但认为发票上面记载客户为庄建平,是被上诉人自己开具的。因庄建平对上述证据的真实性没有异议,二审法院予以确认,上述证据可以证明庄建平有使用讼争物业的事实。

(五) 二审判案理由

二审争议焦点为:(1) 庄建平是否本案适格被告?(2) 创优物业公司是否本案适格原告?(3) 庄建平拒交物业管理费及公共维修金的理由能否成立?

厦门市中级人民法院经审理认为:

关于争议焦点一,虽然庄建平不是本案所涉房产的业主,但创优物业公司提供的证据可以证明庄建平作为业主林碧英的配偶,是讼争房产的使用人,且缴纳过相关费用。

根据本案《物业管理委托合同》的约定及国务院颁布的《物业管理条例》的规定，物业使用人也负有缴纳物业管理费及政府规定应缴的其他费用的义务，逾期未缴纳，应承担相应违约责任。现庄建平未缴纳物业管理费及其他相关费用，物业管理机构对其提起诉讼并无不当。庄建平上诉主张其不是本案适格被告，与事实不符，亦缺乏法律依据，不予支持。

关于争议焦点二，根据《物业管理委托合同》的约定，创优物业公司系接受建设单位厦门特祥房地产开发有限公司及原物业服务单位厦门万地欣置业发展有限公司的委托，对本案所涉物业提供物业管理服务。不论是国务院颁布的《物业管理条例》还是厦门市人大常委会颁布的《厦门市住宅区物业管理条例》，均规定开发建设单位在业主委员会成立之前，或业主、业主委员会选聘物业服务企业之前，有权委托物业管理企业实行物业管理，但并未规定开发建设单位在出售房产之后无权将房产项下的物业管理另行委托。现开发建设单位厦门特祥房地产开发有限公司将物业委托给创优物业公司进行物业管理，并未违反法律规定，且前物业管理企业厦门万地欣置业发展有限公司对开发建设单位的另行委托行为显然是同意的。因此，本案的《物业管理委托合同》系各方当事人真实意思表示，内容并未违反法律、行政法规的强制性规定，依法应当确认有效。创优物业公司接受委托后，依约对物业进行了物业管理，业主及物业使用人也享受了创优物业公司提供的物业服务，创优物业公司与庄建平之间的物业服务合同关系有效成立。现创优物业公司因物业管理费提起诉讼，符合《中华人民共和国民事诉讼法》规定的起诉条件，是本案适格原告。庄建平上诉主张创优物业公司并非本案适格原告，理由不能成立，不予支持。

关于争议焦点三，庄建平主张创优物业公司未尽职履行物业管理委托事项，导致案涉小区内长期存在公共卫生脏乱、小区道路交通无序等情形，但其所提供的相关证据不足以证明物业管理长期存在上述问题。至于庄建平提出的小区车辆随意停放及部分业主违章装修和搭盖等问题，由于物业服务企业的职责只是根据物业服务合同的授权，为物业的正常使用提供服务，其本身并无执法权，既无权对车主进行处罚，也无权拆除违章搭建，业主如果认为相邻业主的搭建侵犯了自己的权益，可以另行主张，但不能构成拒付物业管理费的理由。况且，创优物业公司在接受委托对物业进行管理后，已经履行了合同约定的维修、养护、管理和维护的主要义务，即使其在物业管理服务过程中存在瑕疵，庄建平等业主也可以根据《物业管理委托合同》的约定，通过要求物业服务企业限期整改直至终止合同并提议选聘新的物业管理企业等方式维护自己的合法权益，或者根据最高人民法院《关于审理物业服务纠纷案件具体应用法律若干问题的解释》的规定，要求物业服务企业承担继续履行、采取补救措施或者赔偿损失等违约责任，以拒付物业管理费对抗物业服务瑕疵的行为既无合法依据，也非明智之举。庄建平应当依照合同约定支付缴纳物业管理费及公共维修金。因庄建平未依约交纳上述费用，已构成违约，应支付相应的滞纳金。但在滞纳金的计算上，原审判决既驳回创优物业公司要求庄建平交纳2007年8月31日之前所欠费用的诉讼请求，又判令庄建平承担2007年8月31日之前所欠费用的滞纳金，计算不当，应予纠正。此外，创优物业公司要求庄建平按日支付所欠缴费用3‰的滞纳金，显然较高，酌情调整为按中国人民银行同期贷款利率计算违约金。当然，创优物业公司也应虚心听取庄建平等业主的意见，对在物业服务中存在的问题及时改进，提高物业服务水平，避免双方产生矛盾或纠纷，共同营造和谐小区。

（六）二审定案结论

福建省厦门市中级人民法院依照《中华人民共和国民事诉讼法》第一百五十三条第一款的规定，作出如下判决：

"一、维持福建省厦门市湖里区人民法院（2010）湖民初字第3980号民事判决的第二项，即驳回厦门市创优物业管理有限公司的其他诉讼请求。

二、变更福建省厦门市湖里区人民法院（2010）湖民初字第3980号民事判决的第一项为：庄建平应于本判决生效之日起10日内向厦门市创优物业管理有限公司支付2007年9月1日至2010年7月31日的物业管理费4 096.07元、房屋公共维修金1 077.91元及相应滞纳金（滞纳金以中国人民银行同期贷款利率计算，从2007年10月1日起计算至2010年8月30日止）。

一审案件受理费78元，由厦门市创优物业管理有限公司负担18元，庄建平负担60元；二审案件受理费156元，由厦门市创优物业管理有限公司负担36元，庄建平负担120元。"

（七）解说

近年来，随着我国城市建设和房地产业的高速发展，物业服务行业迅速发展、壮大，其一方面加速了住宅小区服务、管理方式的专业化和现代化，另一方面由此引发了不少纠纷，其中物业服务费用纠纷是最常见的纠纷种类。业主或物业使用人往往以物业服务机构存在服务质量问题为由拒交物业服务费。司法实践中，如何对业主或物业使用人拒绝交费理由的正当性、合理性进行审查和评判，是处理该类纠纷普遍面临的一道难题。此外，本案的特殊性还在于，本案是一起典型的前期物业服务合同纠纷案。所谓前期物业服务合同，系与普通物业服务合同相对应，是指在物业服务区域内的业主、业主大会选聘物业服务企业之前，由房地产建设单位与其委托的物业服务企业签订的合同。因这类合同引发的物业服务合同纠纷中，业主往往以其并非合同当事人为由，拒绝承认物业服务合同并提出诉讼主体资格的抗辩。本案具有一定的代表性和典型性，特作评析如下。

1. 诉讼主体资格的认定

司法实践中，经常会遇到业主以其并非物业服务合同当事人为由，拒绝接受合同约束的现象。对此，我国的相关法律规定以及司法解释实际上给出了明确的答复。根据《物业管理条例》第3章前期物业管理第21条的规定，在业主、业主大会选聘物业服务企业之前，建设单位可以选聘物业服务企业，签订前期物业服务合同。最高人民法院《关于审理物业服务纠纷案件具体应用法律若干问题的解释》（下称《解释》）第1条也规定：建设单位依法与物业服务企业签订的前期物业服务合同，以及业主委员会与业主大会依法选聘的物业服务企业签订的物业服务合同，对业主具有约束力。业主以其并非合同当事人为由提出抗辩的，人民法院不予支持。

建设单位依法与物业服务企业签订的前期物业服务合同是在特定条件下，为维护业主利益和物业区域正常秩序而为。因为此时业主委员会一般尚未成立，入户的部分业主需要维修、养护、管理和维护等物业服务。其实，无论是建设单位签订的前期物业合同还是业主委员会签订的物业合同，业主在形式上均非合同签订者，但其是物业合同项下权利义务的一方实际享有者和承担者。因此，物业服务企业实际上是和业主而不是业委会或者建设单位建立物业服务法律关系。

本案中，开发建设单位厦门特祥房地产开发有限公司将物业委托给厦门万地欣置业发展有限公司进行物业管理后，又与厦门万地欣置业发展有限公司共同将物业再委托给创优物业公司进行物业管理，上述委托行为并未违反相关法律或行政法规的规定。创优物业公司接受委托后，依约对物业进行了物业管理，业主及物业使用人也享受了创优物业公司提供的物业服务，创优物业公司与业主或物业使用人之间建立了合法有效的物业服务合同关系。现创优物业公司因物业管理费提起诉讼，在本案中具有原告主体资格。

物业服务合同纠纷中，一些物业使用人还会以其并非业主为由，主张其并非案件适格被告。虽然合同具有相对性，无法约束未加入契约关系的第三人，但鉴于物业使用人是讼争物业的使用者，是物业服务合同项下权利义务的实际享有者和承担者。因此，无论是国务院颁布的《物业管理条例》，还是最高人民法院制定的《解释》，均明确规定物业使用人负有缴纳物业管理费的义务。况且本案所涉《物业管理委托合同》对物业使用人缴纳物业管理服务费及房屋公共维修金等费用也作了清楚的约定，庄建平作为业主林碧英的配偶，是讼争房产的实际使用人，且缴纳过相关费用，涉案《物业管理委托合同》对其具有法律约束力，故庄建平是本案适格被告。

2. 业主不能无"正当理由"拒交物业服务费

根据《解释》第6条[①]前段的规定，业主基于正当理由可以拒绝交纳物业费。这就引出了"正当理由"在司法实践中的审查和判断问题。也就是说，如果业主以物业服务企业没有把小区扫干净或者没有定期剪除花园里的杂草，或者以物业服务企业未能阻止小区车辆随意停放及部分业主违章装修和搭盖等作为拒交物业服务费用的理由，应当如何辨析。对此，有学者认为，对"正当理由"的理解和判断，可分为两个层次：第一，违法或违约损害业主利益的，构成抗辩的正当理由；具体言之，即物业服务企业违反法律、法规、部门规章规定的收费标准，违法违规收费，或者违反合同的约定，损害业主利益的，可以作为业主抗辩的正当理由。第二，在不存在违法或明显违约的情况下，对于业主以服务存在瑕疵提出的抗辩，需要以诚实信用原则为基础，结合物业服务企业的服务标准与物业收费标准，对物业服务进行综合评价，进而确定业主抗辩之正当理由能否成立。[②] 我们认为，司法实践中对是否构成"正当理由"应认真审查，从严掌握，即

---

① 经书面催交，业主无正当理由拒绝交纳或者在催告的合理期限内仍未交纳物业费，物业服务企业请求业主支付物业费的，人民法院应予支持。物业服务企业已经按照合同约定以及相关规定提供服务，业主仅以未享受或者无需接受相关物业服务为抗辩理由的，人民法院不予支持。

② 参见姚辉、段睿：《物业服务合同履行的相关法律问题研究》，载《法律适用》，2010 (1)，34页。

限定于物业服务企业不履行物业服务合同,或者履行合同存在重大瑕疵,比如物业服务企业违法违规收费、违反合同约定占用或出租公共绿地、空间等;或者因履行职责过程中的严重过错导致物业小区内公共财产、私人人身或财产受到损害等。因现实中物业服务管理的情况十分复杂,对"正当理由"无法穷尽列举,司法实践中,法官应当以诚实信用原则为基础,审查业主或物业使用人的拒交行为是否基于此原则,同时法官应发挥主观能动性,根据不同情形行使自由裁量权,对是否构成"正当理由"进行综合评判。

本案中,经合议庭现场调查,创优物业公司在提供物业服务过程中确实存在着一定瑕疵,比如小区车辆随意停放及部分业主违章装修和搭盖等问题,但该不尽如人意之处都是一般违约行为,并不存在违法或者严重违约。况且物业服务企业的职责只是根据物业服务合同的授权,为物业的正常使用提供服务,其本身并无行政执法权,既无权对车主进行处罚,也无权自行拆除违章搭建,其所能做的只是向相关部门反映并应执法部门要求提供协助。因此庄建平提出的理由不属于可拒交物业服务费的"正当理由"。

当然,法律会平等保护当事人的利益,实现当事人间权利义务的平衡,如《解释》对业主如何依法维护自身合法权益就作出了明确规定。根据《解释》第 3 条[1]的规定,业主对于物业服务公司怠于履行物业管理职责的,可以积极地依法通过合法的途径向相关房屋行政管理部门反映,甚或向法院起诉,而不单是以消极地拒绝缴纳物业费来对抗,以免承担相应的违约责任。[2] 也就是说,如果业主认为物业服务企业违约,造成其损害的,应该向法院提起独立诉求或者在物业服务企业诉请物业服务费时提起反诉。如果业主仅以此抗辩并拒交物业服务费,可能承担更大的不利责任。联系本案,庄建平作为业主,若认为物业服务企业提供的物业服务违法或者严重违约,造成其损失,完全可以依据《解释》的相关规定,要求物业服务企业承担继续履行、采取补救措施或者赔偿损失等违约责任。况且案涉《物业管理委托合同》对物业服务企业的违约责任也作了明确约定,即此时业主有权要求物业服务企业限期整改直至终止合同并提议选聘新的物业管理企业。

对于实践中业主拒交物业费这一问题的解决,我们可以参考美国的有效做法。美国各州的区分所有物业产权法规定,如果某业主欠交管理费,从到期之日起,业主协会便可对欠费业主房屋单元设定不动产留置权。若欠费业主经过一再催缴,仍拒绝缴纳欠费,业主协会有权取消被留置品的回赎权,并可依法定程序,强制拍卖欠费业主的房屋单元,并从售房款中优先受偿。虽然我国没有规定不动产留置权,但可以看出美国法对业主违反缴费义务的责任规定是比较严厉的。这主要是考虑到物业管理服务费用作为维护小区的重要资金,是小区正常运转的重要金钱因素,欠缺该管理费用,小区的日常维护就无法进行,甚至陷入瘫痪。[3]

---

[1] 物业服务企业不履行或者不完全履行物业服务合同约定的或者法律、法规规定以及相关行业规范确定的维修、养护、管理和维护义务,业主请求物业服务企业承担继续履行、采取补救措施或者赔偿损失等违约责任的,人民法院应予支持。
[2] 参见丁道勤:《物业纠纷锦囊》,180 页,北京,法律出版社,2010。
[3] 参见杨立新:《最高人民法院审理物业服务纠纷案件司法解释理解与运用》,148 页,北京,法律出版社,2009。

3. 滞纳金的调整

虽然庄建平没有正当理由拒付物业服务费构成违约，应当支付滞纳金，但合同约定的滞纳金为日3‰，根据我国《合同法》及相关司法解释的规定，该滞纳金显然过高，应当予以调整。且鉴于创优物业公司在提供物业服务过程中确实尚有需要改进的问题，为督促其提高物业服务水平，从而避免双方产生新的矛盾或纠纷，二审法院酌情将创优物业公司要求的日欠缴费用3‰的滞纳金调整为按中国人民银行同期贷款利率计算。同时要求创优物业公司虚心听取庄建平等业主及物业使用人的意见，对在物业服务中存在的不足及时改进。

综上，合同是当事人自由意志的产物，只要形式、内容合法，又不存在合同法规定的解除条件，对当事人即具有约束力，有约必守。物业服务合同中，物业服务企业的义务是提供服务，业主的义务就是交纳物业服务费。人民法院审理拒交物业服务费这类案件，在考量业主或物业使用人拒交物业费的理由是否正当时，应当首先确立价值评判标准，即必须考虑法律到底要保护什么价值，这个价值与其他价值是否有冲突，有什么冲突，哪个价值更为重要，更需要获得法律的支持与保护，等等。只有这样，法院的判决才可以使法律规定的实质内容以一定的价值观的形式凸现，才能得出合理的、可接受的、社会上有效的、符合公平的结果。[①] 我们希望通过案件的审理，引导物业服务关系的有序运行，倡导物业服务企业与业主、物业使用人之间友好相处，共同努力构建和谐小区、打造无讼社区。

（福建省厦门市中级人民法院民二庭　李桦）

44. 孙东华诉中国建设银行股份有限公司牡丹江分行等拍卖合同案

（一）首部

1. 判决书字号：黑龙江省牡丹江市爱民区人民法院（2011）爱商初字第6号。
2. 案由：缔约过失责任。
3. 诉讼双方

原告：孙东华，女，1943年9月19日出生，汉族，牡丹江市第三砖厂退休职工。
委托代理人：马罡，黑龙江博学律师事务所律师。
委托代理人：张丽丽，黑龙江牡大律师事务所实习律师。

[①] 参见奚晓明：《最高人民法院建筑物区分所有权、物业服务司法解释理解与适用》，310页，北京，人民法院出版社，2009。

被告：中国建设银行股份有限公司牡丹江分行，组织机构代码：83020109-8。

法定代表人：周广义，中国建设银行股份有限公司牡丹江分行行长。

委托代理人：王少含，女，1983年5月16日出生，汉族，中国建设银行股份有限公司牡丹江分行职员。

委托代理人：吕志强，男，1961年6月7日出生，汉族，中国建设银行股份有限公司牡丹江分行职员。

被告：牡丹江市拍卖行，组织机构代码：13023180-0。

法定代表人：苏志学，牡丹江市拍卖行总经理。

委托代理人：顾佰东，男，1974年1月22日出生，汉族，牡丹江市拍卖行职工。

委托代理人：郭冬梅，黑龙江国大律师事务所律师。

4. 审级：一审。

5. 审判机关和审判组织

审判机关：黑龙江省牡丹江市爱民区人民法院。

合议庭组成人员：审判长：郭红波；审判员：姜冰冰、金银花。

6. 审结时间：2011年8月5日。

（二）诉辩主张

1. 原告孙东华诉称

2001年8月30日，被告中国建设银行股份有限公司牡丹江分行（以下简称建行牡分行）委托牡丹江市拍卖行（以下简称牡市拍卖行）拍卖门市房一栋，该房屋坐落于牡丹江市爱民区康佳街12号。建行牡分行对外公示该房屋为其所有，而牡市拍卖行对竞拍标的没有进行严格的审核。原告孙东华通过竞买方式以15.5万元购买了该房屋。建行牡分行为原告办理了房照手续，原告入住该房屋。2008年，黑龙江省农垦总局牡丹江分局老干部休养所（以下简称农垦休养所）起诉至法院，称该套房屋为其所有，要求建行牡分行归还该套房屋，经法院判决撤销了建行牡分行办理的房照手续。此后，农垦休养所一直要求原告为其腾房。原告认为其通过拍卖方式购得该套房屋程序合法，手续齐全，已经合法取得了该套房屋的所有权，不存在任何过错。建行牡分行隐瞒事实真相，牡市拍卖行审核不清，造成了原告的巨大损失，损害了原告的合法权益。故原告诉至法院，请求二被告根据现在市场价值赔偿原告经济损失38.054万元（购房款15.5万元、经济损失22.554万元）；鉴定费和诉讼费由二被告负担。

2. 被告建行牡分行辩称

（1）牡丹江市爱民区人民法院（2008）爱行初字第10号行政判决书，并未认定建行牡分行没有证据证明拍卖房屋时买卖房屋的事实不清；（2）原告是通过竞买方式取得该房屋，并办理了房照入住该房屋，牡市拍卖行在明知该房屋产权不清晰存在瑕疵的情况下接受委托进行拍卖，应将牡市拍卖行作为第一被告；（3）原告在竞买前应对意向标的物进行核实，原告参加竞买，并在拍卖须知上签字即表示其同意以所拍卖的标的物现状进行购买，因此原告也应当承担相应的民事责任。故被告建行牡分行在该房屋拍卖、诉讼、办理房产证照等民事行为过程中无任何过错，不应承担民事责任。

3. 牡市拍卖行辩称

（1）牡市拍卖行愿意在法律规定的范围内承担责任，但并不是返还房款的责任，因为拍卖所得的房款已经给付被告建行牡分行；（2）合同无效后，损失的范围仅限于实际损失，而因该合同可以取得的利益（也就是房屋差价）作为间接损失不应获得支持，应以实际损失计算；（3）原告申请鉴定房屋价值与本案没有实际的关联性，故鉴定费用应当由原告自行承担。

（三）事实和证据

黑龙江省牡丹江市爱民区人民法院经公开审理查明：2001年8月30日，被告建行牡分行委托牡市拍卖行拍卖一无房照门市房一栋，该房屋坐落于牡丹江市爱民区康佳街12号，丘（地）号为395-475-1-1、建筑面积65.32平方米。牡市拍卖行在对竞拍标的没有进行严格审核的情况下，即对外公开进行拍卖。原告孙东华通过竞买方式以15.5万元购得该房屋并入住。2002年2月1日，原告在牡丹江市房产管理局取得了该房屋的房照。

2008年，农垦休养所诉至牡丹江市爱民区人民法院，称本案诉争房屋为其所有，要求法院撤销牡丹江市房产管理局牡房发（2008）第87号决定，注销孙东华第324126号房屋所有权证。经审理，本案诉争房屋在农垦休养所所有权证面积之内，由于牡丹江市房产管理局疏于审查、核准，致使诉争房屋重复登记，导致产权不明一房两照。故法院判决撤销牡丹江市房产管理局2008年7月1日作出的牡房发（2008）第87号关于减除省农垦总局牡丹江分局老干部休养所房证部分重叠面积的决定；限牡丹江市房产管理局在判决生效后一个月内对诉争房屋的所有权重新作出具体行政行为。2010年1月22日，牡丹江市房产管理局注销了孙东华第324126号房屋所有权证。

经牡丹江华夏房地产估价有限公司估价，本案诉争房屋在估价时点以评估作价目的的房地产市场价值为38.054万元，原告支付估价鉴定费7 600元。

上述事实有下列证据证明：

1. 牡丹江市拍卖行拍卖成交确认书1份和牡丹江市拍卖行成交凭证复印件1份。证明：被告建行牡分行委托牡市拍卖行拍卖门市房一处，原告于2001年8月30日通过竞买方式以15.5万元购得该门市房。

2. 牡丹江市房产管理局于2002年2月1日出具的牡房权证爱民区字第324126号房产证1份。证明：坐落于牡丹江市爱民区康佳街12号，丘（地）号为395-475-1-1、建筑面积65.32平方米的商服用房所有人为原告。

3. 牡丹江市爱民区人民法院（2008）爱行初字第10号行政判决书1份。证明：被告通过拍卖方式卖给原告的房屋，实际为黑龙江省农垦总局牡丹江分局老干部休养所所有，二被告存在欺诈行为。

4. 牡丹江市房产管理局牡房发（2010）第5号文件1份。证明：2010年1月22日牡丹江市房产管理局注销了孙东华第324126号房屋所有权证，造成了原告的损失。

5. 牡丹江华夏房地产估价有限公司出具的房地产估价报告一份、鉴定费票据1份。

证明：坐落于牡丹江市爱民区康佳街12号商服用房市场价格为38.054万元，原告支付鉴定费7 600元。

（四）判案理由

黑龙江省牡丹江市爱民区人民法院经审理认为：关于本案案由的确定。本案系拍卖合同履行完毕后发生纠纷，在订立合同过程中，二被告违背诚实信用原则，造成了原告的损失，因此应承担缔约过失责任，故本案的案由不应定为拍卖合同纠纷，应当定为缔约过失责任纠纷。

关于二被告各自应承担的民事责任。《中华人民共和国拍卖法》第六条、第五十八条规定："拍卖标的应当是委托人所有或者依法可以处分的物品或者财产权利"、"委托人违反本法第六条的规定，委托拍卖其没有所有权或者依法不得处分的物品或者财产权利的，应当依法承担责任。拍卖人明知委托人对拍卖的物品或者财产权利没有所有权或者依法不得处分的，应当承担连带责任"。本案诉争房屋归农垦休养所所有，被告建行牡分行在没有取得该房屋产权证的情况下，委托被告牡市拍卖行将不属于建行牡分行所有的房屋予以委托拍卖，造成拍卖行为无效，因该拍卖合同取得的财产，应当予以返还，有过错的一方应当赔偿对方因此所受到的损失，故被告建行牡分行应当返还原告购房款15.5万元并赔偿原告因此所造成的损失。被告牡市拍卖行未举证证明其在接受委托拍卖时是否明知委托人对拍卖物品是否具有所有权或处分权，其没有尽到了解拍卖物详情的义务，应当承担举证不能的法律责任，即与建行牡分行承担连带赔偿责任。

关于原告主张的经济损失22.554万元即房屋升值部分价款的定性。拍卖合同无效，违约方承担的是缔约过失责任。在缔约过失责任中，赔偿范围除积极损失外，仅限于信赖利益，信赖利益损失主要是指实际损失、履行费用及合理的间接损失，如信赖所订立的合同有效，从而丧失了与他人订立有效合同的机会而产生的损失。本案房屋拍卖合同成立并实际开始履行后，房价大幅上涨，升值部分的数额即22.554万元不仅是完全可以确定的，而且已为买受人原告实际享有。此利益依附于不动产之上，当原告占有此不动产并随后取得房屋所有权时，此利益与不动产并不分离。但是，拍卖合同被确认无效，不动产需要返还时，此部分便在理论上从不动产中分离并显现出来，不再依附不动产返还给有过错的出卖人，而应该属于无过错的买受人在占有此房期间内所产生的自然孳息，其所有权人为买受人，并且此种损失由于出卖人的过错行为直接产生，故当拍卖合同无效后，根据公平原则，原告即买受人实际享有的升值部分应该作为合理的间接损失要求被告予以赔偿。故被告牡市拍卖行提出的房屋差价不应作为间接损失获得支持的辩解，本院不予支持。

（五）定案结论

本案的案由为缔约过失责任纠纷。被告牡市拍卖行与建行牡分行承担连带赔偿责任。原告实际享有的升值部分合理的间接损失被告应予以赔偿。

黑龙江省牡丹江市爱民区人民法院依照《中华人民共和国合同法》第五十二条第（五）项、第五十八条、《中华人民共和国拍卖法》第六条、第七条、第四十一条、第四十二条、第五十八条、最高人民法院《关于民事诉讼证据的若干规定》第二条之规定，作出如下判决：

"一、被告中国建设银行股份有限公司牡丹江分行于本判决生效后5日内返还原告购房款15.5万元并赔偿经济损失22.554万元，以上合计38.054万元；

二、被告牡丹江市拍卖行对上述款项承担连带赔偿责任。

案件受理费7 122元、鉴定费7 600元，由被告中国建设银行股份有限公司牡丹江分行、牡丹江市拍卖行负担。"

(六) 解说

一般合同的无效，损害赔偿范围如何确定。从理论上说，一般合同的损害赔偿范围根据合同被解除还是被宣告无效、被撤销的不同而有所区别，前者大致应包括积极损失和可得利益损失的赔偿；而后者则仅限于对信赖利益损失的赔偿。一般合同解除后的损害赔偿采用完全赔偿原则，根据我国《合同法》第113条"当事人一方不履行合同义务或者履行合同义务不符合约定，给对方造成损失的，损失赔偿额应当相当于因违约所造成的损失，包括合同履行后可以获得的利益，但不得超过违反合同一方订立合同时预见到或者应当预见到的因违反合同可能造成的损失"的规定，其赔偿范围不仅应包括无过错方积极损失的赔偿，还应当包括可得利益损失即期待利益损失的赔偿，其结果是实现合同如约履行后的状态。

如果合同被确认无效或被撤销，违约方承担的是缔约过失责任。在缔约过失责任中，赔偿范围除积极损失外，仅限于信赖利益，且仅以履行利益为限，其结果是恢复到合同订立以前的状态。即当事人因信赖合同有效而履约，当合同被确认无效或撤销后，为订立和履行合同所支出的各种费用和代价即为当事人的损失。信赖利益与可得利益不同，具体包括当事人在订立合同过程中支出的合理费用；准备履约所支出的费用；为支付上述费用所失去的利息；合理的间接损失。这里的间接损失，是当事人因信赖此合同有效而丧失其他签约的机会，司法实践中由于其是否合理难以确定故一般不包括在损害赔偿范围内。

本案房屋升值部分的定性。很多学者认为，无效合同具有不可履行性，当事人在订立无效合同以后不得履行合同。但是，如果作为房屋出卖人故意隐瞒致使合同无效的事实，而买受人对此又并不知情，则这份无效合同将必然履行。而同时，由于合同本身的违法性，有很多无效合同在订立以后很久才被确认为无效，此时的房屋很可能已经升值至原购房价格的数倍。按照前述一般无效合同的原则，想要恢复到合同订立以前的状态是不可能的，房屋升值部分也显然不能作为买受人的信赖利益予以赔偿。如果合同解除后，买受人即可将房屋升值部分作为可得利益损失要求出卖人赔偿。但是，可得利益是当事人在订立合同时期望通过合同履行而获得，由于违约行为发生而未实际发生的利益，具有未来性、期待性和现实性。房屋买卖合同成立并实际开始履行后，房价大幅上涨，升值部分的数额不仅是完全可以确定的，而且已为买受人实际享有。此利益依附于不动产之上，当买受人占有此不动产并随后取得房屋所有权时，此利益与不动产并不分离。但是，一旦合同被确认无效，不动产需要返还时，此部分便在理论上从不动产中分离并显现出来，不再依附于不动产返还给有过错的出卖人，而应该属于无过错的买受人在占有此房期间内的无论是经营还是居住所产生的自然孳息，其所有权人为买受人。

上述案例中，出卖人委托拍卖行将不属于其所有的房屋予以委拍卖，造成拍卖行为无效，出卖人有过错，除需返还买受人购房款外，还应赔偿买受人超出原买卖合同价款的房屋升值部分，应该是比较公平的做法。

（黑龙江省牡丹江市爱民区人民法院　姜冰冰）

45. 李威诉黄晓玲房屋买卖合同案

（一）首部

1. 判决书字号

一审判决书：浙江省宁波市镇海区人民法院（2011）甬镇民初字第713号。

二审判决书：浙江省宁波市中级人民法院（2011）浙甬民二终字第692号。

2. 案由：房屋买卖合同纠纷。

3. 诉讼双方

原告（上诉人）：李威，男，1998年4月1日出生，汉族，学生。

法定代理人：李小明（系原告母亲），女，1963年3月12日出生，汉族，无业。

被告（被上诉人）：黄晓玲，女，1979年12月22日出生，汉族，慈溪市邮政局职工。

4. 审级：二审。

5. 审判机关和审判组织

一审法院：浙江省宁波市镇海区人民法院。

代理审判员：洪磊。

二审法院：浙江省宁波市中级人民法院。

合议庭组成人员：审判长：孙锦菁；审判员：王坚、孟建平。

6. 审结时间

一审审结时间：2011年8月24日。

二审审结时间：2011年12月21日。

（二）一审诉辩主张

原告李威诉称：2011年1月15日，原告母亲李小明代表原告李威与被告黄晓玲签订一份房地产买卖合同。原、被告签订的房地产买卖合同合法有效，但是由于国家政策调整，导致合同无法履行，原告有权请求解除该合同，被告收取的定金也应予全额返还。为此原告诉至一审法院，诉讼请求：（1）判令解除原、被告双方于 2011 年 1 月 15 日签订的房地产买卖合同；（2）判令被告返还原告定金 15 万元。

被告黄晓玲未作书面答辩，庭审中口头答辩称：在限购政策施行之前，原、被告双方完全可以按约办理房屋过户手续，但由于原告方拒绝支付剩余 120 万元购房款，也不愿意出具欠条，导致讼争房屋无法过户。因而，原告不存在解除合同的理由，原告违约在先，无权要求被告返还定金。综上，被告要求驳回原告的诉讼请求。

（三）一审事实和证据

宁波市镇海区人民法院认定：原告李威未满 18 周岁，与父亲李金龙、母亲李小明同属一户，李威家庭在宁波市拥有 3 套住宅房。2011 年 1 月 15 日，李小明代表李威与被告黄晓玲签订一份房地产买卖合同。合同约定："甲方黄晓玲，乙方李威，丙方宁波市镇海区招宝山胜一方圆信息服务部。房屋位于宁波市镇海区三区鼓楼西路 115 弄 1 号 403 室，总成交价 135 万元，乙方在 2011 年 1 月 15 日支付购房定金 15 万元，乙方待房产部门可付契税时支付给甲方 120 万元。合同订立后在 2011 年 4 月 15 日之前甲、乙双方应提供房地产过户所需的全部资料并送入交易中心。在个税可免的情况下，甲方配合免个税，如遇国家政策调整与甲方无关，新增税费均由乙方承担。"合同签订后，李小明按期支付定金 15 万元，黄晓玲于 1 月 15 日出具了收到定金 15 万元的收条。2011 年 2 月 20 日，《宁波市人民政府办公厅关于进一步做好房地产市场调控工作的通知》（以下简称《通知》）发布，通知规定：在宁波市已拥有 2 套及以上住房的宁波市户籍居民家庭，暂停在宁波市向其售房。2 月 21 日晚上，原、被告双方均得知次日仍可以办理房产过户登记手续。李小明提出，提前过户的营业税由双方各承担 2.5 万元，黄晓玲同意该提议，双方当晚约定次日办理房屋过户手续。2 月 22 日，李小明、黄晓玲前往宁波市镇海区行政服务中心办理讼争房屋的过户手续。在行政服务中心，被告黄晓玲要求原告方支付剩余 120 万元购房款，李小明提出过几天支付，被告遂要求原告出具欠条，李小明拒绝出具欠条。为此原、被告双方发生争执，最终未能成功办理过户手续。2011 年 2 月 23 日下午，《通知》在宁波市镇海区正式施行。

（四）一审判案理由

宁波市镇海区人民法院认为：本案原、被告签订的房地产买卖合同系双方当事人的真实意思表示，不违反法律法规的强制性规定，应认定为合法有效。原告李威未满 18 周岁，与父亲李金龙、母亲李小明同属一户，原告家庭系宁波市户籍居民家庭，在宁波市已拥有 2 套以上住宅房。根据《通知》规定，原告家庭系在宁波市已拥有 2 套以上住房的宁波市户籍居民家庭，不能在本市购房，亦不能办理房屋过户手续。因受限购政策影响，原、被告签订的房地产买卖合同自 2011 年 2 月 23 日下午起实际已无法继续履行。原告要求解除合同，本院依法予以支持。但是就本案而言，合同在解除之前的2011年2月22日是完全可以履行的，因原告在具备付款条件的情况下未能支付购房余款又拒绝出具欠条，导致合同最终未能履行，原告的行为构成违约。但是因为双方协商提前至2月22日办理过户手续，时间紧迫，原告一时未能备足购房余款确属情况有变所致，且被告同意原告出具欠条也就意味着同意原告稍后付款。另原告的付款义务是合同明确约定的，是一项积极义务，出具欠条只是原告对付款义务的确认，并不代表其已经履行。且若原告不出具欠条，原告的付款义务仍然可依合同来确定，故在被告允许原告2月22日之后付款且购房合同对原告的付款义务有明确约定的情况下，原告出具欠条与否意义不是很大，双方为此导致合同最终未能履行均有一定的责任，且合同最终被解除是由于限购政策的影响。结合本案的实际情况，根据公平原则，本院认为，被告应酌情返还原告定金10万元。

（五）一审定案结论

据此，依照《中华人民共和国合同法》第五条、第九十六条第一款、第一百零七条、第一百一十五条，最高人民法院《关于适用〈中华人民共和国合同法〉若干问题的解释（二）》第二十六条，最高人民法院《关于民事诉讼证据的若干规定》第二条之规定，判决如下：

"一、原告李威与被告黄晓玲于2011年1月15日签订的房地产买卖合同于2011年6月15日解除；

二、被告黄晓玲于本判决生效之日起10日内返还原告李威定金人民币10万元；

三、驳回原告李威的其他诉讼请求。"

（六）二审情况

1. 二审诉辩主张

原告李威不服一审判决，向宁波市中级人民法院提起上诉称：合同未能履行是因政策因素造成，系不可归责于双方的事由。请求撤销原判，改判黄晓玲返还李威定金15万元。

黄晓玲答辩称：限购政策实施之前，本案所涉房屋买卖合同有履行的可能，是因为李威一方未带购房款致使合同无法履行。

2. 二审事实和证据

宁波市中级人民法院经审理认定的事实与原审法院认定的事实一致。

3. 二审判案理由

宁波市中级人民法院认为：依据诚实信用原则，合同的双方当事人，均应诚实、善意、积极地促进合同的履行。本案双方当事人于2011年1月15日所签订的房地产买卖合同，现虽因房产限购政策，确已无法履行，但直至2011年2月23日，该合同仍有履行之可能。在《通知》于2011年2月20日出台后，本案合同双方已于2011年2月21

日明知合同履行将遇到风险，但若双方互相积极配合，仍能促使合同在房产限购政策正式施行前获得履行，避免风险的发生。在 2011 年 2 月 22 日，双方一同前往办理过户手续时，李威方明确拒绝于当日支付房款或出具欠条，属未以积极、善意之态度予以协助、配合，以促成合同之履行。故本案合同目前虽确因房产限购政策而无法继续履行，但导致该合同未能在限购政策正式施行前获得履行的责任，实在李威一方。原审法院判令黄晓玲返还 15 万元定金中的 10 万元，已虑及房产调控政策对双方的影响。李威现上诉请求全额返还定金，理由不能成立，本院不予支持。

4. 二审定案结论

宁波市中级人民法院依照《中华人民共和国民事诉讼法》第一百五十三条第一款第（一）项之规定，判决如下：驳回上诉，维持原判。

（七）解说

2010 年 4 月 17 日，国务院发布了《关于坚决遏制部分城市房价过快上涨的通知》，拉开了房地产史上最严厉的宏观调控序幕。此后，各地也纷纷出台了限贷、限购、禁购等调控政策。2012 年 3 月 5 日，温家宝总理在政府工作报告中指出，房产调控进入关键时期。可以预见，在 2012 年乃至今后一段时期内，政府对于房地产市场的调控力度还将继续加大。随着宏观调控的继续深入，房产新政不可避免地会给房地产市场造成部分影响，城市房屋买卖纠纷也会持续增多。在审判实践中，因房产新政引发的纠纷大体可分为两类：一类是纯粹受到房产新政影响，当事人履约困难而引发的纠纷。对于此类纠纷的处理意见已有定论，如《浙江省高级人民法院民一庭关于审理受房地产市场调控政策影响的房屋买卖合同纠纷案件的若干意见（试行）》第 2 条规定，纯粹因受限贷、限购、禁购等调控政策的直接影响，合同确实无法继续履行的，不属于"不可抗力"，一般应认定属于不可归责于当事人双方的事由。当事人据此请求解除合同的，可予以支持，但当事人另有约定的除外。据此，纯粹因房产新政实施导致合同无法继续履行的，当事人可以解除合同。另一类则是当事人存在违约行为，以房产新政为由企图逃避责任。本案就是一起因买受人延迟履行后遭遇房产新政实施导致房屋买卖合同无法履行而引发的纠纷。房产新政和违约行为共同影响之下所引发的房屋买卖合同纠纷该如何处理，是本案要讨论的重点。

1. 房产新政属于合同解除的法定事由

订立合同的目的，在于维护正常的社会交易秩序，规范商品交换过程。从鼓励商品交易，稳定交易秩序的目的出发，对依法成立并生效的合同，不容许随意地变更和解除。但是，客观情况千变万化，在合同目的难以实现的情形下，法律准许当事人通过行使合同解除权来重新调整各方的权利义务关系，消除合同因客观情况变化所产生的不公平后果。双方当事人以协议方式解除或者一方行使约定解除权而解除合同称为合意解除。合同解除的条件由法律直接加以规定的称为法定解除。本案房屋买卖合同能否解除，实际就是法定解除条件的认定问题。

处理受房产新政影响的房屋买卖合同纠纷，首先应当明确的是房产新政影响下合同解除的法定理由。对此有两种不同的观点。一种观点认为，最高人民法院《关于适用〈中华人民共和国合同法〉若干问题的解释（二）》第26条规定：合同成立以后客观情况发生了当事人在订立合同时无法预见的、非不可抗力造成的不属于商业风险的重大变化，继续履行合同对于一方当事人明显不公平或者不能实现合同目的，当事人请求人民法院变更或者解除合同的，人民法院应当根据公平原则，并结合案件的实际情况确定是否变更或解除。根据该条规定，情事变更原则指的是基于实现公平正义的价值目标，出于防止合同当事人因缔约时无法遇见、无法抗拒的情事，而获取不当利益或遭受意外损失等明显违反一般公正观念的情况发生，通过变更或解除合同稳定社会经济秩序。房产新政符合情事变更的构成要件，属于情事变更事由，当事人提出解除合同，法院应予以支持。另一种观点认为，房地产市场过热已有多年，无论政府、社会对该问题都十分关注，也出台了一系列调控政策，从较为温和的财政税收措施，到限贷、限购，最后到禁购，市场有一个逐渐适应和接受的过程，对房产新政的出台也应有所预见，因而房产新政不属于情事变更，而属于履行不能。关于情事变更原则该如何适用的问题，最高人民法院在《关于当前形势下审理民商事合同纠纷案件若干问题的指导意见》中指出，人民法院应当依法把握情事变更原则的适用条件，严格审查当事人提出的"无法预见"的主张。由此可知，认定房产新政是否属于情事变更的关键是分析其不可预见性。笔者赞同第一种观点，认为房产新政具有三方面不可预见性，属于情事变更：第一，施行地区不可预见。根据《关于坚决遏制部分城市房价过快上涨的通知》，在房价、地价上涨势头过快、投机性购房活跃的地区，需要施行房产新政，但国务院对具体哪些城市和地区必须施行房产新政，未作明确规定。因而房产新政的施行地区存在不可预见性，以浙江省为例，宁波地区率先制定地方性房地产调控政策，杭州、温州等地区相继施行了地区性房产新政，但同一省内的部分城市至今未有类似政策出台。今后有哪些城市会施行房产新政，仍不可预见。第二，施行时间不可预见。在已经施行房产新政的地区，政策的出台时间也有先后顺序，有的地区早在2010年就施行了房产新政，而有的地区到2011年年底才出台新政。即便在同一个地区，相同政策在不同县市的施行时间也有所不同。本案中的房产新政在宁波市各区市县的施行时间就有先后顺序，时间上较难把握。第三，内容不可预见。各地政府结合本地区实际情况，对于房产新政有不同的理解和规定，这也是无法预见的。本案原、被告在签订合同时就预估了可能会受到房产新政的影响，故在合同中约定了"如遇国家政策调整与原告无关，新增税费由被告承担"的条款。但当宁波地区出台调控政策，明文规定已拥有2套以上住房的本地户籍居民禁止再购买住房，使得双方为规避房产新政而约定的条款毫无价值，这是双方在订立合同之初无法预见的。作为合同当事人，对于房产新政在本地区的施行会有一定的预估和猜想，但这种预估和猜想不能等同于房产新政具有可预见性。当事人在签订合同时无法准确预测合同履行时是否会受到房产新政的影响以及受影响的程度，具有不可预见性，房产新政应属于情事变更的事由。在合同签订后尚未履行前受到房产新政的影响，导致继续履行合同对于一方当事人明显不公平或者不能实现合同目的，房产新政成为法定解除事由,当事人有权解除合同。

其次,解除权是一种形成权,按其性质来讲,不需要对方当事人同意,只需要解除权人单方的意思表示,就可以把合同解除。当合同因受房产新政影响而无法履行时,合同目的已不能实现,此时合同双方均享有解除权。换句话说,在房产新政影响下,合同目的已无法实现,即使违约方也享有解除权,可以提出解除合同。

2. 房产新政影响下合同无法履行可归责于违约方

违约责任又称为违反合同的民事责任,通常是指合同当事人不履行合同义务或者履行合同义务不符合约定所应承担的民事责任。《合同法》第107条将严格责任制确定为违约责任的归责原则。据此,违约责任的构成要件只有一个即违约行为。[1] 比较一般违约行为与房产新政影响下的违约行为,有四点不同:(1)原因不同。一般违约行为纯粹因不履行合同义务或者履行合同义务不符合约定造成违约的结果。房产新政影响下的违约行为则因国家调控政策和个人违约行为两个原因的共同作用于合同造成合同无法履行。(2)结果不同。一般违约行为发生后不一定导致合同无法履行,当事人可以采取补救措施促成合同继续履行。而违约行为发生后遭遇国家调控政策导致合同无法履行。(3)违约责任形式不同。根据《合同法》第107条规定,违约方应承担实际履行、赔偿损失、支付违约金等违约责任。而在房产新政影响下,合同已无法履行,守约方不能主张继续履行合同,只能要求违约方承担赔偿损失、支付违约金等责任。(4)责任大小不同。一般违约行为的违约方理应承担全部的违约责任,而房产新政影响下的违约后果不是违约行为单方面造成,应依照公平原则,酌情认定违约方的责任。房产新政影响下的违约行为具有一定特殊性,但合同无法履行仍可归责于违约方。其一,通常情况下,严格责任原则是违约责任的归责原则,违约行为发生在房产新政施行之后,房产新政不能成为免责事由,合同解除后,不履行合同义务或者履行合同义务不符合约定一方仍应承担违约责任。其二,时间因素对房产新政影响下的房屋买卖合同至关重要,轻微违约行为也会造成合同错过最佳履行时间而无法最终履行。合同目的落空,违约方就应当承担违约责任,而不论其违约行为的严重程度。

就本案而言,在《通知》于2011年2月20日出台后,本案合同双方已于2011年2月21日明知合同履行将遇到重大风险,但若双方互相积极配合,仍能促使合同在房产限购政策正式施行前获得履行。在得知2月22日镇海区还能办理过户手续的情况下,原告李威的法定代理人李小明与被告黄晓玲于2月21日晚上达成合意,由被告黄晓玲负担因房屋未满5年交易所生税费的一半,双方定于2月22日前往相关部门办理过户手续。此时,双方就提前至2月22日办理过户手续达成合意,实际是对合同履行期限作了变更。2月22日,在双方一同办理过户手续时,李小明明确拒绝于当日支付购房款或出具欠条,违反合同约定,导致当日合同无法履行,并最终导致合同实际不能履行。本案合同虽确因房产新政而无法履行,但导致合同未能在房产新政正式施行前获得履行的责任,是由原告方违约行为造成,原告应承担违约责任。

---

[1] 参见谢怀栻:《合同法原理》,277页,北京,法律出版社,2000。

3. 公平原则下定金罚则的适用——本案原告违约责任认定的完整规范基础

如前所述，房产新政影响下合同无法履行可归责于违约方。被告黄晓玲不同意返还15万元定金，实际上是依定金罚则要求原告承担违约责任。定金是合同当事人为了确保合同的履行，依据法律规定或者当事人双方的约定，由当事人一方在合同订立时，或者订立后、履行前，按合同标的额的一定比例，预先给付对方当事人的金钱或者其他代替物。根据《合同法》115条之规定，如果不履行债务一方是支付方，则丧失返还定金的请求权，如果是收受方，则对方有双倍返还定金的请求权，此即为"定金罚则"。定金具有赔偿和惩罚双重性质，为保证合同按约履行，在违约导致合同目的不能实现时，一般应完全适用定金罚则。然而，本案合同无法履行的责任实不仅仅在原告一方，兼有房产新政的因素。对于这种情况能否减少比例适用定金罚则，法律并无明文规定。笔者认为，在当事人违约和房产新政双重因素影响时，并不完全符合定金罚则的适用条件。法律对此虽无明文规定，但由于民事活动本身十分复杂，法律不可能事无巨细地作出规定，在没有明确规定的情况下，可以适用公平原则。公平原则是适用法律和解释法律所应当遵循的原则，作为合同法的基本原则，它可以弥补合同法规定的不足。公平虽然是一个抽象的概念，但因为社会对公平仍有一个基本的价值评判标准，所以法院应当依据社会的一般公平正义理念进行司法活动。[①] 法院应综合考量客观环境、各方责任、实际损失、补救措施等多方面因素，审慎适用定金罚则。

具体到本案，首先，合同无法履行并非原告单方违约造成，房产新政对于合同无法履行有决定性的作用。而且，双方原定履行时间是自合同签订后到2011年4月15日，从双方于2月21日晚上得知房产新政即将施行到2月23日下午《通知》在镇海区正式施行，合同的履行时间突然变更为一天半之内，原告要在短期内备足120万元购房款确有困难，情有可原。其次，在2月22日过户当日，原告不出具欠条，付款义务仍可依合同来确定，被告黄晓玲坚持要求李小明出具欠条实际意义不大，被告的这种行为虽不属于过错，但对于导致合同最终未能履行亦有一定的责任。再次，定金罚则具有惩罚性，目的在于督促双方当事人按约履行合同，保护合同目的的实现。但是，违约责任制度的设定，主要是通过对受害一方遭受的损失给予充分补偿，而且这种补偿应当大致相当于受害一方的损失，以达到平衡双方利益的目的。[②] 在合同因遭受多个原因力作用而无法履行时，考虑实际损失来认定违约责任较为公平。本案合同无法履行之后，并没有给被告造成实际损失，被告可以继续寻找适格买家，达成交易。最后，房产新政导致合同解除后，违约方无法采取任何补救措施来弥补过错，此时要求原告承担全部责任，显失公平。

综上，一审最终酌定被告黄晓玲返还原告李威定金10万元，实际要求原告李威承担5万元的定金罚则，是基于公平原则与案件实际情况对违约责任进行认定的综合处理意见。

(浙江省宁波市镇海区人民法院 田明芳 洪磊)

[①] 参见王利明：《民法总则研究》，116~117页，北京，中国人民大学出版社，2003。
[②] 参见谢怀栻：《合同法原理》，277页，北京，法律出版社，2000。

46. 李金容等诉林沛森等房屋买卖合同、居间合同案

（一）首部

1. 判决书字号：广东省中山市第一人民法院（2011）中一法民一初字第180号。
2. 案由：房屋买卖合同纠纷、居间合同纠纷。
3. 诉讼双方

原告（反诉被告）：李金容。

原告（反诉被告）：石永来。

两原告委托代理人：曹小芹，广东万里海天律师事务所律师。

被告（反诉原告）：林沛森。

被告（反诉原告）：林麦瑞莲，香港永久性居民。

以上两被告委托代理人：刘君雅、刘伟芳，分别是广东国融律师事务所律师、实习律师。

被告：中山市乐安居房地产咨询服务中心（下简称"乐安居中心"）。

投资人：袁亭亭。

委托代理人：袁飞飞、莫品成，该中心员工。

4. 审级：一审。
5. 审判机关和审判组织

审判机关：中山市第一人民法院。

独任审判员：吴浩明。

6. 审结时间：2011年3月28日。

（二）诉辩主张

1. 原告诉称：2010年9月8日，原告与三被告签订《房地产买卖合同》，该合同包括房屋买卖合同关系和居间合同关系。合同约定由被告林沛森、林麦瑞莲将其拥有的坐落于中山市港口镇星晨花园碧丽园87座的房地产以58万元的价格卖给原告，签订合同当日，原告向被告林麦瑞莲交付定金30 000元，并约定由原告协助被告乐安居中心向银行申请按揭贷款40万元。2010年9月24日，原告向被告乐安居中心分别支付佣金6 000元及办证费2 000元，约定办证费按单据实报实销。2010年10月中旬，被告乐安居中心通知原告及被告林沛森、林麦瑞莲，称由于原告没有中山市本地的社保证明，无法办理按揭贷款手续。为此，原告认为，依据《合同法司法解释（二）》第26条"合同成立以后客观情况发生了当事人在订立合同时无法预见的，非不可抗力造成的不属于商

业风险的重大变化……不能实现合同目的"，原告有权要求解除合同。由于原告无法申请到银行贷款，无力购买被告林沛森、林麦瑞莲的房地产，而被告林沛森、林麦瑞莲又不同意原告分期按月付款，双方的合同应依法解除。同时，原告在订立合同后并无违约行为，对不能办理贷款也无过错，被告亦无实际损失，三被告应向原告退还其收取的费用。综上，原告起诉至法院请求判令：（1）解除原告与三被告于 2010 年 9 月 8 日签订的《房地产买卖合同》；（2）被告林沛森、林麦瑞莲退回其向原告收取的定金 30 000 元；（3）被告乐安居中心退回其向原告收取的佣金 6 000 元及办证费 2 000 元；（4）由三被告承担本案全部诉讼费用。在诉讼中，原告增加一项诉讼请求：判令被告乐安居中心连带返还定金 30 000 元。

2. 被告林沛森、林麦瑞莲辩称：（1）原告在签订合同时已经预见到有可能出现银行拒绝贷款的情况。2010 年 4 月 17 日，《国务院关于坚决遏制部分城市房价过快上涨的通知》（国发〔2010〕10 号）规定，"对不能提供一年以上当地纳税证明或社会保险缴纳证明的非本地居民暂停发放购买住房贷款"。故本案不适用《合同法司法解释（二）》第 26 条的情势变更原则，原告主张依此解除合同属于法律适用错误，法院不应支持。（2）根据《房地产买卖合同》第 13 条第 2 款约定的"过户当天买方直接支付首期款给卖方"，可见无论原告是否成功办理按揭贷款均应当履行房屋买卖合同，否则就构成违约。原告无法定或约定的理由而拒绝履行合同，其行为构成违约，按照定金及《合同法》第 115 条"……给付定金的一方不履行约定的债务的，无权要求返还定金……"之规定，被告林沛森、林麦瑞莲有权没收定金 30 000 元，不予返还。

3. 被告（反诉原告）林沛森、林麦瑞莲并提起反诉称：我方与反诉被告李金容、石永来及被告乐安居中心于 2010 年 9 月 8 日签订《房地产买卖合同》后，为履行合同已做多项准备工作，而反诉被告却在无法定或约定情况下拒绝履行合同，其行为构成了违约。根据《合同法》第 107 条"当事人一方不履行合同义务或者履行合同义务不符合约定的，应当承担继续履行、采取补救措施或者赔偿损失等违约责任"的规定我方同意以确定反诉被告违约为前提解除合同，并要求反诉被告赔偿我方所受损失。据此，请求判令：（1）反诉被告赔偿反诉原告违约损失共折合人民币 9 800 元（其中 1）办理《登记婚姻证明》费用为港币 2 100 元；2）办理《房地产权证》与《国有土地使用权证》登记人同属一人的《声明》费用为港币 3 050 元；3）变更测量费为人民币 193 元；4）中山市人民政府土地房产换证费；5）交通费为港币 2 000 元；6）律师费为人民币 3 000 元）；（2）由反诉被告承担本案诉讼费用。

4. 被告乐安居中心辩称：（1）《国务院关于坚决遏制部分城市房价过快上涨的通知》出台于 2010 年 4 月 17 日，而《房地产买卖合同》是在该通知出台后，于 2010 年 9 月 8 日签订的。依此可认定原告早已知悉贷款需要提供中山市本地社保证明政策，原告主张解除合同理由不成立。我方同意解除合同，但根据合同第 9 条第 3 项约定，原告应承担违约责任，因此我方不同意退还佣金 6 000 元，办证费 2 000 元应依约按单据实报实销，抵扣委托测量费 830 元及评估房屋费 800 元，余额 370 元可退还给原告。（2）我方不应承担返还定金 30 000 元连带责任。在签订合同时以及准备履行合同阶段，我方均完全善意地履行提示通知义务，没有任何过错，且为办理房屋测量及评估手续实际花费了人力物力,不应承担返还定金30 000元连带责任。

5. 反诉被告辩称:(1) 反诉原告提供的《登记婚姻证明》及发票与本案没有关联性,办理房屋买卖过户手续并非必须具有该证明;(2) 反诉原告提供的《声明》及发票与本案没有关联性;(3) 由于造成涉案房地产产权证与国有土地使用权证权利人姓名登记不一致的责任完全在于反诉原告,为此而产生的换证相关费用应由反诉原告自行承担;(4) 反诉原告主张律师费3 000元于法无据。本诉被告乐安居中心应审查房屋买卖合同双方的身份资格,但实际未审查,存在过错,反诉原告的损失应向本诉被告乐安居中心主张。

(三) 事实和证据

中山市第一人民法院经公开审理查明,2010年9月8日,原告(买方)与被告林沛森、林麦瑞莲(卖方)、被告乐安居中心(经纪方)签订《房地产买卖合同》,该合同包括房屋买卖合同关系和居间合同关系。合同约定由被告林沛森、林麦瑞莲将其拥有的坐落于中山市港口镇星晨花园碧丽园87座的房地产以58万元价格卖给原告;签订合同时,原告向被告林麦瑞莲交付定金30 000元,合同注明被告林麦瑞莲收取原告定金30 000元。合同第3条第2项之一约定原告应一次性支付55万元作为第二部分楼款,付款方式为银行按揭付款;合同第8条约定原告应向被告乐安居中心支付中介服务费(佣金)14 000元且约定:"签署本合同后若本合同被取消、解除或未被实际履行或买卖双方私下或通过其他经纪方成交该房地产,均不影响经纪方收取上述中介服务费的权利。"合同第13条第3项约定:"该房地产交易时间为伍个月,从2010年9月9日起,具体交易时间以国家相关部门出示交易时间为准。"第13条第4项约定:"如买方办理贷款做不到首次购房,中介费收12 000.00元。"合同还约定了其他事项。

合同签订后,2010年9月24日,原告向被告乐安居中心分别支付佣金6 000元及办证费2 000元,约定办证费按单据实报实销,被告乐安居中心出具了共8 000元收据。2010年10月,被告乐安居中心通知原告及被告林沛森、林麦瑞莲,称由于原告没有中山市本地的社保证明,无法办理按揭贷款手续。原告未能成功申请购房贷款,且被告林沛森、林麦瑞莲拒绝原告按月分期向其支付房款。后经协商未果,原告以因房贷政策变化导致其无法获得购房贷款和无法继续履行合同等为由,起诉至本院主张前述实体权利。诉讼中,被告林沛森、林麦瑞莲提起反诉,主张其反诉实体权利。

另查,2010年4月17日,国务院发布了《国务院关于坚决遏制部分城市房价过快上涨的通知》(国发〔2010〕10号),通知中第二条第三项规定:"对不能提供一年以上当地纳税证明或社会保险缴纳证明的非本地居民暂停发放购买住房贷款。"2010年9月29日,中国人民银行、中国银行业监督管理委员会发布了《关于完善差别化住房信贷政策有关问题的通知》(银发〔2010〕275号),通知中规定:"为进一步贯彻落实《国务院关于坚决遏制部分城市房价过快上涨的通知》(国发〔2010〕10号)的有关精神,巩固房地产市场调控成果,促进房地产市场健康发展,现就相关信贷政策通知如下:一、各商业银行暂停发放居民家庭购买第三套及以上住房贷款;对不能提供一年以上当地纳税证明或社会保险缴纳证明的非本地居民暂停发放购房贷款……"

又查,两原告为夫妻关系。被告林沛森、林麦瑞莲系夫妻,均为香港特别行政区居民,1976年5月6日在香港结婚后,妻子麦瑞莲便冠以夫姓,名为林麦瑞莲。1998年4月23日填发的本案涉案房地产产权证及房地产共有(用)证中登记"麦瑞莲"为权利人。而同年6月2日填发的国有土地使用证是以"林麦瑞莲"为其中一名登记土地使用者。原、被告在签订上述《房地产买卖合同》后,被告林沛森、林麦瑞莲依政府规定办理了《房地产权证》更名手续,包括委托律师出具《声明》、《登记婚姻证明》,委托测绘公司变更测量涉案房地产,换领新证。两被告主张办理前述《房地产权证》更名手续及参与本案诉讼共花费(折合)人民币9 800元,其中交通费为港币2 000元,律师费为人民币3 000元。

再查,被告乐安居中心在与原告签订上述《房地产买卖合同》后,作为中介方,委托中山市中鑫测绘工程有限公司对本案涉案房地产进行测绘,出具了测绘图纸。被告乐安居中心支付了测量费1 038元,并提供由中鑫测绘工程有限公司出具的1 008元测量费发票,另30元的广东省地方税收通用定额发票。

原告对其主张的事实及诉讼请求在举证期限内提交的证据有:(1)《房地产买卖合同》;(2)2010年9月24日由被告乐安居中心出具的记载佣金6 000元的《收据》;(3)2010年9月24日由被告乐安居中心出具的记载办证费2 000元的《收据》。

被告林沛森、林麦瑞莲对其辩解及反诉请求在举证期限内提交的证据有:(1)《房地产买卖合同》(2010年9月8日签订);(2)损失明细表;(3)《登记婚姻证明》及发票;(4)委托香港律师出具的《房地产权证》与《国有土地使用权证》登记同属一人的《声明》及发票;(5)本案涉案房地产的测量图纸及变更测量费收据;(6)新房地产权证及发票;(7)律师费发票;(8)2010年4月17日《国务院关于坚决遏制部分城市房价过快上涨的通知》(国发〔2010〕10号)。

被告乐安居中心对其辩解在举证期限内提交了如下证据:(1)中山市港口镇星晨花园碧丽园87座房屋测量图纸;(2)发票。

(四)判案理由

中山市第一人民法院经审理认为:本案为房屋买卖合同、居间合同纠纷。本案《房地产买卖合同》系合同缔约各方在平等基础上基于真实意思表示签订的,且未违反法律、行政法规的强制性规定,该合同真实合法有效。结合双方诉辩意见,本案争议焦点在于:(1)《房地产买卖合同》因房贷政策变化无法继续履行是否适用情势变更原则,原告主张解除合同并返还定金、中介佣金及办证费之诉求应否支持;(2)反诉原告主张反诉被告赔偿损失之请求,理由是否成立。

关于焦点一。最高人民法院《关于适用〈中华人民共和国合同法〉若干问题的解释(二)》第二十六条规定:"合同成立以后客观情况发生了当事人在订立合同时无法预见的、非不可抗力造成的不属于商业风险的重大变化,继续履行合同对于一方当事人明显不公平或者不能实现合同目的,当事人请求人民法院变更或者解除合同的,人民法院应当根据公平原则,并结合案件的实际情况确定是否变更或者解除。"2010年11月15日,广东省高级人民法院《关于银行房贷政策调整引起的房屋买卖合同纠纷适用法律问题的批复》(粤高法民一复字〔2010〕12号)(以下简称《批复》)指出:"银行房贷政策调整是政府为加强房地产交易进行的政策调控,该调控政策何时出台以及具体内容如何,均是当事人签订合同时无法预知。买受人确有证据证明因银行信贷政策调整而无法履行付款义务的……即买受人可以请求解除合同,出卖人应当将收受的购房款本金及其利息或者定金返还买受人。当然,如果当事人签订的买卖合同明确约定即使买受人无法获得银行贷款,也应承担继续履行支付房款义务,不得因房贷政策调整而免除其违约责任。"

依据前述规定,适用情势变更应符合以下要件:(1)有客观情势发生异常变化之事实;(2)发生在合同成立以后,履行完毕之前;(3)该客观情况发生变化不可归责于任何一方当事人,当事人不可预见、不可避免;(4)其发生使合同的履行显失公平或失去意义。本案中,房屋买卖合同签订于2010年9月8日,合同第13条第3项约定:"该房地产交易时间为伍个月,从2010年9月9日起,具体交易时间以国家相关部门出示交易时间为准。"2010年9月29日银行信贷政策调整,改变了申请房贷的条件和手续,该房贷政策变化的出台及内容变化确系原被告在签订合同时无法预知,不能仅以2010年4月17日国务院针对各省、自治区、直辖市人民政府,国务院各部委、各直属机构下达的通知推定原被告在合同签订时应知悉该政策。且合同第13条第4项约定:"如买方办理贷款做不到首次购房,中介费收12 000.00元。"可见原告与被告乐安居中心在签订合同时也并未预见到该政策变化。由于银行房贷政策变化,原告未能成功申请贷款,而原被告签订的《房地产买卖合同》约定原告以58万的价格购买涉案房地产,原告应一次性支付55万作为第二部分楼款,且由原告协助被告乐安居中心向银行申请按揭贷款40万元,可见,原告用以购买房地产的资金大部分来源于银行贷款,若未能成功申请到银行贷款,除非原告与被告乐安居中心协商改变付款方式(本案被告林沛森、林麦瑞莲拒绝原告向其分期付款的请求),否则原告将没有资金条件履行支付房款义务,合同目的也无法实现。而原被告各方在真实善意基础上签订合同,且均积极准备履行合同,对合同无法继续履行均无过错。综上,房贷政策变化满足情势变更要件,本案可以适用情势变更原则。

根据情势变更原则,在合同目的无法实现的情况下,当事人可以请求解除合同,且原被告签订的《房屋买卖合同》中并未约定"即使买受人无法获得银行贷款,也应承担继续履行支付房款义务"。因此,原告主张解除合同并要求被告林沛森、林麦瑞莲返还定金30 000元之诉求,本院予以支持。

关于原告主张被告乐安居中心连带承担返还定金30 000元的诉求,因原告该诉求无事实和法律依据,本院不予支持。

关于原告主张被告乐安居中心返还佣金和办证费问题。《合同法》第5条规定:"当事人应当遵循公平的原则确定各方的权利和义务。"《房地产买卖合同》约定原告应向被告乐安居中心支付佣金14 000元且约定:"签署本合同后若本合同被取消、解除或未被实际履行或买卖双方私下或通过其他经纪方成交该房地产,均不影响经纪方收取上述中介服务费的权利。""如买方办理贷款做不到首次购房，中介费收12 000.00元。"合同签订后，被告乐安居中心收取原告支付的佣金6 000元和办证费2 000元。本案适用情势变更原则，《房地产买卖合同》包括房屋买卖合同关系和居间合同关系，合同被依法解除后，原告与被告乐安居中心之间的居间合同关系亦终止。原告和被告乐安居中心对合同无法继续履行均无过错。因此，本案适用公平责任原则，由本院酌情确定原告和被告乐安居中心之间损失分担比例。由被告乐安居中心返还2 500元佣金给原告，办证费2 000元依原告与被告乐安居中心按单据实报实销之约定，扣除被告乐安居中心实际支出的1 038元，余额962元返还给原告。

关于焦点二。反诉原告主张反诉被告违约应予赔偿损失。反诉被告主张其不存在违约行为，不应承担责任。如前所述，本案依法适用情势变更原则，且根据公平责任原则分担损失。本案反诉被告虽然不存在违约行为，不应承担违约责任，但反诉原告对合同无法继续履行并无过错，且为签订和准备履行合同花费一定人力物力，此损失应由反诉被告适当分担。关于反诉原告损失问题，本院认为，更名手续系因反诉原告自身过错导致房地产权证和国有土地使用权证中权利人姓名登记不一致，依政府规定而生的补正手续，与反诉被告无关，由此产生相关费用应由反诉原告自行承担；反诉原告主张的律师费3 000元系因反诉原告自身需求而产生，并非必须发生的费用，本院不予支持；至于反诉原告主张其于2010年9月8日从香港到中山签订《房地产买卖合同》产生的交通费400元港币，2010年11月12日从香港到中山商谈履约事宜产生的交通费400元港币，两项共折合人民币680元，系反诉原告为了签订和准备履行合同而产生的合理费用，本院确定此费用由反诉被告承担。

（五）定案结论

本诉原告诉求合理部分，本院予以支持；反诉原告反诉请求有理部分，亦予采纳。依照《中华人民共和国合同法》第五条、第九十四条第五项、第一百三十条、第四百二十四条，最高人民法院《关于适用〈中华人民共和国合同法〉若干问题的司法解释（二）》第二十六条，《中华人民共和国民事诉讼法》第六十四条第一款之规定，判决如下：

1. 解除原告李金容、石永来与被告林沛森、林麦瑞莲、中山市乐安居房地产咨询服务中心于2010年9月8日签订的《房地产买卖合同》。

2. 被告林沛森、林麦瑞莲于本判决生效之日起7日内向原告李金容、石永来返还定金30 000元。

3. 被告中山市乐安居房地产咨询服务中心于本判决生效之日起7日内返还原告李金容、石永来佣金2 500元及办证费962元。

4. 反诉被告李金容、石永来于本判决生效之日起7日内向反诉原告林沛森、林麦瑞莲支付损失费680元。该费用可予在上述第二判项定金款项中等额抵扣。

5. 驳回原告李金容、石永来的其他诉讼请求。

6. 驳回反诉原告林沛森、林麦瑞莲的其他反诉请求。

如果被告未按本判决指定的期间履行给付金钱义务，应当依照《中华人民共和国民事诉讼法》第二百二十九条之规定，加倍支付迟延履行期间的债务利息。

本诉案件受理费750元，减半收取为375元，诉讼保全费320元，共695元（原告已预交）。由原告李金容、石永来负担85元，被告林沛森、林麦瑞莲负担550元，被告中山市乐安居房地产咨询服务中心负担60元（被告应于本判决发生法律效力之日起7日内向本院缴纳）。反诉案件受理费25元（反诉原告已预交），由反诉原告负担20元，反诉被告负担5元（反诉被告应于本判决发生法律效力之日起7日内向本院缴纳）。

（六）解说

近年来，为了解决住房价格过快上涨，房地产投机行为肆虐的形势，各地相继出台了一系列的行政、财税、信贷（包括首付比例、利率、套数限制、主体限制）等"房地产新政"调节控制房地产市场。新政的出台，大量已经生效的商品房买卖合同无法继续履行或者履行后对一方造成明显不公平，产生大量争议与纠纷。在宏观调控政策出台的背景下产生的房屋买卖合同纠纷案件如何适用最高人民法院《关于适用〈中华人民共和国合同法〉若干问题的解释（二）》第26条确立的"情势变更"原则逐渐成为热议的话题。但房地产交易的过程中毕竟会产生商业风险，故在裁判过程中，必须注意正常的商业风险，各方不得随意据情势变更原则主张解除有效的房地产买卖合同。笔者认为，可作如下情况区分：（1）因营业税征免年限的延长，导致投机性购房者转让获利的减少或资本占用的时间拉长，从而要求解除合同的，不得适用情势变更原则予以解除。（2）因贷款利率大幅度上调，投机性、投资性购房者的成本增加，消费购房者的还款压力加大，从而要求解除合同的，不能适用情势变更原则予以调整或解除。（3）关于以贷款首付比例提高为由而要求解除合同的，应视不同情况区别对待。合同约定贷款首付比例低于新政要求的贷款首付比例的，合同签订后按照原付款比例无法贷款。这样为了符合新政要求的比例，就必须改变合同付款条件，购房者就要多交首付，改变了用现有款项支付首付购买房屋，以后按月还贷的合同目的。该种状况，就符合情势变更的适用条件，可以运用情势变更的原则解除合同。但是如果合同约定的贷款首付比例和新政规定的首付比例相当甚至高于新政规定的比例，新政的下发不改变合同约定的付款条件，也不影响合同的履行，对双方不会造成任何的不公平。此时就不得适用情势变更原则解除合同。（4）因商业银行暂停对不能够提供1年以上当地纳税证明或社会保险缴纳证明的非本地居民的购房贷款，导致合同签订后无法办理贷款，买卖双方对付款方式又无法达成新的一致，购房者要求解除合同的情况，符合情势变更关于发生了无法预见、非不可抗力的不属于商业风险的客观情况变化，如果不改变付款方式将无法继续履行合同，可以适用情势变更制度解除合同。（5）关于地方政府根据国务院的授权，对购房数量进行限制，导致签订合同后无法办理备案登记、产权证明，购房者要求解除合同的，符合客观情况发生了不可预见、不属于商业风险的变化，导致合同目的不能实现，可以适用情势变更原则解除该合同。

任何合同在缔结之际，无论当事人是否意识到，均是以当时所存在的法律秩序、经济支付、货币的特定购买力、通常的交易条件等特定的一般关系或者环境为前提的,因而一旦这些关系和环境不可预见地发生了显著的变化,造成了严重的后果,使当事人之间的利益关系处在一种严重的失态,就需要灵活适用法律来加以调整,以实现和谐的社会生活秩序。而情势变更原则正是公平原则与诚信原则的进一步具体化,通过赋予裁判机关以直接干预合同关系的"公平裁判权",使法律能够适应社会经济情况的变化,来更好地协调当事人之间的利益冲突,维护经济运转的正常秩序。从另一方面分析,情势变更原则意味着对当事人合同"法锁"的解除,对原有合同状态和合同效力的颠覆与否定,与我国合同法维护有效合同的法律效力,稳定社会秩序的目标和宗旨相违背,故不得将其作为一项普适性原则和制度。值得注意的是,依公平与诚信原则,在合同订立时的情势发生非常特殊的变化时,也应当针对个案,对特定当事人的利益状态进行个别调整,审慎、严格地适用情势变更原则。当然,在依情势变更原则解除合同的同时,亦应根据有关不履行合同当事人的实际经济状况、交易标的大小等综合因素,判令不履行一方承担一定的赔偿责任,以实现当事人之间利益的平衡。

(广东省中山市第一人民法院 吴浩明 梁丹妮)

四、侵权责任纠纷案例

47. 钟贵琼等诉马兆龙生命权、健康权、身体权案

(一) 首部

1. 判决书字号：北京市密云县人民法院（2011）密民初字第1837号。
2. 案由：生命权、健康权、身体权纠纷。
3. 诉讼双方

原告：钟贵琼、张斯新。

委托代理人：杨冰清，北京市岳成律师事务所律师。

被告：马兆龙，男，1971年2月2日出生，汉族，农民，住北京市密云县。

委托代理人：王珅，北京市玄德律师事务所律师。

4. 审级：一审。
5. 审判机关和审判组织

审判机关：北京市密云县人民法院。

代理审判员：吕书义。

6. 审结时间：2011年5月11日。

(二) 诉辩主张

1. 原告诉称

2010年5月，被告（网名铁镐）在铁镐户外网站上发布"2010年六一节天山夏特古道徒步穿越"的帖子，召集、组织网友到新疆进行户外徒步旅游活动。原告女儿张玲玲（网名彦小新）等人参加了该活动。2010年6月8日，张玲玲在随同被告等人参加活动过程中，渡新疆温宿县博孜墩乡木扎尔特河时被水冲走，后经公安机关寻找并确认死亡。本案中，被告作为活动组织者，活动之前未做好充分准备工作、未能充分预见活动的强度和危险性、活动中领导组织不力，并且在发生事故后未及时报警，最终导致受害人张玲玲死亡的严重后果。事故发生后，被告不同意对原告进行赔偿。被告的行为不仅造成受害人死亡，而且给受害人亲属，尤其是受害人父母造成了极大的精神损害，为

了维护自身合法权益，特向法院起诉，要求被告赔偿丧葬费 25 207.5 元，死亡赔偿金 581 460 元，办理丧葬事宜支出的交通费 11 910 元，住宿费 360 元，误工损失 6 248 元，精神抚慰金 50 000 元，共计 675 185.5 元。

2. 被告辩称

我召集的"2010年六一节天山夏特古道徒步穿越"活动系自助式的户外运动，在此活动中，参加者应当自担风险，且我已经尽到了相应的安全保障义务，在此活动中没有获利，张玲玲之死是由于冰川融雪导致河水出现激流所致，我并无过错，不同意原告的诉讼请求。

（三）事实和证据

北京市密云县人民法院经公开审理查明：原告张斯新、钟贵琼系张玲玲之父母。2010 年 5 月，被告马兆龙（网名铁镐）在铁镐户外网站上发布"2010年六一节天山夏特古道徒步穿越"活动的帖子，召集、组织网友到新疆进行户外徒步旅游，在该帖子中，被告注明：户外有一定的危险性，队员自行承担可能存在的危险，和可能发生的安全事故。领队负责活动路线的策划、协调、带队、联络等工作。对活动中出现的各种情况，有临时决定的权利，所有队员均听从领队的指导，按照领队的安排从事自己力所能及的公共劳动，配合、协助领队工作。队员可以提出合理化建议。被告在帖子中对夏特古道的地理位置、地质条件、气候状况、交通状况及探险地民俗等进行了介绍，对此次活动的行程及需要的装备进行了告知，并说明此次活动的费用为：自己花自己，无财务员，当场结清，预计费用1500元。包括被告及二原告之女张玲玲（网名彦小新）等 10 人参加了该活动。被告等 10 人在新疆全部汇合后，共同出资购买了 100 米保护绳，开始此次徒步穿越夏特古道活动，在徒步穿越过程中，木扎尔特河将被告等 10 人隔成两组，一组为梳打饼干（网名）、毛驴（网名）、红枫（网名）及老茶根（网名），另一组铁镐（本案被告）、青城（网名）、千鸟（网名，真名宋振中）、彦小新（网名，真名张玲玲，系本案中死者）、胡杨林（网名，真名郭启鹏）及 mimimimi（网名，真名王建斌）。6 月 8 日，被告等所在一组人渡木扎尔特河，渡河顺序为铁镐（本案被告）、青城、mimimimi、彦小新（本案死者张玲玲）、千鸟及胡杨林，渡河方式为手拉手的方式。在渡河过程中，被告及张玲玲等六人均被河水冲倒。后被告及胡杨林自救上岸，青城、mimimimi 及千鸟被拉上岸，张玲玲被河水冲走。青城被拉上岸后经被告施救无效后死亡，被告等人将青城遗体就地掩埋后，沿河寻找张玲玲未果。2010 年 6 月 16 日，二原告到温宿县公安局报案，经公安机关联同博孜墩边防派出所沿木扎尔特河寻找三日未果。后张玲玲尸体被发现，并被确认为 2010 年 6 月 8 日溺水死亡。本案中，二原告要求被告赔偿的丧葬费、死亡赔偿金、交通费、住宿费、误工损失及精神抚慰金共计 625 190.5 元，但经本院核实，根据原告要求被告赔偿项目的明细，上述各项合计应为 675 185.5 元。

上述事实有下列证据证明：

1. 死者张玲玲的死亡证明，证明张玲玲的死亡时间及死亡原因。
2. 温宿县公安局证明，证明二原告到温宿县公安局报案张玲玲失踪。
3. 温宿县公安局询问笔录，证明张玲玲死亡时的现场情况。
4. 公证书，证明被告马兆龙召集组织自助游时所在网上发的帖子内容及活动组织情况。
5. 双方当事人陈述，证明事实经过。

（四）判案理由

北京市密云县人民法院经审理认为：自助式户外活动系一种不同于常规旅游的活动，其采取的一般不是常规的旅游线路，具有一定的风险性，该种风险为活动参加者明知，但仍然愿意参加并愿意承担由此产生的后果。本案中，张玲玲作为具有完全行为能力的民事主体，完全可以根据自身的身体条件及经验对是否参加被告召集的"2010年六一节天山夏特古道徒步穿越"活动及可能存在的风险作出判断和选择。根据本案查明的事实，被告召集的此次夏特古道徒步穿越活动系自助式户外运动，被告在"铁镐户外"网站上发帖召集此次活动参加者时已经对此次活动的风险进行了提示，在活动中组织购买了绳子等必要的安全救助工具，在渡河遇险时对其他落水队员进行施救等，且并没有证据表明被告召集组织此次活动是以营利为目的。综上，被告在召集组织此次活动中已经尽到了合理限度范围内的安全保障义务，对张玲玲之死并没有主观过错，张玲玲之死系突发的意外事件导致，故二原告要求被告赔偿损失的诉讼请求，缺乏事实及法律依据，本院不予支持。

（五）定案结论

北京市密云县人民法院依据相关法理及法律规定，作出如下判决：
驳回原告钟贵琼、张斯新的诉讼请求。
案件受理费5 026元，由原告钟贵琼、张斯新负担（已交纳4 788元，余款238元于本判决生效之日起7日内交纳）。

（六）解说

本案的争议焦点在于被告马兆龙组织此次"2010年六一节天山夏特古道徒步穿越"活动与张玲玲死亡之间是否存在因果关系？被告马兆龙在此次活动中是否尽到了必要的安全保障义务？对此有三种观点：（1）马兆龙作为此次活动的组织者，准备工作不充分，未能足够预见活动的强度及危险性，未尽到应有的安全保障义务，且马兆龙在队员遇险时未及时报警，所以，马兆龙对张玲玲之死具有过错，应当承担相应的赔偿责任。（2）马兆龙在组织此次活动中尽到了安全保障义务，对张玲玲之死并没有过错，不承担赔偿责任，但根据《民法通则》第132条之规定："当事人对造成损害都没有过错的，可以根据实际情况，由当事人分担民事责任"，故依据公平原则，由马兆龙对死者张玲玲父母进行适当的补偿。(3) 马兆龙在组织此次活动中尽到了安全保障义务，对张玲玲之死并没有过错，张玲玲之死是因为河水突涨造成，系意外事故，张玲玲的死亡与马兆龙组织此次活动之间不存在因果关系，所以马兆龙不承担赔偿责任，也不承担补偿责任。下面我们从自助游活动的特点及相关法律方面进行分析和解读。

1. 自助游活动的特点

马兆龙组织的此次天山夏特古道之行系自助式户外运动（简称自助游），是近年来兴起的一种旅游方式，其不同于常规的旅游活动，采取的一般不是常规的旅游线路，具有一定的探险性质。它具有以下特点：

（1）从组织形式上看，一般由多人参加，由一个或者多个组织者负责安排活动路线及行程等事宜，参加者自愿组合。

（2）从活动性质上看，自助游不具有营利性，组织者不从中获取利润。这一点与商业性营利活动的组织者不同，后者要承担更为严格的责任。最高人民法院《关于审理人身损害赔偿案件适用法律若干问题的解释》第6条规定："从事住宿、餐饮、娱乐等经营活动或者其他社会活动的自然人、法人、其他组织，未尽合理限度范围内的安全保障义务致使他人遭受人身损害，赔偿权利人请求其承担赔偿责任的，人民法院应予支持。"自助游虽不属于营利活动，但属于"其他社会活动"的一种，作为活动的组织者，仍应当尽合理限度范围内的安全保障义务。

（3）从参加者之间的关系来看，自助游活动的参加者之间是松散型、自助、自给型的。组织者只负责召集参加者、安排路线行程、管理公共费用支出等，但活动中的很多事项尚需参加者共同决定，组织者对参加者在活动中的行为并没有很大的支配权力。

从上述自助游的定义及特点可以看出，自助游活动是以参加者自冒风险为前提，组织者所应尽的安全保障义务较低，并且只应当承担过错责任。对于过错的认定，应当结合客观实际情况进行判断。因为在复杂的自然环境中，不能要求组织者对各种风险都作出预测并保证每一个决定都是正确的，只要不是明显的、重大的错误，就不应当要求其承担责任。

2. 相关法律分析

（1）马兆龙对张玲玲之死并未构成侵权责任的构成要件。按照法理和法律规定，一般侵权责任构成要件有四个：第一，有违法行为；第二，有损害结果；第三，违法行为和损害结果之间有因果关系；第四，行为人有过错。在该案中，首先，马兆龙组织此次"2010年六一节天山夏特古道徒步穿越"活动并未违反相关法律的规定，马兆龙召集组织此次活动并未违法。其次，根据渡河时其他两名参加者的证言，张玲玲被河水冲走系河水突涨造成，与马兆龙组织此次活动之间并不存在因果关系；最后，在渡河过程中，马兆龙亦被河水冲走，在其脱险后，积极救助其他落水队友，故在主观上，马兆龙对张玲玲之死并不存在过错。由于缺乏一般侵权责任构成四个要件中的三个，所以，马兆龙对张玲玲之死并未构成侵权责任。

（2）马兆龙组织此次活动及遇到险情时尽到了必要的安全保障义务。营利性的旅游与非营利性的自助游有着明显的界限。作为营利性的旅游活动，只有经依法批准的旅行社才有权组织；且旅行社组织旅游活动，要有足够的安全保障措施，必须为游客办理旅游意外伤亡的保险。一旦发生游客意外伤亡，旅行社和保险公司要根据规定承担相应的法律责任，法律对其责任有明确的规定。而作为自助游活动，完全是群众自发进行的一种自娱自乐的活动，根据"风险自负"的原则，自助游的风险一般应由参加者自己承担，法律没有明确规定组织者的责任，除非组织者有明显的过错，否则不应承担赔偿责任。如果组织者在自助游中进行了营利活动，则应承担更大的安全保障义务，对旅友的意外伤亡承担责任。该案中，马兆龙组织的此次活动，系非营利的自助游活动。在活动之初，马兆龙已经在网站上发帖说明了此次活动的风险，进行了风险提示，在活动中，马兆龙购买了绳子等必要的安全救助工具，在渡河遇险时对其他落水队员进行了施救，应当说，马兆龙在此次活动的组织、实施及遇险等方面，均尽到了必要的安全保障义务，故对张玲玲之死不应承担责任。

(3) 本案不能适用公平原则判令被告马兆龙适当补偿二原告。在我国，多数人都认为公平责任原则在法律中的体现为《民法通则》第132条，即"当事人对造成损害都没有过错的，可以根据实际情况，由当事人分担民事责任"。笔者认为，公平责任是建立在行为和结果之间存在因果关系且当事人均无过错基础上的，而本案中，根据查明的情况，张玲玲之死系渡河过程中遭遇河水突涨造成的，系一次意外事件，对于此次意外的发生，组织者马兆龙并不存在过错，马兆龙组织的此次活动与张玲玲之死之间并不存在直接的因果关系，所以笔者认为本案不能适用《民法通则》第132条之规定。此外，《民法通则》第132条的规定弹性太大，在现实中存在被滥用的危险，如果本案适用了《民法通则》第132条，判令马兆龙对死者张玲玲的父母进行适当补偿，那么如果两人相约登山锻炼，其中一人失足摔伤或者心脏病突发死亡，那么同行的另一人就要对伤者或者死者分担损失吗？当然，同行的人出于道义考虑，可以对死者或者伤者进行救济，但这种救济应当是建立在道义基础上的，而不是建立在具有强制力的法律基础上。所以，对于张玲玲之死，可以通过社会救济如捐款或者社会保险等途径，来慰藉张玲玲之父母，而不能通过法律手段强行判令其他人对张玲玲之死承担责任。

(北京市密云县人民法院　吕书义　蒲威)

48. 李志坚诉张玉瑞生命权、健康权、身体权案

(一) 首部

1. 判决书字号

一审判决书：北京市石景山区人民法院 (2010) 石民初字第1538号。

二审判决书：北京市第一中级人民法院 (2011) 一中民终字第893号。

2. 案由：生命权、健康权、身体权纠纷。

3. 诉讼双方

原告（上诉人）：李志坚，男，1979年2月13日出生，汉族，北京市海洋馆职员，住北京市丰台区。

委托代理人：王良斌，北京市恒方永圆律师事务所律师。

委托代理人：李淳生（系李志坚之父），59岁，汉族，北内集团总公司柴油机厂退休职工，与李志坚同住。

被告（被上诉人）：张玉瑞，男，1953年3月10日出生，满族，无业，住北京市石景山区。

委托代理人：张晓雨（系张玉瑞之女），女，34岁，满族，无业，与张玉瑞同住。

委托代理人：李晓中，北京市尚公律师事务所律师。

4. 审级：二审。

5. 审判机关和审判组织

一审法院：北京市石景山区人民法院。

合议庭组成人员：审判长：吴海涛；代理审判员：施舟骏、周晓丽。

二审法院：北京市第一中级人民法院。

合议庭组成人员：审判长：谷岳；代理审判员：冷玉、谢学锋。

6. 审结时间

一审审结时间：2010年11月2日。

二审审结时间：2011年3月22日。

（二）一审情况

1. 一审诉辩主张

原告诉称：原告与被告女儿张晓雨于2002年4月经人介绍认识，于2004年12月15日登记结婚。婚后生有一子天乐（2006年5月15日出生）。2009年10月26日下午3时30分左右，受害人天乐从被告12楼家中坠落，被物业公司工作人员发现，紧急报警。110出警后，急呼120送患儿至北京大学首钢医院急救。16时院方宣布患儿死亡。事发后，原告悲痛欲绝，精神受到巨大打击，与张晓雨解除了婚姻关系，但至今仍未能从丧子阴影中走出来。原告始终认为，天乐在被告处看护而被告却未能尽监管看护职责是导致受害人死亡的直接原因。公民的生命健康不受侵犯，故诉至法院。诉讼请求：（1）判令被告支付原告死亡赔偿金247 250元、丧葬费3 335元、精神损害抚慰金50 000元；（2）判令被告承担案件受理费。

被告辩称：坠楼事件纯属意外，我方同样沉浸在悲痛之中。在此事件中，被告不存在故意及过失，原告之主张缺乏法律依据，故不同意原告之诉讼请求。

2. 一审事实和证据

北京市石景山区人民法院经公开审理查明：原告李志坚与被告之女张晓雨原系夫妻关系；2004年12月15日，李志坚与张晓雨登记结婚；2006年5月15日，李志坚与张晓雨生一子天乐（小名乐乐）；2009年10月26日15时30分左右，天乐从被告张玉瑞家（石景山路42号院长安家园1栋1211号）中坠落，后抢救无效身亡；2009年12月15日，李志坚与张晓雨经北京市宣武区人民法院调解离婚。

经原、被告申请，法庭调取了北京市公安局石景山分局八角派出所的相关询问笔录。

在北京市公安局石景山分局八角派出所2009年10月26日的询问笔录中，王文祥（石景山路长安家园物业负责人）有如下陈述：……今天下午15时30分左右我正在物业办公室内，在1号楼111号的租户跑过来说有个小孩坠楼了。我立即与办公室内的一名修理工跑了出去，发现111号窗外有一小男孩面朝西趴在地上，我还发现小孩的头部周围有血。我立刻拨打"120"和"110"，我又抬头查找是谁家的孩子，发现1211号的窗子开着，就安排修理工去楼上通知，修理工刚走就又看见1211号的窗口有人探头出来（是小孩的姥爷），我就说你家的孩子在楼下，小孩的姥爷说他怎么到楼下的，我还在找他呢。我告诉他是掉下来的，然后小孩的姥爷也跟着急救车走了……

在北京市公安局石景山分局八角派出所2009年10月27日的询问笔录中，张玉瑞有如下陈述：……2009年10月26日中午，乐乐的父母都是在我家吃的饭，大约下午14时10分左右，乐乐的父母就去上班离开我家。当时乐乐在大卧室的床上睡觉，我看孩子睡着了，于是我也在客厅的沙发上睡觉。不知道过了多长时间，我醒了并到大卧室看了一下，乐乐还在床上睡觉。我没有叫他，我又回到沙发上睡着了。大约15时30分左右，我醒来到大卧室一看，乐乐不在床上了，于是我在屋里找，大卧室、小卧室、厕所、厨房我都找了，没有找到。在我找的过程中，听见楼下有人喊"谁家孩子掉下来了"，于是我从小卧室的窗户往下看，发现楼下的小孩像是我家乐乐，于是我马上下楼确认就是我家的乐乐。我当时情绪十分激动，一直哭，并喊"乐乐你醒醒"，可是孩子没有动静……

在审理过程中，法庭对原告李志坚、被告张玉瑞之委托代理人张晓雨进行了相关询问，依据双方当事人的陈述，可以确认以下事实：2008年4月张晓雨上班之后，天乐托付给张玉瑞照顾，在此之前，张玉瑞在家里的主卧、次卧、阳台、厨房的窗户安装了护栏；在天乐上幼儿园之后，通常由张玉瑞负责接送；2009年10月，李志坚从越南回国休假；2009年10月25日晚上，李志坚、张晓雨带天乐从张玉瑞家回到宣武区铁树斜街78号2门101号房屋内居住；2009年10月26日10时至11时，李志坚、张晓雨带天乐到张玉瑞家；2009年10月26日，吃过中午饭，天乐睡觉后，李志坚送张晓雨上班。

在诉讼过程中，原告李志坚认为：原告每月给付被告1 000元，由被告负责看护孩子，但事发当日被告未送孩子上幼儿园，而是将孩子安置在家中看护，故被告对孩子坠楼负有不可推卸的责任；另被告家安装护栏的方式不合理，为孩子攀爬提供了条件，且事发当日气温较低，被告未关好窗户，亦证明被告未尽到审慎的注意义务。

被告张玉瑞认为：双方并未约定1 000元费用的问题，其间女儿张晓雨给过两次1 000元，但之后就没有再给过，这两年来照顾孩子的费用都是被告自行承担的，故原告关于看护费1 000元的说法不成立；另被告安装的护栏符合国家相关标准，孩子的父母在安装护栏后也未提出异议，故被告不存在过错。

在法庭询问过程中，李志坚有如下陈述：……在我回国后几天孩子都没有去幼儿园，是我陪着他，晚上回我们家。26日当天我们将孩子送到张玉瑞家……我和张晓雨做这个工作，张晓雨一直没有同意，因为在此期间如果将孩子送到幼儿园，再接出来比较麻烦，而且张晓雨提出先将孩子送到她父亲家，按照常理也是这样……（张玉瑞家）我居住过，房屋格局我也清楚。（事发时）有一个小凳子。我们去时凳子在客厅，我还坐了，但事发后，凳子在窗户前……之前经济不是很好的情况下，她父母没有提出过，但是后来我和张晓雨决定一个月给张晓雨父亲1 000元，后来我发奖金时就多给些……

张晓雨有如下陈述：……实际上只给过两次，而且确实李志坚商量过每个月给我父亲1 000元。我父母很体谅我们的生活，因为李志坚很辛苦，再养一个孩子，我们两个的消费很大，我父母每次都拒绝……

李志坚主张死亡赔偿金247 250元、丧葬费3 335元、精神损害抚慰金50 000元，张玉瑞不同意赔偿。

上述事实有下列证据证明：

（1）民事调解书，证明原告与被告之女2004年12月15日登记结婚，双方感情破裂，经宣武区人民法院调解离婚的事实；

（2）北京大学首钢医院急诊病历、北京市死亡医学证明书、北京大学首钢医院诊断书等，证明受害人从30米高处坠落，于下午4时多死亡的相关情况；

（3）死者丧葬费用票据若干，证明原告处理受害人后事产生的费用；

（4）公安机关的询问笔录及当事人的陈述意见等证据，证明受害人坠楼前后的相关情况。

3. 一审判案理由

北京市石景山区人民法院经审理认为：当事人对自己提出的诉讼请求所依据的事实或者反驳对方诉讼请求所依据的事实有责任提供证据加以证明，没有证据或者证据不足以证明当事人的事实主张的，由负有举证责任的当事人承担不利后果；当事人对造成损害都没有过错的，可以根据实际情况，由当事人分担民事责任。

在本案中，李志坚主张张玉瑞承担侵权赔偿责任，故李志坚对张玉瑞之过错负有举证义务。就本起事件，评判张玉瑞之行为妥当与否时，应考虑以下几个方面：（1）成立委托看护之基础系利害关系人之间特殊的身份关系。张玉瑞系孩子的外祖父、系张晓雨的父亲、原系李志坚的岳父，事发当日，张玉瑞在李志坚、张晓雨离开后照顾孩子，是基于特定的血缘关系，而非获得经济上的利益。虽原告主张其给过被告1 000元"看护费"，但现并无客观证据证明原告与被告之间就"看护"一事达成协议，亦无证据证明被告固定从原告或孩子其他法定监护人处收取报酬。（2）张玉瑞对事发当日孩子未能上幼儿园一事不存在过错。在事发前一日，孩子与其父母至宣武区的家中居住，事发当日上午10时至11时，孩子由其父母送到张玉瑞家。故孩子未依通常习惯入园与张玉瑞无关。（3）孩子之法定监护人对其被看护地点的安全性予以认可。李志坚与张晓雨作为孩子的法定监护人，有过在张玉瑞家实际居住的经历，并清楚张玉瑞家安装护栏一事，故孩子的法定监护人应当知悉被监护人所处的环境，在长达一年多的时间里，孩子的法定监护人均未提出异议，应视为其认可孩子所处环境的安全性。（4）张玉瑞在此事件中并无不妥之处。为了不影响孩子睡觉，在确认其睡着后，张玉瑞去客厅休息符合常理，并无不当。综合考虑以上几方面因素，本院认定孩子坠楼是一起极为不幸的意外事件，被告张玉瑞在此次事件中并无过错，原告李志坚主张其承担侵权责任之请求缺乏事实依据，不予支持。

另，本院认为此不幸事件给原、被告均带来巨大心灵痛苦，但原告作为孩子父亲，此不幸事件给其造成的精神痛苦及相关损失，更非常言所能表达。故考虑本案案情，本院酌情判令被告张玉瑞给付原告李志坚10 000元补偿款，适当弥补原告所承受的各种损失。

在此，本院特别需要说明的是：人的生命是不能用金钱衡量的，无论何种方式，都不可能弥补本案中原、被告双方失去亲人的创伤，更无法挽回此次不幸事件所造成的后果。因此，本裁判仅为相关当事人行为之法律价值的判断，而非对逝去生命价值的评判。怨恨只能产生痛苦和伤害，虽然法律化解不了怨恨，但本院希望法律上的裁判能够成为这次不幸事件的终点。在乐乐短暂的人生历程中，曾经给三个家庭带来了快乐和希望，虽然一场意外让这些停止下来，但快乐可以创造、希望可以延续、生活还要继续，如果在这场不幸中还有一丝欣慰，则是孩子的父亲、母亲还很年轻，你们有能力和义务，让暂停的快乐和希望继续下去，让亲人受伤的心灵得到抚慰，这是对逝去生命最好的怀念，也是一切善良人们的共同期望。本院也希望因这次不幸事件受到伤害的，乐乐的父亲、母亲、祖父、祖母、外祖父、外祖母以及所有爱护、关心乐乐的人们，都能化解怨恨、忘却伤痛，让明天好好地继续下去。

4. 一审定案结论

北京市石景山区人民法院依据《中华人民共和国民法通则》第一百三十二条、《最高人民法院关于民事诉讼证据的若干规定》第二条之规定，判决：

（1）张玉瑞于本判决生效后20日内给付李志坚补偿款10 000元；

（2）驳回李志坚其他诉讼请求。

（三）二审诉辩主张

上诉人（原审原告）诉称：一审程序违法，导致事实认定不清。受害人为何爬上窗台，打开成人才能打开的窗户，上诉人事发时是在睡觉还是上网炒股，均没有查明。根据法律的规定，委托合同无论有偿还是无偿，受托人都应该履行委托义务。如果瞌睡时可以免责，后患无穷。亲属关系也不应成为减轻责任的理由。请求二审法院依法改判。

被上诉人（原审被告）辩称：服从原判。

（四）二审事实和证据

北京市第一中级人民法院经审理，确认一审法院认定的事实和证据。

（五）二审判案理由

北京市第一中级人民法院经审理认为：本案上诉人主张被上诉人没有尽到看管的职

责而导致最终悲剧的发生,但经本院核实,被上诉人为了保护孩子已经将家中的窗户安装护栏,作为家庭保护措施,此为大多数家庭所没有采取的特殊保护措施。因此应当认为,从日常生活角度而言,被上诉人采取的措施已相当严密。孩子的父母将孩子长期放在被上诉人家中看护,显然也是对此种措施的认可,对被上诉人的信任。孩子在被上诉人午休期间发生事故,是一个谁都无法想到的意外,被上诉人没有主观过错。因此,上诉人上诉主张对方应承担侵权责任,依据不足。原审法院综合考虑各方情况判决被上诉人补偿上诉人钱款10000元,是对上诉人的抚慰,是当下情况的妥善之举。

正如原审法院所殷切期望的,本院也希望两方当事人能够化解仇恨,重新积极面对人生。仇恨是对他人的伤害,也是对自己的伤害。两家的人生都已经惨痛,继续的仇恨除了能增加伤痛还能带来什么？两方当事人经此人生悲剧,已属不幸,如还带着仇恨看待对方,看待自己曾经最亲爱的人,那试问当如何面对将来人生,如何面对将来的爱人？死者已矣,生者还要生活。本院真诚希望本案的双方当事人化解仇恨、面对未来,重新生活。

综上,上诉人上诉请求改判,无事实和法律依据,本院不予支持。原审判决正确,应予维持。

(六) 二审定案结论

北京市第一中级人民法院依据《中华人民共和国民事诉讼法》第一百五十三条第一款第(一)项之规定,判决如下：驳回上诉,维持原判。

(七) 解说

本案涉及一个立法缺位、实践中经常发生,且尚未引起人们普遍关注的司法困惑：法定监护人以外的其他临时委托看护人在看护过程中致被监护人非正常伤害或死亡的,是否对监护人的法定监护人承担民事赔偿责任问题。监护制度的设立不仅对保护未成年人合法权益,而且对调整、规范家庭人身关系,稳定社会秩序、保持良好社会关系都具有重要意义。但是,我国未成年人监护立法对监护权或监护职责变更及变更后的法律后果规定得不明确,给监护权的行使带来障碍。实践中,有监护资格的人相互推诿担任监护人或争当监护人的情况时有发生。尤其是因为方便外出打工或工作等因素,父母暂时无法实施监护职责,往往选择将孩子委托给祖父母、外祖父母照顾。这种隔代监护受祖辈传统观念、文化水平、健康条件等因素的影响,可能会给未成人造成监护不力的后果。这种不幸后果导致的家庭近亲属诉讼纠纷,极易受社会各方普遍关注,处理不当可能影响整个家庭甚至社会关系的和谐稳定。面对立法的缺位,裁判者要尽力在法理与情理的矛盾冲突中作出衡量和抉择。

本案涉及争议的焦点问题为：一是如何认定女婿李志坚委托岳父张玉瑞看护孩子行为的性质以及"监护权"变更的法律效果,这是解决本案争议问题的前提；二是受托看护人张玉瑞在看护过程中是否存在过错或失职行为,这是解决本案的关键；三是可否从公平观念出发,适用公平责任原则对受害人所遭受的损失予以适当弥补,以平衡受害方所遭受的利益损失,进而以法律的视角,明确监护人和临时受托监护人对未成年人的监护职责。

1. 法定监护人将未成年子女委托给近亲属看护行为构成委托监护关系

(1) 父母对未成年人的法定监护职责不能随意转移。监护权是基于身份关系,依法定程序确定的兼具义务属性的权利。监护制度设立目的在于保护被监护人的合法利益。因此,监护在本质上不是一种权利而是一种职责,是权利和义务的有机统一。监护人既享有职权(权利),又负有责任(义务)。我国监护制度注重监护人所负有的职责以及职责的正确履行。正是监护的身份属性、法律强制性决定了监护作为法定义务,其权利和义务不能任意放弃和转让。根据《民法通则》第 16 条的规定,未成年父母是未成年人当然的监护人。父母作为子女的第一顺序法定监护人,对未成年子女监护因子女出生的法律事实而发生,除死亡或按法定程序予以剥夺外,任何人不得剥夺或限制。只有在父母不能履行监护职责或丧失监护能力时,才能在其他近亲属中指定或由顺序在前的有监护能力的人充当。根据《民法通则》规定的法定监护人顺序,排在前面顺序的监护人在有监护能力的情况下不能推托监护义务。

(2) 法定监护人可基于约定将临时看护职责委托给他人代为行使。对于委托监护,民法通则或单行法至今无明文规定,但审判实务中承认委托监护人。[①] 委托监护又称临时监护,是指监护人将监护职责部分或全部委托给他人,由被委托人临时履行部分或全部监护职责。现实生活实践中委托监护已成为十分普遍的现象,诸如将孩子委托给长辈、亲属、邻居照看等。而监护职责能否委托给他人行使,关涉法律设立监护制度目的的贯彻。一般来说,监护作为法律上的强行制度,目的在于最佳保护被监护人,除非基于受监护人的教育或受照顾的必要,原则上不允许委托。但我国司法实践基于某种实用的考虑,承认了监护委托。[②] 最高人民法院《关于贯彻执行〈中华人民共和国民法通则〉若干问题的意见(试行)》第 23 条规定:"监护人可以将监护职责部分或全部委托给他人。因被监护人的侵权行为需要承担民事责任的,应当由监护人承担,但另有约定的除外;被委托人有过错的,承担相应民事责任。"我国《未成年人保护法》第 16 条亦规定:"父母因外出务工或者其他原因不能履行对未成年人监护职责的,应当委托有监护能力的其他成年人代为监护。"根据法律规定及相关司法解释,监护人可以将部分或全部监护职责委托给他人,监护人对其他履职监护人致被监护人伤害或死亡的,可以主张侵权赔偿责任。[③]

委托监护成立,需要监护人和被委托人之间就监护事项达成协议。委托监护双方为委托监护人和受托履行监护义务的自然人或法人,委托协议既可以是独立的合同(如父母委托亲属朋友照看未成年子女)也可以成为其他合同的内容(父母将未成年人送入托

---

① 参见梁慧星:《民法总论》,2 版,104 页,北京,法律出版社,2004。
② 参见龙卫球:《民法总论》,2 版,246 页,北京,中国法制出版社,2002。
③ 参见:《关于贯彻执行〈中华人民共和国民法通则〉若干问题的意见(试行)》第 10 条:监护人的监护职责包括:保护被监护人的身体健康,照顾被监护人的生活,管理和保护被监护人的财产,代理被监护人进行民事活动,对被监护人进行管理和教育,代理被监护人进行诉讼。第 20 条:监护人不履行监护职责,或者侵害了被监护人的合法权益,《民法通则》第 16 条、第 17 条规定的其他有监护资格的人或者单位可以向人民法院起诉,要求监护人承担民事责任或者要求变更监护关系。

儿所、幼儿园)。委托监护形成后，委托人可否据此免除监护责任，理论和实务中一直存在较大争议。根据《民通意见》第22条，监护人将监护职责部分或全部委托给他人时，原则上不变更监护的效力，因被监护人的侵权行为需要承担民事责任的，仍然由监护人承担，被委托人有过错或有失职行为的，负连带责任。但对《民通意见》第22条"但另有约定的除外"条款常解释为："约定由受托人负责时，由受托人对第三人承担责任，排除监护人的责任。"实践中，监护人经常以此规避其责任的承担。因此，监护人与受托人关于监护人不承担责任的约定，不能对抗第三人或不允许约定排除更为妥当。① 监护的性质决定了委托监护原则上不能改变原监护人的地位，也不能导致监护权的转移，但当时人之间可以产生部分监护义务的转移。② 为平衡委托监护双方的权利与义务，在因被委托监护人致害的情形下，监护人应承担第一位的责任，其责任基础为监护职责；受托监护人基于受委托的监护义务，特别是法定监护人以外的其他近亲属履行临时监护职责的，也应履行谨慎、善良家父监护人职责，如此，才能最大限度保护未成年人的合法权益。从比较法上看，德国法通说认为，委托监护情形下，委托人作为监护人，其监护义务不仅不因委托而转移，相反还会对受托人的义务产生重大影响，因为，"一方对另一方进行了长期的细致照料，并且前者有可能在很大程度上影响后者的行为。如照料孩子的保姆、医院的护理人员还有幼儿园、孤儿院或私立学校的经办人或领导"③。因此，被监护人所实施的致害行为是监护人和委托监护人同时违反义务的结果，监护人和委托监护人均需承担责任。我国台湾地区判例认为，父母不得将其监督责任暂时委任于他人而主张免责。因为法定代理人的监督义务不因监督的移转而受影响，……法定代理人应就直接监管人的故意或过失与自己的故意或过失，负有同一责任。在此情形，法定代理人与直接监督人应依"民法"第185条第1项前段规定（共同侵权行为）负损害赔偿责任。④

本案中，李志坚和张晓雨作为孩子第一顺序的法定监护人，负有保护被监护人人身、财产及其他合法权益的义务，其不履行监护职责或侵害被监护人合法权益的，应当承担责任。而对被监护人造成他人损害或自身伤害，无论监护人有无过错是否尽了监护责任，都应当承担责任。李志坚夫妇将孩子委托给张玉瑞照看的行为，构成法律上的委托监护关系。虽然双方并未就委托事宜及责任事项进行详细协商，并签订书面协议，但基于日常生活习惯或惯例，近亲属家庭成员之间也不可能就子女临时委托监护事项专门进行一个约定协商。事实上，张玉瑞基于与李志坚夫妇之间特定的身份及血缘关系，代为履行照顾孩子的义务，即使有证明其接受一定的"报酬"，也并非单纯的利益关系，更不能说明张玉瑞就负有更多一点谨慎、善良家父的注意义务。因此，李志坚夫妇的法定监护职责并没有因与张玉瑞之间的委托监护而发生转移，对于在委托监护期间造成被监护人死亡的后果，李志坚应承担监护人责任。事实上，李志坚夫妇在长达一年时间

---

① 参见龙卫球：《民法总论》，2版，246页，北京，中国法制出版社，2002；胡朝安：《监护权变更的法律效果》，载《法学杂志》，2003 (6)。
② 参见郭明瑞、张平华：《关于监护人对未成年人致人损害的赔偿责任》，载《政法论丛》，2009 (5)，61页。
③ [德] 福克斯：《侵权行为法》，齐晓琨译，180页，北京，法律出版社，2006。
④ 参见王泽鉴：《侵权行为法（二）〈特殊侵权行为〉》，79～80页，台北，三民书局，2006。

里，对张玉瑞家实际居住环境可能造成被监护人伤害的安全隐患没有提出异议，也没有预见到已安装防护栏的窗户存在的潜在隐患。张玉瑞作为受托监护人对造成被监护人死亡的后果，是否承担赔偿责任，要看其是否履行了谨慎、善良家父的注意义务，对造成监护人死亡是否存在过错或在看管期间是否存在失职行为。

2. 在委托监护期间临时受托监护人对被监护人的伤亡应承担过错侵权赔偿责任

委托监护期间，被委托人应当认真履行临时监护职责，如果因受托人的过错致使被监护人遭受人身或财产损失的，被委托人应当承担相应的赔偿责任，被监护人侵权造成第三人损失的，被委托人有过错的也应承担侵权责任。因此，被委托人承担侵权赔偿责任的前提条件为被委托人主观上是否存在过错，不存在过错的，不承担民事责任。在被监护人处于他人照管的场合，如果被监护人造成他人的损害，由于受托人只是协助履行监护职责，并不改变原监护人的地位，故仍然应由监护人承担侵权责任。受托人有过错的，应以其过错程度，承担相应的民事责任。在考虑受托人的责任时，应根据委托合同的有偿、无偿等因素，决定受托人责任的范围。①

本案争议焦点问题是被告张玉瑞是否存在过错或存在失职行为。从情理上分析，尽管李志坚与张玉瑞之间曾因对被监护人照看问题产生过摩擦，但这种摩擦不是相互推托监护职责，而是基于亲情的因素而争取对被监护人天乐的看护，行为虽有不当，但没有证据证明张玉瑞因此就具有主观故意，这也不是民事程序所能够解决的问题。从公安机关出具天乐的死亡现场勘查鉴定亦可证明，张玉瑞对天乐的死亡不具备主观上的故意，而属于意外事件。意外事件是指非由于行为人的故意或过失，而偶然发生的事件，其归因于行为人自身以外的原因，且行为人已经尽到了他在当时应当和能够尽到的注意，事件的发生难以推知、预见而出乎意料。结合本案分析，张玉瑞居住的居室已经安装上窗户护栏，且符合相关标准。且为保护孩子发生意外，张玉瑞已经将家中的窗户安装护栏，作为家庭保护措施，此为大多数家庭所没有采取的特殊保护措施。从日常生活角度而言，张玉瑞采取的措施已相当严密。李志坚夫妇将孩子长期放在张玉瑞家中看护，显然也是对此种措施的认可。这都说明张玉瑞对住处可能造成未成年人的安全隐患有所防范，事先采取了合理的必要的措施，事发当时，其对天乐从已安装防护栏的窗户中坠落死亡难以认知和预见。张玉瑞在看护期间是否存在失职行为？从张玉瑞看护过程分析，为不影响孩子睡觉，在确认天乐睡着后，张玉瑞去客厅休息符合常理，难以认定存在失职行为。可以说，其已经尽到谨慎、善良家父的照看注意义务。因此，被告张玉瑞不存在主观过错或失职行为，对被监护人天乐意外坠楼死亡不承担侵权赔偿责任。

3. 由临时受托监护人适当弥补法定监护人的损失，符合公平责任原则和社会公平观念

公平责任是指在当事人双方对造成损害均无过错，按法律规定又不能适用无过错责任情况下，法院根据公平的观念，在考虑受害人的损害，双方当事人的财产状况及其他相关情况的基础上，判令加害人对受害人的财产损失予以适当补偿。《侵权责任法》

---

① 参见奚晓明主编：《〈中华人民共和国侵权责任法〉条文理解与适用》，239页，北京，人民法院出版社，2010。

第32条规定:"无民事行为能力人、限制民事行为能力人造成他人损害的,由监护人承担侵权责任。监护人尽到监护责任的,可以减轻其侵权责任。"可见,监护责任作为一种过错推定的替代责任,对被监护人致他人损害的,从被监护人致害行为事实中,推定监护人有疏于监护的过失,如果监护人证明确已尽善良监督责任,即监护人无过错,但为平衡当事人之间的利益关系,按照法律的规定,则适用公平责任进行调整,合理确定赔偿归属。就本案而言,在委托监护中,对被监护人意外坠楼死亡,委托监护人张玉瑞虽不存在过错,也给自己带来巨大心灵的悲痛。而原告李志坚作为父亲,其遭受了更为强烈的精神痛苦及物质损失。基于被告在庭审中提出适用公平原则,考虑原被告利益平衡关系,综合考虑当事人财产状况、经济收入、必要的经济支出和负担等因素,由张玉瑞对李志坚适当补偿1万元,是社会公平观念的一种体现。

此外,以人为本是我国立法倾向。人死不能复生,生命权是人最宝贵、最终极的权利。人的生命无价,而亲情也弥足珍贵。一审和二审法院的上述裁判及分析,希冀从法律价值判断的角度,对委托监护当事人各方课以明确权利和义务,从而对今后类似行为起到引导、规范作用。

综上,一审和二审法院的判决是正确的。

(北京市石景山区人民法院　张英周　吴海涛)

49. 魏广富诉井山生命权、健康权、身体权案

(一) 首部

1. 判决书字号

一审判决书:北京市房山区人民法院(2011)房民初字第07150号。

二审判决书:北京市第一中级人民法院(2011)一中民终字第18616号。

2. 案由:生命权、健康权、身体权纠纷。

3. 诉讼双方

原告(被上诉人):魏广富,男,1941年4月14日出生,汉族,农民,住北京市房山区。

委托代理人:蒋秀峰,男,1981年11月13日出生,农民,住北京市海淀区。

被告(上诉人):井山,男,1961年1月13日出生,汉族,农民,住北京市房山区。

委托代理人:卢永强,北京市国宁律师事务所律师。

4. 审级:二审。

5. 审判机关和审判组织

一审法院：北京市房山区人民法院。

独任审判员：冯永良。

二审法院：北京市第一中级人民法院。

合议庭组成人员：审判长：谷岳；代理审判员：解学锋、冷玉。

6. 审结时间

一审审结时间：2011年10月13日。

二审审结时间：2011年12月9日。

（二）一审诉辩主张

原告诉称：2010年10月14日，魏广富雇用井山从玉米地往家中运送玉米，运输过程中魏广富坐在井山的农用车上，不慎被本村设置的限高杆刮下车致伤并住院治疗，住院期间共花费医疗费60 984.61元，井山垫付医疗费19 500元，后称已无力支付剩余医疗费，魏广富就医疗费的负担问题与井山协商未果，故诉至法院。要求井山赔偿医疗费41 484.61元，误工费13 500元，住院伙食补助费1 500元，护理费3 000元，交通费500元，必要的营养费5 000元，共计64 984.61元。

被告辩称：同意魏广富起诉我，但不应该由我一方承担责任，魏广富与井山的责任是一样的，另外周口村村委会设置的限高杆也有责任。合理的费用可以赔偿。

（三）一审事实和证据

经一审法院审理查明：2010年10月14日，魏广富雇井山拉玉米，拉玉米回家途中，魏广富坐在井山农用车上，行驶至北京市房山区周口店地区周口村村口时被路上设置的限高杆刮下致伤。魏广富被送往北京市房山区中医医院（以下简称房山中医医院）治疗，经诊断魏广富所受伤情为：左侧多发肋骨骨折（1—8肋），双侧耻骨上下肢骨折，左侧骶骨骨折，左髂骨骨折，左侧髋臼前缘骨折，左锁骨远端骨折，左肩胛骨骨折。魏广富分别于2010年10月14日至2010年11月15日、2011年1月17日至2011年1月23日在房山中医医院住院治疗，期间魏广富花费医疗费55 865.05元、120救护车收费及医疗急救收费为185元、医疗器具费用210元。魏广富分别于2010年11月18日、2010年12月7日、2010年12月28日到河北省涿州市码头骨伤科诊所看病支付膏药费1 290元。后与井山因赔偿问题未达成一致意见，魏广富诉至法院。经魏广富申请，法院委托中天司法鉴定中心对魏广富伤残等级进行鉴定。2011年4月6日，中天司法鉴定中心出具司法鉴定意见书，魏广富的伤残等级鉴定结论为八级伤残。后魏广富增加诉讼请求，要求井山赔偿残疾赔偿金43 765元、精神抚慰金15 000元、鉴定费2 000元、交通费186元、医疗费1 539.16元，增加诉讼请求合计62 490.16元。以上请求共计127 474.77元。庭审中，魏广富提交房山中医医院诊断证明证实，魏广富于2010年11月1日至2010年11月15日在房山中医医院住院治疗期间需要高营养饮食，专人护理；2011年1月17日至2011年1月23日在房山中医医院住院治疗期间需要陪护。经核算，魏广富的合理经济损失为房山中医医院医药费为55 865.05元、120救护车收费及医疗急救收费为185元、护理费1 000元、住院伙食补助费1 900元、营养费700元、伤残赔偿金39 786元、购买佛山助行器花费210元、在河北省涿州市码头骨伤科诊所膏药费1 290元、交通费186元、精神损害赔偿金10 000元、伤残鉴定费2 000元，以上共计113 122.05元。

另查，魏广富与井山均知道事发地设置了限高杆。井山已经支付魏广富医药费19 500元。

上述事实，有双方当事人陈述、机动车交通事故快速处理协议书、租车合同、租车发票及车辆行驶本等证据材料在案佐证。

（四）一审判案理由

一审法院认为：公民享有生命健康权，当身体受到侵害时，有向侵权人主张赔偿的权利。魏广富、井山系同村村民，魏广富雇用井山为其拉玉米，同时支付井山一定的报酬，双方形成事实雇佣关系。现魏广富已年近七十岁，坐在拉玉米的车一起回家，应该知道其行为存在的危险性，但仍然坐在车上，其对事故的发生负有次要责任。井山系车主，在驾驶途中应该保证车上人员和货物的安全，其明知自己驾驶的农用车不应载客，且路上设有限高杆，理应尽到劝阻和注意义务，故井山对事故的发生应负有主要责任。魏广富、井山均为完全行为能力人，且均知晓本村村口设置有限高杆。魏广富、井山双方对事故的发生均有责任，结合本案案情，以井山承担60%的赔偿责任为宜。对魏广富合理经济损失，井山应按责予以赔偿。关于赔偿数额，法院根据相关证据以及相应标准予以确认，对魏广富的合理诉讼请求法院予以支持，其不合理或者过高部分的诉讼请求法院不予支持。对残疾赔偿金，根据魏广富伤残等级予以计算（魏广富为农民且定残之日已70周岁，按照2010年农村居民人均纯收入13 262元给付10年，乘以伤残指数0.3）。对医药费，依据医疗费票据结合诊断证明予以确认。对误工费，因魏广富年岁较高，且无固定工作，法院不予支持。对护理费，结合医嘱，参照当地护工从事同等级别护理的劳务报酬标准，魏广富住院期间20天需要护理，每日按50元计算。对住院伙食补助，按照魏广富住院38天，每天50元计算。对营养费，结合诊断证明按住院14天，每天50元计算。对交通费，依据魏广富提交的交通费票据计算。对精神损害抚慰金根据魏广富伤残程度法院予以酌定为10 000元。对鉴定费，根据票据予以确认。经核算，魏广富合理的经济损失为房山中医医院医药费为55 865.05元、120救护车收费及医疗急救收费为185元、护理费1 000元、住院伙食补助费1 900元、营养费700元、伤残赔偿金39 786元、购买佛山助行器花费210元、在河北省涿州市码头骨伤科诊所膏药费1 290元、交通费186元、精神损害赔偿金10 000元、伤残鉴定费2 000元，共计113 122.05元。井山应赔偿67 873.23元。井山已给付魏广富医疗费19 500元，应从中予以扣除。井山认为周口村村委会设置限高杆不合理亦应承担责任的抗辩理由，未能提交证据予以充分证实，对其抗辩主张，法院不予采信。

（五）一审定案结论

一审法院判决：（1）被告井山于本判决生效后 10 日内赔偿原告魏广富医药费、伤残赔偿金、护理费、营养费、交通费、住院伙食补助费、医疗器具费、伤残鉴定费、精神损害赔偿金等经济损失共计 48 373.23 元。（2）驳回原告魏广富其他诉讼请求。

（六）二审情况

1. 二审诉辩主张

井山提起上诉称：原判认定事实错误、适用法律错误。本案案由应该为提供劳务者致害责任纠纷，法律规定个人之间形成劳务关系，提供劳务一方因劳务造成他人损害的，由接受劳务一方承担侵权责任。井山受魏广富的雇佣为其提供劳务，井山因提供劳务造成他人损害，应由接受劳务的魏广富承担赔偿责任，魏广富既是接受劳务一方又是受损害一方，应自行承担其所遭受的损失。上诉请求撤销原判，依法改判驳回魏广富的诉讼请求。

魏广富答辩称：同意原审法院判决。法律虽然规定提供劳务一方因劳务造成他人损害的，由接受劳务一方承担侵权责任。但"他人"应指雇员和雇主之外的人，不包括雇主本人，本案不适用该法律规定。井山因为提供劳务对魏广富造成伤害，作为侵权人应对魏广富的损失承担赔偿责任。

2. 二审事实和证据

二审法院经审理查明的事实与一审法院认定的事实一致。

3. 二审判案理由

二审法院认为：本案魏广富和井山均认可二人之间形成雇佣关系，魏广富为接受劳务一方，井山为提供劳务一方，井山在提供劳务过程中造成魏广富损害。《侵权责任法》第 35 条规定：个人之间形成劳务关系，提供劳务一方因劳务造成他人损害的，由接受劳务一方承担侵权责任。提供劳务一方因劳务自己受到损害的，根据双方各自的过错承担相应的责任。从法律规定的文字内容来看，该条文并未明确规定提供劳务一方因劳务而伤害接受劳务一方的责任承担问题。本院认为，提供劳务一方因劳务而伤害接受劳务一方的责任承担应当同提供劳务一方因劳务而伤害自己的情形类似，即根据双方各自的过错承担相应的责任，故原审法院适用过错责任原则对本案所作判决并无不当。

井山作为车主和驾驶人，对车辆具有绝对的控制权利，其应尽合理的谨慎注意义务确保行驶安全，避免事故的发生。井山明知自己驾驶的农用车不应载客，且路上设有限高杆，仍然在车辆装载玉米的情况下搭载魏广富驾车行驶，对事故的发生具有过错，原审法院认定其承担主要责任并无不妥。井山在原审法院答辩称自己应承担部分责任，现其上诉称魏广富对其所遭受的损失自行承担全部责任依据不足，本院不予支持。井山并未对原判认定的魏广富合理经济损失数额提出异议，本院对原判认定的魏广富合理经济损失数额予以确认。

4. 二审定案结论

综上所述，原判正确，应予维持。依据《中华人民共和国民事诉讼法》第一百五十三条第一款第（一）项之规定，判决如下：

驳回上诉，维持原判。

(七) 解说

本案所涉及的核心问题是当提供劳务者在劳务过程中伤害接受劳务者时应如何承担责任，适用何种归责原则。对此无论是《中华人民共和国侵权责任法》（以下简称《侵权责任法》）还是最高人民法院《关于审理人身损害赔偿案件适用法律若干问题的解释》均无明确规定，但在审判实践中却实际出现了这样的案例，增加了法官正确处理案件的难度。

《侵权责任法》第35条规定：个人之间形成劳务关系，提供劳务一方因劳务造成他人损害的，由接受劳务一方承担侵权责任。提供劳务一方因劳务自己受到损害的，根据双方各自的过错承担相应的责任。

从法律规定的文字内容来看，《侵权责任法》第35条第1款适用的是无过错原则，第二款适用的是过错原则。但该条文并未明确规定提供劳务者因劳务而伤害接受劳务者的责任承担问题，也未明确说明法律条文中的"他人"是指劳务关系之外的第三人还是提供劳务者之外的所有人。如果"他人"的范围限定于劳务关系之外的第三人，则接受劳务者不应包含在内，在其被提供劳务者伤害时，无须自行承担责任。如果"他人"的范围是提供劳务者之外的所有人，则其范围必然包含了接受劳务者。照此理解，当提供劳务者因劳务伤害接受劳务者时，由接受劳务者自行承担责任。对该条法律规定应作何理解，笔者认为，"他人"的范围应指劳务关系之外的第三人，理由如下：

首先，从法律条文的字面理解来看。《侵权责任法》第35条第2款很显然调整的是提供劳务者与接受劳务者之间的内部关系。与此相对应，第1款则应调整的是提供或接受劳务双方的外部关系，则"他人"的范围应限定于劳务关系之外的第三人，并不包括劳务双方。

其次，从法律条款的立法本意而言。《侵权责任法》第35条第1款的立法本意在于保证伤者能够得到赔偿。因为相对于提供劳务者而言，一般接受劳务者的经济能力要好一些。因此，当提供劳务者因劳务而伤害他人时，先由经济条件好的接受劳务者先行对伤者进行赔偿，以保证伤者能够得到赔偿，避免既受到伤害又得不到赔偿的情形出现。如果让接受劳动者自行承担其受到伤害的后果，与立法本意不符。

最后，从平等保护劳务双方利益来说。《侵权责任法》第35条第2款调整的是提供劳务者与接受劳务者之间的内部关系，且明确规定适用过错责任原则。如果同为劳务双方的内部关系，接受劳务者受伤则适用无过错原则且损失自担，而提供劳务者受伤则适用过错原则也有失公平。

综上，笔者认为，提供劳务者因劳务而伤害接受劳务者的责任承担应当同提供劳务者因劳务而伤害自己的情形类似，即根据双方各自的过错承担相应的责任，而不应由接受劳务者自行承担其受到伤害的后果。一二审法院的处理结果是正确的。

（北京市第一中级人民法院　冷玉）

50. 陆屏诉朱何生、中国大地财产保险股份有限公司南通中心支公司交通事故损害赔偿案

（一）首部

1. 判决书字号：江苏省海安县人民法院（2011）安少民初字第0029号。
2. 案由：交通事故损害赔偿纠纷。
3. 诉讼双方

原告：陆屏，男，2004年5月4日生，住海安县城东镇。

法定代理人：陆晓燕（系陆屏之母），住址同原告。

委托代理人：唐永祥，江苏锦润律师事务所律师。

被告：朱何生，男，1981年5月8日生，住海安县城东镇。

被告：中国大地财产保险股份有限公司南通中心支公司（以下简称保险公司），住所地：南通市孩儿巷南路50号凯旋花园13幢1—4层。

负责人：李伟，经理。

委托代理人：王海进，职员。

4. 审级：一审。
5. 审判机关和审判组织

一审法院：江苏省海安县人民法院。

独任审判员：唐霄。

6. 审结时间：2011年11月1日。

（二）诉辩主张

1. 原告陆屏诉称：2010年9月9日，陆晓燕驾驶电动自行车驮带原告陆屏途经海安县城东镇新生村14组地段由北向南行驶，遇被告朱何生驾驶苏FZ4010号轿车（该车在被告保险公司投保了交强险）向南行驶，两车相碰，致原告陆屏跌倒受伤。事故发生后，原告陆屏至海安县人民医院治疗，诊断为右股骨髁上粉碎性骨折，评定为十级伤残。2011年1月3日，海安县公安局交通巡逻警察大队作出事故认定书，认定朱何生负本起事故的全部责任。现要求判令被告赔偿原告医疗费29 973.23元，住院伙食补助

费468元（26天×18元/天），营养费540元（90天×6元/天），二次手术费6 000元，护理费3 245.52元（101天×46.12元/天），交通费156元，残疾赔偿金45 888元（22 944元×20×10％），精神抚慰金5 000元，鉴定费1 400元，合计92 670.75元中的80 670.75元（已扣除被告朱何生给付的12 000元）。

2. 被告保险公司辩称：对本案交通事故发生的事实没有异议，对原告第一次住院所产生的合法损失，保险公司同意在交强险范围内依法承担赔偿责任。原告第二次受伤住院非因交通事故所造成，与第二次受伤及治疗相关的损失保险公司均不同意赔偿。原告为农业家庭户口，其要求按城镇居民标准主张残疾赔偿金，没有事实依据，保险公司不同意其该主张。

3. 被告朱何生未答辩。

(三) 事实和证据

海安县人民法院经公开审理查明：2010年9月9日7时50分左右，陆晓燕驾驶电动自行车驮带其子陆屏，途经海安县城东镇新生村14组地段由北向南行驶，遇被告朱何生驾驶苏FZ4010号轿车车头向南停于该段道路西侧，朱何生驾车左拐弯过程中双方发生碰撞，致陆屏受伤，车辆受损。海安县公安局交通巡逻警察大队（以下简称交警大队）适用简易程序处理该起交通事故，于2011年1月3日作出道路交通事故认定书，对于事故责任，双方当事人均签名认可为朱何生承担事故全部责任，陆晓燕、陆屏无责任。经交警大队组织调解，双方当事人就损害赔偿未能达成一致意见。

交通事故发生后，原告陆屏被送至海安县人民医院救治，诊断为右股骨髁上粉碎性骨折，当日入住该院，同年9月11日行切开复位内固定术，经对症治疗，伤情好转，同年9月23日出院，医嘱：不适随诊；患肢制动一个月，合理功能锻炼；三月内勿下床；一月后门诊复诊，休息一月，护理一人；术后一月、三月、六月、一年复查摄片；出院带药按医嘱服用。原告陆屏花去住院医疗费18 762.47元（其中伙食费15.50元）。原告陆屏出院后分别于2010年10月22日、同年12月7日及2011年2月9日前往海安县人民医院摄片复查，各花去摄片放射费80元。2010年9月23日，海安县人民医院向原告陆屏收取用血互助保证金300元。

2011年2月4日，原告陆屏跌倒受伤，当日前往海安县人民医院进行检查、治疗，诊断为右股骨中上段骨折、右股骨下段骨折术后骨愈合，当日入住该院，并于同年2月7日行右股骨干骨折切开取内固定加复位再内固定术，术中见右侧股骨下段钢板螺钉固定在位，无松动，骨折线消失；股骨中上段钢板上边缘风横行骨折，断端短缩移位明显，血肿组织嵌入，远折端向后移位。经对症治疗，原告陆屏伤情好转，于2011年2月14日出院，出院医嘱除有与第一次出院医嘱完全相同的内容外，还嘱咐三月内勿负重活动，术后10天门诊拆线。原告陆屏第二次住院花去住院医疗费1 0670.76元，其中骨折内固定装置取出术667元、股骨干骨折切开复位内固定术909元、钢板2 856元、全身麻醉366元、悬浮红细胞200元、伙食费18元。

原告陆屏因治疗花去一定交通费，其中2010年10月22日支付出租车费用86元。

经原告陆屏申请，本院委托南通市海安县人民医院司法鉴定所对原告陆屏的伤残程度等进行鉴定。2011年4月18日，该所作出通海人医司鉴〔2011〕临鉴字第330号鉴定意见书，对陆屏的伤情、一二两次受伤治疗的关系综合分析认为，陆屏于2010年9月9日因交通事故致右股骨髁上粉碎性骨折，经内固定治疗后，又于2011年2月4日因跌倒致右股骨中上段骨折而住院，行右股骨髁上骨折取内固定＋右股骨干骨折切开复位内固定治疗，目前右大腿上段外侧至右膝前下方见27厘米手术疤痕，双下肢肌力肌张力正常；陆屏第一次骨折（右股骨髁上粉碎性骨折）与交通事故存在直接因果关系，第二次骨折（右股骨中上段骨折）虽与交通事故无直接因果关系，但因右股骨已有骨折并内固定在位，其行走稳定性比正常人行走时差，易发生跌倒致骨折；目前仅以第一次骨折后果作为评残依据；最终鉴定意见为确认陆屏因交通事故致头右股骨髁上粉碎性骨折，骨折线通过骨骺板，评定为十级伤残；第一次、第二次骨折护理期限均为伤后1人护理120日；营养期限均为伤后90日；二次手术取右股骨中上段骨折内固定需6 000元左右，1人护理45日。为此，原告陆屏花去司法鉴定费1 400元。

另查明，被告朱何生所驾苏FZ4010轿车系其自有车辆，该车在被告保险公司投保了机动车交通事故责任强制保险（以下简称交强险），保险期限从2009年11月4日至2010年11月3日。被告朱何生在交通事故发生后先后给付原告陆屏12 000元。

还查明，我省2010年度城镇居民人均可支配收入为22 944元，2009年度农业在岗职工年平均工资为16 943元。

上述事实，有原告陆屏提供的交通事故认定书、陆屏户口簿、海安县人民医院住院病案首页、出院记录、门诊医疗费票据、住院医疗费票据（附费用明细汇总清单）、陆屏伤残程度鉴定意见书及鉴定费票据、被告朱何生所驾机动车行驶证、驾驶证、交强险保险单（抄件），及双方当事人的陈述在卷佐证，本院予以确认。

（四）判案理由

海安县人民法院基于上述事实和证据认为：原告陆屏因交通事故受伤依法有权获得医疗费、住院伙食补助费、营养费、护理费、交通费等损失的赔偿，交通事故中原告身体受伤，经过有权机构鉴定构成伤残，原告还有权获得残疾赔偿金和精神损害抚慰金的赔偿，但各项损失计算期限应有相应的事实依据，计算标准应当符合法律规定。

原告陆屏遭受交通事故时年仅6岁，致右股骨髁上粉碎性骨折后被切开复位并植入内固定，直接对其行走、活动造成严重影响，根据医嘱三个内不能下床，但一年内要四次前往医院摄片复诊，并进行必要的功能锻炼，故原告陆屏在伤后经治疗好转出院已有四个多月时下床活动，并未违反医嘱，此时跌倒，虽有其监护人作为护理人员监护不力的因素，但因首次受伤而植入的内固定也在很大程度上影响着原告陆屏的活动，根据上述实际情况，结合司法鉴定机构对陆屏两次受伤情形所作分析，本院认为原告陆屏第二次受伤虽与案涉交通事故没有直接关联，但也非绝无联系。原告陆屏第二次受伤住院花去医疗费10 670.76元，根据费用明细汇总清单显示，其中与二次骨折直接相关的费用仅为因进行股骨干骨折切开复位内固定术而收取的手术费用909元及钢板费用2 856

元,其余费用并不能直接归入二次跌倒受伤的治疗过程中,在本次手术过程中,甚至还将第一次受伤所植入的内固定物取出,与此相关的费用是与交通事故直接关联的。司法鉴定意见书中所载明的二次手术即为取右股骨中上段骨折内固定,该项费用经鉴定约需6 000元,为减少当事人诉累,原告主张在本案中一并处理,应予采纳。原告将用血互助保证金作为合法损失要求获赔,缺乏法律依据,本院不予支持。被告保险公司辩称,不同意赔偿原告陆屏二次受伤所造成的损失,与实际情况并不完全相符,本院不能全部采信。但原告陆屏不考虑自身因素,全额主张所有损失,缺乏事实和法律依据,本院碍难全额支持。根据以上分析,本院认定原告陆屏医疗费用中合法并与交通事故相关的损失为:第一次受伤住院医疗费18 762.47元、第一次出院后三次门诊摄片复查而花费的放射费计240元、第二次住院医疗费中再次植入内固定及相关手术一半的费用及其他费用的全部计8 788.26元(10 670.76－909÷2－2 856÷2)、司法鉴定所称二次手术所需费用的一半计3 000元,以上合计为30 790.73元。

原告陆屏主张的营养费540元(90天,6元/天)、住院伙食补助费468元(26天,18元/天),标准准确,期限不超过相关规定,但已有33.50元伙食费在医疗费用中列支,为避免重复计算,应从该项损失中扣减,故本院核定原告陆屏营养费540元、住院伙食补助费434.50元。

原告陆屏因伤治疗,出院后遵医嘱进行复诊、摄片复查,必然发生交通费损失,根据原告伤后治疗实际,交通费损失举证情况,本院酌定原告陆屏交通费损失为100元。

原告陆屏受伤较为严重,住院治疗及出院后遵医嘱不得下床期间均需要专人护理,经过司法鉴定,原告两次骨折均需一人护理120天,但原告陆屏仅主张一人护理101天,系其自主处分民事权利的行为,本院尊重其意见。原告参照农业在岗职工工资标准计算护理费,符合相关法律规定,本院依法予以支持。故原告主张护理费损失共为3 245.52元,本院均予支持。

原告陆屏尚为学龄前儿童,其因伤致残要求参照城镇居民标准主张残疾赔偿金,本院认为农村户口的学生、学龄前儿童及婴幼儿作为纯消费人群,无论其身处农村还是城镇,在日常生活、教育、医疗等领域内的开支与城镇户口的学生、儿童等相比已无甚区别,根据公平和利益的原则,当其人身受损时应参照城镇居民的标准计算,故原告陆屏主张残疾赔偿金为45 888元,本院依法予以支持。被告保险公司辩称,仅能按农村居民标准给付残疾赔偿金,不符合我国国情及本案实际,本院不予采信。

原告陆屏年仅6岁即因交通事故受伤致残,必然给其在精神上造成特别严重的伤害,要求赔偿义务人赔偿相应精神损害抚慰金,既符合相关法律规定,也能对原告陆屏予以精神上的慰藉,结合相关法律规定、肇事者的过错程度、事故发生情况、本地生活水平、原告陆屏的个人情况、伤残情况及家庭结构等因素,同时考虑原告就护理费损失主张较少,原告主张精神损害抚慰金为5 000元且保险公司认可,故本院依法予以支持。

根据上述逐项分析,针对原告陆屏的诉讼请求,本院认定原告陆屏因本起交通事故造成的损失为:医疗费30 790.73元、营养费540元、住院伙食补助费434.50元、交通费100元、护理费3 245.52元、残疾赔偿金45 888元、精神损害抚慰金5 000元。

原告申请法院委托进行伤残鉴定,为此花费了伤残鉴定费1 400元,应计入诉讼费用部分予以处理。

被告朱何生驾驶机动车发生交通事故致原告陆屏受伤,其所驾机动车在被告保险公司投保交强险,被告保险公司依法应在交强险限额范围内对原告陆屏相关损失予以赔偿。因被告朱何生在交通事故中负全部责任,故原告陆屏的合法损失中超出交强险限额范围的部分,均应由被告朱何生予以赔偿,其先行赔偿的部分从中扣减。被告朱何生经本院合法传唤无正当理由拒不到庭,放弃了对证据质证、对事实抗辩的权利,由此引起的不利后果依法由其自负。

(五) 定案结论

海安县人民法院根据《中华人民共和国侵权责任法》第六条第一款,第十六条,第四十八条,《中华人民共和国道路交通安全法》第七十六条第一款,最高人民法院《关于审理人身损害赔偿案件适用法律若干问题的解释》第十七条第一款、第二款,第十八条第一款,第十九条,第二十一条第一款、第二款、第三款,第二十二条,第二十三条第一款,第二十四条,第二十五条第一款,最高人民法院《关于确定民事侵权精神损害赔偿责任若干问题的解释》第十条,国务院《机动车交通事故责任强制保险条例》第二十一条第一款,第二十三条,《中华人民共和国民事诉讼法》第一百三十条之规定,判决如下:

"一、被告保险公司在交强险医疗费用限额范围内赔偿原告陆屏医疗费(含二次手术费)、住院伙食补助费、营养费等损失中的 10 000 元。

二、被告保险公司在交强险死亡伤残限额范围内赔偿原告陆屏交通费、护理费、残疾赔偿金、精神损害抚慰金,计 54 233.52 元。

三、被告朱何生赔偿原告陆屏医疗费、住院伙食补助费、营养费等损失超出交强险限额范围的部分,计 21 765.23 元,扣减其已给付的 12 000 元,被告朱何生尚应给付原告陆屏 9 765.23 元。

上述一至三项,被告保险公司、朱何生于本判决发生法律效力后十日内履行完毕。

四、驳回原告陆屏的其他诉讼请求。

如果被告保险公司、朱何生未按本判决指定的期限履行给付金钱义务,应当依照《中华人民共和国民事诉讼法》第二百二十九条之规定,加倍支付迟延履行期间的债务利息。

案件受理费减半收取 354 元,司法鉴定费 1 400 元,合计 1 754 元,由原告陆屏负担 54 元,被告朱何生负担 1 500 元,被告保险公司负担 200 元。"

(六) 解说

本案双方当事人所争议的事实和焦点是:(1) 原告陆屏的第二次受伤应否由被告保险公司、朱何生赔偿;(2) 原告陆屏是否应参照城镇居民标准计算残疾赔偿金。

对于争议焦点一,是关于原因力结合的无意思联络的数人侵权问题,必须考虑最高人民法院《关于审理人身损害赔偿案件适用法律若干问题的解释》（以下简称《人身损害赔偿解释》）与《中华人民共和国侵权责任法》的历史沿革与区别。在《人身损害赔偿解释》中，无意思联络的数人分别侵权根据侵权行为的结合方式不同进行区分。凡直接结合，则成立共同侵权，形成连带责任；间接结合，则成立"多因一果"侵权行为，形成按份责任。采用这一规则最大的问题是直接结合与间接结合不少时候很难区分，同时只要是直接结合，不分影响力大小，都全额承担连带责任，显然违背公平原则。

《侵权责任法》改进了立法技术，从因果关系形成的原因力角度对无意思联络的数人侵权进行区分，分为原因力竞合的无意思联络的数人侵权和原因力结合的无意思联络的数人侵权。原因力竞合是指任何一个加害人的单独行为都足以独立造成该损害后果的，则成立共同侵权，形成连带责任。《侵权责任法》第11条规定："二人以上分别实施侵权行为造成同一损害，每个人的侵权行为都足以造成全部损害的，行为人承担连带责任。"

原因力结合是指通常情形下任何一个加害人的行为都不足以单独导致该损害后果，而必须结合在一起共同发挥作用导致该后果，或者各个加害行为分别导致不同的后果。其特征可概括如下：（1）有两人以上的行为主体；（2）各行为主体分别实施不同的过失行为；（3）损害发生前各行为主体不存在发生损害后果的意思联络；（4）各行为主体的行为单独不能致损害后果发生；（5）数个行为结合在一起共同造成了损害后果，或者数个行为相互结合加强了损害后果，即各个行为主体的行为都是损害后果发生的一个不可或缺的因素。特别需要说明的是，原因力结合的无意思联络的数人分别侵权，其本质特征在于"多因一果"，各侵权人的主观过错只限于过失，其责任承担应按照过失程度和原因力比例的大小来确定各行为人所应承担的按份责任。如果行为人之一对受害人损害结果的发生出于故意，那么与该行为间接结合的过失行为的违法性即被阻却。此种情形下属于该故意行为人的单独侵权，不再存在所有行为人按份承担责任的问题。《侵权责任法》第12条规定："二人以上分别实施侵权行为造成同一损害，能够确定责任大小的，各自承担相应的责任；难以确定责任大小的，平均承担赔偿责任。"

从本案情况来看，陆屏次生骨折的发生，与朱何生、陆屏父母两个以上行为主体存在联系；朱何生的肇事行为系过失，陆屏父母监护不力行为亦是过失；各行为人对陆屏次生骨折后果并无事前意思联络，主观上都不希望其发生；从通常意义上而言，各行为人的行为很难单独造成陆屏次生骨折；朱何生的肇事行为引发陆屏骨折手术，严重影响其行走、活动，与陆屏父母监护不力行为有机结合后，才共同造成次生骨折后果。综上，本案完全符合原因力结合的无意思联络的数人侵权特征，根据《侵权责任法》第12条规定，在各行为人责任难以确定情况下，法院认定次生骨折损失的一半列入保险公司、朱何生赔偿范围，并无不当。

对于争议焦点二，关于学龄前儿童残疾赔偿金的计算标准问题，应从时代发展的大格局中分析判断。长期以来，"同命不同价"的热点问题在社会以及网络中备受关注，而与其类似情形的"同残不同赔"的现象也在一定程度广泛存在，尤其是在当今交通全面提速、事故频发不息的矛盾凸显时期，还开始呈现蔓延的趋势。要从源头扭转这一社会现象，除了要增强公民的法律意识，还要引导好参与理赔的保险公司的价值取向和城乡观念。作为接受机动车交强险投保的保险公司，本身承担的是预防交通风险、填补利益损失、救济社会弱势、倡导公益理念的社会职能，不能仅仅站在企业自身眼前利益考虑理赔问题，而应当树立敢于担当的责任形象，时时刻刻本着对受害者、对投保客户、对社会诚信体系建设高度负责的态度，坚持执行法律规定与贯彻保险政策相结合，在充分尊重公民生命健康权的基础上，呵护保险权益，追求企业发展，促进社会和谐。

司法实践中，残疾赔偿金作为一种物质损失性质的人身损害赔偿项目，是依据受害者的伤残等级、正常收入以及消费水平综合确定而形成的。近年来，人民法院在审理人身损害赔偿案件，包括交通事故赔偿案件时，乃一般参照公安部门的户籍登记来确定受害人是城镇居民还是农村居民，并由此分类确定残疾赔偿金、死亡赔偿金标准。但根据公平和利益平衡的原则，作了灵活变通，对于虽登记为农村户籍，但具有下列几种情形之一的，可按城镇居民的标准予以赔偿：（1）在城镇拥有自有住房的；（2）配偶为城镇居民，且本人居住地在城镇的；（3）领有工商营业执照，在城镇从事经营活动的；（4）在城镇具有稳定的职业，且连续工作满一年以上的；（5）不再拥有承包土地的；（6）从城镇机关或企、事业单位退休后回农村生活，并定期从单位领取退休工资的；（7）农村户口的学生、学龄前儿童及婴幼儿；（8）应按城镇标准赔偿的其他情形。事实上，第8种情形是兜底情形，如果预期收入明显达到甚至超出城镇居民的，就应按城镇居民赔偿。

本案中，尽管原告陆屏的户籍性质属于农村家庭，但作为一个农村学龄前儿童，其在日常生活、教育、医疗等领域内的开支与城镇户口的儿童相比已无甚区别，有着同样的心理期待和消费付出，在这个意义上就是一个"准城镇居民"，其在生命健康中受到的损失也理应享受到与城镇标准同步的赔偿数额，而不能单纯片面地以户口性质来决定赔偿适用标准。毕竟，城乡一体化的发展格局正在形成，"取消农村户口"的试点工作正在推进，司法的引导功能应当体现也必须呼应经济社会的发展进步与和谐公平。因而，法院的判决是适应时代之举。

（江苏省海安县人民法院　钱军　唐霄）

51. 何宜造诉北京静安金山保安服务有限公司、北京金九成物业管理中心、南洪军生命权、健康权、身体权案

（一）首部

1. 判决书字号

一审判决书：北京市丰台区人民法院（2009）丰民初字第16048号。

二审判决书：北京市第二中级人民法院（2009）二中民终字第08989号。

2. 案由：生命权、健康权、身体权纠纷。

3. 诉讼双方

原告（被上诉人）：何宜造。

一审委托代理人：严安琪，中国政法大学学生。

一审委托代理人：杨光坤，中国政法大学学生。

二审委托代理人：钟舒君，中国政法大学学生。

被告（被上诉人）：南洪军。

被告（上诉人）：北京静安金山保安服务有限公司（下称"静安保安公司"）。

法定代表人：张金刚，总经理。

委托代理人：李强云，该单位业务经理。

被告（上诉人）：北京金九成物业管理中心（下称"物业中心"）。

法定代表人：吴春燚，总经理。

委托代理人：郭建华，该单位执行总经理。

4. 审级：二审。

5. 审判机关和审判组织

一审法院：北京市丰台区人民法院。

合议庭组成人员：审判长：周海平；审判员：王延军；代理审判员：陈映红。

二审法院：北京市第二中级人民法院。

合议庭组成人员：审判长蒋春燕；代理审判员：李明磊、石磊。

6. 审结时间

一审审结时间：2011年4月18日。

二审审结时间：2011年7月20日。

（二）一审诉辩主张

1. 原告何宜造诉称

2008年10月11日晚上10点左右，南洪军无故对原告进行伤害。对南洪军的罪行，丰台法院已经予以宣判。具体事实和情节如下：案发当时，原告在丰台区四方景园五区物业办公室墙外与妻子交谈。这时，南洪军跑过来，无故给了原告一拳，还辱骂原告。原告进行辩解，被告却没有停止殴打。原告多次被打倒在地，且南洪军其中一拳打在了原告的右眼上，导致原告右眼人工晶体脱位、右眼前房积血、右眼玻璃体混浊、右眼视网膜脱离、右眼虹膜根部离断、右眼眶壁骨折、右眼钝挫伤和左眼黑矇。经医院治疗，原告被打右眼视力仍然无法恢复，经鉴定为轻伤九级。原告眼球中填充的硅油，马上需要手术取出更换，每日的药费也一直在持续支出，赔偿义务人应当予以赔偿。综上，原告支出的医疗费、误工费、护理费、交通费、住院伙食补助费、营养费、鉴定费、残疾赔偿金和被抚养人生活费，以及必要的后续治疗费，共计245 294.3元。原告的上述经济损失，完全是南洪军犯罪行为造成的。同时，南洪军受雇于静安保安公司，南洪军当时身着保安服，在岗，属于从事雇佣活动，故静安保安公司和南洪军应承担连带责任。此外，南洪军在物业中心的直接管辖范围内工作，物业公司有监管的一般义务，该保安酒后在岗，物业中心明显有疏于管理的责任，也应承担赔偿。要求被告赔偿原告医疗费17 096.47元、交通费916元、误工费6 860元、住院伙食补助费750元、护理费1 050元、鉴定费2 000元、残疾赔偿金98 900元、被抚养人生活费14 814元、营养费2 500元、后续必要治疗费100 000元；被告承担诉讼费。

2. 被告静安保安公司辩称

(1) 原告对事实认定错误，歪曲事实真相。南洪军于2008年3月27日与我公司签订了劳动合同，双方形成的是劳动关系而非雇佣关系，南洪军应是我公司的工作人员而非雇佣人员。我公司对南洪军的工作时间和工作职责均有明确约定，本案发生前南洪军的工作区域和工作时间为金九成物业管理中心办公楼传达室，工作时间为每日7点至11点与14点至17点。本案发生时，南洪军已经下班多时，不属于工作时间（从南洪军在案发前大量饮酒亦可证明其当时为下班时间），案发地点位于管理中心综合楼栅栏院外东侧（属于公共区域），不属于物业公司的管辖范围和南洪军的工作区域。因此，南洪军的伤害行为均应当认定为个人行为，而非职务行为。根据我公司与南洪军的劳动合同，南洪军在工作之外的行为引起的法律后果应当由其自行承担，与我公司无关。原告以南洪军作案时身着保安服即认定南洪军在岗，从事雇佣活动，明显缺乏法律和事实依据。(2) 原告适用法律错误，原告要求我公司承担连带赔偿责任没有法律依据。南洪军下班后在工作区域外与原告发生的斗殴并致伤行为应是其个人行为，与我公司、物业中心没有任何法律关系。要求驳回原告对我公司的全部诉讼请求。

3. 被告金九成物业中心辩称

(1) 诉讼对象不对。南洪军隶属于静安保安公司，我中心与保安公司签订了保安服务合同，详细明确了双方的权利义务及保安服务内容。保安员由保安公司管理，我中心进行监督检查，由此可见原告诉讼对象不对。(2) 根据我中心事后调查，该保安与原告发生争执时，是保安员下班休息时间，争执属个人行为与单位工作无关，故与单位无因果关系。(3) 发生争执地点是我管理中心管辖范围之外，原告在诉状中也提到物业办公室墙外。正确地点是我管理中心综合楼栅栏院外东侧，属于公共区域。(4) 此案件于2009年4月在丰台法院开庭审理，诉讼过程中原告撤回诉讼，因所有证据及事实都充分摆在面前，南洪军的行为属个人行为与单位无关，勉强扯在一起无说服力。要求驳回原告诉我单位的诉讼请求。

4. 被告南洪军辩称

当时我来了几个朋友，是下班时间。原告和他爱人两个打架，我去拉架。可能我说话声音比较大，对方先动手，我又喝酒了，可能有点冲动，双方打起来了。我已经承担了刑事责任，不同意原告的诉讼请求，而且他本身眼睛就有毛病，有法医鉴定。我认为跟两个公司都没有关系，因为事情是下班时间发生的，而且也不在小区内，在小区外面发生的。

(三) 一审事实和证据

北京市丰台区人民法院经公开审理查明：2008年10月11日22时许，因何宜造与其配偶在丰台区四方景园五区办公楼墙外发生争执，南洪军上前欲进行劝架，后南洪军与何宜造发生争执，南洪军用拳头将何宜造面部打伤，致使何宜造右眼人工晶体脱位、右眼前房积血、右眼玻璃体混浊、右眼视网膜脱离、右眼虹膜根部离断、右眼眶壁骨折、右眼钝挫伤和左眼黑矇。2008年12月12日至26日，何宜造在北京同仁医院住院治疗。何宜造先后支出医疗费15 993.48元。2009年1月22日，北京华大方瑞司法物证鉴定中心出具司法鉴定意见书，鉴定意见为被鉴定人何宜造右眼的伤残程度属九级（伤残率20%）。何宜造支出鉴定费2 000元。何宜造之女何梦颖1992年2月18日出生，之子何帮耀1994年11月19日出生。何宜造就其主张的医疗费、交通费、护理费、误工费提交了发票、车票、证明等证据。

另查，2008年3月27日，南洪军与静安保安公司签订劳动合同，合同期限自2008年3月27日至2009年3月26日，并约定南洪军非职责范围内的行为被追究民事、刑事责任的，后果自负，静安保安公司不承担任何责任。2008年5月，静安保安公司与金九成物业中心签订保安服务合同，金九成物业中心聘用静安保安公司保安员37人（含南洪军），服务期限自2008年5月25日起至2009年5月24日止，服务地点四方景园三、四、五区。保安员岗位包括大门、小区巡逻岗、办公楼门岗等。金九成物业中心、南洪军称南洪军的岗位为办公楼门岗。事发时，南洪军处于下班时间，身着保安服装。

何宜造称南洪军打伤自己的行为系职务行为，静安保安公司、金九成物业中心、南洪军对此提出异议。

上述事实有下列证据证明：

1. 诊断证明书、医疗费票据、发票、收据，证明何宜造伤情、住院情况及医药费用、住院伙食费用数额。
2. 证明，证明何宜造的误工费用数额。
3. 户口簿，证明何宜造家庭成员情况及需要其抚养的人的情况。
4. 北京市出租汽车专用发票，证明何宜造的交通费损失。
5. 司法鉴定意见书，证明何宜造构成九级轻伤。
6. 劳动合同，证明南洪军与静安保安公司签订劳动合同，其行为属于职务行为。
7. 刑事附带民事裁定书，证明刑事案件情况，何宜造曾要求南洪军承担刑事附带民事责任，后撤诉。
8. 照片，证明侵权行为发生地点情况。

（四）一审判案理由

北京市丰台区人民法院经审理认为：南洪军系静安保安公司的保安员，在金九成物业中心从事丰台区四方景园五区办公楼的保安工作。因何宜造与其配偶在丰台区四方景园五区办公楼墙外发生争执，南洪军上前欲进行劝架，后南洪军与何宜造发生争执，南洪军用拳头将何宜造打伤。事发时，南洪军虽在下班时间，但身着保安服装，且其劝架行为与其职务存在内在联系，故南洪军的行为应认定为职务行为，静安保安公司、金九成物业中心应对何宜造的人身损害承担赔偿责任。南洪军故意致何宜造伤害，应当承担连带赔偿责任。何宜造遭受人身损害，静安保安公司、金九成物业中心、南洪军应赔偿何宜造医疗费、误工费、护理费、交通费、住院伙食补助费、营养费、鉴定费、残疾赔偿金、被抚养人生活费，具体金额由本院依法确定。何宜造主张的后续治疗费因未实际发生，本院不予支持。

（五）一审定案结论

北京市丰台区人民法院依照《中华人民共和国民法通则》第一百一十九条之规定，判决如下：

"一、被告北京静安金山保安服务有限公司、北京金九成物业管理中心、南洪军于判决生效后10日内赔偿原告何宜造医疗费15 993.48元；

二、被告北京静安金山保安服务有限公司、北京金九成物业管理中心、南洪军于判决生效后10日内赔偿原告何宜造交通费500元；

三、被告北京静安金山保安服务有限公司、北京金九成物业管理中心、南洪军于判决生效后10日内赔偿原告何宜造误工费3 000元；

四、被告北京静安金山保安服务有限公司、北京金九成物业管理中心、南洪军于判决生效后10日内赔偿原告何宜造住院伙食补助费750元；

五、被告北京静安金山保安服务有限公司、北京金九成物业管理中心、南洪军于判决生效后10日内赔偿原告何宜造护理费1 050元；

六、被告北京静安金山保安服务有限公司、北京金九成物业管理中心、南洪军于判决生效后10日内赔偿原告何宜造鉴定费2 000元；

七、被告北京静安金山保安服务有限公司、北京金九成物业管理中心、南洪军于判决生效后10日内赔偿原告何宜造残疾赔偿金98 900元；

八、被告北京静安金山保安服务有限公司、北京金九成物业管理中心、南洪军于判决生效后10日内赔偿原告何宜造被抚养人生活费2 088元；

九、被告北京静安金山保安服务有限公司、北京金九成物业管理中心、南洪军于判决生效后10日内赔偿原告何宜造营养费1 000元；

十、驳回原告何宜造的其他诉讼请求。

如果未按本判决指定的期间履行给付金钱义务，应当依照《中华人民共和国民事诉讼法》第二百二十九条之规定，加倍支付迟延履行期间的债务利息。

案件受理费1 328元，由原告何宜造负担553元（已交纳），由被告北京静安金山保安服务有限公司、北京金九成物业管理中心、南洪军负担775元（判决生效后7日内交纳）。

公告费260元，其他诉讼费用42元，均由被告南洪军负担（判决生效后7日内交纳）。"

(六) 二审情况

1. 二审诉辩主张：

上诉人（原审被告）北京静安金山保安服务有限公司诉称：南洪军所为并非职务行为，请求依法改判或者发回重审。

上诉人（原审被告）北京金九成物业管理中心诉称：南洪军所为并非职务行为，请求依法改判或者发回重审。

被上诉人（原审被告）南洪军同意原判。

被上诉人（原审原告）何宜造同意原判。

2. 二审事实和证据：

北京市第二中级人民法院经审理，确认一审法院认定的事实和证据。

3. 二审判案理由：

北京市第二中级人民法院经审理认为：事发时南洪军身着保安制服，有理由相信南洪军的行为与职务有关。从事发地点看，虽然争执地点在小区外，但与小区仅一墙之隔，与小区联系紧密。从南洪军行为内容看，其属于劝架行为，与保安职责有内在联系。从以上情形，可以认定南洪军行为系职务行为。原审法院认定事实清楚，应予维持。对上诉人的上诉主张，本院不予采信；对上诉人的上诉请求，本院不予支持。

4. 二审定案结论：

北京市第二中级人民法院依照《中华人民共和国民事诉讼法》第一百五十三条第一款第（一）项之规定，判决如下：

驳回上诉，维持原判。

(七) 解说

1. 职务行为的含义

职务行为是用人单位承担侵权责任的前提条件和核心要素。

《侵权责任法》第34条规定："用人单位的工作人员因执行工作任务造成他人损害的，由用人单位承担侵权责任。劳务派遣期间，被派遣的工作人员因执行工作任务造成他人损害的，由接受劳务派遣的用工单位承担侵权责任；劳务派遣单位有过错的，承担相应的补充责任。"

根据该条规定，职务行为即"执行工作任务"的行为，而"执行工作任务"应当理解为工作人员执行职务时的行为。

2. 职务行为的判断标准

判断是否是职务行为可以从以下四方面加以把握：

（1）是否以用人单位名义；

（2）是否在外观上须足以被认为属于执行职务；

（3）是否依社会共同经验足以认为与用人单位职务有相当关联；

(4)综合考虑行为的内容、时间、地点、场合、行为的受益人以及是否与用人单位意志有关联等因素。

3. 劳务派遣期间职务行为的责任主体

劳务派遣，是指劳务派遣机构受企业委托招聘员工，并与之签订劳动合同，将员工派遣到企业工作，其劳动过程由企业管理，其工资、福利、社会保险费等由企业提供给派遣机构，再由派遣机构支付给员工，并为员工办理社会保险登记和缴费等项事务的一种特殊用工形式。

根据《侵权责任法》第34条第2款的规定，被派遣的工作人员因工作造成他人损害的，由用工单位承担侵权责任；劳务派遣单位有过错的，承担补充责任，即用工单位承担无过错责任，劳务派遣单位承担过错补充责任。

立法规定由用工单位承担无过错责任主要基于以下考虑：劳务派遣单位将劳动者派遣至用工单位后，劳动过程是在用工单位的管理安排下进行，被派遣劳动者要根据用工单位的指挥、监督从事生产工作，并要遵守用工单位的工作规则、规章制度，即用工单位对其工作人员的工作进行实际指挥控制。而实际指挥控制是各种用工形式中的稳定因素和共同的核心内容，也是判断侵权责任承担者的主要依据。劳务派遣单位将劳动者派遣至用工单位后，就不再对劳动者的具体活动进行指挥和监督。

劳务派遣单位的过错主要是指选任方面的过错：劳务派遣单位负有对被派遣劳动者的选任责任，即在招聘、录用被派遣劳动者时，应当对该劳动者的健康状况、能力、资格以及对用工单位所任职务能否胜任进行详尽的考察；否则应当对选任不当承担补充责任。

补充责任的核心是补充，既包括程序意义上的补充，也包括实体意义上的补充。程序意义上的补充是指顺位的补充，即直接责任人承担的赔偿责任是第一顺序的责任，目的是赋予补充责任人一种先诉抗辩权。若赔偿权利人单独起诉补充责任人，则补充责任人可以要求原告追加直接责任人为共同被告。实体意义上的补充是指补充责任的赔偿数额是补充性的，其赔偿数额的大小，取决于直接责任人承担的数额的大小以及补充责任人的过错程度。

4. 工作人员故意或者重大过失造成侵权时用人单位的追偿权

审判实践中，只有在工作人员有故意或者重大过失且该行为超出法律赋予的职权或单位的授权范围造成侵权时，用人单位才享有向该工作人员追偿的权利。因此，应根据具体行为人对损害发生的过错程度和行为性质来判断该工作人员应承担的责任。要防止两种错误：一是用人单位将经营风险转嫁给其有过错的工作人员；二是在用人单位有监督管理过失的情况下，让有过错的工作人员承担大部分责任。

5. 用工单位和劳务派遣单位就其工作人员侵权行为责任分配约定的效力

劳务派遣单位与用工单位在劳务派遣协议中约定由一方单独承担或由双方按比例对外承担侵权责任，因双方基于劳务派遣协议产生的是民事合同关系，根据民法意思自治原则，双方的约定只要不违反法律、行政法规的强制性规定，该约定当然有效。从现实角度而言，由于双方就其工作人员造成的外部侵权责任进行了约定，更能为双方当事人所接受，也更有利于纠纷的解决。当然，该约定的效力应当仅及于劳务派遣单位与用工单位之间，不得对抗受害人。

综上，一、二审法院的判决是正确的。

（北京市丰台区人民法院　郑娟）

52. 何美娇、艾茹、艾莹诉吴振平、揭六清、游忠平、文老检、王兆祥、文平友生命权案

（一）首部

1. 判决书字号

一审判决书：江西省东乡县人民法院（2010）东民初字第572号。

二审判决书：江西省抚州市中级人民法院（2011）抚民一终字第101号。

2. 案由：生命权纠纷。

3. 诉讼双方

原告（被上诉人）：何美娇，女，1967年1月1日生，汉族，东乡县人，住东乡县（系死者艾瑞之妻）。

原告（被上诉人）：艾茹，女，2002年10月21日生，汉族，东乡县人，住址同上（系死者艾瑞之女）。

法定代理人：何美娇（系艾茹之母）。

原告（被上诉人）：艾莹，女，1992年7月1日生，汉族，东乡县人，住东乡县孝岗镇（系死者艾瑞之女）。

三原告的委托代理人：曾永刚，江西华兴律师事务所律师。

被告（上诉人）：吴振平，男，1970年11月2日生，汉族，东乡县人，住东乡县孝岗镇。

被告（上诉人）：揭六清，男，1967年8月8日生，汉族，东乡县人，住东乡县圩上桥镇。

被告（上诉人）：游忠平，男，1970年2月2日生，汉族，东乡县人，住东乡县圩上桥镇。

被告：文老检，男，1969年12月13日生，汉族，东乡县人，住东乡县杨桥殿镇。

被告：王兆祥，男，1943年5月24日生，汉族，东乡县人，住东乡县杨桥殿镇。

被告：文平友，男，1958年9月26日生，汉族，东乡县人，住东乡县杨桥殿镇。

4. 审级：二审。

5. 审判机关和审判组织

一审法院：江西省东乡县人民法院。

合议庭组成人员：审判长：李苏坤；审判员：胡件平、艾文辉。

二审法院：江西省抚州市中级人民法院。

合议庭组成人员：审判长：武凌；审判员：邹小峰、谢志国。

6. 审结时间

一审审结时间：2010年1月13日。

二审审结时间：2012年7月21日。

(二) 一审情况

1. 一审诉辩主张

三原告诉称，2010年4月23日，艾瑞与被告吴振平一同受邀到被告文老检家吃饭，被告吴振平便邀其战友揭六清和瓷土厂工人游忠平一行四人，由被告吴振平开车前往杨桥殿镇水北村文家组15号文老检家中。同时，文老检又请了好友王兆祥、文平友一同陪客。席间，桌上七人不停地相互敬酒、猜拳，共饮白酒近三斤，一直到晚上10点多。艾瑞一人饮酒达近一斤之多，醉得一塌糊涂。随后，被告吴振平开车带几人回家，车行至小璜镇加油站时发生故障，被告揭六清、文平友步行回瓷土厂上班。车上只留下被告吴振平及艾瑞。第二天清晨，被告吴振平才发现艾瑞早已醉酒死亡，后经法医鉴定死因为醉酒后导致呕吐物堵塞呼吸道致机械性窒息死亡。六被告均应对艾瑞死亡的后果承担部分责任，请求法院判令各被告连带赔偿原告丧葬费、死亡赔偿金等各项损失379 023元的70%即265 316元。

被告吴振平答辩称，去喝酒是艾瑞主动打电话给我，叫我带他一起去，开始文老检叫我去，我没答应。我们关系好，不可能不救他，我没有责任，我会尽人道主义，同意补偿原告10 000元。

被告文老检、王兆祥、文平友、揭六清答辩称，对艾瑞的死没有责任，但分别同意补偿5 000元、1 000元、200元、1 000元。

被告游忠平答辩称，对死者的死没有责任，不同意补偿。

2. 一审事实和证据

东乡县人民法院经审理查明，2010年4月23日下午，艾瑞、吴振平受邀到东乡县杨桥殿镇水北村文家组15号文老检家聚餐。吴振平便邀请了在其瓷土厂做工的战友揭六清及游忠平一起前往。当日下午约6点30分，由吴振平驾驶牌号为赣F51937的长安之星面包车载揭六清、游忠平二人，从县城小璜镇瓷土厂出发，并通知艾瑞在县城孝岗镇门口等吴振平的车。接艾瑞后，一车共4人一同前往文老检家聚餐。王兆祥、文平友受文老检邀请参加了聚餐。席间，艾瑞共喝了约八两白酒。聚餐至当晚10点多结束。由吴振平驾驶原车载揭六清、游忠平及艾瑞一同乘车离开文老检家。车将至县城时，将艾瑞安排在后排座位睡觉。因揭六清、游忠平须第二天凌晨2点上班，故车辆直接先送揭六清、游忠平二人到小璜镇瓷土厂上班。当车行驶至小璜镇加油站附近时，车辆发生故障不能行驶，揭六清、游忠平二人只好下车走路回厂，吴振平留下与艾瑞在车上睡觉。第二天早晨约7时许，吴振平发现艾瑞已死亡。吴振平即电话叫来其他战友（吴振平与艾瑞及揭六清均为要好的战友），并将艾瑞的尸体送殡仪馆之后，通知死亡家属到场。经法医鉴定，艾瑞为饮酒后导致呕吐，因呕吐物堵塞呼吸道致机械性窒息死亡。

3. 一审判案理由

东乡县人民法院经审理认为：公民的生命健康权受法律保护，侵害公民身体造成伤害的，应赔偿医疗费、因误工减少的收入等费用，造成死亡的并应当支付丧葬费、死亡赔偿金等费用。本案死者艾瑞作为一个完全民事行为能力人，其对饮酒过量可能导致的严重后果完全可以预见，也完全能够控制自己的饮酒，因其未能尽到相应安全注意义务而放任自己饮酒，导致死亡，其自身存在重大过错，应负本次事故的主要责任，以承担80%的责任为宜。吴振平作为艾瑞战友和汽车使用人，知道饮酒后的艾瑞在车后排座位上睡觉，没有就近将艾瑞送回家或者通知其家属，反而将车辆开往小璜镇先送其雇员回工厂上班，没有尽到合理安全注意义务；且晚上又安排艾瑞在其车上住宿，没有尽到对艾瑞的观察、照顾和及时送医救助的合理注意和照顾义务，延误了最佳救助时间，导致艾瑞死亡。吴振平在此次事故中存在一定过错，对艾瑞的死亡应承担相应的民事责任，以承担16%的赔偿责任为宜；揭六清、游忠平在一同乘车时，知道饮酒后的艾瑞已安排在车后排座位上睡觉，当车辆行驶至县城时，没有就近将艾瑞送回家或者通知其家属，没有尽到合理安全注意义务，导致艾瑞饮酒后因呕吐物堵塞呼吸道致机械性窒息死亡。揭六清、游忠平在此次事故中亦存在一定的过错，对艾瑞的死亡应承担相应的民事责任，以各承担2%的赔偿责任为宜。文老检、王兆祥、文平友三人基于朋友关系与死者一起喝酒，在饮酒过程中无证据证明三被告有强制艾瑞过量饮酒的行为，相互敬酒划拳也是符合风俗习惯的非过分行为。酒后离开文老检家时，文老检、王兆祥、文平友根据艾瑞的状态也不可能意识到会发生死亡的后果，故文老检、王兆祥、文平友对艾瑞死亡没有过错。何美娇、艾茹、艾莹各项损失计算如下：（1）死亡赔偿金280 440元，艾瑞系城镇居民户口，应按城镇居民标准计算（14 022元×20年＝280 440元）；（2）丧葬费12 348元；（3）被抚养人艾茹的生活费51 135元（生活费依据城镇居民消费性支出9 740元×10.5年÷2＝51 135元）；（4）交通费，处理事故、办理丧葬事宜，支出必要的合理的交通费是符合客观常理的，酌定300元；（5）鉴定费，有票据2 900元，予以确认；（6）事故善后处理误工费，虽无票据，鉴于本案中需要时间用来处理事故，办理丧事，实际误工发生的费用，酌定500元；（7）精神损害抚慰金，结合本案实际综合分析，确认30 000元。以上损失共计377 623元。文老检表示自愿补偿原告5 000元，王兆祥表示自愿补偿原告损失1 000元，文平友表示自愿补偿原告损失200元。

4. 一审定案结论

依照《中华人民共和国民法通则》第一百零六条第二款、第一百一十九条、第一百三十一条、第一百三十二条、第一百三十四条、最高人民法院《关于审理人身损害赔偿案件适用法律若干问题的解释》第七条、第十八条、第十九条、第二十二条、第二十七条、第二十八条、第二十九条之规定,判决如下:"一、吴振平赔偿何美娇、艾茹、艾莹损失 377 623 元的 16% 即 60 419.68 元;二、揭六清赔偿何美娇、艾茹、艾莹损失 377 623 元的 2% 即 7 552.46 元;三、游忠平赔偿何美娇、艾茹、艾莹损失 377 623 元的 2% 即 7 552.46 元;四、文老检补偿何美娇、艾茹、艾莹损失 5 000 元;五、王兆祥补偿何美娇、艾茹、艾莹损失 1 000 元;六、文平友补偿何美娇、艾茹、艾莹损失 200 元;七、驳回何美娇、艾茹、艾莹其他诉讼请求。上述款项均应于判决生效之日起 10 日内付清。案件受理费 5 280 元,何美娇、艾茹、艾莹负担 3 000 元,由吴振平负担 1 500 元,揭六清、游忠平各自负担 390 元。"

(三) 二审诉辩主张

上诉人吴振平称,是死者艾瑞要求文老检请吃饭,并邀我同去;喝酒时因我要开车,所以,中途就下了酒桌,死者喝多少酒我不清楚;因为是深夜,车子途中坏了,我也很疲劳,又喝了点酒,我也在车上睡着了,死者艾瑞的死亡不是我造成的;为什么没有在第一时间通知死者家属到场,是到场的战友们一起商量先送到殡仪馆。二审请求改判承担 3% 的责任。

上诉人揭六清、游忠平称,我俩与吴振平、死者艾瑞都是战友,因为晚上 2:30 要上班,所以,只喝了一点酒,汽车中途坏了,我俩走路去上班了,死者艾瑞的死亡原因不是我们造成的;醉酒是主观上的行为,不同意按交通事故死亡标准赔偿;艾茹的户口是艾瑞死亡之后才迁入艾瑞的家庭户口,其与死者艾瑞的父女关系不能确认,我们不同意赔偿艾茹的损失;在责任上应该在文老检和他叫来陪酒人员以下,文老检、王兆祥、文平友不承担赔偿责任,而判我俩承担 2% 的责任有失公平。

被上诉人何美娇口头答辩称,划拳喝酒是变相的强制劝酒行为,请酒人文老检及参加喝酒的人都要负连带责任;吴振平的车辆小,艾瑞躺在车后排,路过死者家时,有人提出将艾瑞送回家,吴振平没有送他回家,如果当时艾瑞呕吐时有人在场,艾瑞就不会死亡;吴振平未将艾瑞送医院抢救及向公安报案,而直接将艾瑞送到殡仪馆,吴振平是有责任的;我认为参加喝酒的人应承担 60% 的责任。希望二审法院维持赔偿金额不变,但谁承担责任不管,最好能负连带责任。

(四) 二审事实和证据

抚州市中级人民法院经审理,确认一审法院认定的事实和证据。

(五) 二审判案理由

抚州市中级人民法院认为:吴振平及死者艾瑞等人受文老检邀请聚餐过程中,虽然按当地习惯划拳喝酒,但并不存在相互之间强行灌酒行为,并且在酒席结束时,艾瑞并未出现醉酒状态。吴振平开车送揭六清、游忠平回厂上班,中途汽车出现故障,揭六清、游忠平离开汽车步行去上班之后，吴振平与艾瑞在车上睡觉，艾瑞因呕吐物堵塞呼吸道致机械性窒息死亡，是一场意外事故。因此，文老检等人对艾瑞之死没有过错。但艾瑞虽不是因醉酒死亡，然其因呕吐导致堵塞呼吸道死亡与喝酒是有关系的，一起喝酒的人之间本当互相提醒、劝阻和互相照顾，现艾瑞死亡，给其家属带来巨大经济损失，故参与喝酒的人均应分担一定的补偿责任。吴振平与艾瑞同一车上睡觉时，对艾瑞未尽到照顾责任，可适当多分担责任。原判认定吴振平、揭六清、游忠平承担赔偿责任，没有法律依据。

（六）二审定案结论

依照《中华人民共和国民法通则》第一百零六条第二款、第一百一十九条、第一百三十一条、第一百三十二条、第一百三十四条、最高人民法院《关于审理人身损害赔偿案件适用法律若干问题的解释》第七条、第十八条、第十九条、第二十二条、第二十七条、第二十八条、第二十九条之规定，判决如下："一、撤销东乡县人民法院（2010）东民初字第572号民事判决。二、吴振平补偿给何美娇、艾茹、艾莹人民币32 689.84元。三、揭六清补偿给何美娇、艾茹、艾莹人民币12 258.69元。四、游忠平补偿给何美娇、艾茹、艾莹人民币12 258.69元。五、文老检补偿给何美娇、艾茹、艾莹人民币8 172.46元。六、王兆祥补偿给何美娇、艾茹、艾莹人民币8 172.46元。七、文平友补偿给何美娇、艾茹、艾莹人民币8 172.46元。上述给付事项在本判决送达后5日内一次性付清。一审案件受理费5 280元，二审案件受理费1 127元，合计6 407元，由何美娇、艾茹、艾莹承担3 000元，吴振平承担1 362.80元，揭六清承担511.05元，游忠平承担511.05元，文老检、王兆祥、文平友各承担340.70元。"

（七）解说

本案是一起因共同饮酒引发的生命权纠纷。对该类案件，司法实践存在不少争议。此类案件的争议焦点关键在于是否构成侵权的法律关系以及当事人应承担具体民事责任的形式和比例。出于偏向救济受害人损失的理念，更多的观点倾向于此类案件构成侵权法律关系，被告需承担相应的民事赔偿责任。但也有观点认为，从法理上分析，此类案件并不构成侵权法律关系，出于公平价值观念，被告只需承担适当的民事补偿责任。笔者更倾向于后面这种观点。分析如下：

1. 本案民事法律关系的分析

本案原告主张被告侵犯其亲属生命权，构成侵权法律关系。我们来分析一下本案是否成立侵权法律关系。按照侵权责任相关法律规定，侵权法律关系一般构成要件有四个：主观上有过错或过失；客观上实施了侵权行为；造成了受害人的损害；行为与损害之间存在因果关系。即一般侵权法律关系要求行为人必须有过错，只有在法律有特别规定时，行为人虽无过错也构成侵权法律关系，如环境污染损害赔偿、产品质量致人损害等。本案中，原告的亲属艾瑞和被告基于战友、朋友关系在一起聚餐并喝酒，发生艾瑞酒后死亡的结果。从主观上分析，被告不存在致人损害的主观过错；从客观上分析，朋友之间邀请一起喝酒是一种民间习惯和交际方式，并没有证据证实被告有强制对艾瑞进行劝酒或者赌酒的行为，因而客观上亦不存在有侵权的行为；受害人与被告之间经常聚餐，依被告通常生活经验不可能预见受害人会死亡，艾瑞的死亡完全是一场意外事故。因此，本案不具备一般侵权法律关系的构成要件，原被告之间不构成侵权法律关系。

2. 本案民事责任的分析

既然本案不具备侵权法律关系的构成要件，那么被告需承担哪种民事责任？法律依据是什么？笔者试先对民事赔偿责任和补偿责任进行分析，然后结合实际对本案民事责任的承担进行认定。

(1) 对民事赔偿责任和补偿责任的分析

民事责任是违反约定或法定义务所产生的法律效果。《民法通则》将民事责任区分为违反合同的民事责任、侵权的民事责任及其他民事责任，其他责任包括不履行不当得利债务、无因管理债务等产生的责任；并规定了10种具体承担民事责任的方式，包括停止侵害、排除妨碍、赔偿损失、赔礼道歉等。其中，赔偿损失是以弥补财产损失承担民事责任的方式，是一种广义上的以财产填补受害人损失的责任制度，体现在具体法律规定中，既包括民事赔偿责任，也包括民事补偿责任。如，《侵权责任法》第32条第2款规定，"有财产的无民事行为能力人、限制民事行为能力造成他人损害的，从本人财产中支付赔偿费用。不足部分，由监护人赔偿"；第33第1款规定，"完全民事行为能力人对自己的行为暂时没有意识或者失去控制造成他人损害有过错的，应当承担侵权责任；没有过错的，根据行为人的经济状况对受害人适当补偿"。《民法通则》、《合同法》、《婚姻法》、《收养法》等也对民事补偿有类似规定。如，《民法通则》第25条规定："被撤销死亡宣告的人有权请求返还财产。依照继承法取得他的财产的公民或者组织，应当返还原物；原物不存在的，给予适当补偿"；第109条规定："因防止、制止国家的、集体的财产或者他人的财产、人身遭受侵害而使自己受到损害的，由侵害人承担赔偿责任，受益人也可以给予适当的补偿。"可见，赔偿和补偿都是承担民事责任的具体形式。

虽然在我国法学理论中，并没有对民事补偿制度有专门的理论研究，但其与赔偿制度的区别是明显的。引起补偿的行为一般是合法、正当行为，通常与损失相联系，称为损失补偿；而引起赔偿的行为一般是违法、不正当、应受谴责的，通常与损害相联系，称为损害赔偿。二者的主要区别在于：一是责任产生的原因特点不同。补偿责任的产生原因具有非过错特点，可以是非违法行为引起，也可以是由某些事件（如他人见义勇为受损害而无法获得有效赔偿情形）引起。同时，补偿责任产生的具体原因相对复杂，它们虽基于非违法的原因产生，但不同类型的补偿责任指向的具体原因也不同。而赔偿责任的产生原因都带有过错的特点，即行为人对受损害人实施了过错行为或推定过错行为。赔偿责任产生的具体原因一般只体现为侵权与违约。二是体现的法律理念与价值或侧重不同。补偿责任重在追求公平价值并且不具有惩罚性。赔偿责任则侧重于维护秩序，它有时不可避免地会体现出某些偏离公平价值而向安全与秩序价值倾斜的特点而使得赔偿责任可能具有惩罚性。三是归责的原则与方法不同。补偿责任适用非过错原则，而赔偿责任则可适用过错责任原则和无过错责任原则。四是责任的构成要件不同。补偿责任的构成不以行为违法、行为人存在主观过错为条件。除特殊赔偿责任外，一般民事赔偿责任则要以行为违法、行为人存在主观过错为构成要件。

（2）本案民事补偿责任的承担

本案严格来讲，是一起非侵权行为引起的生命权纠纷。一方面，对受害人的死亡，受害人和被告双方都没有过错，如果由被告方承担侵权的民事赔偿责任，则法律依据明显不足；另一方面，受害人的死亡给受害人的家庭带来了巨大的损失，如果不对其给予救济，也不符合民法公平价值理念。本案产生的原因具有正当、非过错的特点，解决纠纷的理念应倾向于追求公平价值而不在于对被告进行惩罚。因此，对解决本案而言，通过上述分析，适用民事赔偿责任显见不当，只有依据公平原才适用民事补偿责任才符合本案特点。

至于如何承担民事补偿责任，从上述所举具体法条中可以看出，我国民法对民事补偿责任并不禁止法官采取判决的方式进行判处，民事补偿责任的比例、具体数额也没有具体法律规定。本案二审法官基于一审判决数额对补偿具体数额进行判处，让被告之间共同均衡分担，二审判决后上诉人息诉并无意见。但从补偿的特性来讲，补偿一般出于自愿，因而一般应以当事人协商为原则。

在日常生活中，经常发生一些非侵权行为引起的人身权纠纷，如未成年人共同戏水引发的人身损害赔偿纠纷、驴友自发结伴外出引发的人身损害赔偿纠纷等，这些纠纷严格来讲都不具备侵权行为的要件，适用侵权的民事赔偿责任对于同行者来讲并不公平，但对于受害人家庭来讲，给予一定的救济也是社会公平正义理念的体现。因此，建立独立的民事补偿责任制度，使之与民事赔偿制度相配合，对于促进各类纠纷的稳妥解决不失为一个好的办法。本案即为一个典型的适用民事补偿责任解决纠纷的案例。

（江西省抚州市中级人民法院　邹小峰　黄慧群）

53. 梁团等二人诉覃海夺等五人侵权责任案

（一）首部

1. 判决书字号：广西柳州市柳江县人民法院（2011）江民初字第1301号。
2. 案由：侵权责任（机动车交通事故责任）。
3. 诉讼双方

原告：梁团。

原告：韦美凤。

二原告共同委托代理人：韦运成，广西信和律师事务所律师。

被告：覃海夺。

委托代理人：谭建常，柳江县拉堡法律服务所法律工作者。

被告：麦增群。

被告：韦海扣。

委托代理人：谭建常，柳江县拉堡法律服务所法律工作者。

被告：王加练。

被告：中国平安财产保险股份有限公司柳州中心支公司。

法定代表人：唐辉，中国平安财产保险股份有限公司柳州中心支公司经理。

4. 审级：一审。

5. 审判机关和审判组织

审判机关：广西柳州市柳江县人民法院。

合议庭组成人员：审判长：此兴；代理审判员：曾红球；人民陪审员：韦欢。

6. 审结时间：2011年11月18日。

（二）诉辩主张

1. 原告诉称

2011年7月2日22时整，被告覃海夺驾驶桂BMB995号"中裕牌"普通二轮摩托车搭乘二原告的儿子韦林周在国道209线2 976公里加50米处横过道路时，与由武宣往柳州方向行驶的由被告麦增群驾驶的桂BEL858号"别克牌"小轿车相碰撞，造成两车不同程度损坏，韦林周经送医院抢救无效，于2011年7月3日6时40分许死亡的重大交通事故。该事故经柳江县公安局交警大队认定，认定被告覃海夺承担事故主要责任，被告麦增群承担事故次要责任，死者韦林周无责任。韦林周受伤后，由120接送至柳州市工人医院抢救，抢救无效死亡，花去医疗费共计21 194.97元，原告支付了3 000元，尚欠18 194.97元。韦林周于1993年跟随原告到广西农垦国有新兴农场龙骨沟队居住，且小学、中学分别在新兴小学、新兴中学就读毕业，为此被告应当赔偿原告死亡赔偿金17 064元/年×20年＝341 280元，丧葬费2 653.5元/月×6月＝15 921元，韦林周系原告的独子，其死亡对原告打击非常大，造成巨大的精神损害，为此，被告应赔偿原告精神损失费50 000元。以上损失共计428 395.97元，扣除被告麦增群已经支付的13 000元，被告还应当赔偿原告415 395.97元，由于被告韦海扣、王加练分别为桂BMB995号"中裕牌"普通二轮摩托车和桂BEL858号"别克牌"小型轿车的所有人，且桂BEL858号"别克牌"小型轿车在被告中国平安财产保险股份有限公司柳州中心支公司处投保有强制险和商业险，因而五被告应承担连带赔偿责任。综上所述，特向法院起诉，请求法院判决被告中国平安财产保险股份有限公司柳州中心支公司在机动车交通事故第三者责任强制保险责任限额内赔偿原告医疗费10 000元，死亡赔偿金110 000元；判决五被告在机动车交通事故第三者责任强制保险责任限额外赔偿原告医疗费11 194.97元，死亡赔偿金341 280元－110 000元＝231 280元，丧葬费15 921元，精神抚慰金50 000元，扣除被告麦增群已经支付的13 000元，五被告还应当赔偿原告295 395.97元；本案诉讼费由被告承担。

2. 被告辩称

被告覃海夺辩称：原告方的损失，应当先由被告保险公司在强制险限额内赔偿，不足部分再由其他责任人赔偿。因为事故发生时，死者及其家属为土博镇的农村居民，其提供的证据也不能证明原告及死者生前一直连续居住在城镇、收入来源于城镇，故应按农村标准计算原告方的损失。被告麦增群已经支付原告13 000元，应当从原告的损失中扣除。死者韦林周系无业青年，原告方主张赔偿的精神抚慰金，应当考虑各方当事人的具体情况，酌情考虑决定。原告主张的医疗费无正式发票。另外，在强制保险限额内不足以赔偿的部分，由责任人按7∶3的主要责任人份额与次要责任人份额的比例来进行赔偿，同时因死者韦林周对本案交通事故的发生也存在一定的过错，其与被告同时去喝酒，血液乙醇检测报告书结论韦林周（死者）酒精含量比被告覃海夺高，且明知覃海夺喝酒了还坐被告覃海夺的车，故应在侵权人赔偿范围内减轻侵权人的民事赔偿责任。

被告覃海夺未向法庭提供有证据。

3. 被告麦增群辩称

对原告的损失，本被告在30%份额内进行赔偿，且应当扣除本被告已经支付的14 000元。

4. 被告韦海扣辩称

本被告是桂BMB995号摩托车登记所有权人，该车辆一直放在家里，没有使用，在无人管理的情况下，被告覃海夺私自拿车开出去的，本被告对损害结果的发生不存在过错，不应承担责任。其他答辩意见与被告覃海夺答辩意见一致。

被告韦海扣未向法庭提供有证据。

5. 被告王加练辩称

本被告是借车给被告麦增群的，没有过错，不应当承担赔偿责任。

被告中国平安财产保险股份有限公司柳州中心支公司未到庭参加诉讼，也未向法庭提供书面答辩意见和证据。

（三）事实和证据

柳州市柳江县人民法院经公开审理查明：

2011年7月2日22时整，被告覃海夺驾驶桂BMB995号二轮"中裕牌"普通二轮摩托车搭乘韦林周在国道209线2 976公里加50米处横过道路时与由武宣往柳州方向行驶的由被告麦增群驾驶的桂BEL858号"别克牌"小型轿车相碰撞，造成两车不同程度损坏，韦林周经送医院抢救无效于2011年7月3日6时40分许死亡的重大交通事故。经柳江县公安局交通管理大队认定，认定被告覃海夺承担此次交通事故的主要责任，被告麦增群承担此次交通事故的次要责任，死者韦林周不承担此次交通事故的责任。桂BMB995号摩托车登记所有权人为被告韦海扣，事故发生时系被告覃海夺擅自使用被告韦海扣的桂BMB995号摩托车，被告覃海夺和被告韦海扣之间为同一家庭的非同胞兄弟关系；桂BEL858号"别克牌"小型轿车所有人为被告王加练，事故发生时系被告麦增群无偿借用被告王加练的车驾驶，桂BEL858号"别克牌"小型轿车在中国平安财产保险股份有限公司柳州中心支公司处投保有机动车第三者责任强制保险和其他商业保险，机动车第三者责任强制保险的保险期间为2011年5月29日零时起至2012年5月28日24时止。本案交通事故发生后，被告麦增群向原告方给付过13 000元，死者韦林周因本案交通事故住院的医疗费截至本案开庭审理时尚未结清，尚未结账，具体花去的医药费尚未确定，预交款3 000元中的1 000元由被告麦增群预交。死者韦林周生前系农业人口、未婚，原告梁团和韦美凤均系农业人口。死者韦林周生前户籍所在地和二原告的户籍所在地均为广西柳江县土博镇世界村下洞屯28号。原告梁团和韦美凤系死者韦林周的父母。2011年9月14日，二原告向本院起诉，请求法院判决被告中国平安财产保险股份有限公司柳州中心支公司在机动车交通事故强制保险责任限额内赔偿原告医疗费10 000元，死亡赔偿金110 000元；判决所有被告互负连带责任在机动车交通事故强制保险责任限额外赔偿原告医疗费、死亡赔偿金、丧葬费、精神抚慰金等共计295 395.97元；本案诉讼费由被告承担。自本案起诉时起至本案开庭审理时止，被告方均未再向原告方赔偿过相关损失。另查明，死者韦林周搭乘被告覃海夺驾驶的桂BMB995号摩托车是在两人一起饮酒后搭乘的。

上述事实有下列证据证明：

原告提供的证据：

1. 常住人口登记卡三张，原告用于证明原告及死者的身份情况。

2. 道路交通事故认定书一份，原告用于证明死者韦林周不承担此次交通事故的责任。

3. 火化证明、死亡医学证明书各一份，原告用于证明韦林周死亡的事实。

4. 柳州市工人医院催款通知一份，原告用于证明要求赔偿医疗费的根据。

5. 柳江县土博镇世界村村民委员会证明一份，原告用于证明原告经常居住地不在柳江县土博镇世界村，在新兴龙骨沟队。

6. 柳江县新兴中学证明一份，原告用于证明死者一直在新兴中学读书，经常居住地属于城镇。

7. 广西农垦国有新兴农场社区管理委员会证明一份，原告用于证明原告及死者经常居住地在龙骨沟队。

被告麦增群提供的证据：

1. 收条一张，被告用于证明被告已为原告支付赔偿款13 000元。

2. 柳州市工人医院交款收据一张，被告用于证明被告垫付的费用。

被告王加练提供的证据：

强制保险单正本、强制保险单副本、机动车辆保险单正本、保险证各一份，被告用于证明事故车辆投保有商业险和强制险。

（四）判案理由

柳州市柳江县人民法院经审理认为：

公民的生命权依法受法律保护；机动车之间发生交通事故造成损害的，由保险公司在机动车第三者责任强制保险责任限额范围内予以赔偿，不足的部分，双方都有过错的，按照各自过错的比例分担责任，共同侵权人则应承担连带责任；受害人对损害的发生有过错的，应减轻侵害人的民事责任。本案中，被告覃海夺和被告麦增群为交通肇事双方司机，经柳江县公安局交通管理大队认定，认定双方分别负主要和次要责任，双方对损害的发生均有过错，损害结果的发生系双方的共同过失行为引起的，且被告中国平安财产保险股份有限公司柳州中心支公司为被告麦增群驾驶车辆桂BEL858号"别克牌"小型轿车的机动车第三者责任强制保险的保险人，故被告中国平安财产保险股份有限公司柳州中心支公司应在机动车第三者责任强制保险的赔偿限额内对原告方的损害承担赔偿责任，在机动车第三者责任强制保险的赔偿限额内不足以赔偿的部分由被告覃海夺和被告麦增群按过错比例来分担，并互负连带责任。被告韦海扣和被告王加练是双方交通肇事车辆的车主，对损害的发生没有过错，不应承担责任。对原告要求赔偿的各项损失的计算标准，因原告及死者韦林周生前户籍地均在农村、系农业人口，而原告方提供的证据5柳江县土博镇世界村村民委员会证明一份；证据6柳江县新兴中学证明一份；证据7广西农垦国有新兴农场社区管理委员会证明一份，仅能证明原告方及死者韦林周曾于1993年到新兴农场龙骨沟队居住，不能证明其连续居住在新兴农场龙骨沟队至本案交通事故发生之日已经满一年，故应认定原告及死者韦林周生前的户籍所在地为原告及死者韦林周生前的住所地，且原告提供的证据也不能证明死者韦林周生前主要收入来源于城镇，故对原告要求赔偿的各项损失，应当按农村标准计算。参照《广西壮族自治区道路交通事故损害赔偿项目计算标准》（2011年）的规定，死亡赔偿金应为4 543元/年×20年＝90 860元，丧葬费应为2 653.5元/月×6月＝15 921元，对于精神损害抚慰金，考虑死者韦林周存在明知被告覃海夺饮酒后驾车还搭乘其驾驶的摩托车的过错及当地经济发展水平等因素，应赔偿30 000元为宜，上述各项损失总金额为136 781元，因该金额超出机动车第三者责任强制保险的死亡赔偿限额110 000元，且原告在诉讼中称请求法院判决被告中国平安财产保险股份有限公司柳州中心支公司在机动车交通事故强制保险责任限额内赔偿死亡赔偿金110 000元，故本院认定原告选择了在交强险赔付范围先行赔付死亡赔偿金，同时经询问，原告称在机动车交通事故第三者责任强制保险责任限额内，在丧葬费与精神抚慰金间选择优先赔偿精神抚慰金，故被告中国平安财产保险股份有限公司柳州中心支公司在机动车交通事故强制保险责任限额内赔偿原告死亡赔偿金90 860元、精神抚慰金19 140元，剩余的精神抚慰金10 860元和丧葬费15 921元，由被告覃海夺和被告麦增群互负连带赔偿责任进行赔偿。因被告覃海夺负此次交通事故的主要责任、被告麦增群负次要责任，造成本案损害的主要原因在于被告覃海夺，故被告覃海夺应承担70％的责任份额，被告麦增群应承担30％的责任份额，即被告覃海夺应承担赔偿责任的赔偿金额为（10 860元＋15 921元）×70％＝18 746.7元，被告麦增群应承担金额为（10 860元＋15 921元）×30％＝8 034.3元，被告麦增群给付过原告的13 000元和其支付的医疗费预交款1 000元，共计14 000元，应认定为被告麦增群赔偿原告的款项，应予扣除，且因该赔偿款14 000元已经超出了被告麦增群应承担的份额，故对原告梁团、韦美风尚应得的赔偿款（10 860元＋15 921元）－14 000＝

12 781元，应由被告覃海夺承担赔偿责任，被告麦增群负连带责任。对原告要求被告中国平安财产保险股份有限公司柳州中心支公司在机动车第三者责任强制保险限额内赔偿医疗费10 000元及要求五被告赔偿医疗费11 194.97元的诉讼请求，因据原告方提供的证据，柳州市工人医院催款通知显示医药费未结清，具体需要多少医药费不能确定，故对原告的该诉讼请求本院不予支持，原告可在实际支付完该费用、结清具体医疗费用后再另行起诉。对原告要求被告中国平安财产保险股份有限公司柳州中心支公司在机动车第三者责任强制保险限额外与其他被告共同赔偿其损失的诉讼请求，虽然被告麦增群驾驶的车辆投保有商业保险，但原告对此没有请求权，故不予支持该诉讼请求。

（五）定案结论

柳州市柳江县人民法院依照《中华人民共和国侵权责任法》第二条、第六条、第八条、第十五条、第十六条、第十八条、第二十二条、第二十六条、第四十八条、第四十九条，《中华人民共和国民法通则》第九十八条，《中华人民共和国道路交通安全法》第七十六条，最高人民法院《关于审理人身损害赔偿案件适用法律若干问题的解释》第二十七条、第二十九条，最高人民法院《关于确定民事侵权精神损害赔偿责任若干问题的解释》第十条，《机动车交通事故责任强制保险条例》第二十一条第一款的规定，并参照《广西壮族自治区道路交通事故人身损害赔偿项目计算标准》（2011年）的规定，作出如下判决：

1. 被告中国平安财产保险股份有限公司柳州中心支公司在机动车第三者责任强制保险赔偿限额内赔偿原告梁团、韦美凤死亡赔偿金90 860元、精神抚慰金19 140元，共计110 000元。
2. 被告覃海夺赔偿原告梁团、韦美凤精神抚慰金和死亡赔偿金共12 781元，被告麦增群负连带责任。
3. 驳回原告梁团、韦美凤的其他诉讼请求。

本案受理费7 531元（原告已预交），由被告中国平安财产保险股份有限公司柳州中心支公司负担2 469元，被告覃海夺负担287元，原告梁团、韦美凤负担4 775元，被告麦增群对被告覃海夺所负担的案件受理费承担连带责任。

（六）解说

本案的处理比较值得研究的问题有三：一是明知驾驶员饮酒而乘坐是否也需要承担部分责任；二是保险公司是否应当承担诉讼费；三是交强险和商业三责险并存的情况下，精神损害抚慰金是否可以在交强险中选择优先赔偿。

1. 本案中，乘车人韦林周明知驾驶人覃海夺饮酒驾车而乘坐，如何确定驾驶人覃海夺对于乘车人韦林周因交通事故受到损害的赔偿责任

第一种观点认为，韦林周是乘坐人，对摩托车的驾驶并无参与，其是受害人，韦林周在乘坐过程中没有任何违章的行为，也不可能导致事故的发生，根据公安局交通管理

大队的鉴定,事故应由摩托车驾驶人覃海夺与轿车驾驶人麦增群分别负主要和次要责任。因此,韦林周不应承担责任。

第二种观点认为,韦林周明知覃海夺饮酒后驾车仍乘坐,属自甘冒险的行为,韦林周的行为属于在明知危险的情形下依然冒险行事,对自己受伤死亡的损害结果负有责任,因此应当承担一定责任。

目前我国正在严查酒后驾驶行为,道路交通安全法等交通法律、法规也都明文禁止酒后驾驶,应该说在当前环境下,公众对酒后驾驶特别是醉酒驾驶的风险认识是普遍而深刻的,所以受害人在明知他人酒后驾驶,仍搭乘其车辆的情况下,受害人的行为构成自甘冒险,应由其对酒后驾驶行为引发的损害后果适当承担责任,减轻赔偿义务人的责任。

"自甘冒险"是一种侵权诉讼中比较常见的抗辩理由,指的是原告在明知危险存在的情况下,主动同意自行承担被告行为可能的后果,从而达到免除被告过失责任的效果。机动车是高速运输工具,驾驶人一旦饮酒,尤其过量饮酒,就会导致神志不清,驾驶能力减弱,其驾驶车辆更具有危险性。韦林周与被告覃海夺一起饮了酒,自然知道其饮过酒,驾驶机动车非常有危险,但其仍乘坐覃海夺驾驶的摩托车外出。这说明了韦林周自愿承担覃海夺酒后驾车的风险。

同时,从法理角度分析,自甘冒险与过失相抵又极为相似,因为在两者中,受害人与加害人双方均具有过失。而且,在现代侵权行为法中,当受害人自甘冒险时,通常通过过失相抵制度对加害人的赔偿责任进行相应的减轻甚至免除。但是,两者之间仍然存在一定的区别:首先,自甘冒险中受害人对于加害人没有尽到注意义务的情形是已经预见到的,而在过失相抵中受害人的过失内容并不包含对加害人此种未尽注意义务的预见。例如,本案中韦林周明知搭乘一名饮酒者开的车是十分危险的却仍然搭乘,便属于自甘冒险。再如,林某开摩托车上班没有戴上头盔,结果摩托车被有过失的司机王某的汽车所撞,林某受伤,林某没有戴头盔显然是有过失的,但是其并不能预见到会被王某的汽车所撞,因而属于过失相抵而非自甘冒险;其次,自甘冒险中,受害人只是对于损害的发生有过错,而在过失相抵中,受害人可能是对损害的发生具有过错,也可能是对损害的扩大具有过错。

此外,我国《道路交通安全法》第22条规定:"饮酒、服用国家管制的精神药品或者麻醉药品,或者患有妨碍安全驾驶机动车的疾病,或者过度疲劳影响安全驾驶的,不得驾驶机动车。"本案中韦林周明知覃海夺饮酒后驾车是一种违法行为,并有可能因此导致交通事故,仍然乘坐其驾驶的车辆,自身存在过错。因此,韦林周对事故造成的损失也应承担相应的责任。

2. 保险公司败诉是否承担诉讼费

《机动车交通事故责任强制保险条款》(以下简称《交强险条款》)第10条规定:"下列损失和费用,交强险不负责赔偿和垫付:……(四)因交通事故产生的仲裁或者诉讼费用以及其他相关费用",由此引起很大争议。笔者对此持否定态度,认为保险公司败诉后应当承担诉讼费。其一,国务院《诉讼费用交纳办法》第29条第1款规定:"诉讼费用由败诉方负担,胜诉方自愿承担的除外。"如前所述,保险公司处于被告的地位，若败诉，依照上述行政法规的规定，应当承担诉讼费用。其二，《保险法》第66条规定："责任保险的被保险人因给第三者造成损害的保险事故而被提起仲裁或者诉讼的，被保险人支付的仲裁或者诉讼费用以及其他必要的、合理的费用，除合同另有约定外，由保险人承担。"该条虽然允许合同当事人约定诉讼费用由谁承担，并以此约定优先，但是，在诉讼费用承担的问题上，《保险法》和《诉讼费用交纳办法》，是一般法和特别法的关系，《诉讼费用交纳办法》作为特别法要优先适用。其三，《交强险条款》属于保险合同格式条款，因其违反了国务院《诉讼费用交纳办法》的强制性规定，当属无效。而且，《保险法》第17条第2款规定："对保险合同中免除保险人责任的条款，保险人在订立合同时应当在投保单、保险单或者其他保险凭证上作出足以引起投保人注意的提示，并对该条款的内容以书面或者口头形式向投保人作出明确说明；未作提示或者明确说明的，该条款不产生效力。"纵观投保单、保险单或者其他保险凭证，未见"足以引起投保人注意"的提示。其四，保险公司因败诉而承担诉讼费用，符合一般诉讼规则和"败诉方承担诉讼费"的大众认知规律。如果道路交通事故人身损害赔偿纠纷中，保险人在涉交强险案件中绝对不承担诉讼费用，那么在交通事故发生之后，保险人完全可以怠于理赔，要求当事人到法院提起诉讼，因为投保人、受害者在诉讼过程中的费用完全不需要其承担，这样很容易助长保险人的官僚作风，不利于道路交通事故保险费用的赔付到位，也是对宝贵司法资源的一种浪费，并最终影响到和谐社会的构建。

3. 交强险和商业三责险并存的情况下，精神损害抚慰金是否可以在交强险中选择优先赔偿

对于精神抚慰金的赔偿顺序，有两种观点：

一种观点认为，不得在交强险赔偿限额中优先赔付。该观点认为，精神损害抚慰金在某种程度上具有惩罚侵权人的性质，与商业保险的补偿功能有所冲突，交强险赔偿限额在保险赔偿时应当先赔偿死亡补偿费、残疾赔偿金等物质损害，若有多余的再赔偿精神损害抚慰金，如无余额则对精神损害抚慰金部分不予赔付。

另一种观点认为，可以在交强险赔偿限额中优先赔付。该观点认为，交强险设立的主要目的在于发挥保险的经济补偿功能，保障机动车交通事故受害人的合法权益，避免因肇事者经济赔偿能力不足而使受害人无法及时得到补偿；投保人同时投保交强险和商业三责险的目的是最大限度地降低行车风险，为更好地保护受害人的利益，交强险赔付时优先赔偿精神损害抚慰金，商业三责险对交强险未能赔足的部分赔付。

而本案情形应适用第二种观点。《机动车交通事故责任强制保险条款》第8条是关于交强险赔偿限额和赔偿项目的约定，其中死亡伤残赔偿限额为110 000元，无责任死亡伤残赔偿限额为11 000元；死亡伤残赔偿限额和无责任死亡伤残赔偿限额项下负责赔偿丧葬费、死亡补偿费、受害人亲属办理丧葬事宜支出的交通费用、残疾赔偿金、残疾辅助器具费、护理费、康复费、交通费、被扶养人生活费、住宿费、误工费及被保险人依照法院判决或者调解承担的精神损害抚慰金。

交强险条款将精神抚慰金明确地列为赔偿项目，而商业三责险中是明确排除精神抚慰金的赔偿的。因此，在交强险与商业三责险并存的情况下，精神抚慰金与物质损害赔偿的赔偿优先顺序最终决定了赔偿总额的多少。如果精神抚慰金不在交强险中赔偿，而

商业三责险不赔偿精神抚慰金,那么赔偿总额将降低。而对于物质赔偿、精神赔偿两者哪个优先的问题,保险条款没有明确约定,法律法规也没有明确规定。交强险的目的是最大限度地保护受害人,保险合同又是最大诚信合同,保险公司对于被保险人的合法利益应以充分的诚信去维护。因此,请求权人可以主张在交强险范围内优先赔偿精神抚慰金,其他的物质赔偿可以在商业险中得到保障。

另外,根据最高人民法院《关于审理道路交通事故损害赔偿案件适用法律若干问题的解释》第7条"交强险与商业险并存时精神损害赔偿的次序"也规定,同一机动车同时投保机动车第三者责任强制保险和机动车商业第三者责任保险的,精神损害赔偿与物质损害赔偿在机动车交通事故责任强制保险中的赔偿次序,请求权人有权选择。请求权人选择优先赔偿精神损害,物质损害赔偿不足部分由商业第三者责任保险公司根据保险合同予以赔偿。基于这样的立法理念,为最大限度保障请求权人的利益,精神抚慰金是可以在交强险范围内优先得到赔付的。就本案而言,首先,交强险没有确定死亡补偿费用等物质损害赔偿与精神损害抚慰金的先后赔偿顺序,现双方当事人对该条款的理解发生争议,应当作出不利于保险公司的解释;其次,结合投保人同时投保交强险和商业三责险的目的,原告梁团、韦美凤有权选择将精神损害抚慰金在交强险范围内优先予以赔偿。

(广西柳州市柳江县人民法院 此兴)

54. 柳迪诉北京市八一中学、李明、刘正阳、李九霄、黄柏川生命权、健康权、身体权案

(一)首部

1. 判决书字号

一审判决书:北京市海淀区人民法院(2009)海民初字第28234号

二审判决书:北京市第一中级人民法院(2011)一中民终字第12616号。

2. 案由:生命权、健康权、身体权纠纷。

3. 诉讼双方

原告(上诉人):柳迪。

被告(上诉人):北京市八一中学。

被告(上诉人):刘正阳。

被告(上诉人):李明。

被告(上诉人):李九霄。

被告（被上诉人）：黄柏川。
4. 审级：二审。
5. 审判机关和审判组织
一审法院：北京市海淀区人民法院。
合议庭组成人员：审判长：陈争争；人民陪审员：程保荣、唐福来。
二审法院：北京市第一中级人民法院。
合议庭组成人员：审判长：陈立新；审判员：汤平；代理审判员：周濛。
6. 审结时间
一审审结时间：2011年5月27日。
二审审结时间：2011年10月28日。

(二) 一审情况

1. 一审诉辩主张
原告诉称：黄柏川、柳迪、刘正阳、李明、李九霄系北京市八一中学（以下简称八一中学）同班同学，柳迪于2005年5月26日被黄柏川、刘正阳、李明、李九霄打伤，造成柳迪患了精神分裂症，孩子今后的生活、工作无保障，且我们为了给柳迪治病，将原有的唯一住房变卖，虽经法院判决了赔偿金，但此赔偿不足以保证孩子终生生活稳定，现柳迪不仅精神残疾，身体也因药物自身的副作用受到伤害。法院生效判决已经判定各被告对柳迪承担赔偿责任，但自2008年后的医疗费并未判决，故我们再次起诉要求：(1) 八一中学、刘正阳、李明、李九霄、黄柏川承担2007年1月15日至2007年6月3日护理费8 320元；(2) 八一中学、刘正阳、李明、李九霄、黄柏川支付柳迪2008年1月至2010年6月的医疗费109 732元及交通费4 066元（其中含第一次诉讼时二审发生的交通费1 030元）；(3) 八一中学解决柳迪住房和工作问题；(4) 诉讼费由八一中学、刘正阳、李明、李九霄、黄柏川承担。

被告八一中学辩称：柳迪提出的诉讼请求之一，我们已经在(2007)海民初字第20643号民事判决书及北京市第一中级人民法院(2008)一中民终字第633号终审判决后按照判决书的数额支付，柳迪另行起诉要求支付医药费，我们无法同意。另外，柳迪提供的治疗票据中没有具体明细，或者发票上只有柳迪的名字，而不是在六院这样的专业医院开具的发票，诸如感冒药等我校不认可。交通费的发票，我校觉得柳迪应当出具与看病时间相一致的单据，有些车票是夜晚打车的票据，我校不认可。柳迪要求解决住房、工作问题，市教委于2009年3月17日已作出答复，认为房子问题不是八一中学能解决的，已超过学校的职权范围，八一中学是有责任，但并非是无限责任，学校仅承担管理责任，住房问题应由柳迪及其家长自行解决。对于柳迪家长要求我校解决柳迪的工作问题，这不是我校能解决的。恳请法院考虑社会后果，公平公正判决。

被告黄柏川辩称：事情发生后，我们已按生效判决书将我们应承担的赔偿费用一次性支付给柳迪和其家人，现在他们再次提出赔偿，我们认为超出我们应承受的范围，但考虑到法院调解，也为了彻底解决问题，我们可以接受法院调解意见，一次性补偿她一定的费用，从而了结此事，今后柳迪家长和本人不能再行向我方主张任何赔偿。

被告刘正阳辩称：柳迪要求的护理费已经在（2007）海民初字第20643号民事判决书及北京市第一中级人民法院（2008）一中民终字第633号终审判决中包含了，不应当重复。交通费用到底是谁用的并不清楚，也不能证明此费用系柳迪治疗其病情产生的。对于其主张的医疗费，药单都是从药店买的，没有明细，并不能确定是治疗柳迪的精神疾病产生的，其中还有些感冒药，这与治疗柳迪的病是无关的。现我已经年满18岁了，也没有工作，无收入，父母的经济情况也很困难，上次赔偿的十几万都是借来的，现在也没有偿还完，因此不同意继续赔偿，也没有能力再赔偿。

被告李明辩称：柳迪提出的2007年1月至2007年6月的护理费原判决中已经赔付了。其要求赔付的交通费数额过高，柳迪系四肢健全的人，经过两年的治疗应该得到缓解及控制，应该可以坐公交车看病了。柳迪要求赔偿的医疗费过高，有些并不是治疗精神疾病的，我同意八一中学的答辩意见。现我也已成年，也没有工作，我们不同意再赔偿了。

被告李九霄辩称：对事实部分的答辩我同意其他人的答辩意见。此次柳迪再次请求赔偿，原则上我们不同意再次赔偿，但如果法院仍然坚持判决赔偿，我请求法院判决各方应承担的赔偿比例，上次执行的时候，就多执行了我方应出的份额，现我已经起诉至法院请求其他家长给付我多支付的部分。

2. 一审事实和证据

法院经审理查明：柳迪与黄柏川、刘正阳、李明、李九霄原曾系八一中学同班同学。2005年5月26日上午，黄柏川、刘正阳、李明、李九霄将柳迪在八一中学校内打伤，北京市海淀区人民法院作出（2007）海民初字第20643号判决书，认定黄柏川、刘正阳、李明、李九霄承担连带赔偿责任，八一中学按其过错程度承担赔偿责任，刘正阳、李明、李九霄、黄柏川与八一中学共赔偿柳迪医疗费、交通费、残疾赔偿金、护理费、精神抚慰金共计839 845.36元。2007年12月28日北京市第一中级人民法院作出终审判决，维持一审法院第一项、第二项判决内容，改判部分一审判决。现柳迪的法定代理人柳宝利、张春兰已按终审判决数额领取各项赔偿款920 892.36元。但2008年1月至今的医疗费没有支付，现柳迪起诉主张2008年1月至2010年6月的医疗费用及其就医产生的交通费等损失；庭审中，柳迪的法定代理人还向法院主张了自2007年1月15日至2007年6月3日的护理费；八一中学、刘正阳、李明、李九霄、黄柏川均认为柳迪主张的上述赔偿款均已经在（2007）海民初字第20643号民事判决书及北京市第一中级人民法院（2008）一中民终字第633号终审判决中作出了判决，柳迪法定代理人再行主张没有依据，并提出柳迪提供的出租车票中有些是夜晚的票据，对此，柳迪的法定代理人柳宝利、张春兰称因柳迪的精神状态不好，经常会夜晚跑出家门，其会打车出去寻找。经法院核查柳迪法定代理人向法院提供的医疗单据，其2008年1月至2010年6月的医疗费用89 911.62元。

庭审中，柳迪的法定代理人变更第一项诉讼请求，请求八一中学、刘正阳、李明、李九霄、黄柏川共同支付柳迪今后70年的医疗费260万元，孩子一次性的生活费105万元，看病就医的车费16.8万元。对上述请求，八一中学和刘正阳、李明、李九霄、黄柏川均不认可。

经查，柳迪现主要就医于北京市第六医院，其主要服用治疗精神科药物为奥氮平片，规格为5mg*28片/盒，该药品价格为每盒719.4元，柳迪现服用量为每日15mg，一盒药量仅够柳迪服用9日，按此药量，仅奥氮平片药，柳迪每月需要药费2 313元，柳迪还需要其他辅助药品，从现在病例中显示，可以估算其他药费的金额每月费用大约为200元。

另，经法院主持调解，黄柏川的委托代理人黄大力与柳迪的法定代理人柳宝利、张春兰达成一致意见：黄柏川的父亲黄大力一次性给付柳迪42万元补偿金，作为今后柳迪的医疗费，一次性了结对柳迪的赔偿费用，双方不再因此赔偿发生任何纠纷，柳迪的法定代理人柳宝利、张春兰亦承诺以后不再起诉黄柏川及其父母。

原审法院认定上述事实的证据有：双方当事人陈述、（2007）海民初字第20643号民事判决书、（2008）一中民终字第633号终审判决、医疗费单据、病历、交通费票据等。

3. 一审判案理由

侵权行为发生时行为人不满18周岁，在诉讼时已满18周岁，并有经济能力的，应当承担民事责任；行为人没有经济能力的，应当由原监护人承担民事责任。柳迪在上学期间被黄柏川、刘正阳、李明、李九霄致伤，且患上精神分裂症，法院生效判决书已经认定由四学生和八一中学承担赔偿责任，现黄柏川、刘正阳、李明、李九霄均满18周岁，但未独立生活，故由其父母代为承担民事责任。

此事件发生后，柳迪的法定代理人曾在2007年向法院起诉要求八一中学、刘正阳、李明、李九霄、黄柏川承担医疗费、交通费、护理费等费用，生效判决确定由八一中学、刘正阳、李明、李九霄、黄柏川承担柳迪的赔偿责任，其中包括医疗费、交通费、伤残赔偿金、2006年10月10日至2007年1月15日期间护理费及2007年1月16日后的护理费、精神损害抚慰金，法院已经按判决内容执行，现柳迪以（2008）一中民终字第633号判决书中"本院认为"部分明确对柳迪今后的治疗费待实际发生后另行主张，请求法院继续判令八一中学、刘正阳、李明、李九霄、黄柏川支付其自2008年1月至2010年6月的医疗费，于法有据，法院予以支持。经法院核查，柳迪一直服用奥氮平药物至今，再行更换其他精神药物，不益其病情好转，因此，参照其病历医嘱，柳迪服用上述药品能保证几年的治疗效果，法院考虑到实际发生治疗费是持续行为，且近年来，柳迪服用固定的药物病情稳定，故法院参照其服用药品及药量暂定5年的医疗费用，具体费用法院以查明其每月服用主要药品及辅助药品的实际费用判定。交通费一节，系柳迪就医产生的，法院予以支持，但其数额过高，法院予以酌定。

柳迪在八一中学就学期间发生的事件已经过二审法院认定了各方责任，也对柳迪今后的护理费、伤残赔偿金等一次性支付了大额赔偿金，且亦支付了10万元的精神损失费，因此，柳迪法定代理人应该在收到上述执行款后，能够现实地考虑柳迪今后的生活需要。而如解决住房问题，解决柳迪今后工作的问题，均不是人民法院和致害方承担民事责任的方式和处理范围，因此其法定代理人应在法定的范围内主张权利，柳迪法定代理人要求解决其住房和工作的请求，法院不予支持。

关于李九霄的法定代理人要求法院划分四个家庭分担的侵权人责任承担比例问题，因法院生效判决已经确定为共同侵权人，在共同侵权中各侵权人承担连带责任，其请求分担赔偿比例无法律依据，法院不能支持。对于李九霄已经多支付的费用，在其他侵权人支付后，可退还多支付一方。

在庭审中，黄柏川的父亲黄大力与柳迪的法定代理人柳宝利、张春兰双方达成一致意见，一次性支付柳迪42万元赔偿金，一次性解决此事，柳迪及其父母以后不再起诉黄柏川及其父母，对此，法院不持异议。在判决中，法院将扣除黄柏川应承担医疗费、交通费的份额。

4. 一审定案结论

依据最高人民法院《关于贯彻执行〈中华人民共和国民法通则〉若干问题意见（试行）》第一百六十一条第一款、最高人民法院《关于审理人身损害赔偿案件适用法律若干问题的解释》第七条第一款之规定，判决："一、李明之父李文荣、刘正阳之母于丽云、李九霄之母詹光君于判决生效后15日内赔偿柳迪2008年1月6日至2010年6月30日实际发生的医疗费37 088.6元、交通费825元，共计37 938.6元；北京市八一中学于判决生效后15日内赔偿柳迪2008年1月6日至2010年6月30日医疗费40 460.2元、交通费900元，共计41 360.2元。二、李明之父李文荣、刘正阳之母于丽云、李九霄之母詹光君于判决生效后15日内赔偿柳迪2010年7月1日至2015年6月30日医疗费62 197元；北京市八一中学于判决生效后15日内赔偿柳迪2010年7月1日至2015年6月30日医疗费67 851元。三、黄柏川的父亲黄大力同意一次性向柳迪支付赔偿款42万元，判决生效之日给付。四、驳回柳迪其他诉讼请求。"

（三）二审诉辩主张

柳迪与刘正阳、李明、李九霄、八一中学均不服原审判决，向本院提起上诉。柳迪的上诉请求是：撤销原审判决，依法改判。上诉理由是：（1）原审判决认定的赔偿数额过低，没有达到我实际支出的数额，柳迪现在每月支出的药费是2 513元，另外因吃药产生副作用而调理需要的药费在1 000元左右，远远高于原审判决认定的数额；因孩子精神有问题，经常晚上出去，因而我们经常晚上去找她，就得打车。孩子需要长期治疗，生活不能自理，给我们的生活和工作造成了很大的影响；（2）2007年1月15日至2007年6月30日护理费8 320元没有判决也是错误的。

八一中学的上诉请求是：（1）撤销原审判决第一项和第二项中有关我学校的判决内容，改判按柳迪实际发生的医药费核定我学校的赔偿数额；（2）一、二审诉讼费由柳迪承担。上诉理由是：（1）原审判决认定的医疗费和交通费数额不清、证据不足。很多票据内容上存在缺陷，不应予以认定；（2）原审法院判令赔偿柳迪2010年7月1日至2015年6月30日的医疗费缺乏法律依据。

刘正阳、李九霄、李明的上诉请求是：（1）撤销原审判决，依法改判或发回重审；（2）本案全部诉讼费由柳迪和黄柏川承担。上诉理由是：（1）原审判决对黄柏川的责任分担有失公正，与事实不符，黄柏川是主要侵权人，应承担主要责任，但原审判决只认定其承担 1/4 的责任是错误的；（2）原审判决判令预先支付 5 年的医疗费缺乏法律依据；（3）原审判决内容自相矛盾，与法律规定不符。

黄柏川的答辩意见是：同意原审法院判决。

柳迪的答辩意见是：不同意八一中学的上诉请求和理由，所有的医药费都是实际支出的，是合理的，八一中学应承担相应的赔偿责任。不同意刘正阳、李明、李九霄的上诉请求和理由。

八一中学的答辩意见是：不同意柳迪的上诉请求和理由，8 320 元护理费已经赔偿了。对刘正阳、李明、李九霄的上诉请求和理由没有意见。

刘正阳、李明、李九霄的答辩意见是：对柳迪的医药费数额不认可。

（四）二审事实和证据

北京市第一中级人民法院经审理，确认一审法院认定的事实和证据。

（五）二审判案理由

二审法院认为：生效判决已确认八一中学及刘正阳、李明、李九霄、黄柏川在本事件中的责任，现柳迪主张 2008 年 1 月之后的相关费用，合理部分应予支持。根据柳迪的病情及实际支出，原审法院核定的应赔偿柳迪的各项费用数额正确。关于后续治疗费的问题，因柳迪所患为精神类疾病，需长期治疗，因而原审法院在确定柳迪所需药物的情况下，结合柳迪家庭的经济状况，判决预先支付柳迪 5 年的医药费并无不当之处。黄柏川的父亲与柳迪的法定代理人协商一致达成调解协议，一次性解决纠纷，该协议内容真实有效，不违反法律的规定，且原审法院在确定刘正阳、李明、李九霄赔偿数额时，已考虑了黄柏川应承担的责任，因而该调解协议没有侵犯刘正阳、李明、李九霄的合法权益，故该协议合法有效。据此，柳迪、八一中学、刘正阳、李明、李九霄的上诉请求和理由均缺乏事实和法律依据，本院均不予支持。综上所述，原审判决认定事实清楚，适用法律正确，应予维持。

（六）二审定案结论

依据《中华人民共和国民事诉讼法》第一百五十三条第一款第（一）项之规定，判决：驳回上诉，维持原判。

（七）解说

本案争议的焦点问题是连带责任中，部分和解行为的效力及其对连带责任的影响。解决这个问题需要厘清对以下几个方面问题的认识：

1. 连带责任之终局负担为各责任人之间的按份责任

《民法通则》第130条规定:"二人以上共同侵权造成他人损害的,应当承担连带责任。"所谓连带责任,学界通说认为,是指受害人有权向共同侵权人或者共同危险行为中的任何一个人或数个人请求赔偿全部损失,而任何一个共同侵权人或共同危险行为人都有义务向受害人负全部的赔偿责任;共同加害人中的一人或数人已经全部赔偿了受害人的损失则免除其他共同加害人向受害人应负的赔偿责任。《侵权责任法》第13条和第14条规定:"法律规定承担连带责任的,被侵权人有权请求部分或者全部连带责任人承担责任"。"连带责任人根据各自责任大小确定相应的赔偿数额;难以确定责任大小的,平均承担赔偿责任。支付超出自己赔偿数额的连带责任人,有权向其他连带责任人追偿。"

连带责任作为一种法定的责任、侵权人的整体责任,在具体承担的过程中,连带责任分为对内效力和对外效力两个部分。对受害人而言,连带责任是整体责任,连带责任中的每个侵权人都有全部履行的义务;对共同侵权人或者加害人的效力而言,终局责任的划分需要基于各个责任人过错程度和行为原因力的不同而划分不同的责任比例,因此连带责任在内部最终效力上仍属于需要按份负担的。

2. 受害人与部分连带责任人的调解协议系双方当事人自愿达成,内容不违反法律的强制性规定,应属有效

受害人与部分责任人的调解协议,究其性质属于受害人与部分责任人之间就赔偿问题达成的民事合同。该合同依民法意思自治的基本原则由当事人自愿达成,且连带责任只是不承认连带责任人内部关于责任比例划分的约定,并没有否定受害人与部分连带责任人之间的和解行为。因此应依照合同法以及民法的基本原理认定和解协议的效力。本案中,黄柏川的父亲黄大力与柳迪的法定代理人柳宝利、张春兰双方达成和解协议,黄柏川的父亲黄大力支付柳迪42万元赔偿金,一次性解决此事,柳迪及其父母以后不再起诉黄柏川及其父母。该协议属双方当事人自愿达成,内容不违反法律的强制性规定,故该协议合法有效。

3. 受害人与部分连带责任人调解免除部分责任人连带责任的行为对整体责任及其他连带责任人的影响

关于此问题,学术界以及司法实践当中均有不同的观点,法律没有明确规定。笔者认为,基于受害人与部分连带责任人调解协议有效之前提,人民法院应审核部分连带责任人在共同侵权或者共同危险中的过错程度和行为原因力,免除该连带责任人的责任,其他连带责任人仍对剩余部分债务承担连带责任。

和解协议效力确认后应免除该连带责任人的责任。连带责任设置的目的是加重行为人的责任,使受害人处于优越的地位,保障其赔偿权利的实现。而连带责任人在承担了连带责任后仍需对内部责任份额进行分割,行为人各自承担自己的责任份额是连带责任的最终归属。在部分和解的过程中,部分当事人为解决在终局责任负担中的讼累,往往会通过更高额度的赔偿及早退出诉讼,本案中,柳迪诉求五方侵权人共同赔偿的金额只有11万多元,而黄柏川通过和解协议单方即赔付了柳迪42万元,一次性解决本案所有的纠纷,免去了柳迪家人须每五年一次索要诉讼费的讼累,更有利用于柳迪合法权益的保护。且本案中,由于柳迪及早地拿到赔偿款,修复了社会矛盾,减少了讼累,是应当

予以鼓励和提倡的。故应免除部分责任人即黄柏川的连带责任。

其他责任人在人民法院确认该部分连带责任人在终局责任中应负担的责任比例并扣减该部分份额后仍对剩余债务承担连带责任。连带责任系法定的责任负担方式，部分和解协议确认免除部分责任人的连带责任后，不应据此否认连带责任的性质，故而其他责任人们需承担连带责任。关于其他责任人承担连带责任的额度，因受害人已经放弃了部分责任人的赔偿请求，故其他责任人对该部分责任人应承担的最终责任不再承担连带责任，这也符合民法的公平原则。相关司法解释也确认了该做法的合理性。最高人民法院《关于审理人身损害赔偿案件适用法律若干问题的解释》第5条规定："赔偿权利人起诉部分共同侵权人的，人民法院应当追加其他共同侵权人作为共同被告。赔偿权利人在诉讼中放弃对部分共同侵权人的诉讼请求的，其他共同侵权人对被放弃诉讼请求的被告应当承担的赔偿份额不承担连带责任。责任范围难以确定的，推定各共同侵权人承担同等责任。"故本案中法院提前确认了各方应最终分担的责任比例，进而扣除黄柏川应承担医疗费、交通费的份额，其他责任人对剩余部分的责任仍承担连带责任。本案的处理是正确的。

4. 本案的处理也达到了非常好的社会效果。通过确认该调解协议的效力，本案承办法官又在判决后继续做各方当事人的调解工作，先后为柳迪要回近100万元的赔偿款，且四方当事人均向法院赠送了锦旗。从维护社会稳定以及维护当事人的合法权益的角度看，本案的处理也是具有重要的社会意义的。

（北京市第一中级人民法院　唐兴华）

55. 赵仲光诉贺江涛生命权、健康权、身体权案

（一）首部

1. 判决书字号

一审判决书：北京市西城区人民法院（2011）西民初字第3362号。

二审判决书：北京市第一中级人民法院（2011）一中民终字第13797号。

2. 案由：生命权、健康权、身体权纠纷。

3. 诉讼双方

原告（上诉人，同时也是被上诉人）：赵仲光。

一审委托代理人：赵昕（原告之子），无业。

一审、二审委托代理人：穆庆蕊，北京市宝盛律师事务所律师。

二审委托代理人：安俊英，北京市海淀区教育局退休职工。

被告（上诉人，同时也是被上诉人）：贺江涛。

二审委托代理人：林国彬，北京市化学建材厂退休职工。
4. 审级：二审。
5. 审判机关和审判组织
一审法院：北京市西城区人民法院。
合议庭组成人员：审判长：王光宗；人民陪审员：张燕生、刘爱君。
二审法院：北京市第一中级人民法院。
合议庭组成人员：审判长：陈立新；审判员：汤平；代理审判员：周濛。
6. 审结时间
一审审结时间：2011年7月20日。
二审审结时间：2011年9月14日。

（二）一审情况

1. 一审诉辩主张
（1）原告诉称

2010年10月4日，我在新街口西里二区3号楼门前，骑电动车从西往东行驶，突然从马路的北边冲出一条狗，撞在我车的前轮上。我捏闸倒地，是左肩膀着地并发出声音，我估计是骨折了。事发后报警。我当天去了丰盛医院，该院诊断为左锁骨粉碎性骨折。后因派出所没有调解成功，故诉至法院，要求判令：1) 被告赔偿医药费5 480.66元（含鉴定费2 947.88元）、误工费6 800元、营养费2 076.10元、护理费4 800元、伤残赔偿金58 146元、精神损害抚慰金1万元；2) 诉讼费由被告承担。

（2）被告辩称

2010年10月4日下午2时55分，原告在新街口西里二区3号楼门前小区道路上驾驶电动车逆行，原告靠马路的北侧由西向东行驶。该马路是单行线。根据道路交通法的相关规定，原告应该靠右侧行驶，小区内有限速5公里的标识，有单行线的标识。原告未及时发现路口准备牵狗过马路回家的行人。当时，我与爱人是从北向南回家，穿过两辆停放的轿车，因原告行车较快，发现狗之后很快刹车，将狗戳出2米多远，后原告身体倾斜在路北侧停放的白色车上。此事件从法律的因果关系上看，被告无任何过失。被告在事发后一直采取正面的解决方法，主动向110报警，要求协调，警察到了现场，查看刹车痕迹。警察到现场之后要求原告到积水潭医院就诊，原告没去，自己去了丰盛医院。原告亲属在公安局对我提出不正当要求，我没有答应。如果按照原告所述狗撞倒原告，狗是从左侧窜出，原告应该倒向右侧马路，但实际原告是倒向左侧的轿车上，左肩受伤，且原告是左锁骨中断骨折，不应该是该事故造成的，怀疑原告有陈旧伤。故不同意原告的诉讼请求，要求法院驳回。

2. 一审事实和证据

北京市西城区人民法院经公开审理查明：原告系本市城镇户口。2010年10月4日14时许，在西城区新街口西里二区3号楼门前，原告驾驶电动车由西向东快速行驶，适有被告饲养的犬只由北向南穿行，二者发生碰撞，导致原告受伤。被告报警后，西城分局新街口派出所出警调查，并对当事人进行了询问。同日，原告到丰盛医院就诊，该院诊断为左锁骨中断粉碎性骨折。原告就医期间花费医疗费2 145.78元。同日，该院为原告出具诊断证明书一份，建议原告休息一个月。2010年10月26日，该院为原告出具诊断证明书一份，建议原告休息一个月。2010年11月25日、2010年12月10日、2011年1月9日，该院分别为原告出具诊断证明书，建议原告休息共计五周。2011年6月8日，北京铂斌商贸中心为原告出具误工证明一份，证明原告系该单位职工，每月工资为2 000元，自2010年10月4日至2011年1月16日期间，原告未到单位上班，此期间的工资单位未予发放。经本院委托，北京市红十字会司法鉴定中心对原告伤情进行鉴定，并于2011年3月16日出具法医学鉴定意见书一份，结论为原告所受损伤构成十级伤残，原告支付鉴定费2 947.88元。

上述事实有下列证据证明：
(1) 询问笔录。证明事发后双方在派出所对事实的陈述和调解过程。
(2) 原告就医证据。证明原告受伤就医的情况。
(3) 法医学鉴定意见。证明原告伤残程度。
(4) 养狗证。证明被告合法养犬。
(5) 双方庭审陈述。证明事实经过。

3. 一审判案理由

北京市西城区人民法院经审理认为：饲养的动物造成他人损害的，动物饲养人或者管理人应当承担侵权责任，但能够证明损害是因被侵权人故意或者重大过失造成的，可以不承担或者减轻责任。被告对其饲养的犬只未加合理管束，与原告发生碰撞并致使其受伤，被告对此应承担相应的赔偿责任。但原告于小区内道路驾驶电动车快速行驶，对于损害的发生亦有一定过错，应当适当减轻被告的赔偿责任。原告要求赔偿医疗费、误工费的诉讼请求，于法有据，本院予以支持，具体数额由本院依法核定。原告要求被告赔偿营养费和护理费，但未提供医院医嘱，本院根据原告伤情酌定营养费为500元，对于护理费的诉讼请求，本院不予支持。现原告伤情构成十级伤残，故原告要求伤残赔偿金及精神损害抚慰金的合理数额部分的诉讼请求，于法有据，本院予以支持，具体数额由本院确定。

4. 一审定案结论

北京市西城区人民法院依据《中华人民共和国侵权责任法》第七十八条之规定，作出如下判决：
(1) 本判决生效后7日内，被告贺江涛赔偿原告赵仲光医疗费1 072.89元、误工费3 250元、营养费250元、伤残赔偿金29 073元、精神抚慰金2 000元；
(2) 驳回原告赵仲光的其他诉讼请求。

(三) 二审诉辩主张

1. 上诉人（原审原告，同时也是被上诉人）赵仲光诉称

赵仲光不服原审判决，要求依法改判，支持其在原审的全部诉讼请求。首先，原告并非快速行驶，不存在任何过错，贺江涛应当承担全部赔偿责任。其次，原告对护理费

的要求合情合理，应当支持。原审法院认定事实没有虚构，不同意50%的责任划分，贺江涛应当赔偿我的全部损失。

2. 上诉人（原审被告，同时也是被上诉人）贺江涛辩称

贺江涛亦不服原审判决，要求依法改判，驳回赵仲光在原审的全部诉讼请求。被告认为原审法院查明事实错误，不是被告的狗撞了原告而是原告超速逆行撞到被告的狗后摔倒，现场刹车痕能够证明赵仲光超速逆行，其受伤是撞到被告牵着的狗时采取刹车措施不当自己造成的，原告的受伤与被告无关。不认可赵仲光提交的误工证明，原告就医的证据提交不全，不同意承担赔偿责任。

（四）二审事实和证据

北京市第一中级人民法院经公开审理查明：原审判决认定的证据真实有效，据此认定的事实无误，本院予以确认。

上述事实有下列证据证明：

1. 一审证据。
2. 当事人在二审期间的陈述。

（五）二审判案理由

北京市第一中级人民法院经审理认为：当事人对自己提出的诉讼请求所依据的事实或者反驳对方诉讼请求所依据的事实有责任提供证据加以证明。没有证据或者证据不足以证明当事人的事实主张的，由负有举证责任的当事人承担不利后果。上诉人赵仲光上诉称其没有快速行驶，本院参看原审法院2011年3月29日的庭审笔录，赵仲光自述的行驶速度可以认定原审法院查明确认的快速行驶无误，对上诉人赵仲光的这一上诉理由，本院不予采信。上诉人贺江涛上诉提出本次事故与其无关，应当承担举证责任。上诉人贺江涛在原审及本院审理期间提交的证据均不能充分证明这一主张，依据现有证据可以认定，贺江涛饲养的动物造成了赵仲光的损害，贺江涛作为饲养人和管理人，应当承担侵权责任。同时，上诉人赵仲光在小区内快速行驶亦是发生本次事故的因素之一，正是由于上述两方过错的结合，才导致本次人身伤害事故的发生。原审法院综合考虑双方过错因素作出的相应责任分担，并无不当，应予维持。

关于上诉人赵仲光上诉提出的护理费和上诉人贺江涛上诉提出的误工费等各项费用，均系原审法院根据赵仲光伤情及相关诊断材料，结合本案具体情况酌情判定，据此确定的数额并无不妥。综上，上诉人赵仲光、上诉人贺江涛的上诉请求和理由均缺乏事实与法律依据，原审法院判决并无不当，应予维持。

（六）二审定案结论

北京市第一中级人民法院依据《中华人民共和国民事诉讼法》第一百五十三条第一

款第（一）项之规定，判决如下：

驳回上诉，维持原判。

(七) 解说

本案的争议焦点在于如何理解《侵权责任法》第78条中有关因果关系和责任分担的规定。

1. 充分理解"归责"与"限责"的立法本质

因果关系作为侵权责任确定的重要条件，其在侵权行为法中扮演的重要角色，与侵权行为法的功能紧密联系。侵权行为法"作为为理性所支配的法律，它不可能要求一个行为不谨慎的人对他人因其行为所产生的一切损害，即一切该他人若非因行为人是过失即无须容忍的损害，承担赔偿责任"，它必须协调行为人的行动自由和受害人权益的保护这两方面的利益。因此，侵权行为法的功能不仅在于把对被害人进行赔偿的责任归结于加害人，更重要的是对加害人的责任加以合理的限制，"期能兼顾加害人的活动自由及受害人保护的需要"。与这种功能相适应，侵权责任的各个构成要件都是围绕着这一目的在发挥着各自的功能，由此，因果关系要件也担负着"归责"与"限责"的双重功能。

2. 认定因果关系的两步法

与因果关系"归责"与"限责"的双重功能相适应，因果关系的认定过程采取两分法的思考方式，即把因果关系的考察分为两个步骤。第一步，考察加害人的行为是否是损害结果产生的前提，这一因果关系被称为"事实因果关系"、"条件的因果关系"或者"自然的因果关系"。第二步，在存在事实层面的因果关系的情况下，为了在加害人的活动自由和受害人的保护之间求得平衡，还需要一定的归责事由来决定哪些损害转由加害人承担，哪些损害不予赔偿。这一过程中掺入社会、经济以及法规目的等因素的考量，被称为"法律因果关系"、"相当因果关系"或者"责任充足因果关系"。

为了全面衡量双方责任，我们将本案的结果一分为二：受伤与否和受伤轻重，分别辨析其产生的因果关系。按照"事实因果关系"分析，被告的饲养动物确有和原告车辆接触的事实，原告在接触后倒地受伤，而被告并无证据证明其尽到了看管义务，即假设被告的饲养动物没有出现，处于完全被管制的情形下，被告的受伤将不可能发生，因此完全符合侵权行为法规定的饲养动物伤人的情形，双方之间的侵权关系确定，被告的饲养动物是该案件发生的充分条件。然而对于此案所造成的十级伤残的结果并非一般的因果关系可以解决，而属于特殊形态因果关系中的"共同性因果关系"，即两个或者两个以上的原因相互结合而导致了结果的发生，但是其中任何一个原因都不足以造成这种结果。结合事发地点的特殊性，假设原告以符合小区行驶规定的速度和方向行驶，其应当有能力预见小区行人和犬只的突然出现，并及时采取措施，对其损害结果的产生无疑会减轻很多，因此原告本人对该侵权结果的产生亦有一定的过错。

对于饲养动物侵权这类特殊的侵权案件，适用的是无过错原则，二审审理的关键在于依据举证责任倒置的原则，审查双方当事人对其提出的上诉理由，是否提供了充分有力的证据加以证明,否则需承担举证不能的法律后果。对于在小区内正常生活的饲养人而言,其无法预见到会有疾驶的电动车出现,因此如果要求其承担全部责任显然有失公平。对于侵权人的减责大小在于评价被侵权人的过错程度。对于此类案件,我们只有采取假设逆推的方式进行衡量。本案中原告作为完全民事行为能力人,假设其以符合规定的低速行进,并尽到了应有的注意义务,即使被告饲养动物突然出现,原告亦有能力和时间采取措施,可能不会导致受伤,至少不会如此严重。原告的行为与受伤的事实和程度之间存在不可推卸的较大因果关系。二审法院严格审核了一审过程中的证据和双方自认的事实,充分肯定了一审对于事实认定、责任分担和法律适用的正确性,维护了社会的稳定。

(北京市西城区人民法院　李杏)

56. 于登云诉谢晓磊健康权、身体权案

(一) 首部

1. 判决书字号
一审判决书:新疆生产建设兵团霍城垦区人民法院(2011)霍垦民初字第59号。
二审判决书:新疆生产建设兵团农四师中级人民法院(2011)农四民终字第50号。
2. 案由:健康权、身体权纠纷。
3. 诉讼双方
原告(上诉人):于登云,女,1988年12月20日生,汉族,农四师医药药材公司霍尔果斯六十二团好又多健康药房职工,住六十二团团部。
委托代理人(一、二审):任明晓,新疆众合律师事务所律师。
委托代理人(二审):潘龙,新疆众合律师事务所律师。
被告(被上诉人):谢晓磊,男,1991年7月22日生,汉族,新疆昌吉职业技术学院学生,住农四师六十二团十二连。
委托代理人(一、二审):刘萍(谢晓磊之母),女,1965年7月30日生,汉族,农四师六十二团十二连职工,住该连。
委托代理人(一、二审):彭保卫,新疆同济律师事务所律师。
4. 审级:二审。
5. 审判机关和审判组织
一审法院:新疆生产建设兵团霍城垦区人民法院。
合议庭组成人员:审判长:范海波;审判员:陈玉琼、王战斌。
二审法院:新疆生产建设兵团农四师中级人民法院。

合议庭组成人员：审判长：王成军；审判员：吐拉江·买卖提明、张建立。
6. 审结时间
一审审结时间：2011 年 5 月 3 日。
二审审结时间：2011 年 8 月 20 日。

(二) 一审情况

1. 一审诉辩主张
原告于登云诉称

2010 年 4 月，于登云与谢晓磊相识恋爱。在谈恋爱期间，谢晓磊向于登云索要 1 500 元，还多次与于登云发生性关系。2010 年 8 月，于登云感觉身体不适，被家人送往农四师医院就诊。经医院检查为宫外孕，医院遂为于登云做了左侧输卵管切除手术。后经鉴定，于登云的伤残等级为十级。因谢晓磊的行为侵犯了于登云的生命健康权和财产权，故诉至法院，要求谢晓磊赔偿其医疗费 4 417.64 元、误工费 2 910.8 元、住院伙食补助费 200 元、护理费 572 元、营养费 200 元、交通费 496 元、精神损害抚慰金 30 000 元、鉴定费 630 元、残疾赔偿金 25 858 元，合计 65 284.44 元；返还现金 1 500 元。

被告谢晓磊辩称

双方在谈恋爱期间自愿发生性行为，不构成侵权，法院应驳回于登云的诉讼请求。理由如下：(1) 双方发生的非婚性行为是非法的，违反了婚姻法律规范和伦理道德，而法律只保护合法的行为，于登云要求谢晓磊赔偿各项损失，无合法依据；(2) 双方发生性行为，与于登云宫外孕之间没有必然的因果关系，且谢晓磊主观上并无过错；(3) 于登云比谢晓磊大三岁，双方每次发生性关系，都是于登云主动约请谢晓磊，于登云对损害结果的发生存在过错，其损害结果应当由于登云自行承担。

2. 一审事实和证据

霍城垦区法院经不公开开庭审理查明，2010 年 4 月至同年 8 月，原告于登云与被告谢晓磊建立了恋爱关系。期间，于登云与谢晓磊多次发生性关系。2010 年 8 月 17 日，于登云身感不适，经六十二团医院初步诊断为宫外孕。当日，于登云被送往农四师医院住院治疗，经该院诊断为左侧输卵管妊娠。2010 年 8 月 18 日，农四师医院为于登云行左侧输卵管切除手术，2010 年 8 月 24 日，于登云出院。于登云住院治疗 7 天，医嘱全休一个月。经鉴定，于登云的伤残等级为十级。于登云的各项损失为：医疗费 4 067.64 元、住院伙食补助费 175 元、误工费 2 837.9 元、护理费 419.51 元、营养费 70 元、残疾赔偿金 15 336 元、鉴定费 630 元、交通费 496 元。

认定上述事实的证据有双方当事人的当庭陈述，霍城垦区公安局给于登云作的询问笔录，六十二团医院门诊统一票据，农四师医院疾病诊断证明书、出院记录、出院证、住院费用结算统一票据，农四师医药药材公司好又多健康药房的证明，新疆中业司法鉴定所法医临床学鉴定意见书、鉴定费，六十二团医院收据，交通费票据，双方当事人之间的通话记录单、短信信息清单，于登云书写的信件，证人张亚杰、袁鹏的证人证言。以上证据经当庭举证、质证，证据来源合法，内容客观、真实，且与本案相关联，本院予以认定。于登云提供的证人李丹的证人证言,其证明内容不具体、不明确,缺乏客观真实性,本院不予认定。

3. 一审判案理由

霍城垦区人民法院认为,公民进行民事活动应当尊重社会公德。本案中,原、被告在恋爱期间发生非婚性行为,有悖公序良俗和社会公德。原告因左侧输卵管切除,造成十级伤残,客观上给其身心造成痛苦并在经济上也造成了一定的损失,但原、被告均系完全民事行为能力人,明知婚前性行为会导致怀孕的结果,却放任此结果的发生,造成原告左侧输卵管切除的损害结果,为此,原、被告主观上均存在过错。因此,原告主张被告承担民事赔偿责任的请求,本院部分予以支持。结合本案的具体情况,被告承担50%的责任,原告承担50%的责任较为适宜。原告要求被告赔偿精神损害抚慰金30 000元,因被告的行为并没有给原告造成严重后果,原告要求被告赔偿精神损害抚慰金,不符合法律规定。原告主张被告返还索要的现金1 500元,因被告对此不予认可,而原告又未提供相应的证据予以证实,故应当承担举证不能的不利后果。

4. 一审定案结论

霍城垦区人民法院根据以上事实及理由,依照《中华人民共和国民法通则》第七条,《中华人民共和国侵权责任法》第十六条、第二十六条,最高人民法院《关于民事诉讼证据的若干规定》第二条,以及最高人民法院《关于确定民事侵权精神损害赔偿责任若干问题的解释》第八条之规定,于2011年4月28日判决如下:

(1) 被告谢晓磊赔偿原告于登云医疗费4 067.64元、住院伙食补助费175元、误工费2 837.9元、护理费419.51元、营养费70元、残疾赔偿金15 336元、鉴定费630元、交通费496元,合计24 032.05元的50%,即12 016.03元,于本判决生效后15日内付清;

(2) 驳回原告于登云的其他诉讼请求。

(三) 二审诉辩主张

上诉人于登云不服原审判决,向本院上诉称,原审判定的赔偿数额不正确。于登云在农四师医药公司上班,而不是农牧团场的职工,原审按照团场农牧工的标准认定残疾赔偿金,明显错误;原审在伙食补助费、营养费、误工费、护理费、医疗费的计算上,也出现了同样的错误。原审认定于登云与谢晓磊各承担一半的责任,明显不当。因双方发生性行为之后,身体受到伤害的是于登云,而不是谢晓磊,谢晓磊应当承担主要责任。原审不予支持精神损害抚慰金也明显错误。因于登云失去了女性特有的器官,有可能面临终身不育的严重后果,处于对女性和弱势群体的保护,法院也应当支持精神损害抚慰金。请求二审撤销原判,按照"2∶8"的比例,判决谢晓磊赔偿于登云各项损失58 227.55元。

被上诉人谢晓磊答辩称,上诉人于登云居住在团场,原审按照团场农牧工的标准认定残疾赔偿金是正确的,原审对于其他相关费用的计算也并无不当。本案从公安机关的案卷材料、医院的病历资料以及双方当事人之间的通话记录和短信内容等来看,于登云在与谢晓磊认识前已经有三年以上的性生活史，而且在双方交往的四个月中，每次发生性行为都是基于于登云的主动邀请。如果严格地进行责任划分，于登云至少应当承担80％以上的责任。二审应当驳回于登云的上诉，维持原判。

（四）二审事实和证据

农四师中级人民法院经不公开开庭审理查明，除原审认定于登云住院伙食补助费175元、误工费2 837.9元、护理费419.51元、营养费70元、残疾赔偿金15336元，不予确认外，其余事实，均予以确认。

以上事实，有下列证据予以证实：

1. 霍城垦区公安局对于登云、谢晓磊制作的询问笔录，于登云与谢晓磊之间的通话记录单、短信信息清单，于登云书写的信件，证人张亚杰、袁鹏的证言，证实2010年4月至同年8月，于登云与谢晓磊之间系恋爱关系，在此期间，双方多次自愿发生性行为。

2. 六十二团医院门诊统一票据，农四师医院病历首页、疾病诊断证明书、出院记录、出院证、住院费用结算统一票据，证实农四师医院因于登云宫外孕，为其行左侧输卵管切除手术，以及于登云为此支出的相关医疗费用。

3. 新疆中业司法鉴定所新中业司鉴字第761号鉴定意见书、鉴定费票据，证实于登云因宫外孕，行左侧输卵管切除手术，造成10级伤残，以及所支出的鉴定费用。

4. 交通费票据，证实于登云因住院治疗及协商解决纠纷事宜所支出的交通费用。

以上证据来源合法，内容客观真实，且与本案相关联，本院予以确认。

（五）二审判案理由

农四师中级人民法院认为，构成侵权须具备行为的违法性、行为人主观上有过错、损害事实，以及违法行为与损害事实之间具有因果关系四个要件。本案中，于登云与谢晓磊系完全民事行为能力人，双方在恋爱期间自愿发生性行为，虽然在社会上不予提倡，但是又并非我国法律所明确禁止，于登云以谢晓磊的行为构成侵权为由，要求谢晓磊为此承担侵权责任，依法不予支持。原审将谢晓磊的行为认定为侵权行为，并依照侵权责任的赔偿标准，判令谢晓磊承担一定数量的赔偿责任，明显不当。对此，本院予以纠正。

然而，谢晓磊的行为虽然没有构成侵权，但是双方发生性行为之后，毕竟导致于登云左侧输卵管妊娠，从而造成于登云左侧输卵管切除和10级伤残的后果。从公平的原则出发，谢晓磊应当对于登云的伤残后果给予适当的补偿。原审依照侵权责任的赔偿标准判令谢晓磊赔偿12 016.03元，加重了谢晓磊的责任，超出了谢晓磊作为一名在校学生的经济偿付能力，但其并未就此提出上诉，而且在二审诉讼中还明确表示对原审判决的数额予以认可，并希望二审予以维持。为此，谢晓磊应当按照原审判决的数额给予于登云补偿为妥。综上，原审适用法律错误，本院予以改判。

（六）二审定案结论

农四师中级人民法院根据以上事实及理由，依照《中华人民共和国民法通则》第四条、第一百三十二条，《中华人民共和国民事诉讼法》第一百五十三条第一款第（二）项之规定，于 2011 年 8 月 18 日判决如下：

1. 撤销新疆生产建设兵团霍城垦区人民法院（2011）霍垦民初字第 59 号民事判决第一项；

2. 被上诉人谢晓磊补偿上诉人于登云各项损失 12 016.03 元，于本判决书送达后 3 个月内一次性付清；

3. 维持新疆生产建设兵团霍城垦区人民法院（2011）霍垦民初字第 59 号民事判决第二项。

（七）解说

男女双方在恋爱期间自愿发生性行为，嗣后导致女方伤残，男方的行为是否应当认定为侵权行为，是本案得以正确裁判的关键。而男方的行为在不构成侵权行为的情况下，按照公平的原则，又应当如何正确理解和把握"损害"的含义，进而根据"损害"的大小，公正地在当事人双方之间进行损失"分担"，则是审判实践中另外一个需要特别关注的问题。本案具有一定的特殊性，但其所反映的问题却在社会中又带有普遍性和示范性，值得在审判实践中引起重视。

1. 具有完全民事行为能力的男女双方在恋爱期间自愿发生性行为，任何一方均不对另一方构成侵权。不论是《侵权责任法》颁布实施之前还是在其颁布实施之后，民法学理论通说认为，构成一般侵权行为应当符合以下四个要件：一是行为人主观上存在过错；二是行为具有违法性；三是要有损害后果；四是违法行为与损害后果之间具有因果关系。本案中，谢晓磊与于登云相互恋爱并发生性行为时，谢晓磊已年近 19 周岁，于登云也已年近 22 周岁。作为完全民事行为能力人，谢晓磊与于登云完全拥有谈恋爱的权利和自由，与此同时，也完全能够预见到因恋爱、发生性行为所产生的任何后果。双方在恋爱期间自愿发生的性行为，虽然在我国当下社会不予以提倡，但是又并非我国法律所明确禁止，于登云以谢晓磊与其发生性行为，造成其左侧输卵管切除、十级伤残的损害后果，构成侵权为由，要求谢晓磊承担侵权损害赔偿责任，法院依法应当不予支持。一审法院将谢晓磊与于登云恋爱期间发生的性行为认定为侵权行为，并依照侵权责任的赔偿标准，判令谢晓磊承担一定数量的赔偿责任，明显不当。二审法院予以改判是正确的。

2. "过错"的边界大小一定程度上决定侵权责任的范围，而"违法性"含义的理解与把握很大程度上又影响侵权责任的认定。按照一审法院的判决理由，谢晓磊与于登云因非婚性行为，违反了公序良俗和社会公德，所以存在过错，故应当承担侵权责任。这一推论，至少在"过错"与"违反性"两个要件的理解与认定上，存在很大的疑问。对于"过错"的判断标准，民法学理论认为，应当结合主观与客观两个方面来进行把握。

可以用主观标准确定过错的,则无须运用客观标准,如某人故意伤害他人身体、故意毁坏他人名誉,均可由主观标准认定行为人具有过错。当无法用主观标准确定"过错"的场合,则用客观标准来认定,如高楼窗台上放置花盆,大风吹落花盆砸伤路人。此时,难言行为人具有主观上的"过错",但从一般人的注意程度看,只要行为人尽到轻微的注意即可预见该种情形,但其未注意,即为有"过错"。过错分为故意与过失两种形态。若行为人对特定的或可以特定的损害结果的发生是明确知道的,并且意图追求此种损害后果的发生,即为故意。若行为人对于特定的或可以特定的损害结果的发生应当预见并且具有预见的可能,只是由于意思集中的欠缺,导致违反了该注意义务而没有预见,即为过失。而本案中,谢晓磊与于登云在恋爱期间自愿发生性行为之时,任何一方均不可能明知于登云发生"左侧输卵管"切除的损害后果,也更不可能有追求这一后果发生的意图,故不存在主观方面上的故意。同时,按照一个普通人的判断标准,男女双方发生性行为之时,任何一方也都不可能预见到会产生"左侧输卵管"切除的损害后果,故任何一方也都不可能存在主观上的过失。不论从主观标准还是客观标准判断,本案均不可能推断出谢晓磊存在"过错"。一审法院超出侵权行为构成要件中"过错"的"边界",将公序良俗、社会公德等亦纳入"过错"的范畴,扩大了侵权行为责任的范围;同时,一审法院将公序良俗、社会公德等视为法律,以违反公序良俗、社会公德来作为判断"违法性"构成要件的依据,从而又进一步扩大了"法律"的含义,进而最终将双方恋爱期间自愿发生的性行为错误地认定为侵权行为。

3. 在不构成侵权的前提下,从公平原则出发,结合双方各自的经济状况、损失大小、真实意愿等,判令赔偿义务人分担一定数额的损失。《侵权责任法》第6条、第7条分别规定了过错责任原则和无过错责任原则,在归责原则方面,我国采用了二元论的观点。本案中,谢晓磊主观上无过错,行为亦无违法,不具有可归责性,并未对于登云构成侵权。然而,谢晓磊与于登云发生性行为之后,毕竟导致于登云"左侧输卵管"切除以及10级伤残的损害后果,从诚信、互助、济困的社会公平的观念出发,人民法院也应当在谢晓磊和于登云之间进行合理地损失分配。在损害赔偿数额的分担上,应当注意两个方面的问题:一是正确理解和把握"损害"的含义,二是如何公正地进行"分担"。第一个问题涉及受害人的损失数额,而第二个问题涉及"分担"的比例。对于"损害",按照民法学理论,仅指财产性损害,这主要是因为财产性损害相对客观,当事人之间争议较小;财产性损害的赔偿或补偿主要为金钱给付,而非财产性损害的赔偿或补偿除了金钱给付外还包括赔礼道歉、消除影响、恢复名誉等,无法真正做到"分担"。对于"分担",一定要明确,《民法通则》第132条以及《侵权责任法》第24条的规定,是为了平衡当事人之间的财产关系,而将财产损失在当事人之间进行合理分配,分配后的结果就是由具备更好财产状况的当事人承担更多的损失,甚至全部损失,这不仅符合社会公众认同的传统美德,而且有利于和谐稳定社会关系的构建。本案中,谢晓磊与于登云发生性行为时仅为高三在校学生,其本无任何经济收入可言;而于登云则为国有药材公司职工,有相对稳定的经济收入。基于此,人民法院本应当判令于登云分担更多的损失,甚至全部的损失。然而,一审法院根据侵权责任的赔偿标准判令谢晓磊赔偿12 016.03元,明显加重了谢晓磊的责任,超出了谢晓磊作为一名在校学生的经济偿付能力,但其并未就此提出上诉,而且在二审诉讼中还明确表示对一审法院的判决数额予以认可,并希望二审法院予以维持。二审法院根据公平原则,并结合双方当事人的经济状况、损失大小、谢晓磊本人的意愿,按照一审法院判决的数额给予于登云补偿,是符合我国法律规定的。

(新疆生产建设兵团农四师中级人民法院 王成军)

57. 谢永康诉江苏天楹赛特环保能源集团有限公司大气污染侵权案

(一) 首部

1. 判决书字号
一审判决书:江苏省海安县人民法院(2010)安民初字第0890号。
二审判决书:江苏省南通市中级人民法院(2011)通中民终字第0700号。
2. 案由:大气污染侵权纠纷。
3. 诉讼双方
原告(上诉人):谢永康,男,2008年5月12日生,住海安县胡集镇。
法定代理人:谢勇(系谢永康之父),男,1982年8月15日生,住址同上。
委托代理人:戴仁辉,北京市世银律师事务所律师。
委托代理人:刘金梅,女,1987年2月17日生,中国政法大学环境资源研究与服务中心员工,住北京市昌平区。
被告(被上诉人):江苏天楹赛特环保能源集团有限公司,住所地:江苏省海安经济开发区黄海大道(东)9号。
法定代表人:严圣军,公司董事长。
委托代理人:陆平,公司副总经理。
委托代理人:王华,江苏锦润律师事务所律师。
4. 审级:二审。
5. 审判机关和审判组织
一审法院:江苏省海安县人民法院。
合议庭成员:审判长:张小平;审判员:王维申;代理审判员:徐娟。
二审法院:江苏省南通市中级人民法院。
合议庭成员:审判长:金玮;代理审判员:罗勇、李少飞。
6. 审结时间
一审审结时间:2011年4月6日。

二审审结时间：2011年12月22日。

（二）一审情况

1. 一审诉辩主张

原告谢永康诉称：江苏天楹赛特环保能源集团有限公司（以下简称天楹公司）下属的海安县赛特环境保护实业有限公司垃圾焚烧分公司（以下简称垃圾焚烧厂）自2006年7月开始运营，2009年10月7日停产。2007年马红梅怀孕期间，居住于与垃圾焚烧厂相距不足200米的胡集镇谢河村4组谢勇母亲家。2008年5月12日谢永康出生。谢永康出生后3个月起，谢永康的父亲谢勇发现其频繁抽搐，对眼前的事物没有反应，不会笑，即带孩子去医院检查，医院诊断为：脑发育不良，脑性瘫痪，治疗无效。经上海市儿科医学研究所做串联质谱分析，得出遗传因素正常的结论。

生活垃圾焚烧项目的安全防护距离至少应该为500米，但垃圾焚烧厂到谢永康奶奶家的距离不足200米，天楹公司的垃圾焚烧项目至今没有经过环保验收，且无相关的生产许可手续。在垃圾焚烧过程中，周围邻居和饲养的牲畜都有一些异常现象，如怀孕妇女出现数例早产和死胎，数人患有肝癌、肺癌和食道癌，蚕和家畜曾不明病因而死，庄稼和蔬菜常年都落满厚厚的黑灰等。故确认谢永康所患疾病与天楹公司的环境污染行为有关。要求天楹公司赔偿谢永康医疗费、护理费、交通费、住宿费、误工费、残疾赔偿金、营养费、精神损失费等损失计人民币1 262 302.6元；继续治疗费、康复费、残疾辅助器具费由天楹公司承担；本案的诉讼费由天楹公司负担。

被告天楹公司辩称：垃圾焚烧厂在运营期间，离焚烧厂较近的区域内共出生16名婴幼儿，除本案的谢永康外，另15名儿童身体状况良好。我公司不存在对谢永康致残的环境污染侵权事实，公司焚烧垃圾与谢永康身体残疾亦无因果关系，而且环境违法行为并不是由自己造成的，因为搬迁的义务主体不是我公司。请求驳回谢永康对我公司的诉讼请求。

2. 一审事实和证据

经审理查明：谢勇与马红梅系谢永康的父母。谢勇与马红梅于2006年相识并恋爱，双方于2007年6月按民俗举行订婚仪式，2008年1月8日到民政部门登记结婚，2008年3月26日（即2008年农历二月十九）按民俗举行结婚仪式。婚后，谢勇夫妇在胡集镇茗城花苑1-504室中居住，后来因为新房刚装修，便于胡集镇谢河村4组的谢勇母亲家中生活。2008年5月12日，因孕期已满，且胎儿脐带绕颈两周致马红梅行剖腹手术后生子谢永康。谢永康出生后一直居住于奶奶家中。

谢永康出生3、4个月后，谢勇发现儿子频繁抽搐、对眼前的事物没有反应等，便带其去多家医院就诊均无好转。医院诊断为：脑发育不全、脑瘫。

另查明，天楹公司下属的垃圾焚烧厂自2006年7月初建成试产，但周围500米内的居民未搬迁。2009年9月垃圾焚烧厂停产待扩建，故政府下发拆迁通知，对周围500米内的居住群众予以搬迁。

上述事实，有原告提交的出生医学证明、天楹公司的工商登记材料、垃圾焚烧厂的工商登记材料、南通市环境保护局通环管《2005》79号文件、苏环管《2008》229号文件、南通市环境保护局作出的关于海安县赛特、天楹公司垃圾焚烧发电项目有关情况的答复、照片21张、光盘2张、拆迁通知、多位村民（包括谢永康的爷爷谢东林）联合签名的对垃圾焚烧厂情况的反映、证人马红梅的证言、胡集镇人大代表的提案、谢永康的残疾证、江苏省人民医院、南通瑞慈医院门诊病历、海安县中医院门诊病历、上海第二医科大学附属新华医院门诊病历、海安县人民医院病情鉴定表、上海交通大学医学院附属新华医院脑电图检查报告单、诱发电位检查报告单、上海交通大学医学院附属新华医院、上海市儿科医学研究所串联质普分析9MS/MS分析报告及附加医师说明。被告提供的离被告单位最近的15名儿童的保健手册，胡集镇东庙村的妇女主任出具的该村1、2组婴幼儿身体健康状况一览表，胡集镇谢河村的妇女主任出具的该村4组婴幼儿身体状况调查表，胡集镇卫生院的产科住院病案记录（产科住院记录、出院记录和B超检查报告单）及当事人的陈述等证据在卷佐证。

3. 一审判案理由

江苏省海安县人民法院认为：环境污染致人损害的民事责任的成立，应以确定污染环境的行为与损害结果之间存在因果关系为前提。

根据最高人民法院《关于民事诉讼证据的若干规定》第四条第一款第（三）项的规定，因环境污染引起的损害赔偿诉讼，由加害人就法律规定的免责事由及其行为与损害结果之间不存在因果关系承担举证责任，但该规定并未免除受害人一方的举证责任。同时，最高人民法院《关于民事诉讼证据的若干规定》第七条还规定，在法律没有具体规定，依本规定及其他司法解释无法确定举证责任承担时，人民法院可以根据公平原则和诚信原则，综合当事人举证能力等因素确定举证责任的承担。

就本案而言，首先，谢永康的父亲在发现其子患病后，未能及时对是否系中毒进行检测，现因时间的迟延，丧失了相应的鉴定条件，导致天楹公司不能对其生产中的污染行为与谢永康现患疾病是否存在因果关系进行证明，因此该举证不能的后果就不能由天楹公司承担。

其次，目前相关学术研究表明，导致脑发育不全、脑瘫的病因很多，有低体重儿、先天性异常、脑缺血缺氧等。导致缺血缺氧的因素有母亲因素（含药物中毒等）、胎盘因素、脐带血流阻断（含脐带绕颈等）、分娩过程异常、新生儿L因素、核黄疸、高烧、外伤、惊吓等。本案中，马红梅产前胎儿脐带绕颈，而脐带绕颈导致脑瘫的可能性较大，谢永康现所患疾病又为脑瘫，在谢永康的监护人不能排除上述因素致其患病的情况下，谢永康主张其所患疾病与天楹公司生产中产生的污染可能存在着因果关系，这一举证责任不能转移给天楹公司。

4. 一审定案结论

江苏省海安县人民法院依照最高人民法院《关于民事诉讼证据的若干规定》第二条第一款、第二款，第四条第一款第（三）项，第七条之规定，判决驳回原告谢永康的诉讼请求。

案件受理费6 362元，由原告谢永康负担。

(三) 二审诉辩主张

上诉人（原审原告）谢永康诉称：（1）谢勇夫妇直到 2009 年 4 月才正式入住胡集镇茗城花苑 1-504 室，在此之前从未在上述房屋内居住。（2）原审法院对天楹公司在其生产运营期间的环境污染行为及污染行为对周围居民造成的人身、财产损害未予认定。（3）原审法院认定上诉人的父亲在发现上诉人患病后未能及时检测，导致时间延迟，丧失相应的鉴定条件。这一认定对上诉人极不公平。新生儿的各项功能尚不健全，监护人无法判断其发育、智力是否正常。在上诉人的监护人发现上诉人的健康出现问题后，已经积极求医。后经多方检查，才最终确诊为"神经受损导致脑性瘫痪"。故上诉人的监护人对此并无过错。况且，原审法院认定丧失相应鉴定条件也没有任何依据。（4）虽然脐带绕颈可能导致婴儿宫内窘迫缺氧，但在本案中，上诉人在出生时没有出现宫内窘迫缺氧的现象，即脐带绕颈没有对上诉人造成任何伤害，故脐带绕颈并非造成上诉人脑瘫的原因。（5）本案作为因环境污染引起的损害赔偿诉讼，依照法律及相关司法解释，应当由加害人即被上诉人就法律规定的免责事由及其行为与损害结果之间不存在因果关系承担举证责任。原审法院要求受害人举证证明因果关系存在，系适用法律错误。本案中，被上诉人在生产过程中确实对周围环境产生污染，其又未能举证证明污染行为不会导致上诉人所患疾病，也不能证明上诉人所患疾病是由于其他原因所致，故应当推定被上诉人的污染行为与上诉人的疾病之间存在因果关系。

被上诉人（原审被告）天楹公司答辩称，原审法院认定事实清楚，适用法律正确，请求驳回上诉人的上诉，维持原判。主要理由如下：（1）被上诉人不存在造成上诉人致残的环境污染侵权行为，上诉人的身体残疾与垃圾焚烧厂的运营无任何因果关系。（2）上诉人所诉侵害行为主要是垃圾焚烧厂未及时进行搬迁，但搬迁义务主体并非被上诉人，即使有损害结果也不是由被上诉人造成的。（3）在垃圾焚烧厂运营期间，附近区域共有 16 名婴儿出生，除上诉人外，另 15 名儿童身体状况良好，说明垃圾焚烧厂的运营与上诉人的身体残疾之间无因果关系。（4）关于本案的举证责任分配，在环境污染侵权案件中，关于因果关系的认定有个基本原则，即造成污染的物质与受害人的损害后果之间必须要有科学上的联系，而这种联系也必须建立在科学已有定论的基础上。我国法律对环境侵权案件采取因果关系推定原则，推定的条件就是污染行为与损害后果之间有科学上的联系。只有受害人举证证明了这一条件，才完成基本举证义务，接下来才由排污人就法律规定的不承担责任或者减轻责任的情形及其行为与损害之间不存在因果关系承担举证责任。如果仅凭科学界不成熟的推测即推定因果关系，将使排放企业陷入尚无研究结论的风险，这在法律上并不公平，也可能造成受害人盲目扩大追偿范围和排放企业承担过重诉讼外风险的可能。

（四）二审事实和证据

经南通市中级人民法院审理，确认一审认定的事实和证据。

(五) 二审判案理由

南通市中级人民法院认为，造成胎儿和婴幼儿脑瘫的病因很多，发病机制也非常复杂，目前学界公认的病因有低体重儿、先天性异常、脑缺血缺氧、核黄疸、先天感染等。根据各因素的影响阶段又可分为三类：一是出生前的高危因素，如母亲妊娠高血压综合征、重度贫血、放射线损伤、一氧化碳中毒、弓形体、风疹病毒、巨细胞病毒感染及其他孕期感染、胎盘异常等；二是分娩时的高危因素，如早产、围产期缺氧缺血性脑并窒息、颅内出血、脐带绕颈、高胆红素血症等；三是出生后的高危因素，如中枢神经系统感染等。此外，孕期母亲因素如营养因素、妊娠早期用药史；患儿因素如新生儿惊厥、感染及其他并发症等，都有可能导致小儿脑瘫的发生。还有部分脑瘫形成原因不明。而在本案中，并不能排除上述诸多因素与上诉人脑瘫之间存在因果关系的可能性。

另外，上诉人于2008年5月12日出生，而其母亲马红梅于2008年3月26日举行结婚仪式后才居住在谢河村4组，即马红梅在其孕期的绝大部分时间里并不居住在垃圾焚烧厂附近，因此上诉人的脑瘫与被上诉人的排放行为在时间和空间的关联性上存在不确定性，不能排除在马红梅居住于谢河村4组之前有其他可能导致小儿脑瘫的因素存在。

针对被上诉人的排放行为，上诉人主张其脑瘫是被上诉人下属的垃圾焚烧厂排放的以二噁英类为主的有毒污染物所致。对此问题，学界公认二噁英类对生物体会造成危害或有毒效应，包括急性致死毒性、皮肤性疾并免疫毒性、内分泌毒性、生殖毒性、发育毒性及致癌性。例如有研究表明二噁英对几种种属的动物具有致畸性，也对啮齿动物的发育构成毒性。但具体到对人类的影响，目前比较公认的研究显示，二噁英可导致癌症、氯痤疮、免疫机能下降、暴露人群后代的皮肤、黏膜、指甲与趾甲色素沉着增加、新生儿牙齿腐蚀、睑板腺分泌增加、外胚层发育不良等疾病，但二噁英对人类的致脑瘫作用尚未得到证实，有关研究仍然面临科学的不确定性。关于二噁英暴露与小儿脑瘫的相关性，目前国际上并无流行病学统计数据予以支持。在国际上出现的几次重大的二噁英污染事件中，亦无新生儿脑瘫发病率上升的报道。在国外有关焚化炉对人体健康影响的研究中，怀疑新生儿口面部裂、脊柱裂、尿道下裂个案的增加可能与临近焚化炉居住有关，但并无脑瘫病例增加的现象。具体到本案中，在被上诉人下属的垃圾焚烧厂运营期间，附近出生的16名新生儿（包括一名早产儿）中，仅有上诉人一人患有脑瘫，而其他新生儿的健康状况均基本正常。本院认为，在涉及人身健康损害的环境侵权案件中，由污染者就其行为与损害结果之间不存在因果关系承担举证责任的前提是污染行为有导致损害结果发生的疫学上的因果关系，这一因果关系须是普遍的、公认的结论，而不能是基于个案的、推断性的结论。本案中，目前在疫学上并没有二噁英会导致新生儿脑瘫的普遍的、公认的结论，也不能排除其他因素导致上诉人脑瘫的情况，有关污染行为与损害后果之间因果关系的举证责任尚不能由被上诉人承担。故上诉人要求被上诉人承担损害赔偿责任的诉讼请求依据不足，本院难以支持。

综上所述，谢永康的上诉理由不能成立，原审法院认定事实清楚，适用法律并无不当，应予维持。

(六) 二审定案结论

根据《中华人民共和国民事诉讼法》第一百五十三条第一款第（一）项的规定，判决如下：

驳回上诉、维持原判。

(七) 解说

民事诉讼中的举证责任，又被称为证明责任，是指法律要求诉讼当事人对自己所主张的事实，提出证据加以证明的责任。举证责任是"民事诉讼的脊柱"，"是民事证据制度的核心，举证责任的分配则是核心中的核心"。其核心问题就是以怎样的标准来公平、公正地分配举证责任。

证明责任主要含义有两层。其一为证明责任中的行为责任，又称为主观的证明责任，或称形式上的举证责任，它是指在诉讼的过程中，当事人为避免败诉的风险，负有向法院提供证据证明其主张的事实存在的责任。其二为证明责任中的结果责任，又称为客观的证明责任，或实质上的证明责任，它是指当诉讼进行到终结而案件事实仍处于真伪不明时，主张该事实的人因此承担的不利的诉讼后果。

行为责任从主观上、程序法上和动态上反映了证明责任的内容。当事人在诉讼中，既享有提出主张之权利（同时也是其义务和责任），亦必承担为此主张提供证据加以证明以支持其主张的义务。这就是主观上的举证责任的实质内涵，也就是举证责任的一般原则"谁主张，谁举证"。

由于环境侵权诉讼的特殊性，法律对原、被告双方的举证责任作出了特别规定。2001年最高人民法院《关于民事诉讼证据的若干规定》（以下简称《证据规定》）第4条第3项明确地要求加害人"就法律规定的免责事由及其行为与损害结果之间不存在因果关系承担举证责任"。这些规定基本确立了我国环境民事侵权诉讼的举证责任倒置制度。

所谓客观的证明责任，是指当事实真伪不明时，由谁来承担不利诉讼后果的责任。客观的证明责任是法律预先设定的一种法律后果，它要解决的是在某一特定事实是否存在难于查明（不能证明其有，也不能证明其无）时，而法院又不能拒绝裁判的情况下，应当由谁承担不利法律后果的问题。它可以视为一种诉讼风险的分配机制，而且这种分配机制是相对固定的，不会转换于当事人之间。只要某一要件事实处于真伪不明的状态，它即会作出某一固定的分配结果。因而，它又被称为结果责任。

客观的证明责任作为对待证事实真伪不明时对诉讼风险进行分配的一种规则，从根本上制约和影响了整个诉讼和证据提供及质证的活动。因而，证明责任的分配规则，是一个连接民事实体法和民事程序法的重要桥梁。

应当说，法律特别的举证责任规定与一般举证责任原则不是对立、排斥的关系。在环境污染侵权诉讼中，法律虽强调加害人举证责任，仅是减轻了受害人的举证责任，并没有免除受害人的举证责任。

我国《侵权责任法》第66条规定："因污染环境发生纠纷，污染者应当就法律规定的不承担责任或者减轻责任的情形及其行为与损害之间不存在因果关系承担举证责任。"由此，根据法律要件分类，环境民事侵权责任的构成要件为：（1）有损害环境的行为事实发生；（2）行为与损害之间有因果关系。阻却或限制要件为：（1）不可抗力；（2）第三人的过错；（3）受害人的过错。根据法律要件分类说的证明责任分配标准，侵权请求权人（受害人）对责任构成要件承担证明责任，由抗辩人（致害人）对阻却和限制的要件事实承担证明责任。

同时，从结果责任上看，原告所举证据应当达到必要的证明标准。《证据规定》第73条规定："双方当事人对同一事实分别举出相反证据的，但都没有足够的依据否定对方证据的，人民法院应当结合案件情况，判断一方提供证据的证明力是否明显大于另一方提供证据的证明力，并对证明力较大的证据予以确认。"一般认为，该项司法解释正式承认和确定了我国民事诉讼"高度盖然性"的证明标准。

高度盖然性，是指一项事实主张具有非常大的可能性，一个理性的人不再怀疑或者看起来其他的可能性都被排除了，这种情况足够形成法官的心证。当然，这种证明标准不是要求证明达到不容半点怀疑的程度，而是按照经验法则、一般人的正常理性和对证据的审查，达到信以为真、不再进行多加怀疑的程度。

综上，我们可以确定，在环境污染侵权诉讼中，原告的证明范围具体为：（1）存在污染环境的行为并有损害；（2）行为与损害之间有形式上因果的联系（如：行为人排放有害物质，到达损害发生地区而发生作用且该地区有多数同样的损害发生）。同时，原告的证据必须具有相当的盖然性，即只有证明"如无该行为，就不致发生此结果"的某种程度的盖然性（或然性），方可推定因果关系的存在。

本案中，对加害人的排污行为，原告的证据是政府文件，对此被告未予否认。而对损害结果和行为之间的因果关系，原告的证据为医院的病历、相关学术资料和专家咨询意见。而医院病历仅记载了患儿所患疾病，而不能直接证明是由被告排污物质所致；而相关学术资料仅能证明被告所排污染物质对人体会产生一定的损害，但并不能证明所排放的二噁英类可以导致儿童脑发育不全、脑瘫，更不具有学术上的权威性。同时，根据原告所举病历记载，患儿在分娩时有脐带绕颈，这在医学理论上也是导致婴儿脑发育不全或脑瘫的诱因之一。同时，根据原告母亲的自述，其在生育前大部分时间并不住在污染区域，因此患儿的脑瘫与被告的排放行为在时间和空间的关联性上存在不确定性。此外，根据被告提供的证据，在相近区域有16名婴儿出生，仅有原告存在脑瘫现象。因此，患儿所患疾病与被告排污行为之间的因果关系，从证据上看，仍处于不确定状态。

同时，对个体疾病的成因，应有科学的分析和鉴定依据。而谢永康的父亲在发现其子患病后，未能及时对是否系中毒进行检测，现因时间的迟延，丧失了相应的鉴定条件。因此，即使被告应当对其排污行为与患儿疾病之间不存在因果关系进行举证，因时间的延误已无法进行。这一后果系被告主观能力之外因素所导致，该举证不能的后果就不能由天楹公司承担。

本案二审判决理由中,更是应用了疫学因果关系理论。目前,学界公认二噁英类对生物体会造成危害或有毒效应,包括急性致死毒性、皮肤性疾并免疫毒性、内分泌毒性、生殖毒性、发育毒性及致癌性。例如有研究表明二噁英对几种种属的动物具有致畸性,也对啮齿动物的发育构成毒性。但具体到对人类的影响,目前比较公认的研究显示二噁英可导致癌症、氯痤疮、免疫机能下降、暴露人群后代的皮肤、黏膜、指甲与趾甲色素沉着增加、新生儿牙齿腐蚀、睑板腺分泌增加、外胚层发育不良等疾病。但二噁英对人类的致脑瘫作用尚未得到证实,有关研究仍然面临科学的不确定性。关于二噁英暴露与小儿脑瘫的相关性,目前国际上并无流行病学统计数据予以支持。在国际上出现的几次重大的二噁英污染事件中,亦无新生儿脑瘫发病率上升的报道。在国外有关焚化炉对人体健康影响的研究中,怀疑新生儿口面部裂、脊柱裂、尿道下裂个案的增加可能与临近焚化炉居住有关,但并无脑瘫病例增加的现象。因此,在涉及人身健康损害的环境侵权案件中,由污染者就其行为与损害结果之间不存在因果关系承担举证责任的前提是污染行为有导致损害结果发生的疫学上的因果关系,这一因果关系须是普遍的、公认的结论,而不能是基于个案的、推断性的结论。

一般民事诉讼中,原、被告双方的举证、质证在程序上呈现为动态,随着庭审的不断深入,而转换于当事人之间,从主张事实的一方当事人,转移到对方当事人,会不断出现本证与反证的过程。而在环境污染侵权纠纷中,法律对受害人和加害人均明确规定了各自的举证责任,而被告的证明责任的前提是原告所证事实基本成立。本案中,目前在疫学上并没有二噁英会导致新生儿脑瘫的普遍的、公认的结论,也不能排除其他因素导致上诉人脑瘫的情况,有关污染行为与损害后果之间因果关系的举证责任尚不能由被上诉人承担。

综上,本案一、二审判决是正确的,符合法律规定精神,体现了公平原则。在环境侵权诉讼中,原告和被告的受害人、加害人的地位是在实体法上拟制的。虽然法律对此类诉讼的举证责任进行了特别的规定,但不能就此免除受害人的举证责任,也不能降低其证明标准,更不能无限制加重加害人的举证责任。否则会使被告很难从其证明责任中解脱,并有可能引发滥诉的危险,而使工商企业面临讼灾,对于工商企业的发展不利,进而对整个社会的经济发展不利。

(江苏省海安县人民法院 陈和)

58. 顾淑等诉朱卫兵等人身损害赔偿案

(一) 首部

1. 判决书字号:江苏省如东县人民法院(2010)东民初字第2126号。

2. 案由：人身损害赔偿纠纷。
3. 诉讼双方

原告：顾淑。

原告：王小如。

原告：王银红。

三原告委托代理人：罗建新，如东县马塘镇法律服务所法律工作者。

被告：朱卫兵。

被告：朱青青。

上述两被告委托代理人：孙永红、王亚林，江苏通洋律师事务所律师。

被告：缪海彬。

委托代理人：袁新林，江苏琴海律师事务所律师。

4. 审级：一审。
5. 审判机关和审判组织

审判机关：江苏省如东县人民法院。

合议庭组成人员：审判长：樊士新；审判员：陈楚新；代理审判员：张鑫燕。

6. 审结时间：2011年4月13日。

（二）诉辩主张

1. 原告诉称

三原告的亲属王文桂长期受雇于被告从事装卸工作，2010年8月31日12时左右，王文桂在与其他雇员往货车上装糠时从车上摔下，当即被送往医院抢救，终因伤势严重于2010年9月11日死亡。

该起事故共造成原告方经济损失192 106.55元，被告仅赔偿了5 000元，故起诉要求：判令三被告共同赔偿三原告各项损失人民币187 106.55元，并承担本案诉讼费用。

2. 被告辩称

原告所述王文桂长期受雇于被告从事装卸工作无事实依据。（1）本起事故发生在如东翔飞精制米厂内，被告朱卫兵不是该厂业主，与王文桂之间不存在任何法律关系，原告将朱卫兵列为被告显属诉讼主体不适格，请求法院依法驳回原告对被告朱卫兵的诉讼请求。朱卫兵基于邻里关系，为原告亲属王文桂垫付部分医疗费，请求法院在本案中一并予以处理。（2）被告朱青青虽然是如东翔飞精制米厂的业主，但与原告亲属王文桂之间也不存在雇佣关系。原告亲属王文桂明知雨天湿滑，装车时存在危险，未能尽谨慎注意义务从而导致事故发生，其本身存在明显过错，请求法院驳回原告对被告朱青青的诉讼请求。

被告缪海彬称与如东翔飞精制米厂（原如东青云米厂）之间存在稻糠买卖关系，与原告亲属王文桂之间不存在雇佣关系。本案原告与被告朱卫兵、朱青青串通，将责任推卸给我，请求法院在查明事实的基础上，依法驳回原告对被告缪海彬的诉讼请求。

（三）事实和证据

江苏省如东县人民法院经公开审理查明：被告朱卫兵系原如东青云米厂业主，依法领取个体工商户营业执照，经营范围及方式为：粮食收购、销售；大米加工、销售；杂粮销售。2010年7月1日，原如东青云米厂经南通市如东工商行政管理局核准、登记，变更为如东翔飞精制米厂，除业主由朱卫兵变更为其女儿朱青青外，经营地点、经营范围均没有变化，米厂实际仍由被告朱卫兵负责经营。

被告缪海彬从事稻糠销售业务。2006年12月下旬开始，被告缪海彬与被告朱卫兵就青云米厂生产的稻糠销售事宜，经协商后达成共识，双方约定青云米厂生产的稻糠（除养鸡户零买外）全部出售给被告缪海彬，价格随行就市，分别于2006年12月23日、2008年1月1日、2009年1月1日各签订为期一年的稻糠销售协议。2010年虽未签订书面协议，但仍延用原协议约定继续从事销售业务。

稻糠销售协议履行过程中，由于被告缪海彬采用汽车运输方式，从降低经营成本和减少安全风险的角度，不便携带灌糠和装车人员。为此，缪海彬与朱卫兵经口头协商，决定由朱卫兵帮助请人灌糠、装车，报酬按照灌糠每斤2分，每装一车10元（不含上车后糠袋的整理等），稻糠袋子由缪海彬提供，所需费用由缪海彬在给付稻糠款时一并支付。

被告朱卫兵按照与缪海彬的约定，征求居住在米厂周围薛美、俞学成、张美凤、顾淑、陈包芳的意见（其中薛美、俞学成此前就为其他买糠者灌过糠），上述人员对此工作的内容、劳动报酬予以认同。

被告缪海彬派车装糠时，每台车除驾驶员外，随车携带一至二名工人，负责稻糠袋子的整理及货物与车辆的固定，灌糠、糠袋上车则由薛美她们完成。因薛美的家紧靠米厂，缪海彬的司机前来装糠时，提前与米厂电话联系通知薛美，或者直接与薛美电话联系，然后由薛美通知其他人员灌糠、装车。

被告缪海彬与米厂的结算方式为，米厂用笔记本记载提货时间、稻糠重量，并由驾驶员签字确认，价格根据口头约定计算；灌糠、装车款根据稻糠重量、车数结算；每月底米厂财务汇总一次。货款、灌糠、装车款通常采用汇款和现金支付两种方式。米厂收到款项后，将灌糠、装车款直接发放给薛美、俞学成等人，中间没有提成。

薛美、俞学成、张美凤、顾淑、陈包芳在灌糠、装车期间，自己内部记载出勤天数，如遇事不能出勤或者不愿意出勤，无须向缪海彬请假，更不需向朱卫兵请假。她们之间可以用家庭其他成员代为出勤，所得报酬按照出勤天数平均分配，米厂不将她们作为本厂员工考勤，不给予任何工资和福利待遇。

2010年8月31日上午，缪海彬的驾驶员储祥林驾驶苏FKD602号货车来米厂装糠，因随车负责稻糠袋子整理及货物与车辆固定的工人未能前来，驾驶员储祥林向薛美、俞学成、张美凤等人承诺，该车稻糠全部请她们装车，另加装车费10元。当天灌糠、装车，顾淑虽到过现场，但灌糠、装车由其丈夫王文桂代其出勤。10时左右开始装车，薛美、张美凤、陈包芳负责将糠袋通过输送机（由米厂提供）传至车厢，张美凤同时负责输送机的开启，俞学成、王文桂在车上负责接糠袋（每袋25斤～30斤）装车，因下雨边装边停。中午12时许，王文桂在装车过程中不慎从车上跌至地面受伤，被俞学成等抱至灌糠房中，随即打电话给朱卫兵，朱卫兵闻讯后速赶到米厂，派车将王文桂送至凌民医院抢救，后转至如东县人民医院、南通大学附属医院治疗，诊断为：多发伤、$C_{6,7}$脱位伴四肢瘫、$C_{6,7}$附伴骨折、C_2椎体骨折、多发性肋骨骨折、急性呼吸衰竭。住院治疗9天，共花去医疗费34 415.42元（其中如东县人民医院医疗费2 238.75元，由朱卫兵垫付），交通费1 000元，终因伤势严重，抢救无效出院，并于2010年9月11日死亡。在此期间，缪海彬于2010年8月31日在南通大学附属医院，为王文桂垫付住院预交款5 000元。

2010年11月3日，原告顾淑、王小如、王银红向本院提起诉讼，要求：判令三被告共同赔偿三原告各项损失人民币187 106.55元，并承担本案诉讼费用。

另查明，2010年9月1日，如东县公安局马塘派出所接到报案，为防止矛盾的扩大，对劳务的基本事实、损害发生经过等，依照职权分别对朱卫兵、薛美、俞学成、张美凤、顾淑进行了询问，并制作书面询问笔录。

上述事实有下列证据证明：

1. 原、被告的陈述，证明三原告的亲属王文桂在2010年8月31日为被告往货车上装糠时从车上摔下导致死亡的事实。

2. 原告提供的病历、出院记录、医疗费发票、交通费发票、火化证，证明三原告的亲属王文桂摔伤后发生的医疗费、交通费等经济损失以及抢救无效死亡的事实。

3. 被告朱卫兵、朱青青提供的个体工商户营业执照、医疗费发票、稻糠销售账本、米厂工资发放明细，证明被告朱卫兵不是该厂业主，与死者之间不存在任何法律关系，朱卫兵基于邻里关系，为原告亲属王文桂垫付了部分医疗费，被告朱青青与原告亲属王文桂之间也不存在雇佣关系。

4. 被告缪海彬提供的大糠购销协议、稻糠销售账本、收条、结账凭证，证明被告缪海彬与如东翔飞精制米厂（原如东青云米厂）之间存在稻糠买卖关系，与原告亲属王文桂之间不存在雇佣关系。

5. 原告和被告缪海彬共同申请证人薛美、俞学成、张美凤的庭审证词，原、被告共同申请调取如东县公安局马塘派出所对朱卫兵、薛美、俞学成、张美凤、顾淑的询问笔录，证明三原告的亲属王文桂在2010年8月31日为被告往货车上装糠时从车上摔下以及后续抢救无效死亡的事实。

（四）判案理由

江苏省如东县人民法院经审理认为：本案经过四次庭审，一次现场调查，围绕诉、辩双方所举证据及质证意见，本案主要争议焦点在于如何界定灌糠、装车行为的法律关系属性。即该灌糠、装车行为到底属于雇佣法律关系，还是属于承揽法律关系。

首先，从行为目的看。就缪海彬而言，其就灌糠、装车事宜，委托朱卫兵帮助请人，目的是使米厂生产的稻糠能得以及时灌装，需要装运稻糠时，有专人及时配合装车。其并非注重劳动过程，而是注重劳动成果，支付相应的劳动报酬。就薛美、俞学成、张美凤、顾淑、陈包芳包括受害人王文桂而言，在原如东青云米厂，后变更的如东翔飞精制米厂稻糠房及场地，提供灌糠、装车劳务，其目的：一是为了被告缪海彬的合同利益，减少其实现合同所需的中间环节。二是取得等价的劳动报酬。

其次，从管理与被管理关系及人身依附关系看。雇佣法律关系中，雇员为雇主提供劳务期间，受雇主的管理、支配，与雇主存在人身依附关系。本案中，被告朱卫兵作为受托请人时为原如东青云米厂的业主，除灌糠、装车地点在米厂范围内以外，与薛美、俞学成等灌糠、装车人员之间不具有法律上的利害关系，与缪海彬之间形成口头委托关系。结合证人证言和庭审查明的事实，被告缪海彬与薛美、俞学成等灌糠、装车人员之间，事实上也不具备雇佣法律关系意义上的管理与被管理关系及人身依附关系。其理由：一是灌糠、装车人员在提供劳动过程中，无须服从被告缪海彬及其派出人员的管理、支配，除装车时间受缪海彬指定外，灌糠的时间、参加劳动人数、何时完成工作均由她们自行决定，双方之间的法律地位平等。二是灌糠、装车人员有事不参加灌糠或装车，均无须向被告缪海彬及其派出人员请假，不受缪海彬的意志左右，人身关系上不具有从属性。三是灌糠、装车人员虽然相对固定，但她们之间可以自行决定由家庭成员替代劳动，也无须征得被告缪海彬及其派出人员的同意。

最后，从劳动报酬支付的性质看。在雇佣法律关系中，雇主通常将雇员出勤作为工资考评的基础，计件方式作为工资考评的例外。综观本案原、被告的陈述及所举证据，均能证明灌糠报酬是以数量作为依据，装车报酬则以车数进行结算，劳务报酬与劳务付出具有对等性。至于出勤人数、劳动过程、工作量多少，对被告缪海彬而言，既不要过问，也无须知道。

综上理由，被告缪海彬虽然在薛美、俞学成等人员从事灌糠、装车期间，遇有传统节日，存在赠予礼品的事实。而且，该劳务的场所固定、周期较长，从表象上看，似乎具备一些雇佣法律关系的形式特征，但从实质上看，双方体现的是一种能够即时结算的债的关系，并不具备雇佣法律关系的主要特征。因此，本案薛美、俞学成等人员所从事的灌糠、装车劳务，应当界定为劳务人员相对稳定、作业地点固定、劳务周期较长的合伙承揽法律关系，该合伙承揽的合伙人，是以劳动力作为投资方式，共同完成灌糠、装车劳务，平均分配约定的报酬。鉴于该合伙承揽只有召集人，没有负责人，所从事的劳务较为专一，合伙成员可以用家庭成员进行替代劳务，不涉及其他人。据此，可以认定为具有数个家庭联合特色的松散型合伙承揽关系。被告缪海彬系定作人，薛美、俞学成等灌糠、装车人员系承揽人。

原告亲属王文桂在从事合伙承揽过程中受伤死亡所造成的经济损失，应当由谁承担民事赔偿责任或者民事补偿责任，最高人民法院《关于审理人身损害赔偿案件适用法律若干问题的解释》第十条明确规定，承揽人在完成工作过程中对第三人造成损害或者造成自身损害的，定作人不承担赔偿责任。但定作人对定作、指示或者选任有过失的，应当承担相应的赔偿责任。此规定应当理解为承揽人在完成工作中造成他人或自身损害的，除定作人具有定作、指示或者选任过失情形，应承担相应赔偿责任外，定作人不承担赔偿责任。本案中，灌糠类装卸是否需要相应资质，我国法律和行政法规对此没有规定，本不应认定缪海彬存在选任过失之过错。但是，其在委托朱卫兵帮助请人灌糠、装车时，没有证据证明其对所请人员的年龄有特殊要求。经庭审查明，朱卫兵所请的灌糠、装车人员，均已达到或者已经超过法定退休年龄，仅从提供灌糠劳务的角度，可以视为不存在选任过失。而装车作业不等同于普通劳务，车厢距地面有一定的高度，作业人员除应具备必要的体力外，还应具有良好的健康状况。定作人缪海彬在委托时，对此应尽高度谨慎注意义务而未能尽责，应当认定其在选任中存有过错，理应承担相应的民事赔偿责任。作为受托人的朱卫兵，在受托权限内以委托人名义实施的民事行为，依法应由委托人承担民事责任，而其在履行受托事务中未能完全尽责存在过错。虽然受害人王文桂并非其所请，但毕竟与受托事项具有一定的内在联系，也与其实现合同目的有关，根据过错归责原则，也应承担部分民事赔偿责任。

本起事故发生在承揽事务以外的临时性劳务过程中，虽然包括受害人王文桂在内的承揽人同意接受承揽全部装车劳务，但作为缪海彬的代理人储祥林，一是明知车上作业危险性肯定大于地面作业；二是承揽人在雨天登高作业，存在危险；三是作业人员均不是青壮年的情况下，仍将此劳务交与她们承揽，选任过失和指示不当之过错同时存在，而该过错依法应当归责任于定作人缪海彬。

法律和相关民事政策规定，共同承揽的合伙人在完成共同承揽事务中受到人身损害造成经济损失，其他合伙人应在其获得受益范围内予以补偿。本案中，三原告基于本院的释明，没有申请追加共同承揽人作为被告参加诉讼，故本院仅就定作人及与其相关主体应承担的民事责任进行理涉。

综上，本起事故是一起本可以避免发生的承揽人在完成工作过程中造成自身损害事故。只要负有责任的原、被告各方当事人，严格遵守国家的法律法规，加强安全保护意识，可能不会导致如此严重的损害后果，给原告家庭带来极为沉重的打击，教训是极其深刻的，也是极其沉痛的。作为定作人的缪海彬，既存在选任过失，也存在定作指示不当之过错，综合考虑该过错与损害后果之间的原因力，确定其承担45%的民事赔偿责任比例。被告朱卫兵的过错行为也与损害后果之间具有一定的关联，确定其承担10%的民事赔偿责任比例。三原告亲属王文桂，为了获得高于农业耕种的收入，没有顾及年龄偏大，不宜从事登高作业等因素，仍从事具有一定危险的承揽事务，其自身过错是显而易见的。损害后果虽然发生在如东翔飞精制米厂经营期间，作为业主的朱青青并不存在过错，不应承担民事赔偿责任。

关于被告间是否应当承担连带责任的问题。本院认为，本案中，被告缪海彬所承担的选任过失和定作指示不当之过错责任，被告朱卫兵所承担的推定过错责任，均不构成共同侵权。不属于《中华人民共和国民法通则》第130条规定的情形，其所承担的民事赔偿应适用按责赔偿的归责原则，不适用连带赔偿的归责原则。

关于本案三原告因亲属王文桂在承揽活动中受伤死亡所造成的经济损失，属于法律、法规规定应当赔偿的范围、项目和标准的费用,本院予以支持。医疗费以住院及门诊票据认定34 415.42元;住院伙食补助费以实际住院天数认定162元(9天×18元);营养费以伤后至死亡期间支持营养认定120元(12天×10元);护理费以伤后至死亡期间支持二人护理,标准以农村居民年收入计算,认定1 114.08元(12天×2人×46.42元);误工费是否予以支持的问题,受害人王文桂死亡时已超过法定退休年龄,本不应支持误工损失,但鉴于其在从事承揽活动中受伤死亡,证明其死亡前有一定的收入,酌情支持部分误工损失方能体现损失实际保护原则,认定误工费389.93元(12天×46.42元×70%);交通费根据受害人住院时间、治疗机构与居住地的路程,所需使用交通工具的种类,酌情认定1 000元;死亡赔偿金以农村居民标准确定,扣除年龄因素认定112 056元(8004元×14年);丧葬费认定17 945元;精神损害抚慰金,根据定作人的定作指示过错程度,定作人的履行能力及给三原告所造成的精神痛苦程度,酌情认定25 000元为宜;丧事误工费的人数、时间以3人3天确定,标准按照农村居民年收入计算,认定417.78元;上述合计人民币192 620.21元。

(五)定案结论

江苏省如东县人民法院依照《中华人民共和国民法通则》第九十八条、第一百一十九条、第一百三十一条,最高人民法院《关于审理人身损害赔偿案件适用法律若干问题的解释》第十条、第十七条、第十八条、第十九条、第二十条、第二十一条、第二十二条、第二十三条、第二十四条、第二十七条、第二十九条及有关民事政策之规定,作出如下判决:

"一、被告朱卫兵于本判决生效后10日内,赔偿原告顾淑、王小如、王银红因亲属王文桂在承揽活动中受伤死亡所造成的经济损失人民币19 262.02元。扣除先行垫付的2 238.75元,实际还应赔偿17 023.27元。

二、被告缪海彬于本判决生效后10日内,赔偿原告顾淑、王小如、王银红因亲属王文桂在承揽活动中受伤死亡所造成的经济损失人民币86 679.09元。扣除先行垫付的5 000元,实际还应赔偿81 679.09元。

三、驳回原告顾淑、王小如、王银红的其他诉讼请求。

如果未按本判决指定的期间履行给付金钱义务,应当依照《中华人民共和国民事诉讼法》第二百二十九条之规定,加倍支付迟延履行期间的债务利息。

案件受理费4 040元,由三原告负担1 572元,被告缪海彬负担2 042元,被告朱卫兵负担426元。原告预交的上述费用不再退还,被告负担的份额在执行中一并给付。"

(六)解说

在现实生产、生活中,尤其是在人力资源市场不规范的广大农村、小城镇地区,松散型、临时性的劳务关系大量存在,其中最常见的就是雇佣关系和承揽关系。这两种均为提供劳务的合同关系,但二者在发生损害时的归责原则却有很大的不同。因此,上述案例中,对受损害人提供劳务的行为是认定为雇佣还是承揽对当事人的权益影响重大。

正如本案中的争议焦点:灌糠、装车的行为到底属于雇佣法律关系,还是属于承揽法律关系。实践中这两种关系的界限往往不如理论上来得那么清楚,有时候区分两者不能仅仅从一个角度,而要综合考虑各种因素,甚至在多种因素指向不同的时候,还要考量各个因素的权重和分量。一般来讲,区分两者主要有以下几个标准:(1)人身依附性。雇佣关系中雇主与雇员之间存在较强的人身控制关系,雇主有权安排雇员的工作,雇员对雇主的人身依附性较强,独立性较差。而承揽关系的定作人与承揽人之间是合同关系,双方地位平等,不存在依附关系。(2)合同标的。雇佣关系中雇佣合同(劳动合同)标的是雇员所提供的劳动,合同中要明确雇员提供劳务的期限,但不一定明确具体劳务内容,只要雇员按照雇主的要求提供了劳务,即便劳动成果没有达到雇主的预期,雇主仍然要给付雇员一定的报酬,雇员不得以雇主没有支付报酬为由留置劳动成果。而承揽合同的标的是承揽人的劳动成果,只有承揽人交付符合合同约定标准的劳动成果,才可以要求定作人支付报酬。若定作人拒绝支付报酬,承揽人有留置权。此外,在雇佣合同中雇员必须亲自完成劳动内容,而承揽合同下,承揽人可以将部分工作委托第三人完成,定作人不得以此拒绝接受劳动成果。(3)工作及报酬的连续性。雇佣关系一般表现为雇员提供较为稳定连续的劳动,且有一定的排他性,雇员对外以雇主的名义提供劳务。雇员得到的劳动报酬一般是按月或者计件支付的,雇主一般还要承担为雇员缴纳法定的社保等义务。承揽关系中承揽人提供的劳务一般是一次性的,而且承揽人多有自己的字号,以自己的名义对外提供劳务承揽业务,其为定作人提供劳务服务属于自己的日常经营范围,所取得的报酬也是一次性的。

当然,以上标准也只是在具体区分雇佣关系和承揽关系时的参考标准,处理具体案件还要结合具体情况综合分析。

本案中,从行为目的看,并非注重劳动过程,而是注重劳动成果;从管理与被管理关系及人身依附关系看,本案中,被告朱卫兵与薛美、俞学成等灌糠、装车人员之间不具有法律上的利害关系,事实上也不具备雇佣法律关系意义上的管理与被管理关系及人身依附关系;从劳动报酬支付的性质看。综观本案原、被告的陈述及所举证据,均能证明灌糠报酬是以数量作为依据,装车报酬则以车数进行结算,劳务报酬与劳务付出具有对等性。

综上,虽然本案中劳务的场所固定、周期较长,从表象上看,似乎具备一些雇佣法律关系的形式特征,但从实质上看,双方体现的是一种即时能够结算的债的关系,并不具备雇佣法律关系的主要特征。因此,本案薛美、俞学成等人员所从事的灌糠、装车劳务,应当界定为劳务人员相对稳定、作业地点固定、劳务周期较长的合伙承揽法律关系,该合伙承揽的合伙人,是以劳动力作为投资方式,共同完成灌糠、装车劳务,平均分配约定的报酬,只有召集人,没有负责人,所从事的劳务较为专一,合伙成员可以用家庭成员进行替代劳务,不涉及其他人。据此,可以认定其为具有数个家庭联合特色的松散型合伙承揽关系。被告缪海彬系定作人,薛美、俞学成等灌糠、装车人员系承揽人。

(江苏省如东县人民法院 陈楚新 张小百)

59. 上海银行股份有限公司福民支行诉倪兆阳、杨式如、上海市普陀公证处财产损害赔偿案

(一) 首部

1. 判决书字号：上海市黄浦区人民法院（2010）黄民五（商）初字第718号。
2. 案由：财产损害赔偿纠纷。
3. 诉讼双方

原告：上海银行股份有限公司福民支行（以下简称上海银行）。

被告：倪兆阳。

被告：杨式如。

被告：上海市普陀公证处。

4. 审级：一审。
5. 审判机关和审判组织

审判机关：上海市黄浦区人民法院。

合议庭组成人员：审判长：翁海影；审判员：金於疆、施浩。

6. 审结时间：2011年1月26日。

(二) 诉辩主张

1. 原告诉称

被告倪兆阳、被告杨式如与徐忠共同作假，骗取银行贷款，主观上具有过错。对于骗贷一事，他们是事先商量好的，并伪造委托书，骗取公证书，被告倪兆阳、被告杨式如共同侵权行为给原告造成损失。被告上海市普陀公证处在核实本案系争公证事项时，未审慎地审查申请人的身份，致使他人以"徐长明"名义签署《委托书》，主观上存有过失，因公证处的过错行为使原告的财产权益受到损害，公证处的公证行为与损害后果之间存在因果关系。因此，被告上海市普陀公证处对原告的损失主观上具有过失，应与被告倪兆阳、被告杨式如一起为原告的损失共同承担赔偿责任。原告为此请求判令：（1）被告倪兆阳、被告杨式如、被告上海市普陀公证处共同赔偿原告贷款损失人民币365 749.96元；（2）诉讼费由三被告共同承担。

2. 被告辩称

被告倪兆阳辩称，其是出于朋友帮忙的情况下作为名义的购房人、借款人，且无还款能力，原告在审贷时也有过错，故其不应承担赔偿责任。

被告杨式如辩称，其是在不知情的情况下帮徐忠做了假买卖，原告在审贷时也有过错，故其不应承担赔偿责任。

被告上海市普陀公证处辩称：生效的刑事判决书表明，徐忠是本案的侵权人，依法应承担刑事和民事责任，即使中止执行也应由徐忠承担全部赔偿责任。其出具的《委托书公证书》是证明委托卖房而非证明委托贷款。委托卖房是房屋买卖的条件，《委托书公证书》只是证明委托卖房的证据，而不是房屋买卖的原因，更不是银行贷款的原因，况且房屋买卖与银行贷款是两个法律关系，没有必然联系，因此《委托书公证书》与银行贷款之间不存在因果关系。承担连带赔偿责任是基于共同侵权行为，公证处与徐忠骗贷没有意思联络，更无共同侵权行为，何来要求公证处承担连带赔偿责任？本被告办证程序符合规定，尽了审查职责。公证员赵中华对公证申请人与第一代身份证原件上的影像是否一致的审查，只能以常人的标准来辨别，鉴于该公证行为人故意隐瞒真相骗取公证书，导致公证书出现差错，公证处不应承担责任。倪兆阳当时是单位协保职工，根本没有还贷能力，原告在放贷中没有严格审查，存在严重过错，原告应当承担相应责任。综上，请求驳回原告诉讼请求。

（三）事实和证据

2004年年底，案外人徐忠从家中窃得其父徐长明身份证、户口簿及产权人为徐长明的本市岚皋路40弄5号905—906室的房地产权证等证件后，隐瞒真相，在被告杨式如的帮助下，共同赴上海市普陀公证处骗得该公证处出具的徐长明委托杨式如出售上述房产的《委托书公证书》。嗣后，被告杨式如物色被告倪兆阳作为名义上的购房人及借款人，被告杨式如作为徐长明的委托人与被告倪兆阳签订虚假的《房地产买卖合同》。2005年1月初，被告杨式如陪同被告倪兆阳至上海银行，以倪兆阳购买上海市岚皋路40弄5号905—906室房产之名义，由被告倪兆阳向上海银行提出个人住房抵押借款申请，并于2005年1月13日与上海银行签订《个人住房抵押借款合同》一份。合同约定，借款金额为38.5万元，借款期限至2024年12月31日止，还款方式为等额本金还款方式，被告倪兆阳以岚皋路40弄5号905—906室房产提供抵押保证。2005年1月26日，上海银行根据合同约定借贷给被告倪兆阳人民币38.5万元，并将该贷款根据倪兆阳授权转划入由杨式如在上海银行开立的户名为徐长明的账户存折内。嗣后，被告杨式如从户名为徐长明的账户存折内提取现金38.5万元，被告杨式如以徐忠欠其钱款及收取手续费名义截留5.2万元，余款及户名为徐长明的账户存折交给了徐忠。该贷款除由徐忠归还原告部分外，2006年2月起余款未再归还，至今该贷款累计逾期本金365 749.96元及相应利息。

2004年10月30日，杨式如（甲方）与倪兆阳（乙方）签订《协议书》，约定：乙方名下的位于岚皋路40弄5号905—906室的房产由甲方介绍购买，因甲方是此房屋中介受托人，不宜购买此房产，加之有银行房产贷款，故过户给乙方，但实际出资人为甲方，银行的按揭贷款也由甲方归还，乙方名下的此房产实际产权人应为甲方。

2004年12月2日，上海市普陀区公证处公证员赵中华出具的（2004）沪普证字第

4748号《委托书公证书》载明：兹证明徐长明（男，1939年3月26日出生）于2004年12月2日来我处，在我面前，在前面的《委托书》上签名。委托公证书同时对徐长明委托杨式如办理出售涉案房屋有关的手续和签署相关文件进行了公证。

2006年7月27日，上海市普陀公证处作出（2006）沪普证决字第3号《撤销公证书的决定》，决定载明，因（2004）沪普证字第4748号《委托书公证书》前面的委托书上"徐长明"的签名不是徐长明本人的签名，根据《中华人民共和国公证法》第39条的规定，对其撤销。该公证书自始无效。

2006年8月9日，上海市普陀区房地产登记处根据上海市普陀区公证处（2006）沪普证决字第3号《撤销公证书的决定》，将上海市岚皋路40弄5号905—906室权利人更正为徐长明。

2007年10月16日，黄浦区人民法院就徐忠贷款诈骗案件作出（2007）黄刑初字第523号刑事判决：（1）被告人徐忠犯贷款诈骗罪，判处有期徒刑10年，并处罚金人民币5万元；（2）违法所得，责令退赔返还被害单位。徐忠不服原审判决提起上诉。上海市第二中级人民法院于2007年12月6日作出（2007）沪二中刑终字第677号刑事裁定：驳回上诉，维持原判。黄浦区人民法院在强制执行中，未发现徐忠有可供执行的财产，且徐忠目前尚在服刑，无履行能力。2009年11月16日，黄浦区人民法院作出（2009）黄执刑字第96号《执行裁定书》：中止（2007）黄刑初字第523号《刑事判决书》主文第一项罚金部分、第二项的执行。

（四）判案理由

上海市黄浦区人民法院经审理认为，被告倪兆阳、被告杨式如参与制作办理了虚假的《房地产买卖合同》及相关手续，从而与徐忠一起骗得原告银行贷款，导致《个人住房抵押借款合同》无效，造成原告贷款损失365 749.96元，被告倪兆阳、被告杨式如共同侵害了原告财产权。因在（2007）黄刑初字第523号案的强制执行中，本院未发现徐忠有可供执行的财产，且徐忠正在服刑，无履行能力。故原告请求判令被告倪兆阳、被告杨式如共同赔偿原告贷款损失365 749.96元的诉讼请求，于法有据，本院应予支持。尽管是徐忠等人提供虚假材料，故意隐瞒真实情况，但被告上海市普陀公证处在非徐长明本人到场进行公证的情况下，仍然出具了《委托书公证书》，显然在审查、核实过程中存在过失。上海市普陀公证处承担损害赔偿责任的一个重要条件是公证处与损害后果之间存在因果关系。这里的因果关系，是一种间接的、或然的联系，而非直接的、必然的联系。被告倪兆阳、被告杨式如的骗贷行为是原告所受损害发生的直接原因，存在因果关系；被告上海市普陀公证处的公证行为虽然不是导致原告贷款损失的直接原因，却是致使该种损害发生的不可缺少的原因力，且具有相当性。如果没有上海市普陀公证处在非徐长明本人到场进行公证的情况下，仍然出具《委托书公证书》的公证行为，则《房地产买卖合同》就不能签订，本案的纠纷亦不会产生。损害后果的发生，是徐忠、被告倪兆阳、被告杨式如直接的致害行为和公证行为合力作用的结果。因而公证行为与财产损害之间具有因果关系，被告上海市普陀公证处应承担相应的赔偿责任。本案中，被告倪兆阳、被告杨式如的过错与被告上海市普陀公证处的过错是两个各自独立的主观过错，因此，公证处承担的责任不应是连带责任，原告要求被告上海市普陀公证处承担共同赔偿责任的依据不足，被告上海市普陀公证处应承担补充赔偿责任。综合本案行为主体的过错及行为原因力的大小加以考量，本院酌定，被告上海市普陀公证处对被告倪兆阳、被告杨式如不能清偿部分承担30%补充赔偿责任。

（五）定案结论

据此，依照《中华人民共和国民法通则》第一百零六条第二款、第一百一十七条之规定，判决："一、被告倪兆阳、被告杨式如应于本判决生效之日起10日内共同赔偿原告上海银行股份有限公司福民支行贷款损失人民币365 749.96元；二、被告上海市普陀公证处对被告倪兆阳、被告杨式如就上述第一项不能清偿部分承担30%补充赔偿责任。"

（六）解说

公证机构出具的公证文书，具有法定的优势证明效力。近年来，越来越多的人选择采用贷款方式进行购房，银行等金融机构对于其出具的公证文书也格外青睐和较为信赖。伴随着合理信赖的产生，公证机构的错误公证行为在司法领域也日益增多。为房屋买卖而出具的公证文书，公证机构的过失公证行为与银行贷款损失之间是否存在因果关系？公证机构与直接侵权人的责任承担有何区别？其中的责任份额应如何确定？本案为这类公证损害赔偿纠纷的处理提供了一种可供借鉴的审理思路。

1. 行为定性："多因一果"中的过失公证行为

（1）"多因一果"的具体含义

多因一果，是指数人无意思联络的分别行为间接结合在一起，相互助成而发生同一损害后果。其构成要件为：第一，各行为人的行为均为作为行为，对损害结果的发生均有原因力。第二，各行为人的行为相互间接结合。"间接结合"的判断标准：其一，数行为作为损害结果发生的原因通常不具有时空同一性，而是表现为"相互继起，各自独立，但互为中介"；其二，数行为分别构成损害结果的直接原因和间接原因。第三，各行为人没有共同的意思联络。第四，损害结果同一。[①] 多因一果形式的数人无意思联络的侵权最初出现在最高人民法院《关于审理人身损害赔偿案件适用法律若干问题的解释》中，但在司法实践中因多因一果形式出现的财产损害赔偿纠纷并不鲜见，《侵权责任法》将司法解释中规定的此类纠纷进一步扩大，整个财产损害赔偿纠纷中亦可适用。本案发生之时侵权责任法虽未发生法律效力，但运用法理学和上海法院系统对于此类案件的一贯指导性意见，定性为多因一果案件应无异议。

本案中，公证机构的过错与倪兆阳、杨式如的过错是两个相互独立的过错，两个行

[①] 参见奚晓明主编：《〈中华人民共和国侵权责任法〉条文理解与适用》，北京，人民法院出版社，2010。

为本身都是银行贷款损失发生的原因。从时间角度，倪兆阳、杨式如的骗贷行为和公证机构出具了错误的公证文书的行为时间上并不完全重合，但正是由于倪兆阳、杨式如的提出要求公证和要求银行贷款的申请，而公证机构在委托人并未到场的情况下就委托人应亲自到场的委托进行了公证又导致银行最终发放贷款。从结合程度，倪兆阳和杨式如的行为系银行错误放贷进而产生损失的直接原因，公证机构出具错误的公证文书是间接原因。且三方并无共同的意思联络，却发生了银行贷款损失的同一损害后果。因此，从形式要件上，本案符合"多因一果"的构成要件，应当根据"多因一果"案件的规定进行处理。

（2）基于借款用途的审核之因果关系之反思

关于本案的处理，审理中一个最大的争议焦点在于，公证机构的过错行为与银行的贷款损失是否存在因果关系。公证机构认为，其出具的《委托公证书》是证明委托卖房而非委托贷款，由于房屋买卖与银行贷款是两个法律关系，没有必然的联系，因此《委托公证书》与银行贷款不存在因果关系。而原告银行则认为，正是基于买房这一基础事实，银行方决定贷款给倪兆阳，从而最终造成了原告的经济损失。因此，是否存在因果关系成为案件裁决的至关重要的因素。

第一，因果关系的评判标准。公证机构或公证员的过错与当事人或利害关系人受到的损失存在因果关系是公证赔偿责任构成的前提，而对于公证损害赔偿纠纷的因果关系的构成，理论界主要有四种观点：其一，必然因果关系说。根据上海市高级人民法院的指导性意见，损失应与公证机构的过错有必然的因果关系，避免当事人或利害关系人不适当地将本应该由自己承担的合同风险转嫁给公证机构。[①] 其二，相当因果关系说。认为只需要证明相当性，无须证明其必然性即可。其三，自由心证进行判断。由法官考量个案中存在的诸多因素，自由作出决断。其四，直接因果关系说。认为公证机构只应对因公证事项造成的直接结果承担责任。[②]

因果关系是司法实践中最为复杂的法律适用命题。我们认为，上海市高级人民法院的指导性意见，其所希望达到的是避免肆意扩大公证机构的责任，实现公证机构执业风险和社会责任的平衡，更多的是导向性的追求。而就个案考虑来说，由于事件发生的不确定性和多种可能性，必然性、偶然性交织，实际上仍需在个案中通过利益平衡进行价值判断。正是基于此，我们认为，某些学者对于专家责任的因果关系的界定对于公证机构的评判可能更有参照意义和实施上的可能性：原则上，公证机构过失在先，他人损害在后，他人损害在逻辑关系上是公证机构过失的结果，则成立因果关系；至于公证机构过失是引起他人损害的直接原因还是间接原因、主要原因还是次要原因，并不影响因果关系的成立。[③]

第二，法律关系的独立性与相关性。本案中，一个较为关键性的问题是房屋买卖合

---

① 参见上海市高级人民法院：《关于涉及公证民事诉讼若干问题的解答》，沪高法〔2006〕313号文。
② 参见中国公证协会课题组：《损失与过错的因果关系是公证赔偿责任的前提——公证赔偿责任的构成要件研究（下）》，载《中国司法》，2009（2）。
③ 参见邹海林：《专家责任的构造机理与适用——以会计师民事责任为中心》，见中国社会科学院网，http://sym2005.cass.ch/file/2005101847758.html。

同与金融借款合同的关系是否独立,为购买房屋出具的委托书是否对银行发放贷款存在影响。从法律关系角度,房屋买卖合同关系与金融借款合同关系是相对独立的法律关系,两者有不同的成立及有效要件,为房屋买卖而出具的委托书似乎并不当然地适用于金融借款法律关系中,似乎与金融借款法律关系并无任何关系,公证机构也正基于此,认为自己不应当承担侵权责任。

然而,众所周知,金融借款合同法律关系中,借款用途是抵押借款合同的重要实质性内容,银行在决定是否发放贷款时首要考虑的因素就是借款用途,审核的内容直接指向房屋买卖合同及买卖合同上双方当事人的签名的真实性,本案中,审查则直接指向在卖方并非实际所有权人徐长明本人签名的情况下,所谓的代理人杨式如是否已经获得了徐长明的真实授权委托,有权代为作出卖房的意思表示。正是基于公证机构出具的委托书中关于委托事项已明确包括办理与出售系争房屋有关的一切手续,银行完全有理由相信出售系争房屋已获得了徐长明的授权,由此相信倪兆阳抵押借款用于购房的目的是真实的。基于所涉审核事项的重要性,这一信赖对于被申请人对外贷款行为产生了实质性的重要影响。贷款损失的发生是过失公证行为与倪兆阳、杨式如侵权行为合力作用的结果。因此,该公证行为与银行发放贷款最终遭受损失构成了因果关系。

2. 补充责任:"合理信赖"下的责任模式选择

关于公证机构因过错造成他人财产损失所应当承担的责任形式,理论界一直存在争议,特别是在出具的公证书认定事实有错误的情况下,是否可以客观归责广受争议,我们认为,过错仍是公证机构承担责任的不可或缺的构成要件,公证机构的过错程度决定了其应当承担的责任形式。

过错的形式包括故意和过失。对于公证机构因过错致使他人人身、财产遭受损失,我们认为,应根据其过错的程度区分责任的形式。对于一般过失,公证机构承担赔偿责任或补充性质的赔偿责任;对于故意乃至恶意串通,则应承担连带赔偿责任。有鉴于此,上海市高级人民法院的执法意见中作出了类似的规定[①]:

(1) 公证机构已正确履行了《中华人民共和国公证法》第27、28、29条规定的审查、核实义务的,公证机构不承担责任。

(2) 公证申请人提供虚假材料,故意隐瞒真实情况,致公证机构作出错误公证,公证机构存在审核过失的,应当根据过错程度大小,承担相应的补充性质的赔偿责任。

(3) 公证机构在公证业务活动中与公证申请人恶意串通,作出错误公证并给利害关系人造成损失的,公证机构与公证申请人应当承担连带赔偿责任。

(4) 公证机构因自己的工作疏忽产生差错,对因此而造成的损失应承担赔偿责任。

本案中,公证机构出具的公证书存在重大错误,但认定公证机构承担补充责任的依据是公证机构存在过错而非公证书存在错误本身。公证机构在徐长明未到场的情况下出具了其到场签名的委托的公证文书,按照一般正常人的评判标准,尽管一代身份证影像与徐长明本人可能存在着一定的差别,加以注意应当能够区分是否本人到场,且公证机构本身所应当尽到的注意义务要高于一般正常人,因而公证机构存在过错。本案中,公

[①] 参见上海市高级人民法院:《关于涉及公证民事诉讼若干问题的解答》,沪高法[2006]313号文。

证申请人提供虚假材料,故意隐瞒真实情况,鉴于原告银行无法证明公证机构与申请人恶意串通,只能认定公证机构存在审核过失,应当承担补充责任。

3. 酌定比例:"原因力"理论下的份额确定

关于多因一果纠纷中,各方当事人所应当承担的责任比例的确定依据,理论界存在各种争议。我们认为,通说所赞同的原因力为主要考虑因素,过错为辅助考量因素的观点甚可赞同,结合理论界的论述,在损害结果可以区分的情况下,区分各行为人的行为是构成损害结果的主要原因还是次要原因、是直接原因还是间接原因以区分各自行为对于损害结果的原因力大小,从而确定各自应该承担的责任份额。有学者认为,在多种原因造成同一损害结果时,解决各自的责任份额应该强调三个因素:(1)因果关系的直接性;(2)因果关系的比例;(3)严格意义上的道德因素,包括行为人的心理状态和过程。除了原因力大小以外,也应当适当考虑各行为人的主观过错,依据其主观过错程度来适当调整其责任份额。[1]

如前所述,本案中,倪兆阳和杨式如的行为系银行错误放贷进而产生损失的直接原因,公证机构出具错误的公证文书是间接原因。较之公证机构与银行财产损害的因果关系而言,倪兆阳和杨式如的行为与银行财产损害则更为直接。从主观心理状态而言,倪兆阳和杨式如是主动的隐瞒真相,编造虚假事实,引导公证机构作出错误的公证书。在无证据表明公证员恶意与倪兆阳、杨式如串通的情况下,只能认定公证机构存在一般的审核过失。有鉴于此,酌定公证机构在倪兆阳、杨式如不能赔偿的范围内,承担30%的补充责任,应该是符合法律精神和社会效果的判决。

(上海市黄浦区人民法院 施浩)

60. 华世祺诉上海市第一八佰伴有限公司人身损害赔偿案

(一) 首部

1. 判决书字号:上海市浦东新区人民法院(2011)浦少民初字第51号。
2. 案由:人身损害赔偿案。
3. 诉讼双方

原告:华世祺,男,10岁,汉族,户籍地:上海市浦东新区。

法定代理人:华敏家,系原告之父,上海烟草(集团)公司职工。

委托代理人:谢美山,上海市汇盛律师事务所律师。

---

[1] 参见张新宝、明俊:《侵权法上的原因力理论研究》,载《中国法学》,2005(2)。

被告：上海市第一八佰伴有限公司，住所地：上海市浦东新区张杨路501号。
法定代表人：黄真诚，上海市第一八佰伴有限公司董事长。
委托代理人：韩纯，上海市第一八佰伴有限公司职工。
委托代理人：叶烨，上海善法律师事务所律师。
4. 审级：一审。
5. 审判机关和审判组织
审判机关：上海市浦东新区人民法院。
独任审判员：刘娟娟。
6. 审结时间：2011年8月5日。

（二）诉辩主张

1. 原告及委托代理人诉称

2010年8月6日上午，原告前往被告10楼的新世纪影城看电影，在乘坐4—5楼的自动扶梯时，其头部不慎被扶梯与墙壁的夹角夹伤，先后至东方医院、第九人民医院就诊，经诊断为颌部损伤。原告认为，被告作为公共场所的管理人，未能尽到安全保障义务，对原告的损伤应负主要责任，根据其过错应承担80%以上的赔偿责任。现起诉要求被告支付原告医疗费人民币3 180.2元（以下金额表述均为人民币）、交通费200元、继续治疗费26 429元、后续交通费540元、法定代理人因护理原告造成的收入损失18 845元、营养费3 650元、精神抚慰金5 000元并承担本案诉讼费用。庭审中，原告将护理费调整为37 524元，营养费调整为1 200元，增加鉴定费900元。

2. 被告及其委托代理人辩称

对原告因乘坐被告4—5楼的自动扶梯被扶梯与楼板夹角处致伤的事实无异议。原告受伤是由于其法定代理人疏于监管的过错导致，与被告没有直接关系，被告自动扶梯上的警示标志符合国家标准，故被告对原告的损伤不承担赔偿责任。对医疗费的具体金额由法庭予以核准，对鉴定费无异议，交通费、营养费、误工费的金额由法院依法确定，不应当支持精神抚慰金，原告提出的继续治疗费和后续交通费尚未发生，数额无法确定故不应当支持。

（三）事实和证据

上海市浦东新区人民法院经公开审理查明：2010年8月6日上午，原告与母亲欲前往被告10楼的新世纪影城看电影，从1楼起逐层乘坐自动扶梯，当原告乘坐4—5楼间的自动扶梯时，其母亲在身后相距一个楼层的距离，因原告看到2楼开展促销活动，遂将头探出扶梯外张望，其头部被扶梯与楼板的夹角处夹伤。后原告先后至东方医院和上海交通大学医学院附属第九人民医院医治，经诊断为右下颌挫伤。因原告提出鉴定请求，在审理期间，法院委托司法鉴定科学技术研究所司法鉴定中心作出如下鉴定结论：原告因伤致右下颌软组织损伤并瘢痕形成，损伤后的休息期为30日，护理期为30日，营养期为30日。

另查明，被告自动扶梯入口处张贴3张示意图、《自动扶梯安全使用须知》和《安全检验合格证》，且有"头不要伸出电梯，危险"的文字标注。在自动扶梯与楼板夹角处悬挂提示牌，注明"小心碰头"和"Mind your head"字样。2009年11月6日，由上海市特种设备监督检验技术研究院作出的《自动扶梯与自动人行道定期检验报告》写明防碰挡板为合格。事发后，被告更换了新的提示牌，与原有提示牌相比较，在形状、字体大小等细节方面有所改进。

上述事实有下列证据证明：《自动扶梯、自动人行道安装施工工艺标准》、《自动扶梯和自动人行道定期检验报告》、《自动扶梯和自动人行道的制造与安装安全规范》、上海市质量技术监督局特种设备调查处理中心专职副主任黄文和、上海市电梯行业协会工程师韩志和的谈话笔录、相关照片、户籍资料、病历卡和医疗费发票、交通费定额发票等。

（四）判案理由

上海市浦东新区人民法院根据上述事实和证据认为：依据《自动扶梯与自动人行道的制造与安装安全规范》GB16899—1997规定，在自动扶梯与楼板交叉处上方应当设置一个无锐利边缘的垂直防碰挡板。涉案自动扶梯的检验报告中虽写明"防碰挡板"为合格，但事实证明，扶梯上悬挂的"小心碰头"提示牌仅起到警示提醒作用，提示牌下端与扶手带间的距离足以容纳一人头部通过，即使被头部碰到时，因提示牌可四面摆动，头部仍可能继续通过造成被上方夹角挤伤的风险，因此，该提示牌不具有行业规范要求的防碰功能，不能起到阻止碰撞挤伤的作用。被告作为大型购物商场，悬挂提示牌仅表明其尽到一定注意义务，但如果还存在潜在危险性，其仍需要进一步采取措施保证消费者的安全。

案发时，原告系已满10周岁不满11周岁的限制行为能力人，正值小学四年级结束的暑期，结合其实际年龄和受教育程度，其对乘坐扶梯的注意事项应当有一定程度的认知，能够认识并理解安全标记及"小心碰头"的含义。原告母亲作为具有社会经验的成年人，对探头张望危险性的认知判断能力应当高于原告，在日常的家庭教育中也应当告知、提醒原告有关注意事项，在共同乘坐自动扶梯的过程中，其与原告保持间隔较远的距离，导致原告处于其视线范围以外的位置，当原告将头探出扶梯外时，其没有及时观察发现并提醒制止，最终导致事故的发生，作为法定监护人，其未能尽到充分的监护职责，对损害发生负有不可推卸的责任。综合原、被告双方的过错程度，法院认为，原告及其母亲疏忽大意的过错程度应当重于被告在安全保障措施方面的瑕疵，故判定由原告自行承担60%的责任，被告承担40%的责任。

对于鉴定费900元，双方均无异议，法院予以确认。对于医疗费有原告提供的发票证实，经法院计算为3 194.6元。对于交通费200元，虽然原告提供的是公共交通卡充值的定额发票，但法院结合原告的就诊次数和往返距离，认为上述费用属合理支出范围予以支持。对于护理费，原告按照法定代理人的月收入情况提出 37 524 元，因其未能提供证据证实法定代理人请假及实际损失的经济情况，故参照本市劳务市场护工的一般报酬标准，法院酌情确定为 1 500 元。对于营养费 1 200 元，结合原告的病情、年龄及实际需要，法院认为上述金额属合理范围予以支持。对于精神抚慰金 5 000 元，因原告仍属未成年人，此次受伤造成身体损伤影响其生理及心理发育，且不可避免给家庭造成精神伤害，此项请求尚属合理，但金额明显偏高，法院酌情确定为 1 000 元。对于继续治疗费和后续交通费，因尚未实际发生不能确定具体金额，为公平维护双方当事人的合法权益，原告可待实际费用支出后另行起诉。

（五）定案结论

上海市浦东新区人民法院根据《中华人民共和国民法通则》第一百零六条第二款、第一百一十九条、第一百三十一条、最高人民法院《关于审理人身损害赔偿案件适用法律若干问题的解释》第六条、第十七条、第十九条、第二十一条、第二十二条、第二十四条、最高人民法院《关于确定民事侵权精神损害赔偿责任若干问题的解释》第一条、第十条之规定，作出如下判决：

"一、被告上海市第一八佰伴有限公司于本判决生效之日起 10 日内赔偿原告华世祺医疗费人民币 1 278 元、交通费人民币 80 元、护理费人民币 600 元、营养费人民币 480 元、鉴定费人民币 360 元、精神抚慰金人民币 400 元，共计人民币 3 198 元。

二、对原告华世祺的其他诉讼请求不予支持。

负有金钱给付义务的当事人如未按判决指定的期间履行给付义务的，应当依照《中华人民共和国民事诉讼法》第二百二十九条之规定，加倍支付迟延履行期间的债务利息。

案件受理费 1 674 元（原告已预付 1 203 元），减半收取 837 元，由原告华世祺负担 502 元，由被告上海市第一八佰伴有限公司负担 335 元。"

（六）解说

1. 关于目前国内自动扶梯业行业规范及相关检验标准的问题

1997 年 7 月 2 日，国家技术监督局发布《自动扶梯与自动人行道的制造与安装安全规范》GB16899—1997（以下简称 GB1997），这是目前国内唯一仅针对自动扶梯的行业规范。在此基础上，2002 年 12 月 23 日，国家质量监督检验检疫总局发布《自动扶梯和自动人行道监督检验规程》（以下简称《检验规程》），对规范内容进行了细化。关于安全标记，GB1997 第 15.1.1 规定，所有标志、说明和使用须知的字体应清晰工整也可使用象形图，提示内容包括"必须紧拉小孩"等。关于防碰挡板，GB1997 第 7.3.1 规定，扶手带外缘与墙壁或其他障碍物之间的水平距离在任何情况下均不得小于 80mm。

第5.2.4规定，如果建筑物的障碍物会引起人员伤害时，应采取相应的预防措施。特别是在与楼板交叉处以及各交叉设置的自动扶梯或自动人行道之间，应在外盖板上方设置一个无锐利边缘的垂直防碰挡板，其高度不应小于0.3m，例如一个无孔的三角板。如扶手带中心线与任何障碍物之间的距离不小于0.5m时，则无须遵守这些规定。《检验规程》中附录2的4.4和4.5项目与GB1997的上述两项规定内容完全相同。经对比，被告提供的《自动扶梯、自动人行道安装施工工艺标准》中关于安全标记的内容与GB1997完全相同，原告提供的《电梯使用管理与维护保养规则》第9条规定是对相同内容的重申，它针对包括乘客电梯、载货电梯、液压电梯、杂物电梯和自动扶梯在内的全部电梯。另原告提供的《安全标志与使用导则》中三角形"当心碰头"的警告标志是针对所有公共场所的。据此，法院认为，虽然原、被告提供的相关规则针对的范围涉及所有电梯类型和公共场所，但在内容上与明确针对自动扶梯的GB1997的规定相同，因此，我们只需严格对照GB1997来分析涉案的自动扶梯是否符合行业规范。

2. 关于自动扶梯相关设置是否符合行业规范的问题

经现场测量，自动扶梯的扶手带外缘与楼板间的距离大于10cm，自动扶梯入口处在右侧扶手下方玻璃上张贴3张示意图和一张《自动扶梯安全使用须知》，分别用图示和文字提示"必须紧拉住小孩"的注意事项，在左侧扶手旁边两部扶梯中间的间隔玻璃板上张贴《安全检验合格证》，上有"头不要伸出电梯，危险"的文字标注。在距离自动扶梯与楼板夹角近1m处悬挂一块提示牌，上方楼板下挂2根金属链条，系透明塑料板上用黑体字注明"小心碰头"和"Mind your head"，下端边框与自动扶梯的扶手带近乎平行，如果提示牌被头部或其他硬物碰撞时可前后左右摆动。事发后，被告更换了提示牌，将金属链条换成相对固定的金属杆，即使被碰到时摆动幅度较原来更小，形状变为倒梯形下端边框与扶手带的间距缩小，人头部在下方通过时更易碰到指示牌下端边框，同时字体变大、间距变宽、更加醒目显眼。

根据查明的事实，法院认为，自动扶梯的安全标志张贴在明显位置，示意图提示要紧拉住小孩，文字亦注明头伸出电梯危险，这种双重标记完全符合GB1997中关于安全标记的规定。根据GB1997第5.2.4规定，在与楼板交叉处应当设置垂直防碰挡板，其字面含义应当理解为安装固定的硬件设施，起到阻挡作用避免造成伤害。本案中，被告"小心碰头"的提示牌，除具有与上述图示和文字标注相同的提醒警示作用外，没有任何防止碰撞的功能。一方面，提示牌与上方楼板间不能固定导致碰撞时可四处摆动，另一方面，提示牌下端与扶手带的间距宽度足以容纳小孩的头部通过，这些细节说明该提示牌完全没有起到防碰功能，不符合行业规范GB1997的规定。

3. 关于被告是否尽到安全保障义务的问题

根据最高人民法院《关于审理人身损害赔偿案件适用法律若干问题的解释》第6条规定，从事住宿、餐饮、娱乐等经营活动或者其他社会活动的自然人、法人、其他组织，未尽合理限度范围内的安全保障义务致使他人遭受人身损害，赔偿权利人请求其承担相应赔偿责任的，人民法院应予支持。该解释确立了经营场所在合理限度内的安全保障义务。是否在合理限度范围内，判断的一般标准是是否符合法律、法规、规章或者特定的操作规程的要求，是否属于社会同类或者一个诚信善良的从业者应当达到的通常程度，具体可以结合从事的营业或社会活动是否获益、预防风险的成本、可否提前预见等情况予以认定。本案中，被告是集购物、餐饮、娱乐于一体以营利为目的的公共场所，其对消费者的安全保障义务应当重于非营利场所如免费公园、图书馆等。由于未成年人具有生性好动、好奇心强的特点，针对此类特殊的消费群体，被告就负有更加严格规范的安全保障义务。在本案发生前，国内的自动扶梯事故频发，媒体报刊也报道过多起事件，被告作为大型的公共消费场所，应当合理预见到发生同类事件的可能性，对安全保障措施予以加强完善。被告悬挂提示牌表明其已经尽到一定注意义务，但提示牌不是免责牌，产品检测合格不代表在使用过程中不存在任何安全隐患，对于可能存在的潜在风险，被告没有进一步采取措施保证消费者的人身安全，没有尽到合理限度内的安全保障义务。

（上海市浦东新区人民法院　刘娟娟）

61. 夏开敏、高燕诉曲靖市人民政府办公室、马林康等 27 户住户建筑物墙体塌落损害赔偿案

（一）首部

1. 判决书字号：云南省曲靖市麒麟区人民法院（2009）麒民初字第 1728 号。
2. 案由：建筑物墙体塌落损害赔偿案。
3. 诉讼双方

原告：夏开敏、高燕。

被告：曲靖市人民政府办公室、马林康、范全军、侍家喜、杨碧昌、师建云、吴封泽、沈卫东、田乔翠、徐德祥、陈旭光、宁伯照、陈功、孙承健、陈云科、李永昆、张兴祥、陈松明、赵海燕、董宝才、夏承坤、刘桃鸭、陶学昌、吕方、许金发、何永清、杨丽、姜世珍。

4. 审级：一审。
5. 审判机关和审判组织

审判机关：曲靖市麒麟区人民法院。

合议庭组成人员：审判长：孙玉昆；审判员：周付、宁蕊。

6. 审结时间：2011 年 6 月 10 日。

(二) 诉辩主张

1. 原告夏开敏、高艳诉称

原告的父亲生前是曲靖市政府农工部职工,1996年通过房改取得位于文昌街146号市政府机关二号院5幢3单元202室的所有权,此后全家人居住至今。2009年7月13日下午5时左右,原告三岁半的儿子夏炜晟到自家楼下玩遥控车,被突然从高处墙体脱落的粉刷石砸伤头部,后随即送往曲靖市第一人民医院抢救治疗,于2009年7月24日16点16分抢救无效死亡。事故发生后,被告支付了部分抢救治疗费用,并在事故现场悬挂警示标志。经查,墙体脱落的房屋原系曲靖市人民政府所有,1999年根据曲靖市人民政府曲改发(1998)70号《曲靖市区已出售公有住房部分产权过渡为全部产权实施办法》的通知和曲市房改字(1998)18号文件,由市政府将其中大部分房屋出售给原住户,其余房屋由市人民政府及其下设部门使用。根据该幢房屋出售时所签的《契约》及市政府的相关规定,该幢房屋售后应由被告负责管理和维护,故本案受害人的死亡完全是被告怠于管理维护造成,被告应承担全部责任。事故发生后,原告多次找被告要求处理,但被告在支付了部分抢救费后以各种理由推诿不予赔偿。为维护原告合法权益,请求判令被告赔偿原告因墙体脱落致死夏炜晟而造成的全部损失合计424 901元,其中死亡补偿费265 000元、丧葬费12 015元、抢救医疗费33 255.18元、护理费2 081元、住院伙食补助费550元、办理丧葬事宜支出的交通费、住宿费及误工费3 000元、尸体冰冻费9 000元、精神损害抚慰金100 000元,诉讼费由被告承担。审理中,原告变更诉讼请求,将冰尸费9 000元变更为780元。

2. 被告曲靖市人民政府办公室辩称

(1)损害事实。原告所述其子在文昌街146号市政府机关二号院5幢楼外被墙体塌落物击中并抢救无效死亡是事实。事故发生后,我方积极联系医院、组织专家进行抢救,借支了26 645.18元医疗费给原告,同时在事故地点设立警示标志,对脱落物进行清理。因为该二号院一直没有物业公司进行管理,我方作为一级法人组织,本着负责的态度和人道主义精神来进行这一系列活动,但这并不意味着我方是物业管理人。市政府办公室在1996年前是该幢房屋的所有权人,该幢房屋共6层,其中一楼是各单位使用的车库,2至6楼共30套为职工住房。但1996年公有住房制度改革后,将部分产权出售给了个人;1999年按照《曲靖市区已出售公有住房部分产权过渡为全部产权实施办法》文件,该幢房屋2至6层的住户由部分产权过渡到全部产权,公房转变为商品房,28户(含原告)获得了住房的全部产权,领取了个人房屋产权证。我方仅是一楼车库及6楼两套未出售住房的所有权人。

(2)管理责任。原告诉称"本案受害人之死完全系被告怠于管理维护造成应承担全部责任"不能成立。《物业管理条例》第2条规定:"本条例所称物业管理,是指业主通过选聘物业服务企业,由业主和物业服务企业按照物业服务合同约定,对房屋及配套的设施设备和相关场地进行维修、养护、管理,维护物业管理区域内的环境卫生和相关秩序的活动。"第54条规定:"住宅物业、住宅小区内的非住宅物业或者与单幢住宅楼结构相连的非住宅物业的业主,应当按照国家有关规定交纳专项维修资金。专项维修资金属于业主所有,专项用于物业保修期满后物业共用部位、共用设施设备的维修和更新、改造,不得挪作他用。",我方既非业主选聘的物业服务企业,也未与业主签订过物业服务合同,从未收取物业管理费用和专项维修资金;作为行政机关更不可能具有物业管理资质,成为市政府机关二号院的管理者,故没有义务承担此幢房屋的管理和维护责任,也不应当承担怠于管理维护造成损害的责任。

(3) 赔偿责任。我方认为,赔偿责任应由文昌街146号市政府机关二号院5幢楼内的28家住户共同承担。依照《物权法》第70条、第72条以及《民法通则》第126条的规定,该二号院没有物业管理公司进行管理,我方并非管理人,只是该幢房屋一楼(车库)及6楼两套住房的所有权人,故只应该是共同侵权人之一,所承担的责任也只应是共同赔偿责任。

(4) 赔偿金额。原告之子所受伤害应该得到赔偿。但原告主张的死亡补偿费、丧葬费、医疗费、护理费、伙食补助费、交通住宿费及误工费、尸体冰冻费等,应按照相关法律法规进行赔付,只要是合理的、有正式票据为凭的我方予以认可。精神抚慰金请法院酌情予以认定。

3. 被告马林康、范全军等27人辩称

被告曲靖市人民政府办公室申请追加我们为共同被告,没有事实和法律依据,请求人民法院裁定驳回其追加被告申请或判决我们不承担民事赔偿责任。被告以市政府机关2号院5幢住房已过渡为全部产权,其仅是该幢房屋一楼(车库)的所有人,与马林康等27户属于此幢房屋的共同业主,其并非物业管理人为由申请追加马林康等27户为本案被告,并不符合当事人追加的条件。

(1) 双方并非系该幢房屋的共同业主。虽然市政府机关一、二、三号院绝大部分房屋经公有住房制度改革后将部分产权过渡为全部产权,但公有住房产权人即被告并未按公共物业以及曲靖市人民政府公布的《曲靖市物业管理规定》等相关法律、法规,将公共物业、房屋等交由物业管理企业进行管理,也未依据《曲靖市公有住房过渡产权出售契约》的约定组织施行"由产权单位同相关的住宅所有人共同民主管理",而是仍由曲靖市人民政府办公室行使原来的行政公权管理模式,对市政府一、二、三号院公有住房过度产权后行使管理职权,设立房屋管理、保卫等职能科室,负责其管理范围内的住房共用部分及办公区域的管理、公共设施的建设、维修,对住宿区域内的环境卫生、水电设施设备的维修、管理以及对公共部分行使管理及处置权等。

(2) 曲靖市人民政府办公室不仅是曲靖市政府机关二号院5幢房屋公共部分的管理人,还是市政府机关一、二、三号院住宿区域内的实际管理责任人。依据如下:1)国家建设部《关于加强公有住房售后维修养护管理工作的通知》第6条规定:"公有住房出售后,业主委员会成立前,住宅的维修养护管理由售房单位或售房单位委托的管理单位承担,业主委员会成立后,住宅的管理由业主委员会选聘的物业管理企业按照双方签订的物业管理合同进行管。"2)建设部、财政部关于《住宅专项维修资金管理办法》规定:"公有住宅出售后,提取售房款的20%用于房屋共用部位的维护修理。"3)《曲靖市公有住宅售后维修养护管理办法》第7条规定:"公有住宅出售后,住宅共用部分和共用设施设备的维修养护由售房单位承担维修养护责任，也可由售房单位委托房地产经营单位代修。"4)《曲靖市人民政府办公室科室工作职责》第14条关于房屋管理科的工作职责规定为："负责政府机关办公用房和机关职工住房的调配、管理，负责相关国有资产、房地产管理以及房产变动、过户等手续；负责市政府办公室管理范围的住房共用部分及办公区域的管理，公共设施的建设、维修等工作。"但从2005年以来，市政府二号院5幢房屋粉刷层多次脱落危及住户和其他人员的生命财产安全，住户已经多次反映情况，曲靖市人民市政府办公室虽然做了一些工作，但并未彻底消除安全隐患。本案过错完全在于曲靖市人民市政府办公室，马林康等27户住户没有任何过错。曲靖市人民市政府办公室申请追加的27户被告，不具备真正业主的主体资格、身份和享有业主权利，故与其不属于共同业主，不具有共同侵权的过错。正是曲靖市人民政府办公室疏于管理、维护，才是导致夏炜晟伤亡的原因，根据《民法通则》第126条的规定，应由管理人曲靖市人民政府办公室承担民事赔偿责任，马林康等27户依法不承担本案民事赔偿责任。

被告姜世珍未提交书面答辩，也未到庭参加诉讼，本院视为其放弃答辩权利。

（三）事实和证据

综合各方诉辩主张，原、被告各方当事人对以下事实存在争议：

（1）原、被告现居住的房屋公共设施墙体部分维修管理义务应由谁承担？（2）造成原告之子死亡的责任在哪一方？（3）原告请求赔偿的各项费用依据是否充分？被告是否应对原告之子的死亡后果承担民事赔偿责任？

针对以上争议，原告夏开敏、高艳向本案提交证据如下：

（1）提交身份证复印件2份及常住人口登记卡1份，以证明两原告的身份情况、主体资格以及与死者的关系。（2）提交曲靖市第一人民医院临床死亡确认书及死亡证明书各一份，以证明受害人夏炜晟受伤抢救后死亡的事实。（3）提交住院费收据1张，门诊收费收据3张，以证明两原告之子受伤后抢救所产生的费用。（4）提交公有住房过渡房权出售契约及房产证各一份，以证明两原告的住房是曲靖市房改出售房，其管理维护的义务应由曲靖市人民政府办公室承担，且不仅是法定义务，而且还是按照契约约定的义务。（5）提交照片一组，以证明受害人受害的地点在曲靖市政府二号院大院内，该组证据证实房屋墙体多年失修无人管理，发生脱落后曲靖市人民政府办公室在事发地点设置了警示标志。（6）原告在举证期限内申请本院到曲靖市公安局寥廓派出所于2009年7月13日对证人夏溪溪、陈俊权的询问笔录，欲证实事发过程。

经质证，被告曲靖市人民政府办公室及追加被告马林康等26人对原告提供的上述证据均无异议。

被告姜世珍未到庭参加诉讼，本院视为其放弃质证权利。

被告曲靖市人民政府办公室对其答辩理由，向本院提交证据如下：

（1）提交借条3份，以证明原告于2009年7月16日、2009年7月24日分别向我方借款26 645.18元作为医疗费用于治疗伤情。（2）提交公安机关对夏溪溪、陈俊权的询问笔录2份,以证明原告之子系墙体塌落物致死,并非我方所有的公共设施所致,管理责任不在于我方。(3)提交售房契约28份,以证明28户住户拥有了全部房屋产权的事实。(4)提交中华人民共和国建设部161号令,证明建设部第19号令关于《公有住宅售后维修养护管理暂行办法》已被建设部第161号令废止,即制定《曲靖市公有住宅售后维修养护管理暂行办法》的上位法已被废止。

经质证,二原告对被告曲靖市人民政府办公室提交的证据(1)、(2)、(3)无异议;对证据(4)认为,该证据是法律法规,不是证据,不具备证据的形式。

经质证,被告马林康等26人对被告曲靖市人民政府办公室提交的上述证据无异议。

被告姜世珍未到庭参加诉讼,本院视为其放弃质证权利。

被告马林康等26人向本院提交证据如下:

(1)提交曲靖市人民政府办公室科、室工作职责,以证明该职责中第2、第5、第6条明确规定了被告曲靖市人民政府办公室的职责。(2)提交房建(1997)65号《建设部关于加强公有住房售后维修管理的通知》,以证明公有住房出售后维修管理义务是在被告曲靖市人民政府办公室房管部门。(3)提交证人证言4份,以证明从2005年开始房屋墙体就开始塌落,我们多次找过曲靖市人民政府办公室房管科,但一直未得到解决。(4)提交照片15张,以证明曲靖市人民政府办公室的职能部门在房屋墙体脱落后仍未排除安全隐患,安全隐患仍然存在的事实。

经质证,原告对上述证据无异议。被告曲靖市人民政府办公室对上述证据的真实性无异议;对证据(3)中证人证言认为,有两份是被告自己的陈述不是证言,对另外两份证言没有意见。

(四)判案理由

通过各方当事人对上述证据的质证,本院认为,原告提交的证据来源合法,内容客观真实,与本案事实具有关联性,能够证明案件事实,本院予以采信。被告提交的证据中,除第4组是行政规章,不具有证据形式外,其余证据来源合法,内容客观真实,与本案具有关联性,能够证明案件事实,本院予以采信;被告马林康等27人提供的证据中,除第2组属行政规范性文件,不具有证据形式外,其余证据来源合法,内容客观真实,与本案事实具有关联性,能够证明案件事实,本院予以采信。

根据庭审和质证,本院确认如下法律事实:

原告夏开敏、高艳系夫妻关系,二原告及追加被告马林康等27人均是曲靖市人民政府机关二号院5幢房屋的住户。2009年7月13日下午5时左右,二原告三岁半的儿子夏炜晟在自家楼下玩遥控车,被突然从该幢房屋外墙正面脱落的粉刷层砸伤头部,后随即被送往曲靖市第一人民医院治疗,于2009年7月24日16点14分经抢救无效死亡。夏炜晟住院期间其伤情经医院诊断为:(1)重型颅脑外伤;(2)前额窝底、右侧额枕骨、左颞骨骨折并右额叶脑挫裂伤、右额部硬膜下薄层血肿;(3)左额颞顶枕部硬膜外血肿清除、弃骨瓣减压术后;(4)蛛网膜下腔出血;(5)外伤性癫痫;(6)并脑疝形成脑干衰竭期。住院期间共计支付医疗费33 255.18元。死亡后家属支付冰尸费780元。

夏炜晟生于 2005 年 12 月 10 日，生前属城镇居民户口。二原告之子住院期间，原告分别于 2009 年 7 月 16 日、2009 年 7 月 24 日向曲靖市人民政府办公室借款 26 645.18 元作为医疗费用于治疗伤情。

曲靖市人民政府机关二号院 5 幢房屋原属曲靖市委、市政府机关事务局的公有住房，1999 年 5 月，曲靖市委、市政府机关事务局与居住在 5 幢房屋的二原告之母亲吕东莲以及马林康、黄景云、侍家喜、杨碧昌、师建云、吴封泽、沈卫东、田乔翠、徐德祥、陈旭光、宁伯照、陈功、孙承健、陈云科、李永昆、张兴祥、陈松明、赵海燕、董宝才、夏承坤、刘桃鸭、陶学昌、吕方、许金发、何永清、常松涛、姜世珍等 28 户签订曲靖市公有住房过渡产权出售契约，约定将已出售给各住户居住的房屋从部分产权过渡为全部产权，由各产权人自住。同时在契约上还约定：已过渡为全部产权的房屋由原产权单位同相关的住宅所有人共同民主管理，共同遵守《曲靖市公有住宅售后维修养护管理暂行办法》的规定。上述住户均已领取了房屋所有权证。后曲靖市委、市政府机关事务局被撤销，由曲靖市人民政府办公室行使原机关事务局的管理职权。2003 年，原由黄景云居住的房屋产权变更为范全军所有。2007 年 5 月，原由常松涛居住的房屋产权变更为杨丽所有。曲靖市政府机关二号院 5 幢共有 30 套住房和 6 间车库，除原告及马林康等 28 户居住外，剩余两套住房及一楼全部车库均属曲靖市人民政府办公室所有。

1993 年，曲靖市住房制度改革办公室根据建设部《公有住宅售后维修养护管理暂行办法》及《曲靖市城镇住房制度改革方案》制定了《曲靖市公有住宅售后维修养护管理暂行办法》，该办法适用于曲靖市住房制度改革中向个人出售的住宅售后维修和养护管理。该办法第 6 条规定："公有住宅出售后，住宅自用部分和自用设备的维修养护，由住宅所有人承担维修养护责任。"第 7 条规定："公有住宅出售后，住宅共有部分和共用设施设备的维修养护由售房单位承担养护责任，也可以由售房单位委托房地产经营单位代修。"第 8 条规定："维修养护资金来源：自用部分由住宅所有人自行解决；共用部分和共用设施设备的维修养护，目前按我市房改方案规定，暂由售房单位保修三年，之后由售房单位按规定的比例向购房人收取费用。"1999 年房屋产权全部过渡之前，曲靖市人民政府办公室对房屋的公共部分及围墙等进行过维修，房屋产权全部过渡后，对已出售的房屋住户未成立业主委员会，也未交由物业管理公司进行管理，也未向各住户收取过维修基金，自产权全部过渡后未再对住宅的公共部分及公共设备设施进行过维修。但曲靖市政府办公室下属部门房管科受水、电部门的委托向住户代收水电费并向环卫部门缴纳垃圾处置费，曲靖市政府机关二号院内的安全保卫工作由在该大院内办公的单位共同出资支付费用。

曲靖市政府机关二号院 5 幢房屋外墙体上的粉刷层在事发前曾多次发生脱落并将停放在附近的车辆砸坏，该幢房屋的住户曾经将此情况向曲靖市人民政府办公室下属部门房管科反映过，但房管科未作处理。事发后，曲靖市人民政府办公室在事发地点设置了安全警示标志，并对存在安全隐患的部分做了处理。

按照被告马林康等人提供的曲靖市人民政府办公室科室工作职责中对房屋管理科制定的职责是：负责市政府办公室管理范围的住房共用部分及办公区域的管理，公共设施的建设、维修工作。负责市政府机关大院及市政府一、二、三号院住宿区的绿化、美化工作，并协调做好安全保卫工作。

被告马林康等人还提交了建设部《关于加强公有住房售后维修养护管理办法的通知》,该通知第6条规定:"公有住房出售后,业主委员会成立前,住宅的维修养护管理由售房单位或售房单位委托的管理单位承担;业主委员会成立后,住宅的管理由业主委员会选聘的物业管理企业,按照双方签订的物业管理合同进行管理。"第7条规定:"公有住房出售后,要严格界定住宅的自用部位和自用设备及公共部位和共用设施设备的维修养护任务。住宅自用部位和自用设备的维修养护责任由住宅所有人承担,住宅所有人可以自行维修养护,也可以委托物业管理企业维修养护。"第8条规定:"住宅共用部位和共用设施设备的维修与养护,由当地人民政府制定具体办法。要建立公房售后住宅共用部位和共用设施设备的维修养护专项基金。该基金的来源:1.由售房单位按照一定比例从售房款中提取,原则上多层住宅不低于售房款的百分之二十,高层住宅不低于售房款的百分之三十;2.由业主一次性或分次筹集。维修养护基金应当专户存入银行,专项用于住宅共用部位和共用设施设备的维修养护,不得挪作他用。维修专项基金入不敷出时,经业主委员会集体研究决定,向业主筹集。"

2007年9月21日建设部第161号令废止了建设部《公有住宅售后维修养护管理暂行办法》。

本院认为,公民的生命健康权受法律保护。二原告之子夏炜晟在曲靖市政府二号院5幢3单元自家房屋楼下玩耍时,被该幢房屋外墙粉刷层脱落砸伤并导致死亡是客观存在的事实,其损害后果应当依法得到赔偿。但本案被告对原告之子的死亡后果有无责任以及如何确定本案的赔偿责任是本案争议的焦点。

原、被告居住使用的房屋原系公有住房,1999年出售给个人全部产权过渡后,在售房契约上约定了已过渡为全部产权的房屋由原产权单位同相关的住宅所有人共同民主管理,共同遵守《曲靖市公有住宅售后维修养护管理暂行办法》的规定。虽然《曲靖市公有住宅售后维修养护管理暂行办法》第7条明确规定了公有住宅出售后,住宅共有部分和共用设施设备的维修养护由售房单位承担养护责任,也可以由售房单位委托房地产经营单位代修。但建设部《公有住宅售后维修养护管理暂行办法》已于2007年9月21日被废止,根据该办法制定的《曲靖市公有住宅售后维修养护管理暂行办法》现已失去效力,不能适用。而曲靖市政府机关二号院内的业主既未成立业主委员会进行自我管理,也未委托给相关物业管理公司进行管理,导致无人对物业共用部位、共用设施设备来进行管理、维修、养护。

《中华人民共和国物权法》第七十条规定:"业主对建筑物内的住宅、经营性用房等专有部分享有所有权,对专有部分以外的共有部分享有共有和共同管理的权利。"第七十二条规定:"业主对建筑物专有部分以外的共有部分,享有权利,承担义务;不得以放弃权利不履行义务。业主转让建筑物内的住宅、经营性用房,其对共有部分享有的共有和共同管理的权利一并转让。"《中华人民共和国民法通则》第一百二十六条规定:"建筑物或者其他设施以及建筑物上的搁置物、悬挂物发生倒塌、脱落、坠落造成他人损害的,它的所有人或者管理人应当承担民事责任,但能够证明自己没有过错的除外。"根据上述法律规定,业主对建筑物内专有部分以外的共有部分享有共同管理的权利并承担相应义务;建筑物、构筑物或者其他设施的所有人或管理人对搁置物、悬挂物发生脱落、坠落造成他人损害的后果应承担侵权责任，除非能证明自己没有过错。本案中，发生墙体脱落的房屋产权全部过渡后，因未成立业主委员会，也未交由物业管理公司进行管理，故没有房屋管理人。发生墙体脱落的房屋的所有人为马林康等28户（包括原告）居民和曲靖市人民政府办公室，应由房屋所有人依照上述法律规定对二原告之子夏炜晟的死亡后果承担侵权责任。曲靖市人民政府办公室作为原房屋所有人在出售公有房屋后，没有从售房款中提取一定比例的资金建立房屋维修基金，存在一定过错，应承担相应责任。鉴于被告曲靖市人民政府办公室在曲靖市政府机关二号院5幢房屋中拥有2套住房及全部车库的所有权，因而被告曲靖市人民政府办公室应承担主要赔偿责任，其余28户（含原告家）住户承担次要赔偿责任。被告杨碧昌、宁伯照提出其未居住在发生粉刷层脱落的三单元，不应承担赔偿责任的辩解，因维修房屋的共有部分及公共设施应是对整幢房屋进行，与整幢房屋业主的利益均有关系，二被告的辩解理由不能成立，本院不予采纳。至于马林康等被告提交建设部《关于加强公有住房售后维修养护管理办法的通知》欲证明公有住房出售后，业主委员会成立前，住宅的维修养护管理由售房单位即本案被告曲靖市人民政府办公室来承担，以此抗辩对该幢房屋住户无管理责任，也不应承担赔偿责任的理由，因建设部《关于加强公有住房售后维修养护管理办法的通知》仅属行政规范性文件，不属于法院审判适用法律的范畴，且其规定的"公有住房出售后，业主委员会成立前，住宅的维修养护管理由售房单位承担"与《中华人民共和国物权法》第七十条、第七十二条规定的"业主……对专有部分以外的共有部分享有共有和共同管理的权利"的内容相抵触，故对被告的抗辩理由本院不予采纳。据此，被告曲靖市人民政府办公室与其他28户（含原告家）住户应承担责任的比例为90%：10%。

原告主张要求赔偿死亡补偿费265 000元、丧葬费12 015元、抢救医疗费33 255.18元、护理费2 081元、住院伙食补助费550元等均属法律规定的赔偿范围，且费用计算合理，本院予以支持；主张要求赔偿办理丧葬事宜支出的交通费、住宿费及误工费3 000元请求过高，且未提交相关证据证明其实际支付情况，本院不予全部支持，本院确认处理丧葬事宜的时间为3天按5人计算，每人每天误工费为50元，合计700元，交通费酌情支持300元，合计1 000元，住宿费未提供相应单据，本院不予支持；主张要求赔偿精神损害抚慰金100 000元过高，本院不予全部支持，根据本案实际情况酌情支持精神损害抚慰金20 000元；主张要求赔偿冰尸费780元，该费用应属于丧葬费范围，应包含在丧葬费之中，本院不予支持。

综上，原告应得的赔偿范围和费用为：死亡补偿费265 000元、丧葬费12 015元、抢救医疗费33 255.18元、护理费2 081元、住院伙食补助费550元、办理丧葬事宜的误工费、交通费1 000元、精神损害抚慰金20 000元，合计333 901.18元，按被告应承担的赔偿比例计算为：被告曲靖市人民政府办公室应承担的费用为333 901.18元×90%＝300 511.06元，被告马林康等27人应承担的费用为：333 901.18元×10%＝33 390.12元÷28户（含原告家）＝1 192.5元。

（五）定案结论

依照《中华人民共和国物权法》第七十条、第七十二条，《中华人民共和国民法通则》第一百一十九条、第一百二十六条，最高人民法院《关于审理人身损害赔偿案件适用法律若干问题的解释》第十六条、第十七条第一款、第三款、第十八条，《中华人民共和国民事诉讼法》第一百三十条之规定，判决如下：

1. 由被告曲靖市人民政府办公室赔偿原告夏开敏、高艳各项损失费用合计人民币300 511.06元。

2. 由被告马林康、范全军、侍家喜、杨碧昌、师建云、吴封泽、沈卫东、田乔翠、徐德祥、陈旭光、宁伯照、陈功、孙承健、陈云科、李永昆、张兴祥、陈松明、赵海燕、董宝才、夏承坤、刘桃鸭、陶学昌、吕方、许金发、何永清、杨丽、姜世珍各赔偿原告夏开敏、高艳各项损失费用人民币1 192.5元。

3. 驳回原告夏开敏、高艳的其他诉讼请求。

（六）解说

自1999年起，本案涉及的公有住房出售给个人全部产权过渡后，虽然在售房契约上约定了已过渡为全部产权的房屋由原产权单位同相关的住宅所有人共同民主管理，共同遵守《曲靖市公有住宅售后维修养护管理暂行办法》的规定。而《曲靖市公有住宅售后维修养护管理暂行办法》第7条明确规定了公有住宅出售后，住宅共有部分和共用设施设备的维修养护由售房单位承担养护责任，也可以由售房单位委托房地产经营单位代修。但制定《曲靖市公有住宅售后维修养护管理暂行办法》的上位法已于2007年9月21日被废止，故《曲靖市公有住宅售后维修养护管理暂行办法》现已失去效力。建设部《关于加强公有住房售后维修养护管理办法的通知》第6条规定："公有住房出售后，业主委员会成立前，住宅的维修养护管理由售房单位或售房单位委托的管理单位承担；业主委员会成立后，住宅的管理由业主委员会选聘的物业管理企业，按照双方签订的物业管理合同进行管理。"该通知第7条规定："公有住房出售后，要严格界定住宅的自用部位和自用设备及公共部位和共用设施设备的维修养护任务。住宅自用部位和自用设备的维修养护责任由住宅所有人承担，住宅所有人可以自行维修养护，也可以委托物业管理企业维修养护。"第8条规定："住宅共用部位和共用设施设备的维修与养护，由当地人民政府制定具体办法。要建立公房售后住宅共用部位和共用设施设备的维修养护专项基金。该基金的来源：1. 由售房单位按照一定比例从售房款中提取，原则上多层住宅不低于售房款的百分之二十，高层住宅不低于售房款的百分之三十；2. 由业主一次性或分次筹集。维修养护基金应当专户存入银行，专项用于住宅共用部位和共用设施设备的维修养护，不得挪作他用。维修专项基金入不敷出时，经业主委员会集体研究决定，向业主筹集。"建设部的这个规定尚未失效，但该规定中关于"公有住房出售后，业主委员会成立前，住宅的维修养护管理由售房单位承担"与《物权法》第70条、第72条规定的"业主对专有部分以外的共有部分享有共有和共同管理的权利"的内容相抵触，应如何适用法律是本案审理中的一个难点，适用法律规定的不同将会导致案件的处理结果完全不同。

因本案涉及公有住房出售后，未成立业主委员会也未委托交由物业管理公司管理，住宅的维修养护管理义务是由售房单位承担还是由所有业主共同承担，还是由售房单位与业主共同承担,法律无明确具体的规定,而麒麟区乃至整个曲靖市范围内绝大部分公有住房出售后均未成立业主委员会或交由物业管理公司进行管理。公有住房出售是我国住房制度改革的产物,且这类房屋均是建盖时间较长,随着时间的推移,此类房屋的房龄越长,因房屋共有部分和共用设施设备的维修管理方面引起的矛盾和纠纷将会逐渐显现,甚至会越来越多,且曲靖市人民政府将在本案审理终结后对我市公有住房出售后的管理也打算出台相应的管理规定以便今后规范管理。本案的处理对此类纠纷的解决或相关问题的管理具有一定的导向性。

(云南省曲靖市麒麟区人民法院 孙玉昆)

62. 钱其东诉张健溇、广州番禺粮食储备有限公司大龙粮油批发中心等交通事故赔偿案

(一) 首部

1. 判决书字号:广州市番禺区人民法院(2011)番法民一初字第991号。
2. 案由:交通事故赔偿责任纠纷。
3. 诉讼双方

原告:钱其东,男,1968年10月29日出生,汉族,住浙江省义乌市上溪镇。

委托代理人:赵军,男,1964年10月2日出生,汉族,住广州市花都区。

被告:张健溇,男,1985年5月22日出生,汉族,住广州市番禺区。

被告:广州市番禺粮食储备有限公司大龙粮油批发中心(以下简称粮油中心),住所地:广州市番禺区大龙街清河东路石岗东村段2号清河综合市场V区136—140号铺,组织机构代码:78379911-0。

负责人:陈志辉。

委托代理人:黄东,广东金本色律师事务所律师。

委托代理人:曾韵莹,广东金本色律师事务所实习律师。

被告:中国人民财产保险股份有限公司广州市番禺支公司(以下简称保险公司),住所地:广州市番禺区市桥街繁华路13号,组织机构代码:891438259。

负责人:钟锐坚,职务:总经理。

委托代理人:方金贵,广东信扬律师事务所律师。

委托代理人:李武汉,广东信扬律师事务所律师助理。

4. 审级:一审。
5. 审判机关和审判组织

审判机关:广州市番禺区人民法院。

合议庭组成人员：审判长：王宏平；人民陪审员：陈璐、区洁芳。

6. 审结时间：2011年11月1日。

(二) 诉辩主张

1. 原告诉称

2010年11月10日11时许，原告的司机钱基明驾驶粤AS400U号奔驰轿车搭载原告，行经南沙区凤凰大道路段时，遇被告张健溁驾驶粤AXF823号轻型厢式货车违反交通信号灯通行，两车避让不及发生碰撞，之后粤AS400U号车失控又撞向路边花基及信号灯，造成双方车辆不同程度损坏，绿化带及信号灯受损，原告受轻伤。经报警处理，广州市公安局交通警察支队南沙大队出具事故认定书，认定被告张健溁负事故全部责任，原告及司机钱基明均无责任。并调解由被告张健溁承担两车损坏的修复费用、原告受伤的损失费用、绿化带及信号灯的损坏修复费用。事故发生后，原告支付粤AS400U号车的吊车费500元、拖车费230元、现场清理费300元、停车费60元。经广州市华盟价格事务所有限公司评估，粤AS400U号车受损后的维修费用需765 884元，修复后的贬值损失为237 600元，原告为此分别支付评估费26 000元和3 450元。本次交通事故造成原告以上损失合计为1 034 024元。肇事的粤AXF823号轻型货车，在被告保险公司投保了交强险，出险时间在保险期间内，原告的损失应由被告保险公司在交强险财产损失赔偿限额内支付2 000元。被告张健溁系肇事驾驶员，因过错发生交通事故，造成原告的财产损失，被认定承担事故的全部责任。原告超出交强险财产损失赔偿限额外的损失1 032 024元，应由被告张健溁负责赔偿。被告粮油中心是肇事车辆的所有人，应与被告张健溁承担连带赔偿责任。现因三被告不愿对原告的损失进行赔偿，为了维护自己的合法权益，原告被迫向人民法院起诉，请求判令：(1) 三被告赔偿原告以下损失合计1 034 024元：1) 被告保险公司在交强险财产损失赔偿限额内赔偿原告2 000元；2) 被告张健溁和被告粮油中心连带赔偿原告各项损失1 032 024元。(2) 被告承担本案的诉讼费用。

2. 被告辩称

被告粮油中心辩称，(1) 对于事故责任认定，我方认为事故责任认定是现场出具的，笔录是后补的，程序不合法。钱基明与张健溁的陈述前后矛盾，张健溁陈述在事故发生时指示灯是黄灯，而钱基明陈述张健溁是闯红灯，我方在察看交警案卷后认为交警的责任认定依据不充分，根据相关规定，由于事实认定不清楚，应按照同等责任认定。(2) 我方认可由法院摇珠指定的高迪评估鉴定报告书，根据相关规定，由于事故认定不清楚，我方认为应在超出交强险财产损失2 000元外按照同等责任承担赔偿责任。(3) 我方已根据法律程序委托评估公司对原告车辆的贬值损失进行重新评估，由于原告没有提供该方面的技术报告等相关材料导致无法鉴定，原告应自行承担举证不能的责任；对于原告自行委托的贬值损失鉴定结论，我方认为其委托手续违反程序，该报告不能作为本案的定案依据；另外，其单方委托的评估公司亦没有资质进行该项评估。(4) 对于原告第一次评估的相关评估费用，依法不应由我方承担。

被告张健溁辩称，同意被告粮油中心的意见。

被告保险公司辩称，（1）我方认为本案事故事实、证据有矛盾，请求法院依法认定。（2）车辆损失方面，我方认为维修费应按照重新评估的结论赔偿。（3）贬值损失问题，我方认为本案原告的车辆在发生事故时已使用一年，在事故发生后，本次维修费用项目的鉴定已经将原告受损的零件更换，已达到恢复原状的目的。根据相关规定，恢复原状已经足够，原告主张的贬值损失没有充分的依据。而华盟出具的贬值损失报告随意性较大，没有明确的依据以及分析告知其报告的合理性，不应作为本案的依据。综上，原告的贬值损失不应赔偿。

（三）事实和证据

广州市番禺区人民法院经公开审理查明：2010年11月10日11时00分许，被告张健溁驾驶粤AXF823号轻货车在广州市南沙区凤凰大道黄阁南路路口由东往西行驶，案外人钱基明驾驶粤AS400U号轿车在该路段由南往北行驶，因被告张健溁驾车违反交通信号灯通行规定，造成两车相撞的事故，事故致原告钱其东受伤。广州市公安局交通警察支队南沙大队出具编号为A0379760号的《事故认定书》，认定被告张健溁承担此事故的全部责任，案外人钱基明、原告钱其东无责任。

2011年1月13日，原告自行委托广州市华盟价格事务所有限公司对其车辆损失进行鉴定，该鉴定机构出具穗华价估[2011]005号报告书，评定车辆修复总价为765 884元，原告因此支出评估费26 000元；该鉴定机构另出具穗华价估[2011]006号报告书，评定车辆贬值损失为237 600元，原告因此支出评估费3 450元。

在原告依法向本院提起诉讼后，被告粮油中心于2011年3月25日向本院提交书面重新评估申请，要求对粤AS400U号轿车的受损维修费用及贬值损失进行重新评估。经开庭询问各方当事人意见后，本院决定同意进行重新鉴定。后经公开摇珠，确定由广东高迪评估咨询有限公司对粤AS400U号轿车在2010年11月10日发生交通事故后的车辆维修价格和在维修后因此次交通事故造成的车辆贬值损失进行重新鉴定。2011年8月25日，上述鉴定机构作出高迪评估[2011]065号价格鉴证结论书，评定车辆维修价格总额为552 951元；同时该鉴定机构认为以目前所掌握的资料无法对维修后因此次交通事故造成的车辆贬值损失进行价格鉴证。原告钱其东对重新鉴定的结论提出异议，广东高迪评估咨询有限公司已书面答复原告钱其东。重新鉴定产生的评估费17 500元，已由被告粮油中心支付。

另查明，粤AS400U号轿车的登记车主为原告钱其东。事故发生后，原告另支出拖车费230元、吊车费500元、现场清理费300元及停车费60元。事故车辆粤AXF823号轻货车的登记车主为广州市番禺粮食储备有限公司石基粮油批发中心（后更名为广州市番禺粮食储备有限公司大龙粮油批发中心），该车在被告保险公司处投保机动车交通事故责任强制保险，事故发生时仍在承保期内，被告张健溁是被告粮油中心的员工，发生事故时正在履行职务。

上述事实，有交通事故认定书、拖车费发票、吊车费发票、现场清理费发票、停车费发票、价格鉴证结论书、评估费发票、当事人陈述等证据证实。

（四）判案理由

广州市番禺区人民法院经审理认为：本案争议焦点在以下两个方面：（1）事故责任问题；（2）车辆损失问题。

1. 关于事故责任问题。事故发生后，广州市公安局交通警察支队南沙大队已根据查明的事实对本次交通事故作出责任认定，认定被告张健渶承担事故的全部责任，案外人钱基明、原告钱其东无责任。被告张健渶、粮油中心在本案审理过程中对交警部门查明的案件事实及划分的责任有异议，认为事故处理程序不合法，在事故当事人的陈述不一致的情况下应认定为同等责任等。但被告张健渶、粮油中心未能提供任何证据证实其主张，亦未能提供证据反驳交警部门的事故认定书，对被告粮油中心的抗辩意见，本院不予采纳。并且，被告张健渶分别在交警部门出具的事故认定书中的"事故事实"、"事故认定"、"赔偿调解"三栏中签名确认，表示其在事故发生时是同意交警部门的判定的。综上，交警部门就本次事故出具的事故认定书事实认定清楚，适用法规正确，本院予以采纳。又被告张健渶系被告粮油中心的员工，其在事故发生时正在履行职务，故原告的损失应由被告粮油中心全额赔偿。

2. 关于车辆损失的问题。（1）车辆维修价格问题。广东高迪评估咨询有限公司系本院经各方当事人同意的前提下由公开摇珠确定的评估机构，其具有相应的鉴定资质，整个鉴定过程也都有各方当事人的参与。原告钱其东对高迪公司出具的鉴定结论有异议，认为评估价格过低，但未能提供证据证实其主张，同时亦没有证据证实鉴定机构的鉴定过程存在最高人民法院《关于民事诉讼证据的若干规定》第二十七条规定的情形。据此，本院认为，广东高迪评估咨询有限公司出具的鉴定结论应予采纳，原告的车辆损失应按高迪公司出具的鉴定结论确定。（2）车辆贬值损失问题。首先，本院委托的鉴定机构高迪公司出具的鉴定报告认为以目前所掌握的资料，无法对维修后因此次交通事故造成的车辆贬值损失进行价格鉴证。其次，高迪公司作出的鉴定结论为已将该车受损零件全部更换，可以满足正常行驶要求。再次，原告自行委托的评估报告称由于事故的发生，对该车进入二手车市场时的价值造成了贬值，即该车交易价值的减少。但涉案车辆为普通物品，其主要功能在于发挥汽车的使用价值，并无其他特殊的诸如纪念、珍藏等价值，因此对该财产的损失判断应以使用价值为基本标准。在车辆使用价值未改变的情况下，其交易价值可能受到各种市场因素的影响，故一般情况下交易价值不能作为认定车辆因交通事故贬值的客观依据。综上分析，原告钱其东主张车辆贬值损失依据不足，本院不予支持。原告钱其东在诉讼前自行对车辆贬值损失进行委托评估所产生的评估费3 450元也应由原告自行承担。

根据原告的要求及有关法律规定，本院确定原告因本事故造成的损失如下：

1. 车辆损失 552 951 元。原告所有的车辆经本院摇珠确定的鉴定机构评定车辆损失为 552 951 元，本院予以认可。

2. 评估费 26 000 元。原告自行委托进行车辆损失鉴定支出评估费 26 000 元，虽然本院最终未采信原告自行委托的鉴定结论，但原告之所以进行车辆损失价格鉴定是因为被告张健濠的侵权行为导致，故其因相关鉴定支出的费用应由被告赔偿。关于原告支出的车辆贬值损失鉴定费用 3 450 元，本院不予支持。

3. 拖车费、吊车费、现场清理费及停车费共计 1 090 元（230 元＋500 元＋300 元＋60 元）。原告因事故处理支出拖车费、吊车费、现场清理费及停车费，该些费用有相应的票据证实，本院予以采纳。

上述第 1 至 3 项损失合计 580 041 元（552 951 元＋26 000 元＋1 090 元）。被告保险公司作为事故车辆粤 AXF823 号轻货车的交强险承保保险公司，且事故发生在保险期限内，根据机动车交通事故责任强制保险的相关规定，原告因上述事故的损失应先由被告保险公司在交通事故责任强制保险有责任范围内不计事故责任予以赔偿，超过部分再由被告粮油中心承担。故被告保险公司应在交强险财产损失赔偿限额 2 000 元内赔偿原告第 1 至 3 项损失 580 041 元中的 2 000 元。超出保险公司交强险限额部分的 578 041 元（580 041 元－2 000 元），应由被告粮油中心全部赔偿。

（五）定案结论

广州市番禺区人民法院依照《中华人民共和国民法通则》第四十四条、第一百零六条第二款、第一百一十七条第二款、第一百三十四条第一款第（七）项，《中华人民共和国侵权责任法》第六条、第十九条、第三十四条、第四十八条，《中华人民共和国道路交通安全法》第七十六条，《中华人民共和国民事诉讼法》第六十四条第一款，最高人民法院《关于民事诉讼证据的若干规定》第二条、第二十七之规定，作出如下判决：

1. 被告中国人民财产保险股份有限公司广州市番禺支公司在本判决发生法律效力之日起 5 日内在机动车交通事故责任强制保险赔偿限额内赔偿 2 000 元给原告钱其东；

2. 被告广州市番禺粮食储备有限公司大龙粮油批发中心在本判决发生法律效力之日起 5 日内赔偿 578 041 元给原告钱其东；

3. 驳回原告钱其东的其他诉讼请求。

如果未按本判决规定的期间履行给付金钱义务，应当依照《中华人民共和国民事诉讼法》第二百二十九条之规定，加倍支付迟延履行期间的债务利息。案件受理费 14 106 元，由原告钱其东负担 6 193 元，被告广州市番禺粮食储备有限公司大龙粮油批发中心负担 7 886 元，被告中国人民财产保险股份有限公司广州市番禺支公司负担 27 元。

（六）解说

本案的处理重点是对于交通事故中受损车辆的贬值损失应否予以支持，也就是车辆贬损费该不该赔。对此，本案诉辩双方存在对立的两种观点。原告钱其东及其代理人赵军认为：发生过交通事故的车辆，估价显然比原先无事故的车辆要低。这一价值的差额应该属于民法的损失范畴，受害人的权益应该得到救济。而被告中国人民财产保险股份有限公司广州市番禺支公司认为：本案原告的车辆在事故发生后，已将受损的零件全部更换，已达到恢复原状的目的。根据相关规定，恢复原状已经足够，原告委托华盟价格事务所出具的贬值损失报告随意性较大，缺乏明确的依据以及详细的数据分析，故其主张的贬值损失没有充分的依据。

汽车的"贬值损失"是道路交通事故损害赔偿纠纷中的一个新问题。根据相关法律规定，汽车发生道路交通事故受损，维修费是车辆修复至正常使用状态所产生的必要费用，是一种直接损失，属于必须赔偿的范围。车辆的"贬值损失"是一种间接损失，是车辆修复后该车价值与未遭受损害前的价值比较后的贬值费，它包括当事人对汽车修复后的价值与发生事故前的价值跌落的心理评价，也就是说它并非是必然会产生的损失，也不属于直接存在或将来必然发生的损失。

笔者分析车辆贬损是否该赔，是个法律上需要定性探讨的焦点。目前主张车辆"贬值损失"存在两个障碍：一是没有明确的法律依据。我国新《道路交通安全法》没有"车辆贬值费"这个概念，更没有列出这一赔偿项目。2007年10月1日实施的《物权法》第36条规定："造成不动产或者动产毁损的，权利人可以请求修理、重作、更换或者恢复原状。"第37条规定："侵害物权，造成权利人损害的，权利人可以请求损害赔偿，也可以请求承担其他民事责任。"根据侵权的补偿原则，财产损害以实际发生为准，即损害多少补偿多少，一般以直接损失为限。而"贬值损失"属于人们在二手车交易过程中的心理评价，不属于直接损失。二是鉴定难，当前缺乏可操作的全国性的统一标准。因为车辆受损经过修复，其在市场上的价格如何，一方面取决于车辆自身的损失及修复情况，另一方面要受制于市场因素的影响，如一定时期内新车投放量的多少、居民可支配收入的变化、消费者的心理预期等，这些市场因素的多变性和不可控性使"贬值损失"的确定十分困难，也就是说它并非是必然会产生的损失，也不属于直接存在或将来必然发生的损失，本案中番禺区人民法院委托的鉴定机构——高迪公司，在其出具的鉴定报告中就认为以目前所掌握的资料，无法对维修后因此次交通事故造成的车辆贬值损失进行价格鉴证。

综上所述，车辆为普通物品，不管其是豪车还是普通车辆，其主要功能在于发挥汽车的使用价值，并无其他特殊价值，因此对该财产的损失判断应以使用价值为基本标准。本案被撞奔驰车受损零件已全部得到更换，可以满足正常行驶要求，原告钱其东要求对其价值贬损部分进行赔偿，缺乏详细的可操作的事实依据。退一步讲，在交通事故频发的今天，肇事方大都是一般的公民个人，普遍缺乏应有的赔偿能力，尤其像本案撞的豪车，如果肇事方在支付"天价"维修费外，还要支付高额贬损费的话，也会加大执行的难度。因此，笔者认为，对已获得机动车维修费用等财产损失赔偿的赔偿权利人，又主张机动车贬值损失赔偿的，一般不应支持。

(广州市番禺区人民法院　许锋)

63. 王军等诉安徽交通投资集团金寨高速公路管理有限责任公司等机动车交通事故责任案

（一）首部

1. 判决书字号

一审判决书：安徽省金寨县人民法院（2011）金民一初字第00032号。

二审判决书：安徽省六安市中级人民法院（2011）六民一终字第00514号。

2. 案由：机动车交通事故责任纠纷。

3. 诉讼双方

原告（被上诉人）：王军，男，1968年3月22日生，汉族，初中文化，职工，住安徽省六安市金安区。

原告（被上诉人）：栾仪扣，女，1977年3月13日生，汉族，初中文化，无业，住安徽省六安市金安区。

原告（被上诉人）：王玉成，男，1964年7月10日生，汉族，初中文化，驾驶员，住安徽省六安市裕安区。

上述三原告委托代理人：李忠诚、谢正红，安徽大别山律师事务所律师。

原告（被上诉人）：栾昌云，女，1963年4月20日生，汉族，初中文化，个体工商户，住安徽省六安市金安区。

原告（被上诉人）：杨开云，女，1964年8月8日生，汉族，初中文化，无业，住安徽省六安市金安区。

上述二原告委托代理人：赵敦福，安徽皋兴律师事务所律师。

原告（被上诉人）：朱兆华，女，1964年11月9日生，汉族，初中文化，无业，住安徽省六安市金安区。

委托代理人：涂福昌，安徽大别山律师事务所律师。

上述六原告一审委托代理人：房扬晟，安徽远宏律师事务所律师。

被告（上诉人）：安徽交通投资集团金寨高速公路管理有限责任公司（以下简称交投金寨公司），住所地：安徽省金寨县新城区纬九路。

法定代表人：张其云，该公司总经理。

一、二审委托代理人：汪长杰，安徽易尚律师事务所律师。

被告（被上诉人）：韩荣祥，男，1977年10月21日生，汉族，霍邱县人，初中文化，驾驶员，住安徽省霍邱县姚李镇。

被告（被上诉人）：六安市迅诚汽车运输服务有限公司（以下简称迅城公司）。

法定代表人：吴传荣，该公司总经理。
上述二被告一、二审委托代理人：王智勇，安徽远宏律师事务所律师。
被告（被上诉人）：中国平安财产保险股份有限公司六安中心支公司（以下简称平安财保六安公司），住所地：六安市皖西大道皋城大厦附楼。
法定代表人：唐扬彪，该公司总经理。
一、二审委托代理人：霍家宝，该公司职员。
4. 审级：二审。
5. 审判机关和审判组织
一审法院：安徽省金寨县人民法院。
合议庭组成人员：审判长：陶丛彬；审判员：郝诗亮、杜德龙。
二审法院：安徽省六安市中级人民法院。
合议庭组成人员：审判长：尚滨；审判员：何武；代理审判员：洪明。
6. 审结时间
一审审结时间：2011年4月25日。
二审审结时间：2011年10月18日。

（二）一审诉辩主张

王军、朱兆华、栾昌云、杨开云、栾仪扣、王玉成诉称：2010年5月29日20时45分，王军驾驶王玉成所有的皖NC1643号轿车，沿G42下行线由金寨至六安方向行驶，行至G42下行线602KM＋700M处时，发现高速公路路面上横着一截木头，王军紧急采取避让措施，导致车辆失控撞到高速护栏，造成王玉成车辆受损，王军及车上乘坐人朱兆华、栾昌云、杨开云、栾仪扣受伤。事发后王军等伤者被送往金寨县人民医院治疗。王军、朱兆华、栾昌云、杨开云分别构成不同等级伤残，王玉成车辆损失27 700元。现起诉要求交投金寨公司赔偿王军各项损失61 283.88元，后变更为74 292.12元；朱兆华82 522.50元，后变更为157 374.36元；栾昌云111 860.67元，后变更为127 219.56元；杨开云83 902.64元，后变更为107 014.60元；栾仪扣8 617.40元，王玉成27 700元。

交投金寨公司辩称：王军对事故的发生有过错，应承担责任。体现在其超载，且事故发生在下行线上，路面宽阔，其观察路面不力，采取措施不当，造成事故发生。同时事故的发生是由货车掉落的树木造成，应由第三方承担责任。原告方诉讼请求计算数额过高，不合理部分应予剔除。

被告韩荣祥、迅诚公司辩称：交警部门的材料不能证明树木是韩荣祥车上掉的，原告诉请数额依据的是新标准，但新标准还未实施；事故的发生王军有过错。韩荣祥、迅诚公司不应承担责任。

被告平安财保六安公司未予答辩。

（三）一审事实和证据

安徽省金寨县人民法院经公开审理查明：2010年5月29日20时45分，王军驾驶皖 NC1643 号小型轿车沿 G42 下行线由金寨至六安方向行驶，行至 G42 下行线 602KM＋700M 处时，车辆碾轧到遗落在高速公路路面上的一根木头，导致车辆失控，撞到 G42 下行线 602KM＋600M 处护栏，造成车辆、护栏及路面损坏，王军及车上乘坐人朱兆华、栾昌云、杨开云、栾仪扣受伤。王军于 2010 年 5 月 30 日入金寨县人民医院治疗，2010 年 6 月 28 日出院，花去医疗费 11 197.79 元；其伤情经六安正源司法鉴定所、安徽惠民司法鉴定所两次鉴定均为十级残。朱兆华于 2010 年 5 月 29 日入金寨县人民医院治疗，2010 年 6 月 18 日出院，建议休息 3 个月，2010 年 12 月 22 日入安徽医科大学第四附属医院治疗，2011 年 1 月 20 日出院，共花去医疗费 27 391.93 元；其伤情经六安正源司法鉴定所鉴定为颅脑损伤十级残，牙齿脱落十级残，面部条状瘢痕十级残，后经安徽惠民司法鉴定所重新鉴定为颅脑致精神障碍九级残，面部损伤十级残，口腔牙齿多枚脱落十级残。栾昌云于 2010 年 5 月 29 日入金寨县人民医院治疗，2010 年 6 月 16 日出院，花去医疗费 20 735.86 元，其伤情经两次鉴定均为九级残，二次手术费首次鉴定为 8 000 元左右，重新鉴定为 7 360 元。杨开云于 2010 年 5 月 29 日入院，2010 年 6 月 18 日出院，建议休息 3 月，花去医疗费 22 469.59 元，其伤情经两次鉴定均为左上肢功能丧失十级残，腰部功能丧失十级残，二次手术费首次鉴定为约 5 000 元，二次鉴定为 4 950 元。栾仪扣先后于 2010 年 5 月 30 日、2010 年 6 月 4 日在金寨县人民医院治疗，花去医疗费 350 元。

另查明：皖 NC1643 号轿车车主为王玉成。事故发生后，王军花去施救、停车费 775 元，王玉成为拖车、修理车辆花去拖车费 800 元、修理费 3 600 元。2010 年 5 月 29 日 17 时 20 分，驾驶员朱必锋驾车路经事故地点，发现高速公路上遗落有一根木头，马上电话告知斑竹园收费站，高速公路管理部门在发生本次交通事故前（20 时 45 分）没有清理路上的木头。

上述事实有下列证据证明：

王军等六原告提供如下证据：（1）交通事故证明，证明事故发生的原因是因高速公路上遗落有木头；（2）王军、朱兆华、栾昌云、杨开云、栾仪扣出院记录，证明五人治疗情况；（3）王军、朱兆华、栾昌云、杨开云伤残鉴定，证明王军构成十级残，朱兆华构成三处十级残，栾昌云构成九级残，杨开云构成两处十级残；（4）王军、朱兆华、栾昌云、杨开云、栾仪扣医疗费发票，证明王军医疗费 11 197.79 元，朱兆华医疗费 27 391.93 元，栾昌云医疗费 20 735.86 元，杨开云医疗费 22 469.99 元，栾仪扣医疗费 350 元；（5）住宿费发票 2 300 元；（6）王玉成修车费发票 27 700 元；（7）鉴定费发票，证明王军鉴定费 700 元，朱兆华鉴定费 750 元，栾昌云鉴定费 950 元，杨开云鉴定费 900 元；（8）交通费发票 4 300 元；（9）施救费 775 元；（10）王玉成行驶证及身份证复印件，证明王玉成具有驾驶资质。

交投金寨公司提供如下证据：金寨县交警队的调查材料，证明王军有过错，路上横木疑似韩荣祥车上掉落下来的。

韩荣祥、迅诚公司提供如下证据：（1）事故证明书，证明交警部门也不能认定树木是韩荣祥车上掉的；（2）交警部门对普养才的询问笔录，证明树木在车上捆得很紧，不可能掉下来；（3）交警部门对许征宇的询问笔录，证明天黑前路上没有树。

（四）一审判案理由

金寨县人民法院经审理认为：公民的身体权受法律保护。王军驾驶车辆在高速公路上行驶，碾轧到遗落在高速公路路面上的一根木头，导致车辆失控发生交通事故，作为高速公路的管理部门、交投金寨公司应承担疏于管理的责任。王军在高速公路上行驶时，对路面观察不力，遇紧急情况时采取措施不当，也应承担一定的责任。其责任比例应按交投金寨公司与王军8∶2的比例进行分担。交投金寨公司虽申请追加韩荣祥、迅诚公司（韩荣祥车辆的挂靠单位）、平安财保六安公司（韩荣祥车辆的投保单位）为本案被告，但经查实，并无证据证明高速公路上的树木是韩荣祥驾驶的车辆所掉落，故韩荣祥、迅诚公司、平安财保六安公司不应承担责任。

王军诉请的医药费11 197.79元、护理费2 400.91元（住院29天×82.79元）、伙食补助费580元（29天×20元）、残疾赔偿金31 576元（15 788元×20年×10％）、鉴定费700元、施救停车费775元符合规定及实际，予以支持；误工费计算时间过长，应计算住院即2010年5月30日至第一次评残前一天即2010年8月20日，计81天，每天82.79元，计6 705.99元；营养费应计算住院29天，每天20元，计580元；交通费结合其住院治疗及鉴定情况，宜支持300元；精神抚慰金宜定为5 200元；住宿费不符合法律规定，不予支持。王军费用合计60 015.69元。

朱兆华诉请的医疗费实为27 391.93元、护理费2 732.07元（住院33天×82.79元）、伙食补助费660元（33天×20元）、营养费660元（33天×20元）、交通费1 000元、残疾赔偿金91 570.4元（15 788元×20年×29％）、精神抚慰金13 000元、鉴定费750元、误工费19 599.9元（从住院日2010年5月29日计算至二次评残前一天即2011年1月19日，计237天，每天82.79元），合计157 364.33元，符合有关规定，予以支持。

栾昌云医疗费20 735.86、二次手术费7 360元、住院伙食补助费360元（住院18天×20元）、残疾赔偿金63 152元（15 788元×20年×20％）、精神抚慰金13 000元、鉴定费950元，符合法律规定及实际，予以支持。误工费计算天数过长，应计算83天（从住院日2010年5月29日至第一次评残前一天即2010年8月19日），每天82.79元，计6 871.57元；护理费应计算住院18天，每天82.79元，计1 490.22元；营养费应计算住院18天，每天20元，计360元；交通费要求过高，宜定为300元；住宿费不符合法律规定，不予支持。上述费用合计114 579.65元。

杨开云医疗费22 469.59元、二次手术费4 950元、护理费1 655.8元（住院20天×82.79元）、伙食补助费400元（20天×20元）、营养费400元、残疾赔偿金47 364元（15 788元×20年×15％）、鉴定费900元、精神抚慰金宜定为8 000元，误工费计算时间过长，应从住院日2010年5月29日计算至第一次评残前一天即2010年8月19日，计83天，每天82.79元，计6 871.57元；交通费要求过高，宜定为300元；住宿费不符合法律规定，不予支持。上述费用合计93 310.96元。

栾仪扣医疗费350元予以支持，因其未住院治疗，故两次门诊计算误工2天，每天

82.79元,计165.58元;交通费宜定为100元,其余费用不符合法律规定,不予支持。上述费用合计615.58元。

王玉成诉请的拖车费800元、修理费3 600元符合法律规定,予以支持。其余费用均为购货发票,从发票上并不能反映其购买何种配件,也不能证明系为修理车辆所花费用,故不予支持。

(五)一审定案结论

金寨县人民法院根据《中华人民共和国民法通则》第一百零六条二款、第一百一十九条、第一百三十一条,最高人民法院《关于确定民事侵权精神损害赔偿责任若干问题的解释》第一条第一款第(一)项、第十条,《中华人民共和国民事诉讼法》第一百三十条之规定,判决如下:

"一、被告安徽交通投资集团金寨高速公路管理有限责任公司赔偿原告王军医疗费11 197.79元、误工费6 705.99元、护理费2 400.91元、营养费580元、住院伙食补助费580元、残疾赔偿金31 576元、鉴定费700元、交通费300元、施救费775元,合计54 815.69元的80%即43 852.55元,赔偿精神抚慰金5 200元,合计49 052.55元。

赔偿朱兆华各项费用(不含精神抚慰金)144 364.33元的80%即115 491.46元,精神抚慰金13 000元,合计128 491.45元。

赔偿栾昌云各项费用(不含精神抚慰金)101 579.65元的80%即81 263.72元,精神抚慰金13 000元,合计94 263.72元。

赔偿杨开云各项费用(不含精神抚慰金)85 310.96元的80%即68 248.77元,精神抚慰金8 000元,合计76 248.77元。

赔偿栾仪扣各项费用615.58元的80%即492.46元。

赔偿王玉成财产损失计4 400元的80%即3 520元。

上述费用合计352 068.96元,于判决生效后30日内付清。

二、被告韩荣祥、六安市迅诚汽车运输服务有限公司、中国平安财产保险股份有限公司六安中心支公司不承担责任。

三、驳回原告王军、朱兆华、栾昌云、杨开云、栾仪扣、王玉成的其他诉讼请求。

案件受理费4 640元,王军负担200元,朱兆华负担250元,栾昌云负担200元,杨开云负担200元,栾仪扣负担30元,王玉成负担260元,合计1 140元;被告安徽交通投资集团金寨高速公路管理有限责任公司负担3 500元。"

(六)二审情况

1. 二审诉辩主张

交投金寨公司上诉称:(1)一审法院审理程序违法,被上诉人在一审审理过程中增加诉讼请求后没有在开庭前送达上诉人,上诉人开庭时提出异议,要求延期审理,给予答辩期间,一审法院没有同意,剥夺了上诉人的诉讼权利;上诉人在一审审理过程中申请追加事故路段的养护单位安徽新科交通投资集团建设有限公司为本案一审被告，被一审法院错误驳回。（2）本案事故车辆驾驶员王军存在四处过错行为，一审法院仅认定两处，判令其承担20%责任错误，至少应承担40%的责任。（3）一审其他五原告未系安全带也有过错，也应承担相应的责任。（4）上诉人在一审提供的证据有较大的或然性证明路上的木头是韩荣祥车上掉下的，韩荣祥才是真正的责任人。（5）一审法院判决应付各受害人的赔偿数额过高。故请求二审法院撤销原判，发回重审或依法改判。

王军、栾仪扣、王玉成共同口头答辩称：一审法院程序正确，符合法律规定，二答辩人不承担任何责任，上诉人应承担全部责任，一审判决数额不是过高，而是过低，答辩人综合考虑没有上诉。请求二审法院驳回上诉，维持原判。

朱兆华辩称：（1）本案程序合法；（2）王军在本案事故中没有过错，不应承担责任，应由上诉人承担赔偿责任；（3）上诉人称答辩人未系安全带没有证据支持，即使答辩人未系安全带也不应承担责任，因与事故没有因果关系；（4）一审判决对答辩人的赔偿数额合法合理。请求二审法院驳回上诉，维持原判。

栾昌云、杨开云答辩称：（1）本案的责任划分同意王军等人答辩意见；（2）上诉人认为答辩人未系安全带无证据证明，且与事故没有因果关系，事故是因车辆撞上路面上的树木发生的；（3）上诉人要求追加公路养护单位为被告，一审法院未予许可，并无不当。一审法院认定事实清楚，适用法律正确，请求驳回上诉。

韩荣祥辩称：（1）上诉人一审提供的证据不能证明树木是由韩荣祥车上掉下来的，一审判决韩荣祥不承担责任是正确的；（2）车辆购买了保险，如果法院认定韩荣祥承担责任也应由保险公司承担。

平安财保六安公司辩称：一审法院程序合法，认定事实清楚，适用法律得当，判决公司不承担责任是正确的，请求驳回上诉人的上诉请求。

2. 二审事实和证据

六安市中级人民法院经审理，确认一审法院认定的事实和证据。

3. 二审判案理由

六安市中级人民法院认为，王军驾驶的车辆碾压到遗落在高速公路路面上的树木是导致事故发生的直接原因，对高速公路负有管理职责的交投金寨公司没有提供安全的通行环境，尤其是在接到路面障碍物报警电话后长达三小时的时间内也未清理路面，交投金寨公司对涉案事故的发生具有不可推卸的责任，其对事故造成的损失应承担赔偿责任。原审法院综合考虑驾驶员王军在驾驶车辆过程中存在的不足，判决交投金寨公司承担80%的赔偿责任并无不当，故交投金寨公司关于王军及其驾驶车辆乘坐人应承担更大责任的上诉理由缺乏事实和法律依据，不能成立，不予支持。如前所述，交投金寨公司是本案责任主体，其将路面养护等事务对外发包与本案不具关联性，承包单位非本案必要共同被告，原审法院对交投金寨公司申请追加被告的要求未予准许并无不当；王军、朱兆华、栾昌云、杨开云在一审中曾变更诉讼请求，请求以新标准计算各赔偿项目的数额，朱兆华另在举证期限届满后增加部分医疗费，因赔偿标准属法律适用问题，且交投金寨公司在一审开庭时并未对朱兆华举证的医疗费原件提出异议，故交投金寨公司关于原审法院违反法定程序的上诉理由不能成立，不予支持。本案经一审、二审开庭审理，交投金寨公司均未能举证证明造成涉案事故的树木系韩荣祥车上散落，故其关于韩荣祥承担责任的上诉理由缺乏事实依据，不能成立，不予支持。交投金寨公司认为原审法院核定各受害人赔偿数额过高，但未分项列明，也未举证证实，故其上诉理由不能成立，不予支持，综上，原判认定事实清楚，适用法律正确，审判程序合法，应予维持。

4. 二审定案结论

六安市中级人民法院依照《中华人民共和国民事诉讼法》第一百五十三条第一款（一）项之规定，作出如下判决：

驳回上诉，维持原判。

二审案件受理费7 000元，由安徽交通集团金寨高速公路管理有限责任公司负担。

(七) 解说

本案是一起发生在高速公路上的特殊交通事故，其主要特点在于：（1）是一起单方事故，驾驶员为避让路面上的遗落物而发生事故，造成自己和乘坐人受伤，没有第三人；（2）责任主体特殊，是高速公路经营管理企业、路面遗落物的造成者和驾驶员本人；（3）适用法律特殊，既有合同法，又有侵权责任法。

本案涉及的法律问题主要有两点：一是各个责任主体应该怎样承担责任；二是承包了公路路面养护等事务的单位可否追加为共同被告一并审理。

第一点法律问题是各个责任主体的责任承担。首先，本案中交投金寨公司是高速公路的经营管理企业，对事故的发生有明显的责任。一般认为，高速公路使用者驾车领取高速公路通行券进入高速公路之后，即与高速公路经营管理企业形成了服务合同关系。对高速公路路面及其附属设施负有经常性、及时性、周期性和预防性的养护、维修和清扫义务，以确保车辆安全通行，这是高速公路经营企业应该承担的合同义务。《公路法》第35条规定："公路管理机构应当按照国务院交通主管部门规定的技术规范和操作规程对公路进行养护，保证公路经常处于良好的技术状态。"该法第66条规定："依照本法第五十九条规定受让收费权或者由国内外经济组织投资建成经营的公路的养护工作，由各该公路经营企业负责。各该公路经营企业在经营期间应当按照国务院交通主管部门规定的技术规范和操作规程做好对公路的养护工作。在受让收费权的期限届满，或者经营期限届满时，公路应当处于良好的技术状态。"可见，此段高速公路的养护主体为高速公路经营管理企业，清除公路上的杂物，是公路养护日常保洁的一个重要工作内容。根据合同法的规定，当事人应当按照约定全面履行自己的义务。当事人一方不履行合同义务或者履行合同义务不符合约定的，应当承担继续履行、采取补救措施或者赔偿损失等违约责任。本案中，王军于高速公路收费入口处取得公路车辆通行券，与高速公路经营管理企业形成合同关系，高速公路经营管理企业作为合同一方当事人，负有保证王军高速、安全行驶的义务。高速公路经营管理企业在接到其他驾驶员的报案后长达三个小时的时间内未能及时清除路面上的木头，没有尽到该项安全保障义务，导致王军等人在高速公路行驶过程中遭遇障碍物，发生交通事故，高速公路经营管理企业应该对王军等人因此受到的损害承担赔偿责任。

其次，路面遗落物的造成者是直接的侵权责任主体，应承担法律上规定的过错责任。《侵权责任法》第89条规定："在公共道路上堆放、倾倒、遗撒妨碍通行的物品造成他人损害的，有关单位或者个人应当承担侵权责任。"在本案中，如果有充分证据证明路面上的树木是被告韩荣祥车上遗撒的，则韩荣祥方必须承担过错责任，负担王军等人的赔偿义务。然而事故路段无监控设备显示遗落树木的造成者是谁，也没有目击证人证实。被告交投金寨公司提供的证据达不到高度的盖然性，在民事证据的认定上不可只凭推测臆造。故本案中没有判定韩荣祥等承担过错责任。王军等人在无法确定遗落物造成者的情况下要求高速公路管理经营企业承担责任是符合法律规定的。

最后，驾驶员王军在主观方面有一定过错，故也应该承担一部分责任。其作为驾驶员在高速公路上行驶时，对路面观察不力，遇紧急情况时采取措施不当；毕竟此前已有驾驶员避开此遗落物，故其也应承担一定的责任，原判行使自由裁量权作出了使其承担20%的责任划分较为适宜。

至于第二点法律问题，即承包了公路路面养护等事务的单位可否追加为共同被告，回答是否定的。交投金寨公司申请追加的安徽新科交通建设有限责任公司虽是事实上的公路养护单位，但该养护单位与交投金寨公司二者之间是一种承包合同关系，是交投金寨公司将自己应该承担的养护职责发包给安徽新科交通建设有限责任公司，该发包行为与本案不具关联性。同时根据最高人民法院《关于适用〈中华人民共和国民事诉讼法〉若干问题的解释》第57条之规定，承包单位安徽新科交通建设有限责任公司并非本案必要共同被告，法院裁定驳回交投金寨公司的追加申请是适当的。当然，交投金寨公司在赔偿王军等原告后可依其与养护单位的相关合同约定向该单位主张权利。

（安徽省金寨县人民法院　郝诗亮）

64. 冯修全诉成都市龙泉驿区第一人民医院产品质量损害赔偿案

（一）首部

1. 判决书字号：四川省成都市龙泉驿区人民法院（2009）龙泉民初字第1803号。
2. 案由：产品质量损害赔偿纠纷。
3. 诉讼双方

原告：冯修全，男，1957年4月25日出生，汉族，住四川省简阳市贾家镇。

委托代理人：牟小辉，四川法之识律师事务所律师。

被告：成都市龙泉驿区第一人民医院，住所地：成都市龙泉驿区鸥鹏大道417号。
法定代表人：刘忠，院长。
委托代理人：刘莉，四川英济律师事务所律师。
4. 审级：一审。
5. 审判机关和审判组织
审判机关：四川省成都市龙泉驿区人民法院。
合议庭组成人员：审判长：伏诗祥；审判员：陈萍；人民陪审员：郭钊铭。
6. 审结时间：2011年5月18日（经本院批准依法延长审限）。

(二) 诉辩主张

1. 原告诉称

2008年1月1日，原告因伤到被告处住院治疗，1月3日，被告对原告行右胫骨骨折切开复位钢板内固定加植术，2月1日出院，出院病情恢复较好。2008年7月，原告突然感觉右腿疼痛，到简阳市第二人民医院检查，才知被告用于内固定的金属接骨板断裂了，后原告到被告处理该病情，被告知仅能用石膏外固定的方法处理，但病情一直不见好转。不得已，原告于2009年3月14日到四川华西医院医治，诊断结果为，骨折线清晰，远折端向前成角，右胫骨内固定金属接骨板下份断裂。原告现已不能再次手术而只能截肢，经鉴定为七级伤残。造成这种后果的原因是被告使用的金属接骨板存在缺陷，对此被告应依有关法律规定对其造成的损害后果对原告承担赔偿责任。因此，诉请判令被告赔偿原告残疾赔偿金35 696元，误工费、护理费各23 435.4元，被扶养人生活费24 582.4元，生活自助具费32 000元，精神抚慰金29 005.6元，鉴定费730元，医疗费42 534.2元（含再次手术的费用约40 000元），住院伙食补助费900元，共计188 883.6元。

2. 被告辩称

被告并无过错，不应对原告的损害后果承担侵权责任。被告为原告使用的金属接骨板是合格产品，具备相应的合法手续，无质量问题，在植入前也对原告进行了详尽的告知。钢板作为一种骨科内固定器械，出现断裂的原因有多种，除了钢板自身确实可能存在的质量缺陷以外，通常还包括患者伤情过重、骨折在长时间内不能愈合导致钢板应力疲劳、患者不当地过早负重等，均可导致钢板断裂。原告未举证证明被告为原告所安装的金属接骨板存在质量问题，希望能对金属接骨板进行质量鉴定。况且，原告年龄偏大，损伤时间较长，这些都是造成原告现在这种后果的原因。请求驳回原告的诉讼主张。

(三) 事实和证据

成都市龙泉驿区人民法院经公开审理查明：2007年9月11日，原告到被告处住院治疗，入院诊断为右胫腓骨骨折术后。入院后被告予去除外固定器材，跟骨持续牵引。

原告于9月24日在被告对其实施石膏托外固定后自行要求出院。2008年1月1日，原告再次到被告处入院治疗，被院诊断为右胫骨陈旧性粉碎性骨折伴不连。被告于1月3日对原告施行了右胫骨陈旧性骨折切开复位金属接骨板内固定＋植骨术。经治疗后原告于2月1日出院，出院时，X片示骨折对位对线较好。出院医嘱及建议：门诊治疗、随访，休息3月；出院后1月、2月、半年、1年分别来院复查X片；1年后骨折愈合后再次手术取金属接骨板。在当次手术中，被告为原告植入苏州市兴达医械制造有限公司生产的型号为YSQ16（胫骨近端外侧）的金属接骨板，规格为右9孔。原告出院后于2008年3月6日，7月10日、28日，11月11日作X片检查。其中，前两次检查意见为右胫骨断端对位对线尚可，右胫腓骨断端处金属接骨板未见断裂，螺钉未见松动、脱落。而后两次的检查意见为右胫骨金属接骨板中下1/3处可见断裂，右腓骨金属接骨板未见异常。2009年3月14日，原告到四川大学华西医院行DR检查，其意见为右胫骨中上段及腓骨中段骨折线清晰，对位可，远折端向前成角，右胫骨内固定金属接骨板下份断裂。此外原告还到简阳市第二人民医院门诊治疗。原告在三家医院共支付检查及治疗费522.20元。原告因金属接骨板断裂产生的医疗费为462.20元（金属接骨板断裂后所产生）。案件受理后，本院根据原告的申请委托四川求实司法鉴定所对原告致残等级进行鉴定，该所根据《劳动能力鉴定 职工工伤与职业病致残等级》标准（GB/T16180—2006）分级原则，5.1七级"大部分缺损或畸形，有轻度功能障碍或并发症，存在一定医疗依赖，无护理依赖"之规定，鉴定原告冯修全右小腿所受损伤的致残等级为七级。原告为此支付检查及鉴定费730元。原告冯修全为农村居民户口，其父冯家善（1933年5月14日生）、其母朱素芳（1939年10月18日生）也均为农村居民。冯家善、朱素芳生育一子三女均健在。

上述事实有下列证据证明：

(1) 原告在被告处两次的住院病历，X射线会诊报告单，四川大学华西医院放射科检查报告单，四川省医疗卫生单位统一门诊票据，证明原告的诊疗过程及金属接骨板断裂的事实。

(2) 四川求实司法鉴定所司法鉴定意见书及鉴定费票据，证明原告的伤残等级及鉴定费用。

(3) 原告的户口记录，证明原告系农村居民。

(四) 判案理由

成都市龙泉驿区人民法院根据上述事实和证据认为：本案作为产品质量损害赔偿纠纷，属于特殊类型的侵权纠纷。双方当事人争议的焦点在于：（1）被告为原告植入的金属接骨板是否存在缺陷；（2）产品缺陷与原告的损害之间是否有因果关系。

关于第一个争议焦点，根据《产品质量法》第四十六条的规定，判断产品是否存在缺陷，一是看产品是否存在危及人身、他人财产安全的不合理的危险；二是看产品是否符合有关保障人体健康和人身、财产安全的国家标准、行业标准。就本案而言，金属接骨板的设计用途是用于支持骨接合。在金属接骨板的正常使用期限内，使用者期望金属接骨板不发生断裂的情形，是对产品安全性的合理期待。被告在为原告植入金属接骨板后，该金属接骨板在正常使用期限内却出现了断裂，虽然金属接骨板断裂的原因有多种，但被告并未举证证明断裂的原因是因原告自身使用不当所造成，因而应当认定金属接骨板存在不合理的危险。被告一医院虽然提供了生产者的相关产品质量认证文件，但认证文件属于企业产品质量体系的认证，并不能证明具体产品的质量符合相关标准。被告虽提出对金属接骨板进行质量鉴定，但因不具备鉴定条件，并且即使产品符合相关质量标准，也并不必然得出无缺陷的结论。因此，本院认定被告一医院为原告植入的金属接骨板存在缺陷。

关于第二个争议焦点，由于医疗使用的产品技术含量高，在受害人证明因果关系时应当适用因果关系推定理论，即受害人只要证明使用了某产品后发生某种损害，且这种缺陷产品有造成损害的可能，即可推定因果关系成立。原告骨折虽与被告无关，但原告在被告处第二次住院时，被告为原告植入了金属接骨板，原告证明了使用金属接骨板后发生了损害并致伤残七级，可以推定因果关系成立。被告未能提供证据推翻该推定，因此，本院认定金属接骨板的缺陷与原告的伤残之间存在因果关系。

在产品质量诉讼中，因产品存在缺陷造成他人人身、财产损害的，受害人可以向产品的生产者要求赔偿，也可以向产品的销售者要求赔偿。产品销售者在无过错的情况下，仍有义务替代生产者先行承担赔偿责任。一医院在对被告实施手术过程中，使用他人生产的医疗器械的行为，属于销售行为，一医院作为销售者有义务替代生产者先行承担赔偿责任。《产品质量法》第四十四条规定，因产品存在缺陷造成受害人人身伤害的，侵害人应当赔偿医疗费、治疗期间的护理费、因误工减少的收入等费用；造成残疾的，还应当支付残疾者生活自助具费、生活补助费、残疾赔偿金以及由其扶养的人所必需的生活费等费用；造成受害人死亡的，并应当支付丧葬费、死亡赔偿金以及由死者生前扶养的人所必需的生活费等费用。依据该规定，被告一医院因使用有缺陷的金属接骨板，造成原告因金属接骨板断裂形成七级伤残，一医院应赔偿原告的合理损失，包括医疗费、残疾赔偿金、误工费、被扶养人生活费、鉴定费等费用。经审核原告提供的证据，本院确认原告因金属接骨板断裂产生的医疗费为462.20元（金属接骨板断裂后所产生），残疾赔偿金32 968元，误工费计算从被告确定金属接骨板断裂之日计算至鉴定原告伤残等级前一日，即从2008年7月28至2010年2月8日，原告主张23 435.4元，符合有关法律的规定，本院予以确认。因原告父母生育有四个子女，因而其四个子女对父母均有赡养的义务，被告应赔偿原告的被扶养人生活费的期限为15年，金额为4 692元。原告进行伤残等级鉴定，是因为被告提供有缺陷金属接骨板断裂所致，因而原告支出的检查及鉴定费730元为其合理损失，被告也应予以赔偿。对原告主张的精神损害抚慰金，由于被告的过错行为造成原告的伤残后果，对原告造成一定的精神损害后果，原告请求被告赔偿精神损害抚慰金符合法律规定，但原告主张的金额偏高，对其过高部分本院不予支持，本院酌定精神抚慰金为3 000元。对原告主张后续治疗产生的医疗费、住院伙食补助费，因此事实并未发生，且已作伤残等级鉴定，故本案不予支持。原告所主张的护理费、生活自助具费事实依据不足，本院不予支持。故对原告的诉讼主张，本院仅作部分支持。

（五）定案结论

成都市龙泉驿区人民法院《中华人民共和国产品质量法》第二十六条、第四十三条、第四十四条、第四十六条，《中华人民共和国民事诉讼法》第一百二十八条的规定，作出如下判决：

1. 被告成都市龙泉驿区第一人民医院在本判决生效后 3 日内赔偿原告冯修全产品责任赔偿款（含医疗费、残疾赔偿金、误工费、被扶养人生活费、鉴定费）62 287.60 元。

2. 被告成都市龙泉驿区第一人民医院在本判决生效后 3 日内给付原告冯修全精神损害抚慰金 3 000 元。

3. 驳回原告冯修全的其他诉讼请求。

（六）解说

1. 产品缺陷的认定

产品责任是指因产品存在缺陷造成他人损害所应承担的侵权责任。产品缺陷是产品责任成立构成要件之一。《产品质量法》第 46 条规定："本法所称缺陷，是指产品存在危及人身、他人财产安全的不合理的危险；产品有保障人体健康和人身、财产安全的国家标准、行业标准的，是指不符合该标准。"正因为这条规定，有观点认为产品只要符合国家标准，就不存在产品缺陷了。这种理解显然与该法条的立法本意不符，也与现实生活中的情形相违背。对于产品缺陷的认定，国家、行业标准只是国家就某类产品设定的最低标准，如果产品存在国家标准难以预见的不合理危险并给消费者造成损害，即使其"符合"国家、行业标准，生产者也不能免除其损害赔偿责任。换句话说，产品"符合"国家、行业标准，只是免除了产品生产者的行政责任，但并不免除生产者的民事责任——侵权责任。

判断产品在符合国家、行为标准的情形下是否存在缺陷应适用不合理危险标准。应当从以下几个因素考虑：（1）产品是否具备生产者制造产品的预期用途；（2）产品是否具有一个善良之人在正常情况下对其购买的产品安全性的合理期望；（3）如产品的各项性能与指标都符合相关强制性标准时，也不能就此认定产品不具不合理危险。我们需根据个案的具体情况认定产品是否具有"不合理之危险"，从而认定产品是否存在缺陷。

在本案中，金属接骨板的设计用途是用于支持骨接合。在金属接骨板的正常使用期限内，使用者期望金属接骨板不发生断裂情形，是对产品安全性的合理期待。现原告使用的金属接骨板在患者体内发生断裂，应当认定产品可能存在缺陷。被告未能对产品符合国家标准、原告在使用中存在过错及免责事由尽到举证责任，故本案认定断裂的金属接骨板为缺陷产品。

2. 医院作为医疗器械的提供者、安装者是否应当承担《产品质量法》规定的销售者责任

医院使用医疗器械是其为患者提供医疗服务所不可或缺的,医院因使用产品而间接受益。这与产品销售者直接因产品买卖而获利并无不同。医院的治疗方案应当保证医疗器械设计功能和正常使用。这与产品销售者应当承担保持销售产品质量的义务是一致的。选择何种医疗器械主要取决于医院,患者的选择权非常有限。医院在选择医疗器械时应当承担与产品销售者同样的进货检查验收义务。此外,由于医院使用的医疗器械的生产者、供货商的资料只有医院掌握,当患者无法知悉医疗器械的生产者、供货商时,如果不允许患者向医院要求赔偿,患者将因无法知悉医疗器械的生产者、供货商而无法获得赔偿。因此,医院应当承担《产品质量法》规定的产品销售者的责任。因此,医院在无过错的情况下,仍有义务替代生产者先行承担责任。

(四川省成都市龙泉驿区人民法院　陈萍　伏诗祥)

65. 原告李红与被告新疆维吾尔自治区人民医院医疗损害赔偿案

(一) 首部

1. 判决书字号:新疆维吾尔自治区乌鲁木齐市天山区人民法院(2011)天民一初字第390号。
2. 案由:医疗损害赔偿纠纷。
3. 诉讼双方

原告:李红,女,1956年1月16日出生,汉族,乌鲁木齐市中医院后勤部会计,住乌鲁木齐市建国路。

委托代理人:方志福,新疆西域律师事务所律师。

被告:新疆维吾尔自治区人民医院,住所地:乌鲁木齐市天池路91号。机构代码:45760179-7。

法定代表人:王发省,新疆维吾尔自治区人民医院院长。

委托代理人:吴换换,新疆诚和诚律师事务所律师。

4. 审级:一审。
5. 审判机关和审判组织

审判机关:新疆维吾尔自治区乌鲁木齐市天山区人民法院。

合议庭组成人员:审判长:吴向红;审判员:帕孜来提;人民陪审员:陈爱萍。

6. 审结时间：2011年12月8日。

(二) 诉辩主张

1. 原告李红诉称

2010年4月份，我在擦地板时扭伤了右膝关节，于6月7日住进被告自治区人民医院骨二科。6月17日上午，做了关节镜下右膝关节探查、修整＋半月板修整＋前叉韧带皱缩术手术。6月21日按医生要求出院。7月1日我在自治区人民医院骨二科拆线后发现右膝肿胀明显，疼痛异常，整条右腿都略显肿胀。因此，于7月9日第二次住进被告自治区人民医院骨二科。第二次入院后进行了多项检查，排除了其他原因，查明我右腿、右膝肿胀的唯一原因是被告骨二科的关节镜手术不成功。确诊后对我进行了多项康复治疗，连续治疗3周，但效果不好，除右腿肿胀有好转，右膝关节肿胀、疼痛如初。8月初医生劝我出院，回家自行恢复锻炼，并说待手术满三个月后，看是否能康复，不行就做第二次手术。我于8月9日出院。出院后按照医嘱，坚持每天做康复锻炼，但还是没有效果。9月17日手术满三个月，我找被告骨二科副主任王志刚反映病情，王志刚说第二次手术不能保证效果，也不同意我转院治疗，我找院领导也未能解决问题。故诉至人民法院，请求判令：(1)被告支付住院医疗费10 125.85元、住院期间伙食补助费1 175元、陪护费3 609元、交通费740元、残疾赔偿金27 288元、精神损害抚慰金10 000元、药费1 439元、磁共振检查费400元、医疗过错行为鉴定费3 500元，共计58 276.85元；(2)被告承担后续医疗费(含后续治疗费、交通费、住宿费、陪护费、住院伙食补助费等)30 000元；(3)被告承担本案诉讼费。

2. 被告新疆维吾尔自治区人民医院辩称

我院为原告治疗的行为不存在过错，不应当承担责任。我院在对原告实施手术前已经将手术的风险告知了原告，原告在被告知手术存在风险的情况下接受手术，对于手术失败的后果应当自己承担。同时我院的行为没有侵害原告的知情权和选择权。我院严格按照相关操作规程进行，尽到了医院的义务和职责，不存在过错，我院的医疗服务行为与原告的损害结果之间没有因果关系，我院不应当承担赔偿责任。请求驳回原告的诉讼请求。

(三) 事实和证据

新疆维吾尔自治区乌鲁木齐市天山区人民法院经审理查明：2010年6月7日，原告以"活动时扭伤致右膝关节疼痛，活动受限2月"为主诉在被告自治区人民医院就诊，该医院门诊以"右膝关节损伤"收住入院。该院住院病案中"专科检查"部分记载："右膝关节未见明显肿胀，无皮下淤血，膝关节内外侧软组织压痛明显，过伸过屈受限。"该院于2010年6月8日确诊原告李红患有右膝关节损伤：(1)前交叉韧带损伤；(2)内侧半月板前后角损伤。2010年6月13日，自治区人民医院形成为原告李红实施"右膝关节关节镜下探查＋关节腔清理"的手术方案。同日，原告李红在《手术知情同意书》上签名。该《手术知情同意书》记载："拟定手术医师：王志刚、张元豫。"2010年6月17日，该医院骨二科医师穆哈买提为原告李红实施了"关节镜下右膝关节探查、修整＋半月板修整＋前叉韧带皱缩术"。术后，该院给予常规抗炎、补液、对症治疗、切口处按时换药处理。2010年6月21日，李红治愈出院，出院时李红切口处未见异常，未见红肿及渗出等不适。出院时医嘱：（1）全休一月；（2）逐渐功能锻炼，避免剧烈活动及负重；（3）手术后按时换药处理，切口处14天后拆线；（4）我科随访。原告此次住院治疗14天（2010年6月7日—2010年6月21日），支出住院医疗费12 234.21元，其中原告个人支付5 085.65元，统筹支付7 148.56元。2010年7月9日，原告又以"右膝关节镜术后一月，疼痛肿胀一周"为主诉二次在自治区人民医院就诊，该医院门诊以"右膝关节镜术后"收住入院。该院住院病案中"骨科检查"部分记载："右膝关节镜手术疤痕，肿胀明显，无皮下淤血，膝关节内外侧软组织间隙深压痛明显，过伸过屈受限。"该院"出院记录中"记载："患者入院后，完善相关检查，回示检查结果未见明显异常，患者右下肢肿胀较前好转，右膝关节肿胀未明显减退，给予理疗及口服消肿，活血化瘀药物治疗。出院时情况，患者神智清、精神可，饮食，睡眠正常，大小便正常，一般情况可，无特殊不适主诉。查体：患者现右下肢膝关节处可见两处手术瘢痕，膝关节髌骨外侧可见稍肿胀，患者现右下肢膝关节处较对侧肿胀，理疗效果不理想，根据患者病情考虑，请示上级医师后，嘱患者可出院康复，并告知患者，表示理解后，近期报出院。"出院时医嘱：（1）全休一月；（2）适当功能锻炼，避免剧烈活动及运动。（3）我科随访。原告此次住院31天（2010年7月9日—2010年8月9日），支出住院医疗费16 495.50元，其中个人自付5 040.20元，统筹支付11 455.30元。2010年9月12日，原告在乌鲁木齐医药大厦购买追风活血膏5盒（单价79元/盒），支出395元。2010年12月13日，原告在中国人民解放军兰州军区乌鲁木齐总医院进行右侧膝关节磁共振平扫检查，支出放射费400元。2011年1月13日，原告在济康大药房购买滑膜炎片3盒（单价348元/盒），支出1 044元。2010年12月15日，原告李红委托新疆金剑司法鉴定所对自治区人民医院的医疗过错行为、原告李红的伤残等级进行鉴定，2011年1月7日，新疆金剑司法鉴定所作出（2011）临鉴字第0654号司法鉴定意见书，鉴定意见：（1）新疆维吾尔自治区人民医院在手术中变更手术医师应有义务告知患者。目前被鉴定人李红右膝关节肿胀、关节腔积液增多、关节间隙变窄、活动受限与新疆维吾尔自治区人民医院医疗行为有因果关系，新疆维吾尔自治区人民医院2010年6月7日至2010年6月21日期间对被鉴定人李红的诊疗存在过错。（2）被鉴定人李红右膝关节损伤：前交叉韧带损伤，内侧半月板前、后角损伤，经新疆维吾尔自治区人民医院2010年6月17日对其行关节镜下右膝关节探查、修整＋半月板修整＋前叉韧带皱缩术后。目前被鉴定人李红右膝关节伤情加重，活动受限的损伤已构成X（十）级伤残。为此，原告支出鉴定费3 500元。

另查明，原告住院期间由其丈夫方志福护理。方志福系新疆西域律师事务所律师。其按2009年度自治区在岗职工平均工资25 748元主张护理期间的误工费（25 748元/年÷12个月÷22天＝97.53元×37天＝3 609元），被告对其计算标准无异议。

上述事实有下列证据证明：

1. 新疆维吾尔自治区人民医院门诊病历；
2. 住院病案；
3. 出院诊断证明书；
4. 住院费用结算统一票据；
5. 住院病人每日清单；
6. 中国人民解放军兰州军区乌鲁木齐总医院磁共振诊断报告单；
7. 中国人民解放军医疗单位专用收费票据；
8. 司法鉴定意见书；
9. 鉴定费票据；
10. 交通费票据；
11. 当事人陈述。

（四）判案理由

新疆维吾尔自治区乌鲁木齐市天山区人民法院认为：《中华人民共和国侵权责任法》第五十五条规定："医务人员在诊疗过程中应当向患者说明病情和医疗措施。需要实施手术、特殊检查、特殊治疗的，医务人员应当及时向患者说明医疗风险、替代医疗方案等情况，并取得其书面同意；不宜向患者说明的，应当向患者的近亲属说明，并取得其书面同意。医务人员未尽到前款义务，造成患者损害的，医疗机构应当承担赔偿责任。"本案中，被告根据原告病情制定了实施"右膝关节关节镜下探查＋关节腔清理"的医疗措施后，原告李红出于对被告自治区人民医院的骨二科副主任王志刚的信任才选择了手术治疗，被告亦在手术知情同意书中告知李红：拟定手术医生：王志刚、张元豫。但实际手术实施者并非由王志刚来完成，自治区人民医院未将更换主刀大夫的信息告知原告，侵犯了原告的知情权。根据新疆金剑司法鉴定所司法鉴定意见书，目前李红右膝关节肿胀、关节腔积液增多、关节间隙变窄、活动受限与自治区医院医疗行为有因果关系，该医院2010年6月7日至6月21日期间对李红的诊疗存在过错，故被告自治区人民医院应对原告李红承担赔偿责任。原告主张住院医疗费10 125.85元（第一次住院费个人自付部分5 085.65元＋第二次住院费个人自付部分5 040.20元）及住院伙食补助费1 125元（45天×25元），本院予以支持。原告主张的右膝关节磁共振检查费400元以及购买药品追风活血膏和滑膜炎片的费用1 439元，因此次事件产生，被告自治区人民医院应当赔偿。原告李红在治疗过程中产生的交通费，属于因此次事件产生的合理部分的损失，但其主张数额较高，本院酌定为交通费400元。鉴定费3 500元将在诉讼费中处理。原告李红现已构成Ⅹ（十）级伤残，按照自治区统计局公布的2010年度城镇居民人均可支配收入为基数计算20年残疾赔偿金的诉讼请求合理，本院予以支持，数额应为27 288元（13 644元×10％×20年）。此次自治区人民医院诊疗行为造成原告李红右膝关节肿胀、活动受限，使其也因此遭受精神损害，本院酌定被告应向原告李红支付1 000元精神损害抚慰金。原告李红住院治疗期间生活不能自理，本院根据其年龄、健康状况确定其护理期限为37天，被告应当支付原告此期间的护理费。原告此期间由其丈夫方志福护理。方志福系新疆西域律师事务所律师。其按2009年度自治区在岗职工平均工资25 748元主张护理期间的误工费3 609元（25748元/年÷12个月÷22天＝97.53元×37天＝3 609元），符合法律规定，本院予以支持。原告主张的后续治疗费30 000元尚未发生，待实际发生后另行起诉，本案不作处理。

（五）定案结论

新疆维吾尔自治区乌鲁木齐市天山区人民法院依照《中华人民共和国民法通则》第一百零六条、最高人民法院《关于审理人身损害赔偿案件适用法律若干问题的解释》第十八条、第十九条、第二十一条、第二十二条、第二十三条、第二十五条，最高人民法院《关于确定民事侵权精神损害赔偿责任若干问题的解释》第八条第二款之规定，判决如下：

"一、被告新疆维吾尔自治区人民医院赔偿原告李红医疗费10 125.85元（5 085.65元＋5 040.20元）；

二、被告新疆维吾尔自治区人民医院赔偿原告李红住院伙食补助费1 125元（45天×25元）；

三、被告新疆维吾尔自治区人民医院赔偿原告李红残疾赔偿金27 288元（13 644元×10％×20年）；

四、被告新疆维吾尔自治区人民医院赔偿原告李红核磁共振检查费400元；

五、被告新疆维吾尔自治区人民医院赔偿原告李红药费1 439元；

六、被告新疆维吾尔自治区人民医院赔偿原告李红护理费3 609元（25 748元/年÷12个月÷22天＝97.53元×37天＝3 609元）；

七、被告新疆维吾尔自治区人民医院赔偿原告李红交通费400元；

八、被告新疆维吾尔自治区人民医院赔偿原告李红精神损害抚慰金1 000元。

本案请求标的88 276.85元，核定给付金额45 386.85元，给付金额占请求标的51.41％，应收案件受理费2 006.92元（原告李红已预交），由原告李红负担48.59％即975.16元，由被告自治区人民医院负担51.41％即1 031.76元。鉴定费3 500元，由原告李红负担48.59％即1 700.65元，由被告自治区人民医院负担51.41％即1 799.35元。邮寄送达费20元（原告李红已预交），由被告自治区人民医院负担。"

（六）解说

本案系医院侵犯患者的"知情同意权"引发的医患纠纷。所谓患者的知情同意权，是指临床上具备独立判断能力的患者，在非强制状态下充分接受和理解各种与其所患疾病相关的医疗信息，在此基础上对医疗人员制定的诊疗计划自行决定取舍的一种权利。因此医疗人员在对患者进行手术等医疗行为时，首先要针对病情向患者提出医疗处置方案，就其有关风险和其他可以考虑的措施等作出详细的说明，并在此基础上取得患者的同意。本案中，被告自治区人民医院根据原告李红的病情制定了实施"右膝关节关节镜下探查+关节腔清理"的医疗措施后,亦在手术知情同意书中告知李红:拟定手术医生:王志刚、张元豫。原告李红出于对被告自治区人民医院骨二科副主任王志刚的信任选择了手术治疗,但实际手术实施者并非由王志刚来完成,被告自治区人民医院未将更换主刀大夫的信息告知原告李红,侵犯了原告李红的知情权。根据新疆金剑司法鉴定所的鉴定意见,目前李红右膝关节肿胀、关节腔积液增多、关节间隙变窄、活动受限与自治区医院医疗行为有因果关系,该医院2010年6月7日至6月21日期间对李红的诊疗存在过错,故被告自治区人民医院应对原告李红承担赔偿责任。因此法院的处理是正确的。

(新疆维吾尔自治区乌鲁木齐市天山区人民法院 吴向红)

66. 原告佟照坤、史勇进与被告葫芦岛市妇婴医院、葫芦岛市中心医院医疗损害赔偿案

(一) 首部

1. 判决书字号:辽宁省葫芦岛市连山区人民法院(2011)连民一初字00487号。
2. 案由:医疗损害赔偿。
3. 诉讼双方

原告:佟照坤,女,1982年10月22日出生,汉族,移动公司职员,现住葫芦岛市龙港区。

原告史勇进,男,2009年11月6日出生,汉族,现住葫芦岛市龙港区。

法定代理人:佟照坤,女,系原告史勇进母亲。

委托代理人:史强,男,1982年1月27日出生,汉族,部队干部,现住葫芦岛市龙港区。

委托代理人:宋宇,系辽宁一鸣律师事务所律师。

被告:葫芦岛市妇婴医院。住所地:葫芦岛市龙港区龙警街1号。

法定代表人:孙宝杰,系该院院长。

委托代理人:佟月明,系辽宁兴连律师事务所律师。

被告:葫芦岛市中心医院。住所地:葫芦岛市连山大街15号。

法定代表人:刘志伟,系该院院长。

委托代理人:胡卫国,系北京汉卓律师事务所葫芦岛分所律师。

委托代理人:曹瑞,女,1986年10月30日出生,汉族,系该院职员,现住葫芦岛市连山区。

4. 审级：一审。
5. 审判机关和审判组织
审判机关：辽宁省葫芦岛市连山区人民法院。
代理审判员：宋岩。
6. 审结时间：2011年10月25日。

(二) 诉辩主张

1. 原告诉称
我于2009年2月经检查怀孕，2009年4月24日到葫芦岛市妇婴医院做B型超声检查，告知胎儿状况良好。为确保孩子的健康及安全生育，我又于2009年9月2日到葫芦岛市中心医院做了三维彩色多普勒超声检查，并在2009年11月3日到葫芦岛市妇婴医院做B型超声检查，多次检查结果均告知我的胎儿为正常健康胎儿。2009年11月6日我在市中心医院妇二科住院，经剖腹产一男婴史勇进，孩子出生后发现左手手指不全、右耳缺失。孩子的残疾给我造成了巨大的精神痛苦，孩子的这种缺陷在产前检查中完全可以先行发现，但由于二被告在检查中不负责任，导致发生此事故，经与二被告协商未果，无奈诉至法院要求二被告共同赔偿我精神损失费40 000元、误工费10 000元及后续医治残疾孩子的治疗费50 000元。
2. 被告葫芦岛市妇婴医院辩称
(1) 原告在我院所做超声检查均为常规产前超声检查，且为黑白B超检查，常规超声检查包括胎儿脊柱、腹部脏器等，史勇进所出现畸形不属于常规超声检查范围，我院所做的检查项目均与当时胎儿孕因相符。(2) 原告在我院所做检查时间也恰恰错过了胎儿畸形的检查发现最好时期。(3) 史勇进在胎儿期的骨骼畸形由于黑白B超技术所限很难检出与辨认；耳畸形也是。实际上由于宫内胎儿超声检查受到胎儿位、头部位置、胎儿握拳、羊水多少等因素影响，常规产前超声检查很难对所有胎儿畸形检测出来。综上所述，原告所述情况出现，无论是从诊疗规范还是现有技术，我院在对史勇进身体残疾未检出上没有过错，不应当承担赔偿责任。
3. 被告葫芦岛市中心医院辩称
原告佟照坤于2009年11月6日在我院妇二科因妊娠分娩住院，经剖腹产一男婴，男婴患有先天性右外耳郭不全，左手指不全等。该孕妇曾于2009年9月2日在我院行三维彩色多普勒超声检查，提示"晚期妊娠，单胎，活胎、头位"，以上事实存在。按照卫生部《产前诊断技术管理办法》和《超声产前诊断技术规范》及辽宁省产科超声检查技术指南（试行）的规定，我院目前所做的是常规产科超声检查，具体操作步骤按医院超声检查的诊疗常规进行。并且卫生部《超声产前诊断技术规范》规定：常规产科超声检查要求对六种胎儿畸形是必须检出的，分别是无脑儿，严重的脑膨出，严重的开放性脊柱裂，严重胸及腹壁缺损内脏外翻，单心室，致死性软骨性发育不全。该胎儿无上述畸形存在。常规产科超声筛查孕妇胎儿是否有畸形或缺陷，最佳时期在妊娠16周～

24周进行，因为此孕期羊水多，胎儿活动度大，易于显示病变；28周以后，因羊水少，胎儿大且活动度小，体位等原因，四肢等部位显示不清或不易显示。但无论孕周大小，超声对双耳、手指均不易显示或显示不清，因此，卫生部相关规定和超声诊疗常规均没有要求对手、耳进行常规检查，常规超声产科检查对四肢的要求仅检查到股骨及肱骨（即检查到大腿和上臂）。原告2009年9月2日在我院做产科彩超时胎儿为33～34孕周（约妊娠8个月），这次检查已错过耳、四肢等检查的最佳时期，部分肢体显示不清，因此，对手指、耳郭缺陷不能查出。此外，我院的超声报告中已明确提示告知"产前超声检查不能鉴别所有的产前畸形"。综上所述，我院医生在为原告做产科超声检查时，遵守相关的法律法规、部门规章制度和诊疗常规，已经尽到应尽的义务。患者出现的损害结果与我院的医疗行为不存在因果关系，我院不应该承担任何责任，应依法判决驳回原告的诉讼请求。

（三）事实和证据

经审理查明，原告佟照坤于2009年3月22日在葫芦岛市妇婴医院检查，经诊断为宫内早孕。而后于2009年4月24日、10月24日、11月3日分别在该医院进行了B型超声检查。于2009年9月2日在葫芦岛市中心医院进行了三维彩色多普勒超声检查，并于2009年11月6日在葫芦岛市中心医院剖腹产一男婴史勇进，婴儿出生后，发现右外耳郭不全，左手指不全。现史勇进的残疾人生给原告佟照坤的精神造成了较大痛苦，故原告起诉要求二被告赔偿其精神损失等各项经济损失100 000元。

上述事实有下列证据证明：

原、被告的当庭陈述，原告提交的葫芦岛市妇婴医院门诊病历、B型超声检查报告单，葫芦岛市中心医院的门诊病历、住院病案、三维彩色多普勒超声报告单；被告提交的《产前诊断技术管理办法》。

（四）判案理由

葫芦岛市连山区人民法院根据上述事实和证据认为：原告产前检查的目的就是优生优育，两处医疗机构即二被告之一葫芦岛市妇婴医院多次采用B超，而另一被告葫芦岛市中心医院在原告佟照坤产前8周左右采用三维多普勒超声波检查后均未能充分尽到检查义务而作出错误的判断，导致原告佟照坤残疾儿史勇进（左手残疾、右耳缺失）的出生，尽管医方对残疾儿史勇进本身没有过错，但对残疾儿史勇进的出生存在重大过错，即孩子史勇进的诞生和二被告给原告出示的检查结果有着密不可分的关系。故原告的健康生育选择权被二被告侵犯，这一侵权行为直接导致了残疾儿史勇进的出生，给原告佟照坤的生活及婴儿将来的生活造成了严重的侵害。残疾儿史勇进的出生与二被告的医疗过错行为存在明显的、直接的因果关系，故二被告应当对原告的损害进行赔偿。

(五) 定案结论

葫芦岛市连山区人民法院依照《中华人民共和国侵权责任法》第五十四条、第五十五条、第五十七条之规定，作出如下判决：

"一、被告葫芦岛市妇婴医院赔偿二原告精神损害抚慰金 10 000 元，被告葫芦岛市中心医院赔偿二原告精神损害抚慰金 30 000 元。

二、驳回二原告的其他诉讼请求。"

(六) 解说

孕育一个健康的孩子是每一个家庭的共同愿望，胎儿发育过程中可能出现各种各样的缺陷，在孕期通过产前检查、产前诊断等医学方法，可以检查出发育缺陷的胎儿，对严重缺陷的胎儿及时终止妊娠，实现优生优育。为此众多夫妇非常重视 B 超等产前检查以及筛查，甚至在孕期多次进行检查。在接受检查时，如果医务人员不能检测或检测不准确，或者对于检查的范围项目应当向孕妇明确告知而未告知，这是法律对专业技术人员的一项最基本的法定义务要求，以便孕妇有权选择更好的医院和更好的检查方法。目前可供选择的检查方法有很多，包括 B 型超声波、多普勒超声波、三维、四维超声波图像、磁共振等。孕妇依法到医疗机构进行围产保健，就是要在诊断明确的前提下对胎儿情况进行全面了解。孕妇也只有在产前对胎儿已明确诊断情况下才享有健康生育选择权。而本案中原告产前检查就是为了优生优育，两处医疗机构即二被告之一葫芦岛市妇婴医院多次采用 B 超，而另一被告葫芦岛市中心医院在原告佟照坤产前 8 周左右采用三维多普勒超声波检查后均未能充分尽到检查义务而作出错误的判断，导致了原告佟照坤残疾儿史勇进（左手残疾、右耳缺失）的出生，尽管医方对残疾儿史勇进本身没有过错，但对残疾儿史勇进的出生存在重大过错，即孩子史勇进的诞生和二被告给原告出示的检查结果有着密不可分的关系。故原告的健康生育选择权被二被告侵犯，这一侵权行为直接导致了残疾儿史勇进的出生，给原告佟照坤的生活及婴儿将来的生活造成了严重的侵害。残疾儿史勇进的出生与二被告的医疗过错行为存在明显的、直接的因果关系，故二被告应当对原告的损害进行赔偿。因二被告采用的医疗手段不同，故承担的过错责任也不同。另本案中原告佟照坤要求二被告赔偿史勇进的治疗费用和原告佟照坤的误工费用，本院不予支持。

(辽宁省葫芦岛市连山区人民法院　宋岩)

五、婚姻家庭继承纠纷案例

67. 王丽梅诉李焓返还原物案

(一) 首部

1. 判决书字号：黑龙江省依安县人民法院（2011）依民初字第501号。
2. 案由：返还原物纠纷。
3. 诉讼双方

原告：王丽梅。

委托代理人：田东阳。

被告：李焓。

委托代理人：孙剑斌。

4. 审级：一审。
5. 审判机关和审判组织

审判机关：黑龙江省依安县人民法院。

合议庭组成人员：审判长：徐冬华；审判员：王伟明；代理审判员：韩凤波。

6. 审结时间：2011年8月1日。

(二) 诉辩主张

1. 原告诉称

原、被告是恋爱关系，2010年10月6日，原告出资在齐齐哈尔市别克专卖店购买一辆别克凯越轿车，价款为98 000元，加上落户、保险、附加费等各项共计13万余元。此车现在被告控制使用之下，原告出资购买车辆，原告是车辆的合法所有人，对所购车辆享有合法权益，故要求判令被告返还原告所购买的别克轿车一辆，价值人民币13万元。

原告为证明主张事实的成立，向本院出示了如下证据：

(1) 机动车登记表，用以证实争议车辆登记人是王丽梅。

(2) 纳税申请表、纳税单各一张，用以证实纳税人是王丽梅，纳税款是6 375元。

(3) 照片两张，用以证实原、被告系同居关系，被告打伤原告，双方才解除同居关系。
(4) 证人王立春出庭作证，用以证实原、被告同居期间，原告多次向证人借款的事实。

2. 被告辩称

原告的诉讼请求不成立，应该驳回。原、被告系同居关系，2010年10月6日，被告出资98 000元购买别克凯越轿车一辆，之后又支付了保险费、落户费等合计114 000元。车辆所有权虽登记在原告名下，但被告是该车的实际所有人，原告想要车，必须补偿被告114 000元。

被告为证明主张事实的成立，向本院出示了如下证据：

(1) 王丽梅的账本原件，用以证实向王立春还款2万元的事实。
(2) 证人李志远、朱颂出庭作证，用以证实李焓在李志远处借款2万元用来还给王立春的事实。
(3) 光碟一张，用以证实李焓还给王立春妻子26 000元的事实。
(4) 邮局转账明细、购车原始发票、完税单、保险单，用以证实李焓是原始车辆出资人。
(5) 企业法人营业执照、4S店证明，用以证实购车款是由李焓支付的。

(三) 事实和证据

黑龙江省依安县人民法院经公开审理查明：原告王丽梅与被告李焓于2010年农历正月十七开始同居生活。2010年10月5日，王丽梅的哥哥王立春通过中国邮政储蓄银行有限责任公司齐齐哈尔市龙华路支行向李焓账户汇款8万元，李焓通过自己的账户转到齐齐哈尔骏通汽车销售服务有限公司法人张汝彬账户88 000元，后李焓又交现金1万元，于2010年10月6日在齐齐哈尔骏通汽车销售服务有限公司购买别克轿车一辆，价值98 000元，因购车款中有8万元是向原告哥哥借款，故该车户名登记在王丽梅名下，牌照号为黑B90H60，购买车辆后一直由被告李焓占有、使用。后被告李焓分次向王立春及其妻子还款共计66 000元。2011年4月，王丽梅与李焓解除了同居关系。

上述事实有下列证据证明：

1. 机动车登记表，证明车辆登记人是原告，对此证据予以确认。
2. 纳税申请表、纳税单各一张，证明纳税人是王丽梅，对此证据予以确认。
3. 证人王立春证言，证明王丽梅买车借款，证人往李焓卡上汇了8万元。对此证据予以确认。
4. 王丽梅的记账本，证明向王立春还款2万元的事实，对此证据予以确认。
5. 证人李志远、朱颂证言，证明被告在李志远处借款2万元用来还给王立春的事实。对此证据予以确认。
6. 光碟一张，证明被告向王立春妻子还款26 000元的事实。对此证据予以确认。
7. 邮局转账明细、购车原始发票、完税单、保险单，证明李焓是车辆出资人。对此证据予以确认。
8. 企业法人营业执照、4S店证明，证明购车款是由李焓支付的。对此证据予以确认。

(四) 判案理由

黑龙江省依安县人民法院经审理认为：根据道路交通安全法及机动车登记管理办法的规定，机动车登记的目的是便于行政管理及车辆管理。据此，机动车登记不具有物权法上的公示公信力，登记车主并非物权法上的车辆所有人，如果主张权利人有证据证明由其实际出资，则权属应当归属于实际出资人。本案中李焓提供的证据能够充分证实车辆实际出资人为李焓，还款亦由李焓向债权人还款，且该车一直由李焓使用，故李焓应为车辆的实际所有权人，王丽梅只是车辆登记名义人；王丽梅主张该车辆为其所有，但未能提供充分的证据证实车辆由其出资，故对其要求被告李焓返还车辆的主张不予支持。

(五) 定案结论

黑龙江省依安县人民法院依照《中华人民共和国民法通则》第七十一条、第七十五条，《中华人民共和国物权法》第三十二条、第三十三条、第三十四条的规定，作出如下判决：

驳回原告王丽梅关于要求被告李焓返还别克牌小型轿车（牌照号黑B90H60）一辆的诉讼请求。

案件受理费2 900元，由原告王丽梅负担。

(六) 解说

购买车辆使用他人姓名登记，因产权出现争议，车辆所有权人以机动车登记名字为准，还是以实际出资人为准确定产权？

1. 实践中，车辆作为特殊的动产，有不少人往往陷入一个误区，认为登记人就是车辆的所有人，在处理一些案件时往往会机械地操作，造成案件不能公正处理，作出不正确的判决。其实，机动车登记与民法上的物权公示方法的登记，不是同一法律概念。民法物权登记实行登记人与所有人相统一的制度，而机动车登记实行登记所有人和实际所有人相分离的制度。2001年10月1日实施的《机动车登记办法》、《机动车登记工作规范》仅规定，行驶证作为车辆在道路行驶的法定证件，并不涉及车辆所有权的具体归属问题。2000年6月5日，公安部交通管理局在给最高人民法院《关于确定机动车所有权人问题》的复函（公交管[2000]98号）中，明确规定："根据现行机动车登记法规和有关规定，公安机关办理的机动车登记，是准予或者不准予上道路行驶的登记，不是机动车所有权的登记。为了交通管理工作的需要，公安机关车辆管理所在办理车辆牌证时，凭购车发票或者人民法院判决、裁定、调解的法律文书等机动车来历凭证，确认机动车的车主。因此，公安机关登记的车主，不宜作为判别机动车所有权的依据。"本案购车发票一直由李焓保管，车辆也一直由李焓使用，因此李焓应是车辆的所有人。原告提交的《机动车登记证》及其他证据，仅仅是准予争议车辆在道路上行驶的法定证件而已，并不是原告享有所有权的凭证。

2. 登记人与实际出资人不一致时，所有权的认定问题。最高人民法院早在 2000 年 11 月 21 日对上海市高级人民法院《关于执行案件车辆登记单位与实际出资人不一致应如何处理的请示》答复［（1999）321 号］中，已有明确规定："……第三人出具的购买该三辆车的财务凭证、银行账册明细表、缴纳养路费和税费的凭证，证明第三人为实际出资人，独自对该三辆机动车享有占有、使用、收益和处分权。因此，对本案的三辆机动车不应确定登记名义人为车主，而应当依据公平、等价有偿原则，确定归第三人所有……"上海高院报请的案例大致内容是，申请人申请被执行人即车辆登记人，并对车辆查封。后第三人即实际出资人提出异议，认为自己是所有人，并提供了购车相关凭证。因存在争议，故报请最高人民法院批复。批复和案例，不再详述。本案中，虽不涉及执行，但是可以参照上述答复意见。李焓是购买争议车辆的实际出资人，由于借款等原因将车辆登记在王丽梅名下，王丽梅仅仅是登记人。根据上述批复，虽然是针对个案请示作出的，但实际上也对以后的类似案件提供了法律依据。故参照上述最高人民法院司法解释的批复精神、公安部公交管［2000］98 号复函、《机动车登记办法》、《机动车登记工作规范》之规定，通过足够的证据能证明李焓是出资人的情况下，应当认定争议车辆的所有人是李焓。

本案处理重点主要在于争议车辆由谁出资，登记车主并非物权法上的车辆所有人，如果主张权利人有证据证明由其实际出资，则权属应当归属于实际出资人。通过以上论述可知，本案中李焓提供的证据能够充分证实车辆实际出资人为李焓，还款亦由李焓向债权人还款，且该车一直由李焓使用，故李焓应为车辆的实际所有权人，王丽梅只是车辆登记名义人；王丽梅主张该车辆为其所有，但未能提供充分的证据证实车辆由其出资，故对其要求被告李焓返还车辆的主张不予支持。故一审作出驳回原告王丽梅诉讼请求的判决。

综上所述，借他人名义买车，车辆应属实际出资人所有。

在现实生活当中，有很多人不注意对自己权利的维护或出于逃避某种义务，在购买车辆后登记他人姓名，在出现争议时却不能有充分的证据证明自己为出资人，而陷入对自己不利的境地。因此，虽然说借他人名义买车，登记他人姓名，车辆属于出资人，但是在购车时，还是以登记本人姓名为宜，以防止有不法分子乘虚而入，出现争议时不能维护自身权利的结果发生。

（黑龙江省依安县人民法院　陈岩　徐冬华）

68. 张文义诉侯娟离婚案

（一）首部

1. 判决书字号

一审判决书：上海市卢湾区人民法院（2009）卢民一（民）初字第 2138 号。

二审判决书：上海市第一中级人民法院（2011）沪一中民一（民）终字第155号。
2. 案由：离婚。
3. 诉讼双方

原告（被上诉人）：张文义，男，1957年12月29日生，汉族，香港居民，暂住上海市。

委托代理人：孙佩学，上海中建中汇律师事务所律师。

委托代理人：陆鸣，上海中建中汇律师事务所律师。

被告（上诉人）：侯娟，女，1982年7月10日生，汉族，户籍地：河南省固始县，暂住上海市。

4. 审级：二审。
5. 审判机关和审判组织

一审法院：上海市卢湾区人民法院。

合议庭组成人员：审判长：沈晓峰；代理审判员：方遴；人民陪审员：张允惕。

二审法院：上海市第一中级人民法院。

合议庭组成人员：审判长：李平；审判员：王芝兰；代理审判员：封赟城。

6. 审结时间

一审审结时间：2010年11月24日

二审审结时间：2011年1月18日

（二）一审诉辩主张

1. 原告张文义诉称

原、被告在2004年5、6月份在上海自行相识，2007年4月3日在河南登记结婚。婚后，双方并未生育子女。因双方的年龄、文化背景、社会地位差距较大，婚前并无牢固的感情基础，导致婚后双方因经济问题及个人问题经常争吵，被告在获得原告给予的200万元礼金后，仍以各种名义向原告索取财物，经常无理取闹，打骂甚至威胁原告。原告不堪忍受，先后于2007年10月及2008年10月两次起诉至卢湾区人民法院要求与被告离婚。虽然法院两次均判决不准离婚，但自2007年10月起双方分居至今已有三年，期间双方没有任何往来，也没有任何电话或书信联系，夫妻感情确已破裂，现再次起诉要求与被告离婚。

2. 被告侯娟辩称

原告所述并非属实，双方从恋爱到结婚有良好的感情基础，婚后感情也较好，并不存在被告打骂或威胁原告的情况。原告结婚半年后于2007年10月无故离家出走，并先后两次起诉至法院要求离婚，但法院均判决双方不准离婚，说明夫妻感情并未破裂，仍有和好的可能。期间，被告试图以多种方式联系原告，但原告更换手机号码，回避被告，导致双方无法正常往来。原、被告虽然自2007年10月起分居至今，但这并非被告的本意，鉴于双方已有多年的感情基础，被告希望能与原告和好，将婚姻维持下去，故不同意离婚。若法院判决离婚，则要求原告继续履行双方于婚前签订的《财产约定协议书》，并要求原告解决其居住问题。

(三) 一审事实和证据

卢湾区人民法院经公开审理查明：原、被告于2004年5、6月份在上海自行相识恋爱，2007年4月3日在河南登记结婚。原告系再婚，被告系初婚，婚后双方并未生育子女。原、被告婚后主要居住在上海市威宁路8弄5号。2007年10月，双方因故产生矛盾，发生争吵。原告自2007年10月起离开双方共同居住的房屋，双方分居至今。原告先后于2007年10月26日和2008年10月27日起诉至本院要求与被告离婚，本院两次均判决不准原、被告离婚。现原告再次以夫妻感情破裂为由诉至本院，要求与被告离婚。

在审理过程中，原告表示双方在婚后并未添置任何财产，无共同债权、债务；双方婚后共同居住的上海市威宁路8弄5号房屋的产权归原告所有，系原告婚前购买；上海市鲁班路388弄1号1103室房屋的产权人为被告，系被告的个人财产。被告表示原告曾在香港买过几百万的基金，但无法提供确切的情况和相应的证据；对上海市威宁路8弄5号房屋的产权归属并无异议，但认为在婚姻关系存续期间其仍有权居住该房屋；上海市鲁班路388弄1号1103室房屋虽归其所有，但目前因债务已办理了抵押。

在庭审中，被告表示双方曾于2007年3月28日签订了一份《财产约定协议书》，且由一名律师出具了见证意见书。该协议书第1款约定："甲方张文义自愿将自己所有的婚前财产人民币2 500万元赠与乙方侯娟。张文义承诺以婚后每年年底支付人民币100万元的方式支付给乙方侯娟，直至2 500万元付清。如果期间婚姻发生变故，自离婚之日起甲方不再支付乙方剩余款项……"第2款约定："甲方张文义自愿于婚后一个月内赠与乙方侯娟结婚礼金人民币200万元……"对此，被告表示，原告张文义仅按照协议书的第2款内容向其给付了结婚礼金人民币200万元，但对于第1款从未履行过。原告对该份协议书的真实性无异议，但认为协议书约定的金额远远高于正常婚姻中发生的财产关系的合理数额，被告基于婚姻骗取原告的财产，原告已经给付被告人民币200万元，故不同意继续履行该份协议书。

上述事实有下列证据证明：

(1) 结婚证，证明原、被告之间存在婚姻关系。

(2) 上海市房地产登记簿房产信息，证明原、被告各自名下的房产情况，被告有能力自行解决居住问题。

(3) 律师函，证明原告起诉离婚之后被告强行居住威宁路8弄5号，原告聘请律师向被告发出律师函，双方为此矛盾激化。

(4) 财产约定协议书及律师见证意见书，证明原、被告曾签订婚前财产协议，约定原告自愿将婚前财产2 500万元在婚后每年赠与被告100万元，且原告在婚后一个月内赠与被告礼金200万元。上述协议经一名律师见证。

(5) (2007) 卢民一 (民) 初字第2910号民事判决书、(2008) 卢民一 (民) 初字第2957号民事判决书，证明原告曾两次起诉要求与被告离婚，夫妻感情已经破裂。

（四）一审判案理由

上海市卢湾区人民法院根据上述事实和证据认为：本案有两个争议焦点，一是原、被告双方的夫妻感情是否破裂，二是原、被告于婚前签订的财产协议是否应当继续履行。

从原、被告双方的感情来看，虽然双方自行相识恋爱，婚前也有一定的感情基础，但双方在年龄等方面差异较大，结婚半年后即因种种原因发生矛盾、产生摩擦，导致双方婚后共同生活的时间较短，而分居时间已达三年。原告在提起本次离婚诉讼之前已两次起诉至本院要求与被告离婚，法院从促使双方积极改善夫妻感情的角度出发，均未准许双方离婚。期间，被告虽多次试图联系原告以维系感情，但因原告更换联系方式予以回避，导致夫妻感情不仅至今无法得到任何改善，反而更趋恶化，夫妻感情确已破裂，故原告要求离婚的诉讼请求，本院依法予以支持。

鉴于双方当事人在庭审中均表示婚后无共同财产或共同债权债务，因而婚前签订的财产协议如何履行成为双方分割财产方面最大的分歧。从协议书的内容及双方当事人在三次诉讼中的庭审陈述来看，该份协议书的约定并非原告基于当时自身的既有财产所作的权利处分，而是原告基于其对自身未来收入的预期而对被告所作的赠与承诺。该份协议书签署于双方结婚之前，原告确实按约向被告给付了礼金人民币200万元，因婚后半年双方感情发生变故，原告不愿意继续履行该协议。综合分析该份协议书的内容及形式，根据合同法关于赠与合同的相关规定，本案并不存在原告不得撤销赠与的法定情形，故被告要求原告继续履行协议书的请求不予支持。至于被告要求原告为其解决居住问题的请求，根据原告的举证及被告在法庭上的自认，被告为上海市鲁班路388弄1号1103室房屋的产权人，并不存在居住困难的问题，故本院不予支持。

（五）一审定案结论

上海市卢湾区人民法院依照《中华人民共和国婚姻法》第三十二条、《中华人民共和国合同法》第一百八十六条、最高人民法院《关于民事诉讼证据的若干规定》第二条之规定，作出如下判决：

准予张文义与侯娟离婚。

（六）二审情况

1. 二审诉辩主张

一审判决后，被告侯娟不服，提起上诉称，张文义与侯娟婚前签订的《财产约定协议书》，明确载明张文义自愿将其所有的婚前财产人民币2500万元赠与侯娟，张文义曾支付过礼金人民币200万元，之后未再履行协议书中约定的承诺，张文义严重违背夫妻之间平等、忠诚、守信的基本婚姻原则，欺骗其感情，现要求张文义履行《财产约定协议书》并解决其居住问题。

被上诉人张文义辩称，双方婚姻基础差，婚前侯娟在获取其给予的礼金人民币200万元后仍经常向其索取财物，双方感情已经破裂，其不再愿意支付侯娟任何钱款，要求维持原判。

2. 二审事实和证据

上海市第一中级人民法院经审理查明，原审判决认定的事实属实，本院予以确认。

3. 二审判案理由

上海市第一中级人民法院认为，张文义与侯娟于2007年4月3日登记结婚，同年10月双方发生争吵后即分居至今，之后张文义数次提起离婚诉讼，在法院两次判决不准离婚后，双方夫妻关系并未好转，故原审法院认定张文义与侯娟夫妻感情已经破裂，依法判决准予双方离婚正确。

我国法律规定，赠与人在赠与财产的权利转移之前可以撤销赠与。张文义与侯娟在婚前曾签订《财产约定协议书》，协议中张文义曾承诺赠与侯娟人民币2500万元，但张文义实际支付侯娟人民币200万元，现双方感情破裂，张文义表示不再愿意赠与侯娟钱款，该行为并不违反法律规定。根据本案查明的事实，侯娟在本市鲁班路有产权房，侯娟可以自行解决居住。

综上，原审法院依据事实和法律对本案所作判决正确，侯娟的上诉请求，因缺乏理由和依据，本院不予支持。

4. 二审定案结论

上海市第一中级人民法院依照《中华人民共和国民事诉讼法》第一百五十三条第一款第（一）项之规定，作出如下判决：

驳回上诉，维持原判。

（七）解说

如何认定原、被告婚前所签财产协议的效力？原告是否有权撤销尚未履行的条款？被告是否有权主张协议继续履行？这是本案的审理焦点和难点。

1. 婚前财产协议是否有效

本案中，原告认为，婚前财产协议的签署违反婚姻以感情为基础的根本宗旨，有违公序良俗，且约定2500万元的金额远远超出了普通婚姻家庭正常花费的金额，故不认可协议的效力。被告则认为，原告自愿在婚前与其签订财产协议，同意在婚后每年支付人民币100万元，支付25年，直至2500万元付清，这是原告真实意思的表示，目的是对其婚姻的一种保障，因而协议是有效的。判断该份婚前财产协议是否有效的关键在于：其一，协议的签署是否出于双方当事人的真实意思表示；其二，协议是否具有《中华人民共和国合同法》关于无效合同规定的几类情形，比如以欺诈、胁迫手段订立合同损害国家利益；或恶意串通，损害国家、集体或者第三人利益；或损害社会公共利益；或违反法律、行政法规的强制性规定等。本案中，双方于婚前对财产的归属问题达成了一致意见，并将该意思表示以书面协议的形式固定下来，双方均签名，同时还邀请了一位律师作为见证人，由此可认定，该份协议是双方真实意思的表示。至于原告认为"协议约定的金额过高，违背了婚姻宗旨和公序良俗"，审查协议内容，其中并不涉及国家、集体或者第三人的利益，也不违反法律、行政法规的强制性规定。原告婚前自愿将高额财产赠与被告，现双方感情破裂，原告却以约定金额过高、协议违反公序良俗为由否定协议的效力，理由并不充分。

2. 婚前财产协议的性质如何认定

认定婚前财产协议的性质是判断协议是否必须继续履行的前提。从财产协议的内容来看，其第 1 款约定："甲方张文义自愿将自己所有的婚前财产人民币 2 500 万元赠与乙方侯娟。张文义承诺以婚后每年年底支付人民币 100 万元的方式支付给乙方侯娟，直至 2 500 万元付清。如果期间婚姻发生变故，自离婚之日起甲方不再支付乙方剩余款项……"协议中处处可见"赠与"的字眼，这足以表示原告赠与被告财产的真实意思表示，由此可认定该协议本质上是一份财产赠与协议，而并非真正意义上的约定财产制。根据《中华人民共和国婚姻法》（简称《婚姻法》）第 19 条第 1 款关于夫妻约定财产制的规定，夫妻双方约定的财产为婚姻关系存续期间所得的财产及婚前财产，换言之，夫妻双方对财产的约定就是处分财产的一种表现方式，而处分的财产必须是既有的财产及可预期的财产，对于不能预期的或实际并不存在的财产则不得约定。本案中，甲方（原告）婚前是否确实拥有 2 500 万元或者将有 2 500 万元的财产预期，双方在庭审中均未明确表示。从这一点来判断，双方婚前财产协议并不符合婚姻法约定财产制的基本要件。

3. 婚前财产协议是否必须继续履行

本案中，双方对财产协议的履行约定了期限和条件，比如：甲方将婚前财产 2 500 万元赠与乙方，但甲方以每年 100 万元的方式予以支付，直至 25 年付清或者双方离婚之日起不再支付。可见，判断财产协议是否继续履行的根本在于，该协议是否存在可撤销或可终止履行的情况。经过分析和认定，该婚前财产协议是一份有效的财产赠与协议，可适用《合同法》第 186 条有关赠与合同的规定，"赠与人在赠与财产的权利转移之前可以撤销赠与。具有救灾、扶贫等社会公益、道德义务性质的赠与合同或者经过公证的赠与合同，不适用前款规定"。该规定赋予财产赠与人撤销赠与的权利，同时对撤销权的行使规定了适用条件，即必须在实际转移财产之前行使撤销权；并对撤销权的行使作了一定的限制，即具有救灾、扶贫等社会公益、道德义务性质的赠与合同或者经过公证的赠与合同。就本案而言，原告在实际转移财产之前不愿再继续履行赠与协议，符合该条款撤销赠与的规定；该协议虽然经过律师见证，但并未经过公证，同时也并不存在原告不得撤销赠与的其他法定情形，故被告要求原告继续履行协议的请求，不予支持。

(上海市卢湾区人民法院　方遴)

69. 高秀芬诉骆文斌离婚案

(一) 首部

1. 判决书字号
北京市朝阳区人民法院（2010）朝民初字第17508号。
2. 案由：离婚纠纷。
3. 诉讼双方
原告：高秀芬，女，1979年1月5日出生，汉族，北京搜狐信息技术有限公司职员，住北京市朝阳区。
委托代理人：张荆，北京市凯亚律师事务所律师。
被告：骆文斌，男，1976年3月23日出生，汉族，远洋地产有限公司职员，住北京市朝阳区。
4. 审级：一审。
5. 审判机关和审判组织
审判机关：北京市朝阳区人民法院。
代理审判员：赵一平。
6. 审结时间：2010年7月13日。

(二) 一审诉辩主张

1. 原告高秀芬诉称
我与被告于2002相识，2004年12月结婚，2006年我们购买了房产。2006年年底，被告到沈阳工作，2009年5月回到北京。其后，被告将其母亲和侄子接到北京。被告的母亲和我关系很差，我和被告也因为他母亲的问题吵过几次。我想要孩子，被告也以我与他母亲关系差为由，拒绝要孩子。2008年6月，我父亲查出肺癌，至2010年3月去世，被告只给了5万元医药费，我父亲的葬礼他也没有去。综上，我与被告的夫妻感情已经彻底破裂，故我诉请法院判令：（1）解除我与被告的婚姻关系；（2）依法分割夫妻共同财产。

2. 被告骆文斌辩称
我同意离婚，夫妻财产同意依法分割。另外，我与原告于2008年借给原告的父亲5万元，属于共同债权。我还欠我姐姐供我读书的费用20万元（高中到研究生一共10年，每年2万元），还欠我母亲和我姐姐其他债务合计75 000元。我在2010年4月21日和2010年4月27日归还了我母亲借款28万元。另外，原告在婚后也有收入，估计原告有资产净值22万元，我也要求一并分割。

(三) 事实和证据

北京市朝阳区人民法院经公开审理查明：2004年12月28日，原告与被告结婚，婚后未生育子女。2006年11月，被告以其名义购买了位于北京市朝阳区京棉新城A3区T1T2楼及配套公建21层T12101室房屋（以下简称涉案房屋），并就该房屋向中国工商银行股份有限公司北京方庄支行申请了贷款。庭审中，原、被告均认可涉案房屋现值为190万元，贷款余额为34万元。自2007年起，被告所在单位远洋地产控股有限公司分年度向被告授予股票期权，一审法庭辩论终结之时，被授股票期权可行权数量为2万股，行权股价为5.66元（港元）。被告提供其在2010年5月28日打印的宏源证券股份有限公司的资产账户资金合并对账单（人民币），其上显示被告的股票、资金总资产额为183 193.66元，原告当庭表示认可。2010年4月21日及2010年4月27日，被告分别从其所有的账户中转出资金5万元和23万元，本院当庭询问被告上述款项的去向，被告称还给其母亲了，是之前向其母亲借的。截至一审法庭辩论时，被告名下账户中的资金余额为20 717.45元。原、被告均认可在原告父亲于2008年病重时送去治疗费5万元，原告称该款项为赠与，被告称系原告父亲向他们的借款，但均未就其所述提供相关证据。

上述事实有下列证据证明：
(1) 结婚证。
(2)《商品房预售合同》。
(3) 员工收入明细单。
(4) 资金合并对账单。
(5) 招商银行账户交易明细。
(6) 当事人当庭陈述。

(四) 判案理由

北京市朝阳区人民法院根据上述事实和证据认为：公民有结婚、离婚之自由。现原告提出离婚，被告当庭予以同意，本院对此不持异议。原、被告的共同财产有涉案房屋、被告持有的股票期权中可行权的部分、被告在宏源证券股份有限公司开立账号对应的总资产以及其他账户中的存款，对于以上财产，本院依法予以分割。对于被告于2010年4月21日和4月27日转出的资金共计28万元，因上述款项系于原告提起离婚诉讼后转出，且被告并未就其所称的借款关系向本院提供证据，故本院对此笔款项，亦按双方的共同财产予以分割。关于被告所称尚欠其姐姐读书费用20万元，欠其母亲及姐姐7.5万元，亦因未向本院提供相应证据，本院对此不予采信。关于原、被告于2008年给付原告父亲的治疗费5万元，在原、被告均未就此款性质提出证据的情况下，本院不能认定为赠与，但因该债权涉及案外人，故本院认为应另行处理为宜。对于原、被告所欠共同债务34万元，本院亦依法予以分割。

（五）定案结论

北京市朝阳区人民法院根据依照《中华人民共和国婚姻法》第十八条、第三十一条之规定，判决如下：

"一、准予原告高秀芬与被告骆文斌离婚；

二、位于北京市朝阳区京棉新城 A3 区 T1T2 楼及配套公建 21 层 T12101 室的房屋归原告高秀芬所有，该房屋对应的贷款 34 万元由原告高秀芬偿还，原告高秀芬于本判决生效之日起 10 日内给付被告骆文斌该房屋折价款人民币 78 万元；

三、被告骆文斌持有的远洋地产控股有限公司的股票期权归被告骆文斌所有，被告骆文斌于本判决生效之日起 10 日内给付原告高秀芬港币 24 880 元；

四、对应资产账号为×××××项下的总资产（包括股票和资金）归被告骆文斌所有，被告骆文斌于本判决生效之日起 10 日内给付原告高秀芬人民币 91 596.83 元；

五、对应账号为×××××××账户中的存款归被告骆文斌所有，被告骆文斌于本判决生效之日起 10 日内给付原告高秀芬人民币 10 358.73 元；

六、被告骆文斌于本判决生效之日起 10 日内给付原告高秀芬人民币 14 万元。

案件受理费 5 967 元，由原告高秀芬负担 2 983.50 元（已交纳），由被告骆文斌负担 2 983.50 元（于本判决生效后 7 日内交纳）。"

（六）解说

本案的焦点在于，夫妻一方在公司被授予的股票期权是何种性质？是否为夫妻共有财产？如果是夫妻共有财产，如何进行分割？

1. 股票期权的概念

根据我国法律规定，企业员工股票期权（以下简称股票期权）是指上市公司按照规定的程序授予本公司及其控股企业员工的一项权利，该权利允许被授权员工在未来时间内以某一特定价格购买本公司一定数量的股票。上述"某一特定价格"被称为"授予价"或"施权价"，即根据股票期权计划可以购买股票的价格，一般为股票期权授予日的市场价格或该价格的折扣价格，也可以是按照事先设定的计算方法约定的价格；"授予日"，也称"授权日"，是指公司授予员工上述权利的日期；"行权"，也称"执行"，是指员工根据股票期权计划选择购买股票的过程；员工行使上述权利的当日为"行权日"，也称"购买日"。

股票期权制度设计的核心部分就是给予公司员工在未来以一定价格购买自己公司股票的权利，是公司激励内部员工的一种手段。当员工经过努力工作后，公司股票上涨，如果公司给员工约定购买股票的价格小于此时股票市值时，其职工就有从股票市值与股票价格差价中得利的机会，员工就可以行使购买权，从而拥有一定数量的股票。在购买公司股票一定时间后，如股票市值仍大于自己购买价，则员工可以从中二次得益。相反，此时的股票市值如低于公司约定的购买价，公司员工可以放弃购买公司股票的权利。

2. 夫妻关系存续期间一方取得的股票期权之性质

夫妻关系存续期间一方取得的股票期权属于夫妻共有财产。从股票期权的性质上来看，股票期权是公司为了激励员工而对员工进行的激励、奖励制度，当员工行权后，可以获得一定的收益，因此，股票期权具有一种工资、奖金的性质。另外，根据《财政部、国家税务总局关于个人股票期权所得征收个人所得税问题的通知》的内容看，个人股票期权所得一般视为工资薪金所得。《婚姻法》第17条规定，夫妻在婚姻关系存续期间所得的下列财产，归夫妻共同所有：工资、奖金……因此，夫妻关系存续期间一方取得的股票期权应当属于夫妻共有财产，应当依法予以分割。

3. 离婚案件中如何分割股票期权

可行权的股票期权股数及股票市值应以法庭辩论终结之日为准。根据股票期权的概念可以看出，股票期权中可行权的股数及股票市值均是不确定的，因此，必须找到一个公平、恰当的时间节点。

股票期权的分割方式问题。在分割夫妻共有财产时，一般采用两种形式，一种是折价分割，另一种是实物分割。由于股票期权是公司激励内部员工的一种手段，因而其必然是依托于内部员工的身份，具有一定的身份性。这就决定了非属于公司员工的一方配偶在离婚后不得以自己的名义行权，这也意味着他/她只能选择获得经济补偿。因此，可行的分割方法是：作为公司员工一方的配偶分得股票期权，同时给予另一方相应的经济补偿。当然，股票期权可能永远都不会被行权，因为股价可能一直都不理想，在双方就股票期权的价值达不成一致时，需要专业机构作出评估。在评估的同时，应当考虑股票期权的身份性，由于股票期权是一方通过在公司努力工作所得奖励，故被授予股票期权的一方应当多分。

关于税务负担问题。2005年7月1日起实施的由财政部、国家税务总局下发的《关于个人股票期权所得征收个人所得税问题的通知》（以下简称《通知》）规定，对于在股票期权授予环节免征个人所得税，但是，在股票期权的行权期仍要对员工进行所得税的征收。具体的税收标准可以参照这一通知。

综上，离婚案件中分割股票期权的公式可以总结为：

[（股票市价－行权价）×股数－证券交易税－个人所得税］/2

当然，这是分割夫妻关系存续期间一方被授予的股票期权的方式，如果考虑到对股票期权的身份性、贡献度，法官可以行使自由裁量权，确定适当的比例进行分割。

（北京市朝阳区人民法院　赵一平　侯蓓丽）

70. 姜兆立诉庞磊等民间借贷案

（一）首部

1. 判决书字号

原审判决书：山东省临沂市兰山区人民法院（2008）民初字第5214号。

再审判决书：山东省临沂市兰山区人民法院（2009）民再初字第 13 号。

2. 案由：民间借贷纠纷。

3. 诉讼双方

原审被告（申诉人）：滕建伟，女，1962 年 1 月 2 日生，汉族，住临沂市兰山区。

原审原告（被申诉人）：姜兆立，男，1965 年 5 月 5 日生，汉族，个体工商户，住临沂市兰山区。

委托代理人：张朝相，临沂兰山利群法律服务所法律工作者（特别授权）。

原审被告：庞磊，男，1961 年 10 月 9 日生，汉族，个体工商户，住临沂市兰山区。

抗诉机关：山东省临沂市人民检察院。

4. 审级：再审。

5. 审判机关和审判组织

审判机关：山东省临沂市兰山区人民法院。

原审独任审判员：胡乃江。

再审合议庭组成人员：审判长：田艳梅；审判员：刘子瑜、李向欣。

6. 审结时间

原审审结时间：2008 年 12 月 8 日。

再审审结时间：2010 年 5 月 18 日。

（二）原审情况

1. 原审诉辩主张

原审原告姜兆立诉称

原、被告具有亲戚关系，2008 年 4 月 6 日，被告庞磊以做生意缺少资金为由向原告借款 65 万元。之后该款经原告多次催要，被告均以无款为由拒付。故诉至法院，请求法院依法判令二被告偿还原告欠款 65 万元及利息。

原审被告庞磊、滕建伟均未出庭，亦未提交答辩状。

2. 原审事实和证据

原审人民法院经公开审理查明：2008 年 4 月 6 日，被告庞磊向原告姜兆立借款 65 万元，并为原告出具欠条一份，内容为："欠条借姜兆立人民币陆拾伍万元整（￥650 000 元整）。欠款人：庞磊 2008 年 4 月 6 日"。后原告多次催要欠款，被告至今未付。另查明，被告庞磊、滕建伟系夫妻关系。

上述事实有下列证据证明：

借条一份，证明被告庞磊欠原告姜兆立 65 万元。

3. 原审判案理由

被告庞磊欠原告姜兆立借款 65 万元，有其为原告出具的欠条予以证明，本院予以认定。被告庞磊、滕建伟经本院传票传唤无正当理由未到庭，应视为放弃答辩及质证权利,不影响本案事实的认定。

4. 原审定案结论

被告庞磊欠原告姜兆立65万元,事实清楚、应予偿还。被告滕建伟、庞磊系夫妻关系,应对婚姻关系存续期间对外所负债务,承担共同偿还的民事责任。本院按照自原告起诉之日起保护其利息损失。综上,依照《中华人民共和国民事诉讼法》第一百三十条、《中华人民共和国民法通则》第九十条、第一百零六条、第一百三十四条一款(七)项、参照最高人民法院《关于适用〈中华人民共和国婚姻法〉若干问题的解释(二)》第二十四条的规定,作出如下判决:

被告庞磊、滕建伟于本判决发生法律效力后10日内偿还原告姜兆立借款65万元及利息(利息按中国人民银行同期贷款利率计算,自2008年10月27日起至实际履行之日止)。

案件受理费5 150元,由被告庞磊、滕建伟负担。

(三)再审诉辩主张

临沂市人民检察院抗诉认为,兰山区人民法院(2008)临兰民初字第5214号民事判决认定的基本事实缺乏证据且适用法律错误。首先,临沂市兰山区人民法院(2008)临兰民初字第5214号民事判决书认定庞磊向姜兆立借款时,滕建伟和庞磊系夫妻关系,该事实缺乏证据证明。经查,庞磊与滕建伟原系夫妻关系,但二人2005年12月29日已在民政局办理了离婚登记,有(2005)临兰离字第001057号离婚证为证。故原审法院认定2008年4月6日庞磊向姜兆立借款65万元并写借条时,庞磊、滕建伟系夫妻关系,显系认定事实的主要证据不足。其次,兰山区人民法院(2008)临兰民初字第5214号民事判决认定,庞磊向姜兆立所借65万元系庞磊和滕建伟夫妻关系存续期间的共同债务,从而判令滕建伟和庞磊共同偿还该笔借款,系适用法律错误。庞磊向姜兆立借款时,滕建伟和庞磊已解除婚姻关系二年有余,该笔债务不是二人夫妻关系存续期间的共同债务,故滕建伟无须对本案该笔借款负还款义务。综上,依照民事诉讼法的有关规定提出抗诉,请依法再审。

申诉人滕建伟申诉称,(1)一审法院认定事实不清楚。一审法院认定的2008年4月6日庞磊写的欠条一份,申诉人并不知情。(2)原审法院程序不合法。原审开庭前并没有向申诉人送达传票,也没有公告送达,剥夺了申诉人参加诉讼的权利,违反了诉讼法的规定,属于程序不合法,应予撤销,重新审理。(3)原审原告姜兆立在起诉书中将申诉人列为被告(并标明申诉人与庞磊为夫妻关系)严重错误,事实上,申诉人与庞磊于2005年12月29日已经离婚,根据婚姻法,夫妻只对婚姻存续期间的债务承担连带责任,对离婚后的债务不需要承担责任,在本案中申诉人与庞磊于2005年离婚,而欠条时间为2008年,法院判决申诉人对此欠条承担连带责任是严重错误的。

被申诉人姜兆立辩称,兰山区人民法院2008临兰民初字第5214号民事判决并无不妥,事实上这笔债务是庞磊和滕建伟夫妻存续期间的借款,用于做生意。本案的欠条落款时间虽然为2008年4月6日,是姜兆立怕超过诉讼时效让庞磊给换的借条,有录音为证。原审的判决是正确的，适用的法律并没有错误。况且在审理本案时法庭依法传唤了申诉人和庞磊，其二人未到庭参加诉讼，放弃了答辩和质证的权利，申诉人于2005年12月29日办理了离婚手续，实际上也是为逃避该笔债务。

原审被告庞磊称本案所涉及的债务是由其与姜兆立2001年合伙做生意时产生的，他2008年没有借姜兆立的钱，请求法庭驳回原审原告的诉讼请求。

（四）再审事实和证据

再审法院经审理，确定原审认定的事实和证据。

另查明，申诉人滕建伟与被申诉人庞磊于2005年12月29日协议离婚，双方在离婚协议中并未涉及该笔债务，腾建伟辩称离婚时她不知道庞磊与姜兆立合伙做生意的事。

另，庞磊在再审庭审中承认欠姜兆立65万元钱。

上述事实有下列证据证明：

1. 借条一份，证明庞磊欠姜兆立65万元。
2. 离婚协议书一份，证明申诉人滕建伟与被申诉人庞磊于2005年12月29日协议离婚，双方在离婚协议中并未涉及对姜兆立的该笔债务。

（五）再审判案理由

临沂市兰山区人民法院经再审认为，本案争议焦点是：涉案债务是否属于滕建伟和庞磊的夫妻共同债务，申诉人滕建伟是否应对涉案债务承担偿还责任。

本案原审被告庞磊与被申诉人姜兆立虽然均承认涉案65万元系双方2001年做生意时产生的，但原审原告姜兆立所提供的欠条系2008年4月6日庞磊个人所写，该债务应为原审被告庞磊个人债务，姜兆立要求庞磊变更欠条行为应视为双方于2008年4月6日重新设立的债权债务关系。而滕建伟与庞磊已于2005年12月29日离婚，故该笔债务应系庞磊个人债务，应由庞磊个人偿还，申诉人滕建伟不应承担还款责任。

关于原审被告庞磊的辩解意见，最高人民法院《关于适用〈中华人民共和国民事诉讼法〉审判监督程序若干问题的解释》第三十三条规定：人民法院应当在具体的再审请求范围内或在抗诉支持当事人请求的范围内审理再审案件。其辩解意见不属于检察院抗诉支持的范围，本院在本案中对其辩解意见不予支持。

（六）再审定案结论

本院认为，该涉案债务不属于申诉人滕建伟与原审被告庞磊的夫妻共同债务，申诉人滕建伟不应承担还款责任。原审认定事实错误、适用法律不当，再审应予纠正。临沂市人民检察院的抗诉理由成立，再审应予支持。本案经本院审判委员会讨论决定，依照《中华人民共和国民事诉讼法》第一百八十六条，《中华人民共和国民法通则》第八十四条、第一百零六条、第一百三十四条第一款四项，《中华人民共和国合同法》第六十条、第一百零七条，作出如下判决：

1. 撤销本院（2008）临兰民初字第 5214 号民事判决。

2. 原审被告庞磊于本判决发生法律效力后 10 日内偿还被申诉人姜兆立 65 万元及利息（利息按中国人民银行同期贷款利率计算，自 2008 年 10 月 27 日起至实际履行之日止）。

3. 驳回被申诉人姜兆立要求申诉人滕建伟承担责任的诉讼请求。

原审案件受理费 5 150 元，由被申诉人庞磊负担。

（七）解说

本案原审被告庞磊与被申诉人姜兆立虽然均承认涉案 65 万元系双方 2001 年做生意时产生，但原审原告姜兆立所提供的欠条系 2008 年 4 月 6 日庞磊个人所写，该债务应为原审被告庞磊个人债务，姜兆立要求庞磊变更欠条行为应视为双方于 2008 年 4 月 6 日重新设立的债权债务关系。而滕建伟与庞磊已于 2005 年 12 月 29 日离婚，故该笔债务应系庞磊个人债务，应由庞磊个人偿还，申诉人滕建伟不应承担还款责任。庞磊提出 2008 年其没有借过姜兆立钱，请求驳回姜兆立诉讼请求，但因其没有申请再审，因而应根据最高人民法院《关于适用〈中华人民共和国民事诉讼法〉审判监督程序若干问题的解释》第三十三条的规定处理。本案法律关系看似简单，实则在民间借贷背后还有复杂的法律关系，但本着维护社会关系稳定的考虑，仅审查申请再审请求范围或抗诉支持当事人请求的范围，在当事人自己承认欠款且判决生效后并未上诉、申诉的前提下对其原因关系不予考虑，将其重写的欠条视为新设立的债权债务关系，判令由庞磊承担还款责任，既保护了债权人的合法权益，又避免使婚姻关系中的不知情且未受益一方陷入困顿。

（山东省临沂市兰山区人民法院　刘子瑜）

71. 秦××诉刘××离婚案

（一）首部

1. 裁判书字号

一审判决书：北京市海淀区人民法院（2009）海民初字第 27700 号。

二审裁定书：北京市第一中级人民法院（2011）一中民终字第 5688 号。

2. 案由：离婚纠纷。

3. 诉讼双方

原告（二审上诉人）：秦××，男，1960 年 12 月 10 日出生，户籍所在地：北京市海淀区。

委托代理人：秦树森，公民代理。

孙立群：河北德汇律师事务所律师。

被告（二审上诉人）：刘××，女，1962 年 5 月 11 日出生，户籍所在地：北京市海淀区。

委托代理人：陈远平，河北德律律师事务所律师。

委托代理人：刘小香，公民代理。

4. 审级：二审。

5. 审判机关和审判组织

一审法院：北京市海淀区人民法院。

合议庭组成人员：审判长：曲育京；人民陪审员：朱晓珠、华静。

二审法院：北京市第一中级人民法院。

合议庭组成人员：审判长：王爱红；审判员：李晓龙、万丽丽。

6. 审结时间

一审审结时间：2010 年 12 月 20 日。

二审审结时间：2011 年 5 月 19 日。

（二）一审情况

1. 一审诉辩主张

原告秦××诉称

其与被告刘××于 1986 年 7 月 8 日在河北省承德市结婚登记，1989 年 5 月 30 日生一女。婚后初期感情尚可，1998 年双方去美国后经常吵架，矛盾激化无法生活和工作。因双方回国后长期分居已经三年多，夫妻感情破裂，请求法院判令双方离婚。

被告刘××辩称

不同意秦的诉讼请求，认为原告取得的成绩和被告的家庭、感情支持分不开，不认可双方感情破裂。

2. 一审事实和证据

秦××与刘××于 1986 年 7 月 8 日登记结婚，婚后感情尚好，育有一女。1998 年，秦××赴美留学，刘××及女儿跟随出国。2006 年 6 月，秦××向美国加州洛杉矶地区高级法院对刘××提起离婚诉讼。2007 年，秦××回国工作。2009 年 3 月 19 日，美国加州洛杉矶地区高级法院缺席审理并判决秦××向刘××支付相应金钱，包括秦××向刘××支付 38 000 美元及每拖欠一年加收 10% 利息，秦××每月支付 1 900 美元给刘××，并判决修改离婚，双方合法分居。

上述事实，由结婚证、往来信函、经过翻译和认证的美国加州洛杉矶地区高级法院判决书等证据及本案庭审笔录在案佐证。

3. 一审判案理由

一审法院认为，秦××与刘××在出国期间互相猜忌、指责、争吵，导致长期分居，夫妻感情确已破裂。美国法院的民事判决，虽然不被我国承认，但双方当事人对判决书内容的真实性均无异议，可作为离婚后财产分割时参考。

4. 一审定案结论

一审法院依据《婚姻法》第三十二条第三款第（四）项、第三十九条第一款之规定，判决如下："一、准予秦××与刘××离婚；二、秦××于本判决生效后10日内支付刘××人民币30万元。"

（三）二审诉辩主张

一审判决后，秦××和刘××均上诉。秦××上诉称同意一审判决的离婚部分；但要求取消将美国法院判决作为离婚后财产分割时的参考证据；取消一审判决中关于双方对美国法院判决"均无异议"的不实之词；根据事实和证据判决财产分割、补偿、赔偿。刘××上诉要求撤销一审判决，改判不准离婚。

（四）二审判案理由

二审争议焦点为：能否直接将美国法院判决中对夫妻双方财产的分割结果作为在中国法院离婚诉讼案件审理中的证据或参考，以及一审法院对案件事实是否查清，有无遗漏。

二审法院在本案审理过程中发现：首先，一审法院未查明美国法院的判决文书是否生效；其次，一审法院未明确美国法院判决书中涉及的财产依照中国法律是否可以认定为夫妻共同财产；最后，一审法院查明的事实中仅涉及美国法院判决书中列明的位于美国境内的夫妻共同财产，没有对位于中国国内的夫妻共同财产予以查明。在上述事实没有查明的情况下，一审法院判决原告向被告支付30万元人民币的依据不足。

（五）二审定案结论

二审法院经审理认为，原审法院判决认定事实不清，依照《民事诉讼法》第一百五十三条第一款第（三）项之规定，裁定如下："一、撤销北京市海淀区人民法院（2009）海民初字第27700号民事判决；二、发回北京市海淀区人民法院重审。"

（六）解说

二审法院将本案发回重审的理由涉及的主要法律问题在于：

首先，美国法院离婚判决在本案离婚诉讼程序中不能当然得到承认。由于一国法院判决承载着所在国的司法主权，因而在其他国并不能当然被视为具有司法强制力。最高人民法院《关于中国公民申请承认外国法院离婚判决程序问题的规定》第1条规定："对与我国没有订立司法协助协议的外国法院作出的离婚判决，中国籍当事人可以根据本规定向人民法院申请承认该外国法院的离婚判决。对与我国有司法协助协议的外国法院作出的离婚判决，按照协议的规定申请承认。"本案中涉及的是美国加州洛杉矶地区高级法院对本案原被告之间的离婚诉讼作出了一份判决，裁判准予合法分居，并对双方财产进行了分割处理。由于中国与美国之间不存在多边或双边的民商事司法协助的条约或协定，因而，上述美国法院判决不能在中国法院审理的离婚诉讼程序中直接得到承认。

其次，关于该美国法院离婚判决在本案离婚诉讼中的证明效力。由于被告一方并未申请有管辖权的中国法院承认和执行该美国法院判决，因而上述美国法院判决的证明效力不能等同于最高人民法院《关于民事诉讼证据的若干规定》第9条规定的"已为人民法院发生法律效力的裁判所确认的事实"。从证据性质上说，未经中国法院承认的外国法院判决应相当于在中国境外产生的普通书证。所以在本案中，对于该美国法院判决的证明效力，应该根据中国法进行审查。上述中国法既包括《民事诉讼法》及其司法解释等程序法中关于证据的证明效力的规定，也包括《婚姻法》及其司法解释等实体法中关于离婚财产分割的实体法律规定。

再次，本案审理适用的法律应为中国法。本案当事人双方均为中国国籍，但是双方确实在中国境外存在共同财产，而且双方在美国进行了关于财产分割的诉讼，因而本案所要处理的夫妻财产关系具有涉外因素。对于具有涉外因素的婚姻关系诉讼，究竟应该如何适用法律？第一，对于夫妻人身关系，主要是离婚问题，应适用中国法。《涉外民事关系法律适用法》第23条规定："夫妻人身关系，适用共同经常居住地法律；没有共同经常居住地的，适用共同国籍国法律。"第27条规定："诉讼离婚，适用法院地法律。"本案双方当事人已经分居多年，没有共同经常居住地，因此应适用共同国籍国的法律，即中国法。而且，由于本案是由中国法院受理的离婚诉讼，因而应当适用法院地法，这也指向中国法。第二，对于离婚诉讼中涉及的夫妻财产关系，主要是离婚时夫妻财产的分割，也应适用中国法。《涉外民事关系法律适用法》第24条规定："夫妻财产关系，当事人可以协议选择适用一方当事人经常居住地法律、国籍国法律或者主要财产所在地法律。当事人没有选择的，适用共同经常居住地法律；没有共同经常居住地的，适用共同国籍国法律。"因此，由于本案当事人并未就夫妻财产关系协议选择法律，而且双方之间不存在共同经常居住地，故应适用共同国籍国法律，即中国法。总之，本案中，无论是关于是否准许离婚的问题，还是分割夫妻共同财产的问题，均应适用中国法。但是，我们有必要区分在离婚诉讼中分割夫妻共同财产所适用的法律，和对具体的境外财产及其相关法律事实的辨别和认定所适用的法律。前者适用共同居住地法律或共同国籍国法律，而后者应该根据《涉外民事关系法律适用法》第五章"物权"和第六章"债权"的规定寻找适用法。具体到本案中，关于如何分割夫妻共同财产，应该适用中国法；而关于审理和认定境外财产及其相关法律事实，比如本案中美国法院判决涉及的当事人一方或双方在美存款账户、退休金、人寿保险等，是否存在、是否归属于当事人一方或双方、是否具有财产属性，则应该适用权利实现地法律，即美国法。

最后，一审法院应该对全部夫妻共同财产进行处理。考虑到本案美国法院判决尚未得到中国法院的承认和执行，也考虑到该美国法院判决是在原告没有到庭的情况下缺席判决的，还考虑到原告在本案诉讼中不认可上述美国法院判决的财产分割内容，一审法院有必要查明上述美国法院判决是否已经生效。而且，由于美国法院判决在被中国法院依法承认之前仅具有普通境外证据的效力，因而一审法院仍然应该根据中国法律对双方全部夫妻共同财产进行查明并分割，其中既包括在美国法院判决中涉及的美国境内财产，即上述财产是否属于夫妻共同财产，美国法院判决的分割结果是否符合中国法律；同时，也包括美国法院判决未涉及的双方在中国境内的财产，即这些中国境内的财产是否属于夫妻共同财产，如果属于，一审法院应该一并处理，案结事了。

基于上述理由分析，二审法院认为一审判决认定事实不清，基于一份未经承认的美国法院判决判决原告支付30万元人民币的依据不足，且存在漏项，故依法裁定发回重审。

（北京市第一中级人民法院　李晓龙）

72. 李敏等诉区兆深抚养费案

（一）首部

1. 判决书字号

一审判决书：广东省中山市第二人民法院（2010）中二法民一初字第1312号。

二审判决书：广东省中山市中级人民法院（2011）中中法民一终字第776号。

2. 案由：抚养费纠纷。

3. 诉讼双方

原告（上诉人）：李敏。

法定代理人：李瑞贤。

委托代理人：卢金宝，广东永隆律师事务所律师。

原告（上诉人）：李诚。

法定代理人：李瑞贤。

委托代理人：卢金宝，广东永隆律师事务所律师。

被告（上诉人）：区兆深。

委托代理人：雷斌，广东邦仁律师事务所律师。

4. 审级：二审。

5. 审判机关和审判组织

一审法院：广东省中山市第二人民法院。

独任审判员：张庆争。
二审法院：广东省中山市中级人民法院。
合议庭组成人员：审判长：苏代平；审判员：梁艳凤、胡健仪。
6. 审结时间
一审审结时间：2011年2月28日。
二审审结时间：2011年10月23日。

(二) 一审诉辩主张

1. 原告诉称

其是被告与李瑞贤的亲生子女，但一直以来都由其母李瑞贤独立抚养，被告拒绝承认其为亲生女子，并拒绝支付抚养费用。为确定其与被告之间是否存在亲子关系，被告于2009年5月30日委托基研分子诊断科技（香港）有限公司鉴定，证明被告是其亲生父亲。在事实面前，被告仍不肯承担抚养义务，并将名下的财产进行转移，逃避法定义务。参照2004年至2005年香港特别行政区政府统计处的数据，每人每月平均生活开支为港币6 108元，扣除住房、烟酒及耐用物品三项开支（30.6%＋0.8%＋4.6%），作为学生，每人每月平均生活开支为港币3 909元。按每人18年，每年12个月计算，其抚养费应为1 688 688元。请求判令：(1) 被告向其支付抚养费港币1 688 688元，折合人民币1 472 418元；(2) 被告向其支付鉴定费、差旅费等人民币10 000元。庭审中，原告在其第1项诉讼请求中增加住房费用港币198 288元，折合人民币174 000元；变更其第2项诉讼请求为被告向其支付差旅费人民币10 000元。

2. 被告辩称

(1) 两原告为李瑞贤与他人的婚姻关系存续期间所生，故不能确定是否为其亲生子女。而原告提供的鉴定结论形成于香港，不应作为定案依据，应重新鉴定。如经重新鉴定确定原告系其子女，其愿意在能力范围内承担其将来的抚养责任直至其成年。但对原告诉讼请求的抚养费金额和标准，有如下意见：1) 其月收入只有1 500元，且还有两个婚生子女需要抚养，故抚养费的给付标准应根据其实际负担能力确定，其应支付给两原告的抚养费每月共375元。2) 对原告诉讼请求中超过二年的部分，因超过诉讼时效期间，不应再受到保护。(2) 原告对判决之日前抚养费的追索，实质是由于其未对原告尽抚养义务造成原告法定代理人李瑞贤的损失，系其与李瑞贤之间的纠纷，应由李瑞贤另行向其追索，不应在本案中处理。(3) 虽然其自原告出生后没有履行抚养义务，但在此期间，其抚养费用已由李瑞贤和原告法律上的父亲全部承担。故对原告而言，其生存和发展的权利并未受到侵犯，故不应再向被告主张该部分抚养费。

(三) 一审事实和证据

中山市第二人民法院经公开审理查明：李敏、李诚的法定代理人即其母亲李瑞贤原系广东省中山市小榄镇永宁社区居委会东三村人，曾与区兆深存在恋爱关系。1990年3

月2日,李瑞贤与香港居民李××登记结婚。婚后,李瑞贤在香港和中山两地居住,与区兆深保持一定的往来。1994年2月8日、1996年5月31日,李瑞贤先后生育了女儿李敏和儿子李诚。李敏、李诚一直随李瑞贤和李××在香港生活,并由李瑞贤和李××抚养。2000年1月3日,李瑞贤取得香港永久居住证,并将户口从广东省中山市小榄镇迁往香港。李××身故后,李敏、李诚遂于2010年9月17日诉至法院,提出前述诉讼请求。

另查明,区兆深自己婚后生育了女儿区倩怡(1992年4月13日出生)和儿子区伟豪(1996年10月12日出生)。区兆深名下原有位于中山市古镇镇七坊村裕豪新村的房产一套,建筑面积631.61平方米,后于2009年9月25日过户至其子区伟豪名下;原有中山市横栏镇横东村国(2008)易170074号土地使用权(13 045平方米)10%的份额,后过户至何长好名下。原审法院依据区兆深的申请,委托中山大学法医鉴定中心对李敏、李诚与区兆深之间是否存在亲子关系进行了司法鉴定,该中心经鉴定作出司法鉴定意见,结论为李敏、李诚是区兆深的亲生子女。该意见书经双方质证,均予确认。

上述事实有下列证据证明:

1. 两原告及法定代理人李瑞贤的身份证、港澳居民来往内地通行证复印件,证明两原告及其法定代理人的主体身份情况;

2. 被告的身份证、中华人民共和国来港澳通行证复印件,证明被告的主体身份情况;

3. 香港特别行政区政府统计处2004年至2005年住户开支统计调查主要统计数字,证明两原告在香港特别行政区的平均生活开支;

4. 中山市国土房管档案馆档案资料证明表,证明被告的财产情况;

5. 证明书(附香港房屋委员会信函、租约、香港特别行政区政府统计处信函复印件),证明两原告在香港特别行政区的住房情况;

6. 被告居民户口簿复印件、中山市人口信息和婚姻登记情况表,证明被告的身份情况及家庭成员情况;

7. 中山市社会保险参保缴费明细;

8. 中山大学法医鉴定中心20105692物鉴字第W20102681号司法鉴定意见书,证明两原告与被告的亲子关系。

(四) 一审判案理由

中山市第二人民法院经审理认为:关于两原告与被告之间的亲子关系,已经中山大学法医鉴定中心的司法鉴定意见书确认,被告亦无异议,故认定两原告系被告与李瑞贤的亲生子女。因此,被告和李瑞贤负有对两原告进行抚养的法定义务,两原告诉请被告支付抚养费有理,应予支持。但对于被告应支付的抚养费的计算期限和标准,双方存在争议,分析如下:第一,关于抚养费的计算期限问题。由于两原告出生后一直随李瑞贤和李××在香港生活,并由李瑞贤和李××抚养。故对两原告提起本案诉讼之前的抚养费,实际已由李瑞贤和李××支付,两原告在本案中再提出相关主张缺乏依据。至于被告实际上对两原告该期间的抚养费负有支付的义务而未支付的问题,应属其与同样负有抚养义务的李瑞贤之间的纠纷,应由李瑞贤向被告提出相关的主张。因此,本案中被告应支付的抚养费计算期限应自原告起诉之时即 2010 年 9 月计算至两原告年满 18 周岁止,其中原告李敏应计算 18 个月,原告李诚应计算 45 个月。第二,关于抚养费的计算标准问题。根据最高人民法院《关于人民法院审理离婚案件处理子女抚养问题的若干具体意见》第 7 条的规定,子女抚养费的数额可根据子女的实际需要、父母双方的负担能力和当地的实际生活水平确定。即在确定抚养费的数额时,不仅要考虑子女的实际需要,也应考虑父母双方的负担能力和当地的实际生活水平。首先,在本案中,原告提供了相关证据证实其所生活的香港地区平均生活开支数额为 3 909 元(扣除住房、烟酒及耐用物品开支),另外还有一定的住房费用。虽然上述平均生活开支数额不等同于两原告的实际开支,但也在一定程度上反映了当地的实际生活水平较高。其次,鉴于李瑞贤是在被告不知情的情况下生育了两原告,并将两原告带到香港生活,故对两原告在香港地区生活的较高生活开支,被告没有一定的预知,而李瑞贤则应有一定的预知。故在抚养费的分担中,应考虑由李瑞贤多分担,被告少分担。再次,根据查明的被告财产状况,被告应有一定的经济基础和负担能力。但同时,又考虑到其有两个婚生子女需要抚养的情况,其应支付给两原告的抚养费不宜过高。至于被告辩称其月收入只有 1 500 元的主张,因其未提交充足有效的证据予以证实,故不予采纳。

(五) 一审定案结论

综合上述情况,酌情认定被告每月支付两原告抚养费(含住房费用)各人民币 1 500 元。被告应支付给两原告的抚养费(含住房费用)应为 94 500 元(1 500 元/月×18 个月+1 500 元/月×45 个月)。另对于原告诉请的差旅费 10 000 元,因原告未提交相关的证据予以证实,且缺乏法律依据,故不予支持。

中山市第二人民法院依照《中华人民共和国民事诉讼法》第六十四条第一款、最高人民法院《关于民事诉讼证据的若干规定》第二条及《中华人民共和国婚姻法》第二十一条第二款、最高人民法院《关于人民法院审理离婚案件处理子女抚养问题的若干具体意见》第 7 条,作出如下判决:

1. 被告区兆深一次性向原告李敏、李诚支付抚养费人民币 94 500 元;
2. 驳回原告李敏、李诚的其他诉讼请求。

(六) 二审情况

1. 二审诉辩主张

上诉人(原审原告)诉称:(1)原审认定抚养费的计算标准太低,应按香港生活开支标准计算。1)原审认定李瑞贤在区兆深不知情的情况下生育两子女是错误的。原审查明李瑞贤 1990 年结婚后仍与区兆深保持往来,区兆深曾多次去过香港,区兆深对李瑞贤生育两子女不可能不知情。2)区兆深将自己名下的房产过户到他人名下,而这些过户行为发生在亲子鉴定之后，说明区兆深有意逃避抚养义务而且有经济能力。（2）抚养费的计算应从出生开始计算至两子女能独立生活为止，不能因为其有人抚养而丧失请求抚养费的权利。抚养费请求权是基于特殊身份关系产生的，具有人身属性，不受诉讼时效的限制，只要身份关系未消灭，其都有权主张。（3）退一步而言，抚养费至少也要从李敏、李诚非亲生父亲死亡时开始计算。请求二审法院撤销原审判决，改判区兆深向李敏、李诚支付抚养费港币1 688 688元（折合人民币1 472 418元），住房费用港币198 288元（折合人民币174 000元），差旅公证费人民币10 000元。

上诉人（原审被告）上诉称：（1）原审关于其收入状况的事实认定不清，适用法律错误。其承担子女抚养不能超过收入范围。根据"谁主张、谁举证"原则，李敏、李诚应对区兆深的收入状况承担举证责任。区兆深的收入有缴纳社保费证明和单位证明，足以认定区兆深的月收入为1 500元。原审原告举证其名下曾登记过的房地产与本案无关。该房产是其与配偶在夫妻关系存续期间取得，没有任何证据证明该房地产的价值。（2）由于其实际负担能力有限，抚养费应按月支付。请求改判按每月1 500元标准支付子女抚养费。

上诉人（原审原告）和上诉人（原审被告）的答辩意见与上诉意见相同。

2. 二审事实和证据

中山市中级人民法院经审理，确认一审法院认定的事实和证据。另查明，李敏、李诚提供香港统计处2004年～2005年度统计数据显示，香港人均每月开支为港币6 108元，扣除住房、烟酒及耐用品三项后开支为港币3 909元。李敏、李诚提供租赁合同证明每人每月房租为港币597.5元。

3. 二审判案理由

中山市中级人民法院经审理认为：因李敏、李诚系香港居民，本案为涉港抚养费纠纷。《中华人民共和国涉外民事关系法律适用法》第二十九条规定："扶养，适用一方当事人经常居所地法律、国籍国法律或者主要财产所在地法律中有利于保护被扶养人权益的法律。"香港特别行政区《未成年人监护条例》规定："该未成年人的父亲或向该申请人支付一笔款项的命令；该笔款项（不论是整笔或分期支付）乃用以应付该未成年人的当前及非经常需要，或用以应付此命令发出前因赡养该未成年人而合理招致的债务或支出，或用以应付上述两者，款额为法院于顾及该名父亲或母亲的经济状况后认为合理者。"《中华人民共和国婚姻法》第二十一条第二款规定："父母不履行抚养义务时，未成年的或不能独立生活的子女，有要求父母付给抚养费的权利。"最高人民法院《关于人民法院审理离婚案件处理子女抚养问题的若干具体意见》第7条规定："子女抚养费的数额，可根据子女的实际需要、父母双方的负担能力和当地的实际生活水平确定。"由于香港与内地法律关于被抚养人抚养费的规定基本一致，故原审适用内地法律并无不当。本案二审争议的焦点为：（1）原审认定区兆深支付李敏、李诚抚养费标准是否正确；（2）原审认定区兆深支付李敏、李诚抚养费的起止时间是否正确；（3）原审确定区兆深按月支付李敏、李诚抚养费的方式是否正确。现结合本院查明的事实及相关法律分析如下：关于焦点一，确定李敏、李诚的抚养费标准，应参照李敏、李诚在香港的实际生活开支及区兆深的支付能力。李敏、李诚提供香港统计处2004年～2005年度统计数据显示，香港人均每月开支为港币6 108元，扣除住房、烟酒及耐用品三项后开支为港币 3 909 元。李敏、李诚提供租赁合同证明每人每月房租为港币 597.5 元。李敏、李诚的每月实际开支约为港币 4 506.5 元。区兆深与李瑞贤原则上各负担一半应为港币 2 253.25 元，折合人民币约 1 800 元。关于区兆深的支付能力，从区兆深在诉讼中将财产过户至他人名下的财产状况来看，区兆深具有一定的经济实力。由于社保费缴纳基数可以少于实际收入，区兆深提供的缴纳社保费证明不能作为其收入证明，区兆深提供的单位证明无其他证据印证，也不足以证明其每月实际收入为 1 500 元。但李敏、李诚也未提供证据证明区兆深具有稳定的收入足以支付包括李敏、李诚在内的四名子女的生活费用，原审酌定适当减少区兆深的支付数额为人民币 1 500 元与上述实际开支相近应为合理。若李敏、李诚日后因情况变化需要增加抚养费，则李敏、李诚有权另行主张增加抚养费。关于焦点二，李敏、李诚在起诉前的抚养费实际由李××、李瑞贤负担，李××的继承人、李瑞贤是追索此前抚养费的权利主体，因此本案原告李敏、李诚无权主张起诉前区兆深应负担的抚养费。原审从李敏、李诚起诉时计算区兆深应负担的抚养费正确。由于李敏、李诚起诉时仅要求区兆深支付至 18 周岁的抚养费，原审计至李敏、李诚满 18 周岁并无不当。关于焦点三，从区兆深过户至他人名下的财产状况来看，区兆深有能力一次性支付人民币 94 500 元，区兆深主张按月支付抚养费的上诉请求不能成立，本院不予支持。

4. 二审定案结论

一审法院认定事实清楚，适用法律正确，原审判决应予维持。依照《中华人民共和国民事诉讼法》第一百五十三条第一款第（一）项，作出如下判决：

驳回上诉，维持原判。

（七）解说

本案为子女诉求亲生父亲支付抚养费，但本案的特殊性在于两原告作为李瑞贤与被告的非婚生子女，两原告均出生于李瑞贤与他人的婚姻关系存续期间，且出生地为香港特别行政区，两原告自出生时即为香港特别行政区永久性居民，而被告为中国大陆居民，因而涉及应适用何法律确定被告应负担的两原告抚养费。

本案二审的审判结果维持了一审判决，二审却更准确定性了本案的涉港性。二审首先分析了本案在实体法上是适用大陆的法律还是香港特别行政区法律。《涉外民事关系法律适用法》自 2011 年 4 月 1 日起施行，该法在一审判决时尚未发生法律效力，一审判决未适用该法无不当，然而一审判决在法律适用上忽略了本案的涉港性，直接适用大陆的法律规定予以判决存在不当，因涉外案件需按照冲突规范中的准据法适用规则才能准确界定各方当事人的权利义务。一审判决虽不能适用上述法律，但《民法通则》第 148 条规定："扶养适用与被扶养人有最密切联系的国家的法律。"最高人民法院《关于贯彻执行〈中华人民共和国民法通则〉若干问题的意见（试行）》第 189 条规定："父母子女相互之间的扶养、夫妻相互之间的扶养以及其他有扶养关系的人之间的扶养，应当适用与被扶养人有最密切联系国家的法律。扶养人和被扶养人的国籍、住所以及供养被扶养人的财产所在地，均可视为与被扶养人有最密切的联系。"上述规定即为冲突法中的最密切联系原则，最密切联系原则也叫最强联系原则、重力中心原则，是指法院在审理某一涉外民商事案件时，权衡各种与该案当事人具有联系的因素，从中找出与该案具有最密切联系的因素，根据该因素的指引，适用解决该案件的与当事人有最密切联系国家或地区的法律原则。这些因素通常包括当事人的出生地、惯常居所地、住所地、形式政治权利或从事业务活动的场所以及个人的意愿等。依此，一审法院直接适用被告的财产所地法律即大陆法律作为裁判的定案依据无不当，但一审法院未分析为何将大陆法律作为准据法适用的原因欠妥。因为，两原告的住所地和被告的财产所在地均可视为与被抚养人有最密切的联系，那么在两原告的住所地香港特别行政区和被告的财产所在地大陆法律规定不一致的情形下，究竟如何选择准据法的适用？涉外民事关系法律适用法进一步明确规定了有选择有利于保护被抚养人权益的法律，一审法院在不能适用该法的情形下，应按照民法通则以及民法通则试行意见规定，在本案两原告均为未成年人的情形下根据儿童利益最大化原则确定准据法的适用。最大利益原则不是最大限度地考虑儿童的利益，也不是优先考虑原则，而是把儿童的最大利益放在首要考虑的地位。1989年联合国通过的《儿童权利公约》第3条第1款规定："关于儿童的一切行动，不论是由公私社会福利机构、法院、行政当局或立法机构执行，均应以儿童的最大利益为一种首要考虑。"我国是《儿童权利公约》的缔约国之一，在处理与儿童有关的问题时，严格遵循"儿童利益最大化原则"是国家的义务，人民法院作为国家司法审判机关应遵循我国签订的国际条约规定，将儿童利益最大化原则作为解释相关法律条文的依据，尤其是在处理子女监护抚养等事宜时将该原则作为唯一最高准则。因此，一审法院在确定准据法的适用上，亦应查明香港特别行政区关于未成年子女抚养费的法律规定，若该区域的法律更有利于保护两原告的利益，即应适用该区域法律界定被告的义务。本案二审正确地查明了香港特别行政区的法律规定，并与大陆法律规定相比较，认定香港特别行政区与中国大陆关于被抚养人抚养费的规定基本一致，从而维持了一审关于准据法的法律适用。

综上，一审法院在本案的法律适用上存在不当之处，二审法院在判案理由部分对一审判决作了弥补，更正确地适用了法律。

（广东省中山市中级人民院法院　牛庆利）

73. 欧利敏诉蓝秀朋、蓝会芳、蓝文新、樊月枝工伤死亡赔偿金分割案

（一）首部

1. 判决书字号

一审判决书：广西壮族自治区忻城县人民法院（2009）忻民初字第134号。

二审判决书：广西壮族自治区来宾市中级人民法院（2009）来民一终字第382号。

再审判决书：广西壮族自治区来宾市中级人民法院（2011）来民再终字第8号。

2. 案由：工伤死亡赔偿金分割纠纷。

3. 诉讼双方

抗诉机关：广西壮族自治区人民检察院。

申诉人（一审原告、二审上诉人）：欧利敏，女，1962年11月出生，壮族，农民，住广西忻城县红渡镇。

委托代理人：樊山民，忻城县中心法律服务所法律工作者。

被申诉人（一审被告、二审被上诉人）：蓝秀朋，男，1964年4月出生，壮族，农民，住广西忻城县。

被申诉人（一审被告、二审被上诉人）：蓝会芳，女，1965年1月出生，壮族，农民，住址同上。

以上两被申诉人委托代理人：何以胜，芝州律师事务所律师。

原审第三人：蓝文新，男，1938年1月出生，壮族，农民，住广西忻城县。

原审第三人：樊月枝，女，1938年2月出生，壮族，农民，住址同上。

4. 审级：再审。

5. 审判机关和审判组织

一审法院：广西壮族自治区忻城县人民法院。

合议庭组成人员：审判长：黄君校；审判员：韦祖成、韦宝光。

二审法院：广西壮族自治区来宾市中级人民法院。

合议庭组成人员：审判长：闭军疆；审判员：韦海燕、黄月秀。

再审法院：广西壮族自治区来宾市中级人民法院。

合议庭组成人员：审判长：张敏；审判员：韦学军、赵小丽。

6. 审结时间

一审结案时间：2009年8月14日。

二审结案时间：2009年10月16日。

再审结案时间：2011年7月25日。

（二）一审情况

1. 一审诉辩主张

原告欧利敏诉称，2007年12月，原告之子蓝雪山在广东中山市一家灯饰公司务工，因工身亡，公司方给付15万元赔偿金，其中2万元作后事料理，13万元赔偿给原告。该13万元款项存入蓝秀朋的银行账户。2009年1月26日蓝秀田因病逝世。原告找到被告，请求二被告给付该13万元赔偿金，二被告拒绝给付。原告请求法院判决二被告给付原告13万元整，二被告承担连带责任。

被告蓝秀朋、蓝会芳辩称，答辩人没有替原告保管过任何钱物，更没有强行要求保管原告的钱物。蓝秀田要求厂方将13万元打入答辩人蓝秀朋的银行卡,回到忻城后,蓝秀田生前用此笔补助款偿还其债务及作为生活开支之用,尚余5万元,此款目前在蓝秀田父母手上。工亡补助金不是死者的遗产,原告与蓝秀田已于1995年离婚,离婚后对子女未尽抚养义务,遗弃子女,蓝雪山由其父亲及爷爷奶奶抚养成人,工亡补助金应由其父亲及爷爷奶奶享有,对原告的诉讼请求应当予以驳回。原审第三人认为,原告在蓝雪山幼年时便外出,未尽抚养义务,不应当分给工亡补助金和其他赔偿金。第三人作为蓝雪山的祖父母对蓝雪山尽了许多抚养和照顾义务,应当和其父亲平分工亡补助金和其他赔偿金。请求法院判令被告给付13万元款项中属于第三人的份额6万元。

2. 一审事实和证据

忻城县人民法院一审查明,原告与前夫蓝秀田于1985年生育一女孩,取名蓝春桃,后又于1987年生育一男孩,取名蓝雪山。1995年原告与蓝秀田离婚。法院判决婚生女孩蓝春桃由原告抚养,婚生男孩蓝雪山由蓝秀田抚养。离婚后,婚生孩子蓝春桃、蓝雪山均随蓝秀田与第三人蓝文新、樊月枝在一起共同生活。从2004年开始,蓝春桃随原告共同生活。2007年12月24日凌晨,原告之子蓝雪山在广东省佛山市南海区丰炜灯饰有限公司打工时不幸因工伤亡。原告即与前夫蓝秀田及二被告等十多位亲属前往该公司处理蓝雪山后事。经与公司协商,该公司同意按照规定给付死者家属丧葬补助金13 092元、一次性工亡补助金104 736元及补偿金32 172元,三项共计15万元整。当时,处理蓝雪山后事共花去费用2万元整,尚余人民币13万元。因死者蓝雪山的父亲蓝秀田当时未带身份证,蓝秀田即让该公司将余款13万元存入被告蓝秀朋在中国农业银行银行卡账户中。2009年1月26日,蓝秀田突然身亡。原告即找到二被告,要求二被告给付该13万元款项,但二被告拒绝给付。2009年3月18日,原告以合法权益受到损害为由向法院起诉,请求法院判令二被告给付原告人民币13万元整,二被告承担连带责任。2009年6月17日,蓝文新、樊月枝以有独立请求权的第三人申请参加本案诉讼,请求被告给付余款人民币13万元中属于其份额6万元。另查明,被告蓝秀朋与被告蓝会芳为夫妻关系,与蓝秀田为同胞兄弟关系。第三人蓝文新、樊月枝与死者蓝雪山为祖父母关系。被告蓝秀朋在中国农业银行银行卡至2009年1月26日(即蓝秀田死亡之日)止,卡上余额为17 865.91元。

3. 一审判案理由

忻城县人民法院经审理认为,当事人对自己提出的诉讼请求所依据的事实或者反驳对方诉讼请求所依据的事实有责任提供证据加以证明。没有证据或者证据不足以证明当事人的事实主张的,由负有举证责任的当事人承担不利后果。本案中,死者蓝雪山的父亲蓝秀田虽让该公司将余款13万元存入被告蓝秀朋在中国农业银行忻城县支行开办的银行账户中,但当时是基于其未带身份证,无法在银行部门开办银行账户,且从该13万元款项存入被告蓝秀朋的账户至蓝秀田身亡,已过了一年多时间。现该银行卡上至蓝秀田死亡之日止,卡上余额仅剩17 865.91元,并未排除蓝秀田在生前已将这13万元款项作了处分。原告诉请要求二被告给付这13万元款项及第三人诉请要求二被告给付这13万元款项中的6万元,应对该13万元款项尚存在二被告账户中,且蓝秀田在生前尚未对该13万元款项作处分这一事实负有举证责任。现原告及第三人均未能提供充分证据证实该 13 万元款项尚由二被告持有及蓝秀田生前尚未对该 13 万元款项作处分。原告及第三人的诉请,因证据不足,理由不充分,不予支持。

4. 一审定案结论

忻城县人民法院依照《中华人民共和国民事诉讼法》第六十四条第一款、最高人民法院《关于民事诉讼证据的若干规定》第二条之规定,作出如下判决:

"一、驳回原告欧利敏的诉讼请求;

二、驳回第三人蓝文新、樊月枝的诉讼请求。"

(三)二审情况

1. 二审诉辩主张

欧利敏不服一审判决,向本院上诉称:(1)蓝秀朋承认厂方将赔偿款 13 万元存入其银行卡账户,蓝秀朋就应有义务妥善保管好,如两被上诉人未能妥善保管即应承担赔偿责任。(2)13 万元死亡赔偿金应属蓝秀田和欧利敏所有,两被上诉人应无条件将保管的 13 万元赔偿款项全部给付上诉人。(3)第三人蓝文新、樊月枝并非死者蓝雪山的第一顺序继承人,不能与上诉人共同分割因蓝雪山死亡获取的死亡赔偿金。一审法院认定事实不清,适用法律错误,请求二审法院依法撤销一审判决。

被上诉人蓝秀朋、蓝会芳答辩称:(1)蓝秀田在没有银行卡的情况下,借用蓝秀朋的银行卡作为拿走死亡赔偿金的工具,蓝秀朋没有义务为其保管,更没有义务对上诉人负责。(2)蓝秀田抚养两个孩子长大成人,死亡赔偿金应属蓝秀田所有。(3)蓝秀朋依照蓝秀田的遗嘱将 5 万元交给原审第三人,第三人占有和使用这 5 万元,于情于理于法是应当的。一审法院认定事实清楚,适用法律正确,请求二审法院维持。

第三人蓝文新、樊月枝答辩称:欧利敏与蓝秀田离婚后,蓝雪山一直由蓝文新、樊月枝抚养,死亡赔偿金 5 万元给蓝文新、樊月枝是符合法律规定的。

2. 二审事实和证据

二审确认了一审法院认定的事实。

3. 二审判案理由

广西壮族自治区来宾市中级人民法院认为,蓝秀田在处理蓝雪山后事时,因未带身份证无法在银行开户,又因已与欧利敏离婚,不同意将款交给欧利敏,而将赔偿款 13 万元存入蓝秀朋的银行卡,欧利敏、蓝秀朋均认可这一事实。据此,是蓝秀田借用蓝秀朋的银行卡使用。上诉人欧利敏上诉要求蓝秀朋承担保管责任,给付保管的赔偿款 13 万元,蓝秀朋与欧利敏之间并不存在保管合同关系,蓝秀朋对欧利敏不应承担保管责任,欧利敏该主张理由不成立,不予采信。一审法院认定事实清楚,适用法律正确,实体处理正确,应予维持。

4. 二审定案结论

广西壮族自治区来宾市中级人民法院依照《中华人民共和国民事诉讼法》第一百五十三条第一款第(一)项之规定,作出如下判决:

驳回上诉,维持原判。

（四）再审诉辩主张

广西壮族自治区人民检察院抗诉称：（1）原判决仅审理了申诉人、蓝秀田、第三人与被申诉人之间是否存在保管合同关系，并作出了判决，却遗漏了申诉人与第三人关于继承相关遗产并进行分割的诉讼请求，判决有误。（2）蓝春桃应作为有独立请求权的第三人参加诉讼。（3）原判决将本案定性为物权保护纠纷错误。申诉人欧利敏、蓝秀田与被申诉人蓝秀朋之间所形成的法律关系为保管合同关系而非借用银行账户关系。

再审过程中，申诉人欧利敏称：（1）广东公司是因为申诉人、蓝秀田、被申诉人蓝秀朋共同签字才将款存入蓝秀朋账户的，在几方签字时起即存在保管关系。蓝秀朋应妥善保管该款项，即使是蓝秀田使用了该款，蓝秀朋也应提交证据证实。原判决认定不存在保管关系错误。（2）原判将目前13万元是否尚在被申诉人蓝秀朋手上，以及蓝秀田是否对该款项作了处理的举证责任落实给申诉人错误。

被申诉人及第三人仍持原诉理由。

（五）再审事实和证据

广西壮族自治区来宾市中级人民法院经审理查明，原一、二审判决认定的事实正确，再审予以全部确认。另查明，被申诉人蓝秀朋在蓝秀田死后，向第三人蓝文新支付过5万元。再审期间各方当事人均没有提交新证据。

（六）再审判案理由

广西壮族自治区来宾市中级人民法院认为，蓝雪山在广东打工期间，因工死亡，获厂方赔偿死者家属丧葬补助金、一次性工亡补助金及补偿金共计15万元，除去办理后事费用尚余13万元。该笔款系通过被申诉人蓝秀朋的银行卡带回，是各方当事人均认可的事实。银行卡是储户与银行之间建立储蓄合同关系的凭证，也是储户提示银行付款的凭证，作为种类物的货币进入储户账户后，即推定该储户占有了该笔钱款。所以蓝秀朋要免除给付这13万元责任的前提，是其提供证据证明已向工伤死亡赔偿金权利人支付了该笔钱款，而不是他与赔偿权利人之间是否存在保管关系。申诉人欧利敏基于是死者蓝雪山的生母起诉蓝秀朋要求分割这笔赔偿金，起诉及被诉的主体均适格。而第三人依据其对蓝雪山尽过抚养义务，作为有独立请求权的第三人也要求分割这笔赔偿金，当事人之间诉讼权利义务的法律关系是工亡赔偿金的分割，本案应定性为工伤死亡赔偿金分割纠纷。依照《继承法》第3条的规定，遗产是公民死亡时遗留的个人合法财产。工伤死亡赔偿金的形成及实际取得发生在死者故后，显然不属于遗产范围。工伤死亡赔偿金是源于法律的规定，是对间接受害人，死者的近亲属的原始权利损失的填补，工伤死亡赔偿金的分割应在死者近亲属之间进行，综合考虑分配权利人与受害人关系的远近和共同生活的紧密程度、对受害人经济依赖程度及其生活状况等因素。本案中蓝雪山的父母是其最亲近的人，也是其法定赡养对象，作为母亲的申诉人欧利敏虽然自蓝雪山小时就因离婚未跟其生活，但这并不影响其享有儿子工伤死亡赔偿金的权利。第三人作为蓝雪山的祖父母，一直与其共同生活，将其抚养成人，亦应是工伤死亡赔偿金的权利人。综合欧利敏与蓝雪山生活的时间短，年纪尚不足五十，仍具有劳动能力，而第三人已年迈多病，不具有劳动能力，生活状况较差等实际情况，本案的工伤死亡赔偿金分配，第三人所占的比例应适当高于蓝雪山父母所占的比例，第三人各占30％，蓝雪山的父母各占20％为宜。被申诉人蓝秀朋称蓝秀田死后，其已将剩余的5万元钱给付第三人蓝文新，蓝文新当庭予以认可，该5万元可以免除蓝秀朋的举证责任。进入其账户的另外8万元，蓝秀朋没有举证证实去向，依法应承担给付义务。故蓝秀朋应向申诉人欧利敏支付13万元的20％即2.6万元，第三人蓝文新、樊月枝在本案中的权利是13万元的60％计7.8万元，但其仅起诉要求6万元，是其权利的自行处分，扣除其已从蓝秀朋处得到的5万元，被申诉人尚应支付第三人1万元。本案是因蓝雪山的工伤死亡赔偿金进入蓝秀朋的银行账户而引发的给付义务，与蓝秀朋之妻蓝会芳没有法律上的关系，蓝会芳不应承担本案责任。原一、二审判决对本案定性错误，将蓝秀朋账户中13万元的去向问题的举证责任落实到申诉人一方亦属适用法律错误，应予纠正。检察机关抗诉将13万元工伤死亡赔偿金定性为遗产不正确，但其认为原审判决遗漏了对这部分财产进行分割的抗诉理由成立。

（七）再审定案结论

广西壮族自治区来宾市中级人民法院依照《中华人民共和国民事诉讼法》第一百五十三条第一款第（二）、第一百八十六条，《中华人民共和国继承法》第三条之规定，作出如下判决：

"一、撤销本院（2009）来民一终字第382号民事判决及忻城县人民法院（2009）忻民初字第134号民事判决；

二、被申诉人蓝秀朋给付申诉人欧利敏蓝雪山工伤死亡赔偿金2.6万元；

三、被申诉人蓝秀朋给付原审第三人蓝文新、樊月枝蓝雪山工伤死亡赔偿金1万元；

四、驳回申诉人欧利敏的其他诉讼请求。"

（八）解说

1. 死亡赔偿金的性质

死亡赔偿金请求权的形成及赔偿金的实际取得发生在死者故后，而不是死者生前；且死亡赔偿金也不是对死者财产损失和生命的赔偿，即不是对死者本人的赔偿，因此，死亡赔偿金不属于死者的遗产范围。死亡赔偿金的取得并不体现死者的意志或合同的事先约定等原因，而是源于法律的直接规定，是对间接受害人死者的近亲属的原始权利损失的填补，即死亡赔偿金请求权是死者近亲属的原始权利。死亡赔偿金的分割应综合考虑权利人与受害人关系的远近和共同生活的紧密程度、对受害人经济依赖程度及其生活状况等因素,在死者近亲属之间进行分配。

2. 案件定性

本案一、二审定性错误导致了审理方向错误,得出申诉人与被申诉人不存在保管合同关系,被申诉人对申诉人不应承担保管责任,甚至申诉人要承担举证责任证实该13万元款项尚由被申诉人持有及申诉人前夫生前尚未对该款项作处分的这样的结论,导致了本案经一、二审审理,作为死亡赔偿金权利人——死者的母亲却无法获得该笔死亡赔偿金中应有的份额,引发了抗诉再审。再审本案厘清了法律关系,重新准确定性为死亡赔偿金分割纠纷,妥善解决了矛盾,平息了诉争。

(广西壮族自治区来宾市中级人民法院　黄剑)

74. 李萍诉李林、邱忆债权案

(一) 首部

1. 判决书字号

一审判决书:广西壮族自治区柳州市柳南区人民法院(2010)南民初(一)字第814号。

二审判决书:广西壮族自治区柳州市中级人民法院(2011)柳市民一终字第818号。

2. 案由:债权纠纷。

3. 诉讼双方

原告(被上诉人):李萍,女,1969年6月19日出生,汉族,中国建设银行柳州支行职员,住柳州市柳南区。

被告(被上诉人):李林,男,1964年9月10日出生,汉族,江西省丰城县人,系南宁铁路局柳州火车站职工,住柳州市鹅山路。

委托代理人:索生凤,广西君行律师事务所律师。

被告(上诉人):邱忆,女,1969年4月26日出生,汉族,系富丽嘉社区工作人员,住柳州市鹅山路。

委托代理人:周秀英,女,1941年12月25日出生,汉族,住柳州市柳北区,系邱忆的母亲。

4. 审级:二审。

5. 审判机关和审判组织
一审法院：广西壮族自治区柳州市柳南区人民法院。
合议庭组成成员：审判长：李超；人民陪审员：陈晶晶、蒙丽霞。
二审法院：广西壮族自治区柳州市中级人民法院。
合议庭组成成员：审判长：吴媚媚；审判员：傅广德；代理审判员：李佳。
6. 审结时间
一审审结时间：2011年3月23日。
二审审结时间：2011年11月3日。

（二）一审情况

1. 一审诉辩主张
原告李萍诉称：柳州市永前路81号原系母亲彭玉英所有的房产，2006年因彭玉英年事已高，为了避免将来小孩之间因房产出现纠纷，故以10万元的价格将该房屋转让给其儿子李林，并另借支了2万元给李林办理房产过户手续。李林在2006年12月出具了欠条给原告。后两被告因感情不和闹离婚，并将永前路81号作为夫妻共同财产分割。但二被告对于房屋转让款却至今未支付给彭玉英。为此，彭玉英诉至法院，请求法院依法判决：（1）判令二被告支付房屋转让款和过户费用人民币120 000元给原告；（2）判令二被告承担本案诉讼费用。因原告的母亲彭玉英在本案诉讼过程中已死亡，故要求二被告将欠款偿付给原告。

被告李林辩称：债务是真实的。柳州市中级人民法院在我与邱忆的离婚案件中，已判决邱忆获得80%的夫妻共同财产，故邱忆应当承担80%的债务。

被告邱忆辩称：李林出具的借条是虚假的，我与李林夫妻关系存续期间是完全有经济能力购买讼争房屋的。我方不同意原告的诉请，请求法院驳回原告的诉讼请求。另外，由于主体的变更，李林与李萍是兄妹关系，如李林放弃继承权，李萍不能以彭玉英的诉请作为自己的诉请继续在本案中审理。我方不能以生效判决分割李林与邱忆共同财产的比例来确定本案债务的分配。

2. 一审事实和证据
柳州市柳南区人民法院经审理查明：原告李萍与被告李林系兄妹关系，二人均系彭玉英的子女，彭玉英的法定继承人即为李萍与李林。柳州市永前路81号的房屋原系彭玉英所有。彭玉英与被告李林于2006年6月29日签订了一份《房屋买卖协议》，双方约定：彭玉英自愿将该房产产权转让给李林。（1）房屋卖价为人民币100 000元；（2）双方商定到房产局交件当日李林须一次性付清人民币100 000元给彭玉英；（3）彭玉英应协助李林办理上述房产过户手续，房地产过户所需契税及一切费用由李林负责支付。双方还就房屋其他费用的支付及违约责任等进行了约定。该房屋在2006年12月8日已过户至李林所有。原告提交一份李林所写的欠条记载：今欠母亲彭玉英房屋转让款人民币100 000元整，永前路81号房屋的过户一切费用20 000元由母亲垫付，该款和房屋转让款一并偿还。被告李林与被告邱忆系原系夫妻关系。李林于2009年5月4日向本院起诉要求与邱忆离婚。本院作出（2010）南民初（一）字第64号民事判决书，判决：（1）准许二人离婚；（2）柳州市永前路81号房屋属于李林所有，李林一次性补偿邱忆110 000元，并分割了双方其他的夫妻共同财产；（3）李林一次性支付邱忆精神损害抚慰金2 000元。李林不服本判决，上诉至柳州市中级人民法院，柳州市中级人民法院维持了本院的判决。彭玉英于2010年3月18日向本院起诉，要求二被告偿还欠款人民币120 000元。在审理期间，彭玉英死亡，李林表示自愿放弃对彭玉英遗产的继承权及债权的继承权。故本院依法只追加了李萍作为本案的原告参加诉讼。

上述事实有下列证据证明：

（1）欠条原件一份，证明本案争议的房屋是彭玉英出售给李林的，价格为100 000元，过户费用20 000元；

（2）借条复印件二份，证明李林与邱忆有能力购买涉案房屋，不需要向彭玉英借款；

（3）死亡证明书，证明彭玉英在一审诉讼过程中已经死亡；

（4）房屋所有权证、契税完税证、《房屋买卖协议》各一份证明涉案房屋是彭玉英出售给李林，现已登记在李林名下；

（5）婚姻财产纠纷案件共有财产登记表、公证书、（2010）南民初（一）字第64号民事判决书，证明在李林与邱忆的离婚诉讼中，法院已经对涉案房屋作出了分割，房屋所有权已归李林；

（6）关于放弃继承权的说明，证明李林放弃对彭玉英享有的债权的继承。

3. 一审判案理由

柳州市柳南区人民法院认为：依照最高人民法院《关于适用〈中华人民共和国婚姻法〉若干问题的解释（二）》第二十四条规定："债权人就婚姻关系存续期间夫妻一方以个人名义所负债务主张权利的，应当按夫妻共同债务处理。但夫妻一方能够证明债权人与债务人明确约定为个人债务，或者能够证明属于婚姻法第十九条第三款规定情形的除外。"被告邱忆没有证据证明彭玉英与李林明确约定了120 000元为李林的个人债务或存在《婚姻法》第十九条第3款规定的情形。邱忆提供的彭玉英与李林签订的《房屋买卖协议》第2条约定，"双方商定到房产局交件当日李林须一次性付清人民币100 000元"，但该约定是否履行邱忆没有提供证据证实，且虽然该房产已过户给李林，但双方在协议中并未约定李林不支付100 000元，不能将房产过户，故不能仅以此协议证明李林已经支付了购房款100 000元。邱忆还提供了向其母亲周秀英借款50 000元的借条，欲证明李林购买房屋时，邱忆借款出资了50 000元，李林在购房时是有能力将购房款履行完毕的。但李林不予认可，周秀英未出庭质证，故无法认定借条的真实性，仅凭该证据亦不能证实邱忆将50 000元交予李林购房。故被告提供的证据不能形成证据链证实120 000元债务是虚构的债务。综上，李林所负彭玉英的120 000元债务应当按夫妻共同债务处理。依照民法意思自治原则，李林可以放弃其对彭玉英遗产的继承。本案彭玉英所享有的120 000元债权系彭玉英的合法遗产，李林明确表示放弃继承，则由彭玉英的另一法定继承人即原告李萍享有该债权。被告邱忆关于李萍不能以彭玉英的诉请作为自己的诉请在本案中进行审理的辩解，法院不予采信。彭玉英的该笔债权在李林与邱忆的离婚案件中未进行处理，该债务系双方离婚后的财产纠纷，不能依照原离婚判决的财产分割比例进行处理，且李林没有证据证实离婚判决中财产的分割是依照8∶2的比例进行分配的。故李林要求债务负担依照该比例进行负担的辩解，法院亦不予采信。依照处理夫妻共同财产的原则，法院判决该债务由李林和邱忆各负担一半，并互负连带责任。

4. 一审定案结论

柳州市柳南区人民法院依照《中华人民共和国民法通则》第八十四条、《中华人民共和国婚姻法》第三十九条、最高人民法院《关于适用〈中华人民共和国婚姻法〉若干问题的解释（二）》第二十三条之规定，判决：

被告李林、被告邱忆各偿还原告李萍欠款人民币60 000元，二被告互负连带偿还责任。

案件受理费2 700元、诉讼保全费1 070元，由被告李林与被告邱忆共同负担。

（三）二审诉辩主张

1. 上诉人邱忆上诉称

（1）一审程序违法。一审遗漏当事人并且规避法律。彭玉英2010年7月9日死亡，其法定继承人为李林、李萍二人，依照继承法及婚姻法有关规定，在夫妻关系存续期间，一方继承取得的财产为夫妻共有，那么李林及李萍的配偶依法共同享有彭玉英所有的财产及债权债务。李萍的丈夫未放弃继承，在一审中应当依法追加为共同原告。另外，李林放弃继承权显然是规避法律责任的行为，其行为直接损害了上诉人的利益。因为彭玉英是在李林与邱忆的离婚诉讼二审判决结果出来之前去世的，邱忆与李林还是法律上的夫妻，如果李林不放弃继承权，本案债权的一半为上诉人与李林共有，根据债权债务相抵的原则，上诉人就不需要承担债务的一半。但李林放弃继承权，其目的就是规避法律，加重上诉人的偿还责任。

（2）一审实体判决不当，证据不具真实性。1）欠条与房屋买卖协议有出入，不应认定。协议第2条规定，"双方商定到房产局交件当日乙方一次付清给甲方10万元"，房产档案记载：2006年6月彭玉英将该房转让给李林，说明双方的房款在办理房屋过户手续时应当已经全部付清，因此李林事后于2006年12月才向彭玉英书写欠条的行为，不符合正常交易惯例，即该欠条不真实，不符合市场交易行为。2）房屋过户费用2万元显然过高，经核实柳州市永前路81号房屋的《柳州市房地产交易及产权登记税费明细表》，证明该房过户费用是2 000多元，可见欠条内容的虚假性。3）上诉人根本不清楚彭玉英和李林之间的房屋买卖协议，房屋买卖协议没有上诉人的签名和手印，本案应当是李林和李萍之间的问题，要求上诉人背负6万元的债务没有事实依据和法律依据。综上，本案债务系李林与彭玉英恶意串通捏造的，欠条属假证，希望二审查明事实，依法撤销一审判决、发回重审或者改判驳回李萍起诉，本案一、二审诉讼费用全部由被上诉人承担。

2. 被上诉人李萍答辩称

根据继承法，我的丈夫不是第一顺序继承人，不是本案的当事人，一审判决正确，请求维持原判。

3. 被上诉人李林答辩称

(1) 同意李萍的意见，李萍的丈夫不具有继承权，本案没有遗漏主体。

(2) 李林放弃继承权不是规避法律的行为。本案中，李林既是债务人也是继承人，李林为了案件审理工作的顺利进行，才同意放弃继承，但并未影响上诉人应当承担的债务份额，没有加大上诉人的偿还责任，没有损害上诉人的利益。

(3) 欠条真实有效，应作为定案依据。李林在与邱忆的离婚纠纷（2010）柳市民一终字第652号案件中已经提出本案债务的存在，而不是为了针对上诉人才在本案提出的，上诉人在一审中也没有提出司法鉴定，房产交易局登记的债务也没有登记该笔债务的履行问题。

(4)（2010）柳市民一终字第652号判决中，上诉人分得的房产份额占到夫妻共同财产的80%，故债务承担比例应当与财产分割比例一致，即上诉人应承担80%的债务份额。综上，请求二审法院驳回上诉，维持原判。

（四）二审事实和证据

柳州市中级人民法院经审理，确认一审法院认定的事实和证据。另根据上诉人提交的《柳州市房地产交易及产权登记税费明细表》，二审法院补充查明，办理柳州市永前路81号房屋房地产交易及产权过户登记所交纳的税费为2 256.06元。

（五）二审判案理由

柳州市中级人民法院经审理认为：本案争议焦点：（1）李林能否放弃继承权，李林在本案中放弃继承权是否损害上诉人的权利；（2）本案债务能否予以认定，应如何确定偿还责任。

关于争议焦点一，遗产继承是一项权利，继承权放弃是继承人的单方法律行为，继承人在继承开始后、遗产处理前，可以作出放弃继承的表示。李林和邱忆的离婚纠纷，经一、二审审理后，二审法院于2010年9月6日作出（2010）柳市民一终字第652号判决，双方的婚姻关系至该判决依法送达之日（即判决生效之日）起依法予以解除，而李林的母亲彭玉英于2010年7月9日去世，继承事实发生在李林与邱忆婚姻关系存续期间，但继承事实发生后一直未析产，故彭玉英的遗产处于其法定继承人共同共有的状态，李林作为法定继承人之一，在离婚时并未实际取得遗产的财产权利。根据我国婚姻法及相关司法解释规定，夫妻婚姻关系存续期间所得的财产为夫妻共同财产，它指双方已实际取得的财产，夫妻共同财产中包括的"一方或双方因继承、受赠而取得的财产"，也应是已实际取得的财产。彭玉英提起本案诉讼并于一审第一次开庭后死亡，李林作为债务人同时又是彭玉英的法定继承人，其于2010年12月28日向法院作出放弃继承的意思表示，应属在遗产处理前作出，该意思表示是否发生放弃继承的效力，要看其放弃有无违法性。首先，李林放弃继承的表示是在彭玉英死亡后法院依法追加继承人参加诉讼过程中作出的，为法律所允许，应作为其真实意思表示予以确认；其次，李林放弃继承，并未影响到离婚时邱忆可主张的夫妻共同财产权利的多少，因为离婚判决生效时李林虽享有继承份额但并未实际取得彭玉英在本案中主张的债权，也就是本案争议的债权并不属于李林、邱忆离婚时共同所有的财产权利，就算李林在本案中不放弃权利，也是在本案判决后才能实际取得债权，由此才可产生其个人债权债务相冲抵的法律后果，但该权利义务冲抵是没有法律溯及力的，显然，李林放弃继承本案债权只是对自己继承权利的处分，不涉及对邱忆的法定义务的履行，即李林是否继承其母亲的债权，不属于对邱忆应尽的法律义务，故其放弃继承并没有违法性，是有效成立的。

  关于争议焦点二，彭玉英依据李林所写的欠条主张本案 120 000 元债权，李林在本案中确认欠款事实并在李林与邱忆的离婚诉讼中曾提出要求法院将该笔债务作为夫妻共同债务予以确认并处理，现经本院核实，其中房屋转让款 100 000 元在欠条中所反映的欠款事由、欠款数额与《房屋买卖协议》、房屋产权证及土地证"记事"栏记载的内容一一对应，故本院依法认定欠条中关于欠房屋转让款 100 000 元的事实，并据以确认该笔债务；但是，欠条中记载的房屋过户一切费用 20 000 元与邱忆二审提交的《柳州市房地产交易及产权登记税费明细表》确定的房屋过户税费 2 256.06 元在数额上差异巨大，足以造成对欠条确认的过户费用 20 000 元的真实性的合理性怀疑，根据欠条中关于该款为"母亲彭玉英垫付"的表述，李萍、李林应提交彭玉英垫付了过户一切费用 20 000 元的实际付款凭证，但李萍、李林经本院释明后未予提交，因此在邱忆已经提交有效的反驳证据推翻欠条中关于过户费用 20 000 元的真实性的情况下，本院依法确认房屋过户税费为 2 256.06 元，对欠条中确认的欠过户费用 20 000 元的债务依法不予确认。《房屋买卖协议》第 2 条"双方商定到房产局交件当日李林须一次性付清人民币 100 000 元"为双方对付款期限的约定，但因付款行为需要实际履行，并不能根据已办理了房产过户的法律事实来推定该行为已经实际履行完毕，因此邱忆以已经办理了房产过户的事实推定购房款已经付清，未达到民诉法要求的证据的证明标准，其主张不能成立。邱忆还认为李林有支付购房款的能力、不需要欠款，从而主张李林与彭玉英恶意串通捏造债务，但是是否有债务履行能力与债务是否已实际履行完毕之间并没有必然因果关系，因而该主张也是不能成立的。李林一、二审提到房屋买卖当时母亲彭玉英曾口头表示房屋为附条件的赠与，但因为房产赠与需要办理公证才能过户，而本案的房屋却是以买卖方式依法办理过户的，并且彭玉英已经以提起本案诉讼的行为明确了其对于购房款的主张，并没有任何证据能证明房屋"名为买卖实为赠与"。因此，邱忆关于本案债务不存在的主张，也不能成立。依照上述分析，李林在与邱忆婚姻关系存续期间欠母亲彭玉英房屋转让款 100 000 元及过户费 2 256.06 元，事实清楚，证据充分，根据最高人民法院《关于适用〈中华人民共和国婚姻法〉若干问题的解释（二）》第二十四条的规定，本案债务应作为夫妻共同债务予以确认，且该债务在李林于 2006 年 12 月书写欠条给彭玉英收执时已经确定，之后并没有任何还款的事实，不论李林在本案中是否放弃继承，本案债务数额都不会改变，李林、邱忆作为本案债务人的身份也不会改变，因此邱忆关于李林放弃继承后加重其还款责任的主张不能成立，本案债务（100 000 元＋2 256.06 元 ＝102 256.06 元）应由李林、邱忆共同偿还，各承担 51 128.03 元，互负连带清偿责任。

（六）二审定案结论

柳州市中级人民法院依照《中华人民共和国民事诉讼法》第一百五十三条第一款第（一）项的规定，判决如下：

驳回邱忆的上诉，维持原判。

二审案件受理费人民币1 279元由邱忆负担。

（七）解说

继承权的放弃生效要件有二，其一为形式要件，我国《继承法》第25条以及最高人民法院《关于贯彻执行〈中华人民共和国继承法〉若干问题的意见》第47、48、49条有具体规定；本案中，在彭玉英死亡后，其遗产进行分割前，李林已经以书面方式明确表示其已经放弃彭玉英所享有的债权，其放弃继承权的形式要件已经成立。

其二为实质要件，最高人民法院《关于贯彻执行〈中华人民共和国继承法〉若干问题的意见》第46条规定："继承人因放弃继承权，致其不能履行法定义务的，放弃继承权的行为无效。"上诉人邱忆认为李林放弃继承权是"规避法律，加重上诉人的偿还责任"，其放弃继承权行为应属无效。但根据最高人民法院《关于审理离婚案件处理财产分割问题的若干具体意见》第2条的规定，夫妻共同财产是指夫妻双方在婚姻关系存续期间所得的财产。被上诉人李林与上诉人邱忆离婚的判决生效时，彭玉英的遗产尚未析产，即彭玉英所享有的债权一直处于李林与李萍共同共有的状态，李林没有取得相应的遗产份额，也就不会转化为李林与邱忆的夫妻共同财产，况且该放弃行为是在判决离婚判决生效后作出的，因此李林放弃继承权也并未减少婚姻关系存续期间的财产数额，不存在邱忆所称的李林放弃继承权是"规避法律责任的行为，其行为直接损害了上诉人的利益"之情形。另外，"履行法定义务"的界定在解释时应作限制解释。一方放弃继承权的行为导致其"不能履行法定义务时方为无效"则能够给夫妻非继承人一方带来救济，比如说一方为了逃避扶养的法定义务而放弃继承时，则可以被宣布无效。因此，仅在法定继承人存在"抚养、扶养、赡养"义务的情况下，方可提起确认放弃继承无效的诉讼。所以李林放弃继承权的行为也符合实质上的生效要件。

本案中上诉人邱忆的观点存在理解上的误区，即继承权等同于夫妻共同财产，放弃继承权需得到继承人的配偶同意方生效。但是从以上分析得出结论：第一，继承权并非实际已取得的财产，不能以夫妻存续期间的财产进行分割。第二，放弃继承权的意思表示无须配偶同意，只要符合形式上与实质上的生效要件，即可产生法律效力。

本案的不同之处在于，被上诉人李林既是彭玉英的继承人，也是彭玉英的债务人，而且其与上诉人邱忆同为连带债务人。如果李林行使继承权，其直接后果就是李林可以享有其母亲彭玉英本案中的一半债权，该部分即可与李林所负债务发生混同而相互抵销，则李林与邱忆共同负担的债务即可减轻一半。由此邱忆认为李林的放弃继承权行为导致"夫妻共同财产"的损失，致使其利益受到损害。但放弃继承权只是继承人所享有的权利，它不以其他人的意志为转移，李林选择放弃了继承权，在法律上他并没有得到什么利益，反而加重了其所负的债务。

上诉人邱忆的顾虑在于被上诉人李林"放弃继承权"是假，"隐藏夫妻共同财产"是真，即假意承担债务，由李萍申请执行邱忆名下的财产，实现债权后再私下与李萍进行分配或者李萍以赠与的方式将财产转到李林名下。如果这种情况发生，说明李林实际上仍旧继承了彭玉英的财产，这种行为属于《婚姻法》规定的"离婚后一方发现另一方离婚时有隐藏、转移夫妻共同财产的"情形，只不过这种隐藏手段更加高明，如当事人有确凿证据证实该情况的发生，可向法院提起诉讼，请求再次分割夫妻共同财产。

（广西壮族自治区柳州市中级人民法院　吴媚媚）

75. 杨秀琴诉杨明、杨杰继承案

（一）首部

1. 判决书字号：辽宁省沈阳市皇姑区人民法院（2011）皇民一初字第1067号。
2. 案由：继承纠纷。
3. 诉讼双方

原告：杨秀琴。

委托代理人：陆毅，系辽宁丰华律师事务所律师。

委托代理人：王卓莹。

被告：杨明、杨杰。

4. 审级：一审。
5. 审判机关和审判组织

审判机关：辽宁省沈阳市皇姑区人民法院。

合议庭组成人员：审判长：年芳芳；代理审判员：宁妍、王嘉。

6. 审结时间：2011年9月13日。

（二）诉辩主张

1. 原告诉称

2010年8月28日，原被告三方就其父亲杨维元遗产问题达成协议，原告放弃继承其父亲位于沈阳市皇姑区黄河北大街56-12号331和332的两套房产并配合二被告办理相关房产更名手续，二被告同意于协议达成后两个月内支付给原告人民币10万元。此后，原告按协议约定，协助被告办理完了一切更名和过户手续，但2010年10月28日此款到期后二被告拒绝支付，后原告多次索要未果。故原告请求：（1）判令二被告支付原告欠款 10 万元整；（2）支付 2010 年 10 月 28 日至判决之日的逾期付款利息；（3）本案诉讼费由二被告承担。

2. 被告杨明辩称

2010 年 8 月 28 日所签协议是由于航院动迁，涉及已去世父亲遗产，需先办理相关继承手续，明确继承人。因而三方签订协议，原告放弃财产继承权，并协助办理相关手续，作为补偿杨明、杨杰在两个月内付给原告人民币 10 万元。但事实上，该遗产早在 2009 年 6 月 5 日，由皇姑区人民法院以（2009）皇民一初字第 422 号调解书判归杨明所有。该协议所提"为更好解决杨维元遗产问题"已无意义，协议订立的理由已不存在。随后所提原告放弃遗产和配合办理相关手续也均不存在，因而该协议失去存在意义，杨明、杨杰也不存在给付原告 10 万元的义务。

3. 被告杨杰辩称

同意被告杨明的意见。

(三) 事实和证据

沈阳市皇姑区人民法院经公开审理查明：

原告与二被告系姐弟关系，原、被告的父亲杨维元于 2008 年 1 月 30 日去世，留有位于沈阳市皇姑区黄河北大街 56-12 号 331、332 两处房屋。

另查，2009 年原告杨秀琴、被告杨明、杨杰与继母艾秀芹因继承遗产问题发生纠纷诉至法院，后在法院主持下达成调解。调解笔录上记载本案原告杨秀琴与被告杨杰同意将自己继承的份额赠与被告杨明，调解书中记载"位于沈阳市皇姑区黄河北大街 56-12 号 331、332 房屋归原告杨明所有"。

再查，2010 年 8 月，位于沈阳市皇姑区黄河北大街 56-12 号 331、332 房屋动迁时，被告杨明将沈阳市皇姑区黄河北大街 56-12 号 331 房屋产权赠与被告杨杰。2010 年 8 月 28 日，原告与二被告签订协议书，内容为："为了更好地解决杨维元遗产问题，杨秀琴、杨明、杨杰自愿达成以下协议：杨明、杨杰共付给杨秀琴人民币拾万元整（100 000 元），为此，杨秀琴承诺放弃杨维元航院房产（皇姑区黄河北大街 56-12 号 331、332）继承权，并配合杨明、杨杰办理相关手续。杨明、杨杰承诺两个月内付清此款，逾期未付，加付利息。该协议一式三份，三人各一份，具有同等法律效力。"达成协议后，二被告未按期向原告支付 100 000 元，故原告诉至法院。

上述事实有下列证据证明：

1. 有双方当事人陈述，证明原被告之间对于继承房产存在有效约定；

2. 协议书，证明二被告承诺以 100 000 元作为原告放弃继承房屋的补偿，即原告以现金形式继承房产；

3. （2009）皇民一初字第 422 号民事调解书、调解笔录，证明原被告在与其继母的诉讼中，对于被继承人房产的处理。

（四）判案理由

沈阳市皇姑区人民法院经审理认为：

关于原告与二被告于 2010 年 8 月 28 日所达成协议的性质的问题。其一，从该协议的文义内容上分析，系原告放弃被继承人杨维元位于沈阳市皇姑区黄河北大街 56-12 号 331、332 房产的所有权，二被告为此共同给付原告房屋折价款 100 000 元。结合二被告在庭审上的自述，即二被告各自取得沈阳市皇姑区黄河北大街 56-12 号 331、332 房产所有权的事实，从公平诚信原则分析，应当认定原告系以现金形式继承被继承人杨维元位于沈阳市皇姑区黄河北大街 56-12 号 331、332 房产，即以房屋折价款的形式进行继承。

其二，该协议产生系在 2009 年原告、二被告与继母继承诉讼调解书的基础之上，即"将位于沈阳市皇姑区黄河北大街 56-12 号 331、332 两处房屋归杨明所有"，该分配行为系原告与二被告相对于继母的外部权利分割，由被告杨明作为代表先行继承。2010 年 8 月 28 日，原告与二被告所签订的协议系作为被继承人子女之间的财产分割内部协议。但在签订协议后，二被告取得了该两处房屋的所有权，原告实际已经将其应继承的份额赠与二被告，即原告已经履行了协议书中"放弃继承房产"的主义务，虽然现在客观事实上不需要履行相关手续，致使原告未能实际履行"办理相关手续"的从义务，但不能免除二被告共同支付原告 100 000 元的义务。

关于原告与二被告于 2010 年 8 月 28 日所达成协议的效力问题。庭审中，虽然被告杨明、杨杰主张系在急于办理动迁手续的情况下，被迫与原告签订该协议，并非其真实意思表示。但二被告并未提供证据予以证明，本院不予采信。因此，对于二被告的主张本院不予支持，原、被告达成的协议应为当事人的真实意思表示，具有法律效力，二被告应当按照协议书的内容履行给付义务。

关于二被告提出依据（2009）皇民一初字第 422 号民事调解书，位于沈阳市皇姑区黄河北大街 56-12 号 331、332 的两处房屋已归被告杨明所有的主张。在 2009 年本案原告和二被告起诉继母艾秀芹的诉讼中，根据相关调解笔录记载，原告杨秀琴和被告杨杰均将各自应继承份额赠与被告杨明，调解结果为由杨明一人继承两处房屋并向继母艾秀芹支付房屋折价款 50 000 元。但 2009 年调解诉讼，是以本案原、被告为被继承人子女方，相对于艾秀芹作为被继承人配偶的另一方。其实质，系本案原、被告作为一个整体与继母的外部诉讼，结合实际履行情况，系由被告杨明、杨杰共同给付继母艾秀芹 50 000 元，及在动迁时被告杨明将位于沈阳市皇姑区黄河北大街 56-12 号 331 房屋赠与被告杨杰。应当认定 2009 年的继承诉讼中原告杨秀琴和被告杨杰将各自应继承的份额赠与被告杨明是将被告杨明作为继承人的代表，被告杨明以表象权利人的身份继承该两处房屋后，分别作出了将其中一处房屋给付被告杨杰及与被告杨杰共同给付原告 100 000 元的内部另行分配行为。因此，对于二被告的该主张不予支持。

关于原告要求二被告支付逾期付款利息的问题。原告与二被告签订的协议书中有逾期未付款加付利息的约定。根据我国法律规定，当事人一方不履行合同义务，应当承担继续履行、赔偿损失等违约责任。本案原、被告所签订协议书中的加付利息约定是对于二被告逾期未支付钱款的责任约定，未违反法律的规定，应认定该约定有效。原告与二被告对于逾期加付利息的利率未进行约定，根据公平原则并结合原告的损失情况，应当以银行同期存款利率予以计算。因此，二被告应当向原告支付从履行期限届满之次日即2010年10月29日起至本判决生效之日止的利息，利率按照银行同期存款利率计算。

（五）定案结论

沈阳市皇姑区人民法院根据《中华人民共和国民事诉讼法》第六十四条第一款、最高人民法院《关于民事诉讼证据的若干规定》第二条，《中华人民共和国民法通则》第五条，《中华人民共和国继承法》第十五条，《中华人民共和国合同法》第一百零七条的规定判决如下：

"（一）被告杨明、杨杰共同给付原告杨秀琴100 000元；

（二）被告杨明、杨杰共同给付原告杨秀琴从2010年10月29日起至本判决生效之日止的银行同期存款利息；

（上述款项在本判决生效后10日内全部履行）

上述款项如果未按本判决指定的期间履行给付金钱义务，应当依照《中华人民共和国民事诉讼法》第二百二十九条之规定，加倍支付延迟履行期间的债务利息。

（三）驳回原、被告其他诉讼请求；

本案受理费2 300元，由被告杨明承担1 150元、被告杨杰承担1 150元。"

（六）解说

本案判决认真贯彻了民法的诚实信用原则和公平原则。原告与二被告间就遗产继承所达成的协议，是各方的真实意思表示，不违反相关法律的强制性规定和公序良俗，各方理应遵守。虽然另案的调解协议与本案略有矛盾，但本判决合理地论证了原、被告作为一个整体与继母诉争的事实，以及作为个体对这部分利益再行分割的事实，既有层次，又符合逻辑，有理有据，体现了社会主义法治理念维护公平正义的原则。

（辽宁省沈阳市皇姑区人民法院　宁妍）

76. 范世贵诉范春等法定继承案

（一）首部

1. 判决书字号：重庆市永川区人民法院（2011）永民初字第02862号。

2. 案由：法定继承纠纷。
3. 诉讼双方
原告：范世贵。
法定代理人：高晓明，系原告范世贵之子。
委托代理人：王虹，重庆石松律师事务所律师。
被告：范春、罗树先、范军、范梅。
上列四被告共同委托代理人：罗远宽，系重庆市永川区昌州法律服务所法律工作者。
被告：田小华、田清顺、田勇、田强、田小平。
田小平的委托代理人：田清顺。
4. 审级：一审。
5. 审判机关和审判组织
审判机关：重庆市永川区人民法院。
合议庭组成人员：审判长：冉毅；代理审判员：徐毅强；人民陪审员：陈治奇。
6. 审结时间：2011年11月16日。

(二) 诉辩主张

1. 原告诉称

原告父亲范吉昌与母亲谢长富生前系原永川县东南乡东岳村5社社员，在该村有房屋一套，建筑面积86.40平方米。范吉昌、谢长富生育有子女四人，分别为范世先、范世云、范世海和原告范世贵。范吉昌、谢长富已去世，留有遗产即上述房屋一套。1993年征地拆迁时，四川省永川经济技术开发区开发总公司对该房屋进行了拆迁。范世海于1993年8月7日代表兄弟姊妹四人与四川省永川经济技术开发区开发总公司签订了《房屋拆迁协议》、《集资联建协议书》，并于1993年12月22日签订了《房屋拆迁补充协议》。四川省永川经济技术开发区开发总公司按照合同约定为范世海等四人安置了位于重庆市永川区东外街2号安置房西楼附8号的门面一间，位于重庆市永川区中山大道东段88号2-2号的住房一套。1998年11月23日，范世海、范世先在原告无民事行为能力的情况下伪造范世贵的签字签订了所谓的《房屋产权协议》，1998年11月30日，范世海凭借该房屋产权协议到永川市国土资源与房屋管理局将上述两套房屋过户到自己名下。范世海去世后，被告范春、罗树先分别继承了上述房屋，现位于重庆市永川区东外街2号安置房西楼附8号的门面一间的房屋产权人已变更为被告范春，位于重庆市永川区中山大道东段88号2-2号的住房一套的房屋产权人仍为范世海。原告作为合法继承人有权对范吉昌、谢长富的遗产进行继承，该遗产于1993年已经安置成重庆市永川区东外街2号安置房西楼附8号的门面及重庆市永川区中山大道东段88号2-2号的住房。范世海在原告无民事行为能力期间擅自伪造原告签名将房屋过户到自己名下，剥夺了原告的继承权，侵犯了原告的合法权益，故起诉要求确认原告享有重庆市永川区东外街2号安置房西楼附8号的门面（房产证号为永字第0102264号）50%的所有权份额及重庆市永川区中山大道东段88号2-2号的住房（房产证号为永字第1035332）50%的所有权份额。

2. 被告范春、罗树先、范军、范梅辩称

从程序上讲，原告的诉讼不符合规定，因原、被告讼争房屋的产权人已作变更，由重庆市永川区国土资源和房屋管理局向范世海、范春颁发了房屋产权证书，是通过合法途径取得的产权证书，根据物权法的规定，原告不能擅自主张该房屋权利，故原告应先提起行政诉讼，而不应先提起民事诉讼；从实体上讲，原告已于1998年11月23日通过房屋产权协议放弃了讼争房屋产权，原告现起诉要求享有房屋50%的所有权份额缺乏相关的事实和法律依据，原告在诉状中诉称的"伪造范世贵的签字将房屋私自过户"与事实不符，房屋产权协议上有范世贵本人签字和捺印，故应驳回原告的诉讼请求。

3. 被告田小华、田清顺、田勇、田强、田小平辩称

其五人之母范世云系范吉昌的女儿，范吉昌去世后，范世云有权继承范吉昌的遗产，母亲范世云去世后，其五人有权继承母亲应继承的遗产份额，故不同意原告享有范吉昌、谢长富遗产50%的份额，要求法院依法裁决。

(三) 事实和证据

重庆市永川区人民法院经公开审理查明：原告父亲范吉昌与母亲谢长富于1931年2月结婚后生育了范世先、范世贵，与龙树华于1942年7月结婚后生育了范世云、范世海。范吉昌与谢长富、龙树华均未办理结婚登记手续，系新中国成立前形成的一夫多妻家庭，新中国成立后范吉昌与谢长富、龙树华仍共同生活在一起。范吉昌与谢长富于1938年在原永川县东南乡东岳村5社修建了房屋一套，建筑面积86.40平方米，范吉昌与谢长富、龙树华均系原永川县东南乡东岳村5社社员，共同生活居住在该套房屋，共同将上述四个子女抚养成人。龙树华于1978年去世，范吉昌于1986年4月去世，谢长富于1987年6月去世，三人去世后，范世先、范世贵、范世云、范世海未对前述房屋进行分割。该房屋在1991年9月1日办理乡村房屋所有权证时将所有权人确认为范世海，房产来源为继承，建造年代为新中国成立前。1993年原四川省永川经济技术开发区开发总公司对该房屋进行了拆迁。1993年8月7日，范世海代表兄弟姊妹四人与原四川省永川经济技术开发区开发总公司签订了《房屋拆迁、安置、补偿协议书》、《集资联建协议书》，于1993年12月22日签订了《房屋拆迁补充协议》。前述协议载明，被拆迁人原旧房属土瓦结构，建筑面积为86.40平方米，其中住宅79.525平方米，非住宅6.875平方米，按《重庆市房屋评估价标准》对该房屋进行综合评价，加上临时过渡费、搬家费、一次性奖励款各种补偿费共计6531元，对该房屋拆迁后还产房住宅为67.55平方米，非住宅为39.02平方米，被拆迁人应交建房费44672元，减除各种补偿费6531元后，被拆迁人应补交建房费38141元。该建房款全部由范世海进行了补交。原四川省永川经济技术开发区开发总公司对安置房屋面积适当调整后，为范世海等四人安置了位于重庆市永川区东外街2号安置房西楼附8号的门面一间（建筑面积为32.96平方米），位于重庆市永川区中山大道东段88号2-2号的住房一套（三室一厅，建筑面积为77.69平方米）。

范世云与其丈夫田治奇婚后生育了田小华、田清顺、田勇、田强、田小平五个子女，范世云于1993年3月去世后田治奇表示放弃范世云应继承的遗产份额，但五个子女未明示放弃继承。原告范世贵于1983年8月因枪伤患有精神病，于1983年8月18日在原永川县三教精神病院住院治疗了98天，中国残疾人联合会于2010年6月7日向原告颁发了精神二级残疾人证。原告范世贵在范吉昌与谢长富死亡后与范世海居住在一起，由范世海进行生活上的照顾。原告范世贵之夫高守权亦系精神病人，二人于1981年12月30日生育了高晓明。1998年11月23日（原告范世贵之子高晓明当时尚未成年），范世海与原告及范世先在原永川市中山路法律服务所的调解和鉴证下，共同协商签订了《房屋产权协议》。该协议约定范世先自愿放弃继承权，由范世海承担房屋还产的补差余额，范世贵系残障人且多年生活由范世海照顾，未承担还产补差义务，故放弃产权，但享有房屋居住权，该房屋的产权归范世海所有，范世贵的子女不享有原告所居住房的继承权，且范世贵在有生之年范世海不能作任何处理。该协议同时对该住房三室一厅作出安排，由原告居住相邻厕所的一间正屋并使用厨房，范世海居住另两室一厅，厕所和内阳台为共同使用。1998年11月30日，范世海凭借该房屋产权协议及原永川市中山路法律服务所出具给基建处、确权处的函到原永川市国土资源与房屋管理局将上述两套房屋过户到了自己名下。范世海于1999年1月8日去世后，其妻罗树先与其女儿范梅表示放弃继承重庆市永川区东外街2号安置房西楼附8号的门面一间，并于2001年4月20日对放弃继承权及赠与合同进行了公证。现位于重庆市永川区东外街2号安置房西楼附8号的门面一间的房屋产权人已变更为被告范春，位于重庆市永川区中山大道东段88号2-2号的住房一套的房屋产权人仍为范世海，共有权人为罗树先。原告之子高晓明现已成年，在原告的精神二级残疾人证上载明高晓明系原告的监护人。

另查明，原告范世贵与被告罗树先、范军、范春、范梅财产权属纠纷一案，原告范世贵于2010年7月19日向本院撤回起诉。原告范世贵于2010年7月29日向本院起诉与被告重庆市永川区国土资源和房屋管理局、第三人罗树先、范军、范春、范梅不服房屋行政登记一案，于2010年9月17日向本院撤回起诉。

上述事实有下列证据证明：
1.《房屋拆迁、安置、补偿协议书》：证明遗产房屋的面积、评估金额。
2.《集资联建协议书》：证明安置房的位置、面积、应交房款金额。
3.《房屋拆迁补充协议》：证明对安置房面积所作的适当调整。
4.《房屋产权协议》：证明范世先自愿放弃继承，原告作为限制行为能力人在没有监护人的情况下签订的放弃产权协议。
5. 永川市中山路法律服务所出具的函：证明《房屋产权协议》是双方充分协商下签订的，没有欺诈行为，是真实有效的。
6. 乡村房屋所有权证：证明该遗产房屋的产权人已办为范世海。
7. 重庆市私有房屋所有权登记申请书：证明遗产房屋最初产权人就登记为范世海。
8. 赠与合同：证明范世海去世后，其妻罗树先、其女范梅放弃继承权。
9. 公证书：证明赠与合同是真实有效的。
10. 个人房地产变更登记表：证明范世海去世后，安置房门面一间已将产权人变更为范世海之子范春。

11. 身份证：证明原、被告的身份信息。

12. 田治奇的放弃继承权声明及更正说明：证明其放弃继承权只代表自己放弃，不代表其子女放弃继承权。

13. 住院病历及残疾人证：证明原告患精神病的时间及住院治疗情况，同时证明原告系精神二级残疾人。

14. 贵州省岑巩县客楼乡人民政府出具的证明：证明原告之夫高守权也系精神病人。

15. 永川区中山路社区居委会出具的证明：证明原告的监护人现为其子高晓明。

16. （2010）永行初字第50号行政裁定书：证明原告曾起诉国土房产部门房屋行政登记纠纷一案，之后自愿撤回起诉。

17. （2010）永民初字第3251号民事裁定书：证明原告曾起诉财产权属纠纷一案，之后自愿撤回起诉。

18. 证人陈吉元、阳建平、钟景珂、范世先的调查笔录：证明原告曾患精神病的治疗情况及原告在签订房屋产权协议书时的精神状况。

19. 重庆市永川区民政局杨乾云、王崇清的走访笔录：证明对于新中国成立前所形成的一夫多妻婚姻效力问题。

20. 死亡注销户口证明：证明范世海的死亡时间。

（四）判案理由

重庆市永川区人民法院经审理认为：本案所争议的焦点首先在于1998年11月23日范世贵、范世海、范世先所签订的《房屋产权协议》的效力问题，即范世贵放弃产权的约定是否有效，如其无效，本案讼争的房屋就不能按该协议处理，而应按继承财产分割处理。从本案查明的事实来看，原告范世贵于1983年8月起患有精神病，至2010年6月7日领取精神二级残疾人证，期间并无证据证明其已治愈，故应视作限制行为能力人，且在签订该《房屋产权协议》时亦无医学证据证明其是在精神清醒状态下所作出的意思表示行为。根据《中华人民共和国继承法》第六条第二款的规定，限制行为能力人的继承权、受遗赠权，由他的法定代理人代为行使，或者征得法定代理人同意后行使。同时最高人民法院《关于贯彻执行〈中华人民共和国继承法〉若干问题的意见》第八条规定，法定代理人代理被代理人行使继承权、受遗赠权，不得损害被代理人的利益；法定代理人一般不能代理被代理人放弃继承权、受遗赠权。明显损害被代理人利益的，应认定其代理行为无效。原告范世贵作为限制行为能力人，是在没有法定代理人监护的情况下所签订的《房屋产权协议》，其并不知道自己行为的性质，不能预见其后果，也不知道其放弃继承房屋系价值较大的财产，故原告范世贵在所签订的《房屋产权协议》中放弃产权的条款无效。另外，范世云在继承开始后并没有明示放弃继承，其在龙树华、范吉昌、谢长富的遗产分割前死亡，其所继承的遗产应转移给其合法继承人继承。范世云之夫田治奇虽然明确表示放弃范世云应继承的遗产份额，但其五个子女即田小华、田清顺、田小平、田勇、田强并未明示放弃继承，该协议亦没有范世云的上述五个子女的签字，故范世海于1998年11月23日与原告及范世先所签订的《房屋产权协议》中针对范世贵放弃产权以及针对范世云五个子女继承权的部分均应无效。

本案所争议的第二个焦点在于该讼争房屋的原始产权问题和继承人范围问题。从查明的事实分析，该房屋虽由范吉昌、谢长富所建，但由于历史问题，该房屋是否为范吉昌、谢长富、龙树华共同共有无法查明。从尊重历史、照顾现实的角度出发，三人共同生活居住于该房屋且共同抚养四个子女成人，可以推定该房屋为范吉昌、谢长富、龙树华共同共有。最高人民法院《关于贯彻执行〈中华人民共和国继承法〉若干问题的意见》第二十条规定，对于在旧社会形成的一夫多妻家庭中，子女与生母以外的父亲的其他配偶之间形成扶养关系的，互有继承权。范吉昌与谢长富、龙树华去世后均未留有遗嘱，也未与他人签订遗赠扶养协议，故范吉昌与谢长富、龙树华的遗产即原永川县东南乡东岳村5社的房屋一套应适用法定继承处理。因此，本案讼争房屋的继承问题除范世先明示放弃继承有效外，其余部分不能按前述协议进行分割，该套房屋应由范世贵、范世云、范世海各继承1/3的产权份额。

本案所争议的第三个焦点在于该讼争房屋的遗产范围问题和继承份额问题。由于范世贵、范世云、范世海对该套房屋一直未进行分割，龙树华、范吉昌、谢长富留下的遗产即原永川县东南乡东岳村5社土瓦结构房屋一套（建筑面积86.40平方米，其中住宅79.525平方米，非住宅6.875平方米）现拆迁安置成为重庆市永川区东外街2号安置房西楼附8号的门面一间（建筑面积32.96平方米）及重庆市永川区中山大道东段88号2-2号的住房一套（建筑面积为77.69平方米）。拆迁安置时按《重庆市房屋评估价标准》对范吉昌与谢长富、龙树华的遗产房屋进行了综合评价，加上临时过渡费、搬家费、一次性奖励款各种补偿费共计6 531元，该款所对应的安置房屋部分才能作为范吉昌与谢长富、龙树华的遗产范围。拆迁安置的房屋当时价款共计44 672元，范世海补交建房费38 141元所对应的房屋部分不应作为龙树华、范吉昌、谢长富的遗产范围处理。龙树华、范吉昌、谢长富的遗产房屋价值（6 531元）部分占安置房屋价值（44 672元）部分的比例为14.62%，这一部分才应由范世贵、范世云、范世海各继承1/3的产权份额，故原告范世贵所应继承的份额为享有重庆市永川区东外街2号安置房西楼附8号的门面及重庆市永川区中山大道东段88号2-2号的住房所有权4.87%的份额。原告要求确认其享有重庆市永川区东外街2号安置房西楼附8号的门面50%的所有权份额及重庆市永川区中山大道东段88号2-2号的住房50%的所有权份额的诉讼请求中超出4.87%的部分不能成立，本院不予支持。被告范春、罗树先、范军、范梅辩称该安置房的产权人已作变更，重庆市永川区国土资源和房屋管理局已向范世海、范春颁发了房屋产权证书，原告无权分割该房屋份额，应驳回原告诉讼请求的理由与继承法的规定不符合，不能成立，本院不予采纳。被告田小华、田清顺、田勇、田强、田小平辩称其五人有权继承范世云应继承遗产份额的理由成立，本院予以采纳，但因其五人未在本案中提起请求，故在本案中不作处理，其五人的继承权可另行解决。

（五）定案结论

重庆市永川区人民法院依照《中华人民共和国继承法》第二条、第三条、第五条、第六条、第九条、第十条、第十三条，最高人民法院《关于贯彻执行〈中华人民共和国继承法〉若干问题的意见》第八条、第十六条、第二十条、第五十一条、第五十二条，作出如下判决：

1. 原告范世贵对重庆市永川区东外街2号安置房西楼附8号的门面一间（房地产权利人为范春，产权证号为永川市房地产权证永合字第0102264号，建筑面积32.96平方米）和重庆市永川区中山大道东段88号2-2号的住房一套（原永川市中山路办事处东岳村二社，所有权人为范世海，共有权人为罗树先，乡村房屋所有证号为永乡房产字第1035332，建筑面积为77.69平方米）享有4.87%的所有权份额；

2. 驳回原告范世贵的其他诉讼请求。

案件受理费80元，由原告范世贵负担40元，由被告范春、罗树先、范军、范梅负担40元。

（六）解说

1. 如何认定范吉昌、谢长富、龙树华所占遗留房产的份额

本案是典型的在旧社会形成的一夫多妻家庭中的财产继承纠纷案件。原告父亲范吉昌与母亲谢长富于1931年2月结婚后生育了范世先、范世贵，与龙树华于1942年7月结婚后生育了范世云、范世海。范吉昌与谢长富、龙树华均未办理结婚登记手续，新中国成立后范吉昌与谢长富、龙树华仍共同生活在一起，且针对该种历史遗留问题，民政部门的婚姻登记机关对新中国成立前存在的一夫多妻的情况本着尊重历史的原则均予以认可，但新中国成立后民政部门均未再另行颁发结婚证书。因历史遗留问题，该房屋无明确的房屋产权证书，且范吉昌、谢长富和龙树华均已去世多年，无法查明该房屋在何时所建，系谁所建，结合范吉昌、谢长富、龙树华共同居住在该房屋的具体情况，故本院认定该房屋系三人共同共有，对该房屋享有平等的所有权。

2. 如何认定当事人签名确认的《房屋产权协议》的效力

当事人于1998年11月23日所签订的《房屋产权协议》的效力直接关系原告的诉求是否合法，是否应当予以支持，也是本案重要的争议焦点之一。本院在审理中认为，该《房屋产权协议》系部分有效、部分无效的协议，该协议中涉及原告范世贵放弃继承的条款应属无效，其余部分应属有效，其原因有三。第一，在永川市中山路法律服务所的主持下，范世贵、范世海、范世先签订的该《房屋产权协议》中范世贵的签名笔迹明显与范世先的签名笔迹一致，故明显能看出"范世贵"的签名系由范世先所代签，应该认定范世贵放弃产权的意思表示无效。第二，从本案查明的事实来看，原告范世贵于1983年8月起患有精神病，至2010年6月7日领取精神二级残疾人证，期间并无证据证明其已治愈，其应为限制民事行为能力人，且在签订该《房屋产权协议》时亦无医学

证据证明其是在精神清醒状态下所作出的意思表示行为。根据法律规定，不能完全辨认自己行为的精神病人是限制民事行为能力人，可以进行与他的精神健康状况相适应的民事活动；其他民事活动由他的法定代理人代理，或者征得他的法定代理人的同意。原告范世贵作为限制民事行为能力人签订《房屋产权协议》，其并不知道自己行为的性质，不能预见其后果，也不知道其放弃继承的房屋系价值较大的财产，故原告范世贵在所签订的《房屋产权协议》中放弃产权的行为与其精神健康状况不相适应，该行为应属无效。第三，1998年11月23日原告范世贵父母已死亡、其夫高守权系精神病人、其子高晓明系未成年人，即便在签订该协议时其兄范世海是其法定代理人或者她的其他亲属是她的法定代理人，但根据《中华人民共和国继承法》第6条第2款的规定，限制行为能力人的继承权、受遗赠权，由他的法定代理人代为行使，或者征得法定代理人同意后行使。同时最高人民法院《关于贯彻执行〈中华人民共和国继承法〉若干问题的意见》第8条规定，法定代理人代理被代理人行使继承权、受遗赠权，不得损害被代理人的利益；法定代理人一般不能代理被代理人放弃继承权、受遗赠权。明显损害被代理人利益的，应认定其代理行为无效，故范世海和其他亲属代表原告放弃继承权的行为也属于无效行为。

3. 人民法院能否在房屋产权证已登记公示的情况下判定原告享有该房屋的份额比例

房屋产权为不动产物权之一，根据物权法的理论，物权具有公示原则，物权的公示原则是物权变动的基本原则。我国实行不动产物权登记原则，不动产物权的设立、变更、转让和消灭，依照法律规定应该登记的，自记载于不动产登记簿时发生效力。颁发房屋产权证是房屋管理部门依其行政职权所作出的具体行政行为，具体行政行为是指行政主体依法代表国家，基于行政职权所单方作出，能引起法律效果的行为，能够确定房屋的归属。本案中，国土资源和房屋管理局已经依法向范世海、范春颁发了房屋产权证书，该房屋产权证书被注销或更正前是具有法律效力的。我国《物权法》规定，不动产的设立、变更、转让和消灭，经依法登记，发生效力；未经登记，不发生效力，但法律另有规定的除外。本案中，国土资源和房屋管理局根据当事人的申请以及有当事人签名确认的《房屋产权协议》，对申请登记的不动产相关材料进行形式上的审查，并依法进行了登记，因而国土资源和房屋管理局登记并无不当。但在原告范世贵认为其放弃继承无效后向人民法院提起诉讼，要求确认其对该房屋享有一定比例的份额，人民法院经审理后，认定了《房屋产权协议》系部分无效，即原告放弃继承部分没有法律效力，原告也系讼争房屋的权利人之一，双方当事人对该讼争房屋存在按份共有关系，也就认定了当事人依据《房屋产权协议》所办理的房屋产权证书存在瑕疵，侵犯了原告的合法权利。法院依法审理后确定原告范世贵所应继承的份额为享有安置房的门面及住房所有权4.87%的份额，根据物权公示原则所产生的效力原理，应认定房屋产权登记人为所有权人，故法院的判决并未撤销房屋登记部门的具体行政行为。《物权法》第19条规定，权利人、利害关系人认为不动产登记簿记载的事项错误的，可以申请更正登记。不动产登记簿记载的权利人书面同意更正或者有证据证明登记确有错误的，登记机构应当予以更正。故本案原告范世贵可凭借人民法院的生效法律文书证明原房屋产权证的登记确有错误,并可以要求房屋管理部门对房屋产权证书予以更正,不动产登记簿记载的权利人书面同意更正或者有证据证明登记确有错误的,登记机构应当予以更正。不动产登记簿记载的权利人不同意更正的,利害关系人可以申请异议登记。登记机构予以异议登记的,申请人在异议登记之日起15日内不起诉,异议登记失效。异议登记不当,造成权利人损害的,权利人可以向申请人请求损害赔偿。现实生活中存在实际权利人和登记权利人不相一致的情况,权利人、利害关系人可以提供相关的证据证明登记确有错误,可以向登记机关申请更正登记。

(重庆市永川区人民法院民四庭　冉毅　徐毅强)

六、劳动纠纷案例

77. 钟政粦诉梅县灵光寺劳动合同案

(一) 首部

1. 裁判书字号
一审判决书：广东省梅州市梅县人民法院（2010）梅法民三初字第146号。
二审裁定书：广东省梅州市中级人民法院（2011）梅中法民一终字第177号。
2. 案由：劳动合同纠纷。
3. 诉讼双方
原告（上诉人）：钟政粦。
委托代理人：吴亦辉，广东法泰律师事务所律师。
被告（被上诉人）：梅县佛教灵光寺。
负责人：释瑞基，该寺住持。
委托代理人：杨衍俊，广东粤梅律师事务所律师。
4. 审级：二审。
5. 审判机关和审判组织
一审法院：广东省梅州市梅县人民法院。
合议庭组成人员：审判长：王志宏；审判员：余金辉、丘爱红。
二审法院：广东省梅州市中级人民法院。
合议庭组成人员：审判长：余银芳；审判员：陈伟浩、黄洪远。
6. 审结时间
一审审结时间：2011年4月20日。
二审审结时间：2011年8月9日。

(二) 一审情况

1. 一审诉辩主张
原告诉称：他从1993年2月受聘到被告梅县佛教灵光寺工作，每月平均收入为

6 250元。被告没有依法与其签订劳动合同和办理社会养老保险，解除与其事实劳动关系也没有作任何补偿，请求判令被告梅县佛教灵光寺：（1）支付其从2008年1月1日起至2010年10月因为没有签订劳动合同的2倍工资差额206 250元；（2）支付18个月经济补偿金112 500元及支付经济补偿金的2倍赔偿金225 000元；（3）补办1993年至2010年的社会养老保险等。

被告辩称：（1）该寺只是一个宗教活动场所，不是企业、事业单位，双方根本无须订立劳动合同，该寺是不适格的被告；（2）钟政燊是该寺的义工，每月只象征性的发200元～300元的"工资"津贴，钟政燊说每月平均有6千多元的收入是对该寺的恶意攻击；（3）钟政燊离开时，该寺根据经济状况已发给相应的补偿，并不是没有作任何补偿。

2. 一审事实和证据

经审理查明，灵光寺位于梅县雁洋镇阴那山，寺内有和尚及其他人员20多人。灵光寺住持释瑞基是梅县佛教协会会长，同时在广东省佛教协会和梅州市佛教协会兼有职务。1995年11月，梅县人民政府宗教事务局为灵光寺核发了《宗教活动场所法人登记证》，登记名称为"梅县佛教灵光寺"。2008年6月，梅县质量技术监督局为该寺颁发了中华人民共和国组织机构代码证，登记名称为"梅县佛教灵光寺"。钟政燊原是梅州市自来水总公司职工，1993年2月停薪留职，开始为释瑞基（钟政燊与释瑞基女儿曾为夫妻关系，后离婚）开车。1995年7月，钟政燊向自来水总公司申请辞职。2010年1月，钟政燊改为灵光寺佛堂写表。根据《灵光寺工资表》，钟政燊2010年9月基本工资300元，医疗费8元，合计308元。2010年10月7日，钟政燊被释瑞基辞退。辞退时，灵光寺补偿了钟政燊6 468元。2010年10月18日，钟政燊向梅县劳动争议仲裁委员会申请仲裁，要求梅县佛教灵光寺：（1）因未与其签订劳动合同，从2008年1月1日起至2010年10月每月支付2倍工资，合计232 500元；（2）支付违法解除劳动合同赔偿金105 724元；（3）为其补交1993年至2010年的养老保险等社会保险金。同月22日，梅县劳动争议仲裁委员会以"仲裁主体资格不适格"为由，作出《不予受理通知书》。

3. 一审判案理由

一审法院经审理认为，劳动者及用人单位的合法权益均应得到保护。关于被告的主体资格问题，梅县佛教会属于社会团体，而被告梅县佛教灵光寺系梅县佛教会管辖下的一个宗教活动场所，其具有梅县人民政府宗教事务局颁发的"宗教活动场所登记证"，有独立的组织机构代码，属于《中华人民共和国劳动合同法》第二条中规定的"民办非企业单位等组织"的用人单位。原告钟政燊在被告处工作了18年，双方未签订劳动合同，被告认为原告属于义工，且被告并非《劳动合同法》中的用人单位，双方无须签订劳动合同。一般而言，所谓义工，即自愿来参加劳动，劳动后无须支付劳动报酬，工作亦不受用人单位诸多制度约束，而从灵光寺的工资表看，被告每月是有支付工资给原告的；从"现金支出证明单"看，在被告辞退原告时，于2010年10月8日，被告已按《劳动合同法》的相关规定向原告支付了20年的经济补偿金及再加一个月的工资共6 468元（即每月按308元计算），可见被告已认同原告为劳动者而非义工一说。关于原告所说的被告每40天左右发一次奖金约7 500元问题，被告完全否认，从《灵光寺规章制度》及《灵光寺僧众共住规约》中载明"……如有不服……则扣除当月奖金"，"寺内分红,实行日常工作表现与奖金挂钩的原则,按各自部门工作表现……定分",该制度中多次提及奖金之事,可见被告是有分发奖金的,且原告的工作是受被告规章制度约束的。2010年10月,被告无故解除原、被告劳动关系,根据《劳动合同法》的相关规定,被告依法应对原告作相应的补偿。关于原告的第一项诉讼请求,我国《劳动合同法》于2008年1月起施行,双方就应遵照该法的相关规定执行。现被告未与原告签订劳动合同,被告违反了《劳动合同法》第八十二条的规定,应向原告支付从2008年2月1日起至2008年12月31日止因为没有签订劳动合同的两倍工资差额共11个月的工资,解除劳动关系前的工资双方均已结算清楚,现原告请求工资以6 250元/月计算,证据不足,而以308元/月计算又明显过低,根据《广东省工资支付条例》规定,可按2009年度梅州市全市职工月平均工资1 956元计算,即1 956元×11个月=21 516元,超出部分应剔除。关于原告的第二项诉讼请求,根据《劳动合同法》第十四条的规定,用人单位自用工之日起满一年不与劳动者订立书面劳动合同的,视为用人单位与劳动者已订立无固定期限劳动合同。就本案而言,原、被告双方从2009年1月1日起即视为已订立无固定期限劳动合同。由于被告无故解除原告,根据《劳动合同法》第八十七条的规定,应向原告支付经济补偿金的两倍赔偿金,该赔偿金应自2008年1月起计算,即1 956元×3(按3个月计)×2倍=11 736元,超出部分本院不予支持。关于原告的第三项诉讼请求,我国《劳动合同法》规定,用人单位按《劳动合同法》的规定向劳动者支付赔偿金后,无须另行支付经济补偿金,故原告的该项经济补偿金请求只支持从1993年2月开始至2007年12月止共15年,即1 956元×15年=29 340元,超出部分应剔除。被告以前已支付原告的3 648元补偿金,可以抵减。关于原告的第四项请求,虽然被告一直未为原告购买社会养老保险,但有关社会养老保险等缴交问题属于政府劳动行政部门处理,不属人民法院的受案范围,故该项请求本院不予处理,可另行寻求政府劳动行政部门解决。

4. 一审定案结论

据此作出判决:"一、被告梅县佛教灵光寺应于判决生效后10日内,支付原告钟政燊从2008年2月1日起至2008年12月31日止因为没有签订劳动合同的两倍工资差额21 516元;二、被告梅县佛教灵光寺应于判决生效后10日内,支付原告钟政燊从2008年1月起至2010年10月止因为违法解除原、被告劳动关系的赔偿金11 736元;三、被告梅县佛教灵光寺应于判决生效后10日内,支付原告钟政燊从1993年2月起至2007年12月止的经济补偿金29 340元;四、被告此前已付原告的经济补偿金6 468元,可从上述判项中抵减;五、驳回原告钟政燊的其他诉讼请求。"

(三)二审诉辩主张

上诉人(原审原告)诉称:一审裁判在适用法律和确定其应得到的赔偿金或补偿金及年限计算方面存在错误。

1. 一审裁判第一项在确定计算两倍工资差额的工资标准和确定补偿时间方面与《劳动合同法》第82条的规定相违背的。(1)一审裁判认为《劳动合同法》第14条规定,超过一年没有签订劳动合同的,视为已经签订无固定期限劳动合同,所以便确定补偿时间到2008年12月止,这是错误的。因为视为已经签订劳动合同,与是否已经签订劳动合同是完全不同的概念。实际上,该规定是指出现这种情况的,确定用人单位与劳动者之间存在无固定期限的劳动合同关系,但书面劳动合同还是必须签订的。如果按一审裁判的理解,那么《劳动合同法》在关于存在劳动用工时用人单位必须与劳动者签订书面劳动合同强制性规定是相违背的,与该法第82条的规定也是相违背的。所以,其两倍工资差额的计算应该从2008年2月起至2010年10月止。(2)一审裁判认为双方的证据无法确定其每月的工资收入,所以便按2009年度梅州市全市职工平均工资1 956元的标准来确定计算,这也是错误的。因为既然有充分的证据可以证明其在被告处上班时,每月是有基本工资和奖金等其他收入的,那么,按广东省的工资支付条例的规定,其工资是包括了基本工资和奖金等其他收入的。而考虑到被告是有专门的财务、会计人员的事实,结合劳动争议案件的举证责任原则和最高人民法院的证据规则的规定,在被告因为证据对自己不利而故意不举证时,是应该推定自己的主张成立的,也就是应认定其每月的工资收入是6 250元。

2. 一审裁判在确定赔偿金和经济补偿金的起止时间及标准方面也存在不符合法律规定的地方,应一并纠正。双方从1993年2月便存在劳动关系,而被告是在2010年10月才单方解除与原告的劳动关系的,所以经济补偿金和赔偿金的起止计算时间应该是从1993年2月起至2010年10月止。请求:(1)改判被告向原告支付从2008年2月1日起至2010年10月止因没有签订书面劳动合同的两倍工资差额200 000元;(2)改判被告向原告支付从1993年2月起至2010年10月止因违法解除劳动关系的两倍赔偿金225 000元;(3)改判被告向原告支付从1993年2月起至2010年10月止的经济补偿金112 500元。

被上诉人(原审被告)辩称:原审判决认定事实不清,适用法律错误。(1)灵光寺是不具有营利能力的宗教活动场所,费用开支全靠热心人士布施。该寺从未聘用过工人,日常运作主要靠寺内的几个师傅(僧人)和几个热心宗教事务的义工来维持,他们都是本着入庵自愿,出庵自由的原则到寺庙做义工,平时寺里只给师傅和义工象征性发一点点"补贴"。钟政舜是灵光寺住持释瑞基的女婿,其工作是给岳父释瑞基开车,并不是寺庙内的用人。钟政舜与灵光寺没有任何关系,更不存在劳动关系。钟政舜在2010年10月期间,因其与释瑞基师傅的女儿已经办理离婚手续,并已再婚,就主动提出不再为释瑞基师傅开车,因此,其离开也与灵光寺无任何关系,灵光寺根本不可能对其作任何补偿。(2)灵光寺不具备法律规定的用人单位资格,原审认定该寺是"民办非企业单位等组织",属适用法律错误。(3)原审认为该寺已经认同钟政舜是劳动者而非义工毫无根据,关于补偿标准的计算更是错误。(4)原审法院的判决属全国首例,如该判决生效被执行,将在全国范围内造成震动,造成严重的社会后果,多少佛门子弟会被卷入劳动争议纠纷,从此,佛门不再是净土,而是一场博弈,又有多少乐善好施的人愿意自己捐赠的财产在这场无硝烟的战争中被侵吞,难道这就是判决所追求的社会效果吗?请求撤销原判,改判驳回原告的全部诉讼请求。

(四) 二审事实和证据

梅州市中级人民法院经审理查明,确认了一审查明的上述事实。

（五）二审判案理由

梅州市中级人民法院认为，梅县佛教灵光寺是信教公民进行宗教活动，实行民主管理的宗教活动场所，其经费主要靠信教公民捐赠，工作人员主要是和尚和信教的义工，其人员进出、工作性质、工作时间和报酬等与一般基于"企业化管理"实质的用人单位不同，属于一种特殊的社会组织形式。钟政燊的工作前期主要是为释瑞基开车，后期为佛堂写表，根据《灵光寺工资表》，其的确领取过少量的报酬，但从报酬的数额看，远远不是维持生活必需的费用，结合梅县佛教灵光寺的用工形式，钟政燊不属于《广东省宗教事务条例》第三十一条第二款规定的"与之建立劳动合同关系的劳动者"，而应该认定为梅县佛教灵光寺所聘请的义工。义工不等于完全没有报酬，用工者也可以给予一定的生活津贴，特别是对于长年为宗教活动场所工作的人员。梅县佛教灵光寺每月发给和尚及钟政燊等人员 300 元左右，名为"工资"，实质是生活津贴。

（六）二审定案结论

综上，梅县佛教灵光寺与钟政燊是特殊的用工关系，不属于劳动法律调整的劳动关系。梅县劳动争议仲裁委员会认为钟政燊申请仲裁主体不适格正确。原判适用法律和处理均不当，应予纠正。据此依照《中华人民共和国乡镇企业法》第十条第二款、《中华人民共和国民事诉讼法》第一百五十三条第一款第（三）项规定，作出裁定："一、撤销一审民事判决；二、驳回钟政燊的起诉。"

（七）解说

多年以来，钟政燊在梅县佛教灵光寺从事劳务活动的事实得到双方的认可，但一、二审法院在认定钟政燊所从事的劳务关系的性质上存在两种不同的看法，这种不同的看法又直接导致案件的处理结果不同。比较一、二审法院的两种不同看法，二审法院的意见更符合法律的规定。

1. 宗教活动场所能否成为劳动法的上劳动用工主体

《劳动合同法》第 2 条规定拓展了劳资关系范畴，将《劳动法》所调整的境内的企业、个体经济组织与劳动者之间的劳动关系扩展到境内的企业、个体经济组织、民办非企业单位等组织与劳动者建立的劳动关系。1998 年 10 月 25 日国务院《民办非企业单位登记管理暂行条例》第 2 条和第 3 条和《民办非企业单位名称管理暂行规定》第 9 条，确定了民办非企业单位必须具备如下条件：一是指企业事业单位、社会团体和其他社会力量以及公民个人利用非国有资产举办的，从事非营利性社会服务活动的社会组织，二是民办非企业单位必须是由民政部门登记管理的组织，三是民办非企业单位名称中不得含有宗教界的寺、观、教堂字样等。而依国务院《宗教事务管理条例》、《宗教事务管理条例》第 12 条和第 15 条的规定，宗教活动场所仅是在宗教事务管理部门登记的组织。本案中，梅县佛教灵光寺属于宗教活动场所，显然不符合上述民办非企业单位的条件。

宗教活动场所不是企业、个体经济组织、民办非企业单位，是否就不能成为劳动法上的用工主体？我们认为，这是比较片面地理解《劳动合同法》和《劳动法》的规定。《劳动合同法》第2条规定中"境内的企业、个体经济组织、民办非企业单位等组织"中的"等组织"字样已确定了《劳动合同法》规定的用工主体属于开放性概念，其所列的企业、个体经济组织、民办非企业单位只是其中几种用工主体。宗教活动场所虽然属于特殊的组织，但依国务院《宗教事务条例》第3条规定，宗教团体、宗教活动场所和信教公民应当遵守宪法、法律、法规和规章。《劳动合同法》和《劳动法》属于法律范畴，同样应该适用于宗教活动场所。宗教活动场所是一个常设的开展宗教活动的组织，在当前社会分工越来越精细的情况下，许多与宗教活动相关的事务性工作如出纳、会计、司机等，需要聘请社会人员参与。社会人员参与事务性工作的需要，为宗教活动场所与用工主体之间的劳动关系的形成创造了客观条件。

各地已注意到上述现实中存在的问题，在修订的地方宗教事务条例规定中已确认了宗教活动场所的用工主体资格。《广东省宗教事务条例》第31条也规定有"对与之建立劳动合同关系的劳动者缴纳各项社会保险"之类的内容。地方法规、规章从一个侧面也表明，宗教活动场所可与劳动者之间形成劳动合同关系。所以，宗教活动场所可成为劳动法上的用工主体，是现实社会生活的一种必然。

2. 宗教活动场所客观上存在的三种用工形式性质

根据国务院《宗教事务条例》以及地方宗教事务条例的规定，宗教活动场所参工人员可能存在三种情况：其一是依《宗教事务条例》第四章规定的宗教教职人员，其二是从事与宗教活动相关纯粹事务性工作的非教职人员，其三是以志愿者的名义参与宗教事务活动事务工作人员，又称义工。对于上述三种人员，分别与宗教活动场形成不同的法律关系。

依国务院《宗教事务条例》第27条的规定，宗教教职人员是经宗教团体认定，报县级以上人民政府宗教事务部门备案，可以从事宗教教务活动的人员。他们是为同一宗教信仰的具体实践者，其参与宗教活动不是为了获取报酬，而是实践其信仰，所以其行为不具有经济性，而应受教义教规的约束。无论其是否领取过工资，其与宗教活动场所之间形成的用工关系均属于宗教内部事务，适用双方的教义教规解决。宗教教职人员是宗教活动的全职人员，国家采取了非常慎重的政策。2010年2月10日，国家宗教事务局颁布了《关于妥善解决宗教教职人员社会保障问题的意见》（国宗发2010第8号文），要求在尊重宗教教义教规基础上，实行宗教教职人员自愿参加医疗、养老、失业、工伤、生育等社会保障。所以，在当前中国特色社会主义体系下，宗教教职人员仍不能强制纳入劳动法律关系进行调整。

但对于非教职人员和义工因身份上的关系，其参与宗教事务性活动与宗教教职人员从事活动在性质上有所不同，应区别看待。非教职人员不是宗教教职人员，无论是否参与宗教事务性活动，其均不受宗教教规的约束；其通过从事事务性活动获取工资或报酬，与宗教活动场所之间形成的是一方给付劳务另一方给付报酬的关系，具有经济性。

这些特征符合劳动关系所应具有从属性、经济性的基本特征。所以，双方之间存在着形成劳动关系的客观条件。义工则是宗教活动的志愿者，其近似于法律上的帮工，属于自愿从事教务活动但又不是宗教教职人员，其从事活动纯粹居于信仰，为不领取报酬或仅象征性领取报酬的人，应属于宗教信仰的具体实践者。其亦不存在形成劳动关系的客观条件。

3. 钟政舞与梅县佛教灵光寺之间用工关系性质

梅县佛教灵光寺属于在当地宗教事务局登记的宗教活动场所，具有劳动用工的主体资格。钟政舞是梅县佛教灵光寺和尚以外的工作人员，属宗教教职人员之外的人员。钟政舞虽然有为梅县佛教灵光寺给付劳务的事实，钟政舞与梅县佛教灵光寺之间存在形成劳动关系的条件。但根据前面的分析，是否形成劳动关系，应结合其工作性质及领取的报酬等情形进行具体分析。

钟政舞在梅县佛教灵光寺确实工作了很长一段时间。但其与梅县佛教灵光寺之间对于工作时间、休息休假、社会保险、劳动保护和条件等劳动者应有的权利等，均未进行协商或约定过。现唯一能够证明其与梅县佛教灵光寺之间存在一定劳动关系的仅是钟政舞领取的每月300元的"报酬"。此"报酬"与梅州地区的劳动工资相比，确实太少。仅从梅县佛教灵光寺给付"报酬"登记表，看不出其究为工资薪金还是工龄补贴、社会保险等，上述300元的"报酬"性质不明。钟政舞自己陈述其为梅县佛教灵光寺司机，但仅靠300元的工资薪金，远远不是维持生活必需的费用，其难以本人的劳动力来保障自己的基本生活水准，显然不足维系其与梅县佛教灵光寺长期间的劳动用工关系。则双方之间要么存在其他补助，要么其仅是出于宗教信仰而给付劳务的义工。

双方并没有提供更多的其他证据，考虑到钟政舞与梅县佛教灵光寺主持之间的特殊关系，二审法院认定钟政舞领取每月300元的报酬，不是真正意义上的工资，只是一种象征性的报酬，并无不当。钟政舞为梅县佛教灵光寺提供司乘服务，更大程度上是出于家庭或宗教信仰的动机。所以，钟政舞提供服务行为更符合义工性质，其不属于《广东省宗教事务条例》第31条第2款规定的"与之建立劳动合同关系的劳动者"，其与梅县佛教灵光寺之间不构成劳动法律调整的劳动关系。二审裁定驳回其起诉是正确的。

（广东省梅州市中级人民法院民一庭　赖昌仁）

78. 罗世海诉刘杰等劳务合同案

（一）首部

1. 判决书字号：内蒙古自治区满洲里市人民法院（2011）满民初字第210号。
2. 案由：劳务合同。

3. 诉讼双方

原告：罗世海，男，53岁，汉族，个体经营者，住满洲里市扎赉诺尔区。

被告：刘杰，男，51岁，汉族，个体经营者，住满洲里市府欣小区。

委托代理人：周崇台，男，34岁，汉族，中国政法大学教师，住北京市昌平区。

被告：徐转业，女，52岁，蒙古族，无职业，住满洲里市府欣小区。

委托代理人：张剑林，男，49岁，汉族，满洲里市华林口岸经贸有限公司监事，住满洲里市一道街。

4. 审级：一审。

5. 审判机关和审判组织

审判机关：内蒙古自治区满洲里市人民法院。

合议庭组成人员：审判长：张建原；审判员：张建中、张洪波。

6. 审结时间：2011年3月29日。

（二）诉辩主张

原告诉称，原告常年带领工人进行工程施工，被告刘杰在俄罗斯以俄罗斯人的名义承建阿金斯克州都德戈学校工程。2008年6月，被告刘杰找到原告要求提供工人为其承揽的工程进行施工。双方商定被告预付工程款15万元，工程款随工程进度给付。双方协商后原告即组织工人为被告进行施工，至2008年11月末完工，经双方结算总工程款为667 850元人民币。施工中被告陆续给付原告162 000元，尚欠原告505 850元，被告于2009年6月29日给原告出具了一份505 850元的欠条，并承诺于2009年8月末结清。但经原告多次索要，被告于2009年9月4日给付原告20万卢布，折合人民币42 900元，于2010年1月13日给付原告人民币39 000元，现仍欠原告423 950元。故要求被告给付欠款423 950元，并要求被告自2009年6月29日起按日万分之四给付欠款利息至欠款付清之日，另要求从2008年12月1日起至2011年3月23日止按照2011年3月23日的人民银行贷款利率计算利息。

被告刘杰辩称：1. 答辩人是在俄罗斯注册的法人，书写欠条是法人的经营行为，答辩人作为被告，主体不适格。2. 该案合同的履行地在俄罗斯，答辩人作为总经理的企业法人是在俄罗斯注册的法人，本案俄罗斯法院享有管辖权。3. 俄罗斯阿金斯克州"阿满塔责任有限公司"承建都德戈学校工程，都德戈学校欠阿满塔责任有限公司工程款。

被告徐转业辩称，被告不能成为本案当事人。本案是给付之诉，根据民诉法的规定，被告徐转业与原告没有合同关系，被告徐转业与原告没有法律上的联系，不是本案的适格当事人，应当驳回原告对被告徐转业的诉讼。

（三）事实和证据

满洲里市人民法院经公开审理查明：二被告系夫妻关系。2008年，被告刘杰在俄罗斯经营以俄罗斯"阿满塔责任有限公司"名义承建的阿金斯克州都德戈学校建筑工程。被告徐转业及其女儿均一同帮助被告刘杰进行施工现场管理。期间,被告刘杰与原告达成协议,由原告提供劳务人员为都德戈学校建筑工程进行施工。嗣后,原告即组织工人为被告进行施工,至2008年11月末,原告的工人撤离被告负责的都德戈学校建筑工程工地。施工期间,被告陆续给付了原告部分劳务费,其中一部分是由被告徐转业在国内给付了原告的妻子。剩余劳务费原告经多次索要,2009年6月29日被告刘杰与原告就工人的劳务费进行结算,并给原告出具了一份欠条。欠条载明:欠罗四海2008年在都德戈学校工程款总数667 850元整,实付￥162 000元整,还款￥505 850元整:伍拾万伍仟捌佰伍拾元整,欠款人:刘杰。欠条还注明:还款日期8月末结清。被告没有按欠条约定期限还款,仅于2009年9月给付原告20万卢布,折合人民币43 000元,于2010年1月给付原告人民币39 000元,现尚欠原告423 850元。

审理中,被告刘杰曾到庭表示与原告已经达成还款的调解协议,后因徐转业不同意原告对其起诉,拒绝签字确认,被告刘杰也反悔。被告刘杰承认已经给付原告的钱款全部是经过被告刘杰及其家人给付的。

原告针对自己的主张,向本院提供了被告刘杰出具的欠条。被告刘杰的质证意见为:该欠条是被告代表俄罗斯阿满塔责任有限公司给另一个叫罗四海的中国人出具的,欠条载明,已经还款505 850元,欠款数额是162 000元,该款应由俄罗斯的阿满塔责任有限公司承担。本院经审查认为,被告主张该欠条是给另一个叫罗四海的人出具的,但被告没有提供证据证明叫"罗四海"这个人存在的事实;其对欠条中的"实付"162 000元是"欠款"162 000元的辩解不符合欠条所载明的含义。原、被告均认可已经给付劳务费的事实也与被告刘杰的主张矛盾;欠条明确载明欠款人为被告,没有注明被告所称的俄罗斯的阿满塔公司,因此被告的质证意见不能成立。原告提供的欠条能够证明其主张的事实成立,该份证据本院予以采信。

原告提供的十多位工人出具的证明,原告欲证明:被告欠款的有关事实。被告的质证意见是:对证据的真实性不予认可。因证人没有出庭作证,本院对该证据的真实性不予确认,故该证据本院不予采信。

原告针对自己的主张,在本次重新审理期间向本院提供如下证据:

1. 经过公证的俄罗斯建筑委员会出具的函询,原告欲证明:俄罗斯建筑委员会已经在2008年将工程款全部给付刘杰,总额折合人民币共计75万元,但刘杰没有与原告结算。二被告的质证意见是:该证据来自境外,根据法律规定,来自境外的书证应该经中华人民共和国的大使馆或领事馆认证,该证据只有俄罗斯公证部门的公证,不具有合法性,对该证据不予认可,对关联性不予质证。

上述证据系俄罗斯公证处公证的书证,该证据符合《中华人民共和国和俄罗斯联邦关于民事和刑事司法协助的条约》中第29条第1款规定的"缔约一方法院或其他主管机关制作或证明的文书,只要经过签署和正式盖章即为有效,就可在缔约另一方法院或其他主管机关使用,无需认证"的规定,该证据能够证明发包人已经向被告刘杰支付了函询中列举的钱款,该证据本院予以采信。

2. 由储有俊、张英桥共同出具的刘杰骗取工程款的经过的书面证言，原告欲证明：刘杰骗取工程款的过程。二被告的质证意见：该证据与本案没有关联性。出具证言的证人应当出庭作证，否则不予认可。

证人储有俊、张英桥未能共同出庭作证并接受质证，证据的真实性无法确认，该证言本院不予采信。

3. 工地负责人及工人出具的证明书及储有俊出具的证明书，原告欲证明：刘杰没有给付工程款的事实及刘杰给原告出具欠条的经过。二被告的质证意见：两份证据与本案没有关联性。根据法律规定，证明书中的证人应当出庭作证，证言应当单独出具，不能二十几人在同一证言上签字，该证据不符合法律规定。

证明书中的证人未能出庭作证，证据的真实性无法确认，该证言本院不予采信。

4. 被告两次付款的记录，原告欲证明：被告曾付款给原告，一次是10万元，一次是4.2万元。二被告的质证意见是：对证据的真实性没有异议，对原告的主张有异议，认为不能因为被告徐转业曾经给原告汇过款，原告就可以将其作为本案被告，被告徐转业是代替被告刘杰付款，是夫妻代理行为，是受委托行为。

上述证据客观真实，能够证明被告刘杰给付原告142 000元的事实，本院予以采信。

5. 证人储有俊出庭证言及2009年9月份储有俊与被告徐转业通话的录音，原告欲证明：被告刘杰为原告出具欠条的经过，以及被告没有给付工程款的经过。被告刘杰的质证意见是：对证人证言没有意见，认可。被告徐转业的质证意见是：证人证言反映欠条是在俄罗斯书写的过程，没有异议，但与徐转业是否承担责任不具有关联性。录音资料中的声音是徐转业本人的，但是没有原始载体，录音资料应为原始证据，该证据是复制件，有剪接的可能性，音像资料是间接证据，应当有其他证据一同佐证，否则只是证据材料。录音资料也不是原始证据，对真实性不认可。

被告刘杰的委托代理人对上述证据表示认可，被告徐转业的委托代理人承认是徐转业本人的录音，但对真实性不认可，也未能针对该证据提供相反的证据，属于被告徐转业举证不能，上述证据客观真实，本院予以采信。

被告刘杰向法院提交的证据有：俄罗斯阿满塔责任有限公司出具的证明和该公司的营业执照各一份，被告欲证明：俄罗斯的阿满塔公司聘请被告刘杰为工程现场负责人，欠条是被告刘杰代表公司出具的事实。原告质证意见为：证明是虚假的。因被告刘杰提交的两份证据属于境外证据，该证据不符合最高人民法院《关于民事诉讼证据的若干规定》第11条第1款的规定，本院对被告刘杰提交的该证据不予采信。

原告陈述称被告刘杰于2009年9月4日曾给付原告20万卢布，被告刘杰认可给付20万卢布的事实，但表示给付日期记不清，也不清楚当时卢布与人民币的比价。经调查，满洲里市公安局市场派出所向本院出具了"2009年9月4日满洲里市场卢布与人民币比价为1卢布折合人民币0.215元"的证明。原告对该证明无异议。被告对该证明的真实性无异议，但认为公安局不是人民币汇率的核定单位，因而对该证据不予认可。满洲里市公安局市场派出所虽然不是人民币与卢布比价的核定单位，但其在对满洲里市中俄贸易市场的管理过程中,对当时市场上人民币与卢布的比价有详细的备案记录,因此,满洲里市公安局市场派出所所出具的证明能够证明卢布与人民币的比价的事实,本院对该证据予以采信。

被告针对自己的主张,在本次重新审理期间向本院提供如下证据:

1. 被告刘杰的护照,被告欲证明:护照记载被告从2006年至2009年在俄罗斯居住,被告已在俄罗斯居住一年以上,该地视为常住地,根据原告就被告的原则,原告应向俄罗斯法院起诉。原告的质证意见是:刘杰的护照已经过期,作废的护照不具有证明力,刘杰如果自2006年至2009年在俄罗斯居住应该由海关或边检的记录为准。

被告刘杰的护照确实已经过期,该证据不能证明被告的主张成立,该证据本院不予采信。

2. 两份经中华人民共和国驻俄罗斯大使馆认证文件复印件,有原件佐证,被告欲证明:被告刘杰在俄罗斯经营的公司是阿金斯克阿满塔有限责任公司,刘杰是该公司的经理,也是股东。原告的质证意见是:该证据是伪造的,证据中没有外文件也没有刘杰的名字,文件中提到的是刘泽。认为该文件的出处有问题。

上述证据中均提及刘泽而未有被告刘杰的字样,不能证明被告的主张,上述证据本院不予采信。

3. 两份经俄罗斯公证机关公证的文件及被告刘杰签订的都德戈工程的合同各一份,有原件佐证,被告欲证明:阿塔满公司任命刘杰为经理的股东大会的文件;被告刘杰签订合同的行为是法人行为。原告的质证意见是:该证据与被告刘杰没有任何关系。被告徐转业的质证意见是:没有意见。

两份经俄罗斯公证机关公证的文件的中文部分没有与二被告相关的内容,该证据不能证明被告刘杰的主张,本院不予采信;被告刘杰签订的都德戈学校工程的合同属于在俄罗斯联邦形成的证据,该证据形式不符合我国法律规定,本院不予采信。

(四)判案理由

满洲里市人民法院经审理认为:被告刘杰与原告达成协议由原告带领出国劳务人员为俄罗斯阿金斯克州都德戈学校工程施工,被告刘杰、徐转业及其女儿均共同参与工程的管理和经营,期间是被告刘杰及其家人陆续向原告支付劳务费,并于2009年6月29日由被告刘杰与原告对全部劳务费进行结算,被告刘杰对确认的劳务费给原告出具了欠条,此后又两次给付原告劳务费。被告刘杰的上述行为表明其在俄罗斯阿金斯克州都德戈学校工程施工过程中对原告负有给付劳务费的义务,原、被告之间的债权债务关系明确,被告应当按照约定偿还欠款,逾期应当支付违约金。被告刘杰辩称其是受俄罗斯阿满塔公司雇用的经理,其行为属于职务行为,被告对自己的主张未能提供相应证据佐证,该主张本院不予支持。被告欠原告劳务费的事由虽然发生在俄罗斯联邦,双方当事人均为中华人民共和国公民,因而中华人民共和国人民法院对该案具有管辖权。双方争议的人民币与卢布的汇率以满洲里市公安局市场派出所出具证明的满洲里市贸易市场当时的行情为准。债务具有相对性，原告基于二被告是夫妻关系为由而起诉被告徐转业，不符合法律规定，本院依法予以驳回。

（五）定案结论

满洲里市人民法院依照《中华人民共和国民法通则》第一百零八条，《中华人民共和国合同法》第一百零九条，《中华人民共和国民事诉讼法》第六十四条第一款、第一百二十八条之规定，作出如下判决：

"一、被告刘杰给付原告罗世海劳务费 423 850 元，于本判决生效后立即给付。

二、被告刘杰自 2009 年 9 月 1 日起，就上述给付内容按照中国人民银行同期借款利率给付原告逾期付款违约金，至判决生效之日止。

案件受理费 8 320 元、保全费 2 860 元，由被告刘杰负担。"

（六）解说

从本案具体情况看，双方在程序和实体上都存在争议，并且本案合同履行地在俄罗斯境内，属于涉外案件，案情较为复杂。总结案情，归纳双方争议内容主要存在于管辖权异议、法人行为与个人行为的区分、合同相对性问题、夫妻代理行为的界定、证据规则以及逾期付款违约金计算标准的确定等问题上。本案难点也即针对上述问题相应法律规定的综合适用，结合本案案情，该案判决在法律适用方面准确无误，理由如下：

1. 有关管辖权异议问题

管辖权是审判机关经由法律规定或当事人约定等先决条件获得案件审理和裁判的权限。某一法院对于具体案件具有管辖权，通俗地讲就是指该法院对于个案具有审理裁判的主体资格。本案被告在答辩意见中提出管辖权异议称：该案合同的履行地在俄罗斯，答辩人作为总经理的企业法人是在俄罗斯注册的法人，本案俄罗斯法院享有管辖权。被告刘杰提出的其商事行为是法人行为，应当适用法人住所地法院管辖的规定，虽然最终不能认定其行为为法人行为，但根据《中华人民共和国民事诉讼法》（以下简称《民事诉讼法》）第 24 条有关合同纠纷案件共同管辖的规定、第 35 条有关选择管辖的规定以及最高人民法院《关于适用〈中华人民共和国民事诉讼法〉若干问题的意见》（以下简称《意见》）第 33 条有关管辖恒定原则的规定综合判断，本案法定管辖指向被告刘杰住所地法院以及合同履行地俄罗斯阿金斯克州法院，原告罗世海选择满洲里市人民法院起诉，在本院立案后根据管辖恒定原则即获得该案管辖权，据此判定被告管辖权异议不成立，本案依法由满洲里市人民法院审理符合法律规定。

2. 有关法人行为与个人行为的区分问题

本案中被告刘杰答辩称其是在俄罗斯注册的公司的法定代表人，书写欠条是法人的经营行为，其被告主体资格不适格。就被告刘杰的答辩意见，本院认为根据理论界通说，区分法人行为与个人行为应当注意判断三个问题：一是主体行为是否以法人名义进行；二是从外观上看是否能够被认为是执行职务行为；三是以社会共同经验认为与法人职务有相当关联。界定被告刘杰的行为是否属于法人行为应当首先判断其行为是否以法人名义进行。从本案证据来看，本案原、被告间从前期商定由原告对被告工程进行施工开始至后期进行结算，被告均以个人名义进行，期间被告并未以任何书面形式体现其行为是俄罗斯阿金斯克"阿满塔责任有限公司"在以法人身份与原告进行的经济往来。并且，结合本案主要证据欠条所载内容来看，欠款人一项也显示的是刘杰个人。据此，在被告刘杰抛弃法人职务行为形式要件进行民商事活动的前提下，也就不能对原告从外观上判断出被告行为是法人行为有所期待。综上，被告刘杰辩称其行为是法人经营行为的答辩意见本院不能采信。

3. 有关合同相对性以及夫妻代理行为的问题

被告徐转业辩称其不能成为本案当事人，其与原告之间没有合同关系，根据合同相对性原理，应当驳回原告对被告徐转业的诉讼请求。并且被告徐转业在质证过程中提到其代替被告刘杰付款，是夫妻代理行为，是受委托行为，也不应当承担偿还欠款的责任。根据《中华人民共和国合同法》第121条有关合同相对性原理的规定，合同仅于缔约当事人之间发生效力，对于缔约当事人外的第三人不发生效力。结合本案案情来看，被告徐转业不具备突破合同相对性原则的事由，也即要求其承担合同责任欠缺合同主体相对性要件。据此，本院驳回原告对被告徐转业的诉请于法有据。对于被告徐转业质证意见中提到的夫妻代理行为的抗辩意见，本院认为夫妻代理的代理权限应当只限于处理日常家庭事务或家庭一般财产，商事行为不适用夫妻代理，故不能适用夫妻代理认定被告徐转业为本案被告，继而承担民事责任。但是，被告徐转业代替刘杰支付原告欠款的行为可以认定为是受刘杰口头委托的代理行为，其后果及于被告刘杰，能够产生消灭其债务的法律后果。

4. 有关本案中证据认定的问题

本案中证据认定的难点主要集中在两个方面，一是本案中主要证据欠条的书写存在笔误，二是由于本案合同履行地在俄罗斯联邦境内，故产生部分域外证据，对于该部分证据效力如何认定也是应当重点把握的难点问题。

首先，欠条载明："欠罗四海2008年在都德戈学校工程款总数667 850元整，实付¥162 000元整，还款¥5 05 850元整：伍拾万伍仟捌佰伍拾元整，欠款人：刘杰。还款日期8月末结清。"其中不难看出，欠条中载明的债权人罗四海与本案原告罗世海不相符，并且被告刘杰还提出按照欠条记载，其还款数额是505 850元，"实付"属于笔误，162 000元应当是"欠款"数额。对于被告刘杰提出异议部分，由于其不能提供相反证据证明该欠条所载明的债权人罗四海存在，并且该欠条由原告罗世海持有，结合本案其他证据以及双方核算的欠款数额相互之间能够形成证据链条，可以确信该部分的事实认定证据充分。

其次，本案中原、被告双方均出示了域外证据，对于该部分证据效力的认定，除了按照最高人民法院《关于民事诉讼证据的若干规定》第11条所述判定域外证据证明效力外，对于俄罗斯联邦境内形成的证据应当特别适用《中华人民共和国和俄罗斯联邦关于民事和刑事司法协助的条约》的约定，无须再经我国驻俄罗斯使领馆予以认证即可采信。上述条约对于地处中俄边境的基层人民法院来说，在实践操作中具有重要的实际意义，应当在其他涉外案件中注意法律适用的准确性，提高案件质量。

（内蒙古自治区满洲里市人民法院　张旭）

79. 米易县海峡石材有限公司诉涂阳贵确认劳动关系案

（一）首部

1. 判决书字号：四川省攀枝花市米易县人民法院（2011）米易民初字第24号。
2. 案由：确认劳动关系。
3. 诉讼双方

原告：米易县海峡石材有限公司，住所地：四川省米易县长坡工业园区A区。

法定代表人：陈子钦，系该公司董事长。

委托代理人：蒲文峰，男，1988年10月26日出生，汉族，实习律师，住四川省攀枝花市东区。

被告：涂阳贵，男，1954年6月10日出生，汉族，农民，住四川省米易县攀莲镇。

4. 审级：一审。
5. 审判机关和审判组织

审判机关：四川省攀枝花市米易县人民法院。

独任审判员：张锐。

6. 审结时间：2011年2月15日。

（二）诉辩主张

1. 原告米易县海峡石材有限公司诉称，2009年，该公司与钱青宾达成协议，将公司炸药库的部分工程分包给钱青宾修建，由公司负责材料，工程所需人员由钱青宾负责雇用并进行管理，工程完工后由公司与钱青宾结算。钱青宾承包工程后，雇请涂阳贵在工地干活。施工过程中，涂阳贵不慎摔伤住院。后涂阳贵要求该公司承担用工责任，该公司提出异议并拒绝承认与涂阳贵存在劳动关系。涂阳贵将此争议提交米易县劳动争议仲裁委员会申请仲裁，米易县劳动争议仲裁委员会裁决原被告之间存在事实上的劳动关系。该公司认为，公司将经营业务以外的工程分包给钱青宾，与钱青宾之间单独结算。涂阳贵系钱青宾雇用的工人，由钱青宾负责管理安排，涂阳贵非该公司职工，与公司之间不构成事实劳动关系。综上，请求法院确认原被告之间不存在事实劳动关系。

2. 被告涂阳贵辩称，2010年1月8日，因米易县海峡石材有限公司修建炸药库无技术工人，张福迁便打电话叫涂阳贵去修炸药库。2010年1月11日，涂阳贵开始上班，当时是钱青宾在管理，米易县海峡石材公司并没将炸药库工程发包给钱青宾，是海峡公司直接用工。2010年2月4日下午17时30分，涂阳贵做炸药库大门砖柱时跳板滑落，涂阳贵从2米高处摔下受伤，经诊断为右脚跟粉碎性骨折。涂阳贵认为，自己在工作时间、工作场所受到事故伤害，钱青宾作为一个服刑人员，又不具备相应资质，应由米易县海峡石材公司承担用工主体责任，涂阳贵与米易县海峡石材公司之间存在事实劳动关系。

（三）事实和证据

米易县人民法院经公开审理查明，2010年1月，米易县海峡石材有限公司将公司炸药库部分工程分包给钱青宾修建。钱青宾承包工程后，雇请涂阳贵到工地干活。2010年2月4日，涂阳贵在施工过程中，因砖柱跳板滑落，从2米高处摔下受伤。当日涂阳贵被送至米易县人民医院住院治疗，至2010年2月18日出院。米易县海峡石材有限公司垫付医疗费20 000余元。此后涂阳贵要求米易县海峡石材有限公司承担用工主体责任，被米易县海峡石材有限公司拒绝。2010年9月6日，涂阳贵向米易县劳动争议仲裁委员会申请仲裁，要求确认其与米易县海峡石材有限公司存在劳动关系。2010年11月3日，米易县劳动争议仲裁委员会以米劳仲案字（2010）26号仲裁裁决书，裁决涂阳贵与米易县海峡石材有限公司之间存在事实劳动关系。米易县海峡石材有限公司对此仲裁裁决不服，诉至本院。

上述事实有下列证据证明：

1. 企业法人营业执照、法定代表人身份证明、身份证复印件，用以证明原告的主体资格。

2. （2010）米劳仲案字第26号仲裁裁决书，用以证明米易县劳动争议仲裁委员会就此争议作出仲裁裁决的情况。

3. 米易县劳动争议仲裁委员会的送达回执，用以证明该公司起诉符合诉讼期间要求。

4. 工程结算单、仲裁委庭审笔录，用以证明该公司将炸药库部分工程承包给钱青宾负责。

5. 招工面试登记表、工资表，用以证明该公司招录工人情况，涂阳贵不是该公司招录的工人。

6. 证人钱青宾的证言，用以证明该公司将炸药库的部分工程承包给其负责，涂阳贵是其雇用的工人。

7. 马刚、吴林、杨正顺、张福迁的书面证言，四人与涂阳贵系工友关系，均证明他们与涂阳贵给米易县海峡石材有限公司修炸药库时，涂阳贵被摔伤的事实。

（四）判案理由

米易县人民法院根据上述事实和证据认为，米易县海峡石材有限公司将该公司的炸药库部分工程分包给不具有建筑资质的钱青宾负责修建，钱青宾雇请涂阳贵在工地打工，而钱青宾不具备用工主体资格，根据《关于确立劳动关系有关事项的通知》（劳社部发〔2005〕12号）文件关于："建筑施工、矿山企业等用人单位将工程（业务）或经营权发包给不具备用工主体资格的组织或自然人招用的劳动者，由具备用工主体资格的发包人承担用工主体责任"的规定，涂阳贵与米易县海峡石材有限公司之间存在事实劳动关系。

（五）定案结论

米易县人民法院依照《关于确立劳动关系有关事项的通知》（劳社部发〔2005〕12号）文件第四条规定，判决如下：

涂阳贵与米易县海峡石材有限公司之间存在事实劳动关系。

案件受理费5元，由米易县海峡石材有限公司负担。

（六）解说

事实劳动关系是相对于由劳动合同调整的劳动关系而言的，是指双方当事人在建立劳动关系时，没有按法律要求订立书面的劳动合同，但双方在实际工作中存在劳动关系的状态。事实劳动关系仍受劳动法的保护，其与民法上的承揽、承包、代理等法律关系在审判实践中很容易混淆。当双方当事人就承揽关系与事实劳动关系的性质发生争议时，法官要按照劳动和社会保障部《关于确立劳动关系有关事项的通知》（劳社部发〔2005〕12号）文件精神，结合案件具体情况分析确认劳动关系是否成立。司法实践中，确定是否构成事实劳动关系，主要应把握以下原则：（1）主体合法；（2）劳动行为已经发生；（3）从属关系形成；（4）劳资双方存在意思表示合意；（5）欠缺法定的形式要件，即劳资双方没有签订有效的书面合同。具备以上条件可认定用人单位与劳动者之间存在事实劳动关系。实践中还可以参照以下凭证（工资支付凭证或记录；缴纳各项社会保险费的记录；用人单位发放的工作证、出入证、服务证等能够证明身份的证件；劳动者填写的用人单位招工招聘登记表、报名表等招用记录；用人单位的考勤记录；其他劳动者的证言；其他能证明劳动关系存在的证据）综合认定用人单位与劳动者是否存在劳动关系。

米易县人民法院在审理米易县海峡石材有限公司诉涂阳贵确认劳动关系一案时，因米易县海峡石材有限公司将部分工程发包给不具备用工资质的钱青宾修建，钱青宾雇请涂阳贵到工地干活，根据劳动和社会保障部《关于确立劳动关系有关事项的通知》精神，应由具备用工主体资格的发包人米易县海峡石材有限公司承担用工主体责任。故米易县人民法院作出诉讼双方事实劳动关系成立的判决。

（四川省攀枝花市米易县人民法院　张　锐）

80. 宁波博尔佳工贸实业公司诉张玉田劳动争议案

（一）首部

1. 裁判书字号
一审判决书：浙江省宁波市镇海区人民法院（2009）甬镇民初字第1043号。
二审裁定书：浙江省宁波市中级人民法院（2010）浙甬民一终字第597号。
2. 案由：劳动争议。
3. 诉讼双方
原告（上诉人）：宁波博尔佳工贸实业有限公司。
被告（被上诉人）：张玉田。
4. 审级：二审。
5. 审判机关和审判组织
一审法院：浙江省宁波市镇海区人民法院。
合议庭组成人员：审判长：吴绍海；代理审判员：刘光明；人民陪审员：乐一平。
二审法院：浙江省宁波市中级人民法院。
合议庭组成人员：审判长：曹炜；审判员：周娜；代理审判员：梅亚琴。
6. 审结时间
一审审结时间：2010年5月17日。
二审审结时间：2010年9月2日。

（二）一审诉辩主张

原告宁波博尔佳工贸实业有限公司（以下简称博尔佳公司）起诉称：被告张玉田是原告建造位于镇海区九龙湖镇长石村厂房时，由施工单位浙江万峰建筑公司项目部徐叨富（云）雇用的民工。徐叨富（云）因诈骗避债等原因，致使农民工的工资未能及时支付。为了追讨徐叨富（云）拖欠的工资，被告张玉田一家人一直滞留工地。2008年11月，被告张玉田主动提出承包原告单位的卫生、门卫等工作。原告出于对被告的同情，于2008年11月1日与之签订了承包合同。然而，在该合同签订后的第二个月，被告就以原告公司职工的身份提出人民调解申请。原告出于对人民调解工作的支持与理解，同意一次性补偿被告人民币8 000元，并言明双方今后无涉。但是，被告在收取该笔补偿金后，于2009年6月向镇海区劳动争议仲裁委员会提出申请。2009年9月13日，镇海区劳动争议仲裁委员会作出了镇劳仲案字（2009）第283号裁决书。原告认为劳动仲裁裁决认定原、被告之间存在事实劳动关系缺乏事实依据。因此，原告诉至法院，请求确认 2007 年 4 月至 2008 年 10 月期间原、被告之间不存在事实劳动关系，被告无权要求原告支付其双倍工资，补缴社会保险费。

被告张玉田答辩称：被告自 2007 年 4 月 18 开始在原告单位从事门卫、清洁等工作，直到 2008 年 12 月 23 日被原告赶走，期间从未离开过原告单位。原告所提到的一次性补偿费 8 000 元，是原告承担徐叨富（云）的债务，并不是原告支付被告 2007 年 4 月至 2008 年 11 月期间的补偿费，该笔 8 000 元钱与本案没有关联性。被告认为双方的事实劳动关系清楚，证据充分，请求法院维持仲裁裁决，驳回原告的诉讼请求。

（三）一审事实和证据

浙江省宁波市镇海区人民法院经公开开庭审理查明：

博尔佳公司成立于 2003 年 7 月 8 日，于 2005 年 9 月 21 日申请变更住所、经营范围、公司章程等内容，其中住所由"镇海区九龙湖三星工业区（长石）"变更为"镇海区九龙湖镇长石村"，该变更内容于 2005 年 9 月 27 日通过核准。2008 年 9 月 1 日至 24 日，镇海区保安大队九龙湖镇中队在工业区巡逻时，被告作为原告单位的门卫人员在巡逻表上签名。2008 年 11 月 1 日，原、被告订立"承包合同"一份，合同约定甲方（原告）将厂区内绿化养护、清洁、巡逻等杂活承包给乙方（被告），期限为 2 年。该承包合同的第 4 条约定，"认真按合同标准，遵守甲方的各项规章制度，服从甲方的管理"。2009 年 6 月 15 日，被告向镇海区劳动争议仲裁委员会提起仲裁申请，其仲裁请求为：（1）确认张玉田与博尔佳公司在 2007 年 4 月至 2008 年 12 月期间存在事实劳动关系；（2）博尔佳公司支付张玉田 2008 年 1 月至 2008 年 11 月的二倍工资 10 560 元；（3）博尔佳公司为张玉田补缴 2007 年 4 月至 2008 年 12 月期间的外来务工人员社会保险费。2009 年 9 月 13 日，镇海区劳动争议仲裁委员会作出镇劳仲案字（2009）第 283 号裁决：（1）确认张玉田与博尔佳公司自 2007 年 4 月至 2008 年 10 月期间存在事实劳动关系；（2）博尔佳公司支付张玉田二倍工资 4 045 元；（3）博尔佳公司为张玉田补缴 2008 年 1 月至 2008 年 10 月的外来务工人员社会保险费。博尔佳公司于 2009 年 9 月 28 日收到裁决书。2009 年 10 月 12 日，博尔佳公司不服该裁决，诉至本院。

另外，被告在庭审中出示了保安帽、器械、博尔佳公司的工作服、信纸、绿化用剪刀等实物。

（四）一审判案理由

浙江省宁波市镇海区人民法院经审理认为：第一，双方于 2008 年 11 月 1 日订立的合同虽然名称为"承包合同"，但在合同第 4 条约定"认真按合同标准，遵守甲方的各项规章制度，服从甲方的管理"，这表明被告要接受原告单位的管理和指挥，具有人身隶属性。被告从事的巡逻保安、绿化养护及清洁工作属于被告单位正常运转的日常性工作范围，同时，原、被告均符合劳动关系中的主体资格。故双方之间并不属于平等主体的民事合同关系，应当认定为劳动关系。第二，关于劳动关系的起始时间，法律规定用人单位对此负有举证责任,但是原告未能提供职工花名册或其他证明劳动关系存续期间的证据,故应承担举证不能的不利后果。此外,被告提交的巡逻表能够证明其在2008年9月履行了单位保安的职责,法院还查明被告在2007年4月至2008年12月期间一直居住生活在原告单位的厂区范围内,被告申请出庭作证的证人也证明被告自2007年4月起即在原告单位上班。根据证明责任的分配及已查明的事实,故法院对被告陈述的劳动关系存续起止时间2007年4月18日至2008年12月23日予以认定。第三,用人单位自用工之日起超过一个月不满一年未与劳动者订立书面劳动合同的,应当向劳动者每月支付二倍的工资。用人单位和劳动者必须依法参加社会保险,缴纳社会保险费。鉴于被告对劳动仲裁裁决中的二倍工资标准以及补缴社会保险费的开始时间并无异议,故法院按仲裁裁决的标准予以支持。

(五)一审定案结论

据此,依照《中华人民共和国劳动法》第七十二条、《中华人民共和国劳动合同法》第八十二条第一款、最高人民法院《关于审理劳动争议案件适用法律若干问题的解释》第十三条之规定,判决如下:

"一、确认宁波博尔佳公司与张玉田在2007年4月18日至2008年12月23日期间存在劳动关系;

二、宁波博尔佳公司向张玉田支付未订立书面劳动合同的二倍工资4 045元;

三、宁波博尔佳公司为张玉田补缴2008年1月至12月共计12个月的外来务工人员社会保险费;

四、驳回宁波博尔佳公司的诉讼请求。"

(六)二审情况

一审判决后,博尔佳公司不服而上诉至浙江省宁波市中级人民法院。2010年8月31日,博尔佳公司申请撤回上诉,浙江省宁波市中级人民法院于2010年9月2日裁定予以准许,浙江省宁波市镇海区人民法院(2009)甬镇民初字第1043号民事判决自该裁定送达之日起生效。

(七)解说

本案例主要涉及以下几个关键问题:
1. 劳动法与民法所调整的社会关系的区界

马克思曾说,历史从哪里开始,思想进程也应当从哪里开始。因此,我们首先应当从法制史的角度来解读劳动法所调整的劳动关系。19世纪以前,劳动给付关系的法律调整一直沿用罗马法的体系,罗马法将劳动给付关系置于租赁关系之中,属于私法调整领域。1804年的《法国民法典》沿袭了罗马法,将劳动合同置于租赁合同范围之下,称为劳动力租赁。随着近代机器大工业的兴起和扩张，资本的优势地位日益明显。资本所有者可以放弃经营利益，但劳动力所有者却不能放弃生存利益。在二者的抗衡与较量中，劳动者常常不得不作出让步。劳动者想获得一份工作，只能默默地接受雇主的条件，也即资本的强大支配力量将劳动者的独立性转化为对资本的依附性。[①] 于是，资方利用其优势地位侵犯劳动者权益的事情时有发生，造成了人权状况恶化、社会关系紧张、劳动的非人道化和社会正义的丧失。

在这样的历史条件下，民法关于平等主体间"意思自治"、"契约自由"的调整模式显然不能适应产业革命后产业雇主与雇员之间强弱失衡的现实。此时，需要公共权力的介入，以修正和完善失衡的状况，以寻求劳资关系的协调和社会的正常运转。1900年实施的《德国民法典》突破了罗马法的模式，其第617条至第619条规定了雇主在安排组织劳动过程中，应保护劳工免于生命及健康的危险，劳动法对一方主体强制性义务规定开始出现。此后，以限制工时、确保最低工资和职业安全基本内容的劳动立法开始大量出现，公共力量（国家）和社会力量（工会）在平衡劳资双方力量上的作用日益合法化并得以强化。

在产业雇佣关系，劳动者虽然有权利决定是否与某用人单位建立劳动关系，但这种合同自由有的学者称之为"小鸟的自由"。一旦劳动关系建立，这种平等关系即宣告结束。这种用人单位单方面的管理性、支配性、控制性，是劳动法所调整的劳动关系的基本特点，该特点并非法律制度所创设，而是劳动关系赖以存在的现代化大生产的客观要求。正是基于此，劳动法的任务只是在认可这种单方面的管理权威的同时，限制这种可能因私欲而导致劳动者非正义损害的发生。[②]

追溯历史，不难看出，劳动法与民法有历史上的渊源关系与功能上的弥补关系，但其又独立于民法而发展。劳动法与民法所调整的社会关系的基本区界在于：双方是平等的关系，还是一方对另一方具有隶属性（被管理和被支配）。

2. 本文案例的当事人之间具有明显的隶属性，属于劳动关系

我国《劳动法》及《劳动合同法》对何为劳动关系均未予以解释，劳社部发〔2005〕12号《关于确立劳动关系有关事项的通知》第1条规定："用人单位招用劳动者未订立书面劳动合同，但同时具备下列情形的，劳动关系成立。（一）用人单位和劳动者符合法律、法规规定的主体资格；（二）用人单位依法制定的各项劳动规章制度适用于劳动者，劳动者受用人单位的劳动管理，从事用人单位安排的有报酬的劳动；（三）劳动者提供的劳动是用人单位业务的组成部分。"上述规定的第2项即特别强调了一方对另一方的管理性和支配性。但需要说明的是，并非所有具有隶属性的劳动给付关系均纳入劳动法所调整。如上所述，劳动法诞生于工业化大生产的时代背景中，其主要着眼点在于产业雇佣中的强弱失衡关系。非产业雇佣如传统的农业雇佣、家庭消费雇佣以及其他以自然人作为雇主的雇佣关系中，虽然雇主与雇员之间的身份也是不平等的，雇主处于支配地位，雇员则处于被支配的从属地位。但该类雇佣劳动不具有组织性、经

[①] 参见冯彦君：《民法与劳动法：制度的发展与变迁》，载《社会科学战线》，2001（3）。
[②] 参见常凯主编：《劳动合同立法理论难点解析》，14、56页，北京，中国劳动社会保障出版社，2008。

营性和社会化的特点,其人身依附程度远没有产业雇佣那般强烈,该类劳动给付关系并未纳入劳动法调整范畴,仍由传统民法规则进行调整。在我国现行民事案由体系中,该类纠纷被归入劳务合同纠纷当中。厘清该点的意义在于,认定劳动关系不仅要分析是否具有隶属性,还要分析双方的主体资格。我国《劳动法》第2条第1款规定,在中华人民共和国境内的企业、个体经济组织和与之形成劳动关系的劳动者,适用本法。这表明,我国劳动法所调整的劳动关系的当事人只能一方是企业或个体经济组织,另一方是劳动者个人,而劳务合同的主体双方当事人可能同时都是法人、组织、自然人。

本案例中,单位一方认为双方签订的承包合同,属于承揽合同或劳务合同,适用《民法通则》及《合同法》进行调整。笔者认为,承揽以完成一定的工作成果为目的,其标的是特定的工作成果,承揽人在完成工作中具有独立性且自行承担风险。本案中张玉田的工作内容是厂区内绿化养护、清洁、巡逻等杂活,期限为两年。从内容上看,该合同并不包含承揽合同的标的物——某一明确的工作成果,而是劳动过程本身。更为重要的还在于该承包合同的第4条约定"认真按合同标准,遵守甲方的各项规章制度,服从甲方的管理"。这表明单位一方将张玉田视为单位的成员之一,因此需要其遵守各项规章制度。张玉田对于工作如何安排没有自主选择权,单位可以随时干预其工作。可以看出,本案涉及的合同虽然名为"承包合同",但实际上具有非常浓厚的人身隶属性,并不属于平等主体间的民事合同。综上,博尔佳公司与张玉田均符合劳动关系的主体资格,双方关系具有明显的隶属性,劳动内容也是单位的业务组成部分,因此,应认定双方存在劳动关系。

3. 劳动关系存续期间的证明责任分配

"证明责任"历来被认为是证据制度的核心内容。关于证明责任的分配,主要学说有以下几种:(1) 法律要件分类说,该学说的主要代表为德国最负盛名的研究证明责任的学者罗森贝克,他认为实体法律规范本身已经具有证明责任分配的规则,只要将全部规范进行分析,即可发现证明责任分配的一般原则。其中的理论基础之一为"不适用法规说",即法官应当仅就法律要件事实的存在获得积极性确信时,才能适用该条法律。[①] (2) 盖然性说,其基本含义是"如果法官对一个要件事实真伪不明不能确认时,那么,就应当由某个要件事实成立的可能性较小,因而对其不利的一方当事人承担不利后果"。换句话说,该事实发生概率高的,主张该事实的人不需要举证加以证明。(3) 危险领域说,该学说认为,在危险领域应当适用一种新的证明责任分配原则。所谓"危险领域",是指当事人在法律上或事实上能支配的生活领域。在这个"危险领域里",被害人对损害发生的主观和客观要件均不承担证明责任。相反,加害人应对不存在损害事实发生的主观和客观要件事实加以证明。[②]

我国民事诉讼证明责任主要采取法律要件分类说,《民事诉讼法》第64条第1款规定:"当事人对自己提出的主张,有责任提供证据。"最高人民法院《关于民事诉讼证据

---

① 参见[德]罗森贝克:《证明责任论》,庄敬华译,104页,北京,中国法制出版社,2002。
② 参见[德]普维庭:《现代证明责任问题》,吴越译,第十七章"危险领域与客观责任的分配",北京,法律出版社,2006。

的若干规定》第2条规定："当事人对自己提出的诉讼请求所依据的事实或者反驳对方诉讼请求所依据的事实有责任提供证据加以证明。没有证据或者证据不足以证明当事人的事实主张的，由负有举证责任的当事人承担不利后果。"也就是说，凡是主张一定法律事实的当事人都应提出充足证据来证实该事实（即行为责任），如果不能够充分举证，其主张的事实处于真伪不明时，则由该当事人承担败诉的不利后果（即结果责任）。此外，该《规定》第7条规定："在法律没有具体规定，依本规定和其他司法解释无法确定证明责任承担时，人民法院可以根据公开原则和诚实信用原则，综合当事人举证能力等因素确定证明责任的承担。"这一规定赋予了法官在特定情况下酌定分配证明责任的自由裁量权。

就劳动争议案件而言，考虑到双方当事人地位的强弱、离证据材料的远近、举证的难易，有关法律规范对劳动争议案件的证明责任分配作了特别的规定。比如，《劳动争议调解仲裁法》第6条规定："发生劳动争议，当事人对自己提出的主张，有责任提供证据。与争议事项有关的证据属于用人单位掌握管理的，用人单位应当提供；用人单位不提供的，应当承担不利后果。"最高人民法院《关于审理劳动争议案件适用法律若干问题的解释（一）》第13条规定："因用人单位作出的开除、除名、辞退、解除劳动合同、减少劳动报酬、计算劳动者工作年限等决定而发生的劳动争议，用人单位负举证责任。"从以上规定不难看出，对于是否存在劳动关系的问题上，由主张的一方承担证明责任。而一旦确认了双方存在劳动关系之后，则由用人单位对工作年限（劳动关系的存续期间）承担证明责任。

4. 证明责任裁判方法的适用

司法审判中，三段论的推理方法应用非常广泛。三段论是由包含一个共同项的两个直言命题作为前提，推出一个新的直言命题作为结论的推理。"以事实为根据，以法律为准绳"的司法审判原则，通常是将具有普遍适用性质的法律规定作为大前提，把某一案件的事实作为小前提，断定其具有大前提援引的法律条文所规定的性质，据此推出有关该案件的法律结论。

三段论方法是一般的、常态的裁判方法，其适用的前提是法律构成要件事实能够查清楚。但是，在有的情况下，案件事实无法查清，处于真伪不明状态，但法官又不能拒绝裁判，此时只能借助证明责任裁判方法来履行职责。正如罗森贝克所言："鉴于我们认识手段的不足及我们认识能力的局限性，在每一个争诉中均可能发生当事人对事件的事实过程的阐述不可能达到使法官获得心证的程度的情况，在这样的情况下法官又将如何为裁决行为呢？……证明责任规则会给这个问题以答案，尽管事实情况不确定，它仍会帮助法官对当事人主张的请求权作出肯定或否定的判决。"

本案例中，张玉田主张从2007年4月18开始建立劳动关系，而博尔佳公司只认可双方于2008年11月1日开始订立承包合同。法院可以确认的事实是2008年9月1日至24日，张玉田即以博尔佳公司门卫的身份在履行职责，在2007年4月至2008年12月期间一直居住生活在原告的厂区范围内。对于张玉田是否于2007年4月开始提供劳动的事实，尚达不到高度盖然性的标准，该事实处于真伪不明的状态。《劳动合同法实施条例》第8条规定："劳动合同法第七条规定的职工名册，应当包括劳动者姓名、性别、公民身份号码、户籍地址及现住址、联系方式、用工形式、用工起始时间、劳动合同期限等内容。"依据实体法中关于劳动关系存续期间证明责任的分配，博尔佳公司未能提供张玉田入职的有关证据，应承担举证不能的不利后果，故法院最后认定博尔佳公司与张玉田在2007年4月18日至2008年12月23日期间存在劳动关系。

总之，证明责任裁判方法与三段论裁判方法为法官提供了判决的两种不同方式，最后都归结到法官对法律的适用上。但是，需要特别注意的是，证明责任更多的是潜在的预设作用，其适用有严格的条件限制：（1）法律构成要件事实处于真伪不明的状态。（2）真伪不明以高度盖然性为基准。我国民事诉讼法确立的是高度盖然性证明标准，达到该标准的，适用三段论裁判方法；不能达到该标准的，适用证明责任裁判方法。（3）自由心证用尽。在适用证明责任裁判前，法官必须充分运用经验法则、法律推定、司法认知、证据调查等方法。① 也就是说，证明责任裁判方法只是一种辅助的方法，绝不能夸大其作用，其始终是"最后的救济"、"最后的一招"。

（浙江省宁波市镇海区人民法院　田明芳　刘光明）

81. 柳州市华明建筑工程劳务有限公司诉杨平劳动争议案

（一）首部

1. 判决书字号

一审判决书：广西壮族自治区宜州市人民法院（2010）宜民初字第644号。

二审判决书：广西壮族自治区河池市中级人民法院（2011）河市民三终字第79号。

2. 案由：劳动争议纠纷。

3. 诉讼双方

原告（上诉人）：柳州市华明建筑工程劳务有限公司（现更名为柳州市旭丰建筑工程劳务有限公司），住所地：广西柳州市柳南区航三路10号2栋1-8号。组织机构代码：78840481-9。

法定代表人：黄新楼，总经理。

委托代理人：黄浩，广西汇力律师事务所律师。

被告（被上诉人）：杨平，男，1986年3月10日生，苗族，农民，户籍所在地：广西融水苗族自治县，现租住在柳州市柳北区。

一审委托代理人：黄琳，广西华尚律师事务所律师。

---

① 参见王建华主编：《民事诉讼证据实证分析》，331页，北京，法律出版社，2006。

二审委托代理人：荣俏，广西民兴律师事务所律师。
4. 审级：二审。
5. 审判机关和审判组织
一审法院：广西壮族自治区宜州市人民法院。
合议庭组成人员：审判长：黄土；代理审判员：赖艳军、凌利梅。
二审法院：广西壮族自治区河池市中级人民法院。
合议庭组成人员：审判长：覃宝忠；审判员：张桂生；代理审判员：李剑峰。
6. 审结时间
一审审结时间：2011年4月19日。
二审审结时间：2011年10月21日。

（二）一审诉辩主张

1. 原告诉称

2008年6月16日，柳州铁路建筑安装工程公司（以下简称柳铁建安公司）将土建工程劳务分包给易积顺个人，向原告提供合同样本并将易积顺以原告劳务队长身份挂靠原告名下，订立《建设工程施工劳务分包合同》，发包宜山站区120房职工住宅工程（5#、6#、7#楼）的土建工程劳务分包作业。合同签订后，原告从未招聘、派遣、管理劳务人员到宜山工地工作，宜山工地劳务人员由柳铁建安公司和易积顺招聘并管理，原告仅根据柳铁建安公司提供的名单和银行账号收取管理费用后，代转劳务人员劳动报酬。2008年8月16日，被告杨平被招到宜山工地工作，同年8月19日上午被告在工作中被脚手架坍塌压伤，后向宜州市劳动争议仲裁委员会申请劳动仲裁，2010年5月12日，宜州市劳动争议仲裁委员会以宜劳仲案字（2009）第042号劳动争议仲裁裁决书，裁决原、被告存在事实劳动关系。原告认为其只是挂靠单位，仅收取微薄的管理费，并没招聘、派遣、管理被告工作，也未订立劳动合同，被告自己也清楚这一事实，并承认柳铁建安公司是实际用人单位，因此、原、被告之间不存在劳动关系，望法院依法判决。

2. 被告辩称

原告华明劳务公司与被告杨平之间存在事实劳动关系，因为柳铁建安公司将宜山站区住宅工程分包给原告，双方并达成书面的建设工程施工劳务分包合同，易积顺作为原告的劳务队长，其招用被告的行为是职务行为，杨平于2008年8月19日在原告承揽的工地工作过程中被压伤。原、被告之间的关系符合法律规定确认劳动关系的情形，因为原告是经工商登记的，符合用人单位的主体资格，被告是成年人，符合劳动者的主体资格，被告接受原告的安排和管理，是在原告承揽工程的工地上受伤。原告辩解称其只是挂靠单位，并未招聘、派遣、管理被告工作，也未订立劳动合同，所以与被告之间不存在劳动关系的理由是不能成立的。因为柳铁建安公司与原告签订的《建设工程施工劳务分包合同》里，明确写明劳务分包人就是原告，易积顺是原告的劳务队长，其招用劳务人员的行为是职务行为，权利义务主体是原告，虽然原告不直接支配管理被告，但其是通过劳务队长进行的间接管理和支配，从后果上被告还是受原告劳务管理制度的约束，被告提供的劳动也是原告业务的组成部分，柳铁建安公司作为工程承包人，其承担对劳务人员的身体伤害的安全责任，不能免除劳务分包人安全措施不力责任，也不能改变原告用工的事实。综上所述，原、被告之间的劳动关系事实清楚，劳动争议仲裁委所作的仲裁裁决事实认定清楚，证据确实充分，适用法律正确，应予维持。

（三）一审事实和证据

广西壮族自治区宜州市人民法院经公开审理后查明：原告柳州市华明建筑工程劳务有限公司于2006年4月28日在柳州市注册成立，其经营范围：木业作业分包、砌筑作业分包、抹灰作业分包、混凝土作业分包（凭建设行政主管部门核发的资质证书标准的范围经营）；装卸服务。柳铁建安公司将宜山站区120户职工住宅工程（5♯、6♯、7♯楼）土建工程劳务分包作业分包给原告华明劳务公司，合同期为2008年6月1日至2008年10月30日（双方没有注明签订合同地点及时间）。合同书中确认陈咸德为柳铁建安公司委派的项目经理；易积顺为华明劳务公司委派的劳务队长。宜山站区（新火车站区）120户职工住宅工程（5♯、6♯、7♯楼）土建工程劳务分包作业施工后，柳铁建安公司和华明劳务公司均按劳务分包合同履行各自的权利和义务。该工程土建工程劳务分包作业已完毕，现已启用。2008年8月16日，被告杨平经他人介绍后由易积顺安排到宜山站区（新火车站区）职工住宅工程5♯楼工地从事泥水工，双方未签订劳动合同。2008年8月19日上午，杨平在该楼一层单元南面一号厅上砖。杨平从地面上搬砖放在自己架设的脚手架上，放好二层砖后，就蹲在脚手架上休息，10分钟左右，在其起身时不慎将脚手架碰倒，导致脚手架坍塌将其压倒。事故发生时，陈咸德、易积顺均在场，后易积顺等工友将其送往河池市第一人民医院救治，经诊断为：胸口腰1骨折脱位并脊髓离断伤，后杨平继续到柳州市工人医院住院治疗，柳铁建安公司为其支付医疗费、生活费等费用共计63 336.38元。2009年7月19日，被告杨平向宜州市劳动争议仲裁委员会申请劳动仲裁，要求确认其与华明劳务公司之间存在劳动关系。2010年5月12日，宜州市劳动争议仲裁委员会以宜劳仲案字（2009）第042号劳动争议仲裁裁决书，裁决原、被告存在事实劳动关系。原告不服，认为其只是挂靠单位，仅收取微薄的管理费，并没招聘、派遣、管理被告工作，也未订立劳动合同，被告自己不仅清楚这一事实，并承认柳铁建安公司是实际用人单位，因此、请求法院判决确认原、被告之间不存在劳动关系。目前杨平仍瘫痪在柳州市柳北区马厂村窑上屯81号出租房内。

上述事实有下列证据证明：

1. 宜劳仲案字（2009）第042号劳动争议仲裁裁决书；
2. 《建设工程施工劳务分包合同》、《工伤认定申请表》；
3. 《关于宜山车务区职工住宅楼工程08年8月19日人身伤害事故协商会议与会名单》；
4. 易积顺、柳铁建安公司项目经理陈咸德的笔录；
5. 当事人陈述。

（四）一审判案理由

广西壮族自治区宜州市人民法院经审理认为：合法的劳动关系应当得到保护。根据柳铁建安公司与华明劳动公司签订的《建设工程施工劳务分包合同》约定，华明公司承揽宜山站区（新火车站区）职工住宅工程5♯楼的施工，被告杨平于2008年8月16日起经人介绍，由易积顺安排到宜山站区（新火车站区）职工住宅工程5♯楼工地从事泥水工，而易积顺系原告华明劳务公司承包宜山站区（新火车站区）120户职工住宅工程（5♯、6♯、7♯楼）土建工程委派的劳务队长，其招工的行为应视为公司行为。劳动和社会保障部关于确立劳动关系有关事项的通知（劳社部发［2005］12号）规定："用人单位招用劳动者未订立劳动合同，但同时具备下列情形的，劳动关系成立：（一）用人单位和劳动者符合法律、法规规定的主体资格；（二）用人单位依法制定的各项劳动规章制度适用于劳动者，劳动者受用人单位的劳动管理，从事用人单位安排的有劳动报酬的劳动；（三）劳动者提供的劳动是用人单位业务的组成部分。"在本案中，虽然原告华明劳务公司与被告杨平之间未签订劳动合同，但均符合该规定的各项情形，足以认定双方之间存在事实劳动关系，原告华明劳务公司认为双方之间不存在事实劳动关系的主张没有事实和法律依据，本院不予支持。至于易积顺与华明劳务公司之间是否有挂靠关系这属于两者之间的内部约定，华明劳务公司现允许易积顺以其公司名义对外开展民事活动，对相关后果应承担民事责任。

（五）一审定案结论

广西壮族自治区宜州市人民法院依照《中华人民共和国劳动法》第七十八条、第七十九条，《中华人民共和国民事诉讼法》第六十四条的规定，作出如下判决：
原告柳州市华明建筑工程劳务有限公司与被告杨平存在事实劳动关系。
案件受理费10元，由原告柳州市华明建筑工程劳务有限公司负担。

（六）二审情况

1. 二审诉辩主张
（1）上诉人（原审原告）诉称

上诉人只是被挂靠单位，给挂靠人易积顺实际承包劳务分包作业提供承包资质、劳务费转款等便利，在《建筑工程施工劳务分包合同》签订前易积顺就已经自行组织人员进场施工，自始至终上诉人都没有派人参与管理或者施工，仅是为了配合柳铁建安公司，订立了一份形式上的劳务分包合同，但劳务分包的实际履行和履行后的收益全部归易积顺，并不按与上诉人订立的合同履行，与上诉人无关。所以，柳铁建安公司不是将劳务分包给上诉人，而是将易积顺挂靠至上诉人名下完成宜山工地工程劳务分包。一审对挂靠关系未查明，影响了案件事实和完整认定。根据最高人民法院《关于审理劳动争议案件适用法律若干问题的解释（三）》第 5 条的规定，本案应将易积顺追加为案件当事人参加诉讼而没有追加，影响了案件的公正审理。上诉人对杨平没有实际的劳动力需求，因此，上诉人与杨平不存在事实劳动关系，杨平与易积顺形成雇佣关系，应由易积顺对杨平承担法律责任。特上诉请求撤销一案判决，改判上诉人与杨平之间不存在事实劳动关系或将本案裁定发回重审。

（2）被上诉人（原审被告）辩称

上诉人与易积顺是公司与员工的关系，而不是挂靠与被挂靠的关系。上诉人称从始至终没有派人参加合同的管理和施工，劳务分包全部归易积顺所有没有证据和事实依据。本案不存在遗漏诉讼当事人的程序问题，因为易积顺是上诉人的人员，其招录被上诉人的行为是职务行为。原审判决认定事实清楚，适用法律正确，判决公正，审判程序合法，请求二审法院维持原判，驳回上诉。

2. 二审事实和证据

广西壮族自治区河池市中级人民法院经审理，确认一审法院认定的事实和证据。

3. 二审判案理由

广西壮族自治区河池市中级人民法院经审理认为，关于柳州市旭丰建筑工程劳务有限公司（即柳州市华明建筑工程劳务有限公司）与杨平之间是否存在事实劳动关系问题，柳铁建筑安装公司与华明劳务公司签订的《建设工程施工劳务分包合同》，乙方华明劳务公司及法定代表人谢建华均在合同上盖章，还有劳务队长易积顺在合同上签字，由此可见，易积顺对外是职务行为，其产生的后果由法人承担。华明劳务公司在履行合同过程中，其劳务队长易积顺招用杨平，并安排杨平到宜山站区（新火车站区）职工住宅工程 5#楼工地从事泥水工，虽未签订劳动合同，但形成事实上的劳动关系。华明劳务公司认为，其与易积顺是挂靠与被挂靠关系，签订《建设工程施工劳务分包合同》，仅仅是为了配合柳铁建筑安装公司订立一份形式上的劳务分包合同，实际履行和履行后的收益全部归易积顺，与华明劳务公司无关；并进而认为，一审判决对挂靠与被挂靠的关系重大遗漏，导致程序上错误，没有追加易积顺为案件当事人参加诉讼，影响了案件的公正审理。首先，华明劳务公司与易积顺是否为挂靠关系，属于两者之间的内部约定，不是本案的审理范围。其次，易积顺是华明劳务公司的劳务队长，其个人不具备用人单位的主体资格，因此，其不能成为本案劳动争议案件的适格主体。华明劳务公司的上诉理由不能成立。柳州市华明建筑工程劳务有限公司于 2010 年 9 月 2 日更名为柳州市旭丰建筑工程劳务有限公司，更名前华明劳务公司的权利义务，由更名后的旭丰劳务公司承继。

4. 二审定案结论

广西壮族自治区河池市中级人民法院依照《中华人民共和国民事诉讼法》第一百五十三条第一款第（一）项的规定，作出如下判决：

驳回上诉，维持原判。

二审案件受理费 10 元，由柳州市旭丰建筑工程劳务有限公司承担。

（七）解说

本案中柳州市华明建筑工程劳务有限公司一直对挂靠关系纠缠不清，认为其只是被挂靠单位，给挂靠人易积顺实际承包劳务分包作业提供承包资质、劳务费转款等提供便利，其并不是实际施工人，与杨平之间不存在事实劳动关系，杨平与易积顺形成雇佣关系，应当由易积顺对杨平承担法律责任。

1. 挂靠行为的性质

挂靠行为是指企业和个人（以下简称挂靠方），挂靠有资质的企业（以下简称被挂靠方），承接经营业务，被挂靠方提供资质、技术、管理等方面的服务，挂靠方向被挂靠方上交管理费的行为。最高人民法院在制定《关于审理建设工程施工合同纠纷案件适用法律问题的解释》时并没有直接将该行为定义为"挂靠"，而是表述为"借用"，即没有资质的实际施工人借用有资质的建筑施工企业名义从事施工，"挂靠"与"借用"实际上系同一概念。

2. 挂靠行为的危害性

（1）挂靠行为违背诚信原则。诚实信用原则是市场行为长期积累的一个道德准则，《民法通则》第4条将其确定为基本原则后，也成为规范我国民事行为的法律准则。挂靠行为实质上是挂靠者以被挂靠者名义，对公众进行欺诈的行为。首先，挂靠者的信誉或提供的产品、服务，与被挂靠者的信誉或提供的产品、服务必然存在差异；其次，社会公众与挂靠者之间进行的交易、交往，常误以为是与被挂靠者进行的交易、交往；最后，与挂靠者进行交易、交往不是公众的真实意思表示。因此，一旦社会公众发现真相，极容易引起纠纷，不利于社会稳定。

（2）挂靠行为规避了国家的控制和管理目标，损害了国家利益。国家对具备特殊经营资质的被挂靠者，一般有比较严格的管理制度和相应的优惠政策，而对个体私营等主体在税收、经营范围等方面有一系列的限制。挂靠者利用了被挂靠者的交易信用和优惠政策，却规避了国家的管理和限制，导致税收的流失等严重后果。

为此，我国部分领域对挂靠行为持明确的否定态度。我国《建筑法》明确禁止挂靠行为，该法第26条第2款明确规定："禁止建筑施工企业超越本企业资质等级许可的业务范围或者以任何形式用其他建筑施工企业的名义承揽工程。禁止建筑施工企业以任何形式允许其他单位或者个人使用本企业的资质证书、营业执照，以本企业的名义承揽工程。"

3. 在建筑行业有些单位因没有相关资质证明，为取得施工许可而挂靠其他有资质的单位，一旦职工发生工伤事故，出借方应承担工伤赔偿连带责任

《中华人民共和国宪法》和《中华人民共和国劳动法》均规定，劳动者有获得劳动保护的权利，用人单位应为劳动者提供劳动技能培训和劳动安全保障。国家要求用人单位必须具备一定的资质，不仅是为了保证工程的施工质量，更重要的是只有具备一定的资质的单位才能够为劳动者提供安全的劳动保障，更好地保护劳动者的各项劳动权益。建筑施工等工作属危险作业，用人单位应具备相应的资质，应对施工人员进行必要的劳动技能培训，并能提供必要的劳动保障措施。被挂靠单位作为有资格的企业，让挂靠单位使用其资质进行作业，就算是挂靠单位自己组织人员施工，作为工程的直接承包者和劳动法规定的用人单位，被挂靠单位应为工程的实际用人单位。至于在赔偿方面，挂靠单位应承担何种赔偿责任则应根据双方的协议及相关法律规定进行确定。挂靠行为本身不被法律所允许，本案中柳州市华明建筑工程劳务有限公司并未提供任何证据证明系易

积顺挂靠其公司进行承包工程施工,就算是,该行为也是违反法律规定的,柳州市华明建筑工程劳务有限公司应承担用人单位主体责任。

(广西壮族自治区宜州市人民法院　赖艳军)

82. 刘洪兰、李秀莲、高金梅、刘文凯诉新疆陆源货物运输有限公司工伤保险待遇案

(一)首部

1. 判决书字号

一审判决书:新疆富蕴县人民法院(2011)富民初字第83号。

二审判决书:新疆阿勒泰地区中级人民法院(2011)阿中民一终字第121号。

2. 案由:工伤保险待遇纠纷。

3. 诉讼双方

原告(上诉人):刘洪兰,男,汉族,1959年9月30日出生,农民,住富蕴县吐尔洪乡(刘铁柱之父)。

原告(上诉人):李秀莲,女,汉族,1965年12月25日出生,农民,住址同上(刘铁柱之母)。

原告(上诉人):高金梅,女,汉族,1987年12月15日出生,住址同上(刘铁柱之妻)。

原告(上诉人):刘文凯,男,汉族,2007年2月16日出生,住址同上(刘铁柱之子)。

共同委托代理人:朱炳疆,新疆新纪元律师事务所律师。

被告(被上诉人):新疆陆源货物运输有限公司。住所地,富蕴县城赛尔江西路106号。

法定代表人:陈勇,该公司总经理。

委托代理人:彭小武,新疆鼎华律师事务所律师。

4. 审级:二审。

5. 审判机关和审判组织

一审法院:新疆富蕴县人民法院。

独任审判员:毛新霞。

二审法院:新疆阿勒泰地区中级人民法院。

合议庭组成人员:审判长:龚锋;审判员:周胜;代理审判员:巴合兰。

6. 审结时间:2011年4月20日。

(二) 一审诉辩主张

1. 原告诉称

2009年3月,刘铁柱与新疆陆源货物运输有限公司(以下简称陆源公司)建立劳动关系,驾驶装载机,月薪2 500元。同年8月15日,陆源公司派刘铁柱在富蕴县蒙库铁矿选矿厂铁精粉料场工作,被傅康强驾驶的T39号重型货车撞死。8月26日,原告方与傅康强的代理人王永江、崔全安达成调解协议,约定由傅康强一次性赔偿刘铁柱死亡赔偿金23万元,其代理人承担刘铁柱丧葬费并于27日将23万元赔偿原告方。当日,陆源公司代替傅康强及代理人支付了23万元,代理人支付刘铁柱29 371.2元丧葬费,原告方将票据交予代理人。富蕴县法院以过失致人死亡罪判处傅康强有期徒刑二年,缓刑三年。2010年6月,经仲裁调解确认刘铁柱与陆源公司存在劳动关系,刘铁柱系工亡。之后原告方申请仲裁,请求陆源公司支付刘铁柱工亡补助等费用247 014元,劳动争议仲裁委员会驳回原告的仲裁请求。原告方不服仲裁,诉至法院。要求陆源公司赔偿一次性工亡补助金97 740元(1 629元×60个月)、抚恤金13.95万元(2 500元×186个月×30%)、丧葬补助金9 774元(1 629元×6个月),合计247 014元。

2. 被告辩称

对原告所述的事实经过无异议。原告出具的收条证明被告已向原告进行赔偿,原告所称赔偿款系傅康强赔偿无依据,请求驳回原告的诉讼请求。

(三) 一审事实和证据

富蕴县人民法院经审理查明:2009年3月,刘铁柱与陆源公司建立劳动关系。2009年8月,刘铁柱由陆源公司派至富蕴县蒙库铁矿选矿厂铁精粉料场驾驶装载机。8月15日,傅康强驾驶T39号重型汽车在选矿厂倒车卸铁精粉将刘铁柱掩埋,致其窒息死亡。8月26日,富蕴县公安局主持调解,李秀莲及刘金兰(刘铁柱姑姑)、雷霆(刘铁柱妹夫)、陆源公司副经理王永江与崔全安参加调解,双方达成协议,协议记载的主要内容:傅康强一次性赔偿原告23万元死亡赔偿金(包含死亡赔偿金、丧葬费、被抚养人生活费等);丧葬费用由傅康强委托代理人王永江、崔全安承担,双方对此事故再无任何争议。协议达成后,陆源公司支付赔偿款23万元及实际支出丧葬费用29 371.2元。

2010年6月,经刘金兰方申请,富蕴县劳动仲裁委员会2010年6月18日主持调解,刘铁柱与陆源公司存在事实劳动关系。2010年9月8日,经阿勒泰地区劳动和社会保障局认定,刘铁柱系工作期间死亡。2010年12月,刘金兰等申请仲裁要求陆源公司工伤赔偿247 014元,富蕴县劳动仲裁委员会认为陆源公司应赔偿一次性工亡补助金78 192元(1 629元×48个月)、供养亲属抚恤金90 898.2万元(1 629元×186个月×30%)、丧葬补助金9 774元(1 629元×6个月),共计178 864.2元,因陆源公司已支付259 371.2元,故作出驳回仲裁请求的裁决。

另查:傅康强于2010年7月13日因犯过失致人死亡罪被富蕴县人民法院判处有期

徒刑二年，缓刑三年，在刑事案件审理过程中，供述其本人未向刘铁柱家人赔偿。

上述事实有下列证据证明：

原告提交如下证据：

（1）交通事故认定书、调解笔录、调解书、刑事判决书，证明23万元系傅康强给原告方的死亡赔偿金；

（2）富劳仲调协字（2010）03、04号裁决书、工伤认定结论通知书，证明刘铁柱与陆源公司存在劳动关系，系工亡，陆源公司未支付工伤赔偿款；

（3）自治区新政（2006）12号文件，证明对受害人家属的赔偿不低于20万元。

陆源公司提交如下证据：

收条及原告陈述证明陆源公司已履行了赔偿义务，原告收到陆源公司赔偿款259 371.2元。

经庭审质证，陆源公司对原告提交的第1份证据的真实性无异议，但对原告关于赔偿款系傅康强支付证明目的不予认可，原审认为，该证据证明原告收到陆源公司赔偿款23万元，但不能证明该款系傅康强支付，故对证据真实性予以确认，但原告的证明目的不成立。陆源公司对原告提交的第2份证据的真实性无异议，原审对该证据予以采信。陆源公司对原告提交的第3份证据不予认可，因该规定系政府文件，故不予采信。原告对陆源公司提供的2份证据真实性认可，原审予以采信。

（四）一审判案理由

一审法院认为，劳动者因工伤事故遭受人身损害，用人单位应向劳动者进行赔偿。刘铁柱系工伤死亡，应得一次性工亡补助金、丧葬补助金、供养亲属抚恤金共计178 864.2元。

刘金兰等人关于收到的赔偿款系陆源公司代傅康强赔偿的主张，一审认为刘金兰等人提供的证据证明傅康强未参与调解，也未向其进行赔偿，与傅康强在刑事案件审理中供述互相印证，刘金兰等人提供的收条及陈述证明实际赔偿人为陆源公司，故对刘金兰等人的该主张不予支持。刘金兰等主张陆源公司赔偿一次性工亡补助金、抚恤金等费用247 014元，一审认为陆源公司已向原告赔偿了259 371.2元，陆源公司作为责任主体，不应重复赔偿，故对刘金兰等人的诉讼请求不予支持。

（五）一审定案结论

富蕴县人民法院根据《中华人民共和国民事诉讼法》第一百二十八条之规定，判决：驳回原告刘洪兰、李秀莲、高金梅、刘文凯的诉讼请求。诉讼费10元，减半收取5元，由原告刘洪兰等人负担。

（六）二审情况

1. 二审诉辩主张

刘洪兰等四人不服一审判决，上诉称：一审认定事实不清。上诉人与肇事者傅康强及其雇主王永江、崔全安在公安部门的主持下达成了赔偿协议,并已经履行。富蕴县人民法院(2010)富刑初字第47号刑事判决书认定"被告人傅康强在案发后履行了与被害人家属达成的死亡赔偿协议",以上事实争议证明傅康强履行了赔偿义务。被上诉人没有参加公安部门的调解,王永江、崔全安不是以上诉人委托代理人的身份参与调解,而是以傅康强代理人身份代为赔偿的。无论是王永江、崔全安赔偿还是被上诉人代为赔偿,都是傅康强赔偿的。在工伤已经认定的情况下,作为用人单位应支付受害人的工伤赔偿金247 014元。请求二审人民法院依法撤销一审判决,支持上诉人在一审中的诉讼请求。

被上诉人答辩称:被上诉人在公安部门的主持下已与受害人家属达成赔偿调解协议,并按照约定实际履行230 000元及丧葬费29 371.20元,故被上诉人不应再重复赔偿。请求二审人民法院依法驳回上诉人的上诉请求,维持原审判决。

2. 二审事实和证据

二审中,上诉人、被上诉人对原审中的证据没有新的质证意见。上诉人、被上诉人均没有提交新的证据。

对原审法院查明的事实,经本院审查予以确认。

本院另查明:刘铁柱之子刘文凯于2007年2月16日出生。阿勒泰地区2009年度职工月平均工资为1 629元。

3. 二审判案理由

本案争议的焦点是:上诉人主张的一次性工亡补助金、抚恤金、丧葬补助金应否得到支持,即:上诉人应否得到双重赔偿。

审理中合议庭有两种不同意见。

一种意见认为:虽然上诉人给被上诉人出具收条的内容为收到被上诉人一次性赔偿金23万元,但在交通事故调解笔录和事故损害赔偿调解书中关于赔偿主体均为肇事者一次性赔偿刘铁柱230 000元,丧葬费用由肇事者的代理人王永江、崔全安二人承担。王永江、崔全安是以傅康强的代理人身份参与调解并支付赔偿金的,且2010年7月13日富蕴县人民法院刑事案件法庭审理笔录中肇事者供述"我本人没有赔偿,是车主崔全安进行赔偿的,我和崔全安属于雇佣关系",以及富蕴县人民法院以生效的(2010)富刑初字第47号刑事判决书确认"肇事者在案发后履行与被害人家属达成的死亡赔偿协议",均能证明上诉人在公安部门得到的赔偿应为肇事者的赔偿,王永江、崔全安或被上诉人代为赔偿,而不能认定为被上诉人与上诉人达成赔偿协议,支付赔偿金。故被上诉人的辩称应不予采信,上诉人的部分工伤损害赔偿请求应予得到支持。原审适用法律错误,应予纠正。应判决被上诉人赔偿上诉人刘洪兰等人丧葬补助金、供养亲属抚恤金、一次性工亡补助金,共计178 864.20元。

另一种意见认为:应驳回上诉人刘洪兰等在原审中的诉讼请求。理由:根据审理查明的情况,上诉人与被上诉人在公安部门的主持下达成调解协议,王永江、崔全安是以肇事者的代理人身份参与调解,但二人均为被上诉人公司的职员,且一次性赔偿的230 000元是被上诉人支付,上诉人给被上诉人出具了收条。(2010)富刑初字第47号刑事卷宗中肇事者供述"我本人没有赔偿,是车主崔全安进行赔偿的,我和崔全安属于雇佣关系",均能够证明该笔赔偿款由被上诉人实际支付。而且肇事者和受害人均为被上诉人雇佣的人员，依照最高人民法院《关于审理人身损害赔偿案件适用法律若干问题的解释》第十二条的规定，上诉人只能得到一次赔偿，不能得到双重赔偿。

合议庭出现的两种不同意见是法官在审理该类案件中遇到的疑难问题，也是法律、法规没有明确规定的情况下各地法院作出不同的判决结果的原因。故本院在处理该案时，本着调解优先，服判息诉的理念，在该案审理过程中做了大量的调解工作，使该案得到了圆满解决。

4. 二审定案结论

在二审诉讼过程中，本院依据《中华人民共和国民事诉讼法》第155条、最高人民法院《关于适用〈中华人民共和国民事诉讼法〉若干问题的意见》第91条、92条的规定，经本院主持调解，双方当事人自愿达成如下协议：被上诉人新疆陆源货物运输有限公司于2011年10月24日之前一次给付上诉人刘洪兰、李秀莲、高金梅、刘文凯丧葬补助金、供养亲属抚恤金、一次性工亡补助金共计80 000元。一审案件受理费5元。二审案件受理费5 006元（上诉人已缴纳），减半收取2 503元。一、二审案件受理费共计2 508元，由上诉人刘洪兰、李秀莲、高金梅、刘文凯负担1 254元，被上诉人新疆陆源货物运输有限公司负担1 254元（由被上诉人直接支付给上诉人1 254元）。

（七）解说

本案虽然是调解解决，但透过本案能反映出法官在审理该类案件的两难之处。主要表现在法律、法规、司法解释的不健全和法官对法律的理解的不同。

通过本案的审理，笔者同意合议庭的第二种意见，即应驳回上诉人在原审中的诉讼请求。理由：受害人和肇事者均为被上诉人雇佣的员工，肇事者在工作期间将受害人掩埋致死。依照最高人民法院《关于审理人身损害赔偿案件适用法律若干问题的解释》第12条"依法应当参加工伤保险统筹的用人单位的劳动者，因工伤事故遭受人身损害，劳动者或者其近亲属向人民法院起诉请求用人单位承担民事赔偿责任的，告知其按《工伤保险条例》的规定处理。因用人单位以外的第三人侵权造成劳动者人身损害，赔偿权利人请求第三人承担民事赔偿责任的，人民法院应予支持"的规定，我国法律、法规、司法解释在工伤保险赔偿和民事损害赔偿如何协调的问题上，没有采纳"择一选择"的模式，肯定了受害人对于第三人有独立的赔偿请求权。从学理上讲，受害人有可能得到双份赔偿，但是是允许受害人接受侵权行为法上的赔偿金，又同时接受工伤保险给付而获得双份利益，还是以补充模式即所获得的赔偿或补偿不得超过实际遭受之损害，即取得差额部分，我国法律规定中没有明确的规定。通行的做法是因工伤赔偿与民事侵权系同一主体（用人单位）的情况下，应贯彻工伤保险赔偿优先的原则，即先请求工伤赔偿，之后向用人单位主张工伤保险与民事赔偿差额部分的赔偿等民事侵权责任。而本案中上诉人作为受害人的家属只能向用人单位（被上诉人）提起工伤事故待遇诉讼，因为依照上述司法解释第12条第2款："因用人单位以外的第三人侵权造成劳动者人身损害，赔偿权利人请求第三人承担民事赔偿责任的，人民法院应予支持"的规定，本案中的第三人即肇事者与受害人为同一用人单位的雇员，不符合第2款"用人单位以外的第三人"的规定，上诉人只能向用人单位主张工伤保险待遇。在审判实践中，该类案件劳动者不享有选择权，不能先向用人单位主张民事侵权责任，然后再主张工伤保险赔偿。本案经审理查明，上诉人与被上诉人达成了侵权损害的赔偿协议，被上诉人作为用人单位已经向上诉人支付了死亡赔偿金等 230 000 元，上诉人给被上诉人出具了收条。刑事审判卷宗的庭审笔录肇事者也认可其没有支付赔偿金。以上事实完全可以确认是被上诉人实际作为赔偿主体向上诉人赔偿。故被上诉人在侵权责任损害赔偿中已经承担了赔偿责任，如果又以工伤损害赔偿的主体予以赔偿，不仅不符合法律的规定、损害了用人单位的利益，同时使得上诉人因一次伤害而得到双重赔偿，远远超出了其实际遭受之损害，也不符合社会公平正义之理念。

本案中，第一种处理意见认为赔偿协议只是用人单位代表肇事者签订，用人单位付款也只是替肇事者垫付赔偿款，实际赔偿人应为肇事者，故上诉人可以向被上诉人（用人单位）要求赔偿工伤保险金等费用。如果按照此意见处理，依照最高人民法院《关于审理人身损害赔偿案件适用法律若干问题的解释》第 9 条第 1 款"雇员在从事雇佣活动中致人损害的，雇主应当承担承担赔偿责任；雇员因故意或重大过失致人损害的，应当与雇主承担连带赔偿责任。雇主承担连带赔偿责任的，可以向雇员追偿"的规定，我们认为，应赋予用人单位和保险机构对因第三人侵权引起工伤的侵害人享有代位求偿权。本案中，肇事者因重大过失造成受害人死亡，并追究了肇事者的刑事责任，肇事者的重大过失非常明显。如果按照第一种意见处理，用人单位支付了工伤保险赔偿金，又替肇事者垫付了侵权责任的损害赔偿金。按照以上法律规定，用人单位因雇员（肇事者）的重大过失享有向肇事者追偿的权利。那么，肇事者就等于在一起伤害事故中，赔偿了巨额的两笔费用。显然这对肇事者是不公平的，也是与现行法律及法律精神相违背的。故笔者认为第一种意见是不妥当的、不合理的。

该类案件在法律、法规等没有明确规定的情况下，法官在审理案件时，应更大限度地保护劳动者和弱势群体的利益，同时也要兼顾用人单位的利益。从调解入手，圆满、妥善地解决纠纷，化解社会矛盾。

（新疆阿勒泰地区中级人民法院民事审判一庭　龚锋）

83. 中法人寿保险有限责任公司诉刘雨、中国邮政集团公司劳动争议案

（一）首部

1. 判决书字号
一审判决书：北京市朝阳区人民法院（2011）朝民初字第 33761 号。
二审判决书：北京市第二中级人民法院（2011）二中民终字第 22620 号。

2. 案由：劳动争议。
3. 诉讼双方

原告（上诉人）：中法人寿保险有限责任公司，住所地：北京市朝阳区建国门外大街永安东里8号华衫国际大厦1206室。

法定代表人：刘立清，董事长。

委托代理人：张昕，北京市环球律师事务所律师。

委托代理人：朱莉，北京市环球律师事务所律师。

被告（上诉人）：刘雨，男，1977年8月18日出生，汉族，中法人寿保险有限责任公司财务精算部副经理，住北京市西城区。

第三人（被上诉人）中国邮政集团公司，住所地：北京市西城区金融大街甲3号。

法定代表人：李国华，总经理。

委托代理人：万欣，北京道信律师事务所律师。

4. 审级：二审。
5. 审判机关和审判组织

一审法院：北京市朝阳区人民法院。

独任审判员：田丽丽。

二审法院：北京市第二中级人民法院。

合议庭组成人员：审判长：高贵；代理审判员：刘艳、王丰伦。

6. 审结时间

一审审结时间：2011年11月10日。

二审审结时间：2012年3月8日。

（二）一审情况

1. 一审诉辩主张

原告中法人寿保险有限责任公司（以下简称中法人寿公司）及其委托代理人张昕、朱莉诉称：刘雨是被我公司的中方股东中国邮政集团公司（以下简称邮政集团公司）委派到我公司工作的。根据我公司的章程规定，刘雨的聘任需由公司董事会决定。2010年3月1日我公司与刘雨的劳动合同到期后，我公司未再收到邮政集团公司对刘雨的委派，故双方未续签劳动合同。刘雨的工资支付及社保缴纳虽由我公司负责，但刘雨平时都是向邮政集团公司汇报工作，并不受我公司的日常管理。我公司认为，刘雨在原劳动合同到期后，与我公司并不构成事实劳动关系，我公司没有义务与刘雨签订无固定期限劳动合同，也无须向其支付双倍工资差额。现我公司不服仲裁裁决，请求法院判决：（1）确认刘雨无权与我公司签订无固定期限劳动合同；（2）我公司无须向刘雨支付未签订劳动合同的双倍工资差额203 676元。

被告刘雨辩称：邮政集团公司对我的委派函上并没有终止日期，中法人寿公司董事会对我的聘任书上也没有终止日期，中法人寿公司与我签订的劳动合同于2010年3月1日到期后，我的职位、工作内容均无变化，中法人寿公司应与我签订书面劳动合同。2010年3月1日后，邮政集团公司、中法人寿公司与我没有签订三方的协议，我不属于劳务派遣，我与邮政集团公司签订的劳动合同与中法人寿公司无关。我同意仲裁裁决，不同意中法人寿公司的诉讼请求。

第三人邮政集团公司述称：我公司与刘雨之间劳动合同在我公司向中法人寿公司发出《关于派刘雨同志任中法人寿保险公司财务部中方负责人的函》（以下简称《委派函》）后即已终止，中法人寿公司和刘雨之间履行劳动合同与我公司无关。中法人寿公司董事会仅作出了聘任刘雨的决议，从未作出解聘刘雨的决议，故中法人寿公司与刘雨的劳动关系继续存续。

2. 一审事实和证据

北京市朝阳区人民法院经公开审理查明：刘雨主张2000年在国家邮政局工作，2005年因政企分立至邮政集团公司工作。邮政集团公司提交与刘雨签订的2007年12月25日至2012年12月24日劳动合同。2008年5月29日，邮政集团公司拟派刘雨至中法人寿公司任财务部中方负责人，工资发放至2008年8月31日，未办理档案移转。2008年10月办理医疗保险减少手续。

中法人寿公司成立于2005年12月23日，其股东是国家邮政局和法国国家人寿保险公司。刘雨由邮政集团公司委派任中法人寿公司的财务精算部副经理。2008年8月6日，中法人寿公司董事会决议同意任命刘雨担任财务精算部副经理。2008年9月1日，中法人寿公司与刘雨签订劳动合同，期限至2010年3月1日，月薪16 000元。《中法人寿保险有限责任公司章程》规定：财务精算部经理由法国国家人寿保险公司委派，财务精算部副经理由国家邮政局委派，副经理任期4年，可以连聘连任。公司高级管理人员指总经理、副总经理、合资公司各部门的经理、财务精算部副经理及总精算师。由总经理提名、董事长批准高级管理人员的劳动合同和由总经理提议公司职员的薪金制度和福利计划。2010年1月28日，中法人寿公司主管人事副总经理朱宗树签字同意续签与刘雨的劳动合同。2010年3月1日合同到期后，双方未再续订劳动合同，刘雨继续在中法人寿公司工作至今。刘雨提交2011年9月16日比肖普发送给刘立清董事长备忘录一份，内容为："在你与公司副董事长拉诺迪近期会面之后，你布置给我一项任务，即解决人力资源相关问题（股东任命的6位经理的劳动合同签字、刘雨的诉案，还有2011年涨薪事宜）。在公司高管召开会议之后，我提出以下措施，以解决这些问题：为股东任命的6位经理签订劳动合同……"抄送拉诺迪副董事长。

2011年6月，刘雨以中法人寿公司为被申请人申诉至北京市劳动争议仲裁委员会，要求中法人寿公司与其签订无固定期限劳动合同，并向其支付2010年3月2日至2011年6月2日期间未签订劳动合同的双倍工资差额302 289.13元。2011年8月2日，该仲裁委作出京劳仲字（2011）第284号裁决书，裁决：中法人寿公司与刘雨签订无固定期限劳动合同，并支付刘雨未签订劳动合同的双倍工资差额203 676元。中法人寿公司不服仲裁裁决，起诉至一审法院。刘雨同意仲裁裁决。一审法院经审理，追加邮政集团公司为第三人。

上述事实有下列证据证明：

（1）《中法人寿保险有限责任公司章程》：财务精算部经理、副经理均系该公司高级管理人员，其中财务精算部经理由外方股东法国国家人寿保险公司委派，财务精算部副经理由中方股东邮政集团公司委派,任期4年,可连聘连任。由总经理提名、董事长批准的公司高级管理人员的劳动合同由公司董事会审批。

(2)《委派函》:内容为:因工作需要,邮政集团公司拟派刘雨同志任中法人寿保险公司财务部中方负责人,杨立国同志回邮政集团公司工作。

(3)《劳动合同书》:刘雨与中法人寿公司签订,合同期限自2008年9月1日至2010年3月1日的劳动合同,刘雨月工资16 000元,职务为财务精算部副经理。

(4)《备忘录》。中法人寿公司总经理比肖普发送给该公司董事长刘立清,内容为:"在你与公司副董事长拉诺迪近期会面之后,你布置给我一项任务,即解决人力资源相关问题(股东任命的6位经理的劳动合同签字、刘雨的诉案,还有2011年涨薪事宜)。在公司高管召开会议之后,我提出以下措施,以解决这些问题:为股东任命的6位经理签订劳动合同……"

(5)京劳仲字(2011)第284号裁决书。裁决:中法人寿公司与刘雨签订无固定期限劳动合同,并支付刘雨未签订劳动合同的双倍工资差额203 676元。

3. 一审判案理由

北京市朝阳区人民法院根据上述事实和证据认为:依法律规定,用人单位自用工之日起满一年不与劳动者订立书面劳动合同,视为用人单位与劳动者已订立无固定期限劳动合同。刘雨是邮政集团公司委派至中法人寿公司的财务精算部副经理,现邮政集团公司主张自委派日双方劳动合同已终止,刘雨亦表示其与邮政集团公司劳动合同与中法人寿公司无关,要求与中法人寿公司签订无固定期限劳动合同,不违反法律规定。依中法人寿公司章程规定,财务精算部副经理属合资公司高级管理人员,任期为4年。双方签订劳动合同至2010年3月1日,但委派函、董事会决议依然生效,到期后刘雨的职务、工作内容并无变化。合同到期前已经主管副总经理批准同意续订,且依现证据证明中方股东邮政集团公司于2010年9月才提交续签劳动合同事宜至董事会,在确定存在劳动关系的情形下,有创造法定条件之嫌,故刘雨要求未签劳动合同双倍工资之诉讼请求,法院难以支持。

4. 一审定案结论

北京市朝阳区人民法院依照《中华人民共和国劳动合同法》第十四条第二款第三项作出如下判决:

"一、原告中法人寿保险有限责任公司与被告刘雨自2011年3月1日起视为存在无固定期限劳动合同关系;

二、原告中法人寿保险有限责任公司不支付被告刘雨未签劳动合同双倍工资203 676元。

三、驳回原告中法人寿保险有限责任公司其他诉讼请求。"

(三)二审诉辩主张

上诉人刘雨上诉称:(1)我要求中法人寿公司与我签订无固定期限劳动合同,但原审法院却判决"视为"中法人寿公司与我存在无固定期限劳动合同关系;(2)中法人寿公司在2010年3月1日之后未与我续签劳动合同，应向我支付相应期间的双倍工资差额。综上，请求二审法院改判驳回中法人寿公司的全部诉讼请求。

上诉人中法人寿公司上诉称：我公司同意原审法院判决第二项内容，但原判认定我公司自2011年3月1日起与刘雨存在无固定期限劳动合同关系有误，请求二审法院改判支持我公司的全部诉讼请求。

被上诉人邮政集团公司亦不同意原判，但未上诉。

（四）二审事实和证据

北京市第二中级人民法院经公开审理查明：中法人寿公司系中外合资企业，于2005年12月23日成立，现中方股东为邮政集团公司，外方股东为法国国家人寿保险公司。根据该公司章程规定，财务精算部经理、副经理均系该公司高级管理人员，其中财务精算部经理由外方股东法国国家人寿保险公司委派，财务精算部副经理由中方股东邮政集团公司委派，任期4年，可连聘连任。由总经理提名、董事长批准的公司高级管理人员的劳动合同由公司董事会审批。

2008年9月1日之前，刘雨在邮政集团公司从事财务管理类岗位，并与邮政集团公司签订有期限自2007年12月25日至2012年12月24日的书面劳动合同。2008年5月29日，邮政集团公司向中法人寿公司发出《委派函》，内容为："因工作需要，邮政集团公司拟派刘雨同志任中法人寿保险公司财务部中方负责人，杨立国同志回邮政集团公司工作。"2008年8月6日，中法人寿公司董事会通过决议，同意任命刘雨担任财务精算部副经理。

自2008年9月1日起，刘雨正式到中法人寿公司工作，并于当日与中法人寿公司签订了期限自2008年9月1日至2010年3月1日的劳动合同，月工资16 000元。中法人寿公司原财务精算部副经理杨立国于2008年9月继续回邮政集团公司工作至今。自2008年9月起，中法人寿公司向刘雨发放工资并为其缴纳社会保险，现刘雨的档案一直在邮政集团公司未转出。2010年3月1日，刘雨与中法人寿公司所签劳动合同到期后，双方未再签订劳动合同，刘雨仍继续担任中法人寿公司财务精算部副经理至今。

2011年6月，刘雨以中法人寿公司为被申请人申诉至北京市劳动争议仲裁委员会，要求中法人寿公司与其签订无固定期限劳动合同，并向其支付2010年3月2日至2011年6月2日期间未签订劳动合同的双倍工资差额302 289.13元。2011年8月2日，该仲裁委作出京劳仲字（2011）第284号裁决书，裁决：中法人寿公司与刘雨签订无固定期限劳动合同，并支付刘雨未签订劳动合同的双倍工资差额203 676元。中法人寿公司不服仲裁裁决，起诉至原审法院。刘雨同意仲裁裁决。原审法院经审理，追加邮政集团公司为第三人。

二审庭审中，刘雨与邮政集团公司均称双方之间的劳动合同自2008年8月30日即已终止，自此以后双方再无任何法律关系，刘雨在中法人寿任职期间不向邮政集团公司汇报工作。中法人寿公司则否认自2010年3月1日后与刘雨存在劳动关系，称刘雨系经邮政集团公司委派，其公司董事会虽对刘雨有任命但系依据公司章程而为之，其公司也不得自行决定将刘雨辞退或调离原工作岗位，刘雨在其公司工作期间仍向邮政集团公司汇报工作并就工作开展征询邮政集团公司的意见。

二审法院另查明，邮政集团公司称其公司无权直接将刘雨调离或另派他人接替，相关决定最终由中法人寿公司董事会决定。另，邮政集团公司与刘雨均认可双方未办理终止劳动合同手续，邮政集团公司亦未向刘雨支付终止劳动合同的经济补偿金。

（五）二审判案理由

北京市第二中级人民法院认为：本案核心争议焦点为刘雨劳动关系相对方主体的确定。根据已查明的事实，刘雨与邮政集团公司签订有期限自2007年12月25日至2012年12月24日的劳动合同，虽然双方均称该合同已于2008年8月30日终止，但均未提供证据证明此主张，故本院对双方此项主张难以采信。刘雨虽自2008年9月1日起到中法人寿公司工作并与后者签订了劳动合同，中法人寿公司亦向其发放工资并为其缴纳社会保险，但刘雨进入中法人寿公司工作系由邮政集团公司委派，中法人寿公司任命刘雨担任财务精算部副经理亦基于其中方股东邮政集团公司对该职位人员的委派权，由此可见，刘雨与中法人寿公司并不存在建立实际意义上劳动关系的合意。根据中法人寿公司的章程及其公司原财务精算部副经理杨立国的工作变动情况可以看出，在未经邮政集团公司允许的情况下，中法人寿公司无权辞退刘雨或将其调岗，而邮政集团公司则有权另行委派他人接替刘雨担任中法人寿公司财务精算部副经理职务，就此来讲，刘雨与中法人寿公司之间亦不符合劳动关系的特征，故对刘雨所持与中法人寿公司存在劳动关系的主张，本院不予采信，对刘雨要求中法人寿公司与其签订无固定期限劳动合同及支付未签订书面劳动合同双倍工资差额的上诉请求，本院均不予支持。

（六）二审定案结论

北京市第二中级人民法院依照《中华人民共和国民事诉讼法》第一百五十三条第一款第（三）项作出如下判决：

"一、维持北京市朝阳区人民法院（2011）朝民初字第33761号民事判决第二项；

二、撤销北京市朝阳区人民法院（2011）朝民初字第33761号民事判决第一、三项；

三、中法人寿保险有限责任公司无须与刘雨签订无固定期限劳动合同。"

（七）解说

《中华人民共和国劳动合同法》颁布实施以来，因为规定了"未签订劳动合同二倍工资差额"，极大地刺激了劳动者提起劳动争议诉讼的动力，本案即为公司高级管理人员以"未签订劳动合同二倍工资差额"为主要请求提起的诉讼。

从争议内容可以看出，与刘雨存在劳动关系相对方主体的确定，也就是本案中"用人单位"的确定是最核心的问题，也是本案争议焦点所在，对该问题认识的分歧也是一、二审法院作出不同判决的直接原因。

从劳动争议司法实践来看，对劳动关系争议的确定主要是参考原劳动和社会保障部《关于确立劳动关系有关事项的通知》。该《通知》第1条规定，用人单位招用劳动者未订立书面劳动合同，但同时具备下列情形的，劳动关系成立：（1）用人单位和劳动者符合法律、法规规定的主体资格；（2）用人单位依法制定的各项劳动规章制度适用于劳动者，劳动者受用人单位的劳动管理，从事用人单位安排的有报酬的劳动；（3）劳动者提供的劳动是用人单位业务的组成部分。本案中，刘雨的劳动关系应如何确定呢？

从形式上看：（1）刘雨与中法人寿公司双方均符合建立劳动关系的主体资格；（2）自2008年9月1日起，刘雨在中法人寿公司担任财务精算部副经理，向中法人寿公司提供劳动，且其提供的劳动是中法人寿公司业务组成部分；（3）中法人寿公司向刘雨发放工资，并为其缴纳社会保险；（4）刘雨亦受中法人寿公司的管理，中法人寿公司相关的规章制度适用于刘雨。上述情况均符合一般的劳动关系构成因素。最为关键的是，刘雨与中法人寿公司之间还曾经签订有书面的劳动合同，包括双方都一致认可曾建立一段时间的劳动关系。但上述情况是否就必定得出刘雨与中法人寿公司之间存在劳动关系的结论呢？

换个角度看：（1）在刘雨到中法人寿公司工作之前，其已与邮政集团公司签订有期限自2007年12月25日至2012年12月24日的劳动合同，虽然双方均称该合同已于2008年8月30日终止，但均未就此举证。（2）刘雨虽自2008年9月1日起到中法人寿公司工作并与后者签订了劳动合同，中法人寿公司亦向其发放工资并为其缴纳社会保险，但刘雨进入中法人寿公司工作并非出于双方的互相选择。对刘雨而言，其系由邮政集团公司委派至中法人寿公司。对中法人寿公司而言，其任命刘雨担任财务精算部副经理亦基于其公司章程中方股东邮政集团公司对该职位人员的委派权。换言之，刘雨与中法人寿公司并不存在建立实际意义上劳动关系的合意。（3）根据中法人寿公司的章程及其公司原财务精算部副经理杨立国的工作变动情况可以看出，在未经邮政集团公司允许的情况下，中法人寿公司无权辞退刘雨或将其调岗，而邮政集团公司则有权另行委派他人接替刘雨担任中法人寿公司财务精算部副经理职务，就此来讲，刘雨与中法人寿公司之间亦不符合劳动关系的特征。从上述情况，又可以看出刘雨与中法人寿公司之间的关系并非典型的劳动关系。也正是基于上述考虑，二审法院认为刘雨与中法人寿公司之间并未建立起真正的劳动关系，才对原审法院判决进行了改判，未支持刘雨要求中法人寿公司与其签订无固定期限劳动合同，并向其支付未签订劳动合同双倍工资差额的请求。

虽然一、二审法院对争议问题法律性质的认识存有较大分歧，但从实践的角度来看也并非新问题。实践中，不乏诸多企业法人独资或与他人合资设立新公司的情形，而且往往多派本公司相关部门负责人、高管到新公司任重要职务。因为此种特殊情况，形成了两种现象，一是发生劳动争议较少，或者说发生争议后大多数能自行和解，涉诉者较少；二是一旦发生劳动争议，往往涉及法人主体多，关系复杂难以理顺，且涉及诉讼标的较大。本案即为后一种情形。

如何确立此种人员的劳动关系，实践中亦有较大争论，也各有道理。至于类型化问题应如何处理，人民法院应尽量统一标准，甚至于由最高人民法院出台相关的司法解释。至于个案而言，则应视不同情况而定，不能一概而论。以本案为例，二审法院结合中法人寿公司章程的明确规定作出定性，具有相当的合理性。

（北京市第二中级人民法院　李亚男）

84. 厦门市路桥管理有限公司诉符小秀劳动争议案

（一）首部

1. 判决书字号
一审判决书：福建省厦门市海沧区人民法院（2010）海民初字第1573号。
二审判决书：福建省厦门市中级人民法院（2010）厦民终字第2875号。
2. 案由：劳动争议。
3. 诉讼双方
原告（反诉被告）：厦门市路桥管理有限公司，住所地：厦门市高崎厦门大桥管理楼。
法定代表人：赖志斌，总经理。
委托代理人：张启华，厦门市路桥管理有限公司员工。
委托代理人：王瑜芳，福建厦门建昌律师事务所律师。
被告（反诉原告）：符小秀，女，1968年5月12日出生，汉族，住江西省抚州市广昌县头陂镇。
委托代理人：王永强，福建兴世通律师事务所律师。
4. 审级：二审。
5. 审判机关和审判组织
一审法院：福建省厦门市海沧区人民法院。
独任审判员：郑松青。
二审法院：福建省厦门市中级人民法院。
合议庭组成人员：审判长：郑承茂；代理审判员：张南日、李向阳。
6. 审结时间
一审审结时间：2010年10月28日。

二审审结时间：2011年2月11日。

(二) 一审情况

1. 一审诉辩主张
(1) 原告厦门市路桥管理有限公司诉称

符小秀于2000年3月在厦门海沧大桥管理中心办公区域从事办公楼卫生保洁工作。工作时间基本上是上午7：30～9：30，下午14：00～16：00，每天工作时间约4小时，每周工作时间基本上不超过24小时（部分周工作时间为25小时），工作报酬每半个月结算一次工资。其与符小秀之间建立的是非全日制用工关系。其已于2010年5月5日口头通知符小秀终止用工关系，依照法律规定，不应支付经济补偿金，并不需要为符小秀办理社会保险。但劳动仲裁部门在受理符小秀提出的申诉后，裁决其应当为符小秀补缴社会保险费及支付经济补偿金，违反相关法律规定。

(2) 被告符小秀辩称

第一，双方已于2010年7月份向法院提起诉讼，劳动仲裁裁决书尚未生效，双方的劳动关系并未解除；第二，路桥公司应当为符小秀补缴2000年3月至2010年7月的社会保险费；第三，双方并不构成非全日制用工关系，符小秀每天多数工作4个小时以上，每周工作时间多数为24小时以上，路桥公司所提供的签到表都是符小秀于2008年5月应路桥公司的要求签到的，并不能证明双方之间从2000年3月至今是非全日制用工劳动关系。请求驳回路桥公司的诉讼请求。

(3) 原告符小秀反诉称

2003年3月其进入路桥公司从事厦门海沧大桥管理中心办公区域从事办公楼卫生保洁工作。此后，符小秀多次要求路桥公司依法与其签订劳动合同，以便详细约定双方的具体权利义务，但路桥公司一再拒绝，并且拒绝符小秀为其缴纳社会保险费的要求。2010年5月，路桥公司在未与其协商的情况下，将符小秀调至海沧大桥从事桥面保洁工作。路桥公司的行为，严重损害其合法权益。

(4) 反诉被告厦门市路桥管理有限公司辩称

路桥公司与符小秀建立的系非全日制用工关系，双方的非全日制用工劳动关系已于2010年5月5日解除，路桥公司无须支付经济补偿金，并且其无义务为符小秀补缴自2000年3月至2010年7月社会保险费的应缴部分，且符小秀诉求2000年3月至2009年5月的社会保险费，已超过诉讼时效。依照法律规定路桥公司无须支付符小秀未签劳动合同的双倍工资。请求驳回符小秀的诉讼请求。

2. 一审事实和证据

厦门市海沧区人民法院经公开审理查明：符小秀于2003年3月进入路桥公司在厦门海沧大桥管理中心办公区域从事办公楼卫生保洁工作。2010年5月，路桥公司将符小秀调至海沧大桥从事桥面保洁工作，符小秀不予接受。符小秀因此于2010年6月9日以路桥公司拒绝签订劳动合同、未为其缴纳社会保险费为由向厦门市海沧区劳动争议仲裁委员会提起申诉，提出解除路桥公司、符小秀之间的劳动关系，补缴社会保险费，支付未签订劳动合同的双倍工资和经济补偿金9 366元的申诉诉求。厦门市海沧区劳动争议仲裁委员会于2010年7月12日作出厦海劳仲委（2010）第088号裁决书，裁决路桥公司为符小秀补缴社会保险费、支付经济补偿金9 366元，并解除双方之间的劳动关系；驳回了符小秀的其他请求。裁决后，路桥公司、符小秀均不服，先后在法定期间提起诉讼，诉至本院。

另查明，（1）2008年5月至2010年5月，符小秀的工资发放均为15天一发；2008年以前的工资，路桥公司采取每月一发的形式；（2）路桥公司提供了2008年至2010年4月的考勤表（载明每天的工作时间），拟证明符小秀每天、每周的工作时间；（3）符小秀在路桥公司上班至2010年5月，其确认劳动关系终止前12个月的平均工资为955元。

上述事实有下列证据证明：

（1）劳动仲裁裁决书；

（2）工资明细单；

（3）考勤表及当事人陈述。

3. 一审判案理由

福建省厦门市海沧区人民法院根据上述事实和证据认为：（1）依照法律规定，当事人对自己提出的主张有责任提供证据予以证明。路桥公司主张与符小秀建立的是非全日制用工关系，应当承担相应的举证责任。根据路桥公司提供的《考勤表》记载，符小秀每周累计工作时间大部分未超过24小时，每天工作时间平均4小时左右，而且路桥公司每半个月与符小秀结算一次劳动报酬，可以认定双方建立非全日用工关系。符小秀提供的《证明》（中国共产党厦门海沧大桥管理中心支部委员会出具）、工资明细单仅证明其与路桥公司存在劳动关系，不能证明其与路桥公司存在全日制用工关系。符小秀主张其与路桥公司存在全日制用工关系，但其不能提供充分的证据予以证实，本院不予采纳。（2）非全日制用工可以不签订劳动合同采用口头协议形式，故符小秀主张路桥公司拒不与其签订劳动合同，诉请支付双倍工资缺乏法律依据。（3）非全日制用工关系是用人单位采取的用工形式，不影响劳动者与用人单位存在劳动关系的认定。用人单位采用非全日制用工形式，仍负有保护劳动者的合法权益的法律义务，为劳动者缴交社会保险金。因此，符小秀请求路桥公司为其补缴自2000年3月1日起至终止劳动关系之日止的社会保险费，本院予以支持。（4）路桥公司作为用人单位，未为符小秀缴交社会保险金，损害了符小秀的合法权益，符小秀有权依法终止劳动关系，要求路桥公司支付经济补偿金。符小秀终止劳动关系前12个月的平均工资为955元，故符小秀要求按10.5个月计算，诉请支付经济补偿金9 366元，本院予以照准。（5）鉴于符小秀从2010年5月后不在路桥公司处上班，双方的劳动关系实际终止，且双方均要求终止劳动关系，本院确认双方的劳动关系从2010年5月30日终止。

4. 一审定案结论

福建省厦门市海沧区人民法院依照《中华人民共和国劳动合同法》第三十八条、第四十六条、第四十七条、六十八条、第六十九条、第七十一条、第七十二条，最高人民法院《关于审理劳动争议案件适用法律若干问题的解释（二）》第十一条，《中华人民共

和国民事诉讼法》第六十四条之规定,判决如下:

"一、确认厦门市路桥管理有限公司与符小秀的劳动关系自2010年5月30日终止;

二、驳回原告厦门市路桥管理有限公司的其他诉讼请求;

三、厦门市路桥管理有限公司应于本判决生效之日起10日内支付符小秀经济补偿金9 366元;

四、厦门市路桥管理有限公司应于本判决生效之日起为符小秀补缴2000年3月1日起至2010年5月30日止,用人单位应缴部分的社会保险金;

五、驳回符小秀的其他诉讼请求。

案件受理费10元减半收取5元,由厦门市路桥管理有限公司负担2.5元,符小秀负担2.5元。"

(三)二审诉辩主张

一审宣判后,厦门市路桥管理有限公司、符小秀均不服提出上诉。

上诉人符小秀上诉称,其在2003年3月便与路桥公司建立劳动关系,且双方未签订书面劳动合同,路桥公司仅提供2008年至2010年的部分考勤记录不足以证明2003年至2010年双方之间系非全日制劳动关系。2008年至2010年其根据路桥公司的新规定在《考勤表》上签到签退,路桥公司提交的《考勤表》体现其多数日工作时间超过4小时,每周累计工作时间超过24小时。因此,路桥公司提交的证据不足以证明其与路桥公司非全日制劳动关系,路桥公司应当依法支付未签订劳动合同工资48 400元。另外,根据法律规定,用人单位应当在解除劳动合同时出具解除或终止劳动合同的证明,故路桥公司与其尚未解除劳动关系。综上,请求二审法院撤销厦门市海沧区人民法院(2010)海民初字第1573号民事判决第一、三、五项,改判解除其与路桥公司的劳动关系,路桥公司支付其未依法签订劳动合同双倍工资48 400元(暂计至2010年7月,实际应从2008年2月起计至双方解除劳动关系之日止)。

被上诉人路桥公司辩称,其与符小秀建立非全日制用工关系,根据法律规定无须签订劳动合同。

上诉人路桥公司上诉称,原审认定路桥公司与符小秀系非全日制用工关系正确,但又判决路桥公司向符小秀支付经济补偿金,明显适用法律错误。根据法律规定,非全日制用工双方当事人的任何一方都可以随时通知对方终止用工。终止用工,用人单位不向劳动者支付经济补偿金。路桥公司从2010年5月起将公司办公楼卫生保洁工作承包给厦门金鹭环保公司,已不再需要保洁员,故公司于5月5日当面通知符小秀即日起终止非全日制用工劳动关系,并告知符小秀可以进入金鹭环保公司工作,符小秀当时未提出异议,表示愿意与厦门金鹭环保公司建立用工关系,因此,从2010年5月5日起,双方劳动关系终止,公司无须支付经济补偿金。另外,原审判决公司为符小秀补缴2000年3月至2010年5月的社保费应缴部分,于法无据。根据劳动和社会保障部《关于非全日制用工若干问题的意见》的规定,公司无须为符小秀办理社保手续。即使公司须为符小秀缴纳社保,符小秀于2010年6月9日申请仲裁,要求公司支付2000年3月至

2009年5月的社保费，也已经超过仲裁时效。综上，请求维持原审判决第一、五项，撤销原审判决第二、三、四项，改判路桥公司无须支付符小秀经济补偿金9 366元，无须为符小秀补缴2000年3月1日起至2010年5月30日的社会保险金。

被上诉人符小秀辩称，双方是全日制劳动关系，公司应当支付经济补偿金、二倍工资和为其补缴社保费，其请求没有超过仲裁时效。

（四）二审事实和证据

厦门市中级人民法院经审理，除对符小秀进入路桥公司工作的时间双方在原审诉状中均表明为2000年3月外，确认一审法院认定的事实和证据。

另查明，根据路桥公司提交的2008年5月以后的考勤表（其中个别考勤表缺失），符小秀每日的上班时间分为上午和下午两段。其中，2008年5月至2008年8月期间，日工作时间超过4小时的分别为14天、9天、7天、13天；2008年10月期间，日工作时间超过4小时的有8天；2008年12月上半月，日工作时间超过4小时的有6天；2009年1月至2月期间，日工作时间超过4小时的各有13天；2009年3月至9月期间，符小秀的上班时间为上午7:00至9:10，下午15:10分至18:00；2009年10月至2010年4月，符小秀的上班时间为上午7:00至9:00，下午15:00至17:30。路桥公司和符小秀对原审认定双方劳动关系于2010年5月30日终止均没有异议。

（五）二审判案理由

1. 根据路桥公司提交的考勤表，符小秀2008年5月以后大部分工作日的工作时间超过4小时，且相关考勤记录并未记载超过4小时部分属于超时加班或其他延长工时的情形，故从2008年5月至双方劳动关系终止时，路桥公司对符小秀的用工形式并不符合《中华人民共和国劳动合同法》所规定的非全日制用工形式。对于2008年5月之前的用工方式，因路桥公司没有提供相应的考勤记录或者其他有关符小秀用工方式的证据，故应当由路桥公司承担举证不能的后果。同时，依据现有的考勤记录，符小秀每日的工作时间分为上午和下午两段，其上班时间分别占据了每日正常工作时段的大部分，故符小秀主张其与路桥公司为全日制劳动关系具有一定的依据和合理性，本院予以采纳。

2. 2010年5月，因符小秀不愿从事路桥公司所分配的工作，双方劳动关系终止，故路桥公司与符小秀的劳动关系存续期间为2000年3月至2010年5月30日。

3. 由于路桥公司在劳动关系存续期间，没有与符小秀签订劳动合同和为其缴纳社保，原审根据符小秀的工作年限和工资收入情况，对符小秀主张的经济补偿金9 366元予以支持，并判决路桥公司应当依法为符小秀补缴应当由用人单位承担的社保费并无不当。

4. 根据《中华人民共和国劳动合同法》规定，用人单位自用工之日起超过一个月不满一年未与劳动者订立书面劳动合同的，应当向劳动者每月支付二倍的工资，自用工之日起满一年不与劳动者订立书面劳动合同的，视为用人单位与劳动者已经订立无固定期限劳动合同，据此，路桥公司在2008年之后没有在一年内与符小秀签订书面劳动合同，应向符小秀支付2008年2月至2008年12月期间的双倍工资，之后应视为双方已经订立无固定期限劳动合同。由于符小秀直至2010年6月才就路桥公司未与其签订书面劳动合同一事向劳动仲裁委申请仲裁，路桥公司以符小秀的该项诉讼请求超过诉讼时效为由提出抗辩，具有相应的法律依据，本院予以采纳。

综上所述，原审判决除了对双方用工方式的认定有误，本院予以更正外，判决的具体内容并无不当，可予以维持，路桥公司和符小秀的上诉请求不能成立，应予以驳回。

（六）二审定案结论

依据《中华人民共和国劳动合同法》第十四条第三款、第六十八条、第八十二条第一款，《中华人民共和国劳动争议调解仲裁法》第二十七条第一款，《中华人民共和国民事诉讼法》第一百五十三条第一款第（一）项、第（二）项之规定，判决如下：

驳回双方上诉，维持原判。

（七）解说

本案的关键点在于对原、被告双方是否为全日制用工关系的认定。原审法院认为原、被告双方存在的是非全日制用工关系，二审法院认为其存在的是全日制用工关系。

1. 对非全日制用工的理解

根据《劳动合同法》第68条的规定，非全日制用工，是指以小时计酬为主，劳动者在同一用人单位一般平均每日工作时间不超过4小时，每周工作时间累计不超过24小时的用工形式。它与集体合同、劳务派遣被称为我国三类特殊的劳动合同。相对于全日制用工，非全日制用工具有以下特点：

（1）非全日制用工是劳动关系而非劳务关系，劳动者在劳动过程中的行为受到用人单位的管理，双方当事人的权利和义务适用劳动合同法的调整。而实践中，一些看似为非全日制用工的，如家庭雇佣的"钟点工"，双方实为劳务关系，其并不适用《劳动合同法》关于非全日制用工的规定。

（2）非全日制用工的实质标准，强调"平均每日工作时间"与"每周累计工作时间"两个条件的同时满足性，即劳动者在同一用人单位一般平均每日工作时间不超过4小时，且每周工作时间累计不超过24小时。举例说明，如果劳动者每日工作时间不超过4小时，但每周累计工作时间超过24小时的，将不再是非全日制用工关系。

（3）非全日制用工可以订立口头协议，所以劳动者以用人单位拒不与其签订劳动合同为由诉请支付双倍工资的，缺乏法律依据。

（4）非全日制用工双方当事人任何一方都可以随时通知对方终止用工，不需要遵守任何法定条件或程序，且终止用工时，用人单位不向劳动者支付经济补偿。企业和劳动者在该用工形式下，均获得了极高的自主权。

(5) 非全日制用工采用的是以小时计酬为主、劳动报酬结算支付周期最长不得超过15日的工资支付方式。实际生活中，双方在长期合作中，为避免每次结算的烦琐往往会选择定期结算，但容易产生纠纷。

2. 本案判决的关键问题

关于对证据的审核认定：本案中，一审判决与二审判决作出不同定性判决的关键即在于对工作时间证据分析、认定的不同。一审法院根据《考勤表》记载，认为符小秀每周累计工作时间大部分未超过24小时，每天工作时间平均4小时左右，由此认定路桥公司与符小秀建立非全日制用工关系。二审法院也根据《考勤表》，把符小秀每天工作时间具体计算出来，通过统计、分析得出：2008年5月至2008年8月期间，日工作时间超过4小时的分别为14天、9天、7天、13天；2008年10月期间，日工作时间超过4小时的有8天；2008年12月上半月，日工作时间超过4小时的有6天；2009年1月至2月期间，日工作时间超过4小时的各有13天；2009年3月至9月期间，符小秀的上班时间为上午7：00至9：10，下午15：10分至18：00；2009年10月至2010年4月，符小秀的上班时间为上午7：00至9：00，下午15：00至17：30。由以上分析，符小秀2008年5月以后大部分工作日的工作时间超过4小时，且相关考勤记录并未记载超过4小时部分属于超时加班或其他延长工时的情形，故从2008年5月至双方劳动关系终止时，路桥公司对符小秀的用工形式并不符合《劳动合同法》所规定的非全日制用工形式。本案中，一、二审法院对非全日制用工的理解并无不同，不同的是对证据分析方面，二审法院更为全面具体和严谨，能够进行综合审查判断，故更能发现问题实质。

关于劳动争议诉讼时效。根据《劳动合同法》规定，用人单位自用工之日起超过一个月不满一年未与劳动者订立书面劳动合同的，应当向劳动者每月支付2倍的工资。实际生活中，由于劳动者或缺乏相关法律知识，或维权意识不高，往往在与用人单位发生纠纷时才提起该诉求，但经常因为诉讼时效问题得不到支持。该2倍工资中，其中一倍是劳动报酬，可自劳动关系终止之日起一年内提出；而另一倍对用人单位不与劳动者订立书面劳动合同的惩罚，应自用人单位不与劳动者签订书面劳动合同满一年的当天开始计算时效，自此超过一年的，用人单位提出时效抗辩的，劳动者的诉讼请求一般得不到支持。

3. 由本案延伸的问题探讨

如上所述，本案的核心即围绕着非全日制用工这一特殊劳动合同。非全日制用工最大的特点是"灵活性"，其赋予劳动者和用人单位更大的自主选择权，可有力促进下岗职工和失业人员再就业，减少失业现象。然而，也恰恰是这种"灵活性"给劳动者的合法权益保护带来了隐患，如有的企业就利用非全日制用工可随时终止用工而不必支付经济补偿金的特点来逃避劳动责任，减少用工风险和成本，从而损害劳动者的合法权益，加剧劳动关系的不稳定等。

关于非全日制用工的主体、用工范围。当前法律对非全日制用工的主体及范围规定不明确，一些用人单位为故意逃避法定的责任而选择非全日制用工关系，存在着严重的滥用非全日制用工现象，严重损害劳动者的合法权益，也扰乱劳动用工市场。建议完善相关法律，明确规定非全日制用工的主体及范围。

关于非全日制用工加班制度。在劳动合同法及其实施条例中，没有对非全日制用工的劳动者是否存在加班费及如何支付加班费的明确规定，对非全日制用工规定用工时间之外的工作时间，用人单位往往依然按照正常每小时的报酬支付给劳动者，而不是按照《劳动合同法》第44条的规定，按照高于劳动者正常工作时间工资支付报酬，同工不同酬问题严重存在，非全日制用工的劳动者没有受到劳动法平等的保护。

关于非全日制用工的社会保险。根据目前已有的法律法规，非全日制用工的用人单位应当按照国家有关规定为建立劳动关系的非全日制劳动者缴纳工伤保险费，而对于基本养老保险、基本医疗保险等，法律没有作出强制性规定，只规定劳动者"可以以个人身份参加"，这在一定程度上损害了劳动者的合法权益。当前，我国非全日制用工劳动者以农民工、下岗职工居多，他们经济上负担重，对社会保险认识不足等，这让他们很难会主动以个人名义去缴纳相关社会保险费；而在没有法律强制规定下，用人单位也不会主动为劳动者缴纳这些费用，所以对于这项空白，建议也由用人单位统一为劳动者办理和缴纳。

（福建省厦门市海沧区人民法院　郑松青　陈纬纬）

85. 北京中视天阳传媒科技有限公司诉邢祎劳动争议案

（一）首部

1. 判决书字号

一审判决书：北京市海淀区人民法院（2011）海民初字第9095号。

二审判决书：北京市第一中级人民法院（2011）一中民终字第13388号。

2. 案由：劳动争议。

3. 诉讼双方

原告（上诉人）：北京中视天阳传媒科技有限公司，住所地：北京市海淀区吴家村莲花苑2号楼5门101A室。

法定代表人：刘朋，董事长。

委托代理人：刘际平，男，1954年4月8日出生，北京中视天阳传媒科技有限公司业务总监。

被告（上诉人）：邢祎，女，1982年4月28日出生，汉族，无业，住北京市石景山区。

委托代理人：张淑华，女，1956年4月23日出生，无业，住北京市石景山区。
4. 审级：二审。
5. 审判机关和审判组织
一审法院：北京市海淀区人民法院。
合议庭组成人员：审判长：李正；人民陪审员：孙焕云、王俊申。
二审法院：北京市第一中级人民法院。
合议庭组成人员：审判长：潘刚；审判员：王永柱、于涛。
6. 审结时间
一审审结时间：2011年7月8日。
二审审结时间：2011年9月7日。

（二）一审情况

1. 一审诉辩主张

北京中视天阳传媒科技有限公司诉称，该公司的主要业务是为中央电视台音像资料提供编目服务，基于公司业务性质，该公司与邢祎签订的劳动合同均为以完成一定工作任务为期限的劳动合同，先后签订的多份劳动合同履行期限皆不满一年，故邢祎不存在连续工作满12个月的情形，不应当享受带薪年休假。

邢祎辩称，其在该传媒科技公司工作连续满3年不存在间断，双方签订的合同并非是以完成一定工作任务为期限的合同，应当依法享受带薪年休假，在北京中视天阳传媒科技有限公司没有安排休假的情况下应当支付未休年休假工资。

2. 一审事实和证据

一审法院经审理查明：2007年4月，邢祎入职北京中视天阳传媒科技有限公司，双方先后签订四份劳动合同，劳动合同期限均不满一年，并对月工资标准与生产任务不足待工期间的月生活费进行了约定。双方于2010年5月解除劳动关系。

上述事实，有双方当事人陈述、京海劳仲字［2010］第9518号裁决书、劳动合同书、出勤统计表、银行账户明细、工资发放表等证据材料在案佐证。

3. 一审判案理由

一审法院经审理认为：《职工带薪年休假条例》第二条规定：机关、团体、企业、事业单位、民办非企业单位、有雇工的个体工商户等单位的职工连续工作一年以上的，享受带薪年休假。故邢祎主张北京中视天阳传媒科技有限公司支付未休年假工资应以其在该公司工作满一年为前提。本案中，北京中视天阳传媒科技有限公司与邢祎于2008年及2009年签署的劳动合同期限均不足一年，且劳动合同中约定当北京中视天阳传媒科技有限公司生产任务不足使邢祎待工的，北京中视天阳传媒科技有限公司向邢祎支付生活费。另结合邢祎在仲裁期间的申请请求系向北京中视天阳传媒科技有限公司要求2009年1月及2月的生活费差额，法院可以确认邢祎在北京中视天阳传媒科技有限公司工作期间存在待岗状态，在待岗期间邢祎无须向北京中视天阳传媒科技有限公司提供劳动，故邢祎要求北京中视天阳传媒科技有限公司支付2008年及2009年的未休年假工资缺乏依据，法院不予支持。又因双方于2010年5月解除劳动关系，邢祎2010年工作期间亦不符合享受带薪年休假的条件，北京中视天阳传媒科技有限公司无须支付刑祎2010年年休假工资。

4. 一审定案结论

依据《中华人民共和国劳动争议调解仲裁法》第五条、第四十八条、第五十条、《中华人民共和国劳动合同法》第十三条、第十五条之规定，判决如下：

确认北京中视天阳传媒科技有限公司无须向邢祎支付2008年至2010年5月15日期间未休年假工资2 390.80元。

（三）二审诉辩主张

邢祎认为2007年至2010年5月期间其在北京中视天阳传媒科技有限公司工作从未间断，劳动合同到期也没有办理过解除手续，从未休过带薪年休假，北京中视天阳传媒科技有限公司应当向其支付带薪年休假工资。

北京中视天阳传媒科技有限公司同意一审判决。

（四）二审事实和证据

北京市第一中级人民法院经审理，确认一审法院认定的事实和证据。

（五）二审判案理由

二审法院认为，因北京中视天阳传媒科技有限公司与邢祎于2008年及2009年签署的劳动合同期限均不足一年，且劳动合同中约定当北京中视天阳传媒科技有限公司生产任务不足使邢祎待工，北京中视天阳传媒科技有限公司向邢祎支付生活费，故邢祎主张带薪年休假工资，因不符合"职工连续工作一年以上享受带薪年休假"的法定条件，对其上诉请求不予支持。

（六）二审定案结论

依照《中华人民共和国民事诉讼法》第一百五十三条第一款第一项的规定，判决如下：驳回上诉，维持原判。

（七）解说

休息权是宪法赋予劳动者的一项基本权利，包括劳动者依法享有休整权、休假权、休闲权、安宁权等内容，带薪年休假正是保障劳动者休息权的一项重要内容。《中华人民共和国劳动法》明确规定，"国家实行带薪年休假制度。劳动者连续工作一年以上的，享受带薪年休假"，这对带薪年休假制度作了原则性的规定。2008年1月1日开始施行的《职工带薪年休假条例》则从休假时间、具体操作办法等方面详细对带薪年休假制度作出了规定，可以说，至此，劳动者的带薪年休假权利有了真正意义上的法律保障。2008年9月18日，国家人力资源和社会保障部公布了《企业职工带薪年休假实施办法》，作为配套规则对《职工带薪年休假条例》的相关规定进行了进一步解释和细化。

《职工带薪年休假条例》明确规定，机关、团体、企业、事业单位、民办非企业单位、有雇工的个体工商户等单位的职工连续工作1年以上的，享受带薪年休假。职工累计工作已满1年不满10年的，年休假5天；已满10年不满20年的，年休假10天；已满20年的，年休假15天。由此可以看出，带薪年休假制度普遍适用于我国境内的各种用人单位，劳动者连续工作满12个月即可享受带薪年休假。在邢祎与北京中视天阳传媒科技有限公司劳动争议纠纷一案中，一、二审法院正是以劳动合同约定以及邢祎实际连续工作不满一年、工作过程中存在待岗情形为由，驳回了邢祎要求北京中视天阳传媒科技有限公司支付年休假工资的诉讼请求。但该案引起笔者思考的问题是在劳动合同约定的劳动期限在一年以上的前提下，用人单位安排劳动者待岗，劳动者是否还享有带薪年休假的权利。

要解决这一疑问，笔者认为核心在于弄清楚带薪年休假的本质或者说劳动者享受带薪年休假权利的实质要件。正如上文所述，带薪年休假是为保障劳动者休息权的一项具体制度，根据《法学词典》的解释，休息权是公民的基本权利之一，劳动者为保护身体健康和提高劳动效率而休息和休养的权利。其目的是保证劳动者的疲劳得以解除，体力和精神得以恢复和发展；保证劳动者有条件进行业余进修，不断提高自己的业务水平和文化水平；保证劳动者有一定的时间料理家庭和个人的事务，丰富自己的家庭生活。通俗来讲，休息权就是劳动者在劳动中经过一定的体力和脑力的消耗以后，依法享有获得恢复体力、脑力以及用于娱乐和自己支配的必要时间的权利。带薪年休假作为休息的一部分，其本质之一即为劳动者经过一段时间工作后进行体力和脑力的休息，在年休假期间不向单位提供劳动。从这一本质特点上来讲，带薪年休假与法定节假日、休息日等假期具有相同性质，而为充分保障劳动者的休息权，《职工带薪年休假条例》、《企业职工带薪年休假实施办法》同时还规定国家法定休假日、休息日、职工依法享受的探亲假、婚丧假、产假等国家规定的假期以及因工伤停工留薪期间不计入带薪年休假假期。在保障劳动者充分享有休息权的同时，还应当注意到的问题是保证用人单位的正常生产经营活动，一些具有特殊情况的劳动者不能无限制地享有带薪年休假，也就是说，带薪年休假的享有既要满足积极要件，即连续工作满12个月，同时还要满足一定的消极要件，即不能具有阻却情形的发生。对此，《职工带薪年休假条例》第4条作出了明确限制，即职工有下列情形之一的，不享受当年的年休假：（1）职工依法享受寒暑假，其休假天数多于年休假天数的；（2）职工请事假累计20天以上且单位按照规定不扣工资的；（3）累计工作满1年不满10年的职工，请病假累计2个月以上的；（4）累计工作满10年不满20年的职工，请病假累计3个月以上的；（5）累计工作满20年以上的职工，请病假累计4个月以上的。此外，与一般休息休假相比，带薪年休假的另外一个本质特征当然就体现在"带薪"之上，《职工带薪年休假条例》对此也有明确规定，"职工在年休假期间享受与正常工作期间相同的工资收入"。

综上，对于企业安排职工待岗这一情况下劳动者是否仍然享有带薪年休假就应当从两个方面分析,一是劳动者是否提供劳动,二是劳动者是否享有正常的工资待遇。待岗,顾名思义是指劳动者等待用人单位安排工作的状态,在待岗期间劳动者无须向用人单位提供劳动。需要指出的是,本文所探讨的待岗是指确因用人单位生产经营暂时困难等原因安排劳动者的短期待岗,而不包括用人单位无故或规避法律而故意不给劳动者安排工作导致的长期待岗以及长期两不找等劳动者长期不为用人单位提供劳动的情形。待岗的含义以及职工待岗的实际状态均表明,在企业安排职工待岗期间,劳动者无须向用人单位提供劳动,劳动者的实际状况等同于休息休假期间的状况。在这种情形下,待岗是否等同于带薪年休假就需要考虑另一个因素,即是否"带薪"。而待岗期间的工资待遇,根据《北京市工资支付规定》,非因劳动者本人原因造成用人单位停工、停业的,在一个工资支付周期内,用人单位应当按照提供正常劳动支付劳动者工资;超过一个工资支付周期的,可以根据劳动者提供的劳动,按照双方新约定的标准支付工资,但不得低于本市最低工资标准;用人单位没有安排劳动者工作的,应当按照不低于本市最低工资标准的70%支付劳动者基本生活费。而在带薪年休假期间,劳动者享受与正常工作期间相同的工资收入。因此,笔者认为,在企业安排劳动者短期待岗并依法全额向劳动者支付待岗期间工资的,这种待岗情形就已经符合带薪年休假的两个实质要件,用人单位可以不再安排劳动者带薪年休假,劳动者也不能因此主张用人单位向其支付未休年休假的工资。但目前司法实践中普遍存在的现象是,企业安排劳动者待岗却不向劳动者支付任何报酬或只支付最低生活费,在这种情形下,笔者以为这种待岗状态不符合带薪年休假的第二个本质要求,劳动者以未休年休假为由要求用人单位支付300%的带薪年休假工资的,应当予以支持。但如果用人单位长期安排劳动者待岗,劳动者长期未向用人单位提供劳动的,这种长期待岗导致劳动者连续工作不满12个月,也不能向用人单位主张未休年休假的工资。

(北京市第一中级人民法院 刘佳洁)

86. 侯景仁诉长盛实验设备厂补办人事档案、办理特殊工种退休案

(一) 首部

1. 判决书字号

一审判决书:辽宁省沈阳市皇姑区人民法院(2010)沈皇民一初字第1198号。

二审判决书:辽宁省沈阳市中级人民法院(2011)沈民五终字第90号。

2. 案由:劳动争议。

3. 诉讼双方

原告(上诉人):侯景仁。

被告（上诉人）：沈阳长盛实验设备厂（以下简称长盛）。
法定代表人：吴国忠，厂长。
委托代理人：徐连华，该厂员工。
4. 审级：二审。
5. 审判机关和审判组织
一审法院：辽宁省沈阳市皇姑区人民法院。
合议庭组成人员：审判长：徐晓雷；审判员：杨光、朱建军。
二审法院：辽宁省沈阳市中级人民法院。
合议庭组成人员：审判长：赵智；代理审判员：谢宏、李春野。
6. 审结时间
一审审结时间：2010 年 10 月 28 日。
二审审结时间：2011 年 2 月 10 日。

（二）一审诉辩主张

1. 原告诉称
（1）请求法院判令被告补办档案；（2）请求法院判令被告为其办理特殊工种退休；（3）请求法院确认原告 1980 年至 1992 年从事喷漆工作；（4）请求法院判令被告赔偿因丢失原告档案造成原告经济损失的经济赔偿金 5 万元；（5）被告承担本案诉讼费用。

2. 被告辩称
承认遗失原告档案但表示无能力补办档案。原告要求按特殊工种退休但是有证据证明原告喷漆工作不满 8 年不够提前退休的条件。关于经济补偿，被告认为其始终给原告缴纳保险费，单位可以给原告交到 60 岁，然后正常退休。

（三）一审事实和证据

沈阳市皇姑区人民法院经审理查明，原告侯景仁 1953 年 10 月 10 日出生，1980 年 4 月 7 日到沈阳实验设备厂（集体企业）参加工作，后该厂改制为私企，更名为沈阳长盛实验设备厂。原告从事喷漆工作，1992 年年底下岗至今。下岗后单位不开工资，但养老保险、失业保险、工伤保险等保险费由单位缴纳。2008 年原告因已到特殊工种退休年龄，向单位提出按特殊工种退休，被告单位在将原告档案移交工业局的过程中遗失，致使原告无法按特殊工种办理退休。

上述事实有双方当事人陈述、证人证言、工人技术等级证、情况说明、信访事项处理意见书、民事裁定书等证据在卷佐证，经庭审质证予以确认。

（四）一审判案理由

沈阳市皇姑区人民法院经审理认为，原告系被告企业职工，关于原告要求被告补办档案一事，人事档案虽不是有价值财产，却是特殊的种类物，是不可脱离人享有的。人事档案是存在于人身之外，但能够为民事主体所支配和利用具有一定的经济价值并能满足人事档案当事人某种需要的物质财富。按照《民法通则》第5条规定，公民、法人的合法民事权益受法律保护，任何组织和个人不得侵犯。被告丢失原告人事档案，已经侵犯原告可能获得的合法权益。

关于原告请求法院确认其1980年至1992年从事喷漆工作一事，按照现有证据可以认定原告曾经从事喷漆工作。由于被告造成原告人事档案丢失，被告没有证据证明原告不是喷漆工。虽然被告提供书证证明原告从事喷漆工作不满8年，但是人证证明力明显小于档案资料记载。现被告遗失原告档案，故本院推定其符合特殊工种提前退休条件。按国家政策，关于原告要求被告办理特殊工种退休问题，由于特殊工种退休须有人事档案，现原告人事档案已确认丢失，故已无法再办理特殊工种退休事宜。

关于原告请求被告赔偿因丢失原告档案，造成原告经济损失的经济赔偿金5万元一节，本院认为，因丢失档案造成原告不能按特殊工种退休使原告可得的经济利益丧失，有损害就应该得到赔偿。被告单位负有保管档案义务，故其应赔偿原告经济损失。其赔偿额依据法律、法规、相应政策及沈阳市当地人均生活水平等情况综合确定。现经原告咨询与原告条件相当人员在2008年左右提前退休每月可得退休金1 800元～2 100元。按此计算原告诉求5万元，如果原告提前5年按特殊工种退休可以得到超出5万元的退休金，故其经济损失大于5万元，而原告请求5万元，本院就其请求为限，对于原告的5万元请求应予准许。

（五）一审定案结论

沈阳市皇姑区人民法院依据《中华人民共和国民法通则》第五条、《中华人民共和国劳动合同法》第二条第一款之规定，判决如下：

1. 被告沈阳长盛实验设备厂赔偿原告侯景仁经济损失5万元，于判决生效后10日内一次性支付。

如未按照判决指定的期间履行给付金钱义务，应当依照《中华人民共和国民事诉讼法》第二百二十九条之规定加倍支付债务迟延履行期间的债务利息。

2. 驳回原、被告其他诉讼请求。

诉讼费10元，由原告侯景仁承担。

（六）二审情况

1. 二审诉辩主张

（1）上诉人侯景仁诉称

请求二审法院改判，判决被上诉人补办档案，办理特殊工种退休，确认其1980年至1992年从事喷漆工作，支付经济赔偿金5万元。

(2) 上诉人沈阳长盛实验设备厂诉称

被上诉人即使不能提前5年按特殊工种退休,也没有原审法院认定的损失。因为本厂自1992年开始至今,始终为被上诉人缴纳养老保险、失业保险、工伤保险,被上诉人可以在其达到法定退休年龄时正常退休,并按政策规定领取退休金。要求改判。

2. 二审事实和证据

二审法院经审理查明的事实与原审法院认定的事实一致。

3. 二审判案理由

二审法院认为,侯景仁原在沈阳长盛实验设备厂从事喷漆工作,属特殊工种,但由于沈阳长盛实验设备厂将侯景仁档案丢失,致使侯景仁无法依照有关特殊工种办理提前退休的规定办理提前退休手续进而无法领取基本养老金,给侯景仁经济上造成了一定的损失。关于赔偿数额的问题,经咨询与侯景仁条件相当人员在2008年左右提前退休每月可得退休金1 800元~2 100元。按此计算侯景仁的经济损失大于5万元,而侯景仁的诉请为5万元,故原审法院对于侯景仁的5万元请求予以支持并无不当。侯景仁及沈阳长盛实验设备厂的上诉主张,二审法院不予支持。

4. 二审定案结论

二审法院依照《中华人民共和国民事诉讼法》第一百五十三条第一款第(一)项的规定,判决如下:

驳回上诉,维持原判。

二审案件受理费20元,由上诉人侯景仁及沈阳长盛实验设备厂各负担10元。

(七) 解说

审理好本案应当注意处理好三个要点问题。

本案的第一个要点问题是对于丢失档案的诉讼应否由人民法院管辖。最高人民法院2006年在对安徽省高级人民法院关于人事档案等被原单位丢失后当事人起诉原用人单位补办人事档案并赔偿经济损失是否受理的请示复函中指出,"保存档案的企事业单位,违反关于妥善保存档案的法律规定,丢失他人档案的,应当承担相应的民事责任。档案关系人起诉请求补办档案、赔偿损失的,人民法院应当作为民事案件受理"。因此侯景仁的要求不属于企业内部行政管理事宜,而是劳动者与用人单位平等主体间权益纠纷,应属人民法院民事案件受理范围。

本案的第二个要点问题是,法院受理该案后,能否以劳动合同法中没有关于档案丢失的规定为由而驳回其起诉。皇姑区人民法院作出(2009)沈皇民一初字第921号民事判决书,认为原告侯景仁全部诉讼请求没有相关法律依据而驳回其请求。这表明该主审法官并没有充分掌握这一法律关系以致适用法律错误。沈阳市中级人民法院作出(2009)沈中民一终字第463号民事裁定书认为原审适用法律错误,并指出单位有负责保管档案义务,在保管过程中丢失档案即有过错亦侵害侯景仁的合法权益,应承担民事责任。这表明可以按照侵权赔偿原则处理本案。如果仅以劳动合同法来处理本案,侯景仁的权利得不到法律保护，这是与宪法的原则相违背的，也是适用法律错误。

本案的第三个要点问题是，若支持侯景仁的诉讼请求，适用什么法律规定？按照《民法通则》第5条及《侵权责任法》第2条的规定，侯景仁的可提前退休而获得退休金的权利因长盛实验设备厂丢失其负有保管义务的档案而丧失。按照侵权法理论，长盛实验设备厂侵犯了侯景仁的民事权益。

通过办理本案，我深深地感到，法官办案要活学活用，不能拘泥于以法论法。在处理劳动争议案件时，对劳动者的权利应予全方位保护。

（辽宁省沈阳市皇姑区人民法院　杨光）

七、其他案例

87. 黄广普诉重庆市渝万建设集团有限公司等建设工程分包合同案

（一）首部

1. 判决书字号
一审判决书：福建省厦门市翔安区人民法院（2010）翔民初字第810号。
二审判决书：福建省厦门市中级人民法院（2011）厦民终字第2740号。
2. 案由：建设工程分包合同。
3. 诉讼双方
原告（上诉人）：黄广普，男，1972年2月14日出生，汉族，住重庆市长寿区。
一审委托代理人：胡晓勇、简斯林，福建厦门今朝律师事务所律师。
二审委托代理人：赵曦、陈姗姗，福建衡兴明业律师事务所律师。
被告（被上诉人）：重庆市渝万建设集团有限公司（下称"渝万公司"），住所地：重庆市万州区王牌路398号。
法定代表人：刘锦云，总经理。
一审委托代理人：张旭东、李少红，厦门志远律师事务所律师。
二审委托代理人：张旭东，厦门志远律师事务所律师。
被告（被上诉人）：厦门翔安新区发展有限公司（下称"新区公司"），住所地：厦门翔安区马巷镇郑坂东一里2号之一5楼。
法定代表人：李苏飞，董事长。
一审委托代理人：庄雪青、徐磊明，系公司职员。
4. 审级：二审。
5. 审判机关和审判组织
一审法院：福建省厦门市翔安区人民法院。
合议庭组成人员：审判长：吴建国；审判员：陈魁伟；代理审判员：张春雷。
二审法院：福建省厦门市中级人民法院。
合议庭组成人员：审判长：陈朝阳；代理审判员：洪德琨、章毅。

6. 审结时间

一审审结时间：2011年8月17日（经院长批准依法延长审限）。

二审审结时间：2011年11月4日。

（二）一审情况

1. 一审诉辩主张

（1）原告黄广普诉称

2007年3月8日，其与被告渝万公司签订了一份《泥水工程承包合同》，约定由黄广普承包渝万公司的翔安区马巷镇郑板村"金包银"工程D1-5♯、H1-2♯楼的泥水工程项目（该项目的建设单位是被告新区公司），并在合同中对工程地点、承包方式、承包计算方法、承包内容、承包价格、结算及付款方式以及其他双方的权利义务作出了详尽的约定。另双方还签订了《泥水班补充协议》，对合同项下的细分工程项目的单价等也作出了补充约定，黄广普按约向渝万公司支付了工程保证金100 000元（币种为人民币，下同）。其中，于协议第7条第4款约定"待砼浇筑封顶后返还保证金5万元，七栋主体全部封顶后返还余下保证金5万元"；于协议第7条第2款约定"工程完工工人退场支付至合同价款90%，工程竣工验收三个月支付至合同价款的97%，剩余的3%作为保修金，保修金不计利息；保修期按国家标准规定，期满后质量合格一次性付清"。在黄广普按约进行施工的过程中，双方有对部分工程款进行结算，工程于2008年3月1日完工，直至2009年4月30日渝万公司才对黄广普的总工程款进行了结算，为1 391 364元，另2007年1—2月份增加工程量（计工程款7 670元），合计1 399 034元，黄广普至今实收工程款为1 178 614元，余款220 420元渝万公司至今不予支付，保证金100 000元至今未予返还。黄广普认为，其按约完成了全部的讼争工程的泥水项目，根据工程量结算，渝万公司没有按约支付工程款，应承担相应的付款义务，其迟延付款的行为给黄广普造成的损失应予以赔偿，黄广普请求按照同期银行贷款利率计算有充分的事实和法律依据，新区公司作为发包人，应当承担连带清偿责任。据此，黄广普请求判令：1）渝万公司、新区公司立即向黄广普支付拖欠款项320 420元以及逾期支付的赔偿金（按银行同期贷款利率"年利率7.56"计算，自2008年3月1日起计算至实际付清之日止，暂计至2010年5月15日为53 624元），暂合计为374 044元；2）本案的诉讼费用由渝万公司、新区公司承担。

（2）被告渝万公司辩称

1）本案所涉工程系发包给陈建强施工。2008年渝万公司已经和陈建强进行了结算，渝万公司已经支付了履约保证金，并支付了工程款。2）渝万公司未将工程发包给原告黄广普，黄广普提供的合同上的技术专用章不是渝万公司所有。

（3）被告新区公司辩称

1）其与原告黄广普不存在直接的工程承包关系，黄广普是渝万公司的分包人。2）黄广普要求支付工程款应由渝万公司负责支付，根据合同相对性原理，黄广普要求工程款的债务人为渝万公司。3）新区公司已经支付了郑板村"金包银"工程D1-5♯、H1-2♯

楼的泥水工程95％的工程款，实际上比工程决算价还多付了200 000元，不存在拖欠工程款的问题，所以新区公司不应承担连带责任和先行支付的义务。综上，新区公司不是本案的适格被告，请求驳回黄广普的诉讼请求。

2. 一审事实和证据

厦门市翔安区人民法院经公开审理查明：2006年11月13日，新区公司与渝万公司签订建设工程施工合同（编号XAXP-EB-SG-05），约定新区公司将郑坂自然村"金包银"D1-5、H1-2号楼的土建、安装工程发包给渝万公司，工程中标价为16 021 800元。2007年3月8日，原告黄广普与作为甲方的"渝万公司"签订一份泥水工程承包合同，约定由黄广普承包翔安区马巷镇郑坂村"金包银"工程D1-5♯、H1-2♯楼的全部渝万公司主合同清单和设计施工图纸的泥水施工内容，承包形式为包工不包料（井架除外）、其他工具小型机具由黄广普自理，单价按设计建筑面积78元/m^{2}包干，并约定黄广普自愿向甲方交纳保证金100 000元；同时，合同对结算及付款方式、双方职责、成本控制等方面进行了约定。该份合同甲方落款处的签名为"陈建强"，并加盖了有"重庆市渝万建设集团有限公司厦门分公司项目部技术专用章"字样的印章。同日，黄广普又与作为甲方的"重庆市渝万建设集团有限公司郑坂村'金包银'工程项目部"签订了泥水班补充协议，对泥水工程承包合同中第7条关于结算及付款方式条款进行了调整。该补充协议甲方落款处的签名亦为"陈建强"，亦加盖有"重庆市渝万建设集团有限公司厦门分公司项目部技术专用章"字样的印章。2008年12月，D1-5♯、H1-2♯楼工程通过竣工验收，被评定工程质量等级为合格。2009年4月9日，厦门市翔安区财政审核中心作出郑坂金包银D1-5♯、H1-2♯楼工程决算审核通知书，确定该工程审核决算数为15 237 000元。

另查明，在审理过程中，本院认为陈建强与本案可能具有利害关系，并向双方当事人进行了释明，黄广普、渝万公司和新区公司均表示不申请追加陈建强作为本案共同被告，如法院依职权追加后采用其他方式无法送达的，亦不予缴纳公告费。

上述事实有下列证据证明：

（1）泥水工程承包合同及泥水班补充协议，证明黄广普所持有的合同上加盖项目部技术专用章和署名为"陈建强"的内容。

（2）郑坂"金包银"D1-5♯、H1-2♯楼工程决算审核通知书，证明上述工程经厦门市翔安区财政审核中心审核决算为15 237 000元。

（3）郑坂自然村"金包银"D1-5♯、H1-2♯楼建设工程施工合同，证明新区公司与渝万公司之间的建设工程施工合同关系。

（4）厦门市建设工程竣工验收报告，证明上述工程已经竣工验收合格。

3. 一审判案理由

厦门市翔安区人民法院根据上述事实和证据认为：根据庭审中双方诉辩及举证、质证情况，双方当事人争议的焦点为原告黄广普与被告渝万公司之间是否存在泥水工程承包合同关系。本院予以分析认定如下：

黄广普主张其与渝万公司签订了泥水工程承包合同；渝万公司辩称讼争工程系发包给陈建强施工，并已与陈建强进行了结算，该工程并未发包给黄广普，黄广普提供的泥水工程施工合同及补充协议上加盖的技术专用章并非渝万公司所有。根据黄广普提供的泥水工程承包合同,虽然渝万公司以发包方的地位出现在合同中,但在落款中的签字为"陈建强",且加盖的印章亦为"重庆市渝万建设集团有限公司厦门分公司项目部技术专用章"。厦门市翔安区人民法院认为,一方面,技术专用章的用途并非用于签订合同,且黄广普未能证明"重庆市渝万建设集团有限公司厦门分公司项目部技术专用章"系渝万公司所有或使用;另一方面,黄广普亦未能证明陈建强系渝万公司员工或具有渝万公司对外签订合同的授权,且经法院告知后,未在指定期限内对9月份泥水班组(人工)费用结算表中"陈元健"的笔迹申请鉴定,故应承担举证不能的责任。综上所述,本院认为黄广普关于其与渝万公司之间存在合同关系的主张,证据不足,不予支持。

综上,原告黄广普主张被告渝万公司拖欠工程款,并据此请求渝万公司和新区公司向其支付所欠的工程款项及赔偿金,但黄广普未能举证证明其与渝万公司之间存在泥水工程承包合同关系,故黄广普的诉讼请求证据不足,本院不予支持。

4. 一审定案结论

厦门市翔安区人民法院依照《中华人民共和国民事诉讼法》第六十四条第一款、最高人民法院《关于民事诉讼证据的若干规定》第二条之规定,作出如下判决:

驳回原告黄广普的诉讼请求;

本案受理费6 910元,由原告黄广普负担,款限于本判决生效之日起3日内向本院缴纳。

(三)二审诉辩主张

上诉人(原审原告)黄广普诉称

1. 一审法院未查明案件事实,却违法加重上诉人的举证责任,牵强认定黄广普与渝万公司之间不存在合同关系,存在重大错误。(1)黄广普有充分证据证明与渝万公司之间存在合同关系。一审中黄广普已经提供了与渝万公司签订的《泥水工程承包合同》作为双方之间存在合同关系的证明。承包合同中加盖的"重庆市渝万建设集团有限公司厦门分公司项目部技术专用章",证明了黄广普系与渝万公司存在合同关系,而非案外人陈建强。一审法院在未查明事实的基础上,牵强地以"技术专用章"的用途并非用于签订合同,来否认上诉人与渝万公司之间的合同关系,显然错误。(2)根据民事诉讼证据规则,若渝万公司否认项目部技术专用章的真实性,举证责任应当由渝万公司承担,而非黄广普,一审法院违法加重上诉人的举证责任,应当予以纠正。

2. 即使上诉人与渝万公司不存在直接合同关系,黄广普作为实际施工人,有权向渝万公司主张给付工程款。综上,请求二审法院依法改判。

被上诉人(原审被告)渝万公司辩称

1. 一审法院在证据的分配上并无错误,黄广普理应对合同关系是否存在提供证据。黄广普起诉答辩人直接承担合同责任的基础证据为《泥水工程承包合同》,由于该合同并未盖有具备合同成立的渝万公司的公章或合同章,而只有一个依稀可辨的"重庆市渝万建设集团有限公司厦门分公司项目部技术专用章",但由于渝万公司从未持有过该印章，根据"谁主张，谁举证"的证据规则，黄广普方必须证明该印章为渝万公司所有或者使用。

2. 黄广普的合同相对方是陈建强，黄广普只能向陈建强主张合同权利。

3. 没有证据证明黄广普是涉案泥水工程的实际施工人。黄广普并未证明其为实际施工人，其提供的证据的真实性均无法得到证明。假设黄广普系具有实际公认的身份的话，作为发包人的渝万公司也只是在欠付工程价款范围内对实际施工人承担责任，然而渝万公司的证据表明，渝万公司已与陈建强结算完毕并支付了全部的工程款，因此渝万公司不再具有对外支付义务。综上，请求二审法院判令驳回黄广普的上诉请求。

（四）二审事实和证据

各方当事人除对上诉状及答辩意见中列明的事实存有异议外，对原审判决查明的其他事实均没有异议，厦门市中级人民法院予以确认。

二审审理过程中，黄广普申请证人王强出庭作证，证明黄广普与渝万公司之间存在合同关系。

对王强的证人证言，渝万公司质证认为：王强的证人证言不属于新证据，且王强无法提供其与渝万公司之间的劳务关系，无法确认其身份，其证言亦无法证明黄广普与渝万公司之间存在合同关系。

厦门市中级人民法院经分析认为，王强并没有提交相关证据证明其与重庆渝万公司之间的关系，亦没有参与讼争工程的施工。因此，其证言无法证明黄广普与渝万公司之间存在合同关系，不予采纳。

（五）二审判案理由

厦门市中级人民法院认为：1. 上诉人黄广普主张其与渝万公司存在泥水工程承包合同关系，但其提供的《泥水工程承包合同》上并未盖有被上诉人的合同专用章，而只有一个"重庆市渝万建设集团有限公司厦门分公司项目技术专用章"；且黄广普亦未能提供充分证据证明该印章为渝万公司所有。渝万公司对合同的真实性予以否认。2. 讼争合同虽盖有"重庆市渝万建设集团有限公司厦门分公司项目技术专用章"，但落款处为"陈建强"，而上诉人黄广普又未能提供充分证据证明陈建强为渝万公司员工或具有渝万公司对外签订合同的授权。故黄广普对其主张应承担举证不能的相应法律后果。综上所述，上诉人黄广普的上诉请求缺乏证据，不能成立；原审判决并无不当，应予支持。

（六）二审定案结论

厦门市中级人民法院依照《中华人民共和国民事诉讼法》第一百五十三条第一款第（一）项之规定，判决如下：

驳回上诉，维持原判。

本案二审受理费 6 910 元，由上诉人黄广普负担。

（七）解说

目前，建设工程领域管理较为混乱，存在着大量的挂靠、转包和违法分包等情形，且因实际施工人在合同签订过程中相对弱势，缺乏风险意识，导致合同不完善甚至无书面合同，发生纠纷后对方否认其曾经施工而实际施工人举证不能导致无法索要工程款。该案的处理从审查双方是否存在合同关系入手，合理分配举证责任，对解决此类纠纷具有一定的参考意义。

举证责任的分配规则起源于罗马法的两条著名法则：（1）原告有举证之义务；（2）为主张之人有证明义务。通常情况下，法官并不需要运用证明责任分配的一般规则断案，但在有些案件中，尽管双方当事人履行了其主观证明责任，但由于双方的举证都存在缺陷，不足以证明其各自的主张，使法官难以形成内心确信，对于双方证据的强弱态势却仍然无法作出明确的判断，即待证事实仍然真伪不明。此时法官就应适用举证责任分配的一般规则，以确定客观证明责任究竟在于哪一方当事人。在司法实践中，分配举证责任对法官来说是缺乏法律规范支持和极具模糊性的难题。于是，最高人民法院《关于民事诉讼证据的若干规定》（以下简称《证据规定》）便应运而生，以求在当事人证明责任分配的问题上使法官和当事人有章可循。

本案中，双方当事人所争议的焦点为黄广普与渝万公司之间是否存在合同关系，双方均提供了相应的证据以证明自己的主张。黄广普提供了泥水工程承包合同及补充协议，合同落款中代表人一栏的签字为"陈建强"，加盖的印章是"重庆市渝万建设集团有限公司厦门分公司项目部技术专用章"，黄广普以此主张其与渝万公司签订了泥水工程承包合同；渝万公司提供了泥水工程承包合同和泥水班组造价结算表，其中均有"陈建强"的签字，以此抗辩称公司将讼争工程发包给陈建强施工，并已与陈建强进行了结算，黄广普提供合同上加盖的技术专用章并非渝万公司所持有，由此否认公司与黄广普之间存在合同关系。

因无法追加陈建强为本案的共同被告，且从双方提供的证据不能判断合同关系是否存在，因而需要根据双方的诉辩主张和举证情况合理分配举证责任。一审合议庭认为，黄广普虽然提供了泥水工程承包合同及补充协议拟证明其与渝万公司的合同关系成立，但渝万公司提供了相应的证据证明合同的相对方是陈建强而非黄广普。根据《证据规定》第 5 条第 1 款"在合同纠纷案件中，主张合同关系成立并生效的一方当事人对合同订立和生效的事实承担举证责任"的规定，黄广普欲证明双方存在合同关系，就应对合同订立的事实承担举证责任。具体而言，黄广普需要继续举证证明以下两个事实：第一，其举证的合同中所盖的技术专用章系渝万公司所有；第二，陈建强系渝万公司员工或经渝万公司授权对外签订合同。后因黄广普未能在指定期限内就上述事实提供证据，故一审判决驳回其诉讼请求。黄广普上诉后，二审合议庭也重申了一审的举证责任分配，并维持了一审判决。

事实上，在该案审理过程中，为了查明事实，一审合议庭曾到厦门市公安局调查合同上所盖技术专用章是否为渝万公司所有，但公安局并无该印章的备案记录。且经了解，虽然目前公安局要求包含公司名称的印章均须备案，但多数公司仅备案了公司和分公司印章，其他印章较少备案。与此同时，本案双方提供的合同虽然不同，但其上均有陈建强的签名，一审合议庭认为陈建强与本案具有利害关系，应追加其为本案的共同被告，但黄广普与渝万公司均表示不申请追加，且如法院依职权追加后采用其他方式无法送达的，亦不承担公告费，因此，本案最终未能追加陈建强为共同被告，导致无法查清其三者之间的关系。其实，黄广普作为原告应当申请追加陈建强作为本案的共同被告，以利于案件事实的查明。其拒绝申请可能出于陈建强已涉及多起建设工程合同纠纷且丧失偿债能力的考虑，但这也成为黄广普证明其与渝万公司存在合同关系的障碍之一。

（福建省厦门市翔安区人民法院　张春雷）

88. 陈雨丝诉杨秋龙等道路交通事故责任案

（一）首部

1. 判决书字号：四川省成都市青羊区人民法院（2011）青羊民初字第2179号。
2. 案由：道路交通事故责任纠纷。
3. 诉讼双方

原告：陈雨丝。

委托代理人：黄杜康。

委托代理人：黄晓筠。

被告：杨秋龙。

被告：杨妮斯。

委托代理人：郑明川，四川路标律师事务所律师。

第三人：中国平安财产保险股份有限公司成都市锦城支公司，住所地：成都市武侯区航空路6号丰德国际广场3号楼第一层、第三层、第十一层1号。

负责人：陈雪松，总经理。

委托代理人：石峰，公司员工。

4. 审级：一审。
5. 审判机关和审判组织

审判机关：成都市青羊区人民法院。

独任审判员：李智远。

6. 审结时间：2011年9月4日。

(二) 诉辩主张

1. 原告陈雨丝诉称，杨秋龙驾车将原告撞伤，杨秋龙应当负担全部责任。请求法院判决被告赔偿医疗费 220 000 元、误工费 25 392 元、护理费 11 720 元、后续治疗费 35 400 元、后续护理费 5 300 元、交通住宿费 16 200 元、住院伙食补助费 2 310 元、营养费 3 080 元、残疾赔偿金 123 688 元、残疾鉴定费 1 770 元、精神损害抚慰金 12 000 元共计 456 860 元。

2. 被告杨秋龙辩称，原告应当负担事故的相应责任，请求法院依法认定和处理赔偿责任和数额。

被告杨妮斯辩称，杨妮斯作为车主没有过错，不应承担赔偿责任。

第三人平安财险锦城支公司述称，请求法院依法处理。

(三) 事实和证据

成都市青羊区人民法院经审理查明，2011 年 1 月 16 日晚 20 时 20 分，具有合法驾驶资格的杨秋龙驾驶川 ADL670 号东风雪铁龙牌小轿车由娇子路口方向沿槐树街往泸天化路口方向行驶。20 时 20 分许，杨秋龙驾车行至槐树街 24 号处，发现行人陈雨丝（穿黑色衣服），杨秋龙采取制动措施并鸣喇叭，此时距离较近，与陈雨丝发生碰撞，陈雨丝受伤。交通事故发生时，天正下雨，路面有积水，天色昏暗。事后，杨秋龙将车移至路边。公安机关对杨秋龙驾驶的车进行了痕迹勘察，确认：川 ADL670 号轿车前挡风玻璃左侧有直径约为 70 厘米的凹陷撞痕迹。公安机关以未查明陈雨丝在发生事故时的交通状态情况为由，没有对事故责任作出责任认定，在交通事故证明书中认定："事后，杨秋龙将车移至路边。"公安机关在事故现场图中没有确定事故现场附近有人行横道。事故发生后，陈雨丝于当日被送入成都市第三人民医院住院治疗，该院诊断陈雨丝所受伤为：(1) 外伤性蛛网膜下腔出血；(2) 广泛性脑挫裂伤；(3) 弥漫性轴索损伤；(4) 右颞顶头皮血肿；(5) 全身多处皮肤擦伤；(6) 右锁骨肩峰端损伤。

2011 年 1 月 22 日，根据该院的建议，陈雨丝被转入四川大学华西医院继续住院治疗，同日，陈雨丝被送入四川大学华西医院治疗，2011 年 2 月 25 日从四川大学华西医院出院，根据四川大学华西医院的意见，陈雨丝于当日被转入四川大学华西医院西藏成办医院住院治疗。陈雨丝的伤被诊断为：(1) 交通性脑积水；(2) 弥漫性轴索损伤；(3) 脑挫裂伤；(4) 外伤性蛛网膜下腔出血；(5) 右颞顶头皮血肿；(6) 右锁骨肩峰端撕脱性骨折伴肩锁关节脱位。2011 年 4 月 2 日，陈雨丝从四川大学华西医院西藏成办医院出院，出院时陈雨丝仍遗留右上肢、左下肢肌力下降、头昏、头痛、左口角偶有溢液等神经功能障碍。出院后，医院建议陈雨丝继续门诊治疗。2011 年 6 月 7 日至 2011 年 7 月 5 日，陈雨丝在自贡市中医医院住院治疗。

在治疗过程中，陈雨丝支出住院费用为：成都市第三人民医院 11 022.06 元（杨秋龙垫付）、四川大学华西医院 95 306.51 元（其中陈雨丝垫付 55 000 元、杨秋龙垫付

40 306.51元)、四川大学华西医院西藏成办医院 38 393.11 元、自贡市中医医院 3 339.7 元,支出门诊和治疗药品费 53 501.4 元(陈雨丝垫付 43 668.2 元、杨秋龙垫付 9 840.2 元)。杨秋龙还垫付了护理费 630 元、向陈雨丝支付了现金 5 000 元。陈雨丝支出了护理费 17 020 元。在陈雨丝治疗过程中,陈雨丝的父母借给杨秋龙 4 000 元。

经鉴定,陈雨丝的伤残等级为七级,其需要后续治疗费 35 400 元。

陈雨丝的父亲陈瓦记在 2010 年 10 月至 2010 年 12 月的月收入分别为:9 762.6 元、8 057.96 元、8 419.01 元;陈雨丝的母亲黄晓筠在 2010 年 10 月至 2010 年 12 月的月收入分别为:5 229.5 元、4 763.5 元、4 719.5 元。

杨妮斯在平安财险锦城支公司投了机动车交通事故责任强制保险,保险期限为 2010 年 9 月 18 日零时至 2011 年 9 月 17 日二十四时止。事故发生后,平安财险锦城支公司在保险限额内预付了陈雨丝在四川大学华西医院西藏成办医院支出的医疗费中的 10 000 元。

以上事实有当事人陈述、驾驶证、道路交通事故证明、行驶证、交通事故车辆痕迹复勘笔录、住院病历、法医学鉴定意见书、收入证明、保险单、垫付信息浏览为证。

(四)判案理由

成都市青羊区人民法院根据上述事实和证据认为:

1. 关于交通事故事故责任的划分。从公安机关的认定看,公安机关虽未对事故责任作出认定,但在交通事故证明书中确认:"事后,杨秋龙将车移至路边",该确认说明:(1)与陈雨丝发生碰撞时,杨秋龙驾驶的车没有在路边而在路中心的机动车道内;(2)杨秋龙移动该车的行为不是公安机关不能作出事故责任的原因。从交通事故造成的后果分析,杨秋龙所驾车的挡风玻璃左侧有直径约为 70 厘米的凹陷撞痕迹,该事实说明陈雨丝是在杨秋龙所驾车的左侧与杨秋龙所驾车发生的碰撞,根据上述分析,结合公安机关制作的事故现场图纸上没有人行横道线的事实,应认定:陈雨丝是在没有人行横道线的情况下,在道路中心的机动车道内与杨秋龙所驾车发生碰撞,据此,应认定对于事故的发生,陈雨丝有过错;发生事故时是冬天的夜晚,天正下雨、路面有积水、天色昏暗,杨秋龙没有尽到观察仔细、安全谨慎驾驶的义务,造成与陈雨丝碰撞,杨秋龙有过错;关于事故责任的划分,杨秋龙应负担事故的主要责任、陈雨丝应负担事故的次要责任。

2. 关于陈雨丝的损失,本院审查认定如下:(1)陈雨丝用去医疗费 11 022.06 元+95 306.51 元+38 393.11 元+3 339.7 元+53 501.4 元=201 562.78 元。(2)关于误工费,是陈雨丝父母因处理事故产生的 40 天的误工费,按陈雨丝提供的收入证明,误工费金额应为(9 762.6 元+8 057.96 元+8 419.01 元)÷3÷30 天×40 天=11 662.03 元和(5229.5 元+4763.5 元+4719.5 元)÷3÷30 天×40 天=6 538.89 元,合计 18 200.92 元。(3)关于护理费,陈雨丝提供的护理费收条的金额为 17 020 元,加上杨秋龙支付的护理费 630 元,护理费共计 17 650 元。(4)鉴定结论证明后续治疗费为 35 400 元,应予认定。(5)关于陈雨丝主张的后续护理费,陈雨丝从四川大学华西医院西藏成办医院出院时遗留的症状为右上肢、左下肢肌力下降、头昏、头痛、左口角偶有溢液等神经功能障碍，陈雨丝没有提供证据证明其需要后续护理，故对其主张的后续护理费，不应支持。（6）关于交通住宿费，本院酌定为10 000元。（7）关于住院伙食补助费，本院按每天20元计算为20元/天×77天＝1 540元。（8）关于营养费，本院酌定为1 000元。（9）对于残疾赔偿金123 688元，当事人没有争议，应予确认。（10）关于鉴定费，陈雨丝提供的票据足以证明为1 770元，本院予以确认。（11）关于精神损害抚慰金，陈雨丝主张12 000元适当，本院予以支持。以上损失为医疗费201 562.78元、误工费18 200.92元、护理费17 650元、后续治疗费35 400元、交通住宿费10 000元、住院伙食补助费1 540元、营养费1 000元、残疾赔偿金123 688元、鉴定费1 770元、精神损害抚慰金12 000元共计422 811.7元，该损失首先由平安财险锦城支公司在机动车交通责任强制保险范围内赔偿120 000元，扣除平安财险锦城支公司已经预付的10 000元后，平安财险锦城支公司还应支付110 000元；由于杨秋龙负担事故的主要责任，故其余损失422 811.7元－120 000元＝302 811.7元中的70％即302 811.7元×70％＝211 968.19元，扣除杨秋龙已经支付的现金5 000元和护理费630元、医疗费61 168.77元（11 022.06元＋9 840.2元＋40 306.51元）合计66 798.71元，杨秋龙应赔偿211 968.19元－66 798.71元＝145 169.48元给陈雨丝，加上陈雨丝的父母借给杨秋龙4 000元，杨秋龙最终实际应赔偿给陈雨丝149 169.48元。302 811.7元损失中的另30％由陈雨丝自行承担。

3. 杨秋龙有合法的机动车驾驶资格，杨妮斯将川ADL670号轿车交给杨秋龙驾驶的行为没有过错，不应承担赔偿责任。

（五）定案结论

依照《中华人民共和国道路交通安全法》第七十六条、《中华人民共和国保险法》第六十五条之规定，判决如下：

"一、中国平安财产保险股份有限公司成都市锦城支公司于本判决发生法律效力之日起10日内向陈雨丝支付保险赔偿款110 000元；

二、杨秋龙于本判决发生法律效力之日起15日内向陈雨丝赔偿149 169.48元。

三、驳回陈雨丝对杨妮斯的诉讼请求。

案件受理费2 800元，减半收取1 400元由陈雨丝负担618元、由杨秋龙负担782元。"

（六）解说

本案的争议焦点在于交通事故责任的划分，现场处理事故的交警并未对事故作出责任认定，故法院依照现有的证据和庭审记录划分了事故责任，属道路交通事故赔偿案件中较少的情况，具有典型性。

交通事故认定书实质上只是法院案件审理中的一个证据，人民法院可以依据事实和法律作采纳与不采纳的决定。

1. 交通事故认定书的事故责任与民事赔偿责任是两个完全不同的概念，应当区别对待

"事故认定书"是从已废止的《道路交通事故处理办法》中的"事故责任认定书"发展变化来的，区别在于前者掉了"责任"二字，事故认定与民事损害赔偿是两个不同的概念。前者侧重于对交通故的行政评价，是交管部门依据行政规范及相关专业知识认定的交通事故成因，属于自然科学范畴内的因果关系评价；后者侧重的是民事赔偿，依照侵权法适用民事诉讼程序确定的损害赔偿责任，重心在于当事人有无侵权行为及其与损害结果之间的因果关系，可能会是多种法律事实导致的结果。两者在归责原则上、法律性质上均有不同，交通事故认定主要功能体现在维护交通管理秩序及交警部门的调解处理程序上，有很强的行政色彩；民法上责任的划分侧重于导致事故发生的全部原因和当事人过错责任的大小，考虑得更为周全，功能在于衡平保护交通秩序、人身安全、社会财产、维护公序良俗的原则等多个方面，即国家公共职能与民间保障职能。此二者的选择有时虽然在处理案件上会有重叠。但二者并非绝对的一一对应的关系。

2. 《道路交通安全法》明确了公安机关制定的交通事故认定书由法院认定

法院在案件受理过程中对于事故认定书由当事人进行质证，对于其真实性、合法性、关联性进行审查，如果法院认为责任认定书的事实根据、法律适用、伤残认定等确属有误，就可以直接作出不予认定的决定，通过庭审认定的事实进行事故责任划分。司法实践中事故认定书与法院认定的民事赔偿责任出现差别是很正常的现象，并不需要取得交警部门的同意。这一点上，很多当事人都很难理解，原因在于以前的"事故责任认定书"是具有预决力的，法院不能否定其效力；《道路交通安全法》实施以后，根据《道路交通安全法》第73条之规定，"公安机关交通管理部门应当根据交通事故现场勘验、检查、调查情况和有关的检验、鉴定结论，及时制作交通事故认定书，作为处理交通事故的证据"。事故认定书只是案件之中的一个证据而已。

综上，当发生交通事故时，现场交警没有出具交通事故认定书，此种情况下，法院可以根据现有的证据以及庭审记录依法合理地作出交通事故责任的划分，据此作出赔偿金额的认定。

（四川省成都市青羊区人民法院　张千书）

89. 徐晓琴诉姚明盛民间借贷案

（一）首部

1. 判决书字号

一审判决书：广西昭平县人民法院（2009）昭民一初字第134号。

二审判决书：广西贺州市中级人民法院（2010）贺民一终字第303号。

2. 案由：民间借贷纠纷。

3. 诉讼双方

原告（上诉人）：徐晓琴，女，1975年8月19日出生，汉族，农业人口，住昭平县昭平镇。

一审委托代理人：周瑛，广西和社律师事务所律师。

一审委托代理人：杨明先，男，1971年12月19日出生，广西和社律师事务所法律工作者。

二审委托代理人：李汝幸，致恭律师事务所律师。

被告：姚明盛，男，1957年6月15日出生，汉族，公司职员，住昭平县昭平镇。

委托代理人：余涵，广西众望律师事务所律师。

4. 审级：二审。

5. 审判机关和审判组织

一审法院：广西昭平县人民法院。

合议庭组成人员：审判长：莫义阳；审判员：黄荣江、谢宁生。

二审法院：广西贺州市中级人民法院。

合议庭组成人员：审判长：陈志深；审判员：唐燕；代理审判员：徐文坚。

6. 审结时间

一审审结时间：2010年9月3日（2009年8月28日昭平县人民法院作出（2009）昭民一初字第134—1号民事裁定书，裁定本案中止诉讼）。

二审审结时间：2010年12月3日。

（二）一审情况

1. 一审诉辩主张

原告徐晓琴诉称：被告因资金周转困难于2008年10月15日向原告借款30 000元，承诺于当月27日下午16时归还，并立有字据一份。还款期限届满后，经原告多次催收，被告均以没有钱为由拒不还款。请求判令被告偿还欠款本金30 000元及其利息，本案受理费用由被告承担。

被告姚明盛辩称：原、被告双方自2004年开始保持情人关系，后被告不愿再与原告交往的情况下，原告到被告单位和家里吵闹，要被告给钱，否则就对被告采取措施，被告迫不得已写下30 000元的欠条给原告，被告已向公安机关报案，本案应中止审理或者驳回原告的诉讼请求。

2. 一审事实和证据

昭平县人民法院经公开审理查明：原告徐晓琴与被告姚明盛于2004年6月份结识后并发展为情人关系。尔后，双方交往密切，至2007年6、7月间，被告将工资存折交给原告自由支配。2008年10月15日，被告写有欠条1份交由原告收执，内容为：兹借到徐晓琴人民币叁万元整,还款日期2008年10月27日下午16时整。在此期间,原告多次打电话给被告,也到过被告的单位去找被告,10月23日上午8时许,原告电话约被告见面,俩人见面后因不能协商,被告便带原告到昭平县公安局找朋友帮助解决,由于双方不能相互忍让,遂在昭平县公安局大门口扭扯起来。9时许,公安派出所"110"民警赶到。带原、被告到派出所询问。被告以原告强行索要钱物为由,向公安派出所报案。当时公安派出所认为该案事实不清,未予立案。原告于2009年3月23日向法院提起诉讼,请求被告偿还欠款30 000元及其利息,诉讼费用由被告承担。2009年7月14日,原告因涉嫌敲诈勒索被昭平县公安局刑事拘留,同年8月20日经昭平县人民检察院批准逮捕。2010年4月19日,昭平县人民检察院作出昭检刑不诉(2010)2号不起诉决定书,该决定查明:被不起诉人徐晓琴以公开隐私相威胁,姚明盛出于害怕和无奈,写下一张30 000元的欠条给徐晓琴,该决定认为:徐晓琴犯罪情节轻微且未遂,不需要判处刑罚,决定对徐晓琴不起诉。原、被告收到该决定书后没有在法定期限内起诉或申诉。该决定已发生法律效力。

3. 一审判案理由

昭平县人民法院认为:昭平县人民检察院作出的昭检刑不诉(2010)2号不起诉决定书系具有法律效力的决定,原告徐晓琴在本案审理过程中未提交任何证据以推翻该决定认定的事实,故一审法院依据不起诉决定书认定的事实,确认原告徐晓琴实施了《中华人民共和国民法通则》第五十八条第一款第(三)项、最高人民法院《关于贯彻执行〈中华人民共和国民法通则〉若干问题的意见(试行)》第69条、最高人民法院《关于民事诉讼证据的若干规定》第六十八条规定的行为,采用胁迫方式使被告姚明盛在违背真实意思的情况下书写了欠条1份,该欠条不能独立作为本案认定事实的依据。原告请求被告偿还欠款30 000元及利息的主张,但没有提供其他证据予以佐证,应认定被告事实上并未向原告借款30 000元,原告的请求证据不足,没有事实和法律依据,一审法院不予支持。

4. 一审定案结论

昭平县人民法院依照《中华人民共和国民事诉讼法》第六十四条第一款的规定,作出如下判决:

驳回原告徐晓琴的诉讼请求。

(三) 二审诉辩主张

上诉人(原审原告)诉称:

1. 在一审中,被上诉人姚明盛认为"欠条"是被胁迫写下的,但其并没有提出撤销或确认"欠条"无效的诉讼主张,一审判决超出了诉讼请求范围。

2. 依据《中华人民共和国合同法》第54条的规定,被上诉人姚明盛没有在一年内向法院起诉撤销"欠条",其撤销权已经消灭,一审判决确认"欠条"无效,适用法律错误。

3. 被上诉人姚明盛写"欠条"给上诉人徐晓琴时,无其他证人在场。上诉人追偿债务,是一种正当行为,不能认定为胁迫行为。

4. 根据公安部有关规定,人民法院已受理的民事纠纷案件,公安机关不得介入及立案侦查。昭平县公安局立案侦查程序违法。检察机关不重事实,为规避国家赔偿责任,作出不起诉决定书,一审判决以该决定作为定案依据错误。请求二审法院撤销一审法院判决。请求改判被上诉人偿还借款30 000元及利息。

被上诉人(原审被告)辩称

上诉人徐晓琴与被上诉人姚明盛之间不存在真实的民间借贷行为。一审判决合法、有效,请求二审予以维持。

(四)二审事实和证据

二审法院经审理,确认一审法院认定的事实和证据。

(五)二审判案理由

贺州市中级人民法院认为:虽然上诉人徐晓琴在一审中提供了欠条一张,欲证实被上诉人姚明盛向其借款30 000元的事实,但昭平县人民检察院昭检刑不诉(2010)2号不起诉决定书认定被上诉人姚明盛于2008年10月15日在上诉人徐晓琴威胁、逼迫下写下一张30 000元的欠条给上诉人徐晓琴,该决定已发生法律效力。上诉人徐晓琴没有提供其他证据对自己的主张予以佐证。对于昭检刑不诉(2010)2号不起诉决定书认定的事实应予以确认。被上诉人姚明盛事实上并未向上诉人徐晓琴借款30 000元。上诉人徐晓琴请求被上诉人姚明盛偿还借款30 000元的上诉请求,没有事实和法律依据,二审法院不予支持。

(六)二审定案结论

贺州市中级人民法院认定一审判决程序合法,适用法律和实体处理并无不当。依照《中华人民共和国民事诉讼法》第一百五十三条第一款第(一)项、第一百五十八条的规定,作出如下判决:

驳回上诉,维持原判。

(七)解说

本案经审理后,事实是清楚的。综合诉辩双方意见,本案的争议焦点为:被告(被上诉人)姚明盛是否向原告(上诉人)徐晓琴借款30 000元?首先,原告提供的"欠条"作为证据,其来源不合法。原、被告起初是情人关系,被告的工资是由原告自由支取的,2008年9月份,被告提出与原告分手,原告便到被告的家中和单位去闹,要求给补偿费,被告出于害怕和无奈,书写了"欠条"。被告方是在违背真实意思的情况下书写的,该欠条依法不能作为认定案件事实的依据。其次,被告没有向原告借款30 000元。因为,原、被告之间关系好时,被告的工资是由原告支取的,被告提出分手后,原告是不会再借钱给被告的,而且原告在规定的举证期限内未提供其他证据为佐。所以,原告应承担举证不能,对自己不利的法律后果。一审判决驳回原告徐晓琴的诉讼请求合情、合理、合法。

上诉人(一审原告)徐晓琴不服一审判决向二审法院提起上诉,这是上诉人依法行使的一项诉讼权利,也是对一审法院进行审判监督的过程。二审法院对本案审理后认为:昭平县人民检察院昭检刑不诉(2010)2号不起诉决定书已发生法律效力,对于该决定书认定的事实应予确认。上诉人徐晓琴没有提供其他证据对自己的主张予以佐证。被上诉人姚明盛事实上并未向上诉人徐晓琴借款30 000元。上诉人徐晓琴请求被上诉人姚明盛偿还借款30 000元的上诉请求,没有事实和法律依据。一审判决程序合法,适用法律和实体处理并无不当,依法作出驳回上诉,维持原判的终审判决。

(广西贺州市昭平县人民法院 莫义阳)

90. 李红林等诉刘自宾买卖合同案

(一) 首部

1. 判决书字号

一审判决书:北京市平谷区人民法院(2011)平民初字第569号。

二审判决书:北京市第二中级人民法院(2011)二中民终字第15180号。

2. 案由:买卖合同纠纷。

3. 诉讼双方

原告(被上诉人):李红林,男,1957年8月7日出生,汉族,北京市平谷区夏各庄镇夏各庄村农民,现住该村。

原告(被上诉人):梁淑会,女,1957年1月7日出生,汉族,北京市平谷区夏各庄镇夏各庄村农民,现住该村。

二原告的委托代理人:张贵忠,男,1963年12月16日出生,北京市平谷区平谷镇居民,现住平谷区。

被告(上诉人):刘自宾,男,1963年6月13日出生,汉族,北京市平谷区东高村镇南埝头村农民,现住该村。

委托代理人:刘学仲,男,1947年12月9日出生,北京市平谷区南独乐河镇法律服务所法律工作者。

委托代理人(二审):刘学强,男,1973年9月26日出生,汉族,农民,住北京市平谷区东高村镇。

4. 审级：二审。

5. 审判机关和审判组织

一审法院：北京市平谷区人民法院。

合议庭组成人员：审判长：杜德利；代理审判员：金锡杰；人民陪审员：苗润生。

二审法院：北京市第二中级人民法院。

合议庭组成人员：审判长：孙田辉；代理审判员：郑亚军、李丽。

6. 审结时间

一审审结时间：2011年6月14日。

二审审结时间：2011年8月18日。

（二）一审诉辩主张

1. 原告诉称

原告李红林、梁淑会系夫妻关系，从事养猪职业。2009年12月初，因新民居改造搬迁，我们与被告刘自宾达成口头协议。协议约定：我们将自养的母猪6头、小猪24头及部分饲料卖给被告，被告给付我们母猪款12 600元、小猪款8 500元及饲料款850元。同年12月6日，被告将其购买的上述母猪、小猪及饲料运走，并为我们出具21 950元的欠条一张。后我们因拆迁将该欠条丢失，我们将欠条丢失之事告知被告，并要求被告给付上述欠款。被告则以没有欠条就不付款为由拒绝给付欠款。为维护我们的合法权益，故诉至法院，要求被告给付母猪款、小猪款及饲料款21 950元。在审理中，二原告将诉讼请求变更为20 000元。

2. 被告辩称

原告李红林、梁淑会所述与事实不符，我并不欠原告的钱，故不同意原告的诉讼请求。

（三）一审事实和证据

北京市平谷区人民法院经公开审理查明：二原告系夫妻关系。原告李红林与被告刘自宾系表兄弟关系。原被告双方均从事养猪职业。2009年12月初，北京市平谷区夏各庄镇夏各庄村进行新民居改造搬迁，二原告所有的养猪场亦在此拆迁范围。原告自述："其与被告协商并达成口头协议约定：原告将自养的母猪6头、小猪24头及部分饲料卖给被告，被告给付原告母猪款12 600元、小猪款8 500元及饲料款850元。2009年12月6日，被告将其购买的上述母猪、小猪及饲料运走，并为原告出具21 950元的欠条一张。后原告因拆迁将该欠条丢失，原告将欠条丢失之事告知被告，并要求被告给付上述欠款，被告则以没有欠条就不付款为由拒绝给付欠款"。现二原告诉至法院，要求被告给付母猪款、小猪款及饲料款21 950元，其提供了原告梁淑会与被告刘自宾的录音材料，录音材料中有"你把条拿来我就给你拿钱去，你让我给你打条我给你打了，到现在你要钱你倒是把条拿来啊？你拿条来，我超不过五分钟就给你"，"我问你你表兄是不是和你商量让你给两万"，"是，我该给你多少我给你多少，我家全有账"等内容。被告刘自宾认可录音材料中的声音是其所说，但其认为录音材料不全有剪辑部分，本院向其释明是否对该录音进行鉴定，被告刘自宾表示对此录音不要求鉴定，被告刘自宾未能举证证明二原告提交的录音材料系通过窃听等非法途径录制的。

另查，被告刘自宾在庭审中称2008年之前多次到二原告处买猪，有时打欠条，有时不打欠条。

上述事实有下列证据证明：

1. 录音记录及录音材料：为2010年12月13日、2009年12月16日原告梁淑会与被告刘自宾对话的两段录音材料，其中：被告承认涉案款项为二万余元，其给原告打过欠条，未付此款项，且要求原告给其欠条才同意付钱。

2. 双方当事人陈述：

原告称：2009年12月6日，被告将其购买的原告自养的母猪6头、小猪24头及部分饲料运走，并为原告出具21 950元的欠条一张。后原告因拆迁将该欠条丢失，原告将欠条丢失之事告知被告，并要求被告给付上述欠款，被告则以没有欠条就不付款为由拒绝给付欠款。原告现要求被告给付欠款20 000元。

被告称：原告提供的录音材料中声音是我所说，但录音材料不全，有剪切内容，我不欠原告钱；我在2008年之前到原告处多次买猪，购买时不一定会打欠条；对于录音材料是否存在剪切问题，对此不要求鉴定。

（四）一审判案理由

北京市平谷区人民法院经审理认为：

当事人对自己主张的诉讼请求和事实应承担相应的举证责任，对对方主张的事实和提交的证据不予认可的，亦应提供相应的证据予以对抗。二原告提供了原告梁淑会与被告刘自宾的录音，被告刘自宾对录音中的声音予以认可，其认为该录音不全且存在剪切，但对其所述未向本院提供相关证据予以证明，本院向其释明是否要求对录音进行鉴定，被告刘自宾表示不要求进行鉴定，其又未能提交梁淑会系通过窃听等非法途径录制谈话内容的证据，故根据证据规则的相关规定，对二原告提交的录音材料的真实性、合法性予以确认。

本案争议的焦点是被告刘自宾是否尚欠二原告货款2万元。在二原告提交的录音材料中，被告刘自宾承认尚欠二原告货款2万元并强调要求二原告拿出所写的欠条，且被告刘自宾在庭审中承认2008年之前多次到二原告处买猪，有时打欠条，有时不打欠条而回避2009年的买卖关系，但被告刘自宾并不要求对对方提供录音材料剪辑部分进行鉴定，亦未提供相应证据予以对抗二原告提供的录音材料。故此，二原告与被告刘自宾之间的买卖合同关系成立，被告刘自宾应立即给付二原告货款2万元。现二原告要求被告刘自宾给付货款 2 万元，于法有据，本院予以支持。

（五）一审定案结论

依据《中华人民共和国民法通则》第八十四条、第一百零八条的规定，判决如下：
被告刘自宾于本判决生效后 7 日内给付原告李红林、梁淑会货款 2 万元。
案件受理费 300 元，由被告刘自宾负担（限本判决生效后 7 日内交纳）。

（六）二审情况

1. 二审诉辩主张

上诉人（原审被告）诉称：(1) 一审判决所认定刘自宾向李红林、梁淑会购买过母猪 6 头、小猪 24 头及部分饲料并运走，价格分别为母猪款 12 600 元、小猪款 8 500 元、饲料款 850 元且出具过欠条，但该事实根本不存在。(2) 李红林、梁淑会提供的录音虽然是真实的，但系偷录，李红林、梁淑会未能说明录音地点、时间及当时情况。一审法院对该录音的真实性与合法性予以确认，缺乏事实根据。(3) 一审判决本院认为部分错误，刘自宾自 2008 年年底后没有向李红林、梁淑会买过猪，更不需要饲料。综上，刘自宾请求二审法院撤销一审判决，发回重审，或者查明事实后改判驳回李红林、梁淑会的诉讼请求。

被上诉人李红林、梁淑会（原审原告）辩称：我二人服从一审法院判决，请求二审法院驳回上诉，维持一审法院判决。

2. 二审事实和证据

北京市第二中级人民法院经审理，确认一审法院认定的事实和证据。

3. 二审判案理由

当事人对自己主张的诉讼请求和事实应承担相应的举证责任，对对方主张的事实和提交的证据不予认可的，亦应提供相应的证据予以对抗。没有证据或者证据不足以证明当事人的事实主张的，由负有举证责任的当事人承担不利后果。本案中的录音证据经过双方一审庭审质证，刘自宾对录音的真实性予以认可，其虽称录音存在剪辑，但其表示不申请鉴定，亦不提出相反证据，故本院对该录音材料的证明力予以认定。根据录音证据的内容，刘自宾欠款事实清楚，现其没有证据证明已给付了欠款，故一审法院判决其给付尚欠款并无不当。综上，刘自宾的上诉主张没有事实及法律依据，本院不予支持。一审法院判决处理并无不当，本院应予维持。

4. 二审定案结论

依照《中华人民共和国民事诉讼法》第一百五十三条第一款第（一）项之规定，判决如下：
驳回上诉，维持原判。
一审案件受理费 300 元，由刘自宾负担（于本判决生效后 7 日内交至一审法院）。
二审案件受理费 300 元，由刘自宾负担（已交纳）。

(七) 解说

在本案中，原告李红林、梁淑会丢失了欠条这一可证明被告刘自宾欠款事实存在的重要证据，仅能够凭借对刘自宾私下录音的材料作为证明其诉讼主张的依据。此录音中，刘自宾承认有出具涉案欠条的事实，同时也承认未给付该款项。但庭审中刘自宾虽然认可录音材料中声音确实是其本人所说，但认为录音材料不全，已经过剪辑。双方均未能就其主张提供其他主要证据。故此，本案中，录音材料证明效力的认定与本案的最终裁判结果直接相关。

1. 本案中的录音材料的合法性问题

我国《民事诉讼法》第63条规定，民事证据有以下7种：书证、物证、视听资料、证人证言、当事人陈述、鉴定结论、勘验笔录。录音材料属于视听资料的一种。

根据最高人民法院《关于民事诉讼证据的若干规定》（以下简称《证据规定》）第68条的规定"以侵害他人合法权益或者违反法律禁止性规定的方法取得的证据，不能作为认定案件事实的依据"，故此，当事人制作录音、录像资料这类证据时，不得采用法律禁止的在他人住所安装窃听器或者摄像探头的方法进行偷录偷拍；否则，该录音、录像资料不具合法性。有时当事人采取未经他人许可的方式秘密录制录音、录像资料，除非录制的内容涉及对个人的隐私权的侵犯，否则这种方法并未被我国法律所禁止，取得的录音、录像资料就具有合法性。就本案而言，原告在欠条丢失的情况下数次向被告索要货款未果，在不得已情况下采取私自录音方式，将其整个谈话内容予以录制，原告提供的私自录音并未损害被告的合法权益，亦未侵犯被告的隐私权，原告此行为系原告维护自身合法权益的手段，且私自录制录音材料也未被法律禁止使用，因此具有合法性，可以作为证据使用。

2. 本案中录音材料的真实性问题

由于录音证据属于视听资料，从理论上讲，无疑点的视听资料经查证属实可以单独作为认定案件事实的依据，但由于视听资料在证据采集、证据保存方面具有特殊性，通过现代技术手段也很容易对原始证据的内容进行删减和修改，故实践中，法官对视听资料的采信大都采取十分审慎的态度，很少会出现单独作为认定案件事实依据的情形。在本案中，刘自宾即以该录音不全且被剪辑而对录音材料的真实性提出异议。

在本案中，原告提供的主要证据只有录音材料及根据录音材料整理的主要记录一份，该录音材料是唯一证明双方存在借贷关系的证据材料，对此被告方享有抗辩的权利。本案中，尽管刘自宾质疑该录音材料已经过剪辑，但经庭审释明，其仍放弃了对该录音材料做相关鉴定的权利。也就是说，被告对原告提供的录音材料，仅仅从形式上予以简单否认，未能提供反证证明其抗辩主张。同时，刘自宾也认可录音中确实系他的声音。

从录音的内容来看，由于录音设备及录音条件的限制，被录音当事人方言、口音及交谈环境等因素，录音证据音质往往不佳，但本案中录音内容辨识度较高，双方谈话过程自然、完整，亦无断续陈述现象，且细节部分与本案涉案事实相关且有较强的对应性。如在录音中，谈话人互称"表嫂"、"表弟"，与双方身份对应；谈话中多次出现类似"你该不该表嫂钱"、"我承认我该你钱，可你得给我条，不给我条，不给你钱"的对话；就涉案款项的具体数额，录音中双方均认可是在二万余元。

由此可见，原告方提供的录音材料具备相应的证明力，可以作为定案的依据。原告的举证责任已完成，而被告作为否定权利存在的当事人，无法提供其已经付款的证据，仅凭其口头否认不能对抗原告方录音材料的证明效力，故此原告要求刘自宾支付货款 20 000 元的诉讼请求应当得到法院的支持。

（北京市平谷区人民法院　杜德利）

91. 蒋一铭诉卢恺民间借贷案

（一）首部

1. 判决书字号

一审判决书：北京市昌平区人民法院（2011）昌民初字第 02305 号。

二审判决书：北京市第一中级人民法院（2011）一中民终字第 11889 号。

2. 案由：民间借贷纠纷。

3. 诉讼双方

原告（被上诉人）：蒋一铭。

委托代理人：张敬辉，北京市久瑞律师事务所律师。

被告（上诉人）：卢恺。

一审委托代理人：曾志俊，北京市康达律师事务所天津分所律师。

二审委托代理人：贾秀娟、张东，北京市大成律师事务所律师。

4. 审级：二审。

5. 审判机关和审判组织

一审法院：北京市昌平区人民法院。

独任审判员：刘建伟。

二审法院：北京市第一中级人民法院。

合议庭组成人员：审判长：胡沛；审判员：赵懿荣；代理审判员：王国庆。

6. 审结时间

一审审结时间：2010 年 4 月 20 日。

二审审结时间：2011 年 10 月 19 日。

（二）一审情况

1. 一审诉辩主张

原告蒋一铭诉称：卢恺为某知名投资公司高管，2007 年三次从原告处借款三笔。

现三笔借款已到偿还期限，其仍不主动偿还，另一笔大额借条因各种原因在第三人处暂未拿到。本案的两笔借款已超过清偿时间一年半，故请求：（1）判令被告偿还借款本金105万元；（2）判令被告向原告支付借款利息19 120元；（3）判令被告向原告支付自到期日起至给付日止的借款利息28 500元（暂计算到2010年12月31日）。

被告卢恺辩称：（1）本案两张借条确系答辩人亲笔所写，但并不存在真实的借款事实，被答辩人从未向答辩人提供过借条所涉及的两笔借款。（2）《借条》的书写有其特殊背景。答辩人与被答辩人于2002年下半年至2010年10月期间系男女朋友恋爱关系，并于2002年年底至2008年年底期间长期同居生活。同居期间，双方经常以书面形式互相表达感情。其中，为让被答辩人高兴，答辩人应被答辩人的要求，曾亲笔书写数十张《借条》、《协议书》、《委托理财协议》或《保证书》等各种形式的所谓"爱情宣言"，共涉及的金额大概有上千万之多，其中仅单张《借条》涉及的最大金额就可能高达500万元，但均从未履行。双方从没有真正要履行《借条》项下借款义务的真实意思表示，《借条》不具有法律效力。（3）被答辩人系外地户籍，与答辩人恋爱居住期间，被答辩人长期没有工作，几乎没有收入，两人生活基本上是靠答辩人一人的收入承担。故被答辩人没有经济实力出借涉案105万元，更无可能出借"爱情宣言"涉及的上千万款项。（4）答辩人除了有固定的工作和稳定的收入之外，还有额外的培训项目等合法收入，根本无须向被答辩人借款。（5）答辩人非但没有向被答辩人借款，反而在两人长达8年的恋爱同居期间，应被答辩人要求，将绝大部分收入交给被答辩人保管。

2. 一审事实和证据

一审法院根据原告蒋一铭提交的《借条》及双方当事人的陈述认定：2007年6月30日，卢恺向蒋一铭出具《借条》，内容为："今借到蒋一铭人民币壹拾捌万圆整（小写：¥180 000），利息八厘。最后还款日为2009年6月30日。此借条一式两份，自借款人签字之日起生效。"2007年8月5日，卢恺向蒋一铭出具《借条》，内容为："今借到蒋一铭人民币捌拾柒万圆整（小写：¥870 000），利息八厘。最后还款期限为2009年12月31日。此借条一式两份，自借款人签字之日起生效。"

3. 一审判案理由

一审法院认为，在卢恺向蒋一铭出具的两份《借条》中，对于所借款项，其措辞均为"今借到"，而并非"今借"，对最后还款期限亦进行了约定，对此应理解为在书写该两份借条之时，蒋一铭已将该两笔款项交付于卢恺之手，故对于卢恺关于虽有《借条》但并未提供借款的辩称，法院无法采信。现因约定的付款期限已经届满，蒋一铭要求卢恺偿还该两笔借款，理由正当，法院予以支持。自然人之间的借款合同对支付利息没有约定或约定不明确的，视为不支付利息。本案中，在两份《借条》中，虽均有"利息八厘"等内容，但该约定并未明确系月息还是年息，应视为约定不明确而不支付利息，故对于蒋一铭关于借款利息的主张，法院不予支持。因《借条》中对于最后还款日期进行了约定，故蒋一铭对于逾期利息的主张，理由正当，法院予以支持。

4. 一审定案结论

一审法院依据《中华人民共和国民法通则》第八十四条、第一百零八条，《中华人民共和国合同法》第六十条、第二百零七条、第二百一十一条之规定，判决：

"一、被告卢恺偿还原告蒋一铭借款人民币 105 万元，于判决生效后 15 日内履行；

二、被告卢恺于判决生效后 20 日内给付原告蒋一铭利息（以本金人民币 18 万元为基数的，自 2009 年 7 月 1 日起计算至本判决生效之日止按照中国人民银行同期贷款利率支付；以本金人民币 87 万元为基数的，自 2010 年 1 月 1 日起计算至本判决生效之日止按照中国人民银行同期贷款利率支付）；

三、驳回原告蒋一铭的其他诉讼请求。"

（三）二审诉辩主张

卢恺不服一审判决提起上诉，其上诉理由和原审辩称一致，认为不存在真实的借贷关系，请求法院对蒋一铭的诉讼请求予以驳回。

蒋一铭同意一审判决。

（四）二审事实和证据

二审法院经审理查明：蒋一铭与卢恺曾系恋爱关系。2007 年 6 月 30 日，卢恺向蒋一铭出具《借条》，内容为："今借到蒋一铭人民币壹拾捌万圆整（小写：￥180 000），利息八厘。最后还款日为 2009 年 6 月 30 日。此借条一式两份，自借款人签字之日起生效"。2007 年 8 月 5 日，卢恺向蒋一铭出具《借条》，内容为："今借到蒋一铭人民币捌拾柒万圆整（小写：￥870 000），利息八厘。最后还款期限为 2009 年 12 月 31 日。此借条一式两份，自借款人签字之日起生效。"

就上述借条的形成，蒋一铭除起诉陈述的事实外，于 2011 年 3 月 30 日在回答法庭询问时称：诉讼标的 105 万元是陆续、许多次给付，分几次记不清了，是 2003 年到 2008 年左右，有现金，她自己取的，转账也有。借条是 2007 年打的，三次借条是因为我们算账，一次一次算的。小钱累积到一起算的。借款是陆续借的，但是打条打成三次，累计打的条。借钱是连续的，钱可能都不是很大，连续给钱。从 2002 年到现在，我一直有收入。主要是通过股票、期货、集邮的收入，以前还做过生意。蒋一铭还提供其父亲企业法人营业执照、房产证复印件、银行对账单（无公章）等证据，以证实其经济能力。

卢恺提供双方的信件往来、聊天记录、照片、消费凭证、工资卡、收入证明等证据，证实其与蒋一铭不存在借贷关系。卢恺的证人赵萍、宋国良、王涛、王凯出庭作证，赵萍称：我与蒋一铭 2007 年认识后是闺蜜；与卢恺 2008 年年底认识。蒋一铭无工作、收入来源。宋国良称：2002 年下半年，蒋一铭与卢恺在一起，很长时间是白天时间蒋一铭找卢恺；卢恺一直有正常工作，稳定收入来源。王涛称：2004 年到 2006 年，与卢恺是同事，认识了蒋一铭，蒋一铭在上学，没有工作；2010 年我婚礼蒋一铭与卢恺一起出席。王凯称：2005 年 12 月认识蒋一铭和卢恺，蒋一铭没有工作。蒋一铭对证人证言不认可，认为证人与卢恺关系密切，所证实的是双方关系，与借贷无关。蒋一铭对卢恺所述事实未进一步举证。

(五) 二审判案理由

二审法院认为，当事人对自己提出的诉讼请求所依据的事实或者反驳对方诉讼请求所依据的事实有责任提供证据加以说明，没有证据或者证据不足以证明当事人的事实主张的，由负有举证责任的当事人承担不利后果。蒋一铭与卢恺曾系恋爱关系，上述借条系双方在恋爱关系存续期间形成。蒋一铭主张卢恺与其有借贷关系，并提交卢恺书写的借条予以佐证，但除上述借条外，蒋一铭未对资金来源、借款动机、提供借款的时间、地点等相关事实作出进一步的解释说明，且蒋一铭就其主张的借款形成的事实陈述不一。卢恺对借条的真实性不予否认，但否认双方存在真实的借贷关系，并提供证据证实了其辩称的事实。故在蒋一铭不能继续提供更加充分翔实的证据以证明其所述事实的情况下，蒋一铭目前所提供的证据不足以证实其主张的事实成立，故对蒋一铭诉称的借款事实无法确认。蒋一铭主张卢恺偿还借款，依据不足，对其诉讼请求不予支持。

(六) 二审定案结论

二审法院依照《中华人民共和国民事诉讼法》第六十四条、第一百五十三条第一款第（三）项之规定，判决：

"一、撤销北京市昌平区人民法院（2011）昌民初字第02305号民事判决。

二、驳回蒋一铭的诉讼请求。"

(七) 解说

近年来，民间借贷案件逐步增长，审理难度不断加大，社会广为关注。

总结起来，当前的民间借贷案件主要有以下几个特点：(1) 社会诚信思想缺失，案件当事人为了财产利益不惜说假话，出具假证明。证据审查难度增大；(2) 当事人法律意识不高，缺乏正规的借贷书面证据，不易衡量是否存在真实的借贷法律关系；(3) 案款逐步增大，动辄数十万上百万的借款，但同时又缺乏钱款往来明细，真假难辨；(4) 当事人以民间借贷方法掩盖其他合法或者非法的行为，导致案件审理中法律关系复杂，事实难以认定等。

上述特点使得我们的司法审判必须要有新的思路和方法。第一，必须严格把握举证责任的分配原则。对于主张借贷关系成立的当事人应该充分举证证明双方存在借贷的意思表示。第二，对于大额的借贷关系，不应仅仅从借据等证据上认定，应该深入对借贷行为的审查，对当事人的出借能力、当事人的钱款流转明细、对当事人的借款目的，甚至借款的时间、地点都应该有充分的涉及。如果仅仅有借据而无其他任何钱款往来，被告又予以否认，不能轻易认定存在借款的意思表示。第三，对被告的陈述应该进行严格审查。如果原告认为属于现金支付，没有钱款往来的明细可查，证据上处于不利局面，但被告的陈述颠三倒四、破绽百出，无法对借据作出合理的解释，则应该对原告的陈述予以采信。

本案中，对于蒋一铭提供的借据的真实性，卢恺予以认可，但卢恺辩称双方根本没有实际发生借贷关系。鉴于在庭审中蒋一铭还陈述有未找到的其他巨额借款借条，因此双方之间是否真实存在借贷关系必然引起合议庭的高度重视。作为借条持有人的蒋一铭，不仅应提供有效借据，同时还应提供证据证明其有出借能力，钱款的流转明细等。但是，在案件审理中，蒋一铭未能提供任何足以证明其有可能出借该105万借款的能力，其认为自己有股票等收入，也没有向法庭提交相关账单。故实际上本案中支持蒋一铭主张的只有借条本身，结合卢恺提供的证人证言，合议庭认为蒋一铭提供的证据不足以证明其与卢恺之间存在真实的借贷关系，故合议庭研究决定驳回蒋一铭的全部诉讼请求。

（北京市第一中级人民法院　民二庭）

92. 杨德云诉李春华确认人民调解协议效力案

（一）首部

1. 判决书字号

一审判决书：湖南省安乡县人民法院（2011）安民初字第642号。

二审判决书：湖南省常德市中级人民法院（2012）常民一终字第11号。

2. 案由：撤销人民调解协议纠纷。

3. 诉讼双方

原告（被上诉人）：杨德云，男，1960年3月7日出生，汉族，务工，住安乡县。

被告（上诉人）：李春华，男，1975年2月7日出生，汉族，农民，住安乡县。

4. 审级：二审。

5. 审判机关和审判组织

一审法院：湖南省安乡县人民法院。

独任审判员：张代莲。

二审法院：湖南省常德市中级人民法院。

合议庭组成成员：审判长：关飚；审判员：王道万；代理审判员：孙晖。

6. 审结时间

一审审结时间：2011年9月14日。

二审审结时间：2012年1月5日。

(二) 一审情况

1. 一审诉辩主张

(1) 原告诉称：2010年10月29日下午6时20分许，原告驾驶两轮摩托车沿公路直道正常行驶至安德乡民阜村13组路段时，被告驾驶盘式拖拉机从侧面小道上插上公路转弯之时与原告车辆相撞，原告当即连人带车被撞入路旁水塘中，后被送往安乡县人民医院治疗，再转入安德乡卫生院治疗。前后住院治疗26天，经法医鉴定构成10级伤残。原告认为被告应承担本次事故的全部责任。被告应赔偿原告损失35 290.9元。

2010年11月22日原告即将出院之际，在村治安主任蔡加桂出面调解的情况下，原告之子杨军与被告签了一份协议，由被告李春华支付7 500元，不再追究其责任。可是原告的医疗费就将近9 000元，并损伤至10级伤残。原告认为，签协议时原告对伤势轻重和治疗后果存在重大误解，原告协议赔偿额度只占应付额的21.3%，对于这一协议，依法应予撤销。故请求法院撤销原、被告签订的《调解协议》并由被告承担本案诉讼费用。

(2) 被告辩称：原告所诉的交通事故过程不属实，被告转弯之后直行30米与原告相撞，原告违反交通规则逆向行驶，酒后驾驶且是无证驾驶，被告不应承担责任。

2. 一审事实和证据

湖南省安乡县人民法院经公开审理查明：2010年10月29日下午6点20分左右，原告驾驶两轮摩托车在安乡县安德乡民阜村13组路段由南向北行驶，与由北向南正常行驶的被告正面相撞，原告当即被撞至不远处的排水沟内，被告等人将原告送至安乡县安德乡卫生院，后转院至安乡县人民医院，原告在安乡县人民医院住院治疗12天，于2010年11月10日转院至安德乡卫生院治疗至11月23日出院，在该院治疗13天。原告先后住院25天，除去农村合作医疗补助共花去医药费近8 000元。在原告出院前1天即11月22日，在原告儿子杨军的邀请下，安德乡四分村村治安主任蔡加桂经原、被告同意，以村调解委员会的名义为双方进行了调解。调解协议约定由被告一次性赔偿原告7 500元，原告以后发生什么事，被告一律不负责任。因当时原告尚在医院，协议由被告与原告儿子杨军签字，并得到原告的认可。该7 500元被告已全部履行。

2011年5月23日，原告委托常德市澧陵司法鉴定所鉴定，得出鉴定结论为原告因交通事故致左手外伤功能部分障碍，符合10级伤残，后续治疗费约2 000元。为此，原告认为赔偿7 500元太少，不能弥补其受到的损失，认为对伤势轻重和治疗后果存在重大误解，且赔偿7 500元显失公平，遂诉至本院。

另查明，原告系无证驾驶，证人任有余、夏国清及村治安主任蔡加桂均能证实原告系酒后驾车，而被告系靠右正常驾驶。

上述事实有下列证据证明：

(1) 安乡县安德乡卫生院病历及安乡县人民医院病历单复印件（与原件核对无异）各1份；

（2）医药费收据；
（3）常德市澧陵司法鉴定所司法鉴定意见书及鉴定费收据各1份；
（4）调解协议复印件（与原件核对无异）1份；
（5）证人夏国清证言。

3. 一审判案理由

湖南省安乡县人民法院根据上述事实和证据认为：本案争议的焦点是：（1）本案案由的确立；（2）原、被告签订的调解协议是否符合撤销的法定理由。

关于第一点，本案立案时确立的案由为请求确认人民调解协议效力，经庭审查明，当事人的诉请并非要求确认调解协议的效力，而是主张予以撤销。最高人民法院《关于审理涉及人民调解协议的民事案件的若干规定》第四条规定："具备下列条件的，调解协议有效：（一）当事人具有完全民事行为能力；（二）意思表示真实；（三）不违反法律、行政法规的强制性规定或者社会公共利益。"而本案的《调解协议》具备上述规定的有效要件，故在经法定程序撤销前，协议有效。当事人的诉请是要求撤销调解协议，如确立案由为确认人民调解协议效力纠纷，与当事人诉请矛盾。故本案案由宜定为人民调解协议纠纷。

关于第二点，在原、被告双方请求村治安主任调解之前，均未向公安机关报案，原告受伤后被告积极施救。在原告最后出院前1天，由原告亲友出面邀请能代表村调解委员会的蔡加桂进行调解，后被告表示接受调解，双方达成一致意见，且当即履行完毕。该协议书系双方真实意思表示，形式规范，但因约定的给付款7 500元与原告诉请的各项费用或损失数额相差过大，且在原告出院时未曾预料到会构成10级伤残。故对原告提出的其对该调解协议存在重大误解的主张予以采信，对其要求撤销该调解协议的诉讼请求依法予以支持。

4. 一审定案结论

湖南省安乡县人民法院依照《中华人民共和国合同法》第五十四条第一款第（一）项、最高人民法院《关于审理涉及人民调解协议的民事案件的若干规定》第一条、第二条、第四条、第六条、《中华人民共和国民事诉讼法》第六十四条之规定，作出如下判决：

撤销安德乡四分村调解委员会关于原告杨德云与被告李春华的《调解协议》。

（三）二审诉辩主张

1. 上诉人（原审被告）诉称：调解协议符合法律规定的生效要件，双方意思表示真实，不属于有重大误解的民事行为，杨德云也未因该协议遭受重大损失，请求撤销原判，确认调解协议有效。

2. 被上诉人（原审原告）辩称：双方在签订协议时，因其对伤情的轻重和治疗后果存在重大误解，故调解协议依法应予撤销。原审法院判决认定事实清楚，处理正确。上诉人李春华的上诉理由不能成立，请求驳回上诉，维持原判。

(四) 二审事实和证据

二审法院经审理查明的事实与原审判决认定的事实相一致。

上诉人与被上诉人在二审期间均未向中院提交新的证据材料，二审法院认定事实的证据与一审法院采信的证据相一致。

(五) 二审判案理由

湖南省常德市中级人民法院根据上述事实认为：杨德云驾驶两轮摩托车与李春华驾驶农用车相撞，致使杨德云受伤住院治疗，到出院的前1天，双方签订调解协议时，杨德云的损失仅为住院25天的误工费和护理费以及近8 000元的医疗费，故调解协议约定由李春华一次性赔偿杨德云7 500元适当。但协议签订后，杨德云的损害事实变为因交通事故致左手外伤功能部分障碍，构成10级伤残，需后续治疗费约2 000元，杨德云的实际损失比调解协议所约定的赔偿数额增加近三倍，故应认定杨德云签订调解协议时对其损害后果存在重大的误解，原审法院依法撤销调解协议恰当。上诉人李春华上诉所提的上诉理由因与事实不符而不能成立，其要求确认调解协议有效的请求，本院不予支持。综上所述，原审法院判决认定的事实清楚，证据确实充分，审判程序合法，适用法律正确，实体处理恰当，依法应予以维持。

(六) 二审定案结论

湖南省常德市中级人民法院依照《中华人民共和国民事诉讼法》第一百五十三条第一款第（一）项，作出如下判决：

驳回上诉，维持原判。

(七) 解说

本案原、被告双方之所以发生纠纷是在调解协议签订并履行后，出现了杨德云在签订调解协议时未能预见的事实，即杨德云的损害事实由原来的误工费、医疗费变为因交通事故致左手外伤功能部分障碍，构成10级伤残，后续治疗费约2 000元。至此，杨德云的实际损失与调解协议所约定的赔偿数额相比，增加近三倍。

在出现新情况后，原告认为调解协议无效并请求法院予以确认。如何看待原协议的效力，经过审理，一、二审法院均认为，该调解协议有效，但是可以撤销。理由如下：首先，根据查明的事实，即"原告在最后出院前1天，由原告亲友出面邀请能代表村调解委员会的蔡加桂进行调解，后被告表示接受调解，双方达成一致意见，且当即履行完毕"，再依最高人民法院《关于审理涉及人民调解协议的民事案件的若干规定》第4条"具备下列条件的，调解协议有效：（一）当事人具有完全民事行为能力；（二）意思表示真实；（三）不违反法律、行政法规的强制性规定或者社会公共利益"之规定，可以看出，双方当事人在签订调解协议时均为完全民事行为能力人；在杨德云出院前一天，杨德云的实际损失仅为住院25天的误工费和护理费以及近8 000元的医疗费，双方在共同了解该事实的基础上达成由李春华一次性赔偿杨德云7 500元的调解协议，这个协议数额与原告在此阶段所了解的实际损失额相近，该协议应为双方真实的意思表示；同时该调解协议的内容是公民对个人权利的处分，不违反公共利益也不损害第三人利益，据此一、二审法院认定调解协议有效是在尊重事实的基础上依法作出的恰当认定。

在确定调解协议的效力后，再分析调解协议的性质。据最高人民法院《关于审理涉及人民调解协议的民事案件的若干规定》第1条"经人民调解委员会调解达成的、有民事权利义务内容，并由双方当事人签字或盖章的调解协议，具有民事合同性质。当事人应当按照约定履行自己的义务，不得擅自变更或者解除调整协议"之规定，该调解协议具有民事合同性质，因为本协议达成的内容系为明确侵权责任双方相应的损害赔偿问题，此乃对双方民事权利义务之约定，同时该协议双方当事人已签字并履行，符合上述对民事调解协议具备合同性质条件要求。该调解协议系为合同性质，即受《合同法》调整。被上诉人（原审原告）杨德云主张其在签订调解协议时存在重大误解，请求依法撤销该调解协议，如果其主张成立，本案则应适用《合同法》第54条第1款"下列合同，当事人一方有权请求人民法院或者仲裁机构变更或者撤销：（一）因重大误解订立的；（二）……"之规定。

至此，本案的焦点已确定，即"杨德云的损害事实变为因交通事故致左手外伤功能部分障碍，构成10级伤残，后续治疗费约2 000元，杨德云的实际损失比调解协议所约定的赔偿数额增加近三倍"的事实，关键在于杨德云签订该调解协议时对该事实不知是否为重大误解。

所谓重大误解，根据最高人民法院《关于贯彻执行〈中华人民共和国民法通则〉若干问题的意见（试行）》第71条的规定，是指行为人因对行为的性质、对方当事人、标的物的品种、质量、规格和数量等的错误认识，使行为的后果与自己的意思相悖，并造成较大损失的行为。

杨德云签订协议时，对自己后续伤情的变化及因此需要支付的相关费用没有认识，不能认识也非由其主观上存在过错所致，杨德云在签订协议同意对方赔偿7 500元，认为其损失与实际损失相差不大，可以接受，但实际情况并非如此，损害事实的新变化使杨德云实际增加的相关损失额高于所协商数额近三倍。综上，认定杨德云因对行为性质有错误认识并因此造成较大损失符合重大误解含义，应被认定为重大误解。

杨德云在签订调解协议时存在重大误解，调解协议的性质依相关规定为民事合同性质，调解协议受合同法调整，合同法规定重大误解是撤销合同的原因之一，综上可以看出一审判决撤销该调解协议，二审维持原判是尊重事实和法律的裁判。

（湖南省安乡县人民法院　黄迪松　王修文）

93. 魏井成诉杨振兰宅基地使用权案

(一) 首部

1. 裁判书字号
一审裁定书：北京市门头沟区人民法院（2011）门字第1869号。
二审裁定书：北京市第一中级人民法院（2011）民上字第16232号。
2. 案由：宅基地使用权纠纷。
3. 诉讼双方
原告（上诉人）：魏井成。
委托代理人：齐世文。
被告（被上诉人）：杨振兰。
委托代理人：殷硕。
4. 审级：二审。
5. 审判机关和审判组织
一审法院：北京市门头沟区人民法院。
独任审判员：杜宇。
二审法院：北京市第一中级人民法院。
合议庭组成人员：审判长：辛荣；代理审判员：梁冰、徐冰。
6. 审结时间
一审审结时间：2011年9月16日。
二审审结时间：2011年11月15日。

(二) 一审情况

1. 一审诉辩主张

原告魏井成诉称：其与杨振兰相邻，其房屋所有权证上的附图明确了宅基地范围。两家之间的界墙被杨振兰于2009年作为房屋的后墙盖房，房屋的后檐伸入其院落17厘米，而且房顶的后檐雨水经过其家院落排出，为此，其曾以相邻关系为由，起诉要求杨振兰排除妨碍，但门头沟区人民法院作出（2010）门民初字第1404号判决，驳回了其诉讼请求。其上诉后，二审法院虽然维持了门头沟法院的判决，但同时确定杨振兰所建房屋是否侵占其宅基地使用权不属于本案审理范围。通过其房屋所有权证及建房批示足以说明其宅基地使用范围，被告的房檐已经侵占其宅基地使用权，故起诉要求：（1）判令杨振兰立即拆除伸入其宅基地的房檐；（2）判令杨振兰对其宅基地排雨水的房屋做排水设施;(3)案件受理费由杨振兰负担。

被告杨振兰辩称:本次诉讼之前,魏井成就以同样的要求曾经向法院起诉,但被法院驳回其诉讼请求,魏井成不服提起上诉后,二审法院维持了原审法院的判决。魏井成属于滥用诉权,请求法院驳回他的诉讼请求。

2. 一审事实和证据

北京市门头沟区人民法院经公开审理查明:魏井成与杨振兰系南北院邻居,魏井成居南院,两家之间原有一道东西向院墙,为杨振兰所有。2009年七八月间,杨振兰用其南院墙,建盖南房三间(南房后墙为加高的南院墙)。之后,魏井成以杨振兰所建南房未留有滴水,对其北房、东房、洗澡间以及锅炉房造成妨碍为由,诉至本院,要求杨振兰拆除南房,留有滴水。2010年11月5日,门头沟区人民法院作出(2010)门民初字第1404号民事判决,驳回了魏井成的诉讼请求。魏井成不服该判决,提起上诉,北京市第一中级人民法院于2011年3月14日作出(2011)一中民终字第00611号判决:驳回上诉,维持原判。

本次诉讼系魏井成以宅基地使用权纠纷为案由,主张自己的宅基地使用范围在房屋所有权证中已经注明,杨振兰的房檐及房屋的排水均占用自己的宅基地,要求其拆除房檐并自修排水设施。

在审理中,经门头沟区人民法院咨询,魏井成的房屋所有权证只是确定房屋的所有权,不具有确定宅基地使用权的证明作用。

上述事实有下列证据证明:

(1) 魏井成、齐世文、杨振兰、杨振洪、刘剑华在庭审中的陈述。

(2) (2010)门民初字第1404号民事判决书。

(3) (2011)一中民终字第00611号判决书。

3. 一审判案理由

北京市门头沟区人民法院经审理认为:最高人民法院《民事案件案由规定》确定的"宅基地使用权纠纷"案由,应为宅基地使用权作为物权已经确定的情况下发生的相关纠纷,属于人民法院审理的民事案件范围,而有关宅基地使用权的确认问题,属于行政机关受理范围,并不是人民法院民事受案范围。据此,魏井成主张确定宅基地使用范围的请求,非人民法院民事受案范围。再者,魏井成曾经基于同一事实,以相同的当事人为被告,向本院提起相邻关系纠纷之诉,尽管前后的诉讼理由不同,但实质的诉讼标的是相同的,就同一诉讼标的再次起诉的,违反了一事不再理的原则。

4. 一审定案结论

依据《中华人民共和国民事诉讼法》第一百零八条、第一百一十一条第(五)项的规定,裁定:驳回魏井成的起诉。

(三) 二审诉辩主张

上诉人魏井成诉称:其房屋院落经村、镇、门头沟区规划局审批,房屋已取得房屋所有权证,房屋所有权证明确了宅基地的范围,本案应当属于人民法院受案范围;本案与已生效的双方之间的相邻关系案件并非同一案件，不适用一事不再理原则，要求改判支持其诉讼请求。

被上诉人杨振兰同意原裁定。

（四）二审事实和证据

北京市第一中级人民法院经公开审理查明：魏井成与杨振兰系南北院邻居，魏井成居南院，有方向不规则北房二间、东房二间、锅炉房一间，西侧有院墙。两家之间原有一道东西向院墙，为杨振兰所有。2009年七八月间，杨振兰借其南院墙，建盖南房三间（南房后墙为加高的南院墙），并在南房后墙上留有三个窗户。魏井成家的洗澡间位于其西院墙与杨振兰南房西侧房后墙的夹角地带，并紧贴杨振兰南房西侧房后墙建盖。为此，双方产生争议，杨振兰曾于2009年11月12日以魏井成所建洗澡间影响其南房正常采光为由，起诉魏井成，要求其拆除洗澡间。门头沟区人民法院审理后作出（2009）门民初字第3126号民事判决，驳回了杨振兰的诉讼请求。杨振兰不服，提起上诉，北京市第一中级人民法院于2010年3月作出（2010）一中民终字第2765号判决：驳回上诉，维持原判。后魏井成以杨振兰所建南房未留有滴水，对其北房、东房、洗澡间以及锅炉房造成妨碍为由，诉至法院，要求杨振兰拆除南房，留有滴水。2010年11月5日，门头沟区人民法院作出（2010）门民初字第1404号民事判决，驳回了魏井成的诉讼请求。魏井成不服，提起上诉，北京市第一中级人民法院于2011年3月14日作出（2011）一中民终字第00611号判决：驳回上诉，维持原判。另经北京市第一中级人民法院现场勘察，杨振兰南房后墙距离魏井成北房、锅炉房、东房最近距离均超过0.6米。

上述事实有下列证据证明：
(1) 双方当事人陈述。
(2) （2009）门民初字第3126号民事判决书。
(3) （2010）门民初字第1404号民事判决书。
(4) （2010）一中民终字第2765号民事判决书。
(5) （2011）一中民终字第00611号判决书等证据在案佐证。

（五）二审判案理由

本案诉讼之前，魏井成曾基于同一事实，以杨振兰为被告，向人民法院提起相邻关系纠纷之诉，要求杨振兰拆除南房，留有滴水，法院已判决驳回魏井成的诉讼请求。尽管本案与前述案件诉讼理由不同、案由不同，但实质上诉讼目的、请求相同，因此，原审法院根据一事不再理的原则驳回了魏井成的起诉正确。

（六）二审定案结论

依照《中华人民共和国民事诉讼法》第一百五十四条之规定，裁定：驳回上诉，维持原裁定。

（七）解说

本案处理的关键在于原告以不同的案由和诉讼理由再次针对同一诉讼标的起诉同一被告，是否违反了一事不再理原则。

《民事诉讼法》第111条第5项规定：对判决、裁定已经发生法律效力的案件，当事人又起诉的，告知原告按照申诉处理，但人民法院准许撤诉的裁定除外。此条款被视为对"一事不再理"原则的规定，在本案中应如何理解和适用该条款应考虑以下几个因素：

第一，如何界定"一事"。在司法实践中一般将同一诉讼请求、同一当事人、同一事实和理由作为认定一事的标准，即为同一当事人基于同一事实而提出的同一诉讼请求。但在实践中当事人通常会基于同一事实，提起诉讼请求存在部分重合的案件纠纷，在此种情形下虽然诉讼理由和案由会与前一次的诉讼不同，但实质上诉讼标的是相同的，是针对同一诉讼标的的再次起诉。就本案而言，魏井成曾以相邻关系纠纷之诉要求杨振兰拆除南房，留有滴水，此次诉讼中又以宅基地使用权纠纷之诉要求杨振兰对其宅基地排雨水的房屋做排水设施，魏井成二次诉讼实质上的诉讼目的是相同的，诉讼标的也是一致的，因而系重复诉讼。

第二，应以既决案件已经实体处理为前提，裁判中的判决均是对案件纠纷进行的实体处理，裁定则分为程序性裁定和实体性裁定。针对本案而言，魏井成曾就房屋滴水问题向法院起诉，后经法院审理查明判决驳回其诉讼请求，已对此问题进行了实体处理。故魏井成再次以该理由诉至法院，违背了"一事不再理"原则。

第三，应告知当事人正确的救济途径，对除人民法院准许撤诉的裁定外，针对判决、裁定已经发生法律效力的案件，当事人又起诉的，应告知原告按照申诉处理。故针对本案而言，如魏井成对原裁定处理结果有异议，其可以通过申请再审的途径来维护其权利。

综合以上分析，一审、二审法院的裁定是正确的。

（北京市门头沟区人民法院 杜宇）

94. 中国信达资产管理股份有限公司北京分公司与芦清许可执行之诉纠纷案

（一）首部

1. 裁判书字号

一审裁定书：北京市第二中级人民法院（2010）二中民初字第17345号。

二审裁定书：北京市高级人民法院（2011）高民终字第160号。

2. 案由：许可执行之诉纠纷。

3. 诉讼双方

原告（上诉人）：中国信达资产管理股份有限公司北京分公司，住所地：北京市朝阳区安华西里二区18号楼。

法定代表人：李德燃，总经理。

委托代理人：陈辉，北京市阳光律师事务所律师。

委托代理人：杨刚，北京市阳光律师事务所律师。

被告（被上诉人）：芦清，女，1972年5月6日出生，汉族，北京瑞森门窗厂职员，住北京市大兴区。

委托代理人：张学兵，男，1954年5月7日出生，北京市大兴开发区泰中花园小区业主委员会主任，住北京市大兴区。

4. 审级：二审。

5. 审判机关和审判组织

一审法院：北京市第二中级人民法院。

合议庭组成人员：审判长：李馨；代理审判员：于阳春、汪卉。

二审法院：北京市高级人民法院。

合议庭组成人员：审判长：张稚侠；审判员：范清；代理审判员：金曦。

6. 审结时间

一审审结时间：2010年12月16日。

二审审结时间：2011年10月8日。

（二）一审情况

1. 一审诉辩主张

原告中国信达资产管理股份有限公司北京分公司（以下简称信达北京分公司）起诉至原审法院称：2004年3月，中国建设银行股份有限公司北京城市建设开发专业支行（以下简称建行城建支行）与北京中颂泰中房地产开发有限公司（以下简称泰中公司）签订《借款合同》，泰中公司向建行城建支行借款5400万元，借款期限12个月，泰中公司以其所开发的泰中花园1号楼地下二层和3号楼68套房产及地下室作为抵押物提供抵押担保。借款到期后，泰中公司未能依约偿还贷款，建行城建支行遂向北京市第二中级人民法院（以下简称二中院）提起诉讼，二中院于2005年12月作出（2005）二中民初字第13131号民事判决，判决泰中公司提前清偿贷款本息，建行城建支行可以对泰中公司抵押的房产折价或拍卖变卖的价款享有优先受偿权。上述判决生效后，我公司继受了建行城建支行的债权，并依据生效判决向二中院申请执行，二中院于2006年年初查封了全部抵押标的物。2010年5月，芦清向二中院提出了执行异议，以其已支付购房款购买抵押范围内的房产，另有生效仲裁裁决确定为其办证为由，主张对3号楼5单元404号享有所有权并停止执行。二中院执行庭于2010年8月9日裁定中止执行。

我公司认为，我公司自2004年4月9日起即对诉争房产享有抵押权，泰中公司与芦清于2005年3月2日才签订买卖合同，且泰中公司及芦清均未将售房一事告知我公司，依据担保法的规定，此种转让行为无效，我公司仍可以行使抵押权。现已有生效判决认定我公司可就抵押物拍卖变卖所得价款行使优先受偿权，芦清如对此提出异议，应当按照审判监督程序申请再审，在生效判决未被推翻之前，二中院执行部门径行中止生效判决的执行，违反法律规定，故起诉请求许可对泰中花园3号楼5单元404号房产进行执行。

被告芦清辩称：不同意信达北京分公司的诉讼请求。我与泰中公司于2005年3月2日签订《北京市外销商品房买卖契约》，购买泰中公司开发的泰中花园3号楼5单元404号房屋，房屋总价款437 976元，依据合同约定，泰中公司在我交付全部购房款后为我办理房屋产权证，但泰中公司于2005年8月份突然消失，所以合同签订至今未办理产权证。我认为我已支付全部价款，并装修入住诉争房屋多年，泰中公司将我购买的房屋抵押给建行城建支行时，并未告知我，我是善意购房人，且北京仲裁委员会已裁决泰中公司协助我办理争议房屋的产权证。故诉争房屋应属我所有，原（2005）二中民初字第13131号民事判决存在错误，不应当再继续执行。

2. 一审事实和证据

北京市第二中级人民法院经公开审理查明：

2004年3月31日，建行城建支行与泰中公司签订编号为2004年127320字第012号《借款合同》。合同约定，泰中公司向建行城建支行借款5 400万元整，借款期限12个月，从2004年3月31日至2005年3月30日。同日，双方签订编号为2004年127320字第012号《抵押合同》，泰中公司对建行城建支行依上述《借款合同》形成的债权提供抵押担保，抵押权为泰中公司所有的泰中花园1号楼地下二层部分房地产和3号楼部分房地产。抵押权的存续期间至建行城建支行的债权诉讼时效届满之日后两年止。上述合同签订当日，建行城建支行依约向泰中公司账户内转存贷款5 400万元，2004年4月9日，建行城建支行与泰中公司依上述《抵押合同》的约定办理了抵押登记手续。根据建行城建支行所取得的《土地他项权利证明书》和《房屋他项权证》记载，泰中公司以其所有的大兴工业开发区广茂大街5号泰中花园小区3号楼的部分房产作为抵押，担保的贷款金额为4 000万元。借款合同到期后，泰中公司未偿还贷款本金，仅偿还部分利息。2005年4月，建行城建支行依据《借款合同》、《抵押合同》向二中院提起诉讼，泰中公司经二中院合法传唤，未到庭参加诉讼，我院对该案进行缺席审理。2005年12月19日，二中院作出（2005）二中民初字第13131号民事判决，主文为："一、建行城建支行与泰中公司所签《借款合同》、《抵押合同》有效；二、泰中公司于判决生效后十日内向建行城建支行偿还贷款本金5 400万元及利息、复利；三、建行城建支行可以对泰中公司抵押房产折价或者拍卖、变卖该房产的价款优先受偿贷款本金及相应的利息、复利。"

判决生效后，泰中公司未依约履行判决内容，建行城建支行遂于2006年年初向二中院申请强制执行。二中院于2006年年初查封建行城建支行所持有的《土地他项权利证明书》和《房屋他项权证》上登记的土地及房产。此后，信达北京分公司继受建行城建支行的全部债权，其已在法院执行中申请变更申请执行人为信达北京分公司。

泰中公司因"泰中花园"小区项目中各项电气工程的安装和施工欠北京权兴电器安装有限公司（以下简称权兴公司）工程款 24 万元，遂与权兴公司于 2004 年 7 月 2 日签订以泰中公司所有的泰中花园小区 3 号楼 5 单元 404 号住宅来清偿所欠工程款的协议。而权兴公司于 2004 年 8 月 30 日向芦清所借的 45 万元款项也未予偿还。为此，其与芦清于 2005 年 3 月 1 日签订以该房屋来清偿所欠借款的《协议》和补充协议。为消灭尚未履行的金钱债务，经三方同意，芦清进而于 2005 年 3 月 2 日与泰中公司签订《北京市外销商品房买卖契约》，约定芦清购买泰中公司所开发的泰中花园 3 号楼 5 单元 404 号房屋，房屋总价款 437 976 元。泰中公司已将争议房屋交付芦清，芦清已实际占有本案争议房屋。

2008 年 11 月 27 日，芦清向北京仲裁委员会提出仲裁申请，请求裁定泰中公司协助其办理争议房屋的所有权证，仲裁费用由泰中公司承担。北京仲裁委员会于 2008 年 12 月 26 日裁决："一、泰中公司于本裁决书送达之日起十日内，协助芦清办理大兴开发区广茂大街 5 号泰中花园小区 3 号楼 5 单元 404 号房屋的产权证；二、仲裁费用 6 000 元，由泰中公司承担。"

2010 年 5 月，芦清向二中院执行部门提出执行异议，以其系争议房屋所有权人为由主张中止对争议房产的执行并解除查封。二中院执行部门于 2010 年 7 月 19 日作出（2010）二中执异字第 1018 号《执行裁定书》，以生效仲裁裁决书裁决泰中公司协助芦清办理争议房屋的产权证为由，裁定中止对争议房屋的执行。

中止执行裁定作出后，申请执行人信达北京分公司不服该裁定书，遂向法院提起许可执行之诉。

以上事实，有《房屋他项权证》、生效判决书、《北京市外销商品房买卖契约》、仲裁裁决、协助执行通知书、执行异议裁定书及当事人陈述等证据材料在案证明。

3. 一审判案理由

北京市第二中级人民法院根据上述事实与证据认为：

《中华人民共和国民事诉讼法》第二百零四条系执行异议之诉提起的法律依据，该条明确规定，案外人、当事人对裁定不服，认为原判决、裁定错误的，依照审判监督程序办理；与原判决裁定无关的，可以自裁定送达之日起 15 日内向人民法院提起诉讼。依据上述规定，如果争议标的物系作为执行依据的生效法律文书中明确指向的执行标的物，案外人、当事人不能选择以提起执行异议之诉的方式保护权利。本案中，案外人芦清对执行依据即原生效判决提出异议，由此而引发的纠纷，不属于执行异议之诉的受理范围，应当按照审判监督程序处理。在执行依据未依审判监督程序被撤销之前，法院执行部门可暂时中止对本案争议标的物的执行，但不应当进一步解除已经采取的执行措施。

4. 一审定案结论

一审法院依据《中华人民共和国民事诉讼法》第二百零四条之规定，裁定如下：驳回中国信达资产管理股份有限公司北京分公司的起诉。

（三）二审诉辩主张

信达北京分公司上诉称：原审法院执行部门以裁定形式告知信达北京分公司提起执

行异议之诉,审判庭应当予以处理,故上诉请求撤销原审裁定,判令许可信达北京分公司对泰中花园3号楼5单元404号房产进行执行。

(四) 二审事实和证据

北京市高级人民法院经公开审理本案,当事人未提交新的证据,除下列事实外,二审查明事实与原审法院查明事实一致。

二审诉讼中,原审法院于2011年7月29日作出(2011)二中民监字第14343号民事裁定书,对该院(2005)二中民初字第13131号民事判决提起再审,再审期间,中止原判决的执行。

(五) 二审判案理由

二审法院经审查认为,依据《中华人民共和国民事诉讼法》第二百零四条规定,案外人、当事人对裁定不服,认为原判决、裁定错误的,依照审判监督程序办理;与原判决裁定无关的,可以自裁定送达之日起15日内向人民法院提起诉讼。本案中,诉争房屋系作为执行依据的生效判决明确指向的执行标的物,案外人芦清主张诉争房屋归其所有,实质上认为作为执行依据的生效判决存在错误,由此发生的纠纷,不属于执行异议之诉的受理范围,而应当按照审判监督程序处理。并且,二审诉讼中,作为执行依据的生效判决已被原审法院依法提起再审,本案上诉人信达北京分公司可在再审诉讼中主张权利寻求救济,法院将通过再审程序对生效判决重新进行审查,以最终确定生效判决对诉争房屋的处理正确与否以及能否得到执行。综上,原审法院以本案不属于执行异议之诉的受理范围为由,裁定驳回信达北京分公司的起诉,于法有据,应予维持。

(六) 二审定案结论

二审法院依照《中华人民共和国民事诉讼法》第一百五十四条的规定,裁定如下:驳回上诉,维持原裁定。

(七) 解说

本案的争议焦点在于生效判决指向特定抵押物,案外人要求对抵押财产停止执行,应当通过审判监督程序处理还是执行异议之诉程序处理?

1. 执行异议之诉程序与审判监督程序的分工

《民事诉讼法》第204条规定,案外人、当事人对裁定不服,认为原判决、裁定错误的,依照审判监督程序办理,与原判决、裁定无关的,可以自裁定送达之日起15日内向人民法院提起诉讼。依该规定,案外人提出执行异议后,执行法院对案外人异议作出裁定后,案外人、申请执行人不服的,存在以下两种不同的救济途径:

一种途径是认为原判决、裁定错误的，依照审判监督程序处理。这里的"认为原判决、裁定错误"，在理解上是指案外人对作为执行依据的生效裁判确定的执行标的物的权属认定有异议，认为其对该标的物享有实体权利，并据此要求停止对该标的物的执行。这实际上涉及作为执行依据的生效裁判本身是否存在错误的问题，另案诉讼无权对生效裁判是否正确作出认定，而应当通过审判监督程序对生效裁判重新进行审查，以最终确定该标的物的权属以及能否对该标的物继续执行。

关于案外人对法院生效法律文书申请再审的问题，《民事诉讼法》第178、182条规定，有权对生效判决、裁定、调解书申请再审的主体是当事人，不包括案外人，在第204条又规定案外人在执行异议被驳回后可以对生效判决、裁定申请再审。最高人民法院《关于适用〈中华人民共和国民事诉讼法〉审判监督程序若干问题的解释》第5条则进一步明确规定：案外人对原判决、裁定、调解书确定的执行标的物主张权利，且无法提起新的诉讼解决争议的，向作出原判决、裁定、调解书的人民法院的上一级人民法院申请再审。在执行过程中，案外人对执行标的提出书面异议的，按照《民事诉讼法》第204条的规定处理。依该规定，案外人有权对法院作出的生效法律文书申请再审。关于案外人依据《民事诉讼法》第204条申请再审是否有期限限制，我们认为，首先，前述司法解释根据案外人申请再审的类型不同分为两款，第一款是非执行过程中案外人申请再审的情形，比如针对不具有执行力的判决申请再审、对尚未进入执行程序或超过申请执行期限的判决申请再审等，规定了案外人"可以在判决、裁定、调解书发生法律效力后二年内，或者自知道或应当知道利益被损害之日起三个月内"申请再审，第二款是在执行过程中案外人申请再审的情形，并未规定申请再审的期限，从体系解释上应当认为其不受第一款规定申请再审期限的限制。其次，案外人不是生效裁判的当事人，对生效裁判是不知情的，通常情况是在进入执行程序后才知道生效裁判的存在且损害其利益，并且，依据《民事诉讼法》第215条的规定，申请执行的期间为2年，还可以适用诉讼时效的规定中止、中断。因此，申请执行人何时申请执行是不确定的，更是案外人无法控制的。最后，依据《民事诉讼法》第204条的规定，案外人应当先向执行法院提出异议，对执行法院的处理不服的才能申请再审，而执行法院处理执行异议的时间也是案外人无法控制的，因此，要求案外人必须在规定的期限内申请再审是不现实，也是不公平的。

另一种途径是与原判决、裁定无关的，通过执行异议之诉程序处理。这里的"与原判决、裁定无关"，在理解上是指作为执行依据的生效裁判确定的是金钱债权，在执行该金钱债权过程中，法院针对被执行人名下特定标的物实施强制执行，案外人对该标的物主张实体权利以阻却强制执行，此时生效判决、裁定本身并不存在错误，只是案外人认为不应对该特定标的物强制执行，案外人或申请执行人对执行法院的处理不服的，应当通过提起执行异议之诉，最终确定执行标的物的权属及能否执行，执行法院应当根据该判决结果执行。

有观点认为，民事诉讼法规定的两种救济途径是当事人可以任意选择的，选择权在当事人。我们认为，从以上的分析可以看出，两者的性质完全不同，一种是审判监督程序，一种是执行异议之诉程序，两者各有不同的适用条件，是平行的救济方式，不存在交叉或竞合的情况，当事人只能根据自身案件的具体情况选择相对应的救济途径。

2. 生效判决指向特定抵押物的处理程序

依据《民事诉讼法》第204条的规定，案外人对于执行法院处理异议的裁定不服，如果生效判决明确指向特定标的物，应当通过审判监督程序处理；如果生效判决确认的是金钱债权，执行过程中指向特定标的物，应当通过执行异议之诉程序处理。实践中，两种程序的区分是基本清楚的，但有一些异议应通过何种程序处理就不容易准确判断，实践中也存在较大争议，比如本案中生效判决涉及特定抵押物的情形。一种观点认为可以通过执行异议之诉程序处理。主要理由如下：（1）生效判决确认抵押权人（申请执行人）有权就债务人名下的抵押房屋折价或者拍卖、变卖该财产的价款享有优先受偿权。这里的抵押房产既包括案外人购买的房屋，也包括其他不存在争议的房屋，抵押物并不特定。（2）由于抵押房屋包括案外人购买房屋在内的多套房屋，如果案外人可以就其购买房屋提起再审，其他购买抵押房屋的业主也可以对生效判决提起再审，但这些业主是否提起再审以及何时提起再审均是不确定的，并且，单个业主提起再审就可能导致全案生效判决被提起再审，生效判决将处于随时被提起再审的非常不稳定的状态，损害生效判决的权威性和稳定性。（3）生效判决的双方是抵押权人和抵押人，房屋已经办理了抵押登记，法院在审理该案时也无从知晓抵押房屋是否已经出卖给他人，因此，生效判决抵押权人行使抵押权是正确的，即使提起再审程序也无法撤销生效判决，更没有解决案外人购买房屋是否应停止执行的问题。

我们倾向认为，生效判决明确指向特定抵押物的，案外人应当通过审判监督程序解决。主要理由如下：（1）生效判决确认的抵押房屋包括案外人购买的房屋，就抵押权人能否对该房屋行使抵押权而言，生效判决的指向是非常明确的。（2）生效判决已经确认抵押权人有权就案外人购买的房屋行使抵押权，案外人主张购买的房屋归其所有，实质上是认为抵押权人无权就案外人购买的房屋行使抵押权，生效判决的处理是错误的，不应执行，依据《民事诉讼法》第204条的规定，案外人认为原判决有错误的，应当通过审判监督程序处理。（3）生效判决具有约束力和执行力，执行异议之诉案件审理中无权对生效判决是否正确进行审查，如果法院根据案外人的请求判决停止对其购买房屋的执行，则会与生效判决的处理相冲突，进而导致生效判决在未经法定程序撤销的情况下无法执行，形同失效。

本案中，两审法院的处理是正确的。

（北京市高级人民法院民一庭　范清）

95. 朱佩芳等申请执行王祖深等其他所有权案

（一）首部

1. 执行依据：上海市虹口区人民法院（2010）虹民一（民）初字第4460号。
2. 案由：其他所有权。

3. 诉讼双方

申请执行人：朱佩芳，女，1958年6月6日出生，汉族。

申请执行人：唐雯，女，1985年5月27日出生，汉族。

委托代理人：王岩，上海王岩律师事务所律师。

被执行人：王祖深，男，1958年8月13日出生，汉族。

被执行人：张悦意，女，1922年7月3日出生，汉族。

4. 执行机关和执行员

执行机关：上海市虹口区人民法院。

执行员：黄琴英。

5. 执结时间：2011年3月25日。

（二）基本案情

1. 审判情况

2009年3月21日，王祖浩因交通事故死亡。在为其办理丧事的过程中，张悦意（王祖浩之母）委托王祖深（王祖浩之弟）购买了上海市滨海古园青松苑15A25墓穴，并将王祖浩的骨灰从宝兴殡仪馆内领出，寄存于本市滨海古园2室3号位。而此过程未与朱佩芳（王祖浩之配偶，经青浦区人民法院判决认定）、唐雯（王祖浩之继女，经青浦区人民法院判决认定）沟通。为此，朱佩芳、唐雯于2010年8月23日向虹口区人民法院起诉，要求王祖深交还王祖浩的骨灰。

审理中，朱佩芳、唐雯提出：尊重王祖浩母亲张悦意对墓穴的安排意见，但考虑日后的墓穴管理等问题，墓穴证书应更名为原告朱佩芳和第三人张悦意；因墓碑姓名刻字错误需要重新刻制，并加刻两原告姓名；双方合力尽快为王祖浩办理下葬事宜。被告王祖深和第三人张悦意表示：可以接受两原告的意见，但要求能将王祖浩的赔偿款分割问题一并协商解决。两原告不接受赔偿款问题一并解决，认为不属于同一法律关系。由于双方各执己见，调解不成。

虹口区人民法院于2010年11月23日依法作出判决：（1）自本判决生效之日起30日内，原告朱佩芳、唐雯、第三人张悦意应共同将王祖浩骨灰在上海滨海古园青松苑15A25墓穴下葬；（2）现有上海滨海古园青松苑15A25墓穴的墓碑应加刻原告朱佩芳、唐雯的姓名，所需费用由两原告及第三人共同负担；（3）上海滨海古园青松苑15A25墓穴证书持证人更名为原告朱佩芳和第三人张悦意。

王祖深对此判决不服，向上海市第二中级人民法院提起上诉。二中院经审理于2011年1月21日依法作出驳回上诉、维持原判的判决。

2. 执行情况

终审判决生效后，被告王祖深一直未履行义务，原告朱佩芳、唐雯于2011年3月1日向虹口区人民法院申请执行。

由于本案为涉及家事的纠纷，矛盾的形成非一朝一夕，加上申请执行的事项为三项具体行为，属于复合性的执行标的，虽然可以采取强制措施就案执结，但容易引起被执行人在执行中的阻挠以及被执行人在执行后的"自力返工"等破坏执行结果的新纠纷，因此执行难度较大。为调处好本案，虹口区人民法院经反复研究，决定采取"分别谈话，集中协调"的方式办理本案，一方面先行摸清各家庭成员之间的"疙瘩"，另一方面着力通过兼顾"法、理、情"的思路开展工作。

首先，虹口区人民法院与被执行人王祖深进行了谈话，告知其应依法履行判决义务。王祖深表示其不愿履行判决义务，因为墓穴由其出钱购买，所以不能由他人在其购买的墓穴内办理下葬事宜。经法院与被执行人王祖深反复释法，王祖深终于表达其内心想法：希望法院能出面协调朱佩芳、唐雯返还其购买墓穴的钱款，并帮助他们协调王祖浩死亡赔偿款606 154元的分割。另外，虹口区人民法院也在与王祖深的沟通中，了解到其为刑满释放人员，具有一定暴力倾向。

其次，虹口区人民法院又与朱佩芳、唐雯进行了接触。朱佩芳、唐雯表示王祖浩的骨灰已在滨海古园放置2年有余，由于墓穴证书持证人为张悦意，因而母女两人无法为王祖浩下葬，故希望法院能尽快强制执行本案，使逝者在清明节前能入土为安，不必再与被执行人方进行协商。关于王祖浩赔偿款的问题，她们表示任由其继续保存在青浦区人民法院，也不愿被被执行人一家分去分毫。

了解双方的情况后，虹口区人民法院认为，解决本案的关键在于王祖浩606 154元死亡赔偿款的分割，如果赔偿款得到了妥善分配，本案判决义务的履行也能水到渠成。但赔偿款分割非虹口区人民法院所作的判决事项，因此也非虹口区人民法院执行的范围。为使案结事了，判决权威得到维护，另外死者能够在清明节之前得到妥善安葬。经虹口区人民法院讨论，决定尽量在本案范围内将赔偿款分割问题通过协调方式，由双方当事人自愿按照法定继承原则，达成一致协议，避免当事人为此问题再行起诉，激化矛盾。另外，调解方案的制订要加强可行性，以防止被执行人王祖深在达成协议后反悔抵赖。

为此，虹口区人民法院于2011年3月9日召集双方当事人再次至法院谈话。从"法"上，虹口区人民法院释明了被执行人遵从判决文书的义务，以及法律的权威性、严肃性；从"理"上，虹口区人民法院希望我国的传统习俗，即逝者能够及时得到安葬的善良风俗得到倡扬；从"情"上，虹口区人民法院试图唤起双方当事人与逝者的亲情，动员双方能在赔偿款分割上互谦互让，不要斤斤计较，使矛盾一直处于僵态。

经过3个多小时的现场沟通，双方当事人之间的心理差距逐步被拉近。最终双方依照法定继承原则，达成一致协议：现在青浦区人民法院的赔偿款中王祖深得39 316元，张悦意得180 612.66元，朱佩芳、唐雯得376 225.32元；王祖浩入葬的时间定为2011年4月5日；换去现有墓碑，新墓碑上刻朱佩芳、唐雯两人名字，费用由王祖深、张悦意承担1/3，朱佩芳、唐雯承担2/3；墓穴证更名为朱佩芳。

3月10日，双方当事人将墓穴证更换完毕。4月5日，在更换新墓碑后，双方当事人将王祖浩的骨灰按约下葬。

之后，虹口区人民法院发函至青浦区人民法院，望共同协调王祖浩死亡赔偿款分割事宜。在青浦区人民法院的协助下，当事人在青浦区人民法院就分割王祖浩死亡赔偿款申请执行立案，案件受理后，当事人双方按照在虹口区人民法院确定的对王祖浩死亡赔偿款的分割协议，各自领取了相应款项。

(三) 解说

1. 实现"法、理、情"的和谐统一

本案执行的最大特点就是兼顾了"法理、道德、人情",使三个时常在案件办理中发生冲突的因素,在本案的执行中得到了协调统一。从法理的角度而言,法律以国家的强制力为后盾和保障,因此相较于道德与人情,具有最高的定分止争效力。故法院的生效判决具有权威性,当事人都应该遵守与履行。从道德的角度而言,中国的传统道德观念,要求逝者入土为安即在死后能够得到安葬,这既是对逝者一生的一种终结,也是对生者心理的一种告慰,这样的善良风俗应该得到维系。从人情的角度而言,与自己有着血缘关系或者生活多年的亲属逝去,除了节哀顺变以外,更要念及逝者生前的好,为其妥善办理身后事宜,这是人间美好情感的体现,也是人类内心深处应有的良知。虹口区人民法院正是根据本案的实际情况,灵活地将"法、理、情"贯穿于本案的释法说服中,使双方当事人理性地权衡利弊,进而根据法定继承的原则,达成了一致协议,并在清明节前履行完毕,不仅告慰了逝者的亡灵,而且使双方当事人在谦让中咽下了集聚多年的"气",实现了案件办理的法律效果与社会效果的统一。

2. 抓住案后纠纷,顺解案中矛盾

家事纠纷的产生并非一朝一夕,而且涉执行的家事纠纷,需要化解的矛盾也非裁判文书上所列的主文那么清晰。因此,化解家事纠纷需要多看案后矛盾,如果案后矛盾是顺解执行案件的关键,或者与执结案件有着紧密联系,那么就应该从案后矛盾入手,逐步厘清矛盾关系,顺利执结案件。本案的执行就是遵照这样的原则,通过先行化解死亡赔偿款分割问题,而后水到渠成地使判决义务得到了履行。本案执结后,朱佩芳、唐雯实现了为王祖浩下葬的心愿,王祖深得到了其应得的款项,张悦意也不再为此家事纷争而无法入睡,双方当事人均对执行结果表示满意。

3. 积极发挥能动司法作用

在执行案件的办理中,常会遇到与案件矛盾相关,但又不属于本案管辖的事项,此时就需要仔细甄别案外矛盾,如果解决案外矛盾对化解案内矛盾有密切关联,就需要法院发挥司法能动性,多走一步,多管一圈。本案的执行中,虹口区人民法院果断抓住主要矛盾,向前一步能动司法,将非本案管辖的死亡赔偿款分割事项,通过说服教育,晓以利弊,使当事人自愿达成和解协议,一方面避免了当事人再为死亡赔偿款分割问题另行起诉,减少了当事人的诉累,另一方面也为本案矛盾的化解创造了条件,奠定了基础,起到了事半功倍的效果。

4. 司法示范效果

本案矛盾的化解思路与方法,为行为案件的执行起到了很好的示范借鉴作用。同时,本案相继被《新民晚报》、《上海法治报》等媒体大幅报道,对引导规范社会行为,起到了较好的法制宣传效果。

(上海市虹口区人民法院　余甬帆)

96. 上海汇金资润典当有限公司申请执行顾勇强、胡剑虹案

(一) 首部

1. 执行依据：上海市静安区人民法院（2009）静民（一）民初字第1663号及上海市第二中级人民法院（2009）沪二中民一（民）终字第3572号。
2. 案由：典当。
3. 诉讼双方

申请执行人：上海汇金资润典当有限公司（下称"汇金公司"），住所地：上海市虹古路258号。

法定代表人：刘红宇，该公司董事长。

委托代理人：许鹏，上海艾帝尔律师事务所律师。

委托代理人：周志军，上海艾帝尔律师事务所律师。

被申请执行人：顾勇强，男，1977年3月24日生，汉族，住上海市威海路。

被申请执行人：胡剑虹，女，1979年3月27日出生，汉族，住上海市威海路。

委托代理人：姜正彪，上海市金翔律师事务所律师。

4. 执行机关和执行组织

执行机关：上海市静安区人民法院。

合议庭组成人员：审判长：张剑彬；审判员：冯亚新、柴国平。

5. 执结时间：2011年12月5日。

(二) 基本案情

2008年11月7日，汇金公司与顾勇强、胡剑虹签订《房地产借款抵押合同》，合同约定，顾、胡两人向汇金公司借款（当金）900 000元，月利率为2.7%，综合费率为0.4%，期限为6个月，具体期限以双方签署的当票上定的典当期限为准，顾、胡两人以其所有的坐落于上海市威海路××弄××号××室房屋为上述借款（当金）金额进行抵押；同时约定，顾、胡两人逾期还款的，除每日按未还款总额计取综合管理费及利息外，另每日加计0.5‰的罚息。同日，汇金公司向顾勇强出具当票，当票上记载"典当金额为玖拾万圆整，综合费用贰万柒仟玖佰圆整（息：3 600元），实付金额捌拾柒万贰仟壹佰圆整，典当期限由2008年11月7日起至2008年12月7日止。"合同还约定，抵押房地产的担保范围包括但不限于当票项下的借款本金、利息、综合费、违约金、损害赔偿金、罚息典当手续费和债权实现费（包括诉讼费用、公告费、执行费、律师费、

拍卖费等)。上海市普陀公证处对上述借款抵押合同进行了公证。上述借款期限届满后，经汇金公司催讨，顾、胡两人仅支付了22 500元。故汇金公司以顾勇强、胡剑虹为被告向上海市静安区人民法院(以下简称"执行法院")提起诉讼。

(三) 审判情况

经审理，2009年8月20日，执行法院作出一审判决："一、被告顾勇强、胡剑虹应于本判决生效之日起十日内归还原告上海汇金资润典当有限公司900 000元；二、被告顾勇强、胡剑虹应于本判决生效之日起十日内支付原告上海汇金资润典当有限公司综合费，以900 000元为本金，从2009年1月1日起至本判决生效日止，按月0.4%计；三、被告顾勇强、胡剑虹应于本判决生效之日起十日内支付原告上海汇金资润典当有限公司利息，以900 000元为本金，从2009年1月1日起至本判决生效日止，按月2.7%计；四、被告顾勇强、胡剑虹应于本判决生效之日起十日内支付原告上海汇金资润典当有限公司罚息，以900 000元为本金，从2008年12月8日起至本判决生效日止，按日0.5‰计；五、被告顾勇强、胡剑虹应于本判决生效之日起十日内支付原告上海汇金资润典当有限公司垫付的律师费80 000元。"一审判决后，被告顾勇强、胡剑虹均不服，向上海市第二中级人民法院提起上诉，二审法院于2009年12月21日作出终审判决："一、维持上海市静安区人民法院(2009)静民一(民)初字第1663号民事判决第五项；二、撤销上海市静安区人民法院(2009)静民一(民)初字第1663号民事判决第一、二、三、四项；三、顾勇强、胡剑虹应于本判决生效之日起十日内归还上海汇金资润典当有限公司人民币896 400元；四、顾勇强、胡剑虹应于本判决生效之日起十日内支付上海汇金资润典当有限公司综合费，以人民币896 400元为本金，从2009年1月1日起至判决生效之日止，按月2.7%计；五、顾勇强、胡剑虹应于本判决生效之日起十日内支付上海汇金资润典当有限公司利息，以人民币896 400元为本金，从2009年1月1日起至判决生效之日止，按月0.4%计；六、顾勇强、胡剑虹应于本判决生效之日起十日内支付上海汇金资润典当有限公司罚息，以人民币896 400元为本金，从2008年12月8日起至判决生效之日止，按日0.5‰计。"判决生效后，顾勇强、胡剑虹均未履行生效法律文书确定的义务，汇金公司遂于2010年1月7日向执行法院申请强制执行。

(四) 执行情况

在执行中，双方达成和解。后两被执行人顾勇强、胡剑虹未按和解协议内容履行义务，汇金公司向执行法院申请恢复执行。执行法院采取冻结、扣划等强制执行手段，共执行到钱款人民币893 686.14元，尚余人民币585 125.94元及相应利息未执行到位。另经执行法院调查，顾勇强、胡剑虹共同共有威海路××号××室房产一套，汇金公司要求法院评估、拍卖该房产。顾勇强、胡剑虹对此提出抗辩，认为该房产为其唯一一套住房，为保障其基本生活，法院不得拍卖。汇金公司则认为其在该唯一住房之上存在抵押权，根据相关法律规定，对于被执行人所有的已经依法设定抵押的房屋，人民法院可以拍卖，故应当拍卖该唯一住房。经过执行法院审查，该房产上存在抵押权：第一抵押权人为案外人某银行，抵押款项约100万元；第二抵押权人为汇金公司，且第二抵押即为本案债务作担保。后经执行法院预估，该套房产价值较大，在涤除抵押权后足以清偿全部执行款项，且余款足够顾勇强、胡剑虹另行购买一套住房，以保障其基本生活。另外，汇金公司同意在该房产拍卖期间为顾勇强、胡剑虹及其所抚养的未成年家属免费提供过渡住房，直至本案执行完毕，之后若顾勇强、胡剑虹愿意继续居住，汇金公司表示同意将该房屋租给顾勇强、胡剑虹直至其自行购房为止，但需按市场价格支付租金。经过综合考量，在保障顾勇强、胡剑虹及其所抚养家属生活所必需的居住房屋的前提下，执行法院依法裁定评估、拍卖该房产。后执行法院依法在该房产处张贴迁让腾房和拍卖公告，且因顾勇强拒不履行生效法律文书确定的义务，又决定对顾勇强依法采取拘留措施。鉴于执行法院的上述执行威慑，顾勇强、胡剑虹在拍卖前偿还了全部涉案款项，最终执行法院未启动拍卖程序，本案成功执结。

（五）解说

目前司法实践中，关于唯一住房是否可以执行存在争议，对相关法律规定亦有不同的解读。而对该问题的正确把握以及如何采取强制执行措施是破解唯一住房执行困境的关键，因此，有必要就本案中涉及的相关问题做如下分析：

1. 关于被执行人仅有一套房产，且无其他财产可供执行时，人民法院能否对其进行拍卖

目前有两种观点：第一种观点认为只要被执行人仅有一套住房，法院就不可以对其进行拍卖。法律依据为：最高人民法院《关于人民法院民事执行中查封、扣押、冻结财产的规定》（以下简称《查封规定》）第6条规定："对被执行人及其所抚养家属生活所必需的居住房屋，人民法院可以查封，但不得拍卖、变卖或者抵债。"当生存权与债权发生冲突之时，生存权应当优先于债权而受到保护，这亦符合民事诉讼法的基本精神，故只要被执行人仅有一套住房，那么为保障被执行人及其所抚养家属生活所必需的居住房屋，法院不得拍卖其唯一住房，因为一旦拍卖，被执行人及其所抚养的家属将无房可供居住。第二种观点认为在具备相应条件的情况下，即使被执行人仅有一套住房，法院亦可以拍卖。法律依据为：《查封规定》第7条规定："对于超过被执行人及其所抚养家属生活所必需的房屋和生活用品，人民法院根据申请执行人的申请，在保障被执行人及其所扶养家属最低生活标准所必需的居住房屋和普通生活必需品后，可予以执行。"可见，只要超过"生活所必需的房屋"，人民法院即可执行。而"生活所必需的房屋"并非指"仅有一套房屋"，若被执行人仅有的一套房屋超过"生活所必需"的条件，法院可以采取以大换小、以近换远、以好换差、以所有权换租赁权等方式对该套房屋进行拍卖。

这里，我们支持第二种观点。生存权优于债权的基本法律精神是毋庸置疑的，但将

《查封规定》第6条、第7条中的"生活所必需的居住房屋"理解为"仅有一套房屋"则是一种曲解。我们认为在保障被执行人及其所扶养家属最低生活居住标准的情况下,是可以执行唯一一套住房的。何为"最低生活居住标准"法律并无明确规定,但可以根据被执行人及其所扶养家属的实际情况以及案件的具体情况来确定,同时可以参照《城镇最低收入家庭廉租住房管理办法》(以下简称《管理办法》)所规定的人均廉租住房面积标准。由于本案申请执行人在该房产上设定了抵押权,根据2005年12月21日起施行的最高人民法院《关于人民法院执行设定抵押的房屋的规定》(以下简称《抵押规定》)第1条规定:"对于被执行人所有的已经依法设定抵押的房屋,人民法院可以查封,并可以根据抵押权人的申请,依法拍卖、变卖或者抵债。"而《抵押规定》是在《查封规定》之后作出的,根据新法优于旧法原则,本案系争房屋的执行适用《抵押规定》。但《抵押规定》中并没有保障被执行人及其所扶养家属生活所必需的住房的规定,其更注重的是维护市场交易安全,这与《查封规定》的价值取向相冲突。虽然抵押权为物权,但与生存权相较,后者仍然占优位,且与维护交易安全相比,我们认为保障生存权更为重要,故本案在执行中虽然适用《抵押规定》,但执行法院仍考虑到保障被执行人的基本生存权。

2. 关于拍卖被执行人唯一住房,应当采取何种手段保障被执行人及其所扶养家属生活所必需的居住条件

对于该问题亦有不同的观点:有的认为可以按现状拍卖;有的认为公权力应提供廉租房或者过渡房供被执行人及其所扶养家属居住,而我们认为从平衡维护债权人合法权益与保护被执行人基本生存权的角度出发,应当采取以下几个步骤:

(1) 预估"一套房"价值。在拍卖前,法院应当预估"一套房"的价值,估算拍卖后扣除评估费、税款以及涤除抵押权、用益物权所需要的费用等之后,余款是否足以清偿全部债务以及保障被执行人基本居住。若余款足以清偿全部债务,且足以保障被执行人能够购买一套新住房或者租赁房屋,那么执行法院可予以拍卖。若余款不足以清偿全部债务或者虽足以清偿全部债务,但无法保障被执行人基本居住,此时如果申请执行人同意在保障被执行人基本居住的前提下,部分或者全部受偿债务,则执行法院可予以拍卖,否则,不得拍卖。

(2) 确保被执行人及其所扶养家属有临时住房。为保障被执行人及其所扶养家属生活所需的居住房屋,在拍卖前被执行人及其所扶养家属迁出房屋之时至案件执行完毕止的这段期间,应当确保其有临时住房。提供临时住房的途径一般有两种,一是被执行人自行解决。我们认为,若被执行人有能力自行解决的,一般应当由被执行人自行解决临时住房;二是由申请执行人提供。这里又分为两种情况:一种是虽然被执行人有能力自行解决,但申请执行人表示自愿提供临时住房的,按照双方当事人协商解决;另一种是被执行人确无能力自行解决的,申请执行人应当提供。而申请执行人提供临时住房可免费或者收取适当租金,租金价格可按照《抵押规定》第5条的规定确定,且可从拍卖余款中支付。

(3) 保障被执行人基本居住。这里分为两种情况:一种是若拍卖并清偿全部债务后,余款仍足以购买一套新住房或者租赁房屋的,人民法院将余款发还被执行人,由被

执行人自行保障基本居住。购买新住房或者租赁房屋的标准可参见《管理办法》中所规定的人均廉租住房面积标准来确定，相应的房屋价格或者租金根据案件的具体情况以及当地的生活水平来判断，租赁房屋应当确保至少10年以上租期所需要的价款。另一种是若拍卖余款全部或者部分清偿债务后，不足以保障被执行人基本居住，但申请执行人同意由其保障被执行人基本居住。主要有以下三种方式：一是为被执行人保留必要钱款购买新住房或者租赁房屋，参照上述第一种情况操作。二是申请执行人提供租赁房屋。该租赁房屋的产权人必须为申请执行人本人，因为若产权属于第三人，易导致法律关系复杂化，而引起第三人与被执行人之间不必要的矛盾。[①] 租赁房屋面积标准亦参照《管理办法》中所规定的人均廉租住房面积标准来确定，租期、租金以及签订租赁合同等相关事宜由申请执行人与被执行人协商确定，不能协商的，申请执行人应当免费提供租赁房屋，且租期不得低于10年。三是实行"周转房"制度，这一制度是由闵行区人民法院最先尝试。"周转房"是法院事先联系好的产权属于第三人的一批过渡用房，租金低廉，专用于执行强迁案件中人或物品的安置，且租金由申请执行人一次性支付，以保障被执行人的基本居住。

3. 针对唯一住房的执行，应当如何采取强制执行措施以期取得最佳执行效果

这里我们认为，对于唯一住房的执行应当采取直接强制与间接强制相结合的强制执行措施，方能取得最佳执行效果。上述拍卖唯一住房仅仅是一种直接强制，除此之外，我们亦应当注重间接强制措施的适用，如公告执行、在征信系统记录、限制出境以及罚款、拘留等，因间接强制不仅具有财产制裁性，亦包含人身强制性，对被执行人产生的威慑力度较大，而在被执行人付出代价的同时，间接强制并不能免除被执行人应当履行的义务。因而，从自身利益考量，法院一旦采取间接强制，被执行人很可能自动履行生效法律文书确定的义务，而不再需要启动拍卖程序。本案中，执行公告以及罚款、拘留等强制措施的适用，对迫使被执行人自动履行义务发挥了至关重要的威慑作用。

（上海市静安区人民法院　张剑彬）

97. 倪美芳申请追加公司股东为被执行人的执行异议案

（一）首部

1. 判决书字号：上海市杨浦区人民法院（2011）杨民三（知）初字第10号。
2. 案由：执行异议。

---

① 参见林祖彭、张德春：《强制执行被执行人唯一住房的若干问题分析》，见上海法院信息网，2009-06-08。

3. 诉讼双方

申请执行人：倪美芳。

被执行人：上海蜀趣实业有限公司。

4. 审级：一审。

5. 审判机关和审判组织

审判机关：上海市杨浦区人民法院。

合议庭组成人员：审判长：黄烨；审判员：胡伟东、张卫文。

6. 审结时间：2011年6月3日。

（二）执行异议审查

申请执行人倪美芳与被执行人上海蜀趣实业有限公司（以下简称蜀趣公司）劳动争议仲裁一案，杨浦区劳动争议仲裁委员作出杨劳仲（2010）办字第562、308、977号裁决书已经发生法律效力。因被执行人未自觉履行，申请执行人倪美芳于2010年7月1日向杨浦区人民法院申请执行，要求执行三裁决中有关"蜀趣公司向倪美芳支付工伤期间工资8 800元；工伤医疗费用15 266.2元；支付一次性伤残补助金人民币32 920元；工伤鉴定费350元；支付一次性工伤医疗补助金和伤残就业补助金53 490元"的内容。

执行中查明，蜀趣公司无可供执行的银行存款、股票、车辆和房屋等财产。蜀趣公司成立于2008年11月13日，注册资本为200万元，首期出资40万元，剩余资本自公司成立之日起两年内缴足。其中，股东王冰玉认缴出资140万元，占公司股权的70%，首期实缴资本28万元；股东王冰巍认缴60万元，占公司股权的30%，首期实缴12万元，均为货币出资。2010年2月5日，王冰玉、王冰巍与邢桂英、王月娥达成股权转让协议，分别以27 000元、15 000元的价格，将其在蜀趣公司的70%和20%的股权转让给邢桂英，王冰巍将剩余10%的股权以7 500元的价格转让给王月娥。双方同时约定，注册资金尚未缴足部分由受让人邢桂英、王月娥承担，王冰玉和王冰巍不再承担相应资本金的投入责任；受让人应在2010年10月6日前分别足额缴纳第二期资本金144万元、16万元。随后，公司依法召开董事会，修改公司章程，办理股权变更登记。但迄今为止，受让人邢桂英与王月娥仍未按照约定缴纳剩余注册资金。

申请执行人于2010年9月以蜀趣公司注册资金不足为由，申请追加王冰玉、王冰巍为被执行人，法院以公司注册资本两年缓缴期间未满为由，驳回申请人的追加请求。2011年3月1日，申请执行人再次以蜀趣公司股东实际出资与公司注册资本差额巨大为由，申请追加原股东王冰玉、王冰巍和受让股东邢桂英与王月娥为被执行人，要求四人在未足额出资本金和利息范围内连带承担公司债务清偿责任。杨浦区人民法院经听证审查，于2011年6月3日追加原股东王冰玉、王冰巍和受让股东邢桂英、王月娥作为被执行人，裁定四人在出资不实的本息范围内承担清偿责任。王冰玉与王冰巍不服，以自身股权已依法转让，不应再对公司债务承担责任为由，向执行法院提出执行异议，后又撤回异议。

（三）解说

根据案件执行情况以及被执行人提出的执行异议，本案争议焦点为：第一，股东缴纳首期出资后，在缓缴剩余出资的两年内是否构成出资不实；第二，原股东在缓缴期内转让股权是否应承担出资不实之责；第三，执行程序中可否直接追加受让瑕疵股权的新股东。

1. 股东缴纳首期出资后，在缓缴剩余出资的两年内不构成最高人民法院《关于人民法院执行工作若干问题的规定（试行）》（以下简称《执行规定》）第80条所述的"注册资金不实"

申请执行人在首次提出追加原始股东之时，王冰玉、王冰巍已经如期缴纳首期出资40万元，剩余认购资本160万元尚在公司法规定的两年缓缴期内，法院在审查过程中出现两种意见：一种意见认为：《公司法》第26条明确规定公司全体股东的首次出资额不得低于注册资本的20%，其余部分由股东自公司成立之日起两年内缴足，投资公司可以在5年内缴足。所以，本案股东只需在两年内缴足即可，若以出资不实为由追加股东为被执行人，只能在两年缓缴期届满之后仍未缴足注册资本的情况下方可。另一种意见认为：两年缓缴期只是《公司法》赋予股东的出资时间选择权，当公司在成立之日起两年内出现债务履行不能时，足额缴纳出资的义务要求股东及时补足出资，而不能以缓缴期未到对抗足额出资义务。

注册资本为公司登记机关登记的全体股东认缴的出资总额，是公司对外债务履行能力的重要保证，根据公司法资本充实原则，公司股东应当按期、足额缴纳注册资本，不得虚假或抽逃出资。但公司法为防止造成资本闲置，降低公司成立难度，吸纳了大陆法系国家普遍采用的法定资本制和英美法系国家授权资本制的优点，创立分期缴纳注册资本制度。股东在缓缴期内是否构成《执行规定》第80条所述的"注册资金不实"，可从以下几个方面综合判断：

一是出资不实的表现形式，即公司股东实际缴纳资本低于其在注册登记时所认缴的资金或实物。本案中若以蜀趣公司股东认缴的资本总额200万元作为认定标准，王冰玉与王冰巍只是在公司成立之日实缴了40万元，并未缴足全部资本，满足注册资金不实的形式要件。二是出资不实是否具有合法性。根据法学基本原理，《公司法》第26条关于"……股东的首次出资额不得低于注册资本的百分之二十……其余部分由股东自公司成立之日起两年内缴足"的规定属于义务性规范，是对股东首期出资比例和剩余资本缴款期限作出的强制性规定，只要股东按期缴纳首期出资，并在两年内缴足剩余资本即可，换句话说，法律允许股东在最长两年期间内维持出资不实状况，即该种情况下的出资不实具有合法性。本案中，公司原股东王冰玉与王冰巍已经足额缴纳首期出资，剩余资本可以选择在两年期间的任一时间缴纳，其出资形式完全符合法律规定，不具有违法性。三是如何看待公司法分期缴纳注册资本制度。根据公司法立法本意，该制度是为提高资本利用率，降低公司成立难度，增强经济活力而设立，两年期间是法律赋予股东的期限利益，不应轻易剥夺，否则将与该条规定的立法本意相悖。四是对《执行规定》第

80条的历史解释。该条规定，"被执行人无财产清偿债务，如果其开办单位对其开办时投入的注册资金不实或抽逃注册资金，可以裁定变更或追加其开办单位为被执行人，在注册资金不实或抽逃注册资金的范围内，对申请执行人承担责任"，这是执行程序中追加股东作为被执行人的主要法律依据，其生效时间为1998年7月18日，当时我国《公司法》实行严格法定资本制，并不存在分期缴纳注册资本制度，所以第80条关于注册资金不实的认定应当结合修订后于2006年1月1日生效的新《公司法》，作出符合法律发展和立法精神的正确解释。

综上，股东缴纳首期出资后，在缓缴剩余出资的两年内不构成《执行规定》第80条所述的"注册资金不实"。

2. 原股东在缓缴期内转让股权仍应在两年期满后承担出资不实之责

根据《公司法》第32、33条的规定，股东经认缴出资、记载于股东名册并依法登记之后取得股东资格，享有股东权利、承担股东义务。股权转让即为股东的重要权利之一，股东为了转移投资风险或者收回本金，可以依法转让其出资或股份。本案中，蜀趣公司原股东与受让股东经自愿协商达成股权转让协议，并依法办理了股权变更登记，邢桂英与王月娥可据此取得股东资格。但该合同并非完全有效，有关出让方不再承担公司任何义务的约定因违反法律的强制性规定而无效。

首先，根据诚实信用原则和《公司法》第28条股东应当按期足额缴纳公司章程中规定的各自所认缴的出资额的规定，当公司章程经依法登记之后，股东认缴出资义务由股东之间的内部约定转为法定义务，违反该条款规定的约定即无效。其次，依据"权利可以放弃、义务必须履行"的通行法理，原股东可转让股东权利，但出资义务必须履行，不得自行转让和放弃。如果允许因转让股权而免除原股东瑕疵出资责任，无异于为瑕疵出资股东大开金蝉脱壳之门，纵容和鼓励股东不履行出资义务。所以，王冰玉与王冰巍以转让合同合法有效、股权已依法转让为由对抗足额出资义务于法无据。

本案中出让双方股权转让行为的法律要件完备，执行程序中的形式审查难以直接全部否认合同效力，但经过法院调查发现，受让方邢桂英与王月娥分别为出让方王冰玉与王冰巍的母亲和外婆，两人不但年事已高，无实际经营能力，而且名下并无财产可供缴纳剩余出资，蜀趣公司原股东规避执行的意图明显。所以，当法院追加原股东王冰玉、王冰巍为被执行人时，其提出执行异议之后裁决之前，主动撤回异议，服从了追加裁决。

值得注意的是，如上文所述，在公司成立后两年缓缴注册资本期间的出资不实具有合法性，所以，在此期间追加公司原股东为被执行人无法律依据，法院驳回申请人倪美芳的首次追加申请是正确的。

3. 执行程序中可直接追加受让瑕疵股权的新股东为被执行人

根据《执行规定》第80条以及上文的综合分析，法院仍可依法追加蜀趣公司原股东王冰玉与王冰巍为被执行人，但受让股东邢桂英与王月娥是否也可依据该条规定直接追加为被执行人值得探讨。实践中，有观点认为该条适用条件仅为原开办单位在开办时注册资金不实或抽逃出资情形，强调公司开办人在公司成立之初的原始出资责任，对公司依法成立后受让股权的新股东是否应承担出资不实责任在该条当中并未明确规定，且受让股东已经支付相应股份转让对价，故不应适用该条追加受让股东为被执行人。事实

上,法院仍可追加新股东为被执行人,原因如下:

(1) 受让股东承担出资不实之责具有实体法上的明确依据。2011年2月16日施行的最高人民法院《关于适用〈中华人民共和国公司法〉若干问题的规定(三)》第13条第2款规定:"公司债权人请求未履行或者未全面履行出资义务的股东在未出资本息范围内对公司债务不能清偿的部分承担补充赔偿责任的,人民法院应予支持。"第19条规定:"有限责任公司的股东未履行或者未全面履行出资义务即转让股权,受让人对此知道或者应当知道,公司请求该股东履行出资义务、受让人对此承担连带责任的,人民法院应予支持;公司债权人依照本规定第十三条第二款向该股东提起诉讼,同时请求前述受让人对此承担连带责任的,人民法院应予支持。"可见,只要受让股东在受让股权时并非善意为之,存在主观过错,就应对公司债务不能清偿部分,与原股东在出资不实的本息范围内承担连带清偿责任,这为追加受让股东为被执行人提供了实体法上的明确依据。本案中,邢桂英与王月娥作为完全民事行为能力人,在签订股权转让合同时理应通过工商登记资料了解公司资本状况,确认出让方是否出资到位,因此邢桂英与王月娥或是明知股权存在瑕疵而接受,或是因为疏忽而未查,故应在未出资的160万元的本息范围内承担补充赔偿责任。

(2) 追加受让股东符合执行效率原则,亦未侵犯其抗辩权

执行程序主要是法律实现的过程,在确保法律公正前提下,提高执行效率、增强执行经济性即为首要原则。本案中,首先,无论是股权转让前还是转让后,出资不实是不争的事实,并已侵害公司债权人的合法权益,通过调取工商资料等即可证明,执行程序中的形式审查可以对此作出认定,这样可以节约当事人诉讼成本,尽快实现债权。其次,根据修改后的《民事诉讼法》第202条的规定,受让股东对法院追加裁定不服的,可以自裁定送达之日起10日内向上一级人民法院提起复议,便可获得执行救济权利,其举证和抗辩权可以得到一定程度的保证。

本案最终依法追加蜀趣公司原股东王冰玉、王冰巍和受让股东邢桂英、王月娥为被执行人,并根据财产调查的实际情况,扣划王冰玉个人银行存款116 554.67元,已发还申请执行人,第三人表示接受法院追加裁定。

(上海市杨浦区人民法院 刘扣怀 范明昆)

98. 中国人民解放军第二炮兵总医院申请追加泉城医院劳动争议案

(一) 首部

1. 裁判书字号:北京市西城区人民法院(2011)西执异字第07435号。
2. 案由:劳动争议。

3. 诉讼双方

申请执行人：白春伟。

申请追加人（被申请执行人）：中国人民解放军第二炮兵总医院。

法定代表人：王开平，院长。

委托代理人：苏金聪，中国人民解放军第二炮兵总医院眼科主任。

被申请追加人：泉城医院。

法定代表人：朱其德，院长。

4. 审级：一审。

5. 审判机关和审判组织

审判机关：北京市西城区人民法院。

合议庭组成人员：审判长：王翔；审判员：金星、杜改俭。

6. 审结时间：2011年9月2日。

(二) 诉辩主张

1. 申请追加人中国人民解放军第二炮兵总医院诉称

白春伟是泉城医院外派来京人员，不属于其医院的职工。白春伟的工资和保险补贴均在泉城医院领取。其医院和泉城医院签署的合同写明：泉城医院委派人员的工资由泉城医院自行负责。白春伟不是中国人民解放军第二炮兵总医院职工，由其医院付她工资不合适。而且中国人民解放军第二炮兵总医院至今未收到劳动仲裁文书。故请求追加泉城医院为被执行人。

2. 申请执行人白春伟述称

其在中国人民解放军第二炮兵总医院工作，与泉城医院并无关系，不同意追加泉城医院为被执行人。

(三) 事实和证据

北京市西城区人民法院经公开审理查明：申请人白春伟与被申请人中国人民解放军第二炮兵总医院劳动争议一案，经北京市西城区劳动争议仲裁委员会审理终结，于2011年3月16日作出裁决："一、中国人民解放军第二炮兵总医院自本裁决书生效之日起七日内支付白春伟2009年9月至2009年10月12日工资差额4 609元；二、中国人民解放军第二炮兵总医院自本裁决书生效之日起七日内支付白春伟2008年2月至2008年12月未签劳动合同的二倍工资38 500元；三、中国人民解放军第二炮兵总医院自本裁决书生效之日起七日内支付白春伟解除劳动关系的经济补偿金10 000元；四、中国人民解放军第二炮兵总医院自本裁决书生效之日起七日内支付白春伟社会保险补偿3 408元。"

2011年5月31日，白春伟向北京市西城区人民法院申请强制执行。2011年7月27日，申请人中国人民解放军第二炮兵总医院申请追加泉城医院为被执行人。

上述事实有下列证据证明：

1. 裁决书。证明北京市西城区劳动争议仲裁委员会裁决中国人民解放军第二炮兵总医院应对白春伟履行相关义务。

2. 申请执行书。证明白春伟于2011年5月31日向北京市西城区人民法院申请强制执行仲裁裁决书。

3. 追加申请书。证明中国人民解放军第二炮兵总医院于2011年7月27日申请追加泉城医院为被执行人。

（四）判案理由

北京市西城区人民法院经审理认为：中国人民解放军第二炮兵总医院申请追加泉城医院为被执行人的理由，不符合执行程序中追加被执行人的规定，故对其申请不予支持。

（五）定案结论

北京市西城区人民法院依照《中华人民共和国民事诉讼法》第一百四十条第一款第（十一）项之规定，作出如下裁定：
驳回申请人中国人民解放军第二炮兵总医院要求追加泉城医院为被执行人的申请。

（六）解说

本案的争议焦点在于被执行人有无申请追加被执行人的权利，对被执行人提起追加的案件是否予以审查。一种意见认为，中国人民解放军第二炮兵总医院系被执行人，被执行人是生效判决义务的履行者，其无权申请追加被执行人，不应对该案予以审查。另一种意见认为，中国人民解放军第二炮兵总医院虽是被执行人，但法律并未明确禁止被执行人申请追加被执行人，应当对该案进行审查。

笔者同意后一种观点，具体分析如下：

1. 追加被执行人程序的启动权归属

被执行主体的追加，是指民事强制执行机构在民事强制执行程序中，发现作为民事强制执行根据的生效法律文书所确定的债务人，由于某种原因导致其不能或不能全部履行法定义务，而依法裁定与债务人（被执行人）具有权利、义务关联性的其他法人或组织与该债务人一同为被执行主体来共同承担债权人的债务的司法活动。最高人民法院《关于人民法院执行工作若干问题的规定（试行）》（以下简称《执行工作若干问题的规定》）第76条至第83条规定了被执行主体的追加情形，但对如何启动追加程序未作规定，对此理论上存在"当事人申请论"和"执行机构依职权论"两种观点。

"当事人申请论"主张，当事人不提出追加被执行主体的申请，执行机构就不应当主动启动追加程序。具体而言，当事人在执行过程中发现被追加被执行人的法定事由后，只有在向人民法院提出书面申请，并提交相关证据后，法院执行机构才对是否追加被执行人予以审查。

"执行机构依职权论"主张，只要出现了法定的追加被执行人的事由，法院执行机构就可以依职权对是否追加被执行人予以审查，而不一定必须在当事人提交追加被执行人的申请后才可以启动追加程序。因为执行权具有主动性和单向性，执行机构依职权启动追加被执行人程序，能够更快捷地实现申请执行人的合法权益。

笔者赞同"当事人申请论"，在遇有追加被执行主体的法定情形时，法院执行机构只有在当事人提出追加被执行人的申请后才能启动该程序，理由如下：

（1）执行裁判权具有被动性、中立性的特点

"执行机构依职权论"的论据在于执行权具有主动性和单向性。然而，执行权包括执行实施权和执行裁判权。执行权中的执行实施权属行政权，具有主动性、单方面性和非终局性等特点。但执行裁判权多系当事人及其利害关系人权利救济之程序保障，是对当事人争议或案外异议人的裁决，体现了裁判权性质，独立裁决是其基本的权力运行体制。追加被执行人的审查也属于执行裁判权，执行裁判权具有的被动性、中立性和终局性等特点，要求法院执行机构在追加被执行人的启动程序上奉行"不告不理"原则。"执行机构依职权论"没有区分执行权的两大内容，将执行实施权的主动性特征归结为执行权的特征，以偏概全，忽视了执行权中的执行裁判权的被动性、中立性特征。当前，许多法院都已专门设置了执行审查庭室，将执行实施权与执行裁判权相剥离，对涉及执行当事人或利害关系人实体权利义务关系的裁决事项予以审查，目的就在于保证执行裁判权的中立性，确保经过裁决程序得出的结果符合程序和实体正义。

（2）追加程序在启动上应奉行当事人意思自治原则

依据当事人申请启动追加程序是民事诉讼法的处分原则在执行审查程序的体现。申请执行人申请执行的依据是生效法律文书，生效法律文书并未确定申请追加被执行人的法律责任。追加被执行主体后，原被执行主体将与追加的被执行主体形成共同的被执行主体。因此，追加被执行人事关申请执行人的利益，申请执行人对是否追加被执行人有自主决定的权利。如果申请执行人明知有追加的法定情形而不向执行机构申请追加，表明其放弃了追加权利，法院对此不应干涉。

鉴于当前执行当事人对追加被执行人的法律法规还缺乏了解，加之我国当前不动产登记和公示制度尚不完善，当事人的调查能力有限不能及时掌握相关追加的信息等情形存在，为切实保护申请执行人的权益，法院执行机构在发现追加被执行人的法定情形时，应及时告知当事人，然后由当事人自主选择是否申请追加被执行人，但不可自行启动追加程序。

综上所述，通过当事人依申请和法院执行机构的释明义务相结合来启动追加程序，既符合当事人意思自治原则，又可以最大限度地保护当事人的权利。

2. 被执行人有无申请追加的权利

"被执行人有无申请追加被执行人的权利"存在肯定说和否定说。笔者赞同肯定说，认为申请执行人和被执行人均享有追加被执行人的权利，理由如下：

（1）被执行人享有追加权利具有理论基础

追加被执行人制度的理论基础为既判力主观范围扩张的结果。"原则上，执行根据只对其所指明的当事人发生法律效力，但是在某些情况下，如果根据严格执行力相对性原则，判决的效力就会被明显削弱，而且可能造成就产生同一结论的法律关系重复诉

讼，增加当事人诉累，因此需要将判决执行力扩张于判决书中指明的当事人以外的人，对之或为之执行，这就是判决执行力主观的扩张，其乃既判力主观范围扩张的结果。"追加被执行主体是执行力主观范围扩张的结果，为防止执行力主观范围过度扩张，损害第三人利益，对执行力扩张效力之范围必须予以严格限制。根据实体法有关债的理论与规范，执行根据对人的效力可扩张至下列之人：1）当事人的继受人；2）为当事人或者其继受人的利益而占有标的物的人；3）为了他人的利益而成为当事人的其他人，即为了他人的权利而以自己的名义进行诉讼的案件的真正权利人。允许被执行人申请追加被执行人只是赋予了被执行人对追加程序的启动权，并未涉及既判力主观范围的扩张，故对被执行人追加制度的理论基石无任何影响。

另外，持否定说的论据之一在于执行力对申请执行人和被执行人都会产生效力，但两种效力不同，对申请执行人来说是一种赋予力，对被执行人来说是一种约束力。因此，赋予申请执行人享有追加被执行人的权利理所当然，被执行人由于未履行判决生效的义务，对其权利应予以约束，不能赋予其追加新的被执行人之权利。但笔者认为，追加被执行人制度是正是为了实现申请执行人利益而予以设计。如果被执行人为申请执行人利益而提起追加程序，就不应当受到执行约束力之限制。被执行人是执行案件的当事人，深受法院的执行程序影响，对自身责任外延化和分担化的要求决定了其对新的义务主体有追加的利益要求。被执行人在符合法定条件下启动追加程序有利于实现申请执行人的利益，不应被法律所禁止。

（2）被执行人提出追加申请符合追加被执行人的法律特征

如前文分析，追加被执行人的权利属于执行当事人，而执行当事人包括申请执行人和被执行人。我国法律并未明文规定被执行人不得提出追加申请。《执行工作若干问题的规定》等与追加被执行人相关的法律法规，均未明确禁止被执行人享有追加权利。而被执行人提出追加申请完全符合以下所述被执行主体追加的法律特征：

1）被执行主体的追加必须发生在民事强制执行程序中。

2）被执行主体的追加前提条件是债务人（原被执行主体）不能或不能完全履行生效法律文书确定的义务。

3）追加的被执行主体必须与原被执行人具有权利、义务的关联性。

4）追加被执行主体后，原被执行主体履行义务的民事责任并未消除，其与追加的被执行主体形成共同的被执行主体。

5）被执行主体追加必须依法定程序进行，非经法定程序不得追加。

（3）赋予被执行人追加权有助于化解"执行难"

如上文所述，追加被执行人的前提条件在于被执行人不能或不能完全履行生效法律文书确定的义务，因此能否追加新的被执行人事关案件能否继续执行。执行程序是实现生效法律文书所载明的合法权益的程序，是保障公民合法权利的最后一道防线。长期以来，由于各种原因，许多生效法律文书无法执行到位，"执行难"问题一直困扰着法院，而被执行人追加制度是解决"执行难"问题的一条重要途径。

根据《执行工作若干问题的规定》，在符合相应的法定追加情形时，可以被追加的主体有：第78条规定的"企业法人"和"该企业法人其他分支机构"，第79条规定的

"分立后存续的企业",第 80 条规定的"开办单位",第 81 条规定的"上级主管部门或开办单位"。法院若依法裁定追加上述主体后,原被执行主体将与新的执行主体共同履行生效判决的义务。因此对被执行人来说,具有申请追加新的被执行人的主动性和积极性。而且相对于申请执行人,被执行人对于自身的经营状况、分支机构、债权债务的转让承受更为熟悉,允许被执行人依法启动追加程序有利于推动执行进程。另外在司法实践中,申请执行人在向法院申请强制执行后有时会下落不明,执行机构无法联系到申请执行人,而此时被执行人又无能力履行判决义务。当执行机构发现有法定追加被执行人的情形时,如前文所述并无依据职权追加被执行人的权力。如果不赋予被执行人追加新的被执行人权利,案件将无法继续执行。在法院告知被执行人具有追加的法定情形后,允许被执行人申请追加新的被执行人,则执行程序能得以继续。

综上所述,本案中中国人民解放军第二炮兵总医院虽是被执行人,但享有追加被执行人的权利,尽管其所提出的追加理由不符合执行程序中追加被执行人的相关规定,但仍应当对该案予以审查。

(北京市西城区人民法院执行三庭 袁楠)

99. 刘广辉对金纬与王晓莉仲裁执行案外人异议案

(一) 首部

1. 执行依据:上海市第一中级人民法院(2011)沪一中执字第 1368-1 号。
2. 案由:仲裁执行。
3. 诉讼双方
申请执行人:金纬,男,1988 年 7 月 26 日出生,汉族,住浙江省永嘉县瓯北镇。
被执行人:王晓莉,女,1981 年 11 月 29 日生,汉族,住上海市金山区张堰镇。
4. 执行机关和执行组织
执行法院:上海市第一中级人民法院。
合议庭组成人员:审判长:阮国平;代理审判员:宋赟、施泉根。
5. 执结时间:2011 年 7 月 18 日。

(二) 诉辩主张

金纬与王晓莉房屋买卖合同纠纷一案,上海仲裁委员会于 2010 年 11 月 8 日作出(2010)沪仲案字第 0955 号仲裁裁决,确认金纬、王晓莉达成的调解协议,即"一、申请人金纬与被申请人王晓莉于2010年3月8日签订的《房地产买卖合同》和2010年9月13日签订的编号为1093578的《上海市房地产买卖合同》于2010年11月5日起解除。二、被申请人王晓莉向申请人金纬返还购房款人民币500 000元，并向申请人金纬赔偿损失人民币200 000元，上述款项合计人民币700 000元，被申请人王晓莉应于2010年11月9日前一次性支付给申请人金纬。三、若被申请人王晓莉未按上述期限支付上述款项，被申请人王晓莉同意将自有的位于上海市长宁区泉口路185弄77号503室的房屋拍卖或变卖，所得款项首先偿还给申请人金纬。若被申请人王晓莉未按期付款的，未付部分的款项按每日万分之八的违约金支付给申请人金纬。四、本案仲裁费人民币12 957.50元（已由申请人预缴），由申请人金纬承担人民币6 478.75元；被申请人王晓莉承担人民币6 478.75元，被申请人王晓莉应在2010年11月9日前一次性支付人民币6 478.75元给申请人金纬。"在本院执行过程中，案外人刘广辉以上述查封的房产已由生效民事判决确认归其所有为由，要求本院解除对房屋的查封。

（三）事实和证据

经审查，案外人刘广辉与被执行人王晓莉因房屋买卖合同纠纷一案，于2010年9月26日在上海市长宁区房地产交易中心对上述系争房产进行异议登记。2010年10月11日，案外人向上海市长宁区人民法院提出诉讼，上海市长宁区人民法院于2011年1月24日作出了（2010）长民三（民）初字第2268号民事判决，判决"原告刘广辉与被告王晓莉就本市长宁区泉口路185弄77号503室房屋于2006年7月24日所签订的《上海市房地产买卖合同》无效；被告王晓莉应于本判决生效之日起十日内将本市长宁区泉口路185弄77号503室房屋产权恢复登记至原告刘广辉名下等"。王晓莉不服上诉，上海市第一中级人民法院于2011年4月11日作出了（2011）沪一中民二（民）终字第510号终审民事判决，驳回王晓莉上诉，维持原判。

申请执行人金纬与被执行人王晓莉在上述案件诉讼期间，于2010年11月5日就系争房屋的买卖纠纷申请仲裁。上海仲裁委员会裁决书中查明金纬、王晓莉"双方在办理房屋过户手续的过程中，案外人刘广辉向上海市长宁区房地产登记处提供了（2010）长民三（民）初字第698号判决书作为依据申请异议"情况下，仍于2010年11月8日根据被执行人与申请执行人达成的调解协议，作出了（2010）沪仲案字第0955号裁决，裁决主文第三条确认"若被申请人王晓莉未按上述期限支付上述款项，被申请人王晓莉同意将自有的位于上海市长宁区泉口路185弄77号503室的房屋拍卖或变卖，所得款项首先偿还给申请人金纬。若被申请人王晓莉未按期付款的，未付部分的款项按每日万分之八的违约金支付给申请人金纬"。2010年11月10日申请执行人申请执行，在执行过程中，被执行人王晓莉于2010年11月16日表示无付款能力，愿将其所有的系争房屋变现后清偿债务，并表示系争房屋系其个人所有，没有其他产权人，也无其他案件被起诉，系争房屋无人居住。2010年11月25日，上海市第一中级人民法院依金纬的申请查封登记在被执行人王晓莉名下的系争房屋。

以上事实，有（2010）长民三（民）初字第2268号民事判决书、（2011）沪一中民二（民）终字第510号民事判决书、（2010）沪仲案字第0955号裁决书、上海市房地产异议登记信息、房屋状况及产权人登记信息、2010年11月16日本院对王晓莉的询问笔录等为证。

（四）判案理由

上海市第一中级人民法院认为：根据《中华人民共和国担保法》第三十七条第一款第（四）项所有权、使用权不明或者有争议的财产不得作为债权担保。案外人对执行标的物已申请异议登记且在提出诉讼后，被执行人与申请执行人通过上海仲裁委员会协议裁决处分执行标的物作为债权担保有悖法律规定。依据现已生效之（2010）长民三（民）初字第2268号民事判决，位于上海市长宁区泉口路185弄77号503室的房屋产权应恢复登记至刘广辉名下，案外人认为执行标的物已申请了异议登记，被执行人明知与案外人关于执行标的物的纠纷正在诉讼中，仍通过与申请执行人达成仲裁协议，来规避法律的理由成立。上海仲裁委员会（2010）沪仲案字第0955号仲裁裁决第三条部分主文违背社会公共利益，应不予执行。

（五）定案结论

上海市松江区人民法院依照《中华人民共和国民事诉讼法》第二百一十三条第三款之规定，裁定如下：

对上海仲裁委员会（2010）沪仲案字第0955号裁决书主文第三条有关"若被申请人王晓莉未按上述期限支付上述款项，被申请人王晓莉同意将自有的位于上海市长宁区泉口路185弄77号503室的房屋拍卖或变卖，所得款项首先偿还给申请人金纬"的裁决，不予执行。

（六）解说

规避执行是导致执行难的重要原因之一，为此，最高人民法院部署了专项行动予以打击。本案是一起比较典型的当事人企图规避执行的案件。

1. 申请执行人与被执行人串通规避执行的意图明显

在案外人与被执行人房屋权属纠纷进行过程中，被执行人在预见判决可能对其不利的情况下，未待判决即与申请执行人达成仲裁协议，并在仲裁中迅速达成和解协议，并据此和解协议，当事人在短短3天之内获得仲裁裁决。综观和解协议和仲裁裁决之内容，对被执行人极为不利，从字面意思判断，被执行人极为愿意将其"所有"的系争房屋拍卖变现，并将相关款项支付给申请人。仔细审查，即可发现疑点：若房屋真为其所有，其完全无须经过仲裁程序，直接出售或将房屋过户给申请执行人即可；同时，在执行中，被执行人希望法院拍卖房屋的愿望强烈，而申请执行人却未能依本院要求提交其交付购房款的依据，各种情形均显示本案不同于一般执行案件。因此，综合本案的相关情况，可以认定，被执行人的目的是通过仲裁处分尚有争议的房屋，进而通过我院的执行，来规避可能导致不利的法律后果，具体说，是规避极有可能产生的长宁区人民法院的执行——将系争房产恢复登记至案外人刘广辉名下。

2. 案外人维护权益的途径

相关主体排斥法院强制执行的救济途径，根据现有法规，有依据《民事诉讼法》第202条①进行的程序性救济及依据第204条②进行的实体性救济两种。本案案外人执行异议请求为：(1) 中止对系争房屋的执行；(2) 不予执行仲裁裁决。即依据《民事诉讼法》第204条主张实体权利，要求中止对系争房屋的执行，同时申请不予执行仲裁裁决。

对于仲裁裁决的救济途径，相关主体可根据《民事诉讼法》第213条③的规定申请不予执行仲裁裁决，亦可依据《仲裁法》第58条④的规定申请撤销裁决，但二者申请主体均限定为仲裁裁决的当事人。很显然，本案的案外人不具备不予执行申请的主体资格。所以，案外人救济权利的渠道只有申请中止执行。

若案外人依实体权利申请异议，法院在异议审查时认定其主张足以对抗本案执行，将裁定中止对系争房屋的执行，但在此种情形下，本案的执行依据，即仲裁裁决书中的相应内容却仍然有效，将产生逻辑上的混乱。而若对仲裁裁定书主文第三条要求拍卖系争房产的部分不予执行，也就当然中止了系争房屋的执行，从执行源头上消除损害案外人权益行为的法律依据，杜绝了本案执行法律冲突。因此，我们认为，不予执行仲裁裁决第三条的部分内容比中止执行系争房屋的效果更佳。

3. 不予执行仲裁裁决的启动和裁决

依据《民事诉讼法》的相关规定，启动不予执行程序分为当事人申请及执行中法院依职权审查。本案案外人非仲裁裁决的当事人，无权申请。而执行法院在执行中，发现仲裁裁决违背社会公共利益，可依职权审查并裁定不予执行。审查中，对法院依职权裁定范畴存有两种观点：一种观点主张仲裁裁决全部不予执行，另一种观点主张对违反公共利益部分不予执行。从《民事诉讼法》第213条第3款"人民法院认定执行该裁决违背社会公共利益的，裁定不予执行"规定的字面意思解释，我们认为，在无明确证据表明当事人恶意、虚假仲裁的情况下，法院裁定权仅限于违背社会公共利益部分为妥。

---

① 《中华人民共和国民事诉讼法》第202条规定：当事人、利害关系人认为执行行为违反法律规定的，可以向负责执行的人民法院提出书面异议。当事人、利害关系人提出书面异议的，人民法院应当自收到书面异议之日起十五日内审查，理由成立的，裁定撤销或者改正；理由不成立的，裁定驳回。当事人、利害关系人对裁定不服的，可以自裁定送达之日起十日内向上一级人民法院申请复议。

② 《中华人民共和国民事诉讼法》第204条规定：执行过程中，案外人对执行标的提出书面异议的，人民法院应当自收到书面异议之日起十五日内审查，理由成立的，裁定中止对该标的的执行；理由不成立的，裁定驳回。案外人、当事人对裁定不服，认为原判决、裁定错误的，依照审判监督程序办理；与原判决、裁定无关的，可以自裁定送达之日起十五日内向人民法院提起诉讼。

③ 《中华人民共和国民事诉讼法》第213条规定：对依法设立的仲裁机构的裁决，一方当事人不履行的，对方当事人可以向有管辖权的人民法院申请执行。受申请的人民法院应当执行。

④ 《中华人民共和国仲裁法》第58条规定：当事人提出证据证明裁决有下列情形之一的，可以向仲裁委员会所在地的中级人民法院申请撤销裁决……

综上所述，被执行人规避执行的意图明显，执行法院综合本案的相关情况，依职权对仲裁裁决进行审查，并以仲裁裁决第三条部分主文损害案外人权益为据，裁定不予执行。

（上海市第一中级人民法院　宋赟　康邓承）

100. 孙宏月与中国华闻投资控股有限公司、北京胜古房地产开发有限责任公司执行异议案

（一）首部

1. 判决书字号

一审判决书：北京市第二中级人民法院（2010）二中民初字第10431号。

二审判决书：北京市高级人民法院（2011）高民终字第237号。

2. 案由：执行异议纠纷。

3. 诉讼双方

原告（上诉人）：孙宏月，女，1976年3月29日出生，汉族，中国电信股份有限公司北京分公司职工，住北京市朝阳区。

委托代理人：林峰，北京市易凯律师事务所律师。

委托代理人：王晶，女，1987年6月17日出生，无业，住北京市西城区。

被告（被上诉人）：中国华闻投资控股有限公司，住所地：北京市朝阳区惠忠里A区220号楼。

法定代表人：周立群，董事长。

委托代理人：张嵩，男，1976年11月30日出生，中国华闻投资控股有限公司员工，住北京市朝阳区。

委托代理人：李红香，女，1979年4月3日出生，中国华闻投资控股有限公司员工，住河北省石家庄市裕华区。

被告：北京胜古房地产开发有限责任公司，住所地：北京市朝阳区成寿寺路136号院7号楼102室。

4. 审级：二审。

5. 审判机关和审判组织

一审法院：北京市第二中级人民法院。

合议庭组成人员：审判长：崔智瑜；代理审判员：刘丽杰、王金龙。

二审法院：北京市高级人民法院。

合议庭组成人员：审判长：张凯军；审判员：许雪梅；代理审判员：谷绍勇。

6. 审结时间

一审审结时间：2010年9月20日。

二审审结时间：2011年9月7日。

（二）一审情况

1. 一审诉辩主张

孙宏月起诉称，2005年1月，我与北京胜古房地产开发有限责任公司（以下简称"胜古公司"）签订《商品房买卖合同》及补充协议，约定我购买胜古公司开发的北京市朝阳区胜古家园1号楼A座1606室房屋，房屋总价款91.8952万元。我依约支付首付款71.8952万元，并办理了入住手续，但胜古公司一直未能按照合同约定为我方办理产权登记手续。此后，我发现所购房屋被北京市第二中级人民法院查封，经了解，查封原因是胜古公司与中国华闻投资控股有限公司（以下简称"华闻公司"）存在经济纠纷，华闻公司依据生效判决申请强制执行所致。为此，我向法院提出执行异议申请。因以上申请被法院驳回，故起诉请求法院根据我购买涉案房屋发生在胜古公司与华闻公司诉讼之前，且已实际入住涉案房屋多年的事实，依法判决：(1)确认胜古家园1号楼A座1606室房屋所有权归我所有；(2)停止对胜古家园1号楼A座1606室房屋的执行。

华闻公司答辩称，孙宏月至今未办理房屋过户登记手续，未取得涉案房屋的所有权；孙宏月在明知房屋已设定抵押的情况下购买该房，是因为该房屋转让价款明显低于市场价值，孙宏月不符合善意第三人的标准，应当承担不利后果，不同意孙宏月的诉讼请求。

胜古公司经传唤未参加庭审，也未提交书面答辩意见。

2. 一审事实和证据

北京市第二中级人民法院经公开开庭审理查明：

2003年10月，胜古公司取得了其开发的胜古家园1号、3号楼《房屋所有权证》，胜古公司将涉案争议房屋在内的若干套房屋抵押给交通银行北京分行和平里支行（以下简称和平里支行）。2007年11月12日，和平里支行向产权登记机关出具《证明》，表示允许涉案房屋在内的16套房屋上市销售。

2005年1月20日，孙宏月与胜古公司签订《商品房买卖合同》，约定孙宏月购买胜古公司开发的北京市朝阳区胜古家园1号楼A座1606室房屋，房价款总计91.8952万元，付款方式为首付71.8952万元，贷款20万元。同日，孙宏月与胜古公司签订《〈商品房买卖合同〉之补充协议》，约定按揭付款，首付款71.8952万元，如孙宏月需要按揭贷款购买该房屋，其同意该房屋的抵押权人交通银行提供按揭贷款，有关按揭贷款的事宜由孙宏月与银行直接办理，胜古公司应当给予必要的协助，胜古公司收到孙宏月全额购房款后两周内与银行办理完毕抵押注销登记或抵押人的变更手续之日起6个月内，为孙宏月办理完毕产权过户登记手续。如果超过6个月仍未办理房屋产权证书，非由于胜古公司的原因，胜古公司不承担责任；如果系胜古公司原因，则孙宏月选择继续履行合同，胜古公司向孙宏月支付违约金。

签约当日，孙宏月支付购房首付款71.895 2万元，胜古公司开具了发票。双方约定的剩余房款20万元贷款手续至今未能办理。诉讼中，孙宏月称其全部资料已交至贷款银行，但因胜古公司未能办理解除抵押登记手续，导致银行不能放贷。2005年3月，孙宏月入住涉案房屋。

因华闻公司与胜古公司发生保证合同纠纷，北京市第二中级人民法院于2007年3月29日作出（2007）二中民初字第00092号民事判决，判令胜古公司偿还华闻公司欠款5 000万元及诉讼费用28.975 9万元。该判决生效后，华闻公司申请强制执行。北京市第二中级人民法院于2009年8月27日查封了涉案房屋。

2009年12月，孙宏月在发现房屋被查封后向北京市第二中级人民法院申请执行异议，该异议被驳回后遂提起本案诉讼。

上述事实有下列证据证明：
(1)《商品房买卖合同》；
(2)《〈商品房买卖合同〉之补充协议》；
(3) 付款发票；
(4)（2007）二中民初字第00092号民事判决书；
(5) 当事人当庭陈述等。

3. 一审判案理由

北京市第二中级人民法院根据上述事实与证据认为：

孙宏月与胜古公司签订的《商品房买卖合同》合法有效，该合同使孙宏月与胜古公司形成债的法律关系。在合同履行过程中，双方尚未完成标的物的权属转移登记手续，涉案房屋所有权未发生转移。孙宏月仅依据合同径行主张确认其对涉案房屋享有所有权，缺乏法律依据，对其关于确认涉案房屋归其所有的诉讼主张不予支持。根据最高人民法院《关于人民法院民事执行中查封、扣押、冻结财产的规定》第十七条的规定，"被执行人将其所有的需要办理过户登记的财产出卖给第三人，第三人已经支付部分或者全部价款并实际占有该财产，但尚未办理产权过户登记手续的，人民法院可以查封、扣押、冻结；第三人已经支付全部价款并实际占有，但未办理过户登记手续的，如果第三人对此没有过错，人民法院不得查封、扣押、冻结"。孙宏月尚未支付全部房价款，其请求停止对涉案房屋采取执行措施缺乏依据，对其该项诉讼请求法院不予支持。

4. 一审定案结论

北京市第二中级人民法院依照《中华人民共和国物权法》第十四条、最高人民法院《关于人民法院民事执行中查封、扣押、冻结财产的规定》第十七条、《中华人民共和国民事诉讼法》第一百三十条之规定，作出如下判决：

驳回孙宏月的全部诉讼请求。

(三) 二审诉辩主张

孙宏月上诉称，涉案房屋未完成产权变更登记过户至我名下，以及我未能获得贷款以支付剩余房款,完全是胜古公司原因所致,原审判决认定事实有误、适用法律不当,请求依法改判支持我关于停止对涉案房屋执行的诉讼请求。孙宏月在二审中表示不再坚持原审提出的确权主张。

华闻公司同意原审判决。

胜古公司经合法传唤未到庭应诉,也未提交书面意见。

(四) 二审事实和证据

北京市高级人民法院经公开开庭审理本案,当事人未提交新的证据,所查明的事实与原审无异。

(五) 二审判案理由

北京市高级人民法院根据上述事实与证据认为:

依法成立的合同,受法律保护。孙宏月与胜古公司签订《商品房买卖合同》及补充协议,该合同合法有效,各方均应依约履行。根据该合同内容,孙宏月以支付购房款为对价取得涉案房屋所有权,胜古公司有义务在收到全额购房款后确定的期间内为孙宏月办理完毕产权过户登记手续,双方并特别约定,如系胜古公司原因未能按期办理房屋产权证书,胜古公司应承担违约责任,孙宏月则有权选择继续履行合同。实际履行中,孙宏月支付了大部分房价款,并履行了双方协议约定的申请贷款项下义务,实际入住涉案房屋。因胜古公司原因,孙宏月无法获取贷款以支付剩余房价款,故根据双方合同约定,剩余房款未付的事实并不构成阻止孙宏月请求继续履行的障碍,孙宏月有权主张胜古公司为其办理涉案房屋产权过户登记手续,并进而取得该房屋所有权。原审法院未考虑当事人之间关于孙宏月有权主张继续履行合同的约定,以孙宏月未支付全部房价款为由驳回其诉讼请求不妥。孙宏月与华闻公司均对胜古公司享有债权,孙宏月所享有的合同权利为取得涉案房屋所有权,相关合同约定明确且该债权成立在先;华闻公司对胜古公司所享有的债权虽为生效判决所确认,但该债权仅为一般债权,债权内容为清偿欠款及承担诉讼费用,并未明确指向涉案房屋,特别是考虑到孙宏月已经实际占有、使用涉案房屋多年的实际情况,孙宏月的上诉请求应予支持。

(六) 二审定案结论

北京市高级人民法院依照《中华人民共和国民事诉讼法》第一百五十三条第一款第(三)项之规定,作出如下判决:

"一、撤销北京市第二中级人民法院(2010)二中民初字第10431号民事判决;
二、对北京市朝阳区胜古家园1号楼A座1606室房屋停止执行。"

(七) 解说

本案具有代表性:购房者部分交付房款并已经实际入住,但房屋产权尚未办理至购房者名下。在这种情况下，如所购房屋成为另案执行标的物，部分支付房款的购房者能否通过执行异议之诉维护其权益？由于按揭贷款在房屋买卖活动中大量存在，同时从房屋买卖合同成立到房屋产权过户完成需要长短不等的一个过程，此案的处理在一定程度上具有普遍意义。现将相关问题分析如下：

1. 购房者主张权利的基础

孙宏月作为购房者与胜古公司签订《商品房买卖合同》，其目的在于取得涉案房屋所有权。该合同使双方形成债的法律关系，涉案房屋权属变更登记至孙宏月名下属合同履行义务，故孙宏月并不能根据该合同直接取得房屋所有权，并进而依据房屋所有权（物权）主张其权利。

根据双方所签合同，孙宏月以支付购房款为对价取得涉案房屋所有权，胜古公司有义务在收到全额购房款后确定的期间内为孙宏月办理完毕产权过户登记手续，双方并特别约定，如系胜古公司原因未能按期办理房屋产权证书，胜古公司应承担违约责任，孙宏月则有权选择继续履行合同。从本案实际情况看，孙宏月支付了大部分房价款，并履行了双方协议约定的申请贷款项下义务，实际入住涉案房屋。因胜古公司原因，孙宏月无法获取贷款以支付剩余房价款，根据合同约定，剩余房款未付并非孙宏月原因所致。在可能发生的合同之诉中，孙宏月有权依据合同债权要求胜古公司继续履行为其办理涉案房屋产权过户登记手续（即取得房屋所有权）。由此可见，孙宏月在可能发生的另案（合同之诉）中对债权主张的实际指向是物权，在本案（执行异议之诉）中，孙宏月可以要求继续履行的合同债权构成其主张执行停止的权利基础。

应当说明，实践中购房者未能支付全部房价款的原因是多种多样的，未支付全款的事实并不必然构成房屋销售者拒绝为其办理产权过户手续的抗辩事由。在合同之诉中，法院不能仅以全款未付这一事实直接驳回购房者要求继续履行合同以取得房屋所有权的诉讼请求，而应当分析合同未能完全履行的原因及继续履行的可能性。在执行异议案件中，法院不考虑上述问题，直接以购房者未能支付全部房款为由驳回其异议申请显然是欠妥的。

2. 司法解释的适用——对最高人民法院《关于人民法院民事执行中查封、扣押、冻结财产的规定》第17条的理解

最高人民法院《关于人民法院民事执行中查封、扣押、冻结财产的规定》（法释[2004] 15号）第17条（以下简称第17条）规定，"被执行人将其所有的需要办理过户登记的财产出卖给第三人，第三人已经支付部分或者全部价款并实际占有该财产，但尚未办理过户登记手续的，人民法院可以查封、扣押、冻结；第三人已经支付全部价款并实际占有，但未办理过户登记手续的，如果第三人对此没有过错，人民法院不得查封、扣押、冻结"。

在执行异议案件中，一些法院普遍倾向于援引第17条内容，以申请人未支付全部房价款为由驳回异议申请。本案中，一审法院即援引第17条作为定案依据，对此二审法院有不同认识：

（1）法院以购房者未能支付全部房款为由驳回其执行异议申请，没有分析全款未付及房屋未办理权属过户手续的基本原因。由于房价款的支付情况仅是对合同履行状态的

确认，不涉及对相关原因的判断及对违约责任的区分，以"是否支付全部房款"作为此类执行异议案件的裁判标准明显失于简单，据此作出的裁判结果容易引发当事人产生法院"是非不分"、案件"事实不清"的感受。

（2）法院以购房者未能支付全部房款为由驳回其执行异议申请，没有考虑购房者通过合同之诉主张继续履行的可能性。合同之诉意味着购房者通过主张继续履行获得房屋产权的可能性。这种现实存在的可能性与法院在执行异议之诉中驳回购房者异议申请是相互抵触的。特别应当注意到，执行异议之诉几乎是法定程序中购房者维护其住房权益的最后屏障，而此类诉讼提起之时其房屋已处于执行阶段，异议申请被驳回往往就意味着房屋被执行的实际后果，而合同之诉此时往往还处于尚未提起的状态。以"未支付全部房款"作为执行异议之诉的裁判标准和依据，据此作出的裁判结果可能剥夺了购房者主张继续履行合同的程序权利，更为严重的是，可能直接剥夺购房者的房屋居住权利，并导致不同类型案件中对于同一房屋权属认定的混乱，极易造成购房者与法院的严重对立，引发社会矛盾。

（3）对第17条内容的分析，并不能必然得出"购房者未支付全部房价款"，法院即不得停止执行的结论。

首先，根据文字内容，购房者已经支付全部价款并实际占有房屋，但未办理过户登记手续的，如果购房者对此没有过错，人民法院不得查封、扣押、冻结，从该规定内容并不能直接推导出购房者未支付全部房价款、未办理过户登记手续的，人民法院当然可以查封、扣押、冻结，当然更不能推导出在此情形之下，人民法院必须查封、扣押、冻结。

其次，最高人民法院《关于人民法院民事执行中查封、扣押、冻结财产的规定》是关于执行措施中查封、扣押、冻结三项执行措施的具体规定，该司法解释的内容仅限于对三项执行措施的适用，而《中华人民共和国民事诉讼法》第204条规定，执行异议成立的法律后果是"中止对（执行）标的的执行"，即执行异议之诉所申请的中止内容是全部执行措施，不限于查封、扣押、冻结这三项执行措施，且执行异议一旦理由成立，应当中止的内容也不限于这三项执行措施。从司法解释适用的角度看，以最高人民法院《关于人民法院民事执行中查封、扣押、冻结财产的规定》的第17条作为执行异议案件的定案依据显然给人以"文不对题"或"以偏概全"的印象，该司法解释能否在执行异议案件中适用是存在一定疑问的。

最后，当购房者提出执行异议申请之时，涉案房屋作为执行标的，所面临的执行措施往往不是查封、扣押、冻结，而是进一步的拍卖、变卖或办理过户手续。购房者提起执行异议之诉的根本目的在于阻却涉案房屋产权发生变动，所针对的是即将发生的拍卖、变卖或办理过户手续等产权变动措施，而不是不会导致权属变动的查封、扣押、冻结措施。适用最高人民法院《关于人民法院民事执行中查封、扣押、冻结财产的规定》，既与申请人提出执行异议的根本目的缺乏关联，也与民事诉讼法关于执行异议条件成立的法律后果不符。

（4）在执行异议案件中适用最高人民法院《关于人民法院民事执行中查封、扣押、冻结财产的规定》第17条，不仅与最高人民法院其他司法解释存在冲突，也与《中华人民共和国物权法》的相关规定相悖，对此问题，将在以下部分探讨。

3. 对于另外一则司法解释——最高人民法院《关于建设工程价款优先受偿权问题的批复》的理解

在执行异议案件的审理过程中，对于最高人民法院的另外一份司法解释应当格外注意：2002年6月20日，最高人民法院以法释〔2002〕16号作出《关于建设工程价款优先受偿权问题的批复》，内容为："一、人民法院在审理房地产纠纷案件和办理执行案件中，应当依照《中华人民共和国合同法》第二百八十六条的规定，认定建筑工程承包人的优先受偿权优于抵押权和其他债权。二、消费者交付购买商品房的全部或大部分款项后，承包人就该商品房享有的工程价款优先受偿权不得对抗买受人。"

对此批复进行整理，可以得出这样的分析结论：

（1）交付全部或大部分房款的消费者权益优于建筑工程优先受偿权；

（2）建筑工程优先受偿权优于抵押权和其他债权；

（3）结论：一般债权、抵押权均不得对抗交付全部或大部分房款的消费者。

本案中，孙宏月已交付大部分房款（交付比例为全部房款的78%）且已实际入住（自用）达6年之久，关于其消费者身份的认定并不存在争议。根据最高人民法院以上批复，孙宏月作为消费者所享有的权利优于建筑工程优先受偿权，既当然高于抵押权，更高于一般债权；而华闻公司对被执行人胜古公司所享有的债权虽经生效判决确认，但该债权仅为一般债权，自然无法对抗孙宏月在执行异议之诉中作为消费者所提出的权利主张。

对不同司法解释的适用可能导致截然不同的裁判结果，因而有必要对两份司法解释在此类执行异议案件中的适用问题进行分析：如上一部分所述，最高人民法院《关于人民法院民事执行中查封、扣押、冻结财产的规定》第17条专指执行程序中查封、扣押、冻结三项执行措施的实施，该三项措施并不会直接导致执行标的物权属的变更，与执行异议申请的基本目的缺乏必要的关联，因而该司法解释能否在执行异议案件中适用是存在疑问的。而最高人民法院《关于建设工程价款优先受偿权问题的批复》作为司法解释（法释〔2002〕16号），其颁布时间虽然早于最高人民法院《关于人民法院民事执行中查封、扣押、冻结财产的规定》，但该批复并未被明文废止，相反在审判实践中，特别是在建筑工程施工合同纠纷中广泛适用，说明其效力是不容置疑的。至于该批复在执行异议案件中的适用问题，由于第17条专指执行中的查封、扣押、冻结措施，而批复专门针对消费者优先权、建筑工程优先受偿权与抵押权、其他债权的对抗效力问题，不仅与执行异议之诉的主张、审查内容相一致，且规定内容具体、明确，因而在本案二审阶段，合议庭部分意见倾向于直接适用该批复内容作为定案依据。

然而，以上批复所确认的购房消费者优先权看起来更像是最高人民法院在解释建筑工程优先受偿权时，基于对民生、政策等因素的特别考虑所添加的一项特殊变通措施。从批复的文字内容，我们无从寻觅确立此项消费者优先权的法理基础。购房消费者的实体权利优于建筑工程优先受偿权，进而优于抵押权，更优于一般债权。这项实践中诞生的权利的优先等级是我们目前所知的最高级别，对此项权利的确认无疑需要特别慎重。在新类型的执行异议之诉案件中，面对纷繁复杂、表现各异的具体案件事实，直接适用该批复确认购房消费者的优先权效力当然是一种既简单又便捷的处理方式,但同类案件相关事实的复杂性和不可预知因素,以及消费者优先权效力如此之高及该权利设定的特殊情况,使二审合议庭在是否选择适用该批复作为本案定案依据时存有疑虑。

4.《中华人民共和国物权法》第191条——对购房消费者优先权的法律分析

最高人民法院批复所确认的购房消费者优先权是否存在法理基础和理论支持?关于该优先权的规定在执行异议案件中应如何适用?对这些问题的分析,实际涉及本案中当事人并未加以足够重视,而在实际审理工作中又无法回避的一个基础性的理论问题,即抵押权的追及效力问题。

所谓抵押权的追及效力问题,是指已设定抵押的物对外转让,此时抵押权效力能否及于正处于转让状态之下的抵押物?就本案而言,胜古公司作为产权人,将涉案房屋抵押给和平里支行。在和平里支行作为抵押权人同意出售的情况下,胜古公司将涉案房屋出售给孙宏月,但尚未办理产权过户手续。如果认定抵押权效力仍及于涉案房屋,则针对该涉案房屋,可能主张权利的主体不是本案中的两方而是三方:

(1)孙宏月可以依据《商品房买卖合同》及补充协议要求胜古公司继续履行为其办理产权过户手续;

(2)华闻公司依据其与胜古公司已经法院确认的一般债权申请对该房屋执行;

(3)和平里支行可以依据其与胜古公司之间的债权及抵押协议主张对涉案房屋行使抵押权。

在物权理论方面,关于抵押权的追及效力问题历来存在重大争论,在交易安全与物尽其用两种基本价值取向、买受人、出卖人(抵押人)与抵押权人三方利益平衡取舍之间,形成两种截然相对的理论,并进一步发展成两种不同的抵押物转让制度模式:价金物上代位主义模式和抵押权追及效力模式。

(1)价金物上代位主义模式

在这种模式中,抵押权人是通过将其支配的客体从物转移到价金来实现抵押权,因此,受让人就可以排除追及效力的影响,获得对抵押物的完全权利,从而不需要借助于其他途径来对其利益予以特别保护。[①] 简单地说,价金代位主义理论认为一旦抵押物有偿转让,抵押权人基于抵押物所享有的抵押权与抵押物发生了分离,此时关于抵押权的主张因抵押物转让而止于抵押人转让该物获取的价金,即抵押权人只能向抵押人(出卖人)就转让价款主张权利,而不能向抵押物转让的买受人主张抵押权。

价金物上代位主义模式更加偏重于考虑交易安全和买受人的合法权益。然而其缺陷在于价金因素可能对抵押权人的权益造成影响,即抵押物转让价金的高低可能直接影响到抵押权人利益的实现:当价金不足以清偿抵押债务时,因设定抵押给债权人带来的安全性就会丧失。

(2)抵押权追及效力模式及其涤除权

在抵押权追及效力模式之下,抵押物转让的事实不影响抵押权的存在与行使,即已

---

① 参见最高人民法院物权法研究小组编著:《〈中华人民共和国物权法〉条文理解与适用》,571页,北京,人民法院出版社。

经设定的抵押附着于抵押物之上一并转让，转让并不导致抵押权与抵押物分离。

在这种模式中，（抵押权）绝对的追及效力对抵押权人的利益保护是最为充分的，但抵押物的受让人则因此处于不利的地位。为此，传统民法主要通过涤除制度的构建来适当平衡抵押权人与买受人的利益。所谓涤除权，是指买受人可以在抵押权人实现抵押利益前提出一个涤除金额，如果抵押权人接受涤除金额，则可以消灭抵押物上的抵押权效力，如果抵押权人不同意涤除金额，则可以申请拍卖。在抵押权追及效力模式之下，买受人只能通过行使涤除权排斥抵押权的追及效力，从而获得完整的所有权。

（3）物权法对抵押权追及效力的相关规定

《物权法》第191条第1款规定："抵押期间，抵押人经抵押权人同意转让抵押财产的，应当将转让所得的价款向抵押权人提前清偿债务或者提存。转让的价款超过债权数额的部分归抵押人所有，不足部分由债务人清偿"。第2款规定："抵押期间，抵押人未经抵押权人同意，不得转让抵押财产，但受让人代为清偿债务消灭抵押权的除外"。

A. 关于价金物上代位主义模式

《物权法》第191条第1款规定明确了在同意转让的前提下，抵押权人实现抵押权的支配客体从物转移到转让所得的价金。该款并规定，如果价款不足清偿债权的，不足部分由债务人清偿。债务人即抵押人，根据该文字表述，在价金不足以抵偿债务时，抵押权人只能向债务人主张清偿，而不能向买受人主张抵押权利。由此可见，《物权法》第191条第1款设定的是抵押权转让采用价金物上代位主义模式，条件是抵押物转让经过抵押权人同意。

从理论上分析，抵押权作为一种物的担保方式，是抵押人继续保持对特定财产的占有，而依一定方式将该财产作为债权的担保。因此，行使抵押权的客体是经过合意确定的由抵押人占有的抵押物。当抵押房屋转让时，将导致房屋占有状态的改变，这种改变使抵押人与抵押物相分离，因而也就必然影响到债权担保的稳定性，因此，是否同意转让抵押房屋，是抵押权人对自身权益的重大处分。价金物上代位主义模式的缺陷在于价金低于债权金额时抵押权人的利益难以得到全面保障，立法正是基于这一考虑，将是否同意抵押物转让的决策权赋予抵押权人，同时也将转让的后果——抵押权与转让物相分离，及其可能导致的抵押利益风险交由该决策者（抵押权人）去承担。一旦抵押权人行使其处分权，同意转让抵押物，也就意味着抵押权人处分了经过公示的抵押权，使其与抵押物相剥离，止于转让所得的价金。是否同意转让抵押物的决定权在抵押权人，其对决定权的行使同时即意味着抵押权人对抵押权限制的认可和对由此产生的价金风险的承担。价金物上代位主义模式以抵押权人同意为前提，以赋予其决定权的方式弥补了该制度模式可能对抵押权人造成的不利风险。

B. 关于抵押权追及效力模式及涤除制度

《物权法》第191条第2款规定，未经抵押权人同意，不得转让抵押财产，但受让人代为清偿债务消灭抵押权的除外。可见，未经抵押权人同意转让抵押物的，转让行为仍有效，转让后财产的抵押仍存在，否则就不会有受让人清偿以消灭该抵押权的文字表述。即未经债权人同意，其抵押权追及效力及于转让之后的抵押物，转让行为并不导致抵押权与抵押物分离。买受人只能通过行使涤除权消灭附着于抵押物之上的抵押权。

从理论上分析，在未经抵押权人同意的情况下，抵押人作为出卖人与买受人擅自转让抵押财产，可能损害抵押权人的合法权益。这种以双方买卖合同方式取得的权益当然不能对抗经过公示设立的担保物权。

由此可见，作为抵押物转让制度的最新立法，《物权法》第191条根据抵押物转让时抵押权人不同的意思表示形态，对抵押权追及效力模式进行区分：当抵押权人同意转让时，采用价金物上代位主义模式（该条第1款）；当转让未经抵押权人同意时，采用抵押权追及效力模式并设定涤除权制度以平衡买受人因抵押仍存在而遭受的不利益（该条第2款）。

由此可见，《物权法》第191条第1款之规定为抵押财产的流通提供了可能性，在抵押权人同意的情况下，采用价金物上代位主义模式，既不损害抵押权人的利益，甚至还使其获得期限利益，也不会妨碍抵押财产的流通，又未损害交易安全，的确是良好的规则设计；而第2款之规定，虽然该条款仅规定了买受人的代位清偿权，但实际上采用了与《担保法司法解释》相一致的立场，采用抵押权追及效力主义和涤除权制度。综观本条两款之规定，实现了制度的最优组合：以价金物上代位为主导、抵押权追及效力为补充的抵押物转让制度，从而既贯彻了《物权法》上"物尽其用"之原则，又平衡了抵押权人、抵押人和受让人的利益。

我们认为，在当前立法现状之下，最高人民法院的上述观点应当作为审判工作的重要参考依据。

综上，二审判决是正确的。

（北京市高级人民法院民一庭　谷绍勇）

101. 招商局船务企业有限公司与太原双塔刚玉股份有限公司、北京招商科学城房地产开发有限公司申请执行人执行异议之诉案

（一）首部

1. 判决书字号

一审判决书：北京市第二中级人民法院（2010）二中民初字第13838号。

二审判决书：北京市高级人民法院（2011）高民终字第1143号。

2. 案由：申请执行人执行异议之诉。

3. 诉讼双方

原告（上诉人）：招商局船务企业有限公司，住所地：香港特别行政区干诺道中

152-155号招商局大厦12字楼。

法定代表人：郝和平，董事、总经理。

委托代理人：丹平原，北京市正见永申律师事务所律师。

委托代理人：白聪颖，北京市正见永申律师事务所律师。

被告（被上诉人）：太原双塔刚玉股份有限公司，住所地：山西省太原市郝庄正街62号。

法定代表人：杜建奎，董事长。

委托代理人：吴建平，北京市东元律师事务所律师。

委托代理人：王建全，北京市东元律师事务所律师。

被告（被上诉人）：北京招商科学城房地产开发有限公司，住所地：北京市丰台区科学城海鹰路9号2号楼。

法定代表人：叶庆东，董事长。

委托代理人：韩茂立，男，1956年10月7日出生，北京招商科学城房地产开发有限公司职员，住北京市丰台区。

4. 审级：二审。

5. 审判机关和审判组织

一审法院：北京市第二中级人民法院。

合议庭组成人员：审判长：崔智瑜；代理审判员：刘丽杰、汪卉。

二审法院：北京市高级人民法院。

合议庭组成人员：审判长：张稚侠；审判员：范清；代理审判员：金曦。

6. 审结时间

一审审结时间：2010年12月20日。

二审审结时间：2011年9月8日。

（二）一审情况

1. 一审诉辩主张

原告招商局船务企业有限公司（以下简称招商局船企公司）诉称：2000年6月，应我公司申请，北京市第二中级人民法院查封了北京招商科学城房地产开发有限公司（以下简称招商科学城公司）名下包括帝京花园1－18号别墅在内的若干房产。2000年12月，北京市第二中级人民法院受理了我公司的执行申请，案号为（2001）二中执字第98号，该案目前仍未执结。太原双塔刚玉股份有限公司（以下简称双塔刚玉公司）曾在2008年3月就查封帝京花园1－18号房产事宜提出执行异议，后于当年8月被驳回。2008年12月4日，双塔刚玉公司持确认帝京花园1－18号别墅归其所有的北京市丰台区人民法院（2008）丰民初字第18696号民事调解书再次向北京市第二中级人民法院提出执行异议，申请解除对该房产的查封。经审查，北京市第二中级人民法院最终作出（2009）二中执异字第292-1号裁定，中止（2001）二中执字第98号执行案件对招商科学城公司帝京花园别墅1－18号房屋的执行。我公司认为，双塔刚玉公司据以提出执行异议的北京市丰台区人民法院作出的民事调解书并非生效判决或裁定，其证明效力应当受到严格限制，该民事调解书在法定程序、认定事实和适用法律方面均存在错误，不能作为双塔刚玉公司享有帝京花园1—18号别墅所有权的合法依据。故起诉请求许可我公司作为申请执行人的北京市第二中级人民法院（2001）二中执字第98号执行案件对帝京花园1—18号房屋继续执行。

被告双塔刚玉公司辩称：我公司已经就涉案房屋支付全部房价款并实际使用，且我公司入住后多次要求出卖人办理房产证，不存在过错，故根据最高人民法院相关司法解释对该房屋不应予以查封。2008年3月我公司提出执行异议，之后是我公司自行撤回异议申请，而不是被法院驳回。此后我公司持北京市丰台区人民法院出具的民事调解书再次提出执行异议，该民事调解书已确认我公司是涉案帝京花园1—18号别墅的所有权人。人民法院出具的民事调解书作为法律文书的一种，具备法律效力。综上，我公司不同意招商局船企公司的诉讼请求。

被告招商科学城公司辩称：我公司对于本案事实均认可，并尊重法院的判决结果，我公司将按照法院判决结果执行。

2. 一审事实和证据

北京市第二中级人民法院经公开开庭审理查明：

北京市第二中级人民法院于2000年10月25日就招商局船企公司诉招商科学城公司借款纠纷一案作出（2000）二中经初字第294号民事判决，判令招商科学城公司限期偿还招商局船企公司借款本息人民币57 437 233.33元并支付上述款项自1998年12月1日起的利息。该判决已经发生法律效力。2000年6月，北京市第二中级人民法院在审理上述案件期间，应招商局船企公司诉讼保全申请，查封了招商科学城公司名下包括帝京花园1—18号别墅在内的若干房产。2000年12月，北京市第二中级人民法院受理招商局船企公司的执行申请，案号为（2001）二中执字第98号，该案目前仍未执结。

1995年6月10日，案外人秦皇岛市泽宇物资贸易有限公司（以下简称泽宇公司）与招商科学城公司签订《北京市外销商品房预售契约》，约定泽宇公司购买帝京花园1—18号别墅，价款合计5 501 566元。1995年6月4日，招商科学城公司出具发票，注明收到泽宇公司购房订金10万元；1995年6月10日，招商科学城公司出具发票，注明收到泽宇公司购房款5 401 566元。1999年11月1日，泽宇公司与双塔刚玉公司签订《房屋转让协议》，泽宇公司将帝京花园1—18号别墅以5 501 566元的价格转让给双塔刚玉公司，并约定全部房款分7年付清，从泽宇公司欠双塔刚玉公司的煤款中抵顶。2000年1月25日，泽宇公司向双塔刚玉公司出具收款收据，注明收到房屋转让款5 501 566元。

2008年3月，双塔刚玉公司向北京市第二中级人民法院提出执行异议，后于同年8月撤回异议申请。

2008年11月20日，北京市丰台区人民法院作出（2008）丰民初字第18696号民事调解书。该案中原告为双塔刚玉公司，被告为泽宇公司，招商科学城公司作为第三人参与诉讼，调解书确认的内容为：双塔刚玉公司与泽宇公司于1999年11月1日签订的《房屋转让协议》有效；帝京花园别墅1—18号房屋归双塔刚玉公司所有。

此后双塔刚玉公司再次向北京市第二中级人民法院提出执行异议。经审查，北京市第二中级人民法院作出（2009）二中执异字第292—1号民事裁定书，以帝京花园别墅

1－18号房产的所有权已经生效法律文书确认归双塔刚玉公司所有为由，支持其异议申请，裁定中止（2001）二中执字第98号执行案件对帝京花园别墅1－18号房屋的执行。此后招商局船企公司提起本案诉讼。

上述事实，有北京市第二中级人民法院（2000）二中经初字第294号民事判决书、《北京市外销商品房预售契约》、《房屋转让协议》、发票、北京市丰台区人民法院（2008）丰民初字第18696号民事调解书及各方当事人陈述等证据在案佐证。

3. 一审判案理由

北京市第二中级人民法院根据上述事实与证据认为：

根据本案现查明的事实，涉案帝京花园1－18号别墅已经北京市丰台区人民法院（2008）丰民初字第18696号民事调解书确认归双塔刚玉公司所有。该民事调解书作为人民法院出具的法律文书，具有法律效力。现招商局船企公司对该民事调解书的合法性提出质疑，但相应质疑不属于本案审查范围，其可以通过其他合法途径另行解决。但在该民事调解书被其他法律文书撤销之前，其所具有的法律效力应予尊重。依据北京市丰台区人民法院（2008）丰民初字第18696号民事调解书，本案涉及的帝京花园1－18号别墅归双塔刚玉公司所有，不属于招商科学城公司的财产，因此在招商局船企公司与招商科学城公司之间的执行案件中，该房屋不应成为被执行财产。综上所述，法院对招商局船企公司的诉讼请求不予支持。

4. 一审定案结论

一审法院依据《中华人民共和国物权法》第二十八条之规定，判决如下：驳回招商局船务企业有限公司的诉讼请求。

（三）二审诉辩主张

招商局船企公司上诉称：原审法院对涉案房屋查封和继续执行有事实根据和法律依据，不应解除查封，应予许可继续查封执行。双塔刚玉公司据以提出执行异议的北京市丰台区人民法院民事调解书并非生效判决和裁定，其证明效力应当受到严格限制；招商局船企公司也有相反证据足以推翻该民事调解书，原审法院可以继续执行。双塔刚玉公司对执行涉案房屋有异议的，必须基于查封和执行当时的权属材料现状，按照《民事诉讼法》第204条的特别争议解决程序办理，不能另行通过普通诉讼程序确权后再提出执行异议。北京市丰台区人民法院民事调解书在法定程序、认定事实和适用法律方面都存在错误，不能作为双塔刚玉公司享有涉案房屋所有权的合法依据。

双塔刚玉公司、招商科学城公司同意原判。

（四）二审事实和证据

北京市高级人民法院经公开审理查明：

原审法院于2000年10月25日就招商局船企公司诉招商科学城公司借款纠纷一案作出（2000）二中经初字第294号民事判决，判令招商科学城公司限期偿还招商局船企公司借款本息人民币 57 437 233.33 元并支付上述款项自 1998 年 12 月 1 日起的利息。该判决已经发生法律效力。2000 年 6 月，原审法院在审理上述案件期间，应招商局船企公司诉讼保全申请，查封了招商科学城公司名下包括帝京花园 1—18 号别墅在内的若干房产。2000 年 12 月，原审法院受理招商局船企公司的执行申请，案号为（2001）二中执字第 98 号，该案目前仍未执结。

1995 年 6 月 10 日，案外人秦皇岛市泽宇物资贸易有限公司（以下简称泽宇公司）与招商科学城公司签订《北京市外销商品房预售契约》，约定泽宇公司购买招商科学城公司开发建设的帝京花园 1—18 号别墅，房屋价款合计 5 501 566 元。1995 年 6 月 4 日，招商科学城公司出具发票，注明收到泽宇公司购房订金 10 万元；1995 年 6 月 10 日，招商科学城公司出具发票，注明收到泽宇公司购房款 5 401 566 元。泽宇公司实际占有涉案房屋。

1999 年 11 月 1 日，泽宇公司与双塔刚玉公司签订《房屋转让协议》，泽宇公司将帝京花园 1—18 号别墅以 5 501 566 元的价格转让给双塔刚玉公司，并约定全部房款分 7 年付清，从泽宇公司欠双塔刚玉公司的煤款中抵顶。2000 年 1 月 25 日，泽宇公司向双塔刚玉公司出具收款收据，注明收到房屋转让款 5 501 566 元。双塔刚玉公司实际占有、使用涉案房屋至今。

2008 年 3 月，双塔刚玉公司向原审法院提出执行异议，后于同年 8 月撤回异议申请。

2008 年 11 月 20 日，北京市丰台区人民法院作出（2008）丰民初字第 18696 号民事调解书。该案中双塔刚玉公司为原告，泽宇公司为被告，招商科学城公司作为第三人参与诉讼，调解书确认的内容为：双塔刚玉公司与泽宇公司于 1999 年 11 月 1 日签订的《房屋转让协议》有效；帝京花园别墅 1—18 号房屋归双塔刚玉公司所有。

此后，双塔刚玉公司再次向原审法院提出执行异议。原审法院经审查后作出（2009）二中执异字第 292—1 号民事裁定书，以帝京花园别墅 1—18 号房产的所有权已经生效法律文书确认归双塔刚玉公司所有为由，支持双塔刚玉公司异议申请，裁定中止（2001）二中执字第 98 号执行案件对帝京花园别墅 1—18 号房屋的执行。此后，招商局船企公司向原审法院提起诉讼。

双塔刚玉公司称曾经多次要求招商科学城公司就涉案房屋办理房屋产权过户登记，而招商科学城公司以需要公司董事会开会研究为由拖延未办理，此后原审法院将涉案房屋查封。招商科学城公司认同双塔刚玉公司陈述。

上述事实，有北京市第二中级人民法院（2000）二中经初字第 294 号民事判决书、《北京市外销商品房预售契约》、《房屋转让协议》、发票、北京市丰台区人民法院（2008）丰民初字第 18696 号民事调解书及各方当事人陈述等证据在案佐证。

（五）二审判案理由

二审法院经审查认为，原审法院依据招商局船企公司提供的生效法律文书，查封了登记在招商科学城公司名下的涉案房屋。依查明的事实，泽宇公司与招商科学城公司就涉案房屋于1995年6月10日签订《北京市外销商品房预售契约》，双方之间房屋买卖合同真实有效。在泽宇公司办理房屋产权过户登记前，原审法院于2000年6月对诉争房屋进行了查封。关于泽宇公司已付购房款、占有房屋、未能办理产权过户的问题，双塔刚玉公司提交的发票等证据能够证明泽宇公司已于1995年6月支付了全部购房款并实际占有涉案房屋，泽宇公司对涉案房屋未办理房屋产权过户登记没有过错。1999年11月1日，泽宇公司与双塔刚玉公司签订《房屋转让协议》，双方之间二手房买卖合同真实有效，双塔刚玉公司尚无法办理涉案房屋产权过户登记，双塔刚玉公司是泽宇公司的债权人。双塔刚玉公司有对涉案房屋提出执行异议的权利。综上，本案符合最高人民法院《关于人民法院民事执行中查封、扣押、冻结财产的规定》（以下简称《查封、扣押、冻结规定》）第十七条规定的应当解除查封的情形。

（六）二审定案结论

二审法院依照《中华人民共和国民事诉讼法》第一百五十三条第一款第（一）项之规定，判决如下：驳回上诉，维持原判。

（七）解说

本案争议焦点在于执行过程中，案外人依据另案确权裁判文书对执行标的物享有所有权，并据此要求对该标的物停止执行，应如何处理？

1.《物权法》第28条规定的"人民法院法律文书"的理解与适用

最高人民法院《查封、扣押、冻结规定》第2条规定："人民法院可以查封、扣押、冻结被执行人占有的动产、登记在被执行人名下的不动产、特定动产及其他财产权。"依该规定，法院在执行过程中判断某项财产的权属是否属于被执行人采用的是表面证据标准，即将被执行人占有的动产推定为其所有，将登记在被执行人名下的不动产、特定动产和其他财产权推定为其所有，法院可以查封、扣押、冻结。实践中，确实存在被执行人占有的动产或者登记在被执行人名下的不动产实际归案外人所有的情形，而法院强制执行的必须是被执行人的财产，而不能是执行案外人的财产，对于这种名实不符的财产应如何确定权利归属？

依据民法理论，根据物权变动原因的不同，物权变动可分为两种类型：一是基于法律行为，尤其是基于合同行为发生的物权变动；二是非基于法律行为发生的物权变动。因法律行为的物权变动须办理登记或交付才发生物权变动的效力，这里的登记性质上属于设权登记。而非因法律行为的物权变动可径行发生效力，无须登记或交付即可取得物权，只是依据《物权法》第31条的规定，在处分该类物权时，如果法律规定需要办理登记的，不经登记，不发生物权效力，这里的登记性质上属于宣示登记。《物权法》分别就不动产和动产作了相应的规定，第9条规定："不动产物权的设立、变更、转让和消灭，经依法登记，发生效力；未经登记，不发生效力，但法律另有规定的除外。"第23条规定："动产物权的设立和转让，自交付时发生效力，但法律另有规定的除外。"

这里的"法律另有规定的除外"就包括《物权法》第28至30条规定的非因法律行为的物权变动的情形，具体包括以下几种：（1）因人民法院、仲裁委员会的法律文书或者人民政府的征收决定等而发生的物权变动；（2）因继承或者受遗赠而取得物权；（3）因合法建造、拆除房屋等事实行为设立或消灭物权。

实践中存在争议的是对于上述物权法的规定如何理解与适用，本文主要关注的是《物权法》第28条规定的因国家司法裁判权的行使发生物权变动的情形。依该规定，人民法院法律文书生效确定之日即为物权取得之日，但人民法院法律文书包括法院作出的判决书、裁定书、调解书，其中判决包括给付判决、确认判决和形成判决，是否上述法律文书生效而无须办理物权公示即能发生物权变动的效力呢？

在我国台湾地区"民法"上有此效力的法院法律文书系指依其宣告足生物权法上取得不动产物权效果之力，恒有拘束第三人之必要，而对于当事人以外之一切第三人亦有效力者（形成力亦称创设力）而言，惟形成判决始足当之，给付或确认判决不包括在内。

（1）此种得使人取得不动产物权之形成判决，在实务上所见有三种：1）依台湾地区"民法"第74条暴利行为所为撤销不动产物权行为之判决；2）依台湾地区"民法"第244条诈害债权行为所为撤销不动产物权行为之判决（此二种情形，均使原所有人回复所有权）；3）依台湾地区"民法"第824条第2项所为分割共有不动产之判决。

（2）至下列各种判决或和解、调解笔录，均非本条所指之法院判决：1）命被告履行不动产物权登记之判决，性质上系给付判决，原告于取得该确定判决后，尚须持该判决向地政机关办理登记，登记完毕后，始能取得不动产物权。2）相邻不动产所有人间，对其经界发生争执，而请求定不动产界线或设置界标而提起之不动产经界诉讼，法院据此所为之判决，非创设所有权之判决。3）确认其不动产为其所有或请求确定一定界线内之土地属于其所有者之诉讼，属确认不动产所有权之诉，基此所为之判决为确认判决，故均非此所指之判决。4）依"民事诉讼法"成立之和解或调解，虽与确定判决有同一之效力，但就不动产物权变动事项所为和解或调解，尚无与形成判决同一之形成力，仍须当事人持和解或调解笔录办理登记后，始生物权变动之效力。依上述观点，无须办理物权公示即能发生物权变动效力的法院法律文书须具有创设物权之力，对当事人之外的第三人也具有效力，因此仅指形成判决，而不包括确认判决、给付判决，更不包括调解书。这也是民法理论上的通说。

而我国物权法的规定有所不同，全国人大法工委在物权法释义中对此作如下解释："导致物权变动的人民法院判决或者仲裁委员会的裁决等法律文书，指直接为当事人创设或者变动物权的判决书、裁决书、调解书等。例如离婚诉讼中确定当事人一方享有某项不动产的判决、分割不动产的判决、使原所有人回复所有权的判决即属于本条规定的设权、确权判决等。此类设权或者确权判决、裁决书、调解书本身，具有与登记、交付（移转占有）等公示方法相同的形成力，因而依据此类判决、裁决书、调解书而进行的物权变动，无须再进行一般的物权公示而直接发生效力。"依该解释，《物权法》第28条的法律文书不限于判决、裁决，还包括调解书，判决中不仅包括形成判决，也包括确权判决。

我们认为，诉的种类，依据原告所要求法院的权利保护方式，可分为给付之诉、确认之诉和形成之诉三种。与之相对应，法院的判决也可分为给付判决、确认判决、形成判决三种。其中给付判决不具有创设物权的效力，不属于前述规定的"人民法院法律文书"，实践中对此争议不大。这里主要分析其他两种判决，以房屋为例：

（1）形成之诉是指原告主张其基于一定的形成权或形成要件，为使法律关系发生变动，请求法院判决宣告法律关系变动的诉，又称为创设之诉或权利变更之诉。法院作出原告胜诉的判决称为形成判决，于判决确定时，无待强制执行自动发生法律状态变动之效果。形成判决具有形成力，有绝对效力，不仅对当事人双方具有约束力，且对一般第三人也发生效力。实践中对于形成判决属于前述规定的"人民法院法律文书"不存在争议，形成判决确认当事人对执行房屋享有所有权，自判决生效之日即发生效力，无须办理房屋产权登记。实践中最典型的形成判决是依《物权法》第99条作出的分割共有物判决，如夫妻财产分割的判决。

（2）确认之诉是指原告对被告主张一定的法律关系存在或不存在，要求法院以判决确认法律关系存在或不存在的诉。其目的在于要求法院以判决确认某一法律关系存在或不存在，以终止双方对此项法律关系的争执。法院对于确认之诉所做的判决为确认判决，其中就确认权属作出的判决即为确权判决，仅具有确认的效力，不具有执行力，更无形成力。传统民法理论认为确权判决不具有创设物权的效力，仅对当事人双方具有约束力，不及于当事人之外的第三人。我们则倾向认为，不应简单地认定确权判决不具有创设物权的效力。主要理由为：传统观点是以既判力理论为基础的。依据该理论，既判力的主观范围原则上仅限于参加诉讼的当事人，当事人之外的第三人不受该判决既判力的约束。例如，甲乙间就某房屋所有权确认发生诉讼，确认甲享有所有权的判决对第三人丙不具有约束力，丙仍可以对甲是否享有所有权提出争议，如果甲丙之间再发生所有权确认诉讼，丙仍可能获得胜诉判决。因此，依既判力理论，确权判决对当事人之外的第三人没有约束力，申请执行人不是确权判决的当事人，案外人依据确权判决当然也不能对抗申请执行人。而我国民事诉讼法没有涉及既判力主观范围的规定，也缺乏相应的理论基础，与之相反，法院作出的生效判决具有绝对的对世效力，很难想象生效确权判决已经确认某房屋归甲所有，在该判决通过审判监督程序被撤销前，另案就同一房屋又判决归丙所有。另外，全国人大法工委的解释中也明确《物权法》第28条规定中的"人民法院法律文书"包括确权判决。综上，应当认为确权判决具有创设物权的效力，当事人依据确权判决取得房屋的所有权，属于非因法律行为发生的物权变动，不待登记即可发生物权效力。

当然，司法实践中对于确权判决的使用有扩大化的趋势，把大量不属于确权之诉的纠纷按照确权之诉处理。例如房屋买受人依据房屋买卖合同要求确认房屋归其所有，这显然属于给付之诉，不应当按照确权之诉处理。有些法院已经对此予以明确，如北京市高级人民法院《关于审理房屋买卖合同纠纷案件适用法律若干问题的指导意见（试行）》第20条规定："房屋买卖合同签订后，出卖人未依约为买受人办理房屋所有权转移登记，买受人提起房屋确权之诉，要求确认房屋归其所有的，法院应当行使释明权，告知其应当变更诉讼请求要求出卖人办理所有权转移登记，买受人坚持不变更的，对其诉讼请求，不予支持。"实践中，属于房屋确权之诉的主要包括以下情形：1）权利人因非法律行为的物权变动取得房屋的所有权，但未办理宣示登记，房屋仍登记在他人名下的，权利人要求确认房屋归其所有的；2）因房屋登记机关错误登记，致使房屋登记簿上记载的原所有权消灭，产生了新的登记权利，权利人要求确认房屋归其所有的；3）夫妻共同共有及其他属于法定共同共有的房屋仅登记在其中一个共有人名下，权利人要求确认房屋归其所有的。

（3）关于就确权之诉和形成之诉作出的法院调解书是否属于前述规定的"人民法院法律文书"。我们认为，虽然民事诉讼法规定法院作出的调解书与判决书具有同等法律效力，但判决书是法院依法对于当事人争议所作出的公法上的意思表示，具有对世的绝对效力，而调解书则是当事人就诉讼上争议互相让步而达成的合意，仅具有相对性，在当事人之间发生效力，所以两者存在本质不同。因此，因形成之诉达成的调解书不应具有形成判决的形成力，并且，调解书是当事人双方意思一致的结果，极易出现恶意串通损害第三人利益的情形，因此，应对前述规定的"人民法院法律文书"作限缩解释，使之不包括法院作出的调解书。另外需要指出的是，实践中，确权之诉经常因当事人没有争议以调解方式结案，这是不妥当的，与确认合同效力一样，确认标的物权属的诉讼性质上都属于确认之诉，应当由法院依据物权法等相关规定审查该标的物的权利应当归属于谁，而不应由当事人协商一致确认，因此，即使当事人双方对标的物权属达成一致，法院也不应出具调解书，而应依法判决确认标的物的权利归属。

（4）司法实践中，前述规定的"人民法院法律文书"还包括人民法院在执行程序中作出的拍卖成交裁定书、以物抵债裁定书。其法律依据是最高人民法院《关于人民法院民事执行中拍卖、变卖财产的规定》第29条第2款的规定："不动产、有登记的特定动产或者其他财产权拍卖成交或者抵债后，该不动产、特定动产的所有权、其他财产权自拍卖成交或者抵债裁定送达买受人或者承受人时起转移。"

综上，《物权法》第28条规定的"人民法院法律文书"包括形成判决、确权判决以及人民法院在执行程序中作出的拍卖成交裁定书、以物抵债裁定书。

2. "人民法院法律文书"与执行异议之诉

法院执行过程中，虽然执行标的物仍登记在被执行人名下或由被执行人占有，但案外人依据《物权法》第28条规定的"人民法院法律文书"享有所有权，其据此提出执行异议的，应如何处理？

一种观点认为，案外人依据前述法律文书提出执行异议，虽然执行标的物登记在被执行人名下或由被执行人占有，但生效法律文书已确认案外人为执行标的物的所有权人，该判决具有既判力和约束力，执行法院无权对生效裁判是否正确进行审查，也不应作出与之相反的认定，只能依据裁判结果审查其执行行为是否合法，因此案外人的异议属于对执行行为的异议，应当依据《民事诉讼法》第202条规定的执行复议程序处理。

另一种观点认为，案外人依据生效法律文书提出异议，是认为其对执行标的物享有足以阻却执行的实体权利，应当依据《民事诉讼法》第204条规定的执行异议之诉程序处理。北京市高级人民法院《执行异议之诉意见》第17条第1款更为明确，规定："法院在执行生效法律文书确定的金钱债权过程中,针对特定标的物实施强制执行,案外人依据另案确权判决或形成判决对该执行标的物享有所有权,其据此要求对该标的物停止执行的,一般应予支持;申请执行人要求对该标的物许可执行的,一般不予支持。"

司法实践中多倾向于后一种意见。当然,无论依据执行复议程序还是执行异议之诉程序处理,在实体处理上结果都是一样的,即依据物权优先于债权的原则,案外人依据生效法律文书享有的所有权应当优先于申请执行人的金钱债权得到保护,因此法院应当停止对该标的物的执行。最高人民法院[2009]执协字第3-1号函件就体现了该意见,认为:"执行法院再次拍卖争议房产时,其他法院已经就争议房产的所有权问题作出了确权判决,判令争议房产的所有权归属案外人所有。执行法院在明知争议房产已经确权归属案外人的情况下,不应再次拍卖争议房产。"

另外,司法实践中依据同一法理将该处理方式扩展到其他案外人依非因法律行为的物权变动而取得执行标的物所有权的情形,如案外人依据《物权法》第29条规定通过继承取得执行标的物所有权等,案外人据此提出执行异议的,依据《民事诉讼法》第204条的执行异议之诉程序处理,在实体处理上判决停止对被执行人名下标的物的执行。

执行异议之诉案件审理过程中,如果发现案外人作为权利依据的人民法院生效法律文书可能存在错误,比如案外人与被执行人恶意串通进行虚假诉讼获得的确权判决、调解书等,应如何处理?一般情况下,法院应当依据最高人民法院《关于依法制裁规避执行行为的若干意见》第11条的规定,即"向作出该裁判文书的人民法院或者其上级人民法院提出书面建议,有关法院应当依照《中华人民共和国民事诉讼法》和有关司法解释的规定决定再审",或者可以告知申请执行人对生效法律文书申请再审,已经提起再审或申请再审的,法院一般应当中止案件的审理。如北京市高级人民法院《执行异议之诉意见》第17条第2款规定:"申请执行人对作为案外人权利依据的另案确权判决或形成判决申请再审的,法院可以根据案件具体情况决定是否中止诉讼,等待再审的处理结果。"另外,实践中由于作出生效裁判的法院与执行法院往往不是同一法院,甚至不在同一省市,启动再审程序非常困难,为提高执行效率,有的法院执行部门处理案外人异议时根据确权判决的生效时间与查封时间的先后顺序作不同的处理。如北京市高、中级人民法院《执行局(庭)长座谈会(第三次会议)纪要》第6条规定:"在执行非属生效法律文书确定的特定标的物过程中,案外人依据人民法院确权的判决、裁定提起《中华人民共和国民事诉讼法》第二百零四条规定的异议,该法律文书早于查封生效的,裁定支持异议。"由于生效裁判在被依法撤销前均具有既判力和约束力,因而这种区分方式在理论上显然不够周严,但在实践中易于操作,也符合实质公平的原则。

本案中,法院生效调解书确认帝京花园别墅房屋归双塔刚玉公司所有。该调解书存在诸多问题,如确权房屋正处于法院执行过程中,双塔刚玉公司应通过执行异议之诉程序解决,而不应另行提起确权之诉;再如,法院不应为确权之诉出具调解书等。因此,一审法院依据确权调解书判决停止对帝京花园别墅房屋的执行不妥,二审法院变更判决理由是正确的。

现招商科学城公司为涉案房地产开发商,泽宇公司向招商科学城公司购买一手房,双塔刚玉公司向泽宇公司购买二手房。因实践中已无法找到泽宇公司进入诉讼，故双塔刚玉公司代泽宇公司主张对涉案房产的权益，进而保护双塔刚玉公司自己的权益。这样，本案二审中争议的焦点在于最高人民法院《查封、扣押、冻结规定》第17条规定在执行异议之诉案件中应当如何适用的问题。

3. 最高人民法院《查封、扣押、冻结规定》第17条规定的理解与适用

最高人民法院《查封、扣押、冻结规定》第17条规定，买受人在符合已经支付全款、实际占有财产，对未办理财产过户不存在过错三个构成要件的情况下，法院不得查封，已经查封的，应予解封。关于无过错房屋买受人权利的属性，有观点认为，符合前述司法解释规定三个要件的买受人对房屋享有的是物权，或者是事实上的物权。我们不同意这种观点，依据我国《物权法》第9条第1款的规定，不动产物权变动经登记才发生法律效力，尚未办理房屋登记的，买受人享有的仍是债权，而不是物权，前述观点显然与物权法的规定相冲突，因此，无过错的房屋买受人要求确认房屋归其所有的，不应当得到支持。但是，由于我国房屋登记制度不完善、登记时限较长、出卖人不配合等原因，严格依据前述物权变动原则执行确实在客观上会存在对无过错的买受人保护不周的情形，所以，该司法解释规定适当引入了过错原则，赋予了无过错的房屋买受人一种特殊的债权，该债权可以优先于其他普通金钱债权获得保护，因此，房屋买受人作为案外人提起执行异议之诉，经审查符合司法解释规定的三个构成要件的，应当判决停止对房屋的执行。关于该解释规定的构成要件，实践中以本案涉诉房屋为例，应做如下理解：

（1）买受人（案外人）与被执行人之间应当存在真实有效的房屋买卖关系，案外人在法院针对房屋采取查封等强制执行措施开始前，已经支付全部房屋价款并实际占有该房屋。如果双方的房屋买卖合同由于存在无权代理、无权处分等违反法律效力性强制性规定的情形而被认定为无效的，当然不符合前述规定的构成要件。并且，案外人虽然在法院查封之前签订房屋买卖合同，但明知或应当知道法院已经查封房屋仍然继续支付购房款或占有房屋的，也不符合前述规定。判断"实际占有"房屋的标准是出卖人已将房屋交付给案外人，案外人既可以直接占有房屋用于自己居住，也可以间接占有将房屋对外出租，当然案外人占有应当是合法占有，而不是非法占有。需要注意的是，前述规定中的"已经支付全部价款并实际占有"房屋是指一种客观的事实状态，与买受人是否存在过错无关。例如，房屋买卖合同约定待办理房屋过户时买受人再支付剩余10%的购房款，由于房屋至今未办理过户，买受人对于未支付剩余房款不存在任何过错，但是在执行异议之诉案件审理中，应当认为买受人并不符合前述规定的"已经支付全部价款"的要件，不能停止对房屋的执行。

（2）前述规定中的"第三人对此没有过错"是指案外人对于房屋没有办理过户登记不存在过错，具体包括以下情形：1）因登记机关原因未能办理房屋过户的，如案外人已向房屋登记机关提出登记申请，但因登记机关原因办理迟延导致未核准登记等。2）因被执行人原因未能办理房屋过户的，包括被执行人下落不明，被执行人开发的房地产项目行政手续不齐全，被执行人以该房屋作抵押为其债务提供担保，有证据证明案外人要求办理

房屋过户,但被执行人不予协助等。3)因其他案外人不能控制的原因未能办理房屋过户的,如房屋被其他法院等有权部门查封等。

(3)实践中认定案外人对于房屋没有办理过户登记存在过错的,主要包括以下情形:1)被执行人通知案外人房屋具备办理过户的条件,因案外人未依照合同约定或法律规定提交办理过户所需材料或交纳相关费用等原因导致房屋迟延未能过户。2)案外人为规避法律、行政法规及相关政策规定或逃避债务,故意不办理房屋过户的。3)在房屋不存在过户障碍的情况下,案外人明显怠于主张权利,在相当长时间内不要求办理过户的。至于何谓案外人明显怠于主张权利?有观点认为,《城市房地产开发经营管理条例》第33条规定:"预售商品房的购买人应当自商品房交付使用之日起90日内,办理土地使用权变更和房屋所有权登记手续;现售商品房的购买人应当自销售合同签订之日起90日内,办理土地使用权变更和房屋所有权登记手续。"据此,商品房的购买人未在前述规定期限内要求办理房屋过户的,应当认定其有过错。也有观点认为,如果被执行人不履行协助过户义务的,案外人应当通过诉讼或仲裁的方式积极主张权利,强制被执行人履行过户义务,案外人未积极主张的,视为有过错。我们认为,前述条例规定不属于强制性规定,90日期限也明显过短,并且,案外人主张权利的方式有多种,不仅限于诉讼或仲裁,案外人有权进行选择,因此,上述要求对案外人过于严苛,也不符合中国目前房地产市场不规范及公民法律素养不高的客观现实。例如,黑龙江省高级人民法院《执行异议之诉解答》第9条第9项规定:"案外人已依据其与被执行人的买卖合同支付全部价款并实际占有需要办理权属变更登记的执行标的,虽然未办理变更登记,但其没有不依据合同约定或者法律规定提供手续、支付费用和其他拖延办理登记等过错行为的",可以判决停止强制执行特定执行标的物。

(4)在举证责任分配上,案外人应当就其符合前述规定的构成要件承担举证责任。为证明双方存在房屋买卖关系,案外人应当提交房屋买卖合同、预售合同备案登记证明、网签手续等证据。为证明已支付全部房屋价款,案外人应当提交付款发票、收据、资金银行转账证明、支付凭证等证据。为证明实际占有房屋,案外人应当提交房屋交接记录、物业服务合同、物业费缴费凭证、水电费缴费凭证、出租合同等证据,法院也可以采取现场查看的方式。为证明无过错,案外人应当提交向房屋登记机关提出登记的申请、要求被执行人办理房屋过户通知、房屋存在抵押登记、查封、行政手续不全等客观障碍的证据等。另外,被执行人也应当提交相应证据对上述事实予以证明,如房款入账的财务账簿等。为防止案外人与被执行人恶意串通对抗申请执行人的情形发生,法院应当严格审查,综合上述证据予以认定。

本案中,双塔刚玉公司作为二手房的买受人提交证据能够证明泽宇公司作为一手房的买受人(二手房的出卖人)已于法院查封涉案房屋前支付了全部购房款并实际占有涉案房屋,泽宇公司对涉案房屋未办理房屋产权过户登记没有过错,符合最高人民法院《查封、扣押、冻结规定》第17条之规定,二审判决正确。

(北京市高级人民法院民一庭　张稚侠　金曦)

102. 深圳市龙华海荣实业有限公司申请执行复议案

（一）首部

1. 裁定书字号
异议阶段执行裁定书：深圳市中级人民法院（2011）深中法执异字第82、83号。
复议阶段执行裁定书：广东省高级人民法院（2011）粤高法执复字第92、93号。
2. 案由：借款合同纠纷案。
3. 当事人
申请复议人（申请执行人）：深圳市龙华海荣实业有限公司（下称龙华海荣）。
法定代表人：邱小丽，董事长。
申请执行人：南京合纵投资有限公司（下称合纵投资，变更前为深圳市智雄电子有限公司）。
法定代表人：程健，董事长。
被执行人：深圳市国泰联合广场投资有限公司（下称国泰联合）。
法定代表人：杨修诚，董事长。
4. 审判机关和审判组织
异议审查法院：广东省深圳市中级人民法院。
合议庭组成人员：审判长：符志平；代理审判员：时晓克、卢艳贝。
复议审查法院：广东省高级人民法院。
合议庭组成人员：审判长：陈良军；审判员：陈可舒；代理审判员：彭永红。
5. 审结时间
异议审结时间：2011年8月10日。
复议审结时间：2011年12月22日。

（二）基本案情

龙华海荣诉国泰联合借款合同纠纷两案，深圳市宝安区人民法院于2002年6月10日作出（2002）深宝法经初字第689、690号民事调解书。该调解书明确："双方当事人自愿达成如下协议：一、被告自愿将其位于深圳市宝安区龙华镇三联牛地铺村土地使用权（宗地号A838—0077，占地面积25 823平方米）转让给原告，以抵偿借款人民币900万元。二、被告应于本调解书签收后三天内协助原告到国土部门办理相关手续。"2003年1月9日，龙华海荣向深圳市宝安区人民法院申请强制执行上述调解书，该院立案执行。在执行过程中，执行法院作出（2003）深宝法执字第511—2号民事裁定，将涉案土地委托深圳市土地房产交易中心公开挂牌交易，并依据龙华海荣在2002年12月委托评估公司就涉案宗地及地上在建工程价值所作的评估报告（总评估价值为人民币4 263.135 3万元）确定交易底价为人民币3 800万元。龙华海荣在挂牌交易公告期内向该中心提交竞买申请，并最终以底价成交。成交当日，龙华海荣向国泰联合送达《债权债务抵销通知书》，主张成交后由于该司代国泰联合支付了13 919 311元地价款，地上基础工程（评估价值为19 792 899元）由该司投资建设，加上生效调解书规定应当抵偿借款的900万元，故国泰联合对该司所负债务总额为人民币42 631 353元，通知双方互负的债务互相抵销。2003年5月9日，深圳市宝安区人民法院作出（2003）深宝法执字第511-5号民事裁定，确认："一、宗地号为A838-0077及其地上建筑物的挂牌交易款归申请执行人所有，即申请执行人作为该宗地的竞得人，不需另向本院支付挂牌交易成交价款；二、宗地号为A383-0077挂牌交易的全部税费由申请执行人负担；三、申请执行人自愿负担本案执行费用。"

2004年2月25日，深圳市智雄电子有限公司［深圳市中级人民法院（2008）深中法执字第716号案件的原债权人］向深圳市宝安区人民法院提出执行异议，认为上述民事调解书仅确定双方以土地使用权抵债，执行法院裁定的财产范围超过民事调解书确认的财产范围，且将挂牌交易成交价超出借款债务的部分裁定归申请执行人所有，以致该司作为国泰联合的债权人的债权无法得到合理清偿，请求撤销（2003）深宝法执字第511-5号民事裁定，并强制执行龙华海荣应交付的交易成交余款人民币2 900万元。深圳市宝安区人民法院于2004年4月19日作出（2004）深宝法执审字第7号民事裁定："一、该院（2003）深宝法执字第511-5号民事裁定书第一项裁定变更为：宗地号为A838-0077及其地上建筑物由申请执行人龙华海荣竞得；龙华海荣在该裁定送达之日起三日内，向该院支付超过土地使用权价款的成交余款17 642 652.86元。二、维持该院（2003）深宝法执字第511-5号民事裁定书第二、三项裁定。"该裁定书送达后，深圳市龙华海荣实业有限公司至今未支付上述余款。

2004年6月，深圳市宝安区人民法院作出（2004）深宝法民再字第10、11号民事裁定书，决定对龙华海荣诉国泰联合借款合同纠纷两案进行再审，并于2004年11月16日作出（2004）深宝法民再字第10、11号民事判决，确认："一、撤销该院（2002）深宝法经初字第689、690号民事调解书；二、被告国泰联合在该判决生效之日起三日内，偿还借款人民币900万元给原告龙华海荣。"龙华海荣不服该判决，上诉至深圳市中级人民法院。该院经审理后于2005年5月13日作出（2005）深中法民二终字第221、222号民事判决，驳回上诉，维持（2004）深宝法民再字第10、11号民事判决。判决生效后，深圳市宝安区人民法院于2006年1月立案执行，后经广东省高级人民法院裁定该两案由河源市中级人民法院执行。该院在执行过程中，将该两案与深圳市智雄电子有限公司申请执行国泰联合一案合并执行，并裁定变更合纵投资为深圳市智雄电子有限公司申请执行国泰联合一案的债权人。

龙华海荣不服深圳市中级人民法院（2005）深中法民二终字第221、222号民事判决，向广东省人民检察院申诉。广东省人民检察院于2005年9月向广东省高级人民法院提出抗诉。据此，广东省高级人民法院指令深圳市中级人民法院再审。2007年4月5

日,深圳市中级人民法院作出(2006)深中法民二再字第4、5号民事判决,判决维持(2005)深中法民二终字第221、222号民事判决。

2008年6月11日,广东省高级人民法院决定将合纵投资申请执行国泰联合案及龙华海荣申请执行国泰联合案指定深圳市中级人民法院执行。该院于2008年7月分别立案受理,案号为(2008)深中法执字第716、717号。

深圳市中级人民法院在执行上述两案过程中,于2011年4月19日作出(2008)深中法执字第716、717号通知,确认:深圳市宝安区人民法院在执行龙华海荣与国泰联合借款合同纠纷案过程中对涉案宗地(宗地号A838-0077,土地使用权证号5000087892)委托挂牌竞买程序合法有效,龙华海荣的竞买权益应当受到法律保护;龙华海荣以人民币3 800万元竞得该宗地及地上在建工程,扣除挂牌竞买之前该司已支付的在建工程投资款人民币19 792 899元及地价款人民币13 919 311元后,所余款项人民币4 287 790元应为涉案宗地的执行款;因国泰联合目前处于正常经营的状态,对执行款不适用参与分配的相关规定,而应按照执行措施的先后顺序受偿;涉案宗地由龙华海荣申请执行国泰联合一案最先采取查封及拍卖的执行措施,因此,执行款扣除应支付的评估费人民币112 862元、执行费43 712元后,余款应由龙华海荣受偿。

至执行复议审查阶段,国泰联合仍处在正常营业状态。涉案土地已被龙华海荣开发建房。龙华海荣于2003年5月29日取得了涉案土地的《房地产证》;2003年9月2日及2003年12月5日分期取得了房地产预售许可证,并进行了预售。经深圳市中级人民法院对涉案土地现场调查,该宗地大部分已建成商住楼盘,在已建成的4栋楼盘中,有2栋房产已出售并办理了房证。

(三)异议审查情况

1. 异议主张

执行异议人合纵投资认为龙华海荣并非通过合法拍卖程序取得涉案宗地和地上建筑物,应当实物执行回转,理由如下:第一,(2006)深中法民二再字第4、5号民事判决书的判决结果并未作出确认涉案土地及地上建筑物属于龙华海荣所有的判项;第二,龙华海荣取得涉案土地及地上建筑物的依据是(2002)深宝法经初字第689、690号民事调解书,因龙华海荣并未按照成交确认书缴纳拍卖款,该次拍卖应当无效;第三,深圳市宝安区人民法院的执行依据(2002)深宝法经初字第689、690号民事调解书被终审判决撤销,该院执行中的民事裁定书也应当被撤销;第四,龙华海荣称其为国泰联合代缴了土地出让金和地上建筑投资款,无证据证明,亦无判决确认,不能自行与国泰联合进行债务抵销;龙华海荣在明知国泰联合有大量债务无力清偿的情况下,参加竞买却不支付竞买款、单方抵销其对国泰联合的债权,其对该地块不属于善意取得。

2. 异议审查理由

深圳市中级人民法院经审理认为:(1)深圳市宝安区人民法院(2002)深宝法经初字第689、690号民事调解书已被撤销,而该院正是在执行该民事调解书的过程中进行的委托挂牌交易,该执行依据被撤销后,根据《中华人民共和国民事诉讼法》第210条的规定，应当返还已被执行的财产。(2) 深圳市宝安区人民法院的执行程序本身存在重大瑕疵。首先，该院在执行过程中并未对执行标的物及涉案土地及地上建筑物进行委托评估，而是参照申请执行人龙华海荣在申请执行之前自行委托的评估机构所做的评估报告确定的挂牌交易底价，违反了最高人民法院《关于人民法院执行工作若干问题的规定（试行）》第47条的规定；其次，该院在执行过程中以委托挂牌交易的方式处置涉案土地及地上建筑物，既不符合原执行依据民事调解书所确定的债务内容和性质，也违反了最高人民法院《关于人民法院执行工作若干问题的规定（试行）》第46条的规定，依据该条规定，法院在对查封、扣押的财产进行变价时，应当委托拍卖机构进行拍卖或依法进行变卖，而非挂牌交易。(3) 龙华海荣并未支付挂牌交易的成交价款，自身存在过错，并非普通意义上的买受人或第三人，其取得涉案土地使用权及地上建筑物不属于善意取得。首先，龙华海荣在挂牌交易成交后并没有支付成交价款，其将3800万元的成交价款与其对国泰联合的其他债权直接进行抵销的主张不能成立。因为龙华海荣挂牌交易前所支付的在建工程投资款及地价款系与原民事调解书确认的债权无关的其他债权，该债权既未经过生效法律文书的确认，也无法定优先受偿权，将该债权直接在成交价款中进行抵销明显损害国泰联合其他债权人的合法权益。其次，龙华海荣也并没有按照深圳市宝安区人民法院（2004）深宝法执审字第7号民事裁定书的要求支付超过土地使用权价款的成交余款17 642 652.86元，自身存在过错；再次，龙华海荣在挂牌交易之前就已经与国泰联合达成了以土地抵债的协议并已与施工单位签订协议进行开工建设，该抵债协议因损害其他债权人利益、系国泰联合恶意处分财产已被撤销。(4) 本案（2006）深中法民二再字第4、5号民事判决书中"本院再审认为"部分不能成为执行依据。本院（2006）深中法民二再字第4、5号民事判决书的判决主文只有一项，即"维持本院（2005）深中法民二终字第221、222民事判决"，法院只能依据生效判决的主文进行强制执行。

3. 异议审查结论

执行异议人的异议理由成立，深圳市中级人民法院依照《中华人民共和国民事诉讼法》第二百零二条的规定，经该院审判委员会讨论决定，作出如下裁定：

"一、撤销（2008）深中法执字第716、717号通知书；

二、撤销深圳市宝安区人民法院（2003）深宝法执字第511—2号、第511—5号民事裁定书及（2004）深宝法执审字第7号民事裁定书。"

（四）复议审查情况

1. 复议主张

申请复议人龙华海荣认为（2011）深中法执异字第82、83号执行裁定书是违法错误的，请求依法撤销该裁定，驳回合纵投资的异议，并维持深圳市中级人民法院（2008）深中法执字第716、717号通知书的法律效力。理由如下：

(1) 深圳市宝安区人民法院（2002）深宝法经初字第689、690号民事调解书虽然被撤销，但只是撤销以土地抵债部分，而民事调解书中确认的国泰联合拖欠该公司900

万元债权一事在（2004）深宝法民再字第10、11号民事判决中同样予以确认。深圳市宝安区人民法院委托挂牌交易是根据国泰联合拖欠900万元债务作为依据，而不是根据民事调解书中以土地抵债作为依据。原调解书中以土地抵债的内容虽被撤销，但是执行依据债权没有改变，不影响委托挂牌行为的效力。因此，深圳市中级人民法院（2011）深中法执异字第82、83号执行裁定以民事调解书被撤销为由撤销深圳市宝安区人民法院委托挂牌交易行为及相关民事裁定，违反了已生效的（2004）深宝法民再字第10、11号民事判决确认的内容。

（2）委托挂牌交易行为是深圳市宝安区人民法院与深圳市土地房产交易中心之间的民事合同行为，双方签订有《委托挂牌交易合同书》，该合同书适用合同法，受合同法保护。深圳市中级人民法院作为合同一方当事人在未经立案诉讼，并经人民法院审理判决的情况下直接撤销该委托挂牌交易行为没有法律依据。

（3）虽然深圳市宝安区人民法院（2002）深宝法经初字第689、690号民事调解书已被撤销，但该公司是通过竞买而取得宗地A838—0077的土地使用权的，而非依据深圳市宝安区人民法院（2002）深宝法经初字第689、690号民事调解书以物抵债直接取得上述地块的土地使用权。该公司竞买成功后，与深圳市土地房产交易中心签订了《A838—0077宗地挂牌交易成交确认书》，该成交确认书属民事合同关系，受合同法的保护，根据上述确认书，该公司已取得了土地使用权证，证号为深房地字第5000087892号并在该土地上进行了房地产开发，在取得房地产预售许可证后进行了销售。因此（2011）深中法执异议字第82、83号执行裁定在未经当事人提起诉讼并经人民法院审理判决的情况下撤销该民事合同关系没有法律依据。

（4）（2011）深中法执异字第82、83号执行裁定书作出深圳市宝安区人民法院采信有资质的评估机构作出的有效评估、委托深圳市土地房产交易中心挂牌交易有重大瑕疵的认定，没有事实和法律依据。1）最高人民法院《关于人民法院民事执行中拍卖、变卖财产的规定》第4条规定："对拟拍卖的财产，人民法院应当委托具有相应资质的评估机构进行价格评估。对于财产价值较低或者价格依照通常方法容易确定的，可以不进行评估。"第2款同时规定："当事人双方及其他执行债权人申请不进行评估的，人民法院应当准许。"根据这一规定，委托评估机构对财产进行价格评估，并不是拍卖财产的唯一选项，当事人双方或其他债权人委托评估或不评估，也是选项之一；从整个执行过程来看，深圳市区宝安人民法院认可了该公司委托深圳市国咨房地产评估有限公司所作的评估，对此，被执行人深圳市国泰联合广场投资有限公司也没有异议，因此，该评估行为是有效的。深圳市中级人民法院（2006）深中法民一再字第4、5号民事判决对此也作出了该评估合法有效的认定。2）深圳市宝安区人民法院的委托挂牌行为符合法律规定。虽然最高人民法院《关于人民法院执行工作若干问题的规定（试行）》第46条规定，人民法院对查封、扣押的财产进行变价时，应当委托拍卖机构进行拍卖或依法进行变卖，但这是一个总的原则性规定。具体如何拍卖或变卖，则应根据当地的规定执行。根据《深圳市土地交易市场管理规定》第5条第9项的规定，人民法院、执法机关裁定，决定处分的土地使用权及地上建筑物、构造物、附着物转让的，应在深圳市土地房产交易中心通过招标、拍卖和挂牌交易方式公开进行。对照最高人民法院《关于人民法院执行工作若干问题的规定（试行）》第46条，两条并不矛盾，也不存在《深圳市土地交易市场管理规定》违反最高人民法院《关于人民法院执行工作若干问题的规定（试行）》，实际上该规定是对上述司法解释第46条的进一步细化。（2011）深中法执异字第82、83号执行裁定书认为挂牌交易不属于"拍卖"和"变卖"，纯属偷换概念和玩弄文字游戏。

（5）（2011）深中法执异字第82、83号执行裁定书中认为"海荣公司并未支付挂牌交易的成交价款，自身存在过错，并非普通意义上的买受人或第三人，其取得的涉案土地使用权及地上建筑物不属于善意取得"是错误的。1）该裁定书中所认为"在建工程款及地价款系与原民事调解书确认的债权无关，该债权既未经过生效法律文书的确认，也无法定优先受偿权，将该债权直接在成交价款中进行抵销明显损害了国泰公司其他债权人的合法权益"是错误的，其阐述的理由违反了法律规定。《合同法》第91条规定的抵销，并未设置债权需经生效法律文书确认和法定优先受偿权这样的前提条件，根据合同法原理，只要双方互负同种类且到期的债务，就可以进行抵销。该裁定书认为抵销损害了国泰联合其他债权人的利益更是错误的。首先，多份人民法院生效判决确认了地价款和在建工程投资是该公司支付的，对于该部分投入而产出的成交价款，国泰联合只是名义的所有者。如果没有该公司的投入，也就没有相应的成交价款的产出，国泰联合的其他债权人同样不可能从中取得任何利益，因此，抵销只是没有增加国泰联合其他债权人的利益，而并未损害其他债权人的利益。其次，在该公司申请执行国泰联合借款纠纷一案的执行过程中，没有其他债权人申请参与分配，也没有人提出执行异议，该公司不存在恶意损害国泰联合他债权人利益的主观过错。2）该裁定书中认为"龙华海荣也并没有按照深圳市宝安区人民法院（2004）深宝法执审字第7号民事裁定书的要求支付超过土地使用权价款的成交余款17 642 652.86元，自身存在过错"是错误的。首先，（2004）深宝法执审字第7号案件本身是个违法受理的案件。根据民事诉讼法的规定，案外人提出执行异议应当在"执行过程中提出"，而该案件案外人深圳市智雄电子有限公司是在执行终结一年后才提出的，深圳市宝安区人民法院仍受理该执行异议案，显然是违法的。其次，深圳市智雄电子有限公司是在2004年2月25日提出的执行异议，而在2004年3月8日又以撤销权纠纷申请诉前财产保全，就相同事实同时立执行异议案，又立诉讼案件，申请复议人对此不得其解。3）（2004）深宝法执审字第7号民事裁定书是在2004年5月24日送达申请复议人的，正当申请复议人要对该裁定书进行申诉时，在2004年6月11日又裁定对（2002）深宝法经初字第689、690号案件再审并中止执行。从2004年3月26日起，申请人复议的全部财产都处于深圳市宝安区人民法院的查封当中。而且，裁定再审的理由也并不是申请复议人未交纳（2004）深宝法执审字第7号民事裁定书规定的成交余款这一原因。既然执行案已中止，也就不存在按（2004）深宝法执审字第7号民事裁定书要求履行的问题，对此，申请复议人没有过错。

（6）（2011）深中法执异字第82、83号执行裁定书认为"（2006）深中法民二再字第4、5号民事判决中本院再审认为部分不能成为执行依据……法院只能依据生效判决的主文进行强制执行"是错误的。首先，民事诉讼法规定的执行依据是民事判决书，而没有规定仅仅是判决主文（判项）。其次，（2006）深中法民二再字第4、5号民事判决书才是本案执行的法律依据，而执行该民事判决书的（2011）深中法执异字第82、82

号执行裁定书却作出与执行依据民事判决书相反的结论是错误的。

2. 复议审查理由

广东省高级人民法院经审理认为：合纵投资不服深圳市中级人民法院（2008）深中法执字第716、717号通知提出执行异议，该院立案审查上述异议，符合《中华人民共和国民事诉讼法》第二百零二条规定。本案的焦点问题是，应否对原登记在被执行人国泰联合名下A838—0077宗地的土地使用权进行执行回转。本案执行依据（2006）深中法民二再字第4、5号民事判决撤销的只是（2002）深宝法经初字第689、690号民事调解书中以物抵债内容，但当事人之间债权债务关系及债权债务数额并没有撤销，因此，本案执行的给付内容没有发生改变，已经执行的被执行人财产不应执行回转。本案不具备执行回转的条件。深圳市宝安区人民法院原执行措施是否应当撤销，在于该院的执行措施是否存在错误。深圳市宝安区人民法院在执行（2002）深宝法经初字第689、690号民事调解书过程中，根据深圳市人民政府《深圳市土地交易市场管理规定》的规定，委托深圳市土地房产交易中心挂牌交易国泰联合名下A838—0077宗地的土地使用权及在建工程，属于以公开方式处置被执行人财产，成交的价格经过市场的检验，没有损害国泰联合其他债权人的合法权益，也不违反法律对公开处置被执行人财产方式的相关规定。因此，深圳市宝安区人民法院执行处置被执行人财产的执行措施，符合法律规定，并无不当。龙华海荣不仅是本案的申请执行人，而且是A838—0077宗地土地使用权及在建工程的竞买人。该公司通过挂牌交易方式取得上述交易标的，程序合法，其竞买权益应依法得到保护。深圳市宝安区人民法院裁定将交易标的过户给竞买人龙华海荣，予以支持。合纵投资认为龙华海荣并非通过合法拍卖程序取得上述交易标的，理由不能成立，其请求实物执行回转的主张，不予支持。

3. 复议审查结论

申请复议人的复议理由成立，广东省高级人民法院依照《中华人民共和国民事诉讼法》第二百零二条和最高人民法院《关于适用〈中华人民共和国民事诉讼法〉执行程序若干问题的解释》第八条、第九条的规定，作出如下裁定：

"一、撤销深圳市中级人民法院（2011）深中法执异字第82、83号执行裁定。

二、驳回南京合纵投资有限公司的异议请求。"

(五) 解说

本案的审理涉及以下几个方面的问题，值得注意和思考：

第一，执行裁定发生法律效力后，据以执行的法律文书被撤销，是否必然导致执行回转。在这个问题的处理上，我们不能机械地理解民事诉讼法第210条及最高人民法院《关于人民法院执行工作若干问题的规定（试行）》第109条的规定，而要结合两点来考虑：其一，新的执行依据所确定的执行内容是否与原执行依据所确定的执行内容存在重合或包含的关系。如果新的执行依据所确定的执行内容包含了原执行依据所确定的执行内容，那么即便原执行依据被撤销，也并不必然导致按照原执行依据采取的执行措施被撤销。就本案而言，深圳市宝安区人民法院作出的原调解书虽然被撤销，但用以撤销该调解书的终审判决仍确认龙华海荣对国泰联合享有人民币900万元债权,这一点与原调解书中所确认的内容是一致的。执行法院为执行该900万元债权而采取的执行措施虽然是在终审判决生效之前作出的,但与终审判决的结果并不冲突。即便按照终审判决的结果来执行,也可以采取处置被执行人土地使用权的方式来实现申请执行人的债权。另举一例为证:若原生效判决确认被告偿还原告30万元,终审判决撤销该判决,同时判决被告偿还原告80万元,那么显然法院依据原生效判决已执行到位给原告的30万元无须返还,法院继续执行尚未执行到位的50万元即可。因此无论是从执行原理上讲,还是从执行效率和节约司法资源上考虑,都不必执行回转。其二,执行程序本身是否合法。这一点很关键。执行程序与执行依据产生的过程即审判程序相对独立,有其独立的价值和应遵守的法律规定。撤销原审判结果的原因在于原审判的程序违法或结果认定有错误,而不是因为执行;执行虽然以审判结果为依据,但在终审判决所确定的执行内容包含原执行依据所确定内容的前提下,如果执行程序本身合法,那么也不应被撤销。本案中就执行法院所采取的执行措施而言,其在处置被执行人土地使用权的过程当中,采取的挂牌交易方式属于以公开的方式处置被执行人的财产,具有公示公信的效力,这一点与传统意义上的拍卖并没有本质上的区别;成交的价格经过市场的检验,没有损害其他债权人的合法权益;该执行措施符合法律对于公开处置被执行人财产的要求,因此并无不当,应予维持。关于执行依据被撤销与执行回转的关系问题,最高人民法院在2006年3月13日给辽宁省高级人民法院的[2005]执他字第25号答复函中亦有所阐述。

第二,买受人与债权人身份竞合时,确认以物抵债的原生效法律文书被撤销,是否必然导致竞买无效。本案中的买受人龙华海荣同时也是原民事调解书所确认的以物抵债的债权人和法院该执行案件的申请执行人,虽然终审判决撤销了调解书中以物抵债的内容,但龙华海荣并不是直接通过法院以物抵债的裁定获得涉案地块的土地使用权,而是在法院委托政府部门公开挂牌交易的过程中,通过竞买的方式取得。法律并不禁止债权人或申请执行人参与竞买拟处理的被执行人财产,债权人作为竞买人的身份合法;竞买过程当中,债权人遵守了关于竞买的各项规定,本身并无过错;政府部门主持的竞买程序也并不违反相关法律规定。因此,债权人的竞买合法,其效力应予维持。并不能以债权人与竞买人的身份竞合而简单地判定债权人获得被执行人的财产是法院以物抵债的执行方式的体现,竞买人的合法权益应受保护。

第三,就本案引发的进一步思考:关于执行回转的内容。执行回转并不是对执行措施或执行行为的回转,而是针对原执行结果的回转,就对物的执行而言,是指将物恢复原状或回复到没执行之前的权利归属状态。就本案而言,假设终审判决的结果是完全撤销了原生效法律文书的内容,确认原被告之间不存在任何债权债务关系,如果拍卖程序本身合法,执行回转时也只能要求原申请执行人返还通过执行程序所获得的金钱给原被执行人,而不能撤销拍卖。这里面涉及司法拍卖的公信力、正常市场交易秩序的维护和善意买受人合法权益的保护。因为无论是立法还是司法,都是在不同的利益冲突之间寻求平衡,并最终通过司法实践来实现对较大社会价值的保护,从而实现社会总体利益的最大化。

(广东省高级人民法院　陈可舒　方圆)

图书在版编目（CIP）数据

中国审判案例要览.2012年民事审判案例卷/国家法官学院，中国人民大学法学院编.—北京：中国人民大学出版社，2014.4
ISBN 978-7-300-19147-8

Ⅰ.①中… Ⅱ.①国…②中… Ⅲ.①审判-案例-汇编-中国-2012②民事诉讼-审判-案例-汇编-中国-2012 Ⅳ.①D920.5②D925.118.25

中国版本图书馆CIP数据核字（2014）第072242号

"十二五"国家重点图书出版规划
国家出版基金资助项目
中国审判案例要览（2012年民事审判案例卷）
国家法官学院
中国人民大学法学院　编
Zhongguo Shenpan Anli Yaolan (2012nian Minshi Shenpan Anlijuan)

出版发行	中国人民大学出版社		
社　　址	北京中关村大街31号	邮政编码	100080
电　　话	010-62511242（总编室）		010-62511770（质管部）
	010-82501766（邮购部）		010-62514148（门市部）
	010-62515195（发行公司）		010-62515275（盗版举报）
网　　址	http://www.crup.com.cn		
	http://www.ttrnet.com（人大教研网）		
经　　销	新华书店		
印　　刷	涿州市星河印刷有限公司		
规　　格	185 mm×260 mm 16开本	版　次	2014年6月第1版
印　　张	37.75 插页6	印　次	2014年6月第1次印刷
字　　数	862 000	定　价	160.00元

版权所有　侵权必究　　印装差错　负责调换